Michael Dieterich und Jörg Dieterich
Wörterbuch Psychologie und Seelsorge

Michael Dieterich / Jörg Dieterich (Hrsg.)

WÖRTERBUCH
PSYCHOLOGIE
& SEELSORGE

R. BROCKHAUS

© 1996 R. Brockhaus Verlag Wuppertal
Umschlag: Nicola S. Weinnoldt, Münster
Satz: Graphische Werkstätten Lehne GmbH, Grevenbroich
Druck und Bindung: Clausen & Bosse, Leck
ISBN 3-417-24658-X

Vorwort

Die Psychologie als „Wissenschaft vom Verhalten und Erleben" ist in den letzten Jahren sowohl in der Arbeitswelt als auch im Freizeitbereich immer mehr in den Mittelpunkt gerückt. Überall wird „psychologisiert", in der Schule und im Elternhaus, am Arbeitsplatz und auch in den Gemeinden. Oftmals herrscht jedoch eine geradezu babylonische Sprachverwirrung, man denke dabei nur an die unterschiedlichen Deutungen von Begriffen wie „Intelligenz", „Gefühl" oder „Geist". Deutlich wird vor einem solchen Hintergrund, daß es notwendig ist, psychologische Begriffe so zu definieren und zu beschreiben, daß eine Kommunikation möglich wird. Mit dem „Wörterbuch Psychologie & Seelsorge" wollen wir hierzu beitragen.

Weil es auf dem Büchermarkt viele psychologische Lexika und Begriffswörterbücher gibt, muß unser Wörterbuch begründet werden.

– Wir haben versucht, neue Erkenntnisse aus den Human- und Sozialwissenschaften zu sammeln und so aufzubereiten, daß dabei sowohl Aktualität als auch Verständlichkeit die Meßlatte waren.
– Das Wörterbuch soll für Laien und Fachleute gleichermaßen ansprechend sein.
– Bei der Auswahl der Artikel waren die langjährigen Erfahrungen im Bereich der Seelsorge und Psychotherapie ausschlaggebend. Wir haben insbesondere diejenigen Beiträge aufgenommen, die dort häufig angesprochen werden.
– Wir sind der festen Überzeugung, daß das biblische Menschenbild, das unseren westlichen Kulturkreis geprägt hat, in die psychologische Sicht vom Menschen so einfließt, daß dies nicht nur mit einem Halbsatz bemerkt werden sollte. Deshalb haben wir versucht, bei möglichst vielen Beiträgen theologische Aspekte einfließen zu lassen.
– Weiterhin war es uns sehr wichtig, Praxisbezüge herzustellen und damit vor allem die Verbindung zur Seelsorge zu finden.
– Ergänzende Literaturangaben können den interessierten Leser noch tiefer in das jeweils angesprochene Gebiet einführen.

Kompetente Fachleute aus verschiedenen Ländern haben die einzelnen Artikel geschrieben. Wir hoffen, daß es uns dennoch gelungen ist, die Verschiedenheit der Ansichten und der Ausdrucksweise zu einem geschlossenen Ganzen zusammenzutragen.

Jörg & Michael Dietrich

Abhängigkeit, physiologische

Eine durch wiederholte Konsumierung von
→ Drogen bedingte körperliche Umstellung des Organismus, so daß bei ersatzloser
Absetzung oder Dosisverminderung erhebliche physiologische Entzugserscheinungen
(→ Abstinenzsyndrom) auftreten (Drogen;
→ Sucht).

Literatur:
Keup, W. (Hg.): Biologie der Sucht, Berlin 1983
JD

Abhängigkeit, psychische

Das Verlangen nach periodischer oder kontinuierlicher Konsumierung einer → Droge
zur Erzielung eines angenehmen oder zur
Vermeidung eines unangenehmen Zustands.
(→ Sucht)

Literatur:
Heckmann, W. (Hg.): Praxis der Drogentherapie,
Weinheim 1982
Korczak, D.: Die betäubte Gesellschaft, Frankfurt
1986
JD

Abnormität, psychische

Vor allem in der → Psychotherapie und
→ Seelsorge fällt es oft schwer, beobachtetes Verhalten als »krank« oder »gesund« eindeutig zu kennzeichnen (vgl. dazu → Heil
und Heilung, → Krankheit, → Gesundheit). Erschwerend tritt hinzu, daß psychische Störungen i. d. R. schneller dem persönlichen Verschulden zugeschrieben werden, als organisch bedingte Krankheit. Für
die Bewertung organisch bedingter Krankheiten wird in der Regel gefordert, daß man
die vermutete Krankheit beschreiben (Nosologie), deren Ursachen und Entstehungsgeschichte feststellen (Ätiologie) und aufgrund
dieser Diagnose eine i. d. R. eindeutige Therapie festlegen kann. Dieses Modell hat

sich für die Beurteilung der psychischen Befindlichkeit nicht bewährt, der Übergang
von »abnorm« zu »normal«, von »krank« zu
»gesund« stellt im Bereich der psychischen
Störungen ein viel breiteres Kontinuum dar
als in der Medizin. Auch Klassifikationen,
die »psychisch krank« oder »psychisch abnorm« anhand statistischer Durchschnittswerte durchführen, sind oft irreführend. Vor
diesem Hintergrund kann es sinnvoll sein,
in der Psychotherapie und Seelsorge die Termini »krank« und »gesund« nicht zu verwenden, sondern einfach von einer psychischen
Störung oder Problematik zu reden und deren Erscheinungsbild genauer zu kennzeichnen.
JD

Abstinenzregel

Im Rahmen der psychoanalytisch orientierten Therapieformen (→ Psychoanalyse)
wird unter diesem Begriff im wesentlichen
die Haltung verstanden, daß sich der Therapeut zurückhält, damit der Patient im Moment nicht die Möglichkeit erhält, seine (unbewußten) Wünsche sofort zu befriedigen
und dadurch einen momentanen Ersatz für
seine Beschwerden finden kann. Einerseits
wird im Rahmen der Abstinenzregel dem
Patienten eine Beschränkung auferlegt, andererseits dem Therapeuten psychoanalytische Neutralität empfohlen. Die Abstinenzregel wurde im Laufe der Zeit immer
wieder zum Anlaß unterschiedlicher Meinungen und Strömungen innerhalb der psychoanalytischen Therapieformen. Einerseits
droht der Therapeut dem Patienten als Person zu »entrücken«, andererseits wird durch
die Abstinenz gerade der therapeutische
Prozeß in Gang gehalten.

Abstinenzregel in Psychotherapie und Seelsorge

Für die Seelsorge läßt sich anfügen, daß
durchaus die Gefahr bestehen kann, sich zu
sehr in den Therapieprozeß einzubringen
und eigene Meinungen und Haltungen dem
einzelnen aufzudrängen, obwohl sich diese

nicht unbedingt mit seiner Lebenssituation decken müssen. Dies würde bedeuten, daß Abstinenz im nicht klassisch beschriebenen Sinne in der Seelsorge den Umstand bedeuten kann, daß eigene Meinungen und Gefühle mit Zurückhaltung einzubringen sind (→ Echtheit,   → Gesprächspsychotherapie): »Wisset, liebe Brüder, ein jeglicher Mensch sei schnell zum Hören, langsam zum Reden, langsam zum Zorn« (Jak 1,19).

Literatur:
Cremerius, J.: »Die psychoanalytische Abstinenzregel. Vom regelhaften zum operationalen Gebrauch«, in: Psyche, 38. Jahrgang, September 1984, S. 769–800
Freud, S.: Wege der psychoanalytischen Therapie. GW Bd. 12
Laplanche, J.; Pontalis, J.-B.: Das Vokabular der Psychoanalyse. Frankfurt/M. 1994
Thomä, H.; Kächele, H.: Lehrbuch der psychoanalytischen Therapie, Bd. 1 Grundlagen. Berlin, Heidelberg 1989   UM

Abstinenzsyndrom (Entzugserscheinungen)

Bezeichnung für Entzugserscheinungen nach Absetzen eines regelmäßig zugeführten, → Sucht hervorrufenden Stoffs. Solche zeigen sich in psychologischer Hinsicht in Unruhe, Angstzuständen, Verstimmungen. In physiologischer Hinsicht machen sich Entzugserscheinungen vor allem in vegetativen Erscheinungen wie Zittern, Frieren oder Schweißausbrüchen, aber auch durch Durchfall, Erbrechen, Übelkeit, Schlaflosigkeit und Krampfanfällen bemerkbar (→ Drogen).   JD

Abtreibung

Im heutigen Sprachgebrauch versteht man unter Abtreibung jeden künstlich herbeigeführten Schwangerschaftsabbruch.

Die Diskussion um Abtreibung steht in engem Zusammenhang mit den Fragen, wann menschliches Leben beginnt und ob und wann allenfalls versehrtes Leben zu-

rückgewiesen werden dürfe. Sie wird insbesondere vor religiösem, ethischem und gesellschaftlichem Hintergrund oft kontrovers geführt. Dabei geben die Achtung vor ungeborenem Leben, der Respekt vor der psychischen und physischen Notlage der Mutter, die Frage um unterschiedliche medizinische Möglichkeiten und die Frage der Beteiligung und Mitverantwortung des Vaters die Hauptargumente ab. Zunehmend häufiger geschieht Abtreibung aufgrund → Pränataler Diagnostik (eugenische Indikation). In vielen Ländern gilt die Fristenlösung, d. h. der Abbruch einer Schwangerschaft in den ersten drei Monaten ohne Grundangabe (Bundesrepublik Deutschland unter Ausschluß eugenischer Indikation). Abtreibung wird in vielen Ländern als Geburtenregelungsmethode verwendet.

Verhütungs- und Abtreibungsmethoden

Der Übergang von Verhütungsmitteln zu Frühabtreibungsmitteln ist fließend, je nach Beantwortung der Frage, wann Leben beginnt. Die *Hormon-Pille* verhindert, daß ein befruchtungsfähiges Ei heranreift. Eine Befruchtung wird bei sorgfältiger täglicher Einnahme fast immer verhindert. Die *»Pille danach«* verhindert den Aufbau der Gebärmutterschleimhaut und die Einnistung des befruchteten Eis, ähnlich wie die mechanisch und hormonell wirkende *intrauterine Einlage (Spirale, IUD)*.

Das verbreitetste Mittel zur Abtreibung ist zur Zeit die *Absaugmethode* während der ersten 12 Wochen der Schwangerschaft. Eileiterentzündung oder Gebärmutterverletzungen bringen ein gewisses Risiko für spätere Unfruchtbarkeit. Eine *Ausschabung (Curettage)* der Schleimhaut mit dem eingenisteten Embryo kommt zu späterem Zeitpunkt der Schwangerschaft und außerdem bei unvollständiger Abortion zur Anwendung.

Prostaglandine, die auch zur schonenden Einleitung einer Geburt verwendet werden, können bei späten Abbrüchen eingesetzt werden. Sie haben gelegentlich starke Nebenwirkungen. Teilweise heftig umstritten ist gegenwärtig die künstlich hergestellte Substanz *RU 486* (Mifepriston), erstes Medikament, durch das eine entstandene Schwangerschaft hormonell abgebrochen werden kann. Für eine komplette Gewebsausstoßung muß die Anwendung zur Zeit in Kombination mit einem Wehenmittel (Prostaglandin) erfolgen. Der Abort kann dadurch schmerzhaft sein. Die Anwendung von RU 486 ist in Deutschland nicht erlaubt, in der Schweiz auf dem Weg zur Zulassung.

Seelische Verarbeitung eines Schwangerschaftsabbruchs

Jeder Schwangerschaftsverlust hat i. d. R. Auswirkungen auf die seelische und gelegentlich auch auf die körperliche Befindlichkeit einer Frau. Diese Auswirkungen reichen von normaler Trauer (→ Tod) bis zum sogenannten → Post Abortion Syndrom.

Kenntnis um Trauerprozesse allgemein, aber auch um die von Petersen (1990) beschriebenen und von der Autorin hier in fünf erweiterten *Dimensionen seelischer Verarbeitung* könnten dabei hilfreich sein.
1. Ebene: normalpsychologische Bewältigungsformen im Dienste der seelischen Stabilisierung, z.B. Trauer, depressive Reaktionen, Schuldvorwürfe an sich und den Partner, Rückgängigmachung durch erneute Schwangerschaft.
2. Ebene: Durchbruch destruktiver Tiefenerlebnisse in Form von z.B. Panik, emotionaler Verwirrung, Träumen, unverarbeitetem Haß gegen Männer. Geschieht dieser Durchbruch im geschützten therapeutisch-seelsorgerlichen Rahmen, kann unter Umständen eine Entlastung eintreten.
3. Ebene: Akzeptieren individueller Verantwortung und existentieller Wirklichkeit. Schmerzliche Wahrheit, Trauer und die Wandlung von Schuldgefühlen in bewußt vollzogene Verantwortung können als Reifungsschritt im geistlichen Raum geschehen.
4. Ebene: Formung einer »inneren Zwiesprache mit dem Kind«. Spürt eine Frau in

bezug auf die Existenz ihres toten Kindes, das sie selbst auf diese Weise konkret spürt, Akzeptanz durch seelsorgerliche Begleitung, kann sich dies sehr heilsam auswirken.
5. Ebene: Nun kann das Kind in seelsorgerlichem Prozeß aus dem Vertrauen zu Gott liebevoll und bewußt in dessen Obhut verabschiedet werden.

Die Auseinandersetzung zwischen der Frau und dem zeugenden Vater des Kindes ist damit noch nicht gelöst und braucht weitere therapeutische Schritte. Wo Männer um eine Schwangerschaft wissen, müssen sie oft erst die dazugehörigen seelischen Regungen zulassen und Mitverantwortung für die Zeugung des Kindes und den Abbruch bewußt übernehmen lernen. In einem weiteren Schritt gilt es, sich den möglicherweise erscheinenden zugehörigen Schuldgefühlen zu stellen, insbesondere da, wo der rasche Problemlösungsweg in Verdrängung und Beziehungsabbruch bestand.

Abtreibung vor biblischem Hintergrund

Vor biblischem Hintergrund taucht einerseits die Feststellung auf, daß der Mensch bereits vor seiner Zeugung von Gott gekannt ist (vgl. z. B. Ps 139,14-16; Jer 1,5). Ebenso warnt das NT Christen jedoch vor schneller Verurteilung. Das NT geht von gelebter Beziehung zu Jesus Christus aus. Gefahr besteht im Urteilen und Versagen von echter Hilfe (Lk 6,36ff).

Die Situation der Ambivalenz dem werdenden Leben gegenüber braucht eine Atmosphäre der Akzeptanz, in der sowohl das Austragen wie auch das Nicht-Austragen phantasiert werden können. Insbesondere gilt dies für vom Mann in ihrer Entscheidung allein gelassene schwangere Frauen. Durch empathisch nicht-wertendes Zuhören können auch Anteile, die bisher wegen starker Umgebungsreaktionen vielleicht nicht gespürt werden konnten, wie z. B. eigene Wünsche und Bedenken einfließen und gerade so den Weg zum Austragen einer Schwangerschaft eröffnen. Oft treten diese sonst als quälende Gedanken erst nach der Entscheidung auf. Die überfordernde Lebenslast mit einem Kind, das vielleicht noch behindert ist, kann Frauen in ihrer Ausweglosigkeit und bei Mangel an äußerer Unterstützung praktisch zwingen, sich für eine Abtreibung zu entscheiden.

Abtreibung in Psychotherapie und Seelsorge

Der Wert des von Gott geschaffenen Lebens (Genesis) kann tief wahrgenommen, jedoch nicht zu einem Prinzip und unmenschlichen moralischen Gesetz erhoben werden, das die Gnadenerfahrung des NT übersteigt. Die Angst vor dem Schuldigwerden des Seelsorgers kann in Kombination mit christlichem Vollkommenheitsstreben vor einer echten gegenwärtigen Begegnung mit Jesus im Gebet stehen. Der Glaube des Seelsorgers an die alles übersteigende göttliche Gnade befreit von der Gefahr persönlicher Voreingenommenheit und ermöglicht betendes Hören auf die jeweilige Situation. Inneres, segnendes Gebet und Fürbitte für Frau, Kind und Mann macht das Hören auf Gottes Geist möglich und kann Schritte eröffnen, die bisher nicht im Blickfeld lagen. Begleitung zu diesem Thema entscheidet sich daher wesentlich an der Gnadenerfahrung des Seelsorgers.

Literatur:
Lauritzen, C.: »Empfängnisverhütung in der Adoleszenz«, in: Therapeutische Umschau Bd. 51 (Heft 5/1994 Bern), Teenager-Schwangerschaften/Abbrüche und soziale Folgen, S. 316-318
Petersen, P.: »Dimensionen seelischer Verarbeitung des Schwangerschaftsabbruchs bei der Frau«, in: Praxis der Psychotherapie und Psychosomatik 35/1990, S. 33-39

Abwehr/-mechanismus

Unter Abwehr versteht man heute ganz allgemein den Umgang eines Menschen mit schwierigen Situationen oder Gefühlserfahrungen. Dabei unterscheidet man unreife (neurotische) und reife Abwehrmechanismen, die auch als Bewältigungsmechanismen bezeichnet werden. Psychisch gesunde Menschen (→ Gesundheit) gehen mit Konflikten realitätsgerecht (reif) um. Der Konflikt bleibt ihnen bewußt und wird unter vernünftigem Abwägen gelöst, ohne daß übermäßige innere Spannungen auftreten.

Grundsätzlich gibt es fünf Wege zur reifen Konfliktlösung:

– *Innere Vorbereitung* (Antizipation): Man sieht ein Ereignis kommen und stellt sich darauf ein.
– *Sublimation*: Weniger akzeptable (niedere) Strebungen werden umgewandelt in »höhere«, akzeptablere Strebungen, z. B. Holzhacken statt Wutanfall, Musizieren statt gekränkter Rückzug.
– *Bewußter Verzicht* auf einen Wunsch bzw. Beherrschung und Kontrolle.
– *Humor*: Lachen über sich selbst (→ Intention, paradoxe).
– *Nächstenliebe* (Altruismus).

Für den neurotischen Menschen (→ Neurose) wird jeder Konflikt zu einer persönlichen Bedrohung, die tiefgreifende → Ängste auslöst. Die Reaktionsmuster, die ihm dabei helfen, sich zu schützen, nennt man auch Abwehr. Die Reaktionsweisen sind nach außen oft schlecht verständlich und können Leiden für den Betroffenen verursachen und Beziehungen zu anderen empfindlich stören. Zu den neurotischen oder unreifen Abwehrmechanismen werden folgende Reaktionen gezählt:

– *Projektion*: Man unterschiebt anderen die Motive, die man selber in sich trägt (man sieht den Splitter im Auge des andern, ohne den Balken im eigenen Auge wahrzunehmen).
– *Dissoziation* (Spalten, Isolieren): Aufspalten in Schwarz und Weiß ohne Zwischentöne, isoliertes Idealisieren eines Menschen oder einer Situation, ohne die Nachteile zu sehen.
– → *Verdrängung:* Gefühle oder Einsichten werden nicht zugelassen (»Mein Sohn nimmt keine Drogen«, obwohl die Anzeichen offensichtlich sind).

- *Verschiebung:* Ein Trieb richtet sich nicht auf das eigentliche Objekt, sondern verschiebt sich auf ein anderes, z. B. Wut auf den Chef wird am Hund ausgelassen (oder an der Familie).
- *Rationalisierung:* Ein schmerzliches Gefühl wird durch »vernünftige« Gründe überdeckt, »weg-erklärt«.
- *Reaktionsbildung* (Verkehrung ins Gegenteil): z. B. ein unerwünschtes Kind wird überbehütet und verwöhnt.
- → *Hypochondrie:* Negative Gefühle werden durch ständige Klagen über körperliche Beschwerden und Ängste ausgedrückt.
- *Passive* → Aggression: Innere Feindseligkeit wird nicht direkt geäußert, sondern indirekt durch Leistungsverweigerung: ständige Verspätung, provokatives Benehmen, Tölpelhaftigkeit, selbstschädigendes Verhalten.
- *Flucht in die Phantasie:* Menschen, die äußerlich in einfachen Verhältnissen und unspektakulären Berufen stehen, sehen sich in Tagträumen als Helden, Befreier, umjubelte Stars etc.
- *Aus-Agieren:* → Triebe, Strebungen und → Gefühle werden in dramatischer Weise ohne Rücksicht auf das Umfeld und mögliche eigene Nachteile ausgelebt. Beispiele: sinnloses Betrinken, wahllose sexuelle Beziehungen, zielloses Davonlaufen.

Abwehrmechanismen sind nicht immer als negativ zu bewerten. Oftmals sind sie vielleicht der einzige Weg, wie jemand in den drängenden inneren Konflikten überleben kann. Die Abwehrmechanismen wirken dann wie der Panzer einer Rüstung: Er schützt seinen Träger vor Verletzungen, aber er beschwert ihn auch und macht ihn weniger beweglich.

Literatur:
Andreasen, N. C., Black, D. W.: »Abwehr- und Bewältigungsmechanismen«, in: Andreasen, N. C.; Black, D. W. (Hg.): Lehrbuch Psychiatrie, S. 408–411, Weinheim 1993
Freud, A.: Das Ich und die Abwehrmechanismen, Frankfurt 1984
Shapiro, D.: Neurotische Stile, Göttingen 1991
                                                                SP

Adipositas/Obesitas (Fettsucht)

Adipositas ist eine insbesondere in unserem Kulturkreis häufig vorkommende → Eßstörung

Hauptmerkmale

Adipositas ist willkürlich definiert als die Zunahme des Körpergewichts von mehr als 20 % des Normgewichts. Die Adipositas kann in eine *leichte* (20–40 % Übergewicht), *mittlere* (41–100 %) und eine *schwere Form* (> 100 %) Übergewicht eingeteilt werden. Begriffe wie Fettsucht, Überernährung oder Übergewicht decken also viele Zustände ab. Die große Zahl der Betroffenen weist schon darauf hin, daß jegliche Generalisierung ungenau und irreführend sein muß.

Ursachen der Adipositas

Die Ursache der Adipositas ist unbekannt, der Mechanismus jedoch einfach: Die Energiebilanz des Körpers ist unausgeglichen, es wird mehr Energie in Form von Nahrung zugeführt, als abgegeben wird. Eine ganze Reihe von Faktoren können an der Entstehung der Adipositas beteiligt sein. Es wird angenommen, daß das Körpergewicht vieler Menschen einschließlich der Übergewichtigen einer physiologischen Regulation unterliegt und daß die Erhöhung des individuellen »Sollwertes« für die Adipositas verantwortlich ist. Jüngste Forschungen haben eine neurophysiologische Grundlage für die Regulation des Körpergewichtes und für die Einstellung des Sollwertes angedeutet.
- *Soziale Faktoren*
Adipositas tritt bei Frauen der Unterschicht (in unserem Kulturkreis) sechsmal häufiger auf als bei jenen aus der Oberschicht. Man kann daraus folgern, daß das Hineingeborenwerden in eine bestimmte soziale Schicht ein wesentlicher Faktor für die Fettleibigkeit ist.

Alter bei Ausbruch
Die meisten Menschen werden als Erwachsene fettsüchtig, und das Auftreten von Adipositas steigt mit zunehmendem Alter an.

Störungen der inneren Sekretion und des Stoffwechsels sind eher die Folge als die Ursache der Adipositas.

Psychische Faktoren
Der Einfluß psychischer Faktoren auf die Adipositas ist unklar. Zwar »überfressen« sich viele übergewichtige Menschen bei entsprechender Stimmungslage, aber dies tun viele Normalgewichtige auch. Die Annahme, daß alle fettsüchtigen Menschen emotional gestört seien, ist unzulässig.

Bei einigen der Übergewichtigen ist die Adipositas psychopathologisch bedingt, insbesondere bei jungen, von Kindheit an übergewichtigen Frauen der oberen und mittleren sozioökonomischen Schichten. Sie können gestörte Eßgewohnheiten aufweisen und sind für ein anderes unangenehmes Syndrom sehr anfällig: der verzerrten Wahrnehmung des eigenen Körpers. Dies führt zur Befangenheit und zu gestörtem Sozialverhalten. Bei der Diskussion über emotionale Aspekte hat Hamburger vier psychische Faktoren genannt, die übermäßigem Essen zugrunde liegen können:

Reaktion auf emotionale Spannungen wie Einsamkeit, Angst, Langeweile
– Chronische Spannungs- und Frustrationszustände. Nahrungsmittel dienen als Ersatzbefriedigung in unerfreulichen oder intolerablen Lebenssituationen über eine längere Zeit.
– Emotionale → Krankheit, meistens eine → Depression
– → Sucht: zwanghafte, intensive Gier nach Nahrung ohne Bezug zu äußeren Lebensereignissen.

Genetische Faktoren
Adipositas tritt familiär gehäuft auf. Wenn beide Elternteile betroffen sind, ist bei 80 % der Kinder mit Fettleibigkeit zu rechnen; bei nur einem übergewichtigen Elternteil liegt die Rate bei 40%, während bei normalgewichtigen Eltern nur bei 10 % der Kinder eine Adipositas festgestellt werden konnte. Dieses familiär gehäufte Auftreten ist zumindest teilweise genetisch bedingt.

Entwicklungsfaktoren
Mit zunehmendem Alter ist eine Neigung zur Gewichtszunahme zu beobachten; die Prävalenz der Adipositas verdoppelt sich im Alter zwischen 20 und 50 Jahren.

Physische Aktivität
Die eingeschränkte körperliche Aktivität der Überflußgesellschaft wird als Hauptfaktor für die Entstehung der Adipositas angesehen. Experimente lassen vermuten, daß neben dem geringeren kalorischen Bedarf aufgrund der vorwiegend sitzenden Lebensweise auch ein paradoxer Effekt der Nahrungsaufnahme zur Entwicklung der Adipositas beiträgt: Bei Einschränkung der körperlichen Aktivität fällt die Nahrungsaufnahme weniger stark ab, als sie bei steigendem Energieverbrauch zunimmt. Bei manchen Personen kann eine verringerte physische Aktivität die Nahrungsaufnahme sogar erhöhen.

Symptomatik

Die offensichtliche Verunstaltung der Figur durch die Fettmassen lassen eine Adipositas auf den ersten Blick erkennen. Der von den umgebenden Fettmassen auf den Thorax ausgeübte Druck kann zusammen mit den großen Fettansammlungen, die auf das Zwerchfell drücken, lebensbedrohlich sein. Die Einschränkung der Leistungsfähigkeit der Atmung kann bei minimaler Belastung entsprechende Störungen verursachen, bis hin zu Bewußtseinstrübungen.

Am Bewegungsapparat kann Adipositas zu zahlreichen Störungen führen. Senk- und Spreizfüße, im höheren Alter Beschwerden wie Knie- und Hüftgelenksarthrose. Varizen an den Beinen, Thrombose usw. sind, teils wegen der veränderten Statik, teils wegen des behinderten venösen Rückflusses, vermehrt zu beobachten. Hauterkrankungen kommen bei Übergewichtigen besonders häufig vor. Durch das verringerte Verhältnis von Körperoberfläche zu Körpermasse ist die Wärmeabgabe eingeschränkt, so daß Adipöse sehr stark schwitzen, besonders nach den Mahlzeiten. Durch die vermehrte Schweißabsonderung entsteht zwischen den Fettwülsten ein exzellentes Nährmedium für das Wachstum von Mikroorganismen. Bei Bewegung kommt es zu Reibungen zwischen den Hautfalten, was schmerzhafte und lästige Ekzeme hervorrufen kann. Häufig kommt es zu leichteren Ödemen an den Füßen und im Bereich der Knöchel.

Adipositas in Psychotherapie und Seelsorge

Die Prognose der Adipositas ist ungünstig. Unbehandelt neigt sie zu einem progressiven Verlauf. Beim Versuch der Gewichtsabnahme kann es zu Komplikationen kommen: Angstzustände und depressive Reaktionen treten bei der Hälfte der Patienten auf, die sich in medizinische Behandlung begeben. Das Ziel jeder Therapie der Adipositas ist ein kontinuierliches Energiedefizit, also daß weniger Kalorien zugeführt als verbraucht werden. Hierfür eignen sich spezielle Kliniken, aber auch die Schule ist ein günstiger Ort zur spezialisierten Erziehung des Ernährungsverhaltens und körperlicher Aktivität; es gibt jedoch noch wenig Programme, die für übergewichtige Jugendliche entworfen sind. Verhaltenstherapeutische Ansätze (→ Verhaltenstherapie) sind die besten, da sie die für den Langzeiterfolg grundlegend wichtigen Faktoren fördern: Reduktion und Kontrolle der kalorischen Zufuhr, mit ausgewogener Wahl normaler Nahrungsmittel und gesteigerte körperliche Aktivität wie Wandern, Schwimmen, Tanzen.
Neben diesem Ansatz wird je nach Reifestadium auch an den Auslösern (System), an dem Lebensmotto und an der Sinnfrage bzw. den Zielen gearbeitet. Außerdem hilft auch der kontinuierliche Besuch einer therapeutischen Gruppe.

Literatur:
Bruch, H.: Eßstörungen. Zur Therapie von Übergewicht und Magersucht, Frankfurt/M. 1991
Dieterich, M.: Handbuch Psychologie und Seelsorge, Wuppertal und Zürich 1992, S. 43–48
Langsdorff, M.: Die heimliche Sucht, unheimlich zu essen, Frankfurt/M. 1985

Minirth, F. et al.: Liebeshunger, Heilung von Eßsucht, Asslar 1992   HLD

Adoleszenz → Jugendalter

Adrenalin → Neurotransmitter

Affekte → Gefühle

Aggression

Aggression (von lat. *aggredi* = angreifen) umschreibt viele verschiedene Verhaltensweisen wie Angriffs-, Droh- oder Kampfverhalten mit dem Ziel der Dominanz gegenüber einem Gegner der gleichen oder der anderen Art bzw. zerstörerische Reaktionsweisen auf als bedrohlich wahrgenommene Reize, mit der Absicht, einem Individuum oder einer Gruppe Schaden zuzufügen. Aggression gehört zu den in der → Psychologie am meisten beachteten Emotionen (→ Gefühle). Aggression spielt sich auf mehreren Ebenen ab: auf der kognitiven, der verbalen und der Handlungsebene. Sie tritt sichtbar in Erscheinung als primitive Reaktion (wie z. B. mutwilliges Beschädigen und Zerstören von Personen und Dingen, Beißen, Schlagen, Treten, unangemessenes Schreien, Flüche und Verwünschungen, besinnungsloser Jähzorn) bis hin zu sublimsten Reaktionen, wie etwa mutwillige Rache, Schadenfreude, Entwerten, Herabsetzen. Im Bereich der → Sexualität äußert sich Aggression vor allem als Lust an Grausamkeit und Zufügung von Schmerz (→ Sadismus).
Äußerlich sichtbare Ausdrucksformen der Aggression lassen sich systematisieren und in folgende Dichotomien einordnen:
1. offen gezeigte Aggression (körperlich, verbal) vs. verdeckt-hinterhältige Aggression (auch aggressive Phantasien);

2. direkte Aggression vs. indirekte Aggression;
3. aktiv-handelnde Aggression (des Aggressors) vs. passiv-erleidende Aggression (des Opfers);
4. nach außen gewandte primäre Aggression (Fremd-Aggression) vs. nach innen gewandte sekundäre Aggression (Selbst-Aggression, Autoaggression, als Ausdruck gehemmter bzw. verdrängter Außenaggression, z. B. Selbstschädigungen wie Suizid, Selbsthaß, Masochismus);
5. Einzelaggression (gegen einzelne Personen gerichtete individuelle Aggression) vs. Gruppenaggression (gegen größere Gruppen, Gemeinschaften oder Völker gerichtete Aggression).
Inhaltlich unterscheidet man folgende Formen der Aggression:
1. positive (prosoziale, produktive, kulturell kanalisierte und gesellschaftlich legitimierte) Aggression (z. B. die polizeiliche Durchsetzung der Rechtsvorschriften oder die gerichtliche Bestrafung von Gesetzesübertretungen) vs. negative (antisoziale, illegitime und von der Gesellschaft sanktionierte) Aggression;
2. expressiv-impulsive (spontane) Aggression (Wut, Zorn als konditionierte Antwort auf Schlüsselreize) vs. bewußt-feindselige Aggression vs. instrumentelle Aggression (Aggression dient der Verfolgung anderer Ziele wie Besitzstreben, Machtgewinn, Territorialverhalten, Konkurrenzkampf);
3. freiwillige Aggression vs. Aggression auf Befehl;
4. spielerische Aggression vs. ernstgemeinte Aggression.

Wie entsteht Aggression?

Entscheidende Schritte auf dem Weg zur Auslösung von Aggression sind aufeinanderfolgend die Wahrnehmung von als bedrohlich eingestuften Reizen, die Auswahl einer aggressiven Verhaltensantwort als eine von mehreren möglichen Reaktionsweisen, die Entscheidung darüber, dieses Verhalten

auch auszuführen und vorhandene Hemmungspotentiale außer acht zu lassen und schließlich die vorweggenommene Bewertung der möglichen Konsequenzen auf die beabsichtigte Ausführung der aggressiven Handlung. Dabei begünstigen Anonymität des Aggressors, Anwesenheit von abgelehnten oder stigmatisierten Minderheiten und Randgruppen (Außenseiter, »Sündenböcke«), aggressive Vorbilder in Massenmedien (v. a. Film und Fernsehen) und aggressionsauslösende Hinweisreize (z. B. Fäuste, Waffen, Beschimpfungen, Beleidigungen) die Ausübung von Aggression. Außerdem können sich auch Einflußfaktoren wie die Annahme genetischer Determination, körperliche Belastungszustände (Schmerzen, Krankheit, Überanstrengung, Übermüdung, Streß), bestimmte Zustände des zentralen Nervensystems (beeinflußt z. B. durch Alkohol, Drogen), aber auch sexuelle Stimulation, die Ausschüttung männlicher Hormone (v. a. Testosteron) oder das jüngere Lebensalter des Aggressors verstärkend auswirken.

Aggression in Psychotherapie und Seelsorge

In der Psychologie werden Verfahren zum Abbau individueller Aggression angeboten (z. B. Wahrnehmungsschulung und Analyse von aggressionsauslösenden Hinweisreizen und Situationen, Erlernen aggressionsmindernden Verhaltens und von Entspannungsverfahren, Abreaktions- und Problemlösetechniken, Möglichkeiten des Aufbaus prosozialen Verhaltens als Handlungsalternative, Selbstsicherheitstrainings für Formen angemessener Selbstbehauptung und Selbstkontrolle, Förderung der kognitiven Perspektivenübernahme und emotionalen Empathie). Zu beachten ist, daß die Äußerung der Aggression im sozial relevanten Kontext aggressives Verhalten nicht im Sinne einer »kathartischen Entladung« reduziert, sondern eher die zukünftige Auftrittswahrscheinlichkeit von Aggression erhöht. Umstritten ist, ob die Darstellung von Gewaltszenen in Bildmedien beim Betrachter Wirkung zeigt in Form einer Aggressionsabfuhr oder aber negative Vorbildfunktion als Anreiz zu eigenem aggressiven Verhalten hat. Dagegen trägt zur erfolgreichen Minderung der Aggressionsneigung die Bewußtwerdung und Kontrolle aggressiv-emotionaler Inhalte bei sowie freundliches oder selbstdiszipliniertes Verhalten, sofern das zur Reduktion der aversiven Reize führt.

Literatur:
Huber, G.: Psychiatrie. Systematischer Lehrtext für Studenten und Ärzte, Stuttgart, New York 1987
Oerter, R.; Montada, L.: Entwicklungspsychologie. Ein Lehrbuch, München, Weinheim 1987
Petermann, F.; Petermann, U.: Training mit aggressiven Kindern. Einzeltraining, Kindergruppen, Elternberatung, Weinheim 1991
Selg, H. (Hg.): Zur Aggression verdammt? Ein Überblick über die Psychologie der Aggression, Stuttgart 1971
Selg, H.; Mees, U.; Berg, D.: Psychologie der Aggressivität, Göttingen 1988   AK

Agnosie

Agnosie, auch »Seelenblindheit« genannt, ist die Unfähigkeit, Objekte zu erkennen, obwohl die dazu notwendigen Sinnesorgane funktionstüchtig sind. Eine optische Agnosie wäre beispielsweise dann vorhanden, wenn ein Becher zwar gesehen, jedoch als solcher nicht erkannt wird. Der Betroffene kann lediglich über andere Sinneseindrücke, beispielsweise das Ertasten der Form, einen eigentümlichen Klang usw. über den entsprechenden Gegenstand Aufschluß bekommen.   JD

Agoraphobie → Angst

Alkoholismus → Sucht

Alphawellen → Entspannung

Alterspsychose → Alzheimersche Erkrankung

Alzheimersche Erkrankung

Es gibt eine große Anzahl von schweren dementiellen Erkrankungen im Verlauf des Alterns. Unter dementiellen Erkrankungen versteht man alle körperlich bedingten Erkrankungen, die mit einem Nachlassen und Verfall geistiger Fähigkeiten verbunden sind. Zwei bekannte und immer häufiger auftretende dementielle Erkrankungen sind die Alzheimersche Erkrankung (so genannt nach dem Neurologen Alois Alzheimer, der 1906 dieses Krankheitsbild erstmalig beschrieben hat) und die sog. Multiinfarktdemenz. Derzeit geht man davon aus, daß ca. 1 000 000 Menschen an Alzheimerscher Erkrankung erkrankt sind. Jährlich kommen in Deutschland ca. 50 000 Neuerkrankungen dazu. Es wird geschätzt, daß etwa 15 % der über 65jährigen von einer dementiellen Erkrankung betroffen sind. Die Alzheimersche Erkrankung hat daran einen Anteil von 60 bis 70 %. An zweiter Stelle liegt mit 20 bis 30 % die gefäßbedingte Multiinfarktdemenz. Diese Erkrankung wird i. d. R. durch eine Vielzahl kleinerer Infarkte im Gehirn hervorgerufen. Daneben kennt man Mischformen oder andere aus einer Reihe von über 50 verschiedenen, z. T. sehr seltenen dementiellen Erkrankungen.

Mögliche Ursachen der Alzheimerschen Erkrankung sind Eiweißstoffwechselstörungen und Gehirnschwund. Gehirnschwund muß jedoch nicht zwangsläufig zu einer Alzheimerschen Erkrankung oder zu Leistungseinbußen führen. Die klinischen Symptome der Alzheimerschen Erkrankung zeigen sich in Störungen des Gedächtnisses, des Denkens, der Wahrnehmung, des Antriebs, des Affekts und der Affektsteuerung, sowie in den praktischen Fähigkeiten.

Besonders wichtig ist die differentialdiagnostische Abgrenzung zu schweren depressiven Störungen (z. B. major depression), bei denen ebenfalls Konzentrations- und Gedächtnisprobleme auftreten können. In solchen Fällen spricht man von einer sog. »Pseudodemenz«.

Literatur:
Allard, M.; Signoret, J.-L.; Stalleicken, D.: Alzheimer-Demenz. Berlin, Heidelberg, New York 1988
Dieterich, M.: Depressionen, Gießen, Basel 1993
Fischer, J. D.; Schwarz, G.: Alzheimer-Kranke verstehen. Hilfen für Angehörige und Pflegende, Freiburg 1993   WV

Ambiguitätstoleranz

Ambiguitätstoleranz meint die Fähigkeit des Akzeptierens widersprüchlicher oder unterschiedlicher Lösungsmöglichkeiten für gleichartige Probleme (→ Kreativität).
                                                             VJD

Amnesie

Amnesie (von gr. *mnesis* = Erinnerung) bedeutet wörtlich ein Nichterinnern und sinngemäß eine Störung der Gedächtnisfunktion. Man versteht darunter eine Beeinträchtigung der Erinnerung, d. h. eine Störung der Aufnahme, der Speicherung, des Abrufens oder der Anwendung von Information und/oder Erfahrung.

Bei der Amnesie unterscheidet man Störungen des Kurz- und des Langzeitgedächtnisses. Im Kurzzeitgedächtnis werden Gedächtnisinhalte für ca. 60 Sekunden festgehalten, danach werden sie entweder vergessen oder ins Langzeitgedächtnis überführt und dort in Form von sog. Engrammen (Erinnerungsspuren) gespeichert.

Eine Amnesie kann durch eine Gehirnkrankheit (z. B. Hirnhautentzündung), eine Durchblutungsstörung (z. B. Arteriosklerose), eine Verletzung (z. B. Gehirnerschütterung), eine Vergiftung (z. B. Alkohol, Medikamente) oder einen Abbauprozeß (z. B. Alzheimersche Erkrankung) bedingt sein.

Beispielsweise kann ein Schädel-Hirn-Verletzter eine Sekunde bis Tage andau-

ernde Zeitspanne vor (retrograde Amnesie), während (congrade Amnesie) oder nach der Verletzung (anterograde Amnesie) nicht mehr erinnern, alle Engramme für diese Zeit sind ausgelöscht.

Für Zeiten, in denen das Wachbewußtsein abgeschaltet ist (Schlaf, schwere Alkoholvergiftung), besteht eine natürliche Amnesie. Aber auch für Zeiten des Schlafwandelns, in denen der Betroffene für Außenstehende wach erscheint, besteht eine Amnesie.

Sonderformen

– *Psychogene Amnesie:* Sehr schmerzhafte oder beschämende Erinnerungen (z. B. Kriegserinnerungen, Foltersituationen, Vergewaltigungen) werden aus dem Gedächtnis verdrängt und nicht mehr erinnert, können sich aber weiterhin auf Erleben und Verhalten auswirken, gegebenenfalls nach Bearbeiten des verursachenden »psychologischen Dramas« wieder erinnert werden.
– *Posthypnotische Amnesie:* Nach Beendigung der → Hypnose werden Befehle, die während der Hypnose gegeben wurden, ausgeführt, obwohl man sich nicht an diese Befehle erinnern kann.
– *Korsakow-Amnesie* (besonders bei chronischem Alkoholismus): Kombination aus Merkfähigkeitsstörung, Orientierungsstörung und Falscherinnern.
– *Alzheimer-Amnesie* o. a. *senile Amnesie:* Fortschreitender Gedächtnisverlust, wobei das neue, das heißt zuletzt gespeicherte Informationsmaterial zuerst vergessen wird, während das »Altgedächtnis« (Kindheit, Kriegserinnerungen) am längsten erhalten bleibt.

Literatur:
Alzheimer-Gesellschaft, Berlin: Abschied vom Ich. Stationen der Alzheimerkrankheit, Freiburg 1995
Dickhaut, H.: Der alkoholkranke Patient, Basel 1992
Raff, M.: Arteriosklerose. Die neuesten Methoden zur Vorbeugung und Behandlung von Gefäßverkalkungen, Wien 1991
                                                             HD

Analytische Psychologie

Die Analytische Psychologie wird synonym auch Komplexe (Vernetzung psychischer Zusammenhänge) Psychologie genannt und ging aus der → Psychoanalyse Freuds als Weiterentwicklung (sog. »2. Schule«) hervor. Ihr Begründer ist C. G. Jung (1875–1961). Die Analytische Psychologie gewann starken Einfluß auf Bereiche wie Religion, Psychologie und Pädagogik.

Mit der Theorie Freuds gemeinsam ist ihr das Unbewußte als schöpferische Quelle des Bewußtseins. Jedoch erweitert sie das individuelle → Unbewußte um das sog. kollektive Unbewußte, das in den → Archetypen und dem kosmischen Unbewußten wurzelt.

Das kollektive Unbewußte ist mit überpersönlichen Inhalten der Menschheitsentwicklung gefüllt und verwirklicht sich im individuellen Unbewußten. Diese Inhalte sind die Archetypen, die sich als Urbilder von unseren Vorfahren ableiten und unser Denken, Fühlen und Träumen in unanschaulichen Aktions- und Reaktionsformen (Imago, vorsprachlich) beeinflussen. Sie sind auch in den Märchen und Mythen enthalten. Jung unterschied verschiedene Archetypen wie »Anima/Animus« und den zentralsten Archetyp: das Selbst.

Das Selbst entwickelt sich im Gegensatz zu Freud autonom (selbstregulierend zwischen unbewußtem und bewußtem Seelenleben) und ist komplementär, d. h., daß die Persönlichkeit des Menschen Gegensätze von Eigenschaften wie »männlich-weiblich« enthält. Durch eine ungleiche Entwicklung der Anteile (wie z. B. Vernachlässigung der weiblichen Seite des Mannes) kommt es zur Komplexbildung (immer wiederkehrende Muster im Verhalten mit der Unfähigkeit zum → Lernen) und zur → Neurose. In der komplexen Analyse wird die Nachreifung und Integration dieser Anteile (Individuation) durch die Methoden der gebundenen Assoziation und Amplifikation versucht.

Die Persönlichkeitstheorie von Jung baut auf den Gegensatzpaaren → Extraversion-Introversion und Intuition-Fühlen auf. Intuition ist nicht-diskursives Denken mit der Schau plötzlicher Zusammenhänge. Der Introvertierte ist mehr an der Innenwelt, als Abstraktem interessiert und handelt mehr beobachtend-defensiv. Der Extravertierte ist an der Außenwelt interessiert, der Wirklichkeit zugewandt und handelt aktiv-praktisch.

Kritische Bewertung der Analytischen Psychologie

Die Psychologie von Jung ist differenziert zu beurteilen. Jung hebt die Bedeutung religiöser Vorgänge für den Menschen hervor (Ermöglichung des Umgangs damit) und verbindet verschiedene Wissenschaften im ganzheitlichen Denken miteinander. Sein Begriff der Komplementarität ist von aktueller Bedeutung für die Physik.

Andererseits ist Jung unscharf in seiner Theoriebildung und daher unterschiedlich interpretierbar, d. h. offen für Esoterik und Okkultes (→ Okkultismus). Seine Methode der tiefenpsychologischen Textinterpretation ermöglicht die Umdeutung des Evangeliums in religiöse Erfahrungen (wie dies beispielsweise E. Drewermann vollzieht).

Unbestritten hat er aber den Dialog zwischen den Religionen gefördert, da er jeder Religion den gleichen Stellenwert zumißt und seine Sprache theologisch verstanden werden kann.

Literatur:
Drewermann, E.: Tiefenpsychologie und Exegese, Olten 1984/85
Hark, H. Der Traum als Gottes vergessene Sprache, Olten 1982
Jung, C. G.: Bild und Wort, Olten 1977   HS

Anamnese

In der Anamnese (→ Psychodiagnostik) wird die Lebens- und Krankheitsgeschichte eines Menschen erfaßt. Anamnese ist ein oft vernachlässigter Bestandteil der → Psychotherapie und → Seelsorge. Die folgenden Schwerpunkte sollten allerdings nicht im

Sinne einer Liste abgefragt, sondern eher aus den Gesprächen wie ein Puzzle zusammengefügt werden, um schließlich ein möglichst umfassendes Bild der Person zu erhalten. Die Anamnese befaßt sich mit folgenden Frageschwerpunkten:

Allgemeine Informationen zur Familie und zum sozialen Umfeld
Charakterisierung von Eltern und Bezugspersonen – Geschwister: Reihe, Beziehung – Familienatmosphäre und soziales Milieu – gab es in der Familie psychische Erkrankungen oder z. B. ein Alkoholproblem?

Persönliche Anamnese
Geburt (normal, kompliziert?) – frühe Kindheit (besondere Vorkommnisse?) – altersgemäße Entwicklung oder Verzögerung? – allgemeiner Gesundheitszustand – pathogene Umweltfaktoren – Aufenthalt in Heimen, Krankenhäusern, »broken home«? – Versagungen, Verwöhnungen? – Kindheitsängste – Schulalter: Kameraden? Einzelgänger? *Sexualentwicklung:* – Pubertät (wann?), Aufklärung? – Schwangerschaften, Geburten, Fehlgeburten – sexuelle Beziehungen, ev. Abnormitäten? – Ehe, Familienplanung – *Soziales:* – Einschulung, Schulbildung, sonstige Ausbildung – Berufsausbildung, Wehrdienst – soziale Anpassung und Bewährung – Rollenübernahme, Freundschaften, Lebensstil – religiöse und ethische Orientierung, Weltanschauung (hier kann je nach Situation und Gemeindezugehörigkeit auch eine ausführliche Darstellung der geistlichen Entwicklung erfolgen) – bisherige Lebensbewältigung, Bewältigung von Schwellensituationen. *Frühere psychische Erkrankungen:* Zeitpunkt, Dauer, Art und Behandlungsweise früherer psychischer Störungen und Erkrankungen – vorausgegangene Suizidversuche – vorausgegangene psychotherapeutische Behandlung.

Literatur:
Adler, R.; Hemmeler, W.: Anamnese und körperliche Untersuchungen. Der biologische, psychologische und soziale Zugang zum Patienten, Stuttgart 1992

Blimlinger, E.: Lebensgeschichten. Biographiearbeit mit alten Menschen, Hannover 1994
Dehmer, J.: Anamnese und Befund. Die ärztliche Untersuchung als Grundlage klinischer Diagnostik, Stuttgart 1994
Osten, P.: Die Anamnese in der Psychotherapie. Ein integratives Konzept, München 1995
Tölle, R.: »Untersuchung«, in: Tölle, R. (Hg.): Psychiatrie, Berlin 1988
Willi, J.: Psychosoziale Medizin, Berlin 1986

SP

Anfechtung

Mit dem Begriff »Anfechtung« (bzw. Versuchung, Prüfung) wird der Versuch bezeichnet, einen Menschen von seinem Glauben und der damit verbundenen Lebensberufung abzubringen auf einen Weg, der Gott und seiner Berufung widerspricht.

In der Bibel gelten vor allem Abraham, Hiob, die leidenden Gerechten in den Psalmen, Jeremia und Jesus als Grundtypen des angefochtenen Menschen. Abraham wird von Gott geprüft (angefochten), seine Liebe zu Gott unter Beweis zu stellen und seinen Sohn zu opfern (1Mo 22,1ff). Hiob wird unter der Zulassung Gottes von Satan geprüft, ob seine Frömmigkeit nicht bloß auf einem materiellen Vorteil beruht, den er aus seiner Frömmigkeit zieht (Hiob; vgl. Ps 73). Jesus wird in der Wüste von Satan versucht, seinen messianischen Weg durch Leiden und Tod abzukürzen, um den Weg menschlichen und politischen Erfolges zu gehen, nicht den von Gott vorgesehenen Weg des Scheiterns und Leidens (Mt 4,1–11 par.). Jesus endlich lehrt seine Jünger, darum zu bitten, von Gott nicht in die »Versuchung« geführt zu werden. Wahrscheinlich ist damit die letzte große endzeitliche Anfechtungszeit gemeint, in der niemand ohne besondere Hilfe Gottes am Glauben festhalten kann (Mt 6,13; 26,41; vgl. 1Kor 10,13; Offb 3,10; vgl. auch Mt 24,22).

Die unbedingte Priorität der Liebe zu Gott, die Uneigennützigkeit des Glaubens, das Festhalten am niedrigen Weg Gottes bzw. der Berufung Gottes, all das ist Gegenstand der Anfechtung. Dazu tritt das Wissen, daß die Endzeit als besondere Anfechtungszeit erlebt wird, die Menschen von der Liebe zu Gott, vom treuen Glauben, von ihrer persönlichen Berufung abzubringen.

In der Reformation war es vor allem Martin Luther, der die Anfechtung theologisch ernst nahm. Die Anfechtung ist der Ort, wo Menschen das Glauben lernen, lernen, an Gott festzuhalten. Alles Eigene verliert man in der Anfechtung, sogar das eigene Glauben. Nur auf das, was Gott in der Weise seiner Verheißung verspricht, kann man sich berufen.

Der heutige Sprachgebrauch hat den Begriff »Anfechtung« individualisiert, psychologisiert und zugleich moralisiert. Zur »Anfechtung« wurden Schokolade und Süßwaren, damit man nicht dick wird; wurden Alkohol bzw. Sexualität, um bürgerliche Moralvorstellungen nicht zu überschreiten usw. Damit wurde die »Anfechtung« auf den einzelnen Menschen und auf die moralischen Vorstellungen der Gesellschaft bezogen, nicht mehr auf den Glauben, den Weg der Berufung Gottes. Seelsorge und Therapie wird darauf achten, diese Bedeutungsverschiebungen zurechtzurücken, zwischen moralischen und glaubensmäßigen Anfechtungen deutlich zu unterscheiden.

Wer steht hinter Anfechtungen, denen glaubende Menschen unterworfen sind? Bei Abraham (1Mo 22) und Hiob (Hi 1–2) steht deutlich Gott dahinter – allerdings im Wissen, daß die Glaubenden auch in der Versuchung an ihm festhalten werden (vgl. 1Kor 10,13). Jakobus weiß, daß Gott nicht versucht – und meint damit, daß Gott keine Absicht hat, durch Anfechtung zum Unglauben zu verführen (Jak 1,13ff; dahinter steht die tiefe Besinnung der ersten Versuchungsgeschichte beim Sündenfall: 1Mo 3,1ff).

Anfechtung in Psychotherapie und Seelsorge

In Seelsorge und Beratung sind diese theologischen Aspekte ernst zu nehmen und zu ergänzen. Ungeklärte Ich-Prägungen, prä-

gende Lebenserfahrungen, Über-Ich-Dominanten usw. prägen die Vorstellungen eines Menschen von dem, was richtig und was falsch ist. Seelsorge und therapeutische Beratung haben hier anzusetzen. Hängen anfechtungsartige Erfahrungen mit psychischen Prägungen zusammen, die zu befragen, ja zu korrigieren sind?

→ Gewissen, Über-Ich-Maßstäbe usw. können überbetont sein, so daß sie auf ein gesundes Lebensmaß reduziert werden müssen. Ist das der Fall, so hat Beratung zunächst diesen psychologischen Dienst zu tun. Vieles, was als »Anfechtung« bezeichnet wird (Eßlust; bloß moralisch bzw. erziehungsmäßig vorgegebene Maßstäbe), muß in andere Ausdrücke umbenannt werden, um seine Wirkung zu verlieren. Endlich ist auf die biblische Dimension der Eschatologie zu achten. Die »Endzeit« wird eine besondere Zeit der Anfechtung sein, in der auch der glaubende Mensch nur durch Gottes Hilfe seine Treue bewahren kann, indem er bittend und auf Gott angewiesen seinen Weg geht (Mt 6,13 etc.).   WB

Angst

Angst ist wohl auf den lateinischen Begriff der *anxietas* (Ängstlichkeit) zurückzuführen, der eine Vorstellung von Strangulation einschloß. Angst stellt, im Gegensatz zur → Furcht, eine Reaktion auf eine eher unbestimmbare Bedrohung dar. Angst ist ein unangenehmer Gefühlszustand, der mit psychosomatischen Beschwerden, Beklemmung, Bedrückung, Erregung, oft auch quälender Verzweiflung einhergeht, und durch jede real erlebte oder auch bloß gedachte, häufig nicht einmal voll bewußte Lebensbeeinträchtigung oder -bedrohung hervorgerufen werden kann.

Gesunde und krankhafte Formen der Angst

Angst ist ein Grundphänomen der menschlichen Existenz. Ohne Angst könnten wir nicht überleben. Sie kann den Menschen in gefährlichen Situationen schützen. Wenn sie aber entgleist, so kann sie ihn hemmen, isolieren und zerstören.

Gesunde Angst

- *Realangst* vor einer wirklichen Bedrohung oder Gefahr;
- *Gewissensangst* schützt oft vor unbedachtem, selbstschädigendem oder sündigem Verhalten. Ohne die Gewissensangst wäre ein Zusammenleben unter den Menschen kaum vorstellbar, auf der anderen Seite kann es auch übertriebene Gewissensängste geben (→ Gewissen).
- *Vitalangst* dient als Warnsymptom einer körperlichen Erkrankung (z. B. Herzinfarkt, Lungenembolie).

Ungesunde Angst

- existentielle Angst als Zeitphänomen;
- neurotische Angst, insbesondere Angst vor Nähe, Angst vor Ablehnung und Versagen (→ Neurosen);
- Angststörungen im engeren Sinne;
- psychotische Angst wahnhafter Ausprägung (im Rahmen von → Psychosen, → Schizophrenien oder schwersten → Depressionen).

Deutungen der Angst

Psychoanalytisches Modell (vgl. → Psychoanalyse)
Angst entsteht bei aktuellen Konflikten (oft in Form von sexueller Frustration, aber auch bei drohendem »Objektverlust«). Angst ist Ausdruck der Abwehr von (Trieb-) Spannungen (→ Triebe) zwischen Ich, Es und Über-Ich. Ziel einer analytischen Behandlung wäre es, die Konflikte, die Triebspannungen und die damit verbundenen Ängste bewußt zu machen, und die Abwehr aufzulösen.

Kognitiv-verhaltenstherapeutisches Modell
(→ Verhaltenstherapie)
Angst ist eine erlernte Reaktion auf unangenehme Situationen. Sie wird begleitet von vegetativen Symptomen, die einen Kreislauf von Angstauslöser – negative Gedanken – körperliches Mißempfinden – weitere Angst – weitere negative Gedanken – Vermeidungsverhalten erzeugen. Ziel der Therapie ist es, diesen Kreislauf zu durchbrechen, indem der Betroffene seine Symptome besser verstehen lernt, sie rational einordnen kann und andere Verhaltensweisen einübt.

Biologisches Modell
Angst wird durch komplexe hormonelle und biochemische Vorgänge (→ Neurotransmitter) im Gehirn und im vegetativen Nervensystem erzeugt. → Psychopharmaka haben eine ausgeprägte Wirkung auf die Angst. Wichtig ist deshalb eine ausreichend dosierte medikamentöse Behandlung.

Integration der Modelle
Jedes dieser Modelle enthält wichtige Beobachtungen. Ein umfassendes Verständnis der Angst sollte folgende Aspekte umfassen:
(1) Disposition (individuelle Grundbefindlichkeit): ängstliche Grundpersönlichkeit, Vulnerabilität (psychische Verletzlichkeit).
(2) Lebensgeschichte: z. B. frühe Belastung durch emotionale und körperliche Mißhandlung oder Vernachlässigung, negative Erfahrungen in Schule, Beziehungen und Beruf.
(3) Auslösersituationen: z. B. öffentliche Blamage, Hundebiß.
(4) Bewältigungsmuster: übermäßige Absicherung, Vermeidung.
(5) Biologische Aspekte: → Neurotransmitter und Psychosomatik.

Biblische Aspekte der Angst

Angst als grundlegende menschliche Befindlichkeit findet sich auch in der Bibel. Selbst Jesus verspürte im Vorfeld seiner Gefangennahme intensive Angst. In den Beschreibungen des Alten und des Neuen Testamentes werden praktisch alle wesentlichen Symptome der Angst eingeflochten – Enge, Verlassenheitsgefühle, Sorgen, Verzweiflung und auch psychosomatische Begleiterscheinungen (Beispiele in den Psalmen 31, 61, 66, 69, 73, 77). In der seelsorglichen und theologischen Literatur findet sich ein breites Feld von christlichen Deutungen der Angst. Während die einen betonen, daß Angst zu unserer Existenz gehört, werten andere jede sorgenvolle Angst als Mangel an Vertrauen in Gott und damit als Sünde.

Für viele gläubige Menschen ist die Bibel eine wichtige Hilfe in der Angst. Sie erfahren durch das Lesen tröstender biblischer Texte, durch Gebet und Lieder sowie durch das Hören von geistlicher Musik wesentliche → Entspannung und Trost (→ Trösten). Oft widerspiegeln biblische Texte existentielle Erfahrungen der Angst und vermitteln das Eingreifen Gottes in diesen Situationen (Psalm 71,20f).

Angststörungen nach DSM-III-R (→ Psychodiagnostik)

(1) *Panikstörung und Agoraphobie* (→ Phobie)*:* Es treten unerwartet starke Angstgefühle auf, die nicht direkt im Zusammenhang mit einer aktuellen angstauslösenden Situation stehen. Diese sind begleitet von vegetativen Begleiterscheinungen (Panikattakken). Agoraphobie umschreibt Angst, sich an Orten oder in Situationen zu befinden, in denen beim plötzlichen Auftreten von Symptomen eine Flucht nur schwer möglich (oder peinlich) ist oder in denen keine Hilfe verfügbar wäre (z. B. im Geschäft Schlange stehen; im Lift stecken zu bleiben; Ängste im Zug; aber auch: z. B. Angst, in einem Theater plötzlich die Kontrolle über Blase oder Darm zu verlieren; in der Kirche plötzlich angesprochen zu werden). Folgen: Einschränkungen bei vielen Aktivitäten, Reisen; häufige Notwendigkeit von Begleitpersonen.

(2) *Generalisierte Angststörung:* Unrealistische oder übertriebene Angst und Besorgnis bezüglich verschiedener Lebensumstände (Angst, dem Kind könnte etwas zustoßen, obwohl keine Gefahr besteht; Geldsorgen ohne triftigen Grund) über längere Zeit (min. sechs Monate). Neben den vegetativen Symptomen finden sich besonders folgende Symptome: ständige Anspannung, übertriebene Schreckreaktion, Konzentrationsschwierigkeiten oder »Blackout« aus Angst, Ein- und Durchschlafstörungen sowie Reizbarkeit.

(3) »*Einfache*« → *Phobie:* Angst vor ganz bestimmten Situationen oder Objekten, so etwa *soziale* → Phobie: Anhaltende Angst vor Situationen, wo eine Person im Mittelpunkt der Aufmerksamkeit anderer steht und befürchtet, etwas zu tun, was demütigend oder peinlich sein könnte, z. B. Angst, in der Öffentlichkeit zu sprechen; sich vor anderen beim Essen zu verschlucken; etwas Lächerliches zu sagen etc. Die Konfrontation mit dem Auslöser ruft sofort heftige und überschießende Angst hervor. Solche Situationen werden entweder vermieden oder nur unter größter Angst und Anspannung durchgestanden. Die Person erkennt, daß ihre Angst übertrieben oder unvernünftig ist. Die Angst oder das Vermeidungsverhalten stören den normalen Tagesablauf der Person, die üblichen sozialen Aktivitäten oder Beziehungen und verursacht erhebliches Leiden.

(4) Zu *Zwangsstörungen* → Zwang

Verläufe von Angststörungen

Angststörungen im engeren Sinne können über lange Zeit bestehen bleiben und Teilbereiche des Lebens empfindlich überschatten. Eine Nachuntersuchung von Angstpatienten nach 7–9 Jahren ergab folgende Zahlen: 23 % waren völlig frei von Symptomen, 77 % spürten noch gewisse Symptome, 46 % spürten Beeinträchtigungen bei der Arbeit, 12 % spürten Beeinträchtigungen auch in privaten Beziehungen, 23 % waren weiterhin in psychotherapeutischer Behandlung.

Angst in Psychotherapie und Seelsorge

(1) Voraussetzung für eine Therapie der Angst ist eine klare Diagnostik (→ Psychodiagnostik), insbesondere, was Symptoma-

tik, Schweregrad und Dauer der Störung anbelangt. Bereits die Diagnostik hat therapeutische Funktion, indem sie dem Patienten das Gefühl gibt, ernst genommen zu werden. Sie zeigt ihm, daß er mit seinen Ängsten nicht allein ist und hilft ihm, das Undefinierbare und Bedrohliche seiner Angst einzuordnen. Die Diagnostik entscheidet auch über das weitere Vorgehen.

(2) Bei akuten Ängsten lindern und beruhigen: Aufklären, Beruhigen (Trost und Zuspruch), Anleiten zur → Entspannung, evtl. schnellwirksame Medikamente einsetzen (Benzodiazepine; vgl. → Psychopharmaka).

(3) Besprechen psychischer, sozialer und geistlicher Konflikte, die zur Entstehung der Angst beigetragen haben.

(4) Veränderung der Denkmuster: kognitive Seelsorge (→ Kognitive Therapie).

(5) Erlernen von hilfreichen Bewältigungsstrategien durch stufenweises Verhaltenstraining.

(6) Anleitung zur → Entspannung (vgl. Dieterich 1991).

(7) Bei ausgeprägteren Störungen Unterstützung der therapeutischen Seelsorge durch Medikamente.

Literatur:
Condrau, G.: Angst und Schuld als Grundproblem der Psychotherapie, Berlin 1976
Dieterich, M.: Wir brauchen Entspannung, Gießen 1991
Wolf, D.: Ängste verstehen und überwinden, Mannheim 1992   SP

Anlage-Umwelt-Problem

Sozialwissenschaftliche Forschungen haben u. a. auch die Aufgabe der Erklärung bestimmter Verhaltens- und Erlebensformen des Menschen. Eine Erklärung, wie es zu diesen Formen kommt, muß sich zwangsläufig mit der Frage beschäftigen, ob das Verhalten und Erleben des Menschen genetisch im Erbgut festgelegt oder ob es umweltbedingt ist. Diese Diskussion – die mitunter affektiv und mit ideologisch begründeten Argumenten erfolgt – ist unter »Anlage – Umwelt – Problematik« bekannt.

Eine wesentliche Methode zur Untersuchung der Anlage – Umwelt – Problematik ist die → Zwillingsforschung. Man versucht, das Verhalten und Erleben der (eineiigen) Zwillinge miteinander zu vergleichen und den Korellationskoeffizient (→ Empirie) bei bestimmten Merkmalen aufzuzeigen. Da zu einer derartigen Untersuchung unterschiedliche Umweltkonstellationen notwendig sind, muß man Zwillinge oder andere Geschwister sofort nach der Geburt einer unterschiedlichen Umgebung aussetzen. Dieser Umstand macht die Untersuchung der Anlage-Umwelt-Problematik aus ethischen Gründen sehr schwierig.

Zusammenfassend kann man den Stand der aktuellen Forschung wie folgt beschreiben:

Es scheint eine höhere Beeinflussung des Verhaltens und Erlebens durch das Erbgut vorzuliegen, als bisher angenommen. Besonders deutliche Zusammenhänge ergeben sich im Bereich der Intelligenz. Hier war eine deutliche Übereinstimmung bei eineiigen Zwillingen feststellbar (Korellationskoeffizient 0.72). Auch in Bereichen des allgemeinen Verhaltens und im Bereich möglicher psychischer Störungen ergaben sich deutliche Zusammenhänge (vgl. Bourne/Ekstrand 1992, 66f).

Auf der anderen Seite betonen alle aktuellen Forschungsergebnisse, daß Umweltfaktoren immer einen wesentlichen Bestandteil der Beeinflussung des Menschen ausmachen. Die Frage, welche Faktoren das Verhalten und Erleben des Menschen nun mehr bestimmen, läßt sich – zumindest auf dem Stand der heutigen Forschungsergebnisse – nicht endgültig klären. Es muß vielmehr davon ausgegangen werden, daß beide Aspekte das Verhalten und Erleben des Menschen bestimmen.

Sicherlich bewirkt auch eine Übergabe seines Lebens an Jesus Christus und ein Leben in ihm eine deutliche Beeinflussung des Verhaltens und Erlebens. Vor diesem Hintergrund bekommt 2Kor 5,17 (»Ist jemand in

Christus, so ist er eine neue Kreatur; das Alte ist vergangen, siehe, Neues ist geworden«) ein ganz besonderes Gewicht.

Literatur:
Bourne, L. E.; Ekstrand, B. R.: Einführung in die Psychologie, Eschborn 1992
Krech, D.; Crutchfield, R. S.: Grundlagen der Psychologie, Weinheim 1985 (Bd. 1, 4)   JD

Anfallsleiden → Epilepsie

Anorexia nervosa

Die Anorexia nervosa ist eine der besonders in der Pubertätszeit häufig vorkommende → Eßstörung bei Mädchen und wird deshalb oft auch als »Pubertätsmagersucht« bezeichnet.

Hauptmerkmale der Anorexia nervosa

Übermäßige Furcht vor dem Dickwerden, Störungen des Körperschemas, erheblicher Gewichtsverlust, Weigerung, ein minimales, normales Körpergewicht aufrechtzuerhalten und bei Frauen Amenorrhoe. Die Störung ist nicht auf eine bekannte körperliche Störung zurückzuführen. (Der Terminus »Anorexie« ist eine Fehlbezeichnung, da Appetitverlust erst in einem späten Krankheitsstadium eintritt.)

Personen mit dieser Störung »fühlen sich zu dick«, oder ein Teil des Körpers »sei zu dick«, auch wenn sie offensichtlich untergewichtig sind. Sie beschäftigen sich ständig mit ihrem Körperumfang und ihren äußeren Erscheinungsmerkmalen und betrachten sich oft im Spiegel.

Die Gewichtsabnahme wird meist über eine Reduktion der gesamten Nahrungsaufnahme erreicht und ist oft mit einer übermäßigen körperlichen Betätigung verbunden (ständiges Hüpfen, Rennen usw.). Häufig liegt auch selbstinduziertes Erbrechen, Laxantien- oder Diuretikamißbrauch vor (→ Bulimia nervosa). Die Patienten kommen gewöhnlich erst bei erheblichem Gewichtsverlust zur Behandlung. Ein Beispiel

dafür ist ein Körpergewicht von weniger als 85 % des zu erwartenden Gewichtes (diese Grenze kann als eine zwar willkürliche, aber bewährte Richtlinie angesehen werden). Mit der Zeit treten bei sehr starkem Untergewicht andere Merkmale wie Unterkühlung, verlangsamter Herzschlag, verminderter Blutdruck, Ödeme, Lanugobehaarung (wie bei Neugeborenen) und eine Reihe von Stoffwechselveränderungen auf. Oft zeigt sich die Amenorrhoe vor einer deutlichen Gewichtsabnahme.

Nebenmerkmale

Manche Personen mit dieser Störung können keine ständige Kontrolle des beabsichtigten intensiven freiwilligen Verzichts auf Nahrung aufrechterhalten und zeigen bulimische Episoden (das Verschlingen großer Nahrungsmengen), häufig gefolgt von selbstinduziertem Erbrechen. Andere auffallende Verhaltensweisen im Zusammenhang mit Essen zeigen sich z. B. durch sorgfältiges Vorbereiten üppiger Mahlzeiten für andere, jedoch Selbstbeschränkung auf eine kleine Auswahl von Speisen mit wenig Kalorien. Im übrigen kommt es vor, daß Betroffene Nahrungsmittel horten, verbergen, zerbröckeln oder auch wegwerfen.

Die meisten Personen mit dieser Störung leugnen den Schweregrad ihrer Erkrankung beharrlich oder versuchen, die Ernsthaftigkeit herunterzuspielen und sind einer Behandlung gegenüber oft ablehnend. Bei vielen der Adoleszenten (→ Jugendalter) besteht eine verzögerte psychosexuelle Entwicklung, und die Erwachsenen zeigen ein deutlich verringertes Interesse an → Sexualität. Zwangsverhalten (z. B. Waschzwang) kann während der Erkrankung auftreten und somit eine zusätzliche Diagnose »Zwangsstörung« (→ Zwang) rechtfertigen.

– *Alter bei Beginn:* Gewöhnlich in der frühen bis späten Adoleszenz, obgleich das Alter bei Beginn auch zwischen Vorpubertät und 30–35 Jahren (seltener) schwanken kann.

– *Geschlechtsverteilung:* Die Störung kommt überwiegend bei Frauen vor (95 %).

– *Prävalenz:* Studien in verschiedenen Populationen berichten über eine Häufigkeit von 0,8 bis 1 % bei Frauen im Alter von 12 bis 18.
– *Verlauf:* Die Störung kann ohne Remission durch Verhungern zum Tode führen, oder (wie in den meisten Fällen) aus einer einzelnen Episode mit Restitution des Körpergewichts bestehen.
– *Beeinträchtigungen:* Der schwere Gewichtsverlust erfordert häufig klinische Behandlung, um den Hungertod zu verhüten.
– *Komplikationen:* Längsschnittuntersuchungen ergeben Mortalitätsraten zwischen 5 % und 18 %.
– *Familiäre Häufung:* Die Störung tritt häufiger bei Schwestern und Müttern von Betroffenen als in der Allgemeinbevölkerung auf.
– *Prädisponierende Faktoren:* Bei manchen Personen geht der Beginn der Erkrankung mit einer belasteten Lebenssituation einher. Viele dieser Patienten werden als perfektionistische »Musterkinder« beschrieben. Etwa ein Drittel von ihnen war vor Beginn der Erkrankung leicht übergewichtig.

Anorexia nervosa in Psychotherapie und Seelsorge

Es gibt in der Theorie und Praxis noch keine einheitlichen Therapiekonzepte. Ein gewisser Konsens besteht jedoch dahingehend, daß in zwei Phasen gearbeitet wird. (1) Die Kurzzeitintervention zur Wiederherstellung des Körpergewichtes und der Erhaltung des Lebens und (2) die Langzeittherapie, um lang bestehende Persönlichkeits- und Familienprobleme zu verbessern. Bei starkem oder schnellem Gewichtsverlust ist die sofortige Einweisung ins Krankenhaus erforderlich, auch wenn noch Zweifel an der → Psychodiagnostik bestehen. Manchmal ist die Ernährung per Sonde oder parenteral erforderlich, und für depressive Patienten kann eine antidepressive Medikation (→ Psychopharmaka) günstig sein. Sobald sich der Ernährungs-, Wasser- und Elektrolytzustand stabilisiert hat, beginnt die schwierige Psychotherapie, die durch den

starken Widerwillen des Patienten oftmals kompliziert wird – er verleugnet ja die Krankheit und möchte keinesfalls zunehmen. Es ist von großer Wichtigkeit, hier ruhig, bestimmt und stabil eine Vertrauensbeziehung aufzubauen; eine kombinierte Führung zwischen Hausarzt und Therapeut hat sich als sehr hilfreich erwiesen.

Wie bei vielen psychischen Störungen bewährt es sich auch bei der Anorexia nervosa im akuten Zustand eher mit körperorientierten Therapieansätzen zu beginnen, danach feste und stabile Strukturen zu setzen (z. B. für den Tagesablauf, die Essenszeiten usw.) und in diesem Stadium noch nicht über die Hintergründe der Krankheit zu reden (→ Verhaltenstherapie). Erst im Laufe des Gesundungsprozesses sollten dann auch die möglichen Ursachen erforscht und ggf. aufgearbeitet werden, wobei dann in den meisten Fällen auch das System (z. B. die Familie) einbezogen werden muß (→ Systemtherapien). Insgesamt gesehen kann nach unseren Erkenntnissen mit einer isolierten Therapieschule nur ansatzweise geholfen werden und ist deshalb ein integrativer Ansatz notwendig (→ Methodenpluralität). Anorexia nervosa findet sich auch bei gläubigen Mädchen, und es sollte dann in die Therapie auch der Aspekt des Glaubens einbezogen werden. Nach unseren Erfahrungen besteht dabei jedoch kein direkter Zusammenhang zwischen einer → Sünde im engeren Sinne und der Anorexia nervosa.

Seelsorglich muß damit gerechnet werden, daß Eßprobleme dieser Art auch zukünftig zu den »Dünnstellen« im Leben dieser Frau gehören werden.

Literatur:
Bibliographie zur Anorexia nervosa Nr. 15 (Zentralstelle für Psychologische Information und Dokumentation an der Universität Trier)
Bruch, H.: Der goldene Käfig. Das Rätsel Magersucht, Frankfurt/M. 1982
dies.: Eßstörungen. Zur Therapie von Übergewicht und Magersucht, Frankfurt/M. 1991
Dogs, W.: Psychosomatische Therapie der Magersucht, Heidelberg 1985
Feiereis, H.: Diagnostik und Therapie der Magersucht und Bulimie, München 1989

Langsdorff, M.: Die heimliche Sucht, unheimlich zu essen, Frankfurt/M. 1985
Minirth, F. et al.: Liebeshunger. Heilung von Eßsucht, Asslar 1992
Potrek-Rose, F.: Anorexia nervosa und Bulimia. Therapieerfolg und Therapieprozeß bei stationärer verhaltenstherapeutischer Behandlung, Weinheim 1987   HLD

Anthropologie

(gr.: die Wissenschaft vom Menschen)

Auf steinzeitlichen Felsenbildern kann man erkennen, daß Menschen bereits in frühester Zeit ein Bewußtsein dafür entwickeln, daß andere Menschen als Individuen und Gruppen zum eigenen Aussehen und dem der eigenen Gruppe unterschiedlich erscheinen. Aber nicht nur diese äußerlichen Unterschiedlichkeiten wurden problematisiert. In allen Hochkulturen findet man Zeugnisse, daß sich Menschen mit der gegenseitigen Andersartigkeit beschäftigten, daß sie nach der Herkunft des Menschen fragten, der Ursache des unterschiedlichen Werdegangs und nicht zuletzt nach dem Schicksal, dem »Wohin« des Menschen. Dieser Fragenkreis führte bereits in der Antike zu einer Disziplin, die sich bis zum heutigen Tag diesen Fragen aus unterschiedlichen Blickwinkeln nähert, der Anthropologie. Gemeinhin unterscheidet man heute die biologische, die philosophisch-pädagogische und die theologische Anthropologie. Vor allem im angelsächsischen Sprachraum kennt man darüber hinaus noch als Gegenstand der Anthropologie die Erscheinungen des kulturellen und sozialen Lebens und die Völkerkunde als sog. »cultural anthropology«.

Biologische Anthropologie

Die biologische Anthropologie ist eine Disziplin innerhalb der Biologie, die sich vor allem mit der Erforschung der menschlichen Entwicklung über die Zeiten hinweg (Phylogenese), sowie der individuellen Entwicklung (Ontogenese) beschäftigt. Hier werden in großem Umfang Untersuchungen zu Form-, Farb- und Maßverhältnissen beim

Menschen durchgeführt. Da zu diesen Untersuchungen vielfältige Methoden notwendig sind, arbeitet die biologische Anthropologie eng mit Nachbardisziplinen wie beispielsweise der Humangenetik zusammen. In heutiger Zeit kommen zu der bisher relativ schlichten Vermessung dieser Verhältnisse vermehrt auch serologische und biochemische Untersuchungsmethoden zum Einsatz.

Philosophisch-pädagogische Anthropologie

Während in Antike und Mittelalter die Frage nach dem Wesen des Menschen noch vermehrt übergeordnet als auf ganze Menschengruppen bezogen gestellt wurde, vollzog sich in der Neuzeit vor allem durch das Denken R. Descartes, I. Kants, L. Feuerbachs, S. Kierkegaards, F. Nietzsches und anderer Philosophen zunehmend eine Wende hin zu einer subjekthaften Fragestellung. Es wurde nicht mehr nach dem »Wesen der Menschen als Menschheit«, gefragt, sondern nach dem Sinn und Zweck des einzelnen, der individuellen Existenz. So ließ Kant seine drei zentralen Fragen »Was kann ich wissen?«, »Was soll ich tun?« und »Was darf ich hoffen?« zuletzt in die Frage »Was ist der Mensch?« münden und begründete damit eine Forschungsfrage der neuzeitlichen philosophisch-pädagogischen Anthropologie.

Wesentlicher Grund dafür, daß die philosophisch orientierte Anthropologie mit pädagogischer Anthropologie zuammenhängt, ist die Tatsache, daß Pädagogik ein zentrales Interesse am Wesen des Menschen hat. Um bewußte Gestaltung des Menschen vorzunehmen, muß sie wissen, was das ureigene Wesen des Menschen, seine Bestimmung, seine alles übergreifende Gemeinsamkeiten und seine individuellen Unterschiedlichkeiten sind. Vor diesem Hintergrund läßt sich auch die enge Verwandtschaft der Interessen und Fragestellungen von Pädagogik und Seelsorge oder Psychotherapie deutlich nachvollziehen. J. Derbolav bestimmt als Thema der pädagogischen Anthropologie den Menschen als erziehbares und erzieh-

hungsbedürftiges Wesen, der »homo edu-
candus et educabilis« und legt somit eine anthropologische Grunddimension als Grundlage des Handelns fest. Hier läßt sich eine
zentrale Fragestellung erkennen, die nicht nur
in der Pädagogik, sondern auch in der Seelsorge und Therapie immer wieder gestellt
wird und gestellt werden muß: Sieht sich er-
zieherisches, aber auch seelsorgerlich-thera-
peutisches Handeln einer gewissermaßen vor-
bestimmten, »heuristisch« angenommenen
Sinngebung des Menschen verpflichtet und
sucht sie diese zu verwirklichen, oder muß
eine solche Sinngebung individuell und im
Kontext der jeweiligen gesellschaftlichen Umgebung und Veränderung immer aufs neue
und von Fall zu Fall unterschiedlich gesucht
werden? Je nachdem wie diese Frage beantwortet wird, führt die Lösung zu relativ »starren« und damit zeitlich relativ kontinuierlichen oder zu »flexiblen« und anthropologisch
unterschiedlich deutbaren Handlungsmustern
in Erziehung, aber auch in Psychotherapie
und Seelsorge. Vor dem Hintergrund des An-
sinnens einer → Biblisch-therapeutischen
Seelsorge (→ Methodenpluralität) gewinnt
die Frage nach den jeweiligen anthropologischen Grunddimensionen und Sichtweisen
unterschiedlicher psychotherapeutischer
Schulen eine deutliche Brisanz. Hier klärt
sich, ob und in welcher Form eine therapeutische Vorgehensweise innerhalb biblisch-therapeutischer Seelsorge angewendet werden
kann, wie und ob sie evtl. modifiziert werden
kann bzw. darf usw.

Theologische Anthropologie

Grundlegend für die christliche theologische
Anthropologie ist die Aussage 1Mo 1,26 über
die Gottebenbildlichkeit des Menschen
(Imago Dei). Derzufolge ist der Mensch durch
seine Geistbegabung zumindest ursprünglich
zur Wahrheitserkenntnis und Verantwortung
befähigt. Durch das Auftreten der → Sünde
ist die Möglichkeit einer derartigen Wesensbestimmung des Menschen nach kath. Verständnis »verwundet«, nach ev. Verständnis deutlich
geschädigt oder gar unmöglich gemacht worden. Aus diesem Umstand ergeben sich Kon-

sequenzen für die Möglichkeit und Schwierigkeit oder gar Unmöglichkeit natürlicher Got-
teserkenntnis und allgemein-menschlicher
→ Ethik. Ungeachtet der unterschiedlichen
katholischen und evangelischen Auffassungen
gilt jedoch die allgemeine christliche Glau-
benslehre, nach der dem durch falsche Selbstbehauptung in Sünde gefallenen Menschen
sich in Jesus Christus die Liebe Gottes erneut
zuwendet (Lk 15,11–21). Sie erlöst und befreit
zur »neuen Kreatur« (2Kor 5,17) eines nun
wahrhaft menschlichen Lebens. Diese Wandlung vollzieht sich allein kraft der Gnade des
Heiligen Geistes. Weil der Mensch, der »Christus angezogen hat« (Gal 3,27), dessen Schicksal in Leben, Tod und Auferstehung teilt, hat
er somit eine neue Wesensbestimmung erhalten.

Literatur:

Biologische Anthropologie:
Schwidetzky, I.: Das Menschenbild in der Biologie,
Stuttgart 1971
Spiegel, I. S.: Maus und Schlange. Untersuchungen
zur Lage der deutschen Anthropologie, München
1988

Philosophisch-Pädagogische Anthropologie:
Bollnow, O. F.: Zwischen Philosophie und Pädagogik, Aachen 1993
Cassirer, E.: Versuch über den Menschen, Frank-
furt/M 1987
Derbolav, J.: Grundriß einer Gesamtpädagogik,
Frankfurt/M. 1987
Lassahn, R.: Pädagogische Anthropologie, Heidelberg 1983
Litt, T.: Das Allgemeine im Aufbau der geisteswis-
senschaftlichen Erkenntnis, Hamburg 1980
Roth, H.: Pädagogische Anthropologie, Hannover
1984
Scheler, M.: Schriften zur Anthropologie, Ditzing
1994
ders.: Die Stellung des Menschen im Kosmos, Bonn
1996

Theologische Anthropologie:
Guardini, R.: Freiheit, Gnade, Schicksal, München
1994
Pannenberg, W.: Anthropologie in theologischer
Perspektive, Göttingen 1983
Pesch, O.-H.: Frei sein aus Gnade. Theologische
Anthropologie, Freiburg 1988
Thielicke, H.: Von der Freiheit ein Mensch zu sein,
Freiburg 1981

Trillhaas, W.: Religionsphilosophie, Berlin 1983
Wolff, H.-W.: Anthropologie des Alten Testaments, Gütersloh 1990   JD

Antiautoritäre Erziehung

Der Begriff wird in unserer heutigen Gesellschaft häufig und teilweise recht unterschiedlich verwendet. In diesem Artikel soll zu den Wurzeln dieses Begriffes und seiner eigentlichen Bedeutung zurückgegangen werden.

Antiautoritäre Erziehung – das pädagogische Prinzip von Summerhill

Antiautoritäre Erziehung war das wesentliche Merkmal der von A. S. Neill 1921 gegründeten revolutionären Schule in Summerhill. Sie wendet sich gegen einen Erziehungsstil, der nur Gehorsam und Unterwerfung unter den Willen der Eltern und Lehrer fordert und will die Erziehungsverantwortung weitgehend an das Kind abtreten. Das pädagogische Prinzip A. S. Neills war es, dem Kind bei seiner Entwicklung alle nur mögliche Freiheit zu lassen, die Autorität der Erwachsenen abzubauen und zum Verschwinden zu bringen und Vertrauen zur Grundlage zwischenmenschlicher Beziehungen zu machen. In Summerhill war die Teilnahme am Unterricht freiwillig, Klassenarbeiten und Zeugnisse gab es nicht. Die notwendigen Vorschriften und Gesetze zur Sicherheit und Ordnung des Zusammenlebens in der Schule wurden in der Schulversammlung diskutiert und demokratisch beschlossen.

Das Menschenbild der Antiautoritären Erziehung (→ Anthropologie)

Das Menschenbild der Antiautoritären Erziehung geht von einem guten »Kern« im Kind aus. Neill versteht unter Erziehung die Entfaltung der Einzigartigkeit des Individuums und der schöpferischen Kräfte im Kind. Das Gute im Kind könne sich nur entfalten, wenn Kinder die Freiheit hätten, sie selbst zu sein. Die von den Erwachsenen ausgehende Autorität behindere die freie Entwicklung der Persönlichkeit, weil Autorität immer mit → Macht verbunden sei.

Ablehnung von Autoritäten

Die Antiautoritäre Erziehung wendet sich deshalb gegen solche »Macht-Autorität« und lehnt jede Autorität ab, die die Freiheit des Kindes aus Machtgründen einschränkt. Neill wendet sich gegen überzüchtete Ordnung und Disziplin, gegen Zwang und willkürliche Vorschriften: Daseinszweck des Kindes ist es, sein eigenes Leben zu leben, nicht das Leben, das es nach Ansicht der besorgten Eltern führen sollte.

Akzeptiert wird Autorität nur, wenn sie mit Fürsorge, Schutz, Verantwortung der Erwachsenen zu tun hat. Diese Autorität kann manchmal Gehorsam verlangen, aber sie muß auch selbst gehorchen können. Gehorsam ist Höflichkeit gegenüber anderen.

Erwachsene haben aufgrund ihrer Stellung keinen Anspruch auf den Gehorsam des Kindes. Gehorsam als Anerkennung von Autorität muß von innen kommen und darf nicht von außen aufgezwungen werden.

Positive Aspekte

Die pädagogische Grundkonzeption Neills hat viele positive Aspekte: die Achtung vor dem Kind und die Liebe zu ihm, das Ernstnehmen der Einzigartigkeit und der Persönlichkeit des Kindes, Erziehung zur Selbständigkeit des Kindes, die Beachtung der Ganzheitlichkeit des Menschen etc.

Weitere Entwicklung: Antiautoritäre Erziehung und emanzipatorische Pädagogik

In Deutschland hat die emanzipatorische Pädagogik der sechziger und siebziger Jahre die Antiautoritäre Erziehung als *die* Methode zur Erreichung des Erziehungszieles der Emanzipation gefördert. Von sozialen Zwängen befreite und selbstbestimmte Menschen sollten erzogen werden. »Autorität«, »Gehorsam«, »Ordnung« u. ä. waren verdächtiges Vokabular und wurden aus dem pädagogischen Sprachgebrauch gestrichen. Diese Begriffe hätten mit Herrschaft zu tun und stünden deshalb der menschlichen Selbstbestimmung im Wege. Wenn der Mensch in seinem Kern gut ist und nur gesellschaftliche Zwänge ihn negativ beeinflußt haben, dann müsse er sich unabhängig davon frei und optimal entfalten können. Bei den Versuchen, antiautoritäre Erziehung zu praktizieren, ging man oft über die von Neill gesetzten Prinzipien hinaus. Man wollte im Umgang mit Kindern oft grenzenlose Freiheit, weil man nicht wußte, wie man sie zur Auseinandersetzung mit Grenzen erziehen sollte. Eine große Verunsicherung in der Erziehungspraxis war die Folge.

Auswirkungen der Antiautoritären Erziehung

Die Auswirkungen eines falsch verstandenen antiautoritären Erziehungsstils und der daraus resultierenden Verunsicherung sind verheerend: Die Kinder erfahren keine Grenzen und lernen deshalb nicht, auf andere Rücksicht zu nehmen und sich zu arrangieren. Sie können nur schwer Ordnungen einhalten und erkennen nicht die Grenzen ihrer Freiheit gegenüber anderen. Wenn es schwierig oder langweilig wird, laufen sie weg. Sie haben nicht gelernt, etwas auszuhalten. Die Frustrationstoleranz ist auf ein Minimum abgefallen.

Zur Kritik an der Antiautoritären Erziehung

Die Antiautoritäre Erziehung geht von einem falschen, einseitigen Menschenbild aus. Der Mensch ist nicht nur gut, sondern zu seinem Wesen gehören auch negative (böse) Elemente. Auch das Freiheitsverständnis

entspricht nicht der Wirklichkeit: Freiheit ist nicht Abwesenheit von Grenzen, sondern leben in der Bindung an das Lebenselement. Und das Lebenselement des Menschen ist die Beziehung zum Du.

In der Antiautoritären Erziehung fehlt die Erfahrung der Grenze. Die Schüler in Summerhill haben eine fast unbegrenzte Freiheit erlebt. Sie durften ihre Aggressionstriebe und destruktiven Impulse ausleben, wo immer sie wollten. Das aber gefährdet das Zusammenleben und die Freiheit des anderen.

Die antiautoritäre Methode in ihrer radikalen Ausformung gilt heute in Deutschland zwar als überholt, dennoch ist der gesamte Erziehungsbereich davon sehr stark beeinflußt worden. Die Verrohung in unserer Gesellschaft und die starke Verunsicherung von Eltern, Lehrern und Erziehern sind ihre Früchte.

Literatur:
Brezinka, Wolfgang: Die Pädagogik der Neuen Linken. Analyse und Kritik, München 1981
Neill, A. S.: Theorie und Praxis der antiautoritären Erziehung, Hamburg 1969   DV

Antidepressiva

Antidepressiva sind eine Gruppe der → Psychopharmaka, die zur Behandlung von → Depressionen eingesetzt werden. Sie wirken meist stimmungsaufhellend und angstlösend (→ Angst). Je nach Ausprägung der Depression können psychomotorisch beruhigende oder anregende Antidepressiva verschrieben werden. Seit der Einführung von Imipramin (»Tofranil«) im Jahr 1957 sind eine Vielzahl verschiedener Wirkstoffe entwickelt worden.

Antidepressiva machen nicht süchtig, auch wenn eine psychische Abhängigkeit in Einzelfällen möglich ist. Die Nebenwirkungen sind unangenehm (z. B. trockene Schleimhäute, Blutdruckabfall, Verstopfungsneigung, Müdigkeit usw.). Die gewünschte Wirkung setzt in der Regel erst nach ein bis drei Wochen ein. Eine Besserung der akuten Beschwerden bedeutet noch keine Genesung. Das Absetzen des Antidepressivums erfolgt nicht sofort, sondern ausschleichend unter ärztlicher Betreuung.

Alkohol und koffeinhaltige Getränke sollten während der Einnahme nicht konsumiert werden. Hingegen sollte auf eine ausreichende Flüssigkeitszufuhr in Form von Mineralwasser sowie auf vitamin- und mineralhaltige Kost (Obst, Gemüse, Salate) geachtet werden.

Bei der Behandlung von → manisch-depressiven Störungen spielen die Lithiumsalze eine wichtige Rolle. Enge Kontrollen durch Bestimmung des Blutserumspiegels sind hier wichtig. Zu den Nebenwirkungen gehören Gewichtszunahme, Störungen der Flüssigkeitsaufnahme und -ausscheidung, Konzentrationsstörungen etc.   UG

Apathie

Bezeichnung für teilnahmsloses Verhalten, massiv herabgesetzte emotionale Ansprechbarkeit und Reaktionsfähigkeit und Abwesenheit von Gefühlen. Emotionen sind durch Gefühle kompletter Hoffnungslosigkeit und Hilflosigkeit ersetzt (Ouweneel, 1993, S. 318).

Zur Apathie gehören Antriebslosigkeit, Klagehaltung, Ermüdbarkeit, Mutlosigkeit und hypochondrische (eingebildete) Beschwerden (→ Hypochondrie).

Apathie ist ein Symptom für eine pathologische Veränderung und ein diagnostisches Kriterium für verschiedene psychische Störungen wie z. B. → Depressionen oder → Schizophrenie.

Literatur:
Ouweneel, W. J.: Psychologie. Ein bibelorientiert-wissenschaftlicher Entwurf, Bielefeld, Dillenburg 1993   PV

Aphasie

Aphasie (von gr. *phasis* = Sprechen) ist eine allgemeine Bezeichnung für alle Sprachstö-

rungen, die nicht durch eine Beeinträchtigung der Sprachwerkzeuge, sondern durch eine Läsion (= Verletzung, begrenzte Schädigung) im Zentralnervensystem hervorgerufen werden (→ Stottern). Aphasie unterscheidet sich also von anderen Sprachstörungen dadurch, daß bei ihr Sprache als komplexe Form symbolischer Tätigkeit gestört ist, während bei elementaren Formen von Sprachstörungen nur die motorischen Komponenten der Sprache (z. B. durch mangelhafte Koordinationsfähigkeit der Sprechwerkzeuge), die Phonationsprozesse (z. B. Störung der Stimmbildung durch Kehlkopferkrankung) oder die flüssige Innervation (z. B. → Stottern) des Sprachaktes gestört sind. Man unterscheidet Aphasie grob in *motorische Aphasie*, der Unfähigkeit, sich der Sprache zu bedienen, und *sensorische Aphasie*, der Unfähigkeit, Gesprochenes zu verstehen. Je nach Schädigung kann eine Aphasie in unterschiedlicher Ausprägung auftreten und verschiedene Komponenten des Sprachsystems betreffen (z. B. Phonologie, Semantik, Syntax). Dabei können auch sprachabhängige Leistungen wie Lesen, Schreiben und Rechnen beeinträchtigt sein. Die klassische Aphasielehre wurde begründet durch Broca, Wernicke und Lichtheim. Sie ist gekennzeichnet durch eine eher strenge Zuordnung von speziellen Sprachstörungen zu bestimmten Hirnarealen. Bis zur Gegenwart gibt es zwei theoretische Gegenpositionen, von denen eine versucht, dasjenige Hirnareal möglichst exakt zu bestimmen und einzugrenzen, das für eine Sprachstörung verantwortlich ist. In der anderen wird Sprache als ganzheitliches Zeichensystem verstanden, das ohne den Zusammenhang mit der Lokalisation der entsprechenden Läsion im Gehirn untersucht werden kann.

Literatur:
Engl, E.-M.: Sprachübungen zur Aphasiebehandlung, Berlin 1985
Fawcus, M. et al.: Aphasie. Therapie in der Praxis, Stuttgart 1995   AK

Aphrodisia

Bezeichnung für einen krankhaft gesteiger-
ten Sexualtrieb beim Mann. Das Äquivalent
bei der Frau wird »Nymphomanie« genannt.
JD

Appetenz, sexuelle

Appetenz (von lat. *appetentia* = Begehren,
Verlangen) ist allgemein eine Bezeichnung
für Anziehung, Annäherung an attraktive
Reize, für das Bestreben, sie zu erreichen.
Östrogen und Progesteron haben bei der
Frau keinen nennenswerten Einfluß auf ihre
sexuelle Appetenz. Auch beim Mann sind
sexuelle Probleme nur selten durch einen
Mangel an Testosteron erklärbar. Wichtiger
erscheint vor biologischem Hintergrund,
daß bei Männern und Frauen auch Hormone des anderen Geschlechts ausgeschüttet werden. So haben die geringen Mengen
an männlichen Geschlechtshormonen bei
der Frau offensichtlich einen engeren Zusammenhang zur sexuellen Appetenz.

Viel deutlicher als physiologische Hintergründe sind jedoch psychologische Ursachen für den Appetenzverlust verantwortlich zu machen. Bei Frauen sind es häufig
Depressionen im Zusammenhang mit einem
negativen Selbstbild, allgemeine Streßreaktionen und Überlastungen. Auch negative
Erfahrungen (sexuelle Traumata) können
eine Rolle spielen. Bei Männern sind es neben Überlastungen bzw. allgemeinen Streßerscheinungen häufig Potenzprobleme und
andere negative Erlebnisse im Zusammenhang mit dem → Orgasmus, die zu einer
verringerten Appetenz führen können. Darüber hinaus finden wir bei Männern und
Frauen, die entsprechend asketisch erzogen
worden sind, nicht selten Schuldgefühle, die
dann in der Regel bei Genußerlebnissen
ganz allgemein auftreten.

Auch über die Frequenz des Geschlechts-
verkehrs herrschen oftmals sehr unklare
Vorstellungen, die zu Verunsicherung führen können. Eine neuere Untersuchung aus

den USA zeigt, daß die Häufigkeit des Ge-
schlechtsverkehrs in der Altersgruppe zwischen 20 und 60 Jahren über die gesamte
Altersgruppe gemittelt durchschnittlich bei
einmal pro Woche liegt.

Bei der Seelsorge/Therapie muß zunächst
die Motivation der Ratsuchenden geklärt
werden, die zum Erstgespräch führt. Oftmals ist die Unzufriedenheit des Partners
Anlaß für eine erste Kontaktaufnahme mit
dem Seelsorger bzw. Therapeuten. Ganz allgemein kann davon ausgegangen werden,
daß man die Appetenzstörung (im Unterschied z. B. zu Angststörungen, → Angst)
zumeist nicht direkt, sondern an ihren Hintergründen angehen sollte. Bilden → Depressionen und ein negatives Selbstbild die
Ursache, muß demnach daran gearbeitet
werden (Selbstannahme, Identitätsfindung
z. B. im Sinne von: »Ich bin wertvoll vor
Gott und den Menschen«).

Appetenzprobleme in Psychotherapie
und Seelsorge

Bei → Streß sollte den Ratsuchenden geholfen werden, mit den täglichen Belastungen
effektiver fertig zu werden. Bewährt hat sich
auch ein besonderes Programm »Eine Woche allein zu zweit«, bei dem das Ehepaar
mit genauen Instruktionen zur gegenseitigen Wertschätzung in eine veränderte Umgebung (am besten in den Süden) fährt, um
sich neu und ganzheitlich zu erkennen.
Wenn sich die Partner gegenseitig ablehnen,
muß (ähnlich wie bei den anderen → Sexualstörungen) die Kommunikationsfähigkeit gefördert werden, um dann die positiven Gemeinsamkeiten zu suchen. Sexuelle
Verweigerung kann auch eine Waffe im
Machtkampf der Eheleute sein, und nicht
selten stehen die beiden in einem negativen
Wettstreit: »Wem von uns beiden geht es
heute schlechter?« Weil die sexuelle Appetenz von vielen Umständen abhängig ist,
kann das intensive Arbeiten an einem einzelnen Faktor oftmals deshalb kontraindiziert
sein, weil dies zu einem Erfolgszwang führt.
So gesehen ist nicht selten auch die paradoxe

→ Intention »Sexualität muß gar nicht unbedingt sein« recht hilfreich.

Literatur:
Michael, R. T. et al.: Sex in America. A Definitive Survey, Boston 1994
Zimmer, D.: Sexualität und Partnerschaft, München 1985   MD

Arbeitstherapie (Ergotherapie)

Mit Arbeit bezeichnet man heutzutage eine menschliche Tätigkeit, die dazu dient, den Lebensunterhalt zu sichern. Mit dieser Beschreibung wird allerdings der Schwerpunkt auf Entfremdung und Ausbeutung gelegt, und es bieten sich dann kaum therapeutische Möglichkeiten. Sieht man die Arbeit jedoch im weiteren soziologischen Sinne als einzigartige Möglichkeit, am Arbeitsort über einen längeren Zeitraum hinweg Sozialkontakte aufzunehmen, Ordnungsmuster und damit Sicherheit zu erfahren sowie an der Urproduktion mitzuwirken, dann bietet die Berufstätigkeit auch einen Aspekt der Sozialisation, der für die Arbeitstherapie sinnvoll eingebracht werden kann.

In der Bibel gehören Arbeit und Ruhe zusammen bzw. werden in komplementärem Sinne verstanden. Gott gibt dem Menschen vor dem Sündenfall schon den Auftrag zu arbeiten (1Mo 1,28; 2,15). Im NT sehen wir Jesus als Zimmermann, und auch die Jünger waren »Werktätige«. Die Arbeit wird als Dienstmöglichkeit gedeutet, jedoch kann der Mensch sich dadurch nicht den Himmel verdienen. Insgesamt gesehen finden wir allerdings in der Bibel keine eindeutigen Hinweise auf eine spezifische Arbeitstherapie.

In der Mitte des 18. Jahrhunderts wurde die Arbeit als »Heilmittel« von dem Engländer William Cullen (1712–1790) und dem Franzosen Philippe Pinel (1755–1826) bei Geisteskranken eingeführt. Pinel schrieb: »Ärztlich verordnete körperliche Übungen und manuelle Tätigkeiten sollten in allen Geisteskrankenhäusern angewandt werden (...) Es ist eine unanfechtbare Erfahrungstatsache, daß in allen öffentlichen Anstalten das sicherste Mittel zur Erhaltung der Gesundheit, der Ordnung und der guten Sitten, die streng durchgeführte mechanische Arbeit ist.« In Deutschland war es Johann Christian Beil (1759–1813), der als erster auf die Möglichkeit des Einsatzes der Arbeit bei diesen Kranken hinwies. Der Durchbruch der Arbeitstherapie als anerkannte Heilmethode wurde mit der Arbeit von Hermann Simon in den Krankenanstalten Gütersloh Ende des 19. Jahrhunderts erzielt. Er betrachtete die Arbeit für die Patienten nicht nur als nützlich, sondern sah sie als Heilmittel gerade für diejenigen, die ihr ursprünglich ablehnend gegenüber standen. Damit wurde die gezielt zur Heilbehandlung der Patienten eingesetzte Arbeit ein Teil der gesamten Therapie, die wie andere Therapieformen ärztlich verordnet werden mußte. Die ursprünglich nur in der Psychiatrie angewandte Arbeitstherapie wurde zu Anfang das 20. Jahrhunderts auch für Patienten mit anderen Schadensgruppen angewandt. So erwies sie sich besonders bei der Behandlung Verwundeter des Ersten Weltkrieges als sehr erfolgreich: Einerseits lenkte die Arbeit vom Grübeln ab und verbesserte damit die Stimmung der Patienten, andererseits trug sie dazu bei, die körperliche Leistungsfähigkeit zu erhalten bzw. wieder zu erlangen. Der nun folgende Aufschwung in der Entwicklung der Arbeitstherapie wurde in Deutschland während der nationalsozialistischen Herrschaft z. T. gebremst.

Gegenwärtig ist es, bedingt durch den Entwicklungsstand der Neurophysiologie, erstmals möglich, über die rein empirischen Erkenntnisse (→ Empirie) hinauszugehen und die Wirkungsmechanismen der Arbeitstherapie wissenschaftlich zu ergründen.

Arbeitstherapie in Psychotherapie und Seelsorge

Die Arbeitstherapie nimmt nicht nur dadurch, daß die Arbeit zum Mittel der Therapie wird, eine besondere Stellung unter den verschiedenen Therapieformen ein, sondern auch durch die Art der Beziehung des Therapeuten zum Patienten. Der Patient muß vom Therapeuten zuerst einmal zum Handeln motiviert werden, um dann aktiv an seinem Genesungsprozeß mitzuarbeiten. Auch die relativ lange Dauer sowohl der einzelnen Behandlung als auch, in vielen Fällen, der längeren Serie von Behandlungen, führen zu einem so engen Kontakt zwischen Therapeut und Patient, wie er in dieser Form nur bei wenigen anderen therapeutischen Anwendungen gegeben ist. Die Führung des Patienten durch den Arbeitstherapeuten erfordert deshalb besondere Kenntnisse auf dem Gebiet der Psychologie und der Pädagogik.

Gerade in der Arbeitstherapie spielen die Kenntnisse des Therapeuten, die er in der Praxis und durch seine Erfahrung erworben hat, eine besonders große Rolle, dies nicht zuletzt auch deshalb, weil die Mittel der Arbeitstherapie bei den sehr unterschiedlichen Schadensbildern außerordentlich variabel sind. Bedenkt man dazu die Vielfalt der Möglichkeiten, verlorene oder geschwächte Funktionen durch Ersatzfunktionen bzw. auch durch Rehabilitationshilfen unterschiedlicher Art zu kompensieren, wird deutlich, wie komplex das Tätigkeitsfeld des Arbeitstherapeuten ist. Die Ausbildung erfolgt derzeitig in Deutschland noch auf der Ebene der Fachschulen (zwei bis drei Jahre Dauer), es ist jedoch anzunehmen, daß sich im Laufe der Zeit eine Höherprofessionalisierung ergeben wird.

Literatur:
Presber, W.; Nève, W.: Ergotherapie, Berlin 1994
MD

Archetyp

Der Begriff geht auf die → Analytische Psychologie C. G. Jungs zurück. Es handelt sich dabei um stereotype Erfahrungsmuster, Gedankengänge oder Vorstellungen, die in jedem Menschen, gleich welcher Kultur zugehörig, im sog. kollektiven Unbewußten verankert sind und nach Jung von Generation zu Generation weitergegeben werden. Ar-

chetypen können individuell verschieden beispielsweise in Träumen oder bestimmten Denk- und Handlungsweisen zum Ausdruck kommen bzw. aktualisiert werden. Diese quasi ererbte Disposition findet sich in Urbildern und Symbolen wieder, wie sie in vielen spirituellen Schriften, Mythen und Märchen oder auch in der Bibel beschrieben werden; Beispiele sind die große Mutter oder der weise Mann. Diese Bilder werden jedoch nicht vererbt, sondern werden mehr oder weniger klar durch Aktions- und Reaktionsweisen von Menschen veranschaulicht. Jung unterschied u.a. den Archetyp der Seele (Anima und Animus) von dem des Geistes (der alte Weise, Magna Mater), ferner den zentralsten Archetyp: das Selbst. Dem Begriff des Archetyps haftet damit auch etwas Transzendentales an, was z. B. mit christlichen Vorstellungen im Aspekt eines ganzheitlich triadischen Verständnisses von Geist, Leib und Seele teilweise zutage tritt, ihn jedoch in zentralen Aussagen nicht trifft. Jungs Theorie von den Archetypen wird teilweise von Vertretern des New Age und eines Pantheismus ins Feld geführt.

Literatur:
Riedel, I: Die weise Frau in uralt-neuen Erfahrungen. Ein Archetyp im Märchen, München 1994
RB

Assimilation → Denken

Assoziation

Bezeichnung für Verknüpfungen zwischen einzelnen Gedanken, Erinnerungen, Vorstellungen nach den Prinzipien der Ähnlichkeit, des Kontrastes und der zeitlichen oder räumlichen Nähe. Mit Hilfe der Assoziation wurde versucht, Gedächtnisvorgänge und die Verbindungen zwischen → Reiz und Reaktion (→ Konditionierung, klassische) zu erklären. Anhänger des → Behaviorismus haben darauf hingewiesen, daß viele → Ängste, Wünsche etc. auf Assoziationen zwischen → Schmerz oder angenehmem

Zustand und bestimmten Situationen oder Reizen zurückzuführen sind. Es ist auch heute unbestritten, daß solche Verknüpfungen eine wichtige Rolle beim → Lernen von → Gefühlen, Bedürfnissen und Verhaltensweisen spielen.   JD

Assoziation, freie
→ Psychoanalyse

Ätiologie

Ätiologie ist die Lehre von den Störungsursachen. Ist ein Zusammenhang zwischen der Ursache und einer Störung erkannt, kann die seelsorgerliche Maßnahme die Verursachung zu beseitigen oder verändern suchen. Häufig bleibt die Bestimmung der Störungsursachen offen oder kann nur hypothetisiert werden. Von daher haben sich unterschiedliche Ätiologiemodelle entwickelt, die sich in drei Gruppen aufgliedern lassen:
– Das *medizinische Modell* psychischer Störungen geht davon aus, daß psychische Störungen als Symptome eines zugrundeliegenden Krankheitsprozesses zu verstehen sind. So ist beispielsweise eine Spinnenphobie (→ Phobie) nur das Symptom für einen tiefer liegenden Konflikt.
– Das *psychologische Modell* faßt normales und abweichendes Verhalten als erlernt auf (→ Behaviorismus). Die Ursache für das unnormale wie normale Verhalten wird in aktuellen situativen Bedingungen gesehen und zwar in den auslösenden (dem Verhalten vorausgehenden) sowie aufrechterhaltenden (dem Verhalten nachfolgenden) Situationen. So wird beispielsweise das schweigsame Verhalten eines Hauskreisteilnehmers durch die vielen Gespräche der anderen Teilnehmer ausgelöst und durch die Zuwendung der Hauskreisteilnehmer aufrechterhalten, die er erhält, wenn er weiterhin schweigt.
– Im *soziokulturellen Modell* psychischer Störungen werden soziale Mechanismen für die Entstehung und Aufrechterhal-

tung psychischer Probleme verantwortlich gemacht, z. B. durch gesellschaftliche Etikettierung, was »verrückt« ist und was nicht. So rechtfertigt beispielsweise ein Ratsuchender mit der Diagnose (→ Psychodiagnostik) »→ Borderline-Persönlichkeitsstörung« sein problematisches Verhalten stets mit dem Verweis auf diese.

Künftige Verursachungsmodelle von psychischen Störungen werden neben den drei oben genannten Ansätzen auch die Möglichkeit der geistlichen Verursachungslinie integrieren müssen. Dieterich (1994) sieht den Menschen in seiner Ganzheit unter dem biologisch/medizinischen, dem psycho-sozialen und dem geistlichen Aspekt (vgl. auch → SORKC, → Krankheit, → Biblisch-Therapeutische Seelsorge).

Literatur:
Dieterich, M: Handbuch Psychologie und Seelsorge, Wuppertal 1994
Keupp, H.: Normalität und Abweichung. Fortsetzung einer notwendigen Kontroverse, München 1979   JL

Attitüden

Attitüden, auch Einstellungen oder Haltungen genannt, stellen spezifische, während der Erziehung erlernte, beständige Verhaltensformen auf bestimmte → Reize der Umwelt dar. Menschen benutzen die Attitüden zur besseren Orientierung und Strukturierung ihrer Umwelt. Wir unterscheiden bei Attitüden drei Merkmale:
– *kognitive Komponente*: Mit »kognitiver Komponente« sind → Wahrnehmungen, Meinungen, Ansichten und Vorstellungen eines Individuums über den Gegenstand der betreffenden Attitüden gemeint (Politiker reden nur und handeln nicht).
– *affektive Komponente:* Hiermit sind Reaktionen des Nervensystems und sprachliche Äußerungen über Gefühle gemeint, die bei der Konfrontation mit dem Gegenstand einer bestimmten Attitüde zusammen auftreten (Wut, Resignation, erhöhte Puls- und

Atemfrequenz, wenn von Politikern die Rede ist).

– *Verhaltenskomponente:* Hier ist das deutlich nach außen erkennbare Verhalten gemeint, das im Zusammenhang mit dem betreffenden Gegenstand auftritt (Protestverhalten gegenüber Politikern, Demonstrationen usw.). Das Verhalten verstärkt die bereits bestehende kognitive und affektive Komponente.

Wie viele andere psychische Phänomene, können weder die affektive noch kognitive Komponente von Attitüden direkt von außen untersucht werden, sondern nur aus der Verhaltenskomponente erschlossen werden.

Funktionen von Attitüden

– *Orientierungsfunktion:* Attitüden bieten besonders bei rational nicht oder nur schwer erklärbaren Umweltgegebenheiten die Möglichkeit der Orientierung. Obwohl Menschen die tatsächliche Realität nicht immer angemessen beurteilen können, orientieren sich Menschen mit Hilfe der Attitüden, indem sie mit ihrer Hilfe die Realität strukturieren. So wird beispielsweise in Zeiten wirtschaftlicher Schwierigkeiten, gerne »den Ausländern« die Schuld »zugeschoben« usw.

– *Anpassungsfunktion:* Durch das Offenlegen und Erwerben bestimmter Attitüden erwirbt sich der betreffende Mensch die Zugehörigkeit zu einer bestimmten Gruppe und distanziert sich gleichzeitig von anderen Gruppen. Menschen bemühen sich, Attitüden zu zeigen, die ihnen die Zugehörigkeit zur erwünschten Gruppe sichern (Familie, Firma usw.). Dadurch wird es in der Seelsorge beispielsweise schwierig, Probleme, die eine ganze Familie angehen, ohne die gesamte Familie sondern nur mit einem Mitglied zu klären. Um die Attitüden eines Menschen zu ändern, ist es oft notwendig, die Attitüden der gesamten Gruppe, der das Individuum angehört, zu ändern.

– *Selbstdarstellungsfunktion:* Abweichungen kleinerer Art sind bei Gruppenmitgliedern üblich. Dadurch zeigt der einzelne, daß er sich zwar der Gruppe zugehörig fühlt

und wünscht, aber dennoch seine Individualität bewahren möchte.

Attitüden in Psychotherapie und Seelsorge

Wie oben bereits angedeutet, ist es schwierig, negative Attitüden eines einzelnen im Gespräch mit diesem allein zu ändern, da Attitüden immer im Kontext zu einer bestimmten Gruppe (Familie, Gemeindegruppe usw.) entstehen. Daher sind Einstellungsänderungen vor allem in der Gruppentherapie (→ Gruppe) oder durch → Systemtherapien korrigierbar.

Literatur:
→ Gruppe; → Systemtherapie   JD

Attribution

Attribution ist der Versuch, eigenes und fremdes Verhalten auf seine Ursachen oder Motive zurückzuführen und zu erklären. Um seine Umgebung ordnen und kontrollieren zu können, besitzt jeder Mensch die Tendenz, sich die Welt zu erklären und Ereignisse auf ihre Ursachen zurückzuführen. Insbesondere bei negativen Ereignissen suchen Menschen sehr intensiv nach möglichen Erklärungsmustern für diese.

Welche Ursache einem Ereignis zugeordnet, »attribuiert« wird, ist immer abhängig von einem individuellen Attribuierungsstil. Dabei unterscheidet man hauptsächlich zwischen sogenannten »internalen« und »externalen« Attribuierungen. Internale Attribuierungen führen die Ursachen für Ereignisse auf die eigene Person zurück (»Ich bin durch die Fahrprüfung gefallen, weil ich nicht konzentriert war.«), externale hingegen suchen die Ursachen in der Umgebung (». . . weil mein Fahrlehrer zu wenig Einparken mit mir geübt hat!«).

Neben diesen Unterscheidungen läßt sich auch das Kriterium einer labilen und stabilen Persönlichkeit für unterschiedliche Attributionsstile verantwortlich machen. Hier-

durch ergeben sich insgesamt vier Attributionsfelder:
(1) internale, stabile Attribution: z. B. Fähigkeiten oder Merkmale der eigenen Person, die als stabil wahrgenommen werden;
(2) internale, labile Attribution: Stimmung, Konzentration, kurzfristig veränderliche Merkmale;
(3) externale, stabile Attribution: Umgebung wie Familie, Ehemann oder Glaube an Gott oder den Zufall;
(4) externale, labile Attribution: schwierige Aufgabenstellung, unsympathischer Prüfer etc.

Beide Dimensionen spielen in der Seelsorge, insbesondere bei depressiven Störungen, eine Rolle.

Konsequenzen aus unterschiedlichen Attribuierungen

Personen, die z. B. auf negative Ereignisse mit stabilen, internalen Attributionen reagieren, zeigen oft eher depressive Symptome (→ Depression). Häufige Wahrnehmungsfehler depressiver Patienten sind es daher, negative Ereignisse v.a. internal zu attribuieren, für positive Ereignisse und Erfolge eher externale Attributionen vorzunehmen. Dabei ist zu beachten, daß eine zusätzliche Attribuierung auf stabile Faktoren die Möglichkeit einer Veränderung nicht nur nimmt, sondern die Problematik des Betroffenen noch weiter verstärkt. Wiederholte Erfahrungen, daß zwischen eigenem Handeln und erwünschten Konsequenzen keine Zusammenhänge bestehen, führen häufig zur sog. »erlernten Hilflosigkeit«. Dies gilt nicht nur für negative, sondern auch für positive Ereignisse.

Attribution in Psychotherapie und Seelsorge

Fehlen selbstschützende Denkmuster, werden Erfolge also internal und Mißerfolge external attribuiert, so hat es sich vor allem in den kognitiven Therapieformen (→ Kognitive Therapie) bewährt, eine sog. Re-Attri-

buierung durchzuführen. Dabei werden fehlende Verbindungen zwischen eigenem Tun und Erfolg neu eingeübt. Man macht dies beispielsweise dadurch, daß man die Patienten fragt: »Können Sie mir beweisen, daß dies *immer* der Fall ist, oder gibt es auch Gegenbeispiele?« – Attributionen sind in der Seelsorge aber auch aus einer völlig anderen Perspektive heraus von Bedeutung: Seelsorger neigen immer wieder dazu, bei Ratsuchenden internal zu attribuieren, d. h., sie vermuten die Ursache einer Störung leichter im Betroffenen selbst, als bei seinen äußeren Begleitumständen.

Literatur:
Flammer, A.: Erfahrungen der eigenen Wirksamkeit, Bern 1991
Jones, E. E. et al.: »Perceiving in causes of behavior«, in: General Learning Press, 1972, S. 79–94
Seligman, M. E. P.: Helplessness, San Francisco 1975
Spilka, B., Shaver; P., Kirkpatrick, L. A.: »A general attribution theory for the psychology of religion«, in: Journal of Scientific Study of Religion, 24/1985, S. 169–178   EJ

Autismus

Die im Jahre 1943 von Kanner als erstes beschriebene Störung ist eine tiefgreifende Entwicklungsstörung bei Kindern. Jedes Intelligenzniveau ist vertreten, bei drei Viertel besteht jedoch eine deutliche Intelligenzminderung. Im Gegensatz zur geistigen Behinderung liegt aber kein verzögerter, sondern eine qualitativ anderer Entwicklungsverlauf vor. Dieser zeigt sich in einer schweren Beeinträchtigung der zwischenmenschlichen Beziehungen. Die Kinder können keine Beziehung aufbauen und haben wenig Interesse an anderen. Auch die Kommunikation und die Fähigkeit zur Phantasie ist schwer gestört. Manche Kinder haben keine oder unterentwickelte Sprachfähigkeiten. Sie zeigen eine verzögerte oder prompte Echolalie (= Nachsprechen von Wörtern oder Sätzen). Selbst wenn die sprachlichen Fähigkeiten weitgehend normal sind, ist der nonverbale Anteil nicht oder nur unangemessen ausgeprägt. Oft werden irrelevante Bemerkungen gemacht (z. B. plötzliches Sprechen über Zugfahrpläne während eines Gespräches über Sport), Witze und Wortspiele werden nicht verstanden. Hinzu kommt auch ein deutlich beschränktes Repertoire an Aktivitäten und Interessen: Festhalten an zwanghaften Ritualen, stereotype Bewegungen wie Händeklatschen, seltsame Handbewegungen sowie Schwanken mit dem ganzen Körper. Unwesentliche Abweichungen von Abläufen (z. B. ein anderer Platz beim Essen) oder der Umgebung führen zu großer Verunsicherung.

54 % der autistischen Kinder wurden bereits im ersten Lebensjahr von ihren Eltern als auffällig beschrieben, weitere 34 % im zweiten Lebensjahr. Nur in wenigen Fällen wird über einen Beginn nach Vollendung des 5. oder 6. Lebensjahres berichtet. Die meisten Kinder kommen allerdings erst im Vorschulalter zur Behandlung. Ca. 3–5 autistische Kinder gibt es pro 10 000 Neugeborenen. Jungen sind viermal häufiger als Mädchen betroffen. Die autistische Störung besteht das ganze Leben hindurch. Das Ausmaß der mitbeteiligten geistigen Behinderung ist verantwortlich für die verschiedenen Störungsformen und beeinflußt, welches Stadium der autismusspezifischen Entwicklung des Sozialverhaltens erreicht wird. Diese reicht von einer sozialen Zurückgezogenheit über soziale Passivität bis hin zu sozialer Aktivität, die vor allem von den intelligenteren Kindern erreicht wird. Diese allerdings nehmen ihre Andersartigkeit häufig auch wahr und können darüber depressiv werden.

Große Probleme in der mittleren Kindheit sind Verhaltensstörungen wie → Aggression, Autoaggression, verschlimmerte Sprachstörungen und → Hyperaktivität. 20 bis 30 % der geistig behinderten autistischen Kinder entwickeln zwischen dem 11. und 14. Lebensjahr ein Anfallsleiden (→ Epilepsie). Für das Erwachsenenalter kann man folgende Voraussagen machen: 1–2 % der Betroffenen können ein relativ normales Le-

ben führen, 5–20 % werden relativ normal leben, aber ohne persönliche Beziehungen. 15–20 % bleiben deutlich verhaltensauffällig und müssen betreut werden. 60–70 % werden pflegebedürftig sein und ständig in Institutionen leben.

Ursachen des Autismus

Die Ursachen der autistischen Störungen sind bis heute unklar. Die entdeckten neurologischen Besonderheiten beziehen sich nur auf Einzelaspekte autistischen Verhaltens. Lange Zeit ging man – aus einem psychoanalytischen (→ Psychoanalyse) Blickwinkel heraus – von einer Störung der Eltern-Kind-Beziehung oder einer bestimmten Elternpersönlichkeit als psychologischer Ursache der autistischen Störung aus. Dies ist erwiesenermaßen nicht der Fall. Leider hält sich dieses Fehlurteil in vielen Köpfen, so daß besonders den Müttern bis heute zu Unrecht die Verantwortung für die Störung ihrer autistischen Kinder zugeschoben wird. Natürlich hat die Eltern-Kind-Beziehung einen Einfluß, allerdings nicht auf die Entstehung der Störung, sondern auf zusätzliche Verhaltensprobleme.

Therapie des Autismus

Ergebnisse der Therapieforschung führten zu einer entwicklungsbezogenen → Verhaltenstherapie, die sich darum bemüht, möglichst früh Normalität zu fördern, phasenspezifisch auf störende Bedingungen, z. B. in der Eltern-Kind-Beziehung, einzugehen und dabei eine natürliche, konkrete Lernsituation zu schaffen.

Literatur:
Aarons, M.; Gittens, T.: Das Handbuch des Autismus. Ein Ratgeber für Eltern und Fachleute, Weinheim, Basel 1994
Frith, U.: Autismus: ein kognitionspsychologisches Puzzle, Heidelberg, Berlin, New York 1992
Kehrer, H.: Geistige Behinderung und Autismus, 1995 BN

Autoerotik → Selbstbefriedigung

Autogenes Training

Das Autogene Training ist das im deutsch-sprachigen Raum am weitesten verbreitete Entspannungsverfahren. Es kann als »konzentrative Selbstentspannung« bezeichnet werden und wurde von dem Berliner Nervenarzt I. H. Schultz aufgrund von systematischen Beobachtungen hypnotisierter Patienten entwickelt (→ Hypnose). Das aus einzelnen Übungen (»Training«) bestehende Verfahren basiert nach neueren Forschungsergebnissen auf Prozessen der selektiven Aufmerksamkeit (»konzentrativ«), die die beim ruhenden Menschen einsetzende körperliche Entspannungsreaktion verstärken und automatisieren.

Das Autogene Training wird typischerweise von einem erfahrenen Übungsleiter an Patienten oder Teilnehmer von Vorsorgeprogrammen vermittelt, die sich einmal wöchentlich in kleinen Gruppen zu 8–12 Sitzungen treffen. Die Übungen des Autogenen Trainings selbst dauern 3–5 Minuten und werden im Sitzen (ggf. auch im Liegen) bei geschlossenen Augen durchgeführt. Während der Übungen schweigt der Therapeut. Die Übenden konzentrieren sich z. B. auf die Wahrnehmung ihres Gebrauchsarms mit der Leitvorstellung »mein Arm ist schwer«. Jede tagsüber durchgeführte Übung wird durch eine intensive Rücknahme (»Dynamisierung«) beendet. Aufgabe des Therapeuten ist es, nach den Übungen die Erfahrungen der Patienten zu besprechen und zum eigenständigen Durchführen der Übungen zu Hause (2–3 mal täglich) anzuregen.

Im Verlauf der weiteren Sitzungen breiten sich Schwere- und später Wärmeempfindungen auf beide Arme und Beine aus (Generalisierung) und treten immer rascher und intensiver auf (Automatisierung der Entspannungsreaktion). Die Übungsformeln können später schlagwortartig verkürzt werden (»Ruhe-Schwere-Wärme«). Durch die passiv-gelassene Konzentration (»was geschieht, ist gut«) auf entspannungsgekoppelte körperliche Vorgänge kommt es schon im Rahmen dieser »psychotherapeutischen Grundübungen« des Autogenen Trainings zu einer Intensivierung der → Entspannung, die die Übenden mit zunehmender Erfahrung in kurzer Zeit auch im Alltag erreichen können. Die resultierende Gelassenheit und eine gefühlsmäßige Distanz tragen dazu bei, daß in problematischen Situationen kognitive, emotionale und Verhaltensreaktionen sich nicht weiter »aufschaukeln« (»Resonanzdämpfung der Affekte«). Im weiteren Verlauf des Erlernens werden »Organübungen«, die die Atmung, die Bauchwärme, die regelmäßige und rhythmische Herztätigkeit sowie die Stirnkühle betreffen, erarbeitet. Darüber hinaus kann der Übende dazu angeleitet werden, »persönliche Leitsätze« zu bilden, die auf Persönlichkeitsreifung oder Charakterbildung abzielen. Die Oberstufe des Autogenen Trainings basiert auf Imaginationen und kann nur im Rahmen eines intensiven therapeutischen Prozesses von sehr erfahrenen Psychotherapeuten eingesetzt werden.

Das Autogene Training basiert auf Auto- also Selbstsuggestionen (»autogen« = selbsterzeugt). Ende des 18. Jahrhunderts wurde entdeckt, daß hierzu bereite Menschen auch ohne Vorsprechen der Suggestionen seitens eines Therapeuten, tiefe Entspannungszustände erreichen konnten. Diese Erkenntnis wurde von Schultz genutzt, um das in seinem Aufbau klar verständliche Autogene Training zu entwickeln. Er war von Anfang an bemüht, die Vorgänge, die bei der so erreichten Entspannung auftreten, wissenschaftlich nachzuweisen. Erst nachdem es gelungen war, die mit Schwere und Wärmeempfindungen einhergehenden körperlichen Veränderungen (Hypotonie der Muskulatur und Steigerung der Hautdurchblutung an Armen und Beinen) nachzuweisen, veröffentlichte Schultz seine Monographie (1932/1987). Dabei waren Schultz fernöstliche Meditationstechniken zwar bekannt, er baute sein Verfahren aber auf die dort praktizierten Techniken nicht auf, verzichtete bewußt auf einen »religiösen Überbau« und blieb der wissenschaftlich-empirischen

Forschungstradition treu (vgl. Langen 1979, S. 1).

Wirksamkeit des Autogenen Trainings

In zahlreichen klinischen und kontrollierten Studien konnte die Wirksamkeit des autogenen Trainings bei funktionellen und psychosomatischen Störungen nachgewiesen werden (Stetter und Mann 1992). Bei ausgeprägteren psychischen Störungen und Suchterkrankungen ist das Autogene Training ein Bestandteil umfassender Therapiepläne. Bei Geistesstörungen (→ Psychosen) ist das Autogene Training in aller Regel kontraindiziert (→ Indikation).

Autogenes Training vor biblischem Hintergrund?

Schultz schrieb (1989, S. 43): »Das Leben verlangt Polarität. Hohe Kampf- und Wirklichkeitsspannung auf der einen, tief aufbauende, von innen quellende Lösung auf der anderen Seite.« Nicht ein »Abtauchen« in einen tiefen Versenkungszustand mit den Möglichkeiten zur Transzendenzerfahrung ist Gegenstand der Grundstufe des Autogenen Trainings, sondern das Wiedererleben des Rhythmus von Entspannung und Dynamisierung, von Innen und Außen, von Arbeit und Ruhe. Auch das biblische Menschenbild kennt Rhythmen. Deutlich tritt dies im Sabbatgebot in Erscheinung. Der Sabbat war primär durch das Verbot aller Arbeit, nicht durch kultische Handlungen gekennzeichnet. In ihm verdeutlicht sich das Geschenk Gottes an die Menschen, freie Zeit haben zu können, und in eine Welt gestellt worden zu sein, die mit allem Nötigen und mit vielem Schönen ausgestattet ist. Eigene Rhythmen aufspüren und den Mut zu haben, ihnen zu folgen, dazu kann und will das Autogene Training helfen und kann damit Bestandteil einer biblisch orientierten → Seelsorge sein, die psychotherapeutische Komponenten integriert.

Um mit diesem Verfahren therapeutisch arbeiten zu können, bedarf es einer gründlichen Ausbildung mit Eigenerfahrungen.

Literatur:

Binder, H. K.: Autogenes Training – Basispsychotherapeutikum, Köln 1993

Langen, D.: Autogenes Training für jeden, München 1991

Schultz, I. H.: Das autogene Training, Stuttgart, [1]1932; [18]1987

ders.: Übungsheft für das autogene Training, Stuttgart 1989

Stetter, F.; Mann, K.: »Autogenes Training. Empirisch begründetes psychotherapeutisches Verfahren in der Primärversorgung«, in: Dt. Ärzteblatt 89/1992, S. 1427–1428

Stetter, F.: »Leben zwischen Anspannung und Entspannung, Bewegung und Ruhe. Das autogene Training als Hilfe, in Einklang mit dem eigenen Rhythmus zu kommen«, in: Weinhold, K. P.; Arbeitskreis »Kirche und Sport in der EKD« (Hg.): Sportwirklichkeit – Sportzukunft, S. 82–95. Hannover 1993   FS

Aversionstherapie

Die Aversionstherapie stellt eine besondere Form der → Verhaltenstherapie dar. Sie dient zur Behandlung von Verhaltensstörungen, die den Betroffenen unmittelbaren, kurzfristigen Genuß verschaffen, aber langfristige negative Konsequenzen für deren Gesundheit oder die Befriedigung anderer Bedürfnisse zur Folge haben. Dazu zählen im besonderen Alkoholismus, Nikotinmißbrauch, Spielsucht (→ Sucht), Drogenabhängigkeit, übermäßige Nahrungsaufnahme (→ Adipositas), aber auch abweichendes Sexualverhalten, bei dem ein bestimmter Stimulus konditionierte Reaktionen auslöst, die dem Betreffenden unerwünscht sind (z. B. → Homosexualität, → Fetischismus, Transvestitismus, Exhibitionismus).

In der Verhaltenstherapie wird die Aversionstherapie sowohl im Rahmen der Klassischen → Konditionierung als auch der Operanten Konditionierung durchgeführt: In Form einer aversiven Gegenkonditionierung werden im klassischen Modell aversive (d. h. Unlust und Abneigung hervorrufende) → Reize (z. B. elektrische Stromstöße, die für den Betroffenen unschädlich sind, ihn aber zu einem Vermeidungs- oder Fluchtverhalten veranlassen, bzw. Übelkeit erregende

Medikamente (Emetika, Apomorphin) zeitlich gekoppelt mit einem bestimmten Stimulus (z. B. Alkohol), um diesen selbst negativ zu konditionieren. Das zu behandelnde Verhalten wird also durch diese Vorgehensweise »bestraft«, d. h. mit aversiven Reizen fest verknüpft, um damit seine Auftrittswahrscheinlichkeit möglichst zu verringern und die Attraktivität des Stimulus zu senken.

Neuerdings kommt eine Weiterentwicklung des klassischen Verfahrens zum Einsatz, die »symbolische aversive Konditionierung«, bei der attraktive, aber unerwünschte Reize nicht mit direkten, externen aversiven Reizen gekoppelt werden, sondern lediglich mit unlustvollen Vorstellungen und Phantasien. Falsche Verhaltensmuster werden mit unangenehmen Assoziationen belegt und zurückgedrängt.

Im operanten Modell sind aversive Ereignisse reaktionskontingent, d. h. sie sollen als Konsequenzen einer bestimmten Verhaltensweise eben diese ausmerzen, unterdrücken oder zumindest abschwächen (v.a. in der Behandlung von → Bettnässen, Modifikation von selbstzerstörerischem Verhalten).

Ziel der Aversionstherapie ist das Ersetzen der ursprünglich positiven Reaktion des Betroffenen auf unerwünschte Stimuli durch eine Angst- bzw. Aversionsreaktion bei gleichzeitigem Aufbau einer angestrebten Alternativreaktion. Zu beachten ist dabei die Dauer und Kontingenz der aversiven Stimuli sowie deren Vorhersagbarkeit, der Kontext ihres Auftretens und die Tatsache, ob sie mit auslösenden Stimuli gekoppelt sind (respondente Konditionierung) oder eine Verhaltenskonsequenz darstellen (instrumentelle Konditionierung).

Das ethisch sehr umstrittene Verfahren stellt seinem Wesen nach eine Schädigung des Klienten dar; deshalb sollte es nur dann angewandt werden, wenn extrem selbst- oder fremdgefährdendes Verhalten vorliegt, wenn die Aversionstherapie realistische Aussicht auf Erfolg hat, der den Einsatz dieser Mittel rechtfertigt und wenn nicht-aversive Alternativverfahren nicht vorhanden oder ohne Behandlungserfolg sind. Darüber hinaus ist in der Regel eine Wiederholung des Verfahrens nach ca. sechs Monaten notwendig, da die erworbenen Reaktionen oft in »natürlicher« Umgebung ohne Gefahr einer aversiven Konsequenz relativ instabil sind und der vermeintliche »Nutzen« des Problemverhaltens sehr groß zu sein scheint. Außerdem zeigten in mehreren Untersuchungen Aversionstherapien keine therapeutische Überlegenheit über Kontrollbehandlungen mit Placebos.

Literatur:
Davison, G. C.; Neale, J. M.: Klinische Psychologie. Ein Lehrbuch, München, Weinheim 1988
Deutsche Gesellschaft für Verhaltenstherapie (Hg.): Verhaltenstherapie. Theorien und Methoden, Tübingen 1986
Fliegel, S. et al.: Verhaltenstherapeutische Standardmethoden. Ein Übungsbuch, München 1989
Huber, G.: Psychiatrie. Systematischer Lehrtext für Studenten und Ärzte, Stuttgart, New York 1987
Reinecker, H. (Hg.): Lehrbuch der Klinischen Psychologie. Modelle psychischer Störungen, Göttingen, Toronto, Zürich 1994   AK

B

Balintgruppe

Michael Balint (1896–1970) war Psychotherapeut und arbeitete an der Tavistock-Klinik in London, wo Balintgruppen 1949 erstmalig erprobt wurden.

Die Balintgruppe ist eine organisierte Arbeitsgruppe von Ärzten, die ihre alltäglichen Erfahrungen unter Anleitung in regelmäßigen Sitzungen bespricht. Die Balintgruppe ist eine Kombination von ärztlich-naturwissenschaftlichem Denken und psychoanalytischer Kompetenz (→ Psychoanalyse). Die subjektive Wahrnehmung des Arztes wird erhellt und seine Angst vor dem Patienten abgebaut.

Vorgehensweise der Balintgruppe

Der Arzt schildert seinen Problempatienten und seine Problemsituation in der Balintgruppe. Die Gruppe spiegelt nach psychoanalytischer Sicht als Prisma die Beziehung Arzt-Patient in mehreren Facetten wider, indem die Gruppenmitglieder ihre Gedanken etc. nach einem »Brainstorming« einbringen. Der Arzt ist ein Teil dieses Prozesses. Anschließend werden die kognitiven Einfälle und emotionalen Reaktionen verarbeitet und zu einem Lösungsweg verdichtet. Durch diese Vorgehensweise kommt es zu einer Erweiterung der klinischen Diagnose (→ Psychodiagnostik), zur Gesamtdiagnose durch Nacherleben und Einfühlen in die Situation des Patienten. Es ist eine Aufarbeitung der Gegenübertragung (Übertragung) des Arztes auf seinen Patienten und eine Erstellung einer Beziehungsdiagnose, die dann die Wandlung von einer »normalen« Behandlung zu einer Beziehungstherapie ermöglicht. Am Ende steht die Erweiterung der Handlungskompetenz des Arztes, wobei seine »Emotionalität als Resonanzboden« benutzt wird. Die emotionale Entlastung des Arztes ist darüber hinaus der positive Nebeneffekt der Balintgruppe (Supervision).

Balintgruppen in Psychotherapie und Seelsorge

Für die Seelsorge ist die Anwendung der Technik der Balintgruppe nach Anpassung an die Besonderheiten des seelsorgerlichen Vorgehens sehr hilfreich. Sie ermöglicht eine unkomplizierte Zusammenarbeit der Seelsorger bei gleichzeitiger Schulung der Eigenwahrnehmung. Die Balintgruppe ist dann eine Kombination von menschlichem und göttlichem Brainstorming. Eine Gefahr ist allerdings die Verkennung einer individuellen Situation der Arzt-Patienten-Konstellation durch eine insuffiziente Gruppenleitung.

Literatur:
Balint, M.: Der Arzt, sein Patient und die Krankheit, Frankfurt 1957   HS

Barbiturate → Psychopharmaka

BASIC-ID / BASIC-SID

Das BASIC-ID ist eine von Arnold Lazarus entwickelte Zusammenstellung von Modalitäten des Menschen (siehe Tabelle 1). Das BASIC-ID erhebt den Anspruch, die ganze Breite der Persönlichkeit eines Menschen abzubilden. Die → Problemanalyse wie auch die → Therapieplanung bezieht sich auf Defizite und Exzesse, die sich im BASIC-ID des Patienten darstellen.

Eine biblisch-therapeutische Seelsorge geht von den Einflüssen der sichtbaren und unsichtbaren Welt aus (Hebr 11,1–3). Von daher ist dem BASIC-ID mit dem Glauben (Spirit; S) eine weitere Modalität zuzuordnen (BASIC-SID). Mit Spirit sind der Glaube und religiöse Überzeugungen bezeichnet. Welche Beziehung hat der Ratsuchende zu Gott? Wie erlebt er diese? Wie wurde ihm der Glaube vermittelt?

Tabelle 1: Modalitäten des Menschen nach A. Lazarus (dt. 1978)

Modalität	Beschreibung
Verhalten (behavior)	Beobachtbares, meßbare Handlungen, Reaktionen, Gesten etc.
Affekt (affekt)	Emotionen, Stimmungen, Gefühle.
Empfindungen (sensation)	Sehen, Hören, Riechen, Tasten...
Vorstellung (imagery)	Erinnerungsbilder von Wahrnehmungen, die sich auf die verschiedenen Sinnesgebiete beziehen können
Kognition (cognition)	Wahrnehmen, Denken, Bewerten etc.
Sozialbeziehungen (interpersonal relationships)	zwischenmenschliche Beziehungen zu Freunden, Verwandten, Vorgesetzten etc.
Medikamente/biologische Faktoren (drugs/biological factors)	Gesundheitszustand, Einnahme von Medikamenten

Tabelle 2: BASIC-SID einer Frau mit Zwangsgedanken

Modalität	Problem	Therapie
Verhalten (B)	Vermeidung, Messer in die Hand zu nehmen; negative Selbstbewertung	Reizkonfrontation; Üben von positiven Selbstgesprächen
Affekt (A)	Angstgefühle; Schuldgefühle; Depression	Reizkonfrontation; Aktivitätsaufbau
Empfindungen (S)	Verspannungsgefühl im Rücken und Nacken	Entspannungsübungen
Vorstellung (I)	„Andere entdecken meine bösen Gedanken und verachten mich"	Überprüfung der subjektiven Überzeugung
Kognition (C)	„Ich sollte ein Kind erstechen"; Minderwertigkeit; Vorwürfe	Gedankenstopp positives Einreden
Glaube (S)	„Gott hat mich verlassen"; „Gott straft mich"	Überprüfen der Aussagen anhand der Bibel
Sozialbeziehungen (I)	Isolation; Vermeidung der Gegenwart von Kindern; Ambivalenz gegenüber dem Partner;	Kontakttraining Paartherapie
Medikamente/biologische Faktoren (D)	-	-

Welche Konsequenzen hat der Glaube für sein Leben?

Mit dem BASIC-SID läßt sich eine → multimodale Therapie planen, die sich nicht einer Therapieschule verpflichtet weiß, sondern die verschiedene Therapieansätze dem BASIC-SID oder einzelnen Modalitäten zuordnet.

Das BASIC-SID einer 40jährigen Frau, die unter den Zwangsgedanken »Mit diesem Messer könntest Du Dein Kind umbringen« leidet (siehe Tabelle 2), macht deutlich, daß ihr Problem mit einer Reihe anderer Probleme in Beziehung steht und eine Therapieplanung dies zu berücksichtigen hat.

Die Planung der Therapie berücksichtigt die Ablaufsequenz der verschiedenen Modalitäten, z. B. werden zunächst Aussagen zum Glauben behandelt, dann die Vermeidung, Messer in die Hand zu nehmen und damit die Angstgefühle usw.

Kritische Bewertung

Am BASIC-ID ist anzumerken, daß »Störungsmodalitäten« und »Therapiemodalitäten« nicht unbedingt übereinstimmen müssen. Es ist durchaus denkbar, daß irrationale Einstellungen durch Verhaltensübungen (→ Verhaltenstherapie) und Vermeidungsverhalten durch → Psychopharmaka beeinflußt werden.

Literatur:
Lazarus, A: Multimodale Verhaltenstherapie, Frankfurt 1978
ders.: »Multimodale Therapieplanung«, in: Linden, M.; Hautzinger M. (Hg.): Verhaltenstherapie, Heidelberg 1993   JL

Befragung, standardisierte

Erhebungsmethode für die psychologische Datenerhebung (→ Empirie). Standardisiert bedeutet, daß für alle Befragten die gleichen Fragen in gleicher Formulierung und Reihenfolge herangezogen werden. Wortlaut und Abfolge der Fragen werden vor der Durchführung der Befragung festgelegt. Für die mündliche Befragung wird ein Interviewleitfaden entwickelt. Zur schriftlichen Befragung wird ein Fragebogen erstellt, bei dem neben den Fragen auch die Antwortkategorien vorgegeben sind. Solche Antwortkategorien können zum einen aus Ratingskalen bestehen, das sind mehrstufige Einschätzskalen, wie z. B. das Notensystem 1 = sehr gut bis 6 = ungenügend. Andere Möglichkeiten sind Ja-/Nein-Kästchen zum Ankreuzen oder vorformulierte Antwortsätze, bei denen dann jeweils eine Antwortmöglichkeit ausgewählt werden muß. Die standardisierte Befragung birgt den Vorteil, daß ihre Ergebnisse direkt untereinander verglichen werden können, so daß eine Weiterverarbeitung der Ergebnisse mit Hilfe statistischer Verfahren leicht fällt. Nachteilig wirkt sich aus, daß vorgegebene Antwortkategorien die Befragten zu Antworten zwingen können, die nicht vollständig der Meinung der Befragten entsprechen. Hierdurch entsteht leicht die Gefahr, daß die standardisierte Befragung etwas anderes mißt, als das, was sie zu messen vorgibt (man spricht in so einem Fall von mangelnder Validität). Voraussetzung für eine wirklichkeitsgetreue standardisierte Befragung ist also die ausführliche Voruntersuchung des Forschungsgegenstands mit anderen Methoden (qualitative → Interviews).

Literatur:
Bortz, J.: Lehrbuch der empirischen Forschung für Sozialwissenschaftler, Berlin, Heidelberg, New York, Tokio 1984
Dorsch, F. (Hg.): Psychologisches Wörterbuch, Bern, Stuttgart, Toronto 1987
König, R.: Das Interview. Formen, Technik, Auswertung, Köln 1976
Schnell, R.; Hill, P. B.; Esser, E.: Methoden der empirischen Sozialforschung, München, Wien 1992   AK

Begabung

Allgemeine Begabung

Jemand ist begabt, der aufgrund seiner Fähigkeiten in der Lage ist, die an ihn gestellten Leistungsanforderungen auf den unterschiedlichsten Gebieten zu erfüllen. Wir sprechen von begabten Menschen, Begabtenförderung usw. In diesem Sinne ist Begabung fast gleichbedeutend mit → Intelligenz.

Besondere Begabungen

Derjenige gilt als begabt, der auf einem speziellen Gebiet Überdurchschnittliches leisten kann. Wir sprechen von technischer und künstlerischer Begabung, von einem begabten Schauspieler, einem musikalischen Talent, von sprachlicher und mathematischer Begabung usw. Begabung wird also verstanden als »begabt sein für etwas«.

Mit dieser Verwendung des Begriffes ist oft der Bedeutungsgehalt des Wortes »Gabe« verbunden. Begabung ist das dem Menschen Geschenkte, Mitgegebene. Gott hat allen Menschen Gaben geschenkt, die entdeckt und gepflegt werden müssen.

Dieses Verständnis von Begabung ist häufig verknüpft mit dem Glauben an eine genetisch festgelegte, durch Umwelteinflüsse nicht veränderbare Potenz (→ Anlage-Umwelt-Problematik). Besondere individuelle Leistungen lassen sich damit ebenso leicht erklären wie Leistungsunterschiede zwischen den Menschen. Allerdings hat bei dieser Betrachtungsweise das → Lernen nur eine begrenzte Funktion bei der Entfaltung der Begabungsmöglichkeiten des Individuums. Dieser so verstandene Begabungsbegriff wurde deshalb während der 60er und 70er Jahre immer häufiger kritisiert und durch eine Definition ersetzt, die stärker das »Begaben« in den Mittelpunkt des Verständnisses rückt. So heißt es in einem von Heinrich Roth herausgegebenen Gutachtenband des Deutschen Bildungsrates »Begabung und Lernen« (1969): »Begabung als Anlage wird in dieser Sicht zu einem Bedingungsfaktor in einem Feld von Variablen, die alle durch Lehren und Lernen, Unterricht und Erziehung beeinflußbar sind ... Man darf also, wenn man von Begabung spricht, nicht an eine isolierte und statische Größe den-

ken, die es als solche nicht gibt, sondern an eine dynamische Veränderliche in einem Netz von Bezugsgrößen, die alle mitentscheiden, ob Potentialitäten entwickelt werden oder nicht entwickelt werden« (1971, S. 65).

Diese Definition wurde oft mißverstanden, als sei Begabung nur von Umweltfaktoren abhängig. Man glaubte, Kinder beinahe beliebig »begaben« zu können durch Schaffung geeigneter Lernvoraussetzungen und bedingungen.

Heute wissen wir, daß die Wechselwirkungen zwischen Anlage- und Umweltbedingungen sehr kompliziert sind. Für alle Fähigkeiten des Menschen gibt es Bedingungen aus beiden Bereichen. Das Kind kann keine Begabung entfalten, für die nicht auch genetische Bedingungen existieren. Umgekehrt bleiben die günstigsten Umweltbedingungen wirkungslos, wenn keine genetischen Voraussetzungen vorhanden sind.

Wissenschaftliche Untersuchungen belegen die Feststellung, daß es keine allgemeine Lernfähigkeit oder Begabung gibt. Lern- und Leistungsunterschiede lassen sich nur durch eine Vielzahl von mehr oder minder unabhängigen Fähigkeiten erklären. Für die Verwendung des Begriffes »Begabung« bedeutet das:

Begabung zeigt sich in Lernleistungen und Lösen von Problemsituationen. Mangelnde Lernleistungen kann man nicht einfach durch fehlende oder Minderbegabung erklären. Oft spielen Umweltfaktoren eine größere Rolle: Erziehungsdefizite im Elternhaus (mangelnde → Leistungsmotivation, sog. repressionsfreie Erziehung), Beziehungsprobleme zu Eltern und Lehrern, Leistungsdruck usw. Die Einflüsse der Umwelt können Begabungen entscheidend hindern oder fördern.

Jedes Kind ist begabt. Begabungen müssen erkannt und gefördert werden. Nicht die Wünsche der Eltern, sondern die Fähigkeiten und Interessen der Kinder sind entscheidend. Die pädagogischen Aktivitäten sollten sich nicht so sehr auf angeblich fehlende Begabungen konzentrieren als vielmehr auf offensichtlich vorhandene Fähigkeiten und diese optimal fördern.

Begabung entfaltet sich in der Auseinandersetzung mit der Umwelt. Familie und Schule müssen dem Kind genügend Lernmöglichkeiten anbieten und so seine Begabungen entdecken und fördern.

Literatur:
Dieterich, M.: Handbuch Psychologie und Seelsorge, Wuppertal und Zürich 1989
Kraus-Prause et al.: Lexikon Erziehung, Hamburg 1995
Lenzen, D. (Hg.): Erziehungswissenschaft, Hamburg 1994
Roth, H. (Hg.): Begabung und Lernen, Stuttgart 1971
Thielscher-Noll, H.; Noll, H. G.: Das Elternseminar, Stuttgart-Neuhausen 1992   DV

Behaviorismus

Herkunft

Der Begriff Behaviorismus kommt vom engl. *behavior* (Verhalten) und bezeichnet die einseitig am Reiz-Reaktions-Schema (→ Reiz, → Konditionierung, klassische) ausgerichteten Anfänge der Verhaltenspsychologie (schon die Endung »-ismus« weist auf eine Verabsolutierung hin). Namhafte Vertreter sind J. B. Watson (1878–1958; Psychology as the behaviorist views it, 1913), E. C. Tolman (1886–1959; A new formula for behaviorism, 1922; Purposive behavior in animals and men, 1932) und C. L. Hull (1884–1952; Principles of behavior, 1943). Am bekanntesten wurde B. F. Skinner (1904–1990; The behavior of organism, 1938; Wissenschaft und menschliches Verhalten, 1973). Er hat in den USA eine umfassende psychologische Schulrichtung gebildet. In seinem Roman »Walden Two« (1948, dt.: Futurum Zwei. Die Vision einer aggressionsfreien Gesellschaft, 1972) wurde der Behaviorismus geradezu zu einem gesellschaftspolitischen Machtinstrument.

Merkmale

Für den Behaviorismus typisch ist die bewußte Abkehr von der von subjektiven Vorgaben abhängigen Untersuchung von Bewußtseinsvorgängen, wie sie insbesondere in der Erforschung des Unbewußten (»black box«) bei Freud und seinen Schülern zu Beginn des 20. Jahrhunderts zu finden war. Man verzichtet auf subjektive Erfahrungen, Selbstbeobachtungen und innere, kognitive Vorgänge. Statt dessen richtete man das Augenmerk ausschließlich auf die wahrnehmbaren Vorgänge, die auf die »black box« einwirken und die aus ihr hervorgehen, die Reize und Reaktionen (engl. *stimulus and response*, »S-R-Schema«) und ihre Gesetzmäßigkeiten. Der Forschungsgegenstand der → Psychologie als Studium des Bewußtseins wurde somit auf das Verhalten erweitert, soweit es auf objektiv wahrnehmbaren Vorgängen beruht. Verhalten wird nun verstanden als eine Funktion der gegenwärtigen und zurückliegenden Umwelteinflüsse.

Der Behaviorismus geht dem Verhalten bis auf kleinste bedingte Reflexe nach (»Atomismus«) – manche Gegner haben ihn deshalb als »Muskelzuckungspsychologie« mißverstanden). Biographische und damit subjektive Hintergründe sind nicht von Interesse. Verhalten wird unter experimentellen Bedingungen erfaßt, wie sie sonst aus der Naturwissenschaft bekannt sind (→ Empirie). Viele Erkenntnisse wurden aus Tierbeobachtungen gewonnen. Bekannt ist z. B. der »Pawlowsche Hund«, ein Paradebeispiel »klassischer Konditionierung« – Nahrungszufuhr (Reiz) löst die Absonderung von Speichel aus (Reaktion). Wenn der Reiz eine gewisse Zeit durch einen zweiten begleitet wird (Glockensignal), genügt dann auch der zweite allein, um die bekannte Reaktion auszulösen. Der zweite Reiz wurde vom Tier mit dem ersten verbunden (»konditioniert«).

Der klassische Behaviorismus wurde zur »operanten Konditionierung« weiterentwickelt (E. L. Thorndike, 1874–1949; Tolman, Hull, Skinner): Erwünschtes Verhalten wird durch Belohnung (Bestärkung, Anerkennung) »verstärkt«, unerwünschtes durch ausbleibende Verstärkung gelöscht (»extingiert«). Neben Reiz und Reaktion kommen weitere Variablen in den Blick, die sich auf das Verhalten (die Reaktion R) auswirken. Dafür steht die von F. H. Kanfer entwickelte, differenzierte Formel → S-O-R-K-C. Die körperlichen Voraussetzungen (O für Organismus), die erwartete Verstärkung (Belohnung, C für »Consequences«, Konsequenzen) und die anhaltende Beziehung zwischen Verhalten und Verstärker (K für Kontingenz) beeinflussen die Reaktion (R) auf die Reize (S für Stimuli).

Wirkung

Der Behaviorismus lieferte die entscheidenden Grundlagen für die moderne Lernpsychologie (→ Lernen), die Verhaltenspsychologie und -therapie (→ Verhaltenstherapie) und verhalf der Psychologie insgesamt zum wissenschaftlichen Durchbruch. Sie mußte den anerkannten Naturwissenschaften nicht länger nachstehen. Insbesondere die → Klinische Psychologie verdankt dem Behaviorismus ihre methodische Strenge und experimentelle Fundierung, ihr Vertrauen auf die Gesetzmäßigkeiten der Lernpsychologie zur Erklärung der Entstehung psychischer Störungen, die Betonung der Umwelteinflüsse gegenüber innerpsychischen Vorgängen und ihre Konzentration in Diagnose und Therapie auf das offene Verhalten anstelle auf innerpsychische Vorgänge als mögliche Ursachen von Verhaltensstörungen. Für Vertreter der Tiefenpsychologie (→ Psychoanalyse) dagegen ist der Behaviorismus nach wie vor suspekt. Seine Stärke, sich auf den Ausschnitt gestörten Verhaltens zu beschränken, ist in ihren Augen gerade seine Schwäche.

Beurteilung

Die Wurzeln des Behaviorismus liegen im philosophischen Positivismus und Materialismus des 18. und 19. Jahrhunderts (J. O. de La Mettrie: Der Mensch als Maschine; A. Comte: Der Positivismus), aber auch im Darwinismus. Unter solchen weltanschaulichen Leitgedanken mußte der Behaviorismus letztlich zur extremen Ideologie werden, in der Mensch und Gesellschaft verhaltenstechnisch formbar sind (Skinner). Unabhängig davon gebührt dem Behaviorismus das Verdienst, Gesetzmäßigkeiten in Lernen und Verhalten bei Mensch und Tier aufgedeckt zu haben, die gezielt zur Beeinflussung von Verhalten eingesetzt werden können. Dabei muß er gegenüber dem Vorwurf in Schutz genommen werden, Tierexperimente einfach auf den Menschen zu übertragen. Dazu gibt es zu viele Ergebnisse aus der Beobachtung menschlicher Verhaltensweisen. Solche Gesetzmäßgkeiten gehören zur Wirklichkeit der guten Schöpfung Gottes, können freilich – je nach Einstellung und Interesse – auch mißbraucht werden. In der ehrfürchtigen Haltung des Geschöpfes gegenüber dem Schöpfer und in der Unterordnung menschlicher Absichten unter den Heilsplan Gottes muß es jedoch in der Seelsorge möglich sein, auch Techniken der Konditionierung aufzugreifen, wo sie hilfreich und angemessen erscheinen (Angstzustände [→ Angst], Vermeidungsverhalten u. v. m.). Dabei geht es nicht um Manipulation; der Ratsuchende ist kein Objekt einer Technik. Gerade die Konzentration auf einen Ausschnitt des Verhaltens kann vor Fehlbewertungen bewahren. Wie in anderen therapeutischen Vorgehensweisen steht die personale Beziehung in positiver Wertschätzung, einfühlsamem Verstehen und → Echtheit an erster Stelle. Umgekehrt ist wie bei anderen Vorgehensweisen zu beachten, daß (geändertes) Verhalten allein nicht heil macht. Wenn die ausschnitthafte Beschränkung auf bestimmte Verhaltensweisen dazu führt, daß der ganze Mensch in seiner Beziehung zu sich selbst, zu Gott, zu den Mitmenschen und zur Umwelt nicht mehr in den Blick kommt, gerät sie in Widerspruch zum biblischen Menschenbild und Wirklichkeitsverständnis und ist somit nicht mehr zu verantworten.

Literatur:
Miller, G. A.; Galanter, E.; Pribram, K. H.: Strategie des Handelns. Pläne und Strukturen des Verhaltens, Stuttgart 1974
Pongratz, L. J.: Problemgeschichte der Psychologie, Bern, München 1967
Skinner, B. F.: Wissenschaft und menschliches Verhalten, München 1973   CS

Beichte

Beichte ist das bekennende Aussprechen von Sünde durch einen einzelnen oder eine Gruppe vor Gott in der Gegenwart (im Falle einer privaten Aussprache) eines oder (im Falle eines öffentlichen Bekenntnisses) mehrerer Zeugen. Das biblische Zeugnis spricht nirgends ausdrücklich von Beichte; dennoch können einige Worte der Heiligen Schrift zu ihrer Begründung herangezogen werden. Ps 32,1–6 erwähnt das Sündenbekenntnis eines einzelnen Sünders, 3Mo 16,21 die öffentliche Beichte. Bis zur nachexilischen Zeit entwickelten sich mit Tier- und Brandopfern verbundene Versöhnungsriten. Im Neuen Testament kommt die Vergebung – ohne Versöhnungsritus – von Jesus Christus her, der seine Apostel (Mt 16,19; Joh 20,21–23) bzw. seine Gemeinde (Mt 18,15–18) dazu beauftragt, sie in seinem Namen weiterzugeben (oder auch Sünden zu »behalten«). Jak 5,16 spricht vom gegenseitigen Bekennen von Sünden unter den Christen.

Eine kirchengeschichtliche Skizze soll die wichtigsten Stationen der Entwicklung der Beichte vor Augen führen: In der Alten Kirche wurde die öffentliche Buße vor allem bei Todsünden praktiziert. Von den iroschottischen Mönchen her fand die Ohrenbeichte den Weg über die Klöster in die Gemeinden. In der Kirche des Mittelalters bildete sich das Verständnis der Beichte als Bußsakrament heraus, zu dem von seiten des Beichtenden Reue im Herzen, das Bekenntnis mit dem Munde und die Genugtuung durch Werke gehörte. Sie mußte mindestens einmal jährlich vor dem Priester abgelegt werden; die Absolution erließ die Schuld, die Ablaßzahlung die zeitlichen und die Fegfeuer-Strafen. In Auseinandersetzung mit diesem Verständnis entwickelte Luther sein Beichtverständnis, das er von seiner Neuentdeckung der Rechtfertigung des Sünders allein aus Glauben her faßt. Die Beichte wird nun zur Begegnung des Sünders mit dem in Jesus Christus liebenden Gott. In ihrem Mittelpunkt steht trotz des unverzichtbaren bekennenden Aussprechens der Sünde nicht menschliches Tun, sondern Gottes schenkende Vergebung. Luther wandte sich gegen den Beichtzwang und die Forderung nach einem lückenlosen Bekennen der Sünden, wollte jedoch mitnichten die Beichte als Angebot konkret zugesprochener Gnade abschaffen. Nicht nur der Priester, jeder Christ habe Vollmacht zur Absolution. Im Großen Katechismus sagt er: »Darümb wenn ich zur Beichte vermahne, so tue ich nichts anders, denn daß ich vermahne, ein Christen zu sein« (BSLK, S. 732). Der Pietismus wehrte sich gegen eine veräußerlichte Beichtpraxis; die im Pietismus favorisierte allgemeine Beichte (»Berliner Beichtstuhlstreit« 1696–1698) und die Aufklärung trugen zur Verdrängung der Einzelbeichte bei. Im 19. Jh. kam es vor allem in lutherischen Erweckungsgebieten, im 20. Jh. in Bruderschaften, Kommunitäten und freien erwecklichen Werken bzw. Bewegungen zur Erneuerung der Einzelbeichte.

Nach reformatorischem Verständnis gehören zur Beichte zwei Grundelemente: das Bekennen der Sünden und der Zuspruch der Vergebung im Namen des dreieinigen Gottes. Damit ist die Einzelbeichte die eigentliche Form der Beichte. Im Mittelpunkt dieses Geschehens steht nicht menschliche Leistung, sondern die sich durch den Dienst des Beichtigers zusagende Gnade Gottes. Diese macht jedoch die Selbstprüfung vor Gott und das Bekenntnis der Sünde nicht überflüssig, da sie den Sünder seiner Verantwortung für seine Sünde nicht enthebt, sondern ihn in die Wahrheit Gottes führt. Beichte deckt zwar Schuld Gott und Menschen gegenüber auf, aber sie legt den Menschen nicht auf seine Vergangenheit fest. Da die Sünde die Beziehung zu Gott und zum Mitmenschen zerstört, ist die Beichte als Vergebung der Sünde zugleich auch Erneuerung der Gemeinschaft mit Gott und dem Mitmenschen. Der Raum der göttlichen Gnade und damit der Liebe Gottes ermöglicht es dem Beichtenden, sich seiner Sünde zu stellen. Leitbild ist der dem verlorenen Sohn entgegeneilende barmherzige Vater (Lk 15,20). Beichte ist damit Hilfe zur Umkehr durch die konkret zugesagte Vergebung, die nur dann verweigert werden darf, wenn der Beichtende Schritte der Umkehr oder die Vergebung seinem Mitmenschen gegenüber (Mt 6,14f; 18,23ff) verweigert. Sie bindet an Jesus Christus und nicht an den Seelsorger; der Beichtiger steht nicht über dem Beichtenden, sondern mit ihm auf gleicher Stufe unter Gott. Der Sünder kann sich nicht selber von der Sünde befreien. Er lebt vom Wort der Vergebung, das von außerhalb seiner selbst kommen muß, wenn Vergebung nicht eine Form der Selbstrechtfertigung und damit Selbstbetrug sein soll. Die Beichte ist ein solches »von außen« kommendes Wort, das die Anfechtung durch die Sünde überwinden hilft. Wenn das Herz des Sünders ihn verklagt, dann kann die Beichte zum Durchbruch zur Gewißheit der Vergebung verhelfen.

Zum Hören der Beichte gehört mehr als nur guter Wille; von der Offenheit für das aktuelle Wirken des Heiligen Geistes her bedarf der Beichtiger der eigenen Erfahrung (»Ohne Seelsorge an der eigenen Seele gibt es kein pastorales Charisma, darum bedarf zuerst der Beichtiger der *mutua consolatio fratrum* . . .« [Mezger, Beichte V 430]), Problemkenntnis (wozu die Kenntnisnahme der Literatur gehören kann) und unter Umständen auch Teamarbeit. Der Dienst der Beichte ist zuerst: Zeit haben und zuhören lernen bei behutsamer Gesprächsführung. Die Vermeidung sowohl peinlichen Fragens als auch einer verkrampften Atmosphäre sind für den Verlauf einer Beichte von großer Bedeutung.

Der Dienst der Beichte verlangt Achtung vor dem Humanum dessen, der sich im offenen Anvertrauen verletzlich macht; der Beichtiger darf kein Geständnis erzwingen. Er darf nicht Vollmacht mit Macht verwechseln, woraus sich sehr leicht – gerade aufgrund vorbehaltlos entgegengebrachten Vertrauens – Machtmißbrauch ergäbe. Auf der anderen Seite bedarf es in der Beichte von seiten des Beichtigers eines Gespürs für Widerstände beim Beichtenden, die sich in Ausweichversuchen und Abwehrverhalten äußern können. Der Beichtiger muß auch gegenüber Erwartungen des Beichtenden, Verantwortung abgenommen zu bekommen, und Neigungen zur Übertragung wachsam sein. Im Beichtgespräch ist ein Mittelweg zwischen den Extremen von Skrupulosität und verdrängungsbedingter Erinnerungsschwäche anzustreben. Hierbei kann Konfrontation im Dienste nicht der Rechthaberei, sondern der Wahrheit vonnöten sein. In dem allem wird deutlich, daß psychologische Kenntnisse für den Vollzug des Beichtgesprächs hilfreich, wenn nicht gar notwendig sind, da sie in manchen Bereichen die Wahrhaftigkeit vor Gott vertiefen helfen. Die Vergebung jedoch als Zentrum der Beichte ist nicht in der Psychologie, sondern im dreieinigen Gott und in dem in seinem Namen ausgesprochen Absolutionswort begründet (→ Biblisch-Therapeutische Seelsorge, → Seelsorge).

Literatur:
Die Bekenntnisschriften der evangelisch-lutherischen Kirche, Göttingen 1976 (BSLK)
Campbell, A. V.; Tellini, G.: »Beichte«, in: EKL[3], Bd. 1, Göttingen 1986
Herbst, M.: »Beichte«, in: Burkhardt, H.; Swarat, U.: Evangelisches Lexikon für Theologie und Gemeinde Bd. 1, S. 199–201, Wuppertal und Zürich 1992
Loew, L.: »Beichte II. Evangelische Beichte, liturgisch-praktisch«, in: RGG[3], Bd. 1, Tübingen 1986   GW

Bekehrung und Neugeburt

Die beiden Begriffe beschreiben aus unterschiedlicher Perspektive den einmaligen Anfang christlicher Existenz. Dies als pietistisches Sondergut zu charakterisieren ist eine unzulässige Beschneidung der biblischen Theologie.

Bekehrung

Das hebräische Wort *schub* (zurückkehren) wird wörtlich, aber auch in theologischer Hinsicht gebraucht. Israel, das als Volk Gottes von Gott abgefallen ist, wird insbesondere durch die Propheten zur Rückkehr in den von Gott nicht aufgehobenen Bund gemahnt (vgl. z. B. Jer 25,4; 26,5; 35,15). So sollen sie Gottes Angesicht suchen (5Mo 4,30; Hos 3,5) nach Gott fragen (Jes 9,12, Hos 7,10), Gott erkennen, das Herz auf Gott richten usw.

Im Neuen Testament finden sich zwei Begriffe: *epistrephein* (gr.: sich umwenden, umkehren) und *metanoein* (gr.: seinen Sinn ändern, → Buße tun, sich bekehren). Die von Jesus erforderte Umkehr ist ein einmaliges, das Leben des Menschen grundlegend veränderndes Ereignis, »Der Umkehrruf Jesu stellt die Hörer in ein letztes Entweder-Oder hinein, in dem sich zugleich bereits jetzt das ewige Geschick des Menschen entscheidet (Burkhardt, S. 202, vgl. Mt 6,24; 12,30). Hierzu ist auch der Nachfolgeruf Jesu zu rechnen: Komm und folge mir nach« (Mt 8,18ff; 9,1ff; 19,16ff; Joh 1,43). Damit geht es um eine einmalige Lebenswende und einen grundlegenden Herrschaftswechsel, zu dem Jesus zunächst Israel aufruft (Mt 10,5) und dann später alle Menschen (Mt 18,19; der Hinweis auf eine wiederholte Umkehr, vgl. z. B. Apg 8,22; 2Kor 12,22, widerspricht nicht der Notwendigkeit eines einmaligen, am Anfang des Christseins stehenden Bekehrungsaktes. Die Wiederholung der Umkehr nimmt gleichsam Bezug auf das schon vorhandene Christsein). Bekehrung beschreibt den Vorgang der Hinwendung zu Gott bzw. des Christwerdens vornehmlich aus der Perspektive des Menschen.

Neugeburt

Neben dem Begriff *paliggenesia* (Wiederentstehung) in Mt 19,28 (kosmische Erneuerung) und Tit 3,5 (individuelle Erneuerung) beschreibt v.a. Joh 3 den Vorgang der Neugeburt; hier bezeichnet Jesus den Beginn der christlichen Existenz als eine durch Gottes Geist gewirkte Neugeburt, ohne die kein Mensch die Wirklichkeit des Reiches Gottes erkennen und in seinen Herrschaftsbereich eintreten kann. Ergebnis dieser durch Gott am Menschen gewirkten Neugeburt ist ein bleibendes Verhältnis zu Gott und die Gotteskindschaft (Joh 1,12f; 1Joh 3,1), sowie die Integration in den Kreis aller anderen Glaubensgeschwister (Gemeinschaft).

Für den Beginn der christlichen Existenz finden sich im Neuen Testament weitere Begriffe und Beschreibungen. In 2Kor 4,6 skizziert Paulus diesen Vorgang als göttlichen Schöpfungsakt (das göttliche Licht des ersten Schöpfungstages leuchtet in das Herz des Menschen). Dadurch entsteht eine neue Kreatur (2Kor 5,17), ein neuer Mensch (Eph 4,24), der als »erleuchteter« (vgl. Lk 2, 32; Joh 1,6ff; Hebr 10,32) in der Lage ist, in Jesus, in seinem Kreuz und seiner Auferstehung, die Herrlichkeit Gottes zu schauen.

Die Terminologie des Paulus gebietet es, hier nicht von einem bildhaften oder symbolischen Vorgang zu sprechen, sondern von einer geistlichen Realität auszugehen. In der Konsequenz dieser paulinischen Sicht liegt sein Aufruf an die jungen Christen, im Rahmen der Heiligung die in ihnen vorhandene Wirklichkeit des neuen Menschen anzuziehen (= einzuüben) und den alten Menschen auszuziehen (= altes Verhalten zu lassen). Praktische Wege dazu schlägt er in vier Beispielen in Eph 4,25ff vor und beginnt bei der Erneuerung des Denkens (*nous*, Röm 12,2 und Eph 4,23). In Röm 6,1–11, Kol 2,12 und 3,1 beschreibt Paulus den Beginn christlicher Existenz, den er hier mit der Taufe zusammen sieht, als einen Identifikationsvorgang mit dem Leiden, Sterben und Auferstehen Jesu Christi, das zu dem »In-Christus-Sein« führt (Gal 2,20), aus welchem den Christen keine Macht mehr scheiden kann (Röm 3,31–39).

Bekehrung und Neugeburt in Psychotherapie und Seelsorge

Auch wenn Bekehrung und Neugeburt eines Christen nicht genau datierbar sind, bietet dieses Wissen um die neue Existenz (vgl. Röm 8,16) die Gotteskindschaft den neuen Menschen usw. wichtige seelsorgerliche Potentiale.

– Belügt sich ein ratsuchender Christ vor dem Hintergrund eines destruktiven Paradigmas mit unrealistischen Einreden (z. B. »Ich bin der größte Versager«, »Gott hat mich vergessen«, »Gott muß mich verändern« usw.), helfen ihm diese geistlichen Realien zu realistischen Gegenreden (»Ich bin geliebt«, »Ich bin Kind Gottes«, »Ich bin schon ein neuer Mensch, jetzt übe ich dies ein« usw.).

– Auch das → Trösten geht von dieser christlichen Existenz aus und spricht dem Ratsuchenden das zu, was er vor Gott ist.

– Bekehrung und Neugeburt eröffnen dem Menschen völlig neue Sinnperspektiven und Lebensziele (→ Logotherapie). Die unsichtbare Welt Gottes und die Person Jesus Christus werden als gegenwärtig erlebt. Christen können hier ein tiefes Gefühl der Zugehörigkeit entwickeln und diese Perspektive als Ziel in Blick nehmen (Mt 6,33: »Trachtet zuerst nach dem Reich Gottes und nach seiner Gerechtigkeit, so wird euch das alles zufallen«, vgl. dazu Gal 2,20; Phil 3,12–14; Kol 3,1ff). Diese Sicht kann entlasten und die gegenwärtigen Probleme relativieren.

Was ändert sich, wenn sich ein Mensch bekehrt, bzw. diese Neugeburt erfährt und er einen Herrschaftswechsel vollzieht?

– Eine neue, geistliche Realität ist entstanden, die Gott selbst geschaffen und dem Menschen geschenkt hat.

– In der Regel nimmt ein Mensch seine Persönlichkeitsstruktur (Grund- und Tiefenstruktur) auch in seine neue christliche Existenz mit hinein (→ Persönlichkeitsstruktur). Allerdings ist er jetzt mehr als vorher in der Lage, seine Stärken und Schwächen, sowie seine Schuld vor dem Hintergrund

der Christusherrschaft zu erkennen. Die Heiligung (»Frucht des Geistes«) zeigt sich an der Veränderung der → Wesenszüge.

– Ein Zeichen der neuen christlichen Existenz ist es, daß die Gaben des Menschen zunehmend unter die Herrschaft Christi gelangen (vgl. 1Kor 12,7; 14,12). So wird z. B. aus einer egoistischen Selbstverwirklichung, die auch in frommem Gewande daher kommen kann, zunehmend eine dienende Haltung, die die anvertrauten Gaben (vgl. 1Kor 12 und 14) im Sinne einer »geheiligten« → Selbstverwirklichung (oder auch »Christusverwirklichung«) zum Einsatz bringt.

Literatur:
Burkhardt, H.: Art. »Bekehrung«, in: Burkhardt, H.; Swarat, U.: Evangelisches Lexikon für Theologie und Gemeinde, Band 1, S. 201–205, Wuppertal und Zürich 1992
ders.: Art. »Wiedergeburt«, in: Burkhardt, H.; Swarat, U.: Evangelisches Lexikon für Theologie und Gemeinde, Band 3, S. 2164–2168, Wuppertal und Zürich 1994
Dieterich, M.: Handbuch für Psychologie und Seelsorge, Wuppertal und Zürich 1989
Schlatter, A.: Der Glaube im Neuen Testament, Stuttgart [6]1982   WV

Belastbarkeit → Streß

Belastung, okkulte
→ Okkultismus

Belohnung → Lernen

Beratung → Psychotherapie, → Seelsorge

Besessenheit → Okkultismus

Betawellen → Entspannung

Bettnässen (Enuresis)

Ein normal entwickeltes Kind näßt in der Regel ab dem dritten bis vierten Lebensjahr nicht mehr ein. Später handelt es sich dann um ein krankhaftes Verhalten, das mit der sog. primären Enuresis bezeichnet wird. Wenn das Kind eine Zeitlang trocken war und dann wieder anfängt, einzunässen, handelt es sich um eine sekundäre Enuresis. Außerdem unterscheidet man noch ein Einnässen tagsüber (Enuresis diurna) und des Nachts (Enuresis nocturna). Nur in seltenen Fällen geht Enuresis auf organische Mißbildungen zurück (etwa des Blasenmuskels), sondern tritt meist als neurotische (→ Neurose) Reaktion dann auf, wenn sich das Kind überfordert fühlt. Es erlebt dabei, daß sein Wunsch nach Zuwendung und Zärtlichkeit von seiten der Eltern (scheinbar oder tatsächlich) nicht mehr erfüllt wird. Typischerweise tritt Enuresis bei der Geburt eines Geschwisterkindes, bei häufigen Familienstreitigkeiten, bei starker Belastung durch Schulanfang usw. auf. Das Kind versucht durch sein auffälliges Verhalten unbewußt, die Aufmerksamkeit und Zuwendung der Eltern wieder auf sich zu lenken. Forschungen haben ergeben, daß die Enuresis durch eine übergenaue Reinlichkeitserziehung begünstigt wird.

Enuresis in Psychotherapie und Seelsorge

Von besonderer Bedeutung ist bei der Enuresis, daß das Verhalten des Kindes ein unbewußtes und nicht willentlich kontrollierbares Verhalten ist. Verhaltensweisen der Eltern, die an den Willen oder die Vernunft des Kindes appellieren, sind nicht nur nutzlos, sondern sogar schädlich. Ebenso schädlich ist eine abwertende oder verächtliche Haltung. Nur durch vermehrte Zuwendung, die zum Teil sogar zeitweise den Eindruck geben kann, man verwöhne das Kind, kann diesem ein Gefühl der Sicherheit und Geborgenheit verleihen, auf dessen Grundlage

dann die Enuresis meist verschwindet. Zusätzlich unterstützende Maßnahmen sind die Verabreichung von Medikamenten, die die Schlaftiefe herabsetzen, so daß der Spannungszustand der Blase rechtzeitig erkannt werden kann. Außerdem gibt es auch Vorrichtungen, die das Kind beim ersten Harntropfen bereits wecken. Diese Maßnahmen können jedoch lediglich unterstützenden Charakter besitzen, und sie bleiben – ohne vermehrte Zuwendung zum Kind – in der Regel erfolglos, da die eigentliche Ursache des Konfliktes (die Zuwendungsbedürftigkeit des Kindes) nicht geklärt wird.

Literatur:
Eichholzer, U.: Über das Bettnässen, und wie man es los wird, Göttingen 1995
Haug-Schnabel, F.: Enuresis. Diagnose, Beratung und Behandlung bei kindlichem Einnässen, München 1994
Grosse, S.: Bettnässen. Diagnostik und Therapie, Weinheim 1991   EJ

Bezugssystem, privates (primäres) → Logik, Private

Bibliodrama

Bibliodrama meint das Nachspielen biblischer Texte innerhalb einer Gruppe. Die Teilnehmer sollen sich mit einer Person oder einem Inhalt einer biblischen Geschichte identifizieren. Diese Rolle soll ohne von außen vorgegebene Regieanweisungen so verwirklicht werden, wie sie subjektiv erfahren oder erlebt wird. Geschichten aus der Bibel sollen dem Teilnehmer die Möglichkeit geben, eigene Fragen und Nöte in Spielsprache zu fassen.

Die mit dem Bibliodrama angestrebten Ziele sind vielschichtig.
(1) Im Unterschied zu einer Aufführung biblischer Texte soll hier ein neuer persönlicher Zugang zu einem biblischen Text gefunden werden; besonders dann, wenn ein Text schwer verständlich ist oder ärgert. Da-

durch soll auch die eigene Gottesbeziehung geklärt werden.

(2) Menschen sollen konkret in ihrer Erfahrung hier und heute angesprochen werden. Beispielsweise kann jemand im Bibliodrama in der Rolle des Bartimäus (vgl. Mk 10,46–52) seine eigene Sehnsucht entdecken, von Jesus gehört, angesprochen und geheilt zu werden. Es sind aber auch Erfahrungen zugelassen und erwünscht, die Blindheit noch symbolischer deuten. So kann beim Nachspielen der Geschichte beispielsweise eigene Blindheit im Umgang mit dem Ehepartner und Hilflosigkeit, die Signale des anderen nicht zu sehen oder zu verstehen, deutlich werden. Als ein anderes Beispiel für die symbolhafte Funktion eines Bibeltextes innerhalb des Bibliodramas kann die Szene dienen, in der Abraham Isaak opfern will (vgl. 1Mo 22,1–19). So ist es beispielsweise erwünscht, wenn durch das Nachspielen eine vorhandene Vaterproblematik zu Tage tritt.

Bibliodrama in Psychotherapie und Seelsorge

Das Bibliodrama will die Spiel- und Theaterpädagogik, psychoanalytische und besonders psychodramatische Therapie mit der Bibel verbinden. Dabei kann ein Unterschied zum → Psychodrama darin liegen, daß das Spiel nicht individuell auf einen Protagonisten (= Hauptdarsteller) ausgerichtet ist, sondern ein Gruppenspiel bleibt, indem Teilnehmer in ihrer Rolle eigene Impulse in das Spiel geben. Außerdem wird ein vorgegebener Text als Grundlage genommen und nicht beispielsweise ein Konflikt, der sich aus der Gruppenbeziehung entwickelt hat. Hinzu kommt, daß die Bühne, und damit die Standorte der Spieler, vom Leiter eingeteilt werden und das Spiel nicht die bestehenden Gruppenbeziehungen abbildet. Ein Hauptunterscheidungspunkt soll auch sein, daß in aller menschlichen Erfahrung und Problematik die biblische Erzählung in ihren Aussagen stehenbleiben und nicht in den Hintergrund rücken soll.

Kritik

Wenn Bibeltexte gezielt subjektiv erlebt und an der eigenen Erfahrungswelt gemessen werden sollen, kann der einmalige historische Kontext nicht mehr zur Geltung kommen. Zum reformatorischen »sola scriptura« – »allein die Schrift« gehört eine Exegese, die den Leser in die biblischen Texte und ihre Zeit hineinführen soll. Diese historisch-biblische Arbeit soll davor bewahren, einen Text unmittelbar symbolisch auf die eigene Situation anzuwenden. Doch genau diese unmittelbare symbolische Funktion eines Textes ist beim Bibliodrama intendiert. Damit werden eigene – möglicherweise schädliche – Gedanken und Gefühle durch den Bibeltext gerechtfertigt und verstärkt. Nach reformatorischer Theologie sollte Gottes Wort ermahnend und tröstend von außen in Lebenssituationen des einzelnen hinein wirken und nicht etwa das bestätigen, was möglicherweise gerade zu ändern ist.

Im Bibliodrama wird nicht berücksichtigt, daß nicht jeder Text mit subjektiven Erfahrungen gefüllt werden kann. Beispielsweise ist die Passion und das Kreuz Jesu (vgl. Mk 14–16 par.) ein einmaliges historisches Geschehen. Wenn aber das Kreuz nur noch als Symbol Geltung bekommt, verblaßt es zur bloßen Metapher für menschliches Elend. Durch eine derartige Sichtweise des Bibliodramas entsteht also die Gefahr, das biblische »ein für allemal« (vgl. Röm 6,10; Hebr 9,26–28) zu verlieren. Vor diesem Hintergrund muß die Leitung einer Bibliodramagruppe immer reflektieren, ob die biblischen Texte nur als Vehikel genutzt werden, Menschen an ihre eigenen emotionalen Barrieren oder Schwierigkeiten heranzuführen.

Literatur:
Andriessen, H.; Derksen, N.: Lebendige Glaubensvermittlung im Bibliodrama: Eine Einführung, Frankfurt/M. 1989
Kessler, H.: Bibliodrama und Leiblichkeit. Leibhafte Textauslegung im theologischen und therapeutischen Diskurs, Stuttgart 1995
Warms, E. N.: Bibliodrama als Prozeß. Leitung und Beratung, Bielefeld 1994   BN

Biblisch-therapeutische Seelsorge

Herkunft

Biblisch-therapeutische Seelsorge (BTS) ist (1) die Bezeichnung für eine besondere Konzeption an der Praxis ausgerichteter Seelsorge und (2) die Kurzbezeichnung für die Deutsche Gesellschaft für Biblisch-therapeutische Seelsorge (DGBTS), die Konzeption und Praxis der BTS vermittelt und weiterführt. Die Anfänge gehen auf erste Seelsorge-Grundkurse 1985/86 in Korntal bei Stuttgart zurück, die M. Dieterich, Professor für Rehabilitation an der Universität Hamburg und jetzt Leiter des Instituts für Psychologie und Seelsorge an der Theologischen Hochschule Friedensau, ins Leben rief. Seine Absicht war, das säkulare Modell von Laienhelfern in der Therapie auf die Seelsorge zu übertragen. Durch eine qualifizierte Kurzausbildung sollten Seelsorgehelfer herangebildet werden, die zur Entlastung professioneller Therapeuten beitragen könnten. Auslöser war eine wachsende Zahl von Ratsuchenden aus dem Raum des Pietismus und deren Scheu, sich einem Therapeuten anzuvertrauen, der für ihre Frömmigkeitsprägung vielleicht kein Verständnis zeigen würde.

Die Beheimatung von M. Dieterich in einem pietistischen Gemeinschaftsverband führte zunächst zu einer Anbindung der Kurse an die Ludwig-Hofacker-Vereinigung, den Dachverband des württembergischen Pietismus. Dies trug wesentlich dazu bei, daß die bis dahin im Pietismus verbreitete pauschale Ablehnung von Psychologie abgebaut werden konnte. 1987 wurde dann die DGBTS als eingetragener Verein mit Sitz in Stuttgart gegründet. Innerhalb weniger Jahre hat sich aus den kleinen Anfängen eine inzwischen auch in der Schweiz und in Österreich vertretene Bewegung ergeben. Die Ausbildung in BTS wird meist in größeren Gebieten wie Hamburg, Schleswig-Holstein, Rheinland, Berlin, Sachsen, Hessen, Baden-Württemberg oder Bayern angeboten. Viele tausend Christen aus den Groß-kirchen, Gemeinschaften und Freikirchen haben inzwischen davon Gebrauch gemacht. Schwerpunkt ist der süddeutsche Raum.

Neben der ca. drei Jahre umfassenden Ausbildung zum Biblisch-therapeutischen Seelsorger (teilweise auch als qualifizierende Zusatzausbildung in Sozialberufen anerkannt) ist auch nur die Teilnahme am Grundkurs möglich. Darüber hinaus hat die DGBTS eine »Christliche Fachklinik für psychotherapeutische Medizin«, die Bethel-Klinik in Bad Wildbad ins Leben gerufen. Diese wird als eigenständige gGmbH auch von drei württembergischen Gemeinschaftsverbänden als Teilgesellschaftern getragen. Der Betrieb begann 1994. 1995 wurde eine Wissenschaftsstiftung gegründet mit dem Ziel, ein eigenes wissenschaftliches Institut für die BTS aufzubauen, in dem die notwendige Grundlagenforschung durchgeführt und die Ausbildung bis zur staatlichen Anerkennung gebracht werden kann.

Merkmale

Die Namenselemente der BTS weisen auf die beiden Hauptgrößen hin: Bibel und Therapie.

Zur biblischen Grundlage

Die BTS ist der in Jesus Christus offenbarten »Sorge Gottes um den Menschen« gemäß dem normativen Zeugnis der Heiligen Schrift und den Bekenntnissen der Reformation verpflichtet. Sie weiß sich dem biblischen Anliegen der Erneuerung der Kirche im persönlich gelebten Glauben verbunden. Ihr Ausgangspunkt und Ziel ist der Mensch, der aus der Gnade Gottes in Jesus Christus kraft des Heiligen Geistes zum ewigen Leben wiedergeboren ist. Sie versteht sich als Initiative des württembergischen Pietismus und bejaht die Zugehörigkeit zur Kirche und den Dienst für sie (aus den Richtlinien).

Zur therapeutischen Ausrichtung

Dieses Element wurde bei der Namensgebung der BTS bewußt aufgenommen, obwohl die in den 70er Jahren aufgekommene

»therapeutische Seelsorge« im Zusammenhang der Seelsorgebewegung seitens des Pietismus als liberal und säkularistisch abgelehnt worden war. Die besondere Bewertung säkularer Therapiemethoden vom biblischen Menschenbild und Wirklichkeitsverständnis her machte einen neuen Zugang möglich. Es ging nicht mehr um eine »Psychotherapie im Kontext der Kirche« (Stollberg), sondern um eine biblisch begründete Seelsorge, die Anleihen bei Psychologie und Psychotherapie macht, soweit diese in das biblische Menschenbild und Wirklichkeitsverständnis integrierbar sind (dennoch erfährt die BTS gelegentlich mißverständlicherweise den Vorwurf, die Psychologie nur »christlich zu taufen«). Dazu trägt u.a. die Unterscheidung zwischen empirischer Grundlage und ideologischem Überbau in den Therapierichtungen bei: Soweit psychologische Grundlagenforschung mit Gesetzmäßigkeiten zu tun hat, sind diese als zur Wirklichkeit der (gefallenen) Schöpfung Gottes gehörig zu verstehen. Wie die Weisheitslehrer des Alten Testaments ihre Beobachtungen in der Natur und im zwischenmenschlichen Umgang in ihre theologische Erkenntnis einfließen ließen, so sieht die BTS die objektiven Vorgänge im menschlichen Verhalten und Erleben unter dem Gesichtspunkt ihres göttlichen Auftrags.

Der Zugang der BTS zu psychotherapeutischen Verfahren basiert auf dem Grundkonzept der Methodenvielfalt (→ Methodenpluralität): Es gibt keine Methode, die für sich genommen in jedem Fall die allein hilfreiche wäre. Vielmehr müssen sich verschiedene Vorgehensweisen je nach Person und Situation gegenseitig ergänzen. Entsprechend kann die Vorgehensweise in der BTS als mathematische Formel dargestellt werden: M = f (S,R,U). Die Methode (M) ist abhängig (eine Funktion, f) von den Faktoren S (= Seelsorger), R (= Ratsuchender) und U (= Umstände). Ein solcher Ansatz ermöglicht es am besten, den Erfordernissen des ratsuchenden, psychisch beeinträchtigten oder kranken Menschen zu begegnen.

Zu den pluralen Ansätzen der BTS gehören u.a. folgende sechs Elemente: Seelsorge im Sinne (1) des Tröstens (kein »billiger Trost«), (2) Ermahnens, (3) der Beichte, (4) eines Lern- und Umdenkprozesses, (5) eines Prozesses der Selbsterkenntnis und (6) einer Analyse der Vergangenheit und der Sinnfindung für die Zukunft. Die sich im vierten bis sechsten Element niederschlagenden Erkenntnisse aus der → Verhaltenstherapie, der → Gesprächspsychotherapie und anderen Therapieansätzen (→ Logotherapie, → Transaktionsanalyse, → Psychoanalyse usw.) werden verstanden als wiedergewonnene Einsichten, die – wenn auch in anderer Begrifflichkeit – bereits in der Bibel begegnen. Welche Elemente wann zum Zug kommen, ist nicht nur eine Frage seelsorgerlicher Kompetenz, sondern auch des Wirkens des Heiligen Geistes. Das Therapeutische an der BTS ist letztlich nicht zuerst die Methodik, sondern (entsprechend der Grundbedeutung des griechischen Wortes *therapeuo*) die Haltung des Dienens. Sie drückt sich nach dem Vorbild Jesu in positiver Wertschätzung, einfühlsamem Verstehen und in der Echtheit der Gesinnung aus. Das Motto der BTS heißt deshalb »dienen – helfen – heilen«.

Literatur:
Dieterich, M.: Psychotherapie – Seelsorge – Biblisch-therapeutische Seelsorge, Neuhausen 1987
ders.: Handbuch Psychologie und Seelsorge, Wuppertal und Zürich 1989   CS

Biofeedback

Biofeedback nennt man die Rückmeldung über die Aktivität körperlicher Vorgänge beispielsweise von Muskelverspannungen, die sich in Kopfschmerzen äußern. Dem Patienten werden z. B. Messungen des Pulsschlags oder der Gehirnströme optisch oder akustisch wahrnehmbar gemacht, und er soll aufgrund dieser Signale versuchen, die unterschiedlichen körperlichen Vorgänge zu verändern bzw. zu steuern. Biofeedback wird insbesondere häufig in der → Verhal-

tenstherapie angewendet. Die verschiedenen
Methoden lassen sich danach unterscheiden,
welche Körperprozesse sie rückmelden und
worauf bewußt eingewirkt werden soll. So
gibt es z. B. das EMG-Biofeedback, welches
die Muskelspannung an Nacken oder Stirn
rückmeldet, um auf Schmerzzustände im
Kopf und Rücken einzuwirken. Das EKG
-Biofeedback zeigt die Herzfrequenz an.
Dies wird im Rahmen von Angststörungen
verwendet. Das Hautwiderstands-Biofeed-
back gibt Hinweise auf die emotionale Erregung. Das Hauttemperatur-Biofeedback
wird meist bei Migränepatienten angewendet. Die Temperatur gibt Hinweis auf die
gestörte Gefäßregulation im Kopfbereich,
die sich in unterschiedlichem Wärmegrad
von Stirn und Handtemperatur bemerkbar
macht. Das Blutdruck-Biofeedback soll dem
Patienten helfen, seinen Blutdruck zu senken. Die Wirksamkeit des Biofeedbacks ist
nicht unumstritten. So machen beispielsweise Ergebnisse von Wirkungsuntersu-
chungen deutlich, daß viele Anwendungen
nicht selten keine spezifische Wirkung auf
die Schmerzbereiche haben. Dennoch eintretende Verbesserungen werden daher auf
die Begleitumstände des Biofeedbacks (z. B.
Entspannungsverfahren, Atmosphäre bei
der Behandlung usw.) zurückgeführt. Kommende Untersuchungen müssen zeigen, auf
welche Art und Weise Biofeedback wirkt
und wie es effektiv bei Störungen eingesetzt
werden kann.

Literatur:
Fliegel, S.: Verhaltenstherapeutische Standard-
methoden, Weinheim 1993
Kröner, B.: Biofeedback-Therapie. Klinische Stu-
dien, Anwendung in der Praxis, Stuttgart 1988
Zeyer, Hans: Biofeedback. Physiologische
Grundlagen. Anwendung in der Psychotherapie,
Göttingen 1990   BN

Bipolare affektive Störung
→ Manie, → manisch-depressive
Störung, → Depression

Bisexualität
→ Hermaphroditismus

Blutschande → Inzest

Borderline-Störung

Der Begriff »Borderline-Störung« hat sich
seit seiner Formulierung durch Sigmund
Freud 1925 in seiner Bedeutung erheblich
geändert. Ursprünglich ein Allgemeinbe-
griff für alle Störungen, die als Grenzfall
zwischen Neurose und Psychose gelten,
wird der Begriff in der modernen Diagnostik für eine spezifische »Persönlichkeitsstörung« angewendet. Als spezielle Persönlichkeitsstörung wurde die Borderline-Störung
zuerst aus der tiefenpsychologischen Sichtweise von Otto Kernberg und Christa Rohde-Dachser beschrieben. In der tiefenpsychologischen Sicht stehen bei der
Borderline-Störung ein überdauerndes un-
erträgliches Gefühl innerer Leere und der
Abwehrmechanismus des Splitting im Vordergrund. Mit Splitting ist gemeint, daß betroffene Patienten nicht in der Lage sind,
Frustrationen, besonders in zwischenmenschlichen Beziehungen, zu ertragen.
Daher müssen sie andere Menschen entweder idealisieren (d. h. unangenehme Aspekte
gar nicht wahrnehmen) oder, wenn Frustrationen nicht ignoriert werden können, ab-
werten (d. h. sie als böse, rundweg schlecht
usw. zu erleben). Das Gefühl innerer Leere
erzeugt eine starke emotionale Abhängigkeit von der Nähe anderer, die mangelnde Beziehungsfähigkeit verhindert jedoch
überdauernde Bindungen. Daher ergibt sich
ein typisches Muster intensiver persönlicher
Beziehungen, die dann aber in der Regel im
Konflikt enden.
  In der heutigen Diagnostik (→ Psychodiagnostik) ist eine einseitig tiefenpsychologische Sichtweise auch aufgrund mangelnder empirischer Belege überholt. Im diagnostischen Manual psychischer Störungen
(DSM IV) sowie in der internationalen Klas-

sifizierung der WHO (Weltgesundheitsorganisation) ICD 10 werden psychische Störungen nicht mehr durch die vermutete innerpsychische Dynamik, sondern an ihrer Symptomatik definiert. Die Palette der typischen Symptome ist bei der Borderline-Störung sehr breit gefächert: im Vordergrund steht die Beziehungsabhängigkeit, häufiger konflikthafter Abbruch von Beziehungen, selbstzerstörerische Handlungen, Suizidversuche oder -gesten, magisches Denken und psychotische Episoden (d. h. Wahnphanomene oder Halluzinationen). Diese psychotischen Episoden sind jedoch im Gegensatz zu den echten psychotischen Störungen von relativ kurzer Dauer.

Wie alle Persönlichkeitsstörungen ist die Borderline-Störung sehr hartnäckig und oft therapieresistent. Da kurze psychotische Episoden und das magische Denken auch in Glaubensfragen die Inhalte bestimmen können, wird in manchen christlichen Gemeinschaften die Borderline-Störung besonders häufig als dämonisch fehldiagnostiziert. Viele Christen, die unter dieser Störung leiden, haben daher eine persönliche Geschichte von vielen »Seelsorgebeziehungen«, »Heilungen« oder »Exorzismen«, die kurzfristig funktioniert haben. Bei einer genaueren Betrachtung der überdauernden Muster zeigt sich aber häufig, daß diese »Heilungen« eher zu verstehen sind als der idealisierte Beginn einer neuen Beziehung, gefolgt von einer kurzen euphorischen Hochphase und der zwingenden bitteren Enttäuschung. Seelsorger reagieren auf die Idealisierung oft zu positiv (es entspricht dem eigenen Wunschdenken, »der ganz besondere Seelsorger« zu sein). Wenn dann die Beziehung im Konflikt endet, werden die betroffenen Ratsuchenden häufig mit Gegenvorwürfen »bestraft«. Dieses Muster fördert also das Splitting eher, als es therapeutisch anzugehen.

Besonders wichtig für die Praxis biblischer Seelsorge mit Borderline-Störung ist, daß die Seelsorge von vorne herein klare Strukturen und Grenzen hat. Jegliche »spektakuläre« Aktion ist nach Möglichkeit zu

vermeiden, auch in geistlichen Fragen. Eine evangeliumsgemäße Sicht der Jesus-Beziehung, die das Heil als Geschenk ohne menschliche Gegenleistung sieht, aber nicht mit Heilung und Heiligung verwechselt, ist notwendig. Ermahnung, Beichtgespräch und Buße sollten nicht im Sinne von Vorwürfen in kritischen Phasen mißbraucht werden, sondern als selbstverständliche Notwendigkeit im Alltag eines jeden Christen Teil der Seelsorge sein.   UG

Brechsucht → Bulimia nervosa

Brief Therapy → Kurztherapie

Bulimia nervosa

Die Bulimia nervosa ist eine häufig vorkommende Eßstörung bei Frauen im Alter zwischen 18 und 30 Jahren.

Hauptmerkmale der Bulimia nervosa

Wiederholte Episoden von Freßanfällen (schnelle Aufnahme einer großen Nahrungsmenge), begleitet von Furcht, diese Freßanfälle nicht kontrollieren zu können; selbstinduziertes Erbrechen, Mißbrauch von Abführ- oder harntreibenden Mitteln, strenge Diät, Fasten oder übermäßige körperliche Betätigung zur Verhinderung einer Gewichtszunahme; eine andauernde übertriebene Beschäftigung mit Figur und Gewicht. Bei durchschnittlich mindestens zwei Freßanfällen pro Woche in einer Zeitspanne von mindestens drei Monaten wird Bulimia nervosa diagnostiziert.

Die Freßanfälle können geplant sein. Die Nahrung, während einer Episode aufgenommen, hat oft einen hohen Kaloriengehalt, schmeckt süß, und ihre Konsistenz erleichtert schnelles Essen. Diese wird gewöhnlich so unauffällig wie möglich oder im Geheimen gegessen und meist ganz schnell hinuntergeschlungen und wenig gekaut. Wenn einmal mit dem Essen begonnen wurde, werden manchmal noch zusätzliche Nahrungsmittel gesucht, um den Freßanfall fortzusetzen. Beendet wird dieser üblicherweise durch Bauchbeschwerden, Schlaf, Hinzukommen anderer Personen oder selbstinduziertes Erbrechen. Erbrechen lindert die Schmerzen bei abdomineller Überdehnung, ermöglicht dann entweder weiter zu essen oder den Heißhungeranfall zu beenden, und vermindert oft die Angst nach dem Freßanfall. Obgleich dieser Lustgewinn bringen kann, folgen häufig Scham, herabsetzende Selbstkritik und depressive Verstimmungen (→ Depression).

Häufige Gewichtsschwankungen infolge der wechselnden »Freß-« und Fastenperioden sind üblich. Vielfach haben diese Betroffenen das Gefühl, ihr Leben werde von den Konflikten ihres Eßverhaltens beherrscht.

Nebenmerkmale

Obwohl das Gewicht der meisten Patienten mit Bulimia nervosa innerhalb der Norm liegt, können manche leicht untergewichtig und andere wieder übergewichtig sein. Häufig kann es, durch depressive Verstimmung ausgelöst, zu Mißbrauch oder Abhängigkeit von suchtinduzierenden Substanzen wie Sedativa, Amphetamine, Kokain oder Alkohol kommen (→ Psychopharmaka, → Drogen). Die Betroffenen zeigen ungerechtfertigte Besorgnis über Körperschema und äußere Erscheinung, vielfach im Hinblick auf sexuelle Attraktivität und darauf, wie andere sie sehen.

- *Alter bei Beginn:* Gewöhnlich in der Adoleszenz (→ Jugendalter) oder im frühen Erwachsenenalter.
- *Geschlechtsverteilung:* Überwiegend beim weiblichen Geschlecht.
- *Verlauf:* In der Regel chronisch und intermittierend über viele Jahre. Üblicherweise alternieren die »Freßphasen« mit solchen normalen Essens oder mit Phasen von normalem Essen und Fasten.
- *Familiäre Häufung:* Bei Eltern von Betroffenen besteht häufig eine → Adiposi-

tas. Mehrere Studien berichten über erhöhte Raten einer Major → Depression unter Angehörigen ersten Grades.

- *Beeinträchtigungen und Komplikationen:* Bulimia nervosa führt selten zu Leistungsunfähigkeit, es sei denn, der ganze Tag wird mit Freßanfällen und Erbrechen verbracht. Häufige Komplikationen infolge Erbrechens sind Zahnschmelzschädigungen. Elektrolytentgleisungen und Dehydrationen können zu ernsten Komplikationen wie Herzrhythmusstörungen führen.
- *Häufigkeit:* Neueren Studien zufolge weisen 4,5 % der Frauen und 0,4 % der Männer eine Bulimia auf.

Bulimia nervosa in Psychotherapie und Seelsorge

Die therapeutischen Ansätze der Bulimia nervosa sind nicht einheitlich und im jeweiligen Zusammenhang mit den Grundpositionen der im Einzelfall eingesetzten psychotherapeutischen Schule zu sehen. Möglicherweise ist oftmals auch nur die in allen therapeutischen Bereichen übliche Vertrauensbasis im Sinne einer therapeutischen Haltung (Akzeptanz, Einfühlsamkeit usw.) das Therapeutikum. Nach unseren Erfahrungen werden, entsprechend der Schwere der Bulimia nervosa, Methoden eingesetzt, die günstigerweise mit → Verhaltenstherapie beginnen, um daran anschließend mit → Kognitiver Therapie weiterzuarbeiten. Bei zunehmender Gesundung schließen sich systemische Ansätze an (→ Methodenpluralität). Insbesondere mit den Hilfestellungen aus der → Logotherapie (Entdecken von neuen Zielen und Möglichkeiten) kann dann weiter schrittweise aus der Krankheit geführt werden, die jedoch häufig eine Dünnstelle bleiben wird. Oftmals klagen die betroffenen Frauen auch über Glaubenszweifel im Zusammenhang mit ihrem Verhältnis zu Gott. Hier kann das → Trösten im biblischen Sinne aufrichten und → Beichte mit Vergebung zu einer wichtigen Hilfestellung werden. Die nicht selten labile Persönlichkeitsstruktur führt oftmals aber auch zu einem verzerrten Gottesbild, das Gott oftmals als Retter und dann wieder als Strafenden sicht. Hier kann mit den methodischen Hilfestellungen aus der kognitiven Therapie und den biblischen Grundlagen sehr klar korrigiert werden.

Literatur:

Bruch, H.: Eßstörungen. Zur Therapie von Übergewicht und Magersucht, Frankfurt 1991
Feiereis, H.: Diagnostik und Therapie der Magersucht und Bulimie, München 1989
Kämmerer, A.; Klingenspor, B. (Hg.): Bulimie – Zum Verständnis einer geschlechtsspezifischen Eßstörung, Stuttgart, Berlin, Köln 1989
Langsdorff, M.: Die heimliche Sucht, unheimlich zu essen, Frankfurt 1985
Minirth, F. u.a.: Liebeshunger. Heilung von Eßsucht, Asslar 1992
Potrek-Rose, F.: Anorexia nervosa und Bulimia. Therapieerfolg und Therapieprozeß bei stationärer verhaltenstherapeutischer Behandlung, Weinheim 1987
Tarr, I.: Widerstand in der Beratungsarbeit am Beispiel der Bulimie, Univ. Hamburg 1987 (Inauguraldissertation)   HLD

Burnout-Syndrom

Ein Burnout-Syndrom (engl.: ausgebrannt) tritt besonders bei helfenden Berufen (Krankenschwestern, Ärzten, Altenpflegern, Seelsorgern, Sozialarbeitern, Lehrern), aber auch bei Müttern mit kleinen Kindern ein, wenn Belastungssituationen über einen längeren Zeitraum (Strain) andauern. Dabei ist diese zeitliche Belastung häufig verbunden mit zu hohen eigenen oder fremden Leistungserwartungen, unzureichenden Arbeitsbedingungen, fehlenden Ressourcen und eigener Verletzlichkeit und Instabilität. So entsteht eine chronische Überforderung und Erschöpfung, die den einzelnen in seiner Motivation lähmt und seine Handlungsmöglichkeiten einschränkt bis hin zum Verlust der Selbststeuerung. Dieser Erschöpfungszustand kann persönliche Krisen auslösen und zur Vernachlässigung oder Mißhandlung der anvertrauten Menschen führen.

Ursachen

Individuelle Ursachen

Defizite, fehlende Abgrenzungsmöglichkeiten und Vorschädigungen (Krankheit, Krisen) schränken die persönliche Belastbarkeit ein. Überhöhte Erwartungen (Helfersyndrom, → Helfen, Perfektionsmus) überfordern die eigene Kompetenz.

Soziale Ursachen

Mangelnde Ausbildung, fehlende Supervision, zu wenig kollegiale Unterstützung, keine Anerkennung durch Gehalt oder Prestige, zu hohe Fallzahlen, unzureichende institutionelle Rahmenbedingungen, zu wenig Ruhephasen und Urlaubszeiten lassen den einzelnen in seinem beruflichen und privaten Arbeitsfeld ausbrennen.

Beide Faktoren, individuelle Grenzen und Defizite, aber auch systembedingte, institutionelle Schwächen müssen bei der Diagnose (→ Psychodiagnostik) des Burnout-Syndroms zusammen betrachtet werden, da es in der Regel keine einzelnen Ursachen gibt, auf die das Burnout-Syndrom zurückzuführen ist.

Symptome

Der überforderte Mensch reagiert zunächst mit Unlust, Reizbarkeit, Unzufriedenheit und Motivationsverlust. »Ich muß mich zur Arbeit zwingen.« Körperlich treten oft Müdigkeit (»Ich bin es müde.«), Kopfschmerzen (»Ich zerbreche mir den Kopf.«), Magen- und Darmprobleme (»Ich kann es nicht verdauen.«), oder Rückenschmerzen (»Ich kann es nicht mehr tragen.«) auf. Das Gefühl »Ich kann nicht mehr! Ich will nicht mehr!« macht sich breit und kann sogar Suizidgedanken (→ Suizid) auslösen (»Ich will endlich Ruhe haben!«). In der akuten Krise kann es zu Regression und Depression mit Weinen und Schreianfällen oder zu unerwarteter Aggressivität kommen. Im Umgang mit den Hilfebedürftigen zeigt sich zunächst Desinteresse, fehlende Kreativität und Engagement, später dann Vernachlässigung bis hin zur verbalen und körperlichen → Aggression (Beschimpfungen und Mißhandlungen aus Hilflosigkeit). So könnten beispielsweise bekanntgewordene Krankenschwesternmorde an alten und schwerstkranken Patienten und die körperlichen Mißhandlungen pflegebedürftiger Angehöriger durchaus auch ein Burnout-Syndrom zumindest als Teilursache haben.

Burnout-Syndrom in Psychotherapie und Seelsorge

Wie die Diagnose (→ Psychodiagnostik), muß auch die Therapie multifaktoriell ansetzen:

Systemorientierte Hilfen
In helfenden Berufen müssen Ausbildung und Fortbildung, Begleitung und Supervision verbessert werden. Angemessene Personalschlüssel, ausreichendes Fachpersonal, finanzielle Anerkennung, eine Aufwertung sozialer Berufe sowie ein Arbeitsumfeld, das auch die Gesundheit und das Wohlbefinden der Mitarbeiter/-innen im Blick hat, können den einzelnen vor Überforderung schützen (→ Systemtherapien).

Individuelle Hilfen
Der einzelne kann sich durch Fortbildung und Zusatzausbildungen qualifizieren, sich durch begleitende Therapie und Seelsorge stärken in seinen Abgrenzungsfähigkeiten (Nein-Sagen-lernen, Arbeit und Privatleben besser zu trennen) und seine persönlichen Ressourcen besser zu nutzen. Dazu gehört aber auch eine gesunde Lebensführung mit ausreichendem Schlaf, gesunder Ernährung, Ausgleichssport und Bewegung, erholsame Freizeitgestaltung, Urlaub und Einkehrfreizeiten, um wieder neue Energien zu tanken. Der überforderte Helfer muß lernen, sich selbst zu helfen, sich selbst so liebevoll und fürsorglich zu pflegen, wie er das für die ihm anvertrauten Menschen tut. Wenn er es sich selbst gut gehen läßt, kann er es auch anderen gut gehen lassen.

Beim Burnout-Syndrom sind die Helfer persönlich, aber auch die Verantwortlichen in Leitungsfunktionen gefordert, Arbeitssituationen zu schaffen, die nicht Überforderung erzeugen, sondern es ermöglichen, daß es Helfern und Hilfebedürftigen gut geht (→ Frustrationstoleranz).

Burnout ist nicht eine Krankheit des einzelnen, sondern eine Krankheit der Gesellschaft, jedoch eine vermeidbare.

Literatur:
Burisch, M.: Das Burnout-Syndrom. Theorie der inneren Erschöpfung, Berlin 1989
Edelwich, J.; Brodsky, A.: Ausgebrannt – Das Burn-Out-Syndrom in den Sozialberufen, Salzburg 1984
Nitsch, J. R.: Streß. Theorien, Untersuchungen, Maßnahmen, Bern, Wien 1981
Petzold, H. G.: Krisen der Helfer – Überforderung, zeitextendierte Belastung und Burnout. Vortrag auf dem Symposion »Krisenintervention heute« 25./26. Okt. 1991, Bern 1991
Schmitz, E.; Hauke, G.: »Burnout und Sinnverlust«, in: Integrative Therapie 3/1994
Tausch, R.: Lebensschritte. Umgang mit belastenden Gefühlen, Reinbek 1989   FKG

Buße

Der Begriff »Buße« gilt innerkirchlich als Zentralbegriff für das Spezifische der christlichen Frömmigkeit. Er hat jedoch sowohl im weltlichen als auch im religiösen Sprachbereich eine Bedeutungsbreite angenommen, die die Verständigung über diesen Begriff schwierig macht und den eigentlich christlichen Inhalt zu verstellen droht. Zu diesen Verständigungsschwierigkeiten trug wesentlich die Vorherrschaft des lateinischen Begriffs *poenitentia* (Buße) bei, mit dem sich ein Akzent der Strafe und der Strafableistung im Sinne der Strafgenugtuung verband. »Düsternis und Qual (Selbstqual) dominieren« (Schnurr 605).

Daß eine solche Bedeutungszuweisung des Begriffs am christlichen Verständnis der Buße vorbeigeht, zeigt ein Blick in das biblische Zeugnis: Im AT wird Buße durch das hebräische Verb *schub* ausgedrückt, das ein konkretes, ursprünglich räumlich gedachtes »Sich-Abwenden« vom Bösen (Jer 18,8; 44,5; Hes 18,21.30), besonders vom Götzendienst

(Hes 14,6), meint. »Der Ruf zur Buße ...
läßt erkennen, daß eine bloß rituelle Sühne,
etwa durch ein Schuldopfer (3 Mo 4), nicht
ausreicht. Aber für echte Buße und sittliche
Erneuerung werden die Reue Gottes, sein
gnädiges Erbarmen in Aussicht gestellt (Joel
2,12–17; Jes 55,7)« (Betz S. 599). Äußere Zeichen wie das Tragen von Bußgewändern
oder das Zerreißen der Kleider (Joel 2,13)
und die Begehung von Bußtagen, an denen
Bußliturgien und Bekenntnisse (Hos 6,2ff;
Jes 63) gesprochen wurden, unterstrichen
den Vollzug der Umkehr des Volkes Israel.
Die Umkehr des Gottesvolkes geht letztlich
von Gott selbst aus; er wendet das Geschick
seines Volkes (vgl. z. B. Jer 31,18.20). An das
alttestamentliche Verständnis der Buße
knüpft das des Neuen Testaments an. Die
Evangelien verwenden in diesem Zusammenhang die Worte *metanoein* und *metanoia*, die nicht nur ein intellektuelles Umdenken und ein neues Sich-Selbst-Verstehen,
sondern eine auch das Handeln durchdrin-
gende neue Lebensorientierung meinen. Sowohl Johannes der Täufer als auch Jesus legen die Gegenwart als eschatologisch (= auf
den neuen Zustand der Welt und des Menschen gerichtete) drängende Entscheidungs-
situation aus (Lk 3,9.11; 12,16b–20; 13,3f;
16,1–7). Der Unterschied zwischen beiden
liegt darin, daß Johannes der Täufer vom
eschatologischen Zorngericht Gottes her
verkündigt, Jesu Bußruf dagegen von der
Einladung in die Freude der nahen Gottesherrschaft geprägt ist (Mt 11,5; Lk 6,20;
14,16–24; 15,7). Die Urgemeinde setzte nach
Ostern den Bußruf Jesu als Einladung zum
Glauben an das Evangelium in der Zeit der
Erfüllung fort (Mk 1,15, wo die Verkündigung Jesu summarisch zusammengefaßt ist).
Die Gemeinde Jesu als das Gottesvolk des
neuen Bundes weiß sich zur Wahrung der
endzeitlichen Heiligkeit zum Amt des Bin-
dens und Lösens, d. h. des Vergebens und
Festhaltens von Sünden ermächtigt (Mt
16,18f; 18,18; Joh 20,23). Bei Paulus (z. B.
1Kor 5,1–5), in der johanneischen (Offb
2,2ff; 16,21ff) und der übrigen neutestamentlichen Literatur (z. B. Hebr 6,4–6) fehlt

zwar die Begrifflichkeit der Buße, aber die
Sache ist vertreten.
    Die Geschichte der Buße ist weitgehend
diejenige der → Beichte; die Buße steht im
Verhältnis zur Beichte wie der größere Ge-
samtvollzug zum Teilvollzug. Hier wird aus
der Kirchengeschichte nur die Position Luthers aufgegriffen, da sie einen fruchtbaren
Ansatzpunkt für die Wiedergewinnung eines vertieften Bußverständnisses in der Gegenwart bietet. Luther wollte der Kirche seiner Zeit die Augen dafür öffnen, daß das
ganze Leben des Glaubenden eine Buße sein
soll (vgl. die erste seiner 95 Thesen: »Unser
Herr und Meister Jesus Christus wollte mit
seinem Wort ›Tut Buße‹ etc. [Mt 4,17], daß
das ganze Leben des Gläubigen Buße sei.«).
Nicht Reue oder irgendeine andere menschliche Leistung (wie Genugtuung, Verdienste,
Ablaß etc.) vermag sich die Vergebung Gottes zu verdienen; der Glaube allein empfängt
sie. Wahre Buße entspringt dem Glauben
und der Liebe zu Gott. Die Grundlage der
Buße ist die Zusage der Vergebung Gottes in
Jesus Christus. »An der ... Einsetzung und
Externität des Absolutionswortes hält Luther als Basis des Glaubens und Mittel wider
die Anfechtung fest« (zur Mühlen, S. 602).
Da der Reformator die Buße der Taufgnade
zuordnet, sieht er in ersterer kein eigenes
Sakrament; Umkehr ist Rückkehr unter die
Taufverheißung (*reditus ad baptismum*, WA
6,522, 17 [zitiert bei zur Mühlen S. 603]).
Umkehr als Hinkehr zum Vater Jesu Christi
ist zugleich Abkehr von der Macht der
Sünde und ihren Folgen. So ist sie Antwort
auf Gottes Forderung in seinem Gesetz und
seine schenkende Liebe in seinem Evangelium.
    Eine neuzeitliche Wiedergewinnung eines
evangelischen Bußverständnisses hat bei der
reformatorischen Erkenntnis anzusetzen.
Ihrem Wesen nach ist Buße zwischen zwei
Polen eingespannt, die sich mit den beiden
Worten wiedergeben lassen: »Weißt du
nicht, daß Gottes Güte dich zur Umkehr
leitet?« (Röm 2,4). und Schniewinds Rede
von der »Freude der Buße«. Auf der einen
Seite ist Umkehr ein ernstes Geschehen, das

sich im Horizont des Gerichtes Gottes und seines Anspruchs an den ganzen Menschen ereignet. Sie ist nur zu verstehen im Kontext eines biblischen Verständnisses von Sünde, Gnade, Rechtfertigung und Heiligung. Hierzu gehört der »Ernst des ›Neuen Gehorsams‹ und damit auch der Veränderung und Besserung des Lebens« (Schnurr, S. 605). Auf der anderen Seite ist sie ein frohmachendes Ereignis, da sie zur Begegnung mit Gottes Barmherzigkeit und Annahme in seiner Vergebung führt. Gott spricht in der Rechtfertigung des Sünders diesem, trotz seiner Unannehmbarkeit, die Annahme zu. So befreit er den Sünder von seiner Sünde und befähigt ihn dazu, in seinem Tun freudig Gottes Willen zu entsprechen. Solches Tun impliziert die Absage an egoistische, von der Gottlosigkeit herkommende Denk-, Lebens- und Verhaltensweisen, um der Zuwendung zu Gott und der von ihm geliebten Welt willen. Von daher betrifft die Buße als Totalakt der Person den ganzen Menschen mit seiner Einstellung des Herzens, seinem Fühlen, Wollen, Verhalten und Handeln. Am Anfang des christlichen Lebens steht die Buße als Bekehrung; da der Glaubende aber in diesem Leben immer zugleich gerecht und Sünder bleibt, will sie täglich neu praktiziert werden. In Akten freier menschlicher Entscheidung als Antwort auf Gottes Anruf in seinem Wort bedarf die Buße also der Übung und so der Einübung. Sie beansprucht den Menschen als Glaubenden immer aktuell und konkret in allen seinen Relationen. Auch wenn Schritte der Umkehr immer wieder alle Kräfte des Umkehrenden beanspruchen mögen, wird der Büßende doch bekennen, daß die vollzogene Umkehr nicht seine eigene Leistung, sondern Geschenk des Heiligen Geistes und damit Gabe der göttlichen Gnade ist.

Literatur:
Betz, O.; Gäckle, V.; Burkhardt, H.: Art. »Buße«, in: Burkhardt, H.; Swarat, U.: Evangelisches Lexikon für Theologie und Gemeinde, Bd. 1, S. 334–338, Wuppertal und Zürich 1992
Hermann, R.: Art. »Buße«, in: RGG[3], Bd. 1, S. 1534–1538, Tübingen 1986
Schniewind, J.: Die Freude der Buße, Göttingen 1968
zur Mühlen, K.-H.; Schnurr, G.: Art: »Buße«, in: EKL[3], Bd. 1, S. 599–606, Göttingen 1986

GW

C

Cannabis → Droge

Charakterneurosen
→ Persönlichkeitsstörungen

Choleriker → Melancholie

Chronic Fatigue Syndrom
→ Erschöpfung

Chronisches Müdigkeits-Syndrom (CMS) → Erschöpfung

Chunking → Lernhilfen

Client-centered-therapy
→ Gesprächspsychotherapie

Coping

Coping (engl.: bewältigen) ist eine Verhaltensform, die Menschen zur Bewältigung von wichtigen Aufgaben, Herausforderungen oder Bedrohungen anwenden. Der Begriff Coping wurde von R. S. Lazarus (1966, 1981) geprägt. N. Haan (1977) führte die Untersuchung fort und unterschied zwischen Coping und *Defending*, ein Begriffspaar, das sich aus der → Psychoanalyse ab-

leitet. Dabei meint Coping einen koordinierten Ich-Prozeß, in dem ein Mensch relativ gezielt Strategien zur Bewältigung bestimmter Probleme in Form eines Handlungsplanes und anschließender Reaktion entwickelt. Defending (engl.: Verteidigen, Schützen) meint Abwehrprozesse des Ich. Hier wehren Menschen die bedrohliche Situation eher ab, weil sie sie verzerrt und als nicht zu bewältigen ansehen. Coping und Defending erweisen sich als Bewältigungstechniken, die generell angewandt werden.

Coping und Defending in Psychotherapie und Seelsorge

Beide Formen der Aufgabenbewältigung können spezifische Probleme auslösen, die immer wieder vor allem bei Jugendlichen Gegenstand der Psychotherapie und Seelsorge sind: Coping bedeutet, daß Menschen sich i. d. R. einen relativ klaren Überblick über die ihnen bevorstehenden Aufgaben geschafft haben und so zu einer gezielten und »rational gesteuerten« Bewältigungsstrategie gelangen (»ich sehe folgende Aufgaben auf mich zukommen und werde als nächstes versuchen, Problem X zu lösen«). Potentielle Probleme ergeben sich dann, wenn Jugendliche sich »zu viel auf einmal« zu lösen vornehmen. Konkrete Hilfestellung in diesem Fall kann sein, in einem Gespräch klarzumachen, daß sie für die Lösung dieser Aufgaben sehr viel Zeit zur Verfügung haben (manche der Aufgaben, die sie sich aufgebürdet haben, werden erst im Erwachsenenalter vollständig lösbar).

Defending bedeutet, daß Jugendliche diese Aufgaben eher »verdrängen«. Sie sehen sie zwar, doch könnte man ihre Haltung damit beschreiben, daß sie »alles auf sich zukommen lassen« (»ich werde das Problem schon irgendwann mal lösen«). Potentielle Probleme ergeben sich dann, wenn der Jugendliche merkt, daß plötzlich »alles über ihm zusammenzubrechen droht«. Es kann dann notwendig werden, Jugendliche zur Aktivität aufzufordern. Dies sollte jedoch nicht verfrüht geschehen und bedarf großer

Einfühlsamkeit. Es ist überdies dann wichtig, den Betroffenen bei der Lösung dieser Aufgaben »nicht alleine zu lassen«, sondern konkrete Hilfestellungen zu geben.

Literatur:
Lazarus, R. S.: »Streß und Streßbewältigung – ein Paradigma«, in: Fillip, S.-H. (Hg.): Kritische Lebensereignisse, München 1981

Oerter, R.; Montada, L.: Entwicklungspsychologie, München 1987 JD

Counselling → Psychotherapie und → Seelsorge

D

Defending → Coping

Dekompensation → Krisen

Delirium

Das Delirium zeigt sich als psychisch abnormer Zustand der Verwirrtheit, der von Wahrnehmungstäuschungen (→ Wahrnehmung), vor allem auch → Halluzinationen und Wahnvorstellungen (→ Wahn) geprägt ist. Es tritt häufig nach einer akuten Krankheit, die das Nervensystem angreift, auf. Am bekanntesten ist das Delirium tremens (→ Sucht).

Demenz → Alzheimersche Erkrankung

Demoskopie (Meinungsforschung)

Die Demoskopie will eine Aussage über die öffentliche Meinung machen. Natürlich können dazu nicht alle Menschen befragt werden, welche Haltung sie z. B. zur Ausländerfeindlichkeit haben. Wenn man sich dazu an eine Straßenecke stellt und einfach Menschen, die vorbeikommen, interviewt, wird man zur Arbeitszeit z. B. Menschen im Ruhestand, Hausfrauen, Schüler, Studenten oder Arbeitslose treffen. Dadurch kann eine Aussage sehr verfälscht werden, denn möglicherweise hängt die Meinung über Ausländer gerade mit einer dieser Gruppen besonders zusammen. Deshalb wird eine sogenannte »repräsentative Stichprobe« zusammengestellt (→ Empirie).

Die Demoskopen erheben nicht nur, sondern prägen heute sehr stark die öffentliche Meinung. Deshalb sollen hier mögliche Problembereiche von Meinungsumfragen angesprochen werden:

(1) Bei der Erstellung von Fragebögen (→ Befragung, → Interviews, qualitative) muß immer berücksichtigt werden, ob tatsächlich das erfaßt wird, was erfragt werden soll. Welche Fragen müßten z. B. gestellt werden, um herauszufinden, ob die Deutschen religiös sind oder welche Haltung sie zu Ausländern haben.

(2) Bei der Erstellung von Fragebögen ist auf die Reihenfolge und die Auswirkungen der Fragen aufeinander zu achten. Z.B. wird die Frage »Glauben Sie, daß Ausländer Deutschen die Arbeitsplätze wegnehmen?« die Antwort auf die nachfolgende Frage »Möchten Sie mit einem Ausländer zusammenarbeiten« beeinflussen.

(3) Die Befrager und Interviewer müssen geschult sein, damit sie nicht durch die Art und Weise, wie sie die Fragen stellen oder auf Antworten reagieren, die Befragten beeinflussen. So kann eine zugewandte, freundliche Mimik und Gestik bestimmte Antworttendenzen verstärken.

(4) Die Berichterstattung muß klar beschreiben, welche Personen befragt bzw. nicht befragt wurden. Es muß deutlich hervorgehoben werden, welche Fragen gestellt wurden. Die Darstellung der Ergebnisse muß von der Diskussion darüber getrennt sein.   BN

Denken

Bei der Erforschung des Denkens ergeben sich insbesondere immer wieder deshalb Schwierigkeiten, weil Denken (wie auch andere psychische Phänomene) nicht direkt beobachtbar ist, sondern aus dem Verhalten des Menschen indirekt auf Denkprozesse geschlossen werden kann. Durch das Denken wird es Menschen möglich, Wahrnehmungen miteinander in Beziehung zu bringen und durch Schlußfolgerungen neue Eigenschaften, Möglichkeiten und Zusammenhänge zu erkennen. Denken ermöglicht also erst die Fähigkeit des Zurechtfindens in der Welt. In einfacher Form gelingt diese Beziehungssetzung bereits mit Hilfe des Wahrnehmungsvorgangs (→ Wahrnehmung) allein. Man nimmt nämlich nicht nur isolierte Gegebenheiten (z. B. einen Ball, Automobil, Baum) wahr, sondern bemerkt zugleich die Beziehung, in der sie miteinander stehen, wenn sie beispielsweise dieselbe Farbe haben, nebeneinander stehen usw. Wir können also das Denken in eine enge Verbindung zur Wahrnehmungsfähigkeit stellen.

Eine andere Verbindung besteht zwischen Denken und Handeln. Nicht nur wird Denken erst durch das Handeln für andere erkennbar und ersichtlich, der Mensch kann auch nur dann Zusammenhänge in seiner Umwelt erkennen, wenn er auf sie einwirkt, mit den Elementen seiner Umwelt handelt, »spielt«, sie im weitesten Sinne des Wortes »begreift« – deshalb sind schon Handlungen von Säuglingen als erste Äußerungsformen des Denkens zu verstehen. J. Piaget spricht hier vom *sensomotorischen Denken* in den ersten 1,5 Lebensjahren. Bereits in dieser Zeit kann das Kind in seinen Möglichkeiten zu »denken« durch entsprechende Angebote, die es zum Handeln anregen (wie dies beispielsweise in der Montessori-Pädagogik praktiziert wird), gefördert werden.

Der Bezug des Denkens zum Handeln geht auch in der weiteren Entwicklung des Denkens nicht verloren. Auch im sog. *anschaulichen* und *konkreten Denken* orientiert sich der Mensch stets an real vollziehbaren Handlungen (Piagets Beispiele: Umschütten von Perlen oder Flüssigkeiten in verschieden geformte Behältnisse, Zerteilen einer Kugel aus Knetmasse in unterschiedlich große Stücke usw.), wenn er sie sich auch nur vorstellt. Er handhabt in dieser Form des Denkens die Gegenstände gewissermaßen in einer anschaulichen Vorstellung. Eine starke Distanzierung vom aktiven Tun (auch auf der Vorstellungsebene) findet dann mit Auftreten des *abstrakten Denkens* statt, bei dem mit den Möglichkeiten der Sprache Bezie-

hungen und Zusammenhänge zwischen Dingen oder Situationen zum Gegenstand des Denkens gemacht werden. Die Beziehungen zwischen verschiedenen Gegebenheiten ergeben sich beim Denken mit Hilfe von Begriffen. Eine Tanne, eine Fichte, eine Eiche oder Buche werden als »Baum« eingeordnet, wobei *ein* Merkmal als das wesentliche Merkmal bestimmt wird und andere vernachlässigt werden. Auf dieser Weise werden im Laufe des Lebens recht komplexe hierarchische Strukturen von Begriffen geschaffen. Dieses Nicht-Berücksichtigen einiger (obwohl tatsächlich vorhandener) Merkmale stellt eine erste Form des abstrakten Denkens dar. Insofern ist es nicht richtig, wenn sein Anfang formal erst im Laufe der Pubertät angesetzt wird, wie dies J. Piaget tat. Eine erste, sehr unsichere Form der Begriffsbildung ist nämlich bereits zwischen 1,5 und 4 Jahren zu beobachten, wenn das Kind beim symbolischen Denken z. B. unter dem Begriff »Essen« auch solche Begriffe einordnet, die es aufgrund seines Weltbildes im Moment für eßbar hält (ein Legostein kann im Spiel die Rolle eines Stück Kuchens einnehmen). Erst später wird ein relevantes Merkmal verschiedener Objekte berücksichtigt und beibehalten, und einfache Begriffe werden gebildet. (Diese Argumentation, die auf neuen Forschungsergebnissen beruht, wendet sich deutlich gegen das Phasenmodell des Denkens, wie es J. Piaget entwickelte. Dies war der Grund, warum dieses Modell hier nicht explizit beschrieben wird.)

Komplexe Begriffe, bei denen mehrere Merkmale berücksichtigt werden müssen, werden in der Regel erst während des Schulalters gebildet. Durch die Entwicklung von Begriffen machen wir die Umwelt für unser Denken übersichtlich, was aber auch hinderlich für eine angemessene Auseinandersetzung mit einer neuen Situation sein kann. Wenn beispielsweise ein bisher unbekannter Mensch sehr schnell nach wenigen Merkmalen (z. B. Kleidungsstil, Gesichtsform usw.) in eine bestimmte Kategorie eingeordnet wird (»verbindlicher Mensch«, »Verbrechervisage« usw.) und man sich durch anders lautende Erfahrungen nicht beeinflussen läßt, entwickelt man sehr schnell Vorurteile. Auch beim Lösen von Problemen kann sich eine eng bezogene Verwendung von Begriffen nachteilig auswirken. So hat es sich gezeigt, daß die kreativsten Lösungen für bestimmte Probleme (→ Kreativität) dann entstehen, wenn man sich von der bisherigen Merkmalszuweisung für einzelne Begriffe möglichst weit distanzieren kann.

Denken in Psychotherapie und Seelsorge

Dem Wissen um Denkvorgänge kommt in Psychotherapie und Seelsorge vor allem deshalb große Bedeutung zu, weil sich ein Therapeut, der sich auf die unterschiedliche Denkfähigkeit eines Klienten einstellt, wesentlich schneller verständlich machen kann. Wenn ein Klient beispielsweise nur begrenzt in der Lage ist, auf abstraktem Niveau zu denken (die Fähigkeit zu abstraktem Denken ist häufig auch im Erwachsenenalter nur begrenzt vorhanden), hilft es in der Seelsorge wenig, auf diesem Niveau zu argumentieren: es müssen vielmehr häufig konkrete Beispiele gegeben werden, um erfolgreich zu arbeiten. So hilft es beispielsweise einem ängstlichen Klienten nicht, wenn man ihm mitteilt, daß er in »konkreten Situationen des Alltags in kleinen Schritten seine Ängstlichkeit abbauen müsse«, es ist vielmehr hilfreich, mit dem Klienten in der Realität oder im Rollenspiel konkrete Situationen zu üben, anhand derer es ihm gelingt, seine Ängstlichkeit abzubauen (z. B. gemeinsam mit ihm in ein exklusives Kleidergeschäft zu gehen usw.).

Auch in der Kinderseelsorge besitzt die Berücksichtigung des Denkniveaus, auf dem sich das Kind befindet, große Bedeutung. So können beispielsweise Handpuppen in der Vorstellung des Kindes durchaus plötzlich »lebendig« werden und sprechen. Auf diese Weise gelingt es Therapeuten immer wieder, indem sie solche Puppen für sich sprechen lassen, Kinder zum Schildern ihrer Probleme anzuregen. Mit dieser Möglichkeit hat man beispielsweise in der Therapie sexuell mißbrauchter Kinder große Erfolge erzielt.

Literatur:
Aebli, H.: Denken: das Ordnen des Tuns, Stuttgart 1993/1994
Brander, S. et al.: Denken und Problemlösen. Einführung in die kognitive Psychologie, Wiesbaden 1989
Donaldson, M.: Wie Kinder denken. Intelligenz und Schulversagen, München 1991
Hussy, W.: Denken und Problemlösen, Stuttgart 1992
Oerter, R.: Psychologie des Denkens, Donauwörth 1971   EJ

Dependente Persönlichkeitsstörung → Persönlichkeitsstörungen

Depersonalisation

Mit Depersonalisation (Entpersönlichung) bezeichnet man einen psychischen Zustand der Selbstentfremdung mit Verlust oder Beeinträchtigung des Persönlichkeitsbewußtseins. Er beinhaltet das Gefühl, dem eigenen Ich fremd gegenüberzustehen; der eigene Körper oder einzelne Körperteile werden als fremdartig, nicht zum Ich gehörig empfunden. Zusammen mit der Depersonalisation tritt gewöhnlich eine *Derealisation* auf, die sich in einem Fremdheitsgefühl gegenüber Personen und Gegenständen in der Umgebung ausdrückt. Die Umwelt erscheint traumhaft unwirklich, gewohnte Dinge und Menschen wirken fremd, starr und leer, nicht wirklich. Depersonalisation ist häufig ein Symptom von → Neurosen und → Depressionen, tritt jedoch auch bei akuten Erlebnisreaktionen, Intoxikationen (Vergiftungen), → Zwängen und → Schizophrenien auf. Folge beider eng zusammengehörigen Störungen, Depersonalisation und Derealisation, ist eine gestörte → Kommunikation zwischen Ich und Außenwelt, die

Person ist von der Welt isoliert und abgeschieden.

Als Depersonalisations-Syndrom wird ein psychischer Leidenszustand beschrieben, bei dem Erscheinungen der Depersonalisation vorherrschen. Besonders auffällig hierbei sind illusionäre Verkennungen von Raum und Zeit. Menschen, die unter einem Depersonalisations-Syndrom leiden, haben das Gefühl, daß ihre Umwelt oder ihre eigene Persönlichkeit nicht real existiert. Sie erleben sich z. B. so, als ob ihr eigenes Leben in einem Film vorbeiliefe. Außerdem kommt es zu Wahrnehmungsstörungen (→ Wahrnehmung) und Körperschemastörungen, bei denen einzelne Gliedmaßen als vergrößert, verkleinert, geschrumpft oder aufgebläht empfunden werden. Das Depersonalisations-Syndrom findet sich häufig bei Epilepsie, Intoxikationen, Tumoren, Migräne, im Fieberdelir (→ Delirium) und während des Einschlafstadiums. Leichte Depersonalisationserscheinungen ohne wesentliche Beeinträchtigungen kommen bei ein bis zwei Dritteln aller jungen Erwachsenen zu irgendeinem Zeitpunkt vor. Ein Depersonalisations-Syndrom wird daher nach dem DSM-III-R nur diagnostiziert, wenn der Zustand mindestens sechsmal innerhalb von sechs Wochen mit einer Dauer von mindestens 30 Minuten auftrat und zusätzlich die Episoden genügend schwer sind, um das soziale und berufliche Leben zu beeinträchtigen.

Depersonalisation in Psychotherapie und Seelsorge

Depersonalisation löst beim Ratsuchenden oft die → Angst aus, er könne »verrückt« werden oder sei es bereits. In der Seelsorge geht es in erster Linie darum, die Depersonalisation in transparenter Weise als typisches Angstsyndrom zu beschreiben, um dann mit ihr wie mit anderen Angststörungen umzugehen.

Literatur:
Davison, G. C.; Neale, J. M.: Klinische Psychologie. Ein Lehrbuch, München, Weinheim 1988

Dieterich, M.: Handbuch Psychologie und Seelsorge, Wuppertal und Zürich 1989
Huber, G.: Psychiatrie, Stuttgart, New York 1987
Wittchen, H.-U. et al.: Diagnostisches und Statistisches Manual Psychischer Störungen. DSM-III-R, Weinheim, Basel 1991   AK

Depression

Geschichte der Depression

Schon aus der griechischen Antike kennt man vor dem Hintergrund der Temperamentenlehre des Hippokrates den »melancholischen« (»schwarze Galle«) Menschen, und schon damals wurde die → Melancholie den schwierig zu behandelnden → Krankheiten (oftmals verbunden mit Krankheitsuneinsichtigkeit) zugeordnet. Auch die Bibel kennt depressive Menschen (vgl. Ps 38; 88). Weil zu den Symptomen des depressiven Menschen auch eine (zumindest in diesem Zustand so wahrgenommene) Abschwächung des Glaubens gehört, wurde die Depression schon im Mittelalter mit negativen theologischen Attributen versehen. Für Hildegard v. Bingen war die »schwarze Galle« kein natürlicher Körpersaft, sondern ein »diabolisches Gift«. Thomas von Aquin weist der Melancholie einen Platz unter den Todsünden zu, »weil sie das geistliche Leben aufhebt«. In manchen christlichen Kreisen wurden solche irrige Annahmen tradiert und man findet noch heute immer wieder eine, für den depressiven Menschen bedrohliche, Verbindung zwischen Depression und »okkulter Belastung«, einem »gestörten Verhältnis zu Gott«, »Sünde« usw.

Im Laufe der Jahrhunderte wurden, abhängig von der jeweiligen Ätiologie (Lehre der Krankheitsursachen), verschiedenste Therapiekonzepte eingesetzt, von Brenneisen, die auf die Schädelnaht angesetzt wurden, bis zur Anwendung von Hypnose, Chloroformierung usw. Im 19. und der ersten Hälfte des 20. Jahrhunderts sehen wir zum einen die Melancholie im Sinne einer tragischen (oftmals künstlerischen) Persönlichkeit, zum andern für die Depression einen Erklärungsansatz vor tiefenpsychologischem Hintergrund im Sinne einer → Neurose bzw. der Überidentifikation und des Aufgehens in der sozialen Rolle (Tellenbach 1983).

Neuere Ursachenforschung und Verlauf der Depression

Mit der neueren Depressionsforschung wird deutlich, daß die Entstehung der Depression wahrscheinlich mit der Funktion der → Neurotransmitter zu tun hat und diese durch verschiedene Ursachen gestört sein kann. Weil man die Ursachen jedoch praktisch nie kausal ableiten kann, ist derzeitig eine genaue Beschreibung vor die Frage nach der Ursachenforschung gerückt. Unabhängig von den Entstehungsursachen erlebt der depressive Mensch eine »leichte« »mittelgradige« oder »schwere depressive Episode« (entsprechend der Kategorie F32.0 bis F32.2 im ICD 10) oder eine »Depressive Störung« im Sinne der »Major Depression« (Kategorie 296.2 im DSM III-R) immer ganzheitlich, d. h. sein Denken, Fühlen, Handeln und sein Glauben sind eingeschränkt. Im einzelnen werden u.a. folgende Kennzeichen angegeben: Depressive Verstimmung, deutlich vermindertes Interesse oder Freude an fast allen Aktivitäten, deutlicher Gewichtsverlust oder Gewichtszunahme, Schlaflosigkeit oder vermehrtes Schlafbedürfnis, Unruhe oder Hemmung, Müdigkeit oder Energieverlust, unangemessene Schuldgefühle und Gefühl der Wertlosigkeit (auch im Zusammenhang mit dem Glauben an Gott), verminderte Denk- oder Konzentrationsfähigkeit, wiederkehrende Gedanken an den Tod, verbunden mit Selbstmordabsichten (→ Suizid).

Depressionen können in ihrem Verlauf nur einmal vorkommen oder aber auch in bestimmten Zyklen wiederkehren. Diese Zyklen können auch mit manischen Episoden (→ Manie) verbunden sein.

Was die Entstehungsursachen anbelangt, hat Kielholz (1971) mit seinem nosologischen Modell für alle Formen der Depression verschieden große Anteile psychogener und somatogener Provenienz beschrieben. Frankl (1975) geht von beträchtlichen noogenen (= lebenssinnbedingten) Anteilen aus (→ Logotherapie). In der neueren Literatur wird ein Modell diskutiert, das für den einzelnen Patienten jeweils verschieden große endogene, exogene, noogene und paidogene (d. h. durch kindliche Prägungen entstandene) Anteile annimmt.

Depression in Psychotherapie und Seelsorge

Zur Therapie gibt es sowohl medikamentöse als auch psychotherapeutische Ansätze.

→ Antidepressiva, z. B. Amitiriptyline (»Saroten«) oder Fluoxetine (»Fluctin« → Psychopharmaka), haben einige Nebenwirkungen (z. B. Mundtrockenheit), jedoch kein Suchtpotential (→ Sucht, → Abhängigkeit) und helfen insbesondere bei → endogenen Depressionen bis zu 80 % aller Patienten.

Bei Depressionen mit eher exogenem, noogenem oder paidogenem Hintergrund hat die Psychotherapie ihr Hauptaufgabengebiet. Sah man bis vor kurzem fast ausschließlich tiefenpsychologisch orientierte Therapieverfahren, hat die Wirkungsforschung (Grawe et al. 1994) neue Wege gewiesen. Derzeitig wird ein integrativer Ansatz diskutiert (→ Methodenpluralität), der im »Loch« der Depression eher körperorientierte Verfahren vorsieht (Entspannungsübungen (→ Entspannung), → Musiktherapie, Lichtduschen usw.) sowie vor biblischem Hintergrund das »Trösten« durch »Dabeisein« (im Sinne der Freunde Hiobs). Nach einer Verbesserung des Zustandes wird an den Tagesstrukturen gearbeitet und recht bald auch auf die Eigenverantwortung des Patienten (Selbstmanagement) hingewiesen. Übungen aus der → Verhaltenstherapie (z. B. Gedankenstopp) und der → Kognitiven Therapie (Korrektur des verirrten Denkens über sich selbst, über die Menschen und über Gott) schließen sich nach einer weiteren Besserung des Zustandes an. Danach erst werden explorative Verfahren im

Sinne der → Gesprächspsychotherapie in die Behandlung eingebracht. Wenn das Ende des »Loches« erreicht ist, können ggf. tiefenpsychologisch fundierte Konzepte (z. B. Lebensstil- oder Skriptanalyse, → Transaktionsanalyse) mit Erfolg eingeführt werden – dies vor allem, um die Wiederholung einer Episode zu verhindern oder in ihrem Ausmaß zu verringern. Auch ein logotherapeutisches Vorgehen (→ Logotherapie) hat sich gegen Ende der Therapie sehr gut bewährt. Bei jedem einzelnen dieser verschiedenen Schritte kann im ganzheitlichen Sinne das Glaubensleben konsequent einbezogen werden.

Literatur:
Burton, R.: The Anatomy of Melancholy, London 1903–1904
Dieterich, M.: Depressionen, Gießen, Basel 1991
ders.: Persönlichkeitsdiagnostik, Freudenstadt 1996
DSM-III-R. Diagnostisches und Statistisches Manual Psychischer Störungen, Weinheim, Basel 1989
Frankl, V.: Theorie und Therapie der Neurosen, München, Basel 1983
Kielholz, P.: Diagnose und Therapie der Depressionen für den Praktiker, München 1971
ICD-10. Internationale Klassifikation psychischer Störungen, Bern, Göttingen, Toronto 1991
Tellenbach, H.: »Typus Melancholicus«, in: Kindlers Psychologie des 20. Jahrhunderts. Band 1, Weinheim 1983   MD

Deprivation

Entzug aller oder nur bestimmter → Reize, z. B. die Verhinderung jeglichen Kontakts mit Menschen (soziale Isolation). Die Deprivation wirkt sich i. d. R. sehr negativ auf die Persönlichkeit aus und kann zu bleibenden psychischen Schäden führen. Im Kleinkindalter führt soziale Isolation häufig zu Entwicklungsstörungen, die man als → Hospitalismus bezeichnet.   JD

Derealisation
→ Depersonalisation

Desensibilisierung, systematische

Die systematische Desensibilisierung ist ein verhaltenstherapeutisches Behandlungsverfahren (→ Verhaltenstherapie) zur Verminderung von → Ängsten, die durch bestimmbare Reize ausgelöst werden, z. B. Angst vor dem Arztbesuch. Mit der systematischen Desensibilisierung soll der genau bestimmbare Reiz, z. B. »weißer Kittel«, von den Angstreaktionen (z. B. Herzklopfen, Schweiß, Atemnot) entkoppelt werden. Sie erfolgt in drei Schritten:

Erlernen eines Entspannungsverfahrens
Der Ratsuchende erlernt eine Entspannungstechnik (→ Entspannung), die er gezielt und schnell einsetzen kann, besonders dann, wenn er Angstreaktionen zeigt. Die Entspannungsreaktion (z. B. geringerer Pulsschlag, Erweiterung der äußeren Blutgefäße, gedankliche Ruhe) ist mit der Angstreaktion unvereinbar, d. h., je tiefer die Entspannung, desto geringer die mögliche Angstintensität.

Erstellen einer Angst-Hierarchie
Zusammen mit dem Ratsuchenden beschreibt der Seelsorger möglichst genau das problematische Verhalten und die angstauslösenden → Reize. Auf Karteikarten werden verschiedene Ausprägungen des angstauslösenden Reizes in der Ich-Form geschrieben. Diese schätzt der Ratsuchende nach seiner Bedrohlichkeit auf einer Skala zwischen 0 und 100 ein. »0« bedeutet: »Keine Angst«. »100« heißt: »Maximale Angst«. Schließlich werden dann die Karteikarten so angeordnet, daß eine Hierarchie (z. B. von zehn Stufen) der Bedrohlichkeit entsteht.

Ein Beispiel bei der Angst vor dem nächsten Arztbesuch:

10 = Ich habe den Gedanken: »Ich müßte mal wieder zum Arzt.«
20 = Ich vereinbare einen Arzttermin.
30 = Ich stecke meine Versichertenkarte ein.
40 = Ich verlasse die Wohnung.
50 = Ich fahre mit dem Auto zum Arzt.
60 = Ich betrete die Arztpraxis.

70 = Ich gebe meine Versichertenkarte
     ab.
80 = Ich sitze im Wartezimmer.
90 = Jetzt werde ich aufgerufen.
100 = Ich sitze im Arztzimmer und warte.

Durchführung der Desensibilisierung
Der Ratsuchende soll sich auf eine bequeme
Sitzgelegenheit setzen oder auf eine Liege
legen. Ist der Ratsuchende entspannt, fordert ihn der Seelsorger auf, sich die erste
Situation in der Hierarchie konkret und intensiv vorzustellen. Nach ca. 15 Sekunden
läßt der Seelsorger den Ratsuchenden seine
Vorstellung zurücknehmen. Der Ratsuchende entspannt sich wieder und macht
ggf. eine Entspannungsübung, so lange, bis
er wieder völlig entspannt ist. Ca. 20 Sekunden später fordert der Seelsorger den Ratsuchenden auf, sich auf die zweite Situation
einzulassen. Der Seelsorger sagt dem Ratsuchenden vor: »Ich vereinbare am Telefon einen Arzttermin, stellen Sie sich dies so konkret wie möglich vor.« Bemerkt der Ratsuchende Anzeichen von Angst, signalisiert er
dies dem Seelsorger z. B. durch das Heben
des Zeigefingers. Der Seelsorger fordert den
Ratsuchenden nun auf, sich völlig auf die
Entspannung zu konzentrieren. Erst wenn
der Ratsuchende sich entspannt hat und
durch ein weiteres Zeichen dies dem Seelsorger mitteilt, beginnt die Übung von vorn
und zwar wieder mit der ersten Szene. Diese
Prozedur wird meist über mehrere Sitzungen fortgesetzt, bis alle zehn Stufen der
Hierarchie ohne Angst durchlaufen wurden.
Wichtigstes Erfolgskriterium ist natürlich,
das angstfreie Vorstellen zuvor angstbesetz-
ter Situationen. Ein Zweites ist aber nun der
Versuch, in der Realität die Situation aufzu-
suchen (→ Habituation) und die Angst dabei zu überwinden. Auch dies wird innerhalb der Systematischen Desensibilisierung
intensiv mit dem Betroffenen geübt
(→ Reizkonfrontation).
    Die systematische Desensibilisierung ge-
hört zu den sehr sorgfältig untersuchten
Verfahren mit belegter aktueller und über-
dauernder Wirksamkeit (Grawe 1994).

Literatur:
Fliegel, S. et al.: Verhaltenstherapeutische Standardmethoden, Weinheim 1994
GEO: Angst. Nr. 4 / April 1996, Hamburg
1996
Linden, M.: »Systematische Desensibilisierung«,
in: Linden, M.; Hautzinger, M.: Verhaltenstherapie, Heidelberg 1993   JL

Desintegration

Eine Auflösung verschiedener psychischer
Abläufe. Betroffene können häufig beispielsweise ihre Wahrnehmungen nicht
mehr mit ihrem Fühlen oder Denken koor-
dinieren. Desintegration kommt häufig bei
→ Psychosen vor.

JD

Dichotomisierte Logik

Bei der Dichotomisierten Logik handelt es
sich um eine Denkweise, bei der Menschen
ihre Umgebung und sich selbst in zweige-
teilte und extreme Kategorien einordnen
und bewerten. So gibt es beispielsweise nur
»gut oder schlecht«, »ganz sauber oder total
verschmutzt«, »krank oder gesund«. Ein
Mensch, der nach Perfektion strebt, und dessen Denken von Dichotomisierter Logik geprägt ist, könnte beispielsweise von sich
denken: »Wenn ich es nicht schaffe, in dieser
Sache der Beste zu sein, bedeutet das, daß
ich total unfähig bin.« Dichotomisierte Logik ist ein Teilbereich des verirrten Denkens
(→ Kognitive Therapie) und kann Hinweise
auf allgemein kognitive Verzerrungen und
irrationale Gedanken (irrige Annahmen) geben. Sie kann auch psychopathologische Bedeutung erlangen, wenn das Denkschema
eines Menschen dauerhaft von Dichotomisierter Logik geprägt ist. Betroffenen kann
geholfen werden, indem man sie anstelle der
bisherigen Meinung, etwas sei beispielsweise
»richtig« oder »falsch«, zu einer Skala von
»vorläufigem Wahrheitsgehalt« zwischen
Null und 100 Prozent führt. Eine solche
Haltung wird beispielsweise auch in Spr
30,8f gezeigt.

Literatur:
Dieterich, M.: Handbuch Psychologie und Seelsorge, Wuppertal und Zürich 1989   PV

Differentielle Psychologie

Die Differentielle Psychologie ist die Teil-
disziplin der → Psychologie, die sich mit
der Analyse und Beschreibung von Unterschieden zwischen Individuen und Gruppen
befaßt. Die Bezeichnung wurde 1911 von
W. Stern eingeführt. Sie ist nicht wie die
Allgemeine Psychologie an den Gesetzmäßigkeiten des Verhaltens und Gemeinsamkeiten von Gruppen, sondern an intraindivi-
duellen Abweichungen des Verhaltens von
Menschen untereinander interessiert.

Aufgrund unterschiedlicher Ausprägung
von Fähigkeiten, Bedürfnissen und emotionaler Ansprechbarkeit können sich Menschen in gleichen Situationen ganz unterschiedlich verhalten. Bei der Voraussage des
Verhaltens müssen daher zwar allgemeine
Gesetzmäßigkeiten, aber vor allem auch die
individuelle Persönlichkeitsstruktur berücksichtigt werden. Daher versucht die Differentielle Psychologie, die typische Ausprägung und Wechselwirkung zwischen mehreren psychischen Merkmalen für bestimmte
Altersstufen, Geschlechter, Berufe, soziale
Schichten und andere Gruppen festzustellen. Der besondere Schwerpunkt liegt dabei
auf der Erforschung der → Intelligenz, der
→ Gefühle, Bedürfnisse usw. Besonders der
Bereich der Persönlichkeitspsychologie ist
sehr eng mit der Differentiellen Psychologie
verknüpft.

Gerade der Seelsorger braucht Maßstäbe
dafür, wie unterschiedlich Menschen sein
können und wie diese Unterschiede begründet sind. Beachtet er diese Unterschiede
nicht, gerät er leicht in Gefahr, sich selbst als
Maßstab für »Normalität« oder »wie man zu
sein hat« zu sehen. Das Wissen um Persön-
lichkeitstheorien, die den Menschen beschreiben und verstehen helfen, ermöglicht
es, von der eigenen Person und den Vorstellungen, wie jemand zu sein hat, wegzusehen. Sehr leicht kann es sich nämlich im

Umgang mit Menschen ergeben, daß bestimmte Merkmale und Eigenschaften als
ideal und erstrebenswert empfunden werden. Dabei hat Gott, der uns von Mutterlei-
be an bereitet hat (Ps 139,14), uns gerade
durch eine wunderbare Vielfalt und individuelle Unterschiede ausgezeichnet.

Denken wir beispielsweise an Menschen,
die in unserem Leben eine wichtige Rolle
spielen, so stellen wir fest, daß wir gerne
dazu neigen, unterschiedlichen Menschen
ein relativ konstantes Bild zuzuordnen, das
wir nur unwillig ändern (→ Halo-Effekt).
Menschen richten sich die Welt so ein, daß
sie zusammenhängend, geordnet und leichter vorhersagbar wird. Die Theorien und
Ergebnisse der Differentiellen Psychologie
können daher dabei helfen, Menschen aus
verschiedenen Blickwinkeln zu betrachten,
die Individualität des einzelnen zu beobachten, zu verstehen und Veränderungsmög-
lichkeiten realistischer einzuschätzen. Vor
diesem Hintergrund bekommen Befunde
der Differentiellen Psychologie gerade für
Psychotherapie und Seelsorge eine hohe
Bedeutung.

Literatur:
Amelang, M.; Bartussek, D.: Differentielle Psychologie und Persönlichkeitsforschung, Stuttgart
1990   BN/JD

Dissonanz, kognitive

Dieser von Leon Festinger geprägte Begriff
ist eines der wichtigsten Konzepte der
→ Sozialpsychologie geworden. Festinger
hatte beobachtet, daß Menschen eine Überzeugung auch dann festhalten, wenn sie
durch eine andere Tatsache widerlegt wird
(also wenn es zur Dissonanz bzw. zur Spannung zwischen Überzeugung und Wirklichkeit kommt). Am Anfang stand die Beobachtung einer religiösen Gruppe, die an
einem bestimmten Tag die Wiederkunft
Christi erwartete. Als es dann nicht zur erwarteten Parusie kam, verwarfen sie den offensichtlich falschen Glauben nicht, son-

dern fanden neue Erklärungen, warum Christus sein Erscheinen verzögert hatte. Dieses Muster ist in vielen Widersprüchen zwischen Erwartung und Wirklichkeit zu finden. Je wichtiger eine bestimmte Überzeugung für einen Menschen ist, und je größer die Folgen bei einer Änderung derselben wären, desto stärker hält er daran fest, auch wenn sie im Widerspruch zu seiner Erfahrung steht. Daraus entsteht eine innere Spannung, die sich in psychosomatischen und depressiven Störungen äußern kann (→ Psychosomatik, → Depression).

Kognitive Dissonanz kann abgebaut werden durch Verhaltensänderung (→ Verhaltenstherapie), durch Änderung von Überzeugungen oder durch das Übernehmen einer neuen Überzeugung, die der Lebenssituation einer Person besser angepaßt ist (→ Kontrollüberzeugung). Manchmal gilt es allerdings auch, gewisse Spannungen auszuhalten, ohne diese völlig auflösen zu können. Sie gilt gerade für das Spannungsfeld zwischen Glaube und persönlicher Erfahrung. So hält ein Christ am Konzept des guten Gottes fest, auch wenn ihn persönliches Unglück trifft. Eine vertiefte theologische Betrachtung wird ihm aber helfen, nicht in eine dysfunktionale Abwehr und Verleugnung zu verfallen, sondern in reifer Weise das zu tragen, was Gott in seinem Leben zuläßt.

Literatur:
Dieterich, M.: Handbuch Psychologie und Seelsorge, Wuppertal und Zürich 1989
Festinger, L.: A theory of cognitive dissonance, Stanford 1957   SP

Dopamin → Neurotransmitter

Double-bind-Theorie

Double-bind (Doppelbindung)-Botschaften

In Double-Bind-Botschaften gibt eine Person einer anderen eine in sich widersprüchliche Mitteilung, der sich diese Person nicht entziehen kann. Was die angesprochene Person auch tut, was sie auch wahrnimmt, in jedem Fall ist diese Handlung oder Wahrnehmung falsch. Double-Bind-Botschaften kennzeichnen sich durch vier Bedingungen:

(1) Zwei oder mehr Personen stehen in einem *engen Lebenszusammenhang*, der für eine oder alle eine hohe Bedeutung hat. Zumindest der Empfänger der Botschaft befindet sich in psychischer oder physischer »Abhängigkeit« vom Geber der Double-Bind-Botschaft.

(2) Die Double-Bind-Botschaft ist dergestalt, daß sie sich selbst widerspricht. Ein Teil der Botschaft hebt den anderen auf. Das kann durch Worte geschehen, etwa nach dem Muster der Aufforderung: »Lächle spontan!« Der Empfänger dieser Aufforderung kann spontan bleiben, also die Aufforderung negieren. Er kann auch der Aufforderung Folge leisten, ist dann aber nicht mehr spontan und leistet ihr nicht Folge. Fazit: Was er tut, ist falsch.

Noch häufiger geschieht es, daß eine mit Worten gegebene Mitteilung auf einer zweiten, meist nonverbalen Ebene – durch Mimik, Gestik, Körperhaltung – aufgehoben wird (→ Körpersprache). Eine Mutter sagt zu ihrem Kind: »Komm in meine Arme!« Aber sie sagt es in Stimmlage und Mimik so, daß eine zweite Botschaft heißt. »Komm mir nicht zu nahe.«

(3) Wegen der engen Lebensbeziehung und der psychischen oder physischen Abhängigkeit kann sich der Empfänger der Double-Bind-Botschaft dieser nicht entziehen. Diese Situation ist u.a. zwischen Eltern und Kindern, Ehepartnern, bei Krankheit, in Therapie oder in der Gefangenschaft gegeben.

(4) Der Empfänger einer Double-Bind-Botschaft kann sie auch nicht dadurch aufheben, daß er über sie selbst spricht, sie kommentiert. Er kann – aus was für Gründen auch immer – keine Mitteilung über die

Mitteilung machen, also nicht metakommunizieren (→ Kommunikation).

Die Situation eines Double-Binds ist von einer »nur« paradoxen, widersprüchlichen Mitteilung dadurch unterschieden, daß sich der Empfänger dieser Paradoxie nicht entziehen kann. Eine lediglich paradoxe Mitteilung allein ist noch keine Doppelbindung. Die Bindung fehlt hier.

Double-bind-Theorie

Paradox-inkongruente Mitteilungen und ebenso paradox-inkongruente Antworten sind möglich, weil Menschen auf unterschiedlichen Ebenen miteinander kommunizieren, d. h. handeln und sprechen können, die logisch voneinander zu unterscheiden sind. Die Mitteilung auf einer Ebene kommentiert, bestätigt oder entwertet dabei die Mitteilung auf einer anderen Ebene (→ Kommunikation). Wer mit traurigem Gesicht und steinerner Miene »Ich freue mich« sagt, ist inkongruent. Er gibt gleichzeitig zwei widersprüchliche Mitteilungen und entwertet damit beide Seiten seiner Mitteilung.

Länger andauernde oder häufig auftretende Double-Bind-Situationen können das Entstehen von schizophrenen, depressiven und anderen psychischen Störungen begünstigen (→ Schizophrenie, → Depressionen). Kinder, die längere Zeit einer Double-Bind-Situation ausgesetzt sind, können die Fähigkeit verlieren, unterschiedliche Mitteilungsebenen voneinander zu unterscheiden, und dies kann wiederum die psychische Stabilität gefährden. Kritiker dieser These wenden ein, daß hier Ursache und Wirkung nur schwer voneinander zu trennen ist: psychische Störungen können Double-Bind-Situationen hervorrufen und umgekehrt.

Betroffenen kann in der Therapie dadurch geholfen werden, daß man im Sinne einer paradoxen → Intention vorgeht.

Literatur: Bateson, G.; Jackson, D. D.; Laing, R. D. et al. (Hg.): Schizophrenie und Familie, Frankfurt/M. 1992

Watzlawick, P.; Beavin, J. H.; Jackson, D. D.: Menschliche Kommunikation, Bern, Stuttgart, Wien 1969ff
Watzlawick, P.; Weakland, J. H.; Fisch, R.: Lösungen. Bern, Stuttgart, Wien 1975ff TS

Drogen

„Drogen" stellt einen Sammelbegriff für Stoffe natürlicher (pflanzlicher) Herkunft dar, die die Funktionen des Nervensystems beeinflussen. (→ Psychopharmaka)

Drogenabhängigkeit

Die unterschiedliche Bedeutung der Begriffe »Drogenabhängigkeit« und »Sucht« ist im heutigen Sprachgebrauch kaum bekannt. Von der WHO wurde 1964 vorgeschlagen, den bekannteren und älteren Begriff → Sucht als Bezeichnung für psychische Abhängigkeit zu verwenden und den umfassenderen Begriff »Drogenabhängigkeit« für psychische und physische (physiologische) Abhängigkeit von der Droge zu verwenden. Dieser Vorschlag hat sich jedoch nicht durchgesetzt. Wir unterscheiden bei der Abhängigkeitserzeugung von Drogen zwei Kategorien:

Psychische Abhängigkeit

Der Betroffene ist der Überzeugung, ohne Drogen (hierzu gehören ebenfalls auch Alkohol, Aufputschmittel, Zigaretten oder andere → Psychopharmaka) nicht mehr »auszukommen«. Bei ihm ist dann ein starkes, oft unkontrollierbares und unstillbares Verlangen vorhanden, die Droge wegen ihrer psychischen Wirkung einzunehmen, um einen unangenehmen Zustand zu vermeiden oder einen angenehmen Zustand herzustellen.

Physische Abhängigkeit

Bei Einnahme über längere Zeit hat sich der Stoffwechsel des Organismus so weit auf die Droge eingestellt, daß er beim Fehlen der Stoffe mit quälenden und häufig sehr heftigen Entzugserscheinungen (z. B. Kreislaufstörungen, Zittern, Fieberanfälle, starke Erregung, Schweißausbrüche, Durchfall, Schmerzen) reagiert, die sogar lebensgefährlich sein können.

Physische Abhängigkeit entsteht vor allem bei Mißbrauch von Opiaten (Opium, Morphium, Heroin, s. u.), Barbituraten (Schlaf- und Schmerzmitteln), Stimulantien (Psychopharmaka; Amphetamine und Weckamine) und schließlich auch bei Alkohol. Mißbrauch von Hanfprodukten (Haschisch und Marihuana) und von Psychotomimetika (LSD und Meskalin) erzeugt normalerweise »nur« psychische Abhängigkeit, führt jedoch häufig zu verschiedenen schädigenden psychischen und körperlichen Folgen.

Übersicht über Drogen, deren Wirkungen und Folgen

Drogen bzw. Suchtmittel

Wirkungen und Folgen
Hanfprodukte (Cannabis), wie Haschisch (Harz des Cannabisstrauches) u. Marihuana (Blätter und Blüten); [Heu, hash, Gras, pot, shit, joint (= Haschzigarette)]
Relativ geringe Suchtgefahr. Die Wirkung des Haschisch ist etwa fünfmal so groß wie die von Marihuana. Benommenheit, gehobene Stimmung, Konzentrationsstörungen, Halluzinationen, unkontrolliertes Zuneigungsgefühl, gesteigerte Farb- und Tonempfindung, Angstzustände, Passivität, Depressionen, unkontrollierte Handlungen. Marihuana kann nach neuesten Befunden nicht mehr als »Einstiegsdroge« bezeichnet werden. Schuld für die Wahl »härterer« Drogen sind vielmehr sozial, kulturell und familiär bedingte negative Begleitumstände.

Halluzinogene (Psychotomimetika), wie LSD, Meskalin und Psilucybin; [Trip, Fahrkarte, Reise, acid]
Hohe Suchtgefahr! Psychoseähnliche Zustände. Extrem beschleunigtes und verwirrtes Denken, Halluzinationen, Töne werden »gefühlt«, Farben »geschmeckt«; Bewußtseinsstörungen; Angstzustände (Horrortrip). Es können während des Rausches Gewalttätigkeiten auftreten, und es besteht Gefahr von Erbschäden (Mißbildungen). Gleichgültigkeit gegenüber Schule, Beruf und sog. Suche nach Wahrheit.

Stimulantien (Weckamine, Weckmittel und Amphetamine), z. B. Ritalin, Tradition, Captagon; [Pepps, Stimmus. captas, speed]
Erhöhte Wachheit, Wohlbehagen, Redebedürfnis, Gefühl erhöhter Leistungsfähigkeit. Starke Abhängigkeit bei Dauergebrauch. Appetitsenkende Wirkung, Unruhe, Angst, Zittern, Herzklopfen, kalte Hände. Bei längerem Gebrauch Leberschäden und Gefahr von Geisteskrankheiten.

Barbiturate (Schlafmittel, die Barbitursäure enthalten) und Beruhigungsmittel (Tranquilizer); [Barbs; bombs]
Schnelle Gewöhnung und Suchtgefahr! In kleinen Dosen wirken sie als Schlafmittel (→ Psychopharmaka), in höheren Dosen führen sie zu »Rauschzuständen«, Vergiftung, Kopfschmerzen, Müdigkeit, vermindertes Orientierungsvermögen, Verwirrtheit. Unvorhersehbare Wirkungen entstehen bei gleichzeitigem Einnehmen von Alkohol und Beruhigungsmitteln.

Opiate, Morphiate (Opium. Morphium. Heroin); [Soff; Harry, »O«, »M«, »H«]
Opium wird wegen der Suchtgefahr nur noch selten als schmerzstillendes Mittel angewandt, Morphium nur noch bei schweren Schmerzzuständen. Die psychische Abhängigkeit entsteht sehr schnell. Es werden immer größere Dosen erforderlich, um gleich wohltuende Wirkung zu erzielen. Nach längerem Gebrauch starke physische Abhängigkeit (Entzugserscheinungen); Abstumpfung; Angst vor Schmerzen. Kriminalität, um zu Drogen zu kommen. Wenig Aussicht auf Entwöhnung.

Kokain; [Koks. Coke. Schnee, charley]
Hohe Suchtgefahr! Kokain (weißes, bitter schmeckendes Pulver) gehört zu den klassischen Rauschmitteln. Durch das Kauen der

Kokablätter erreichen die Indianer große Steigerung ihrer körperlichen Leistungsfähigkeit, Wohlbehagen, lustbetonte, leichte Halluzinationen. Werden wegen der kurzen Wirkungsdauer (bis eine Stunde) schnell durch Angstzustände und Wahnvorstellungen abgelöst. Bei Mißbrauch Zerstörung der Persönlichkeit in wenigen Monaten. Wenig Aussicht auf Entwöhnung.

Schnüffelmittel, Lösungsmittel (Farben und Klebstoffe, Äther, Azetan)
Rauschmittel, die vor allem von Kindern bevorzugt werden. Schädigung des Nervensystems, Ohnmacht, Atemlähmung, Desinteresse. Abhängigkeit kann eintreten. (Vgl. Michel, Chr.; Novak, F.: Kleines psychologisches Wörterbuch, Freiburg 1983.)

Ursachen des Drogenmißbrauchs

Die Verbreitung des Drogenmißbrauchs in den westlichen Industrieländern wurde überwiegend durch soziokulturelle und psychologische Faktoren verursacht. Hier waren wohl besonders die Sehnsucht nach einer Veränderung der Industriegesellschaft und eines relativ »gefühlskalten« Gemeinwesens die Ursache. Zusätzliche Ursachen sind in den Versprechungen der pharmazeutischen Industrie zu sehen, die zu einem allgemeinen (und erlaubten) Tablettenmißbrauch geführt haben. Leistungszwang, Streß, Massenmedien spielen vor allem in unserer Zeit eine weitere, bedeutende Rolle. Psychologische Ursachen findet man in der Unsicherheit der Jugend (→ Identität), Familienkonflikten, Versagen in Schule oder im Beruf, Unzufriedenheit, falschen Erwartungen an die Droge, Anpassung an die Gruppe. Zusätzlich können kontaktsuchende Persönlichkeiten mit ausgeprägter Gefühlslabilität anfällig für Drogenmißbrauch sein.

Droge und Drogenmißbrauch in Psychotherapie und Seelsorge

Die mit der Drogenabhängigkeit einhergehende Persönlichkeitsänderung (→ Depression, Passivität, verminderte Fähigkeiten, Verwirrtheit, mangelnder Antrieb usw.) macht eine Behandlung und vor allem die Prophylaxe von Rückfällen enorm schwierig. Wesentlicher Bestandteil einer Therapie ist also der dringende Wunsch des Betroffenen, behandelt zu werden und seine Lebensumstände nach der Entwöhnung radikal zu verändern. Sind diese Voraussetzungen erfüllt, kann mit folgenden Behandlungsaspekten gearbeitet werden:
1. Entziehungskur und Behandlung organischer Schäden in einer Klinik;
2. therapeutische Hilfe während des Aufenthaltes in der Klinik (z. B. → Gesprächspsychotherapie, → Verhaltenstherapie, → Gruppe);
3. Unterstützung und Therapie nach der Entlassung aus dem Krankenhaus (Betreuung in einer Gruppe und durch die Gruppe), Beratung, Freizeitgestaltung;
4. soziale Hilfsmaßnahmen (Unterkunft, Ausbildung, Arbeit).

Literatur:
Dieterich, M.: Handbuch Psychologie und Seelsorge, Wuppertal und Zürich 1995
Engel, W.; Hurrelmann, K.: Was Jugendliche wagen. Längsschnittstudie über Drogenkonsum, Streßreaktion und Delinquenz im Jugendalter, Weinheim 1993
Herer, J.: Hanf, Frankfurt/M. 1995
Rufer, M.: Glückspillen. Ecstasy, Prozac und das Comeback der Psychopharmaka, München 1995
JD

Dystonie

Störung des normalen Spannungszustandes der Muskeln, insbesondere der Gefäßmuskeln. Eine vegetative Dystonie beschreibt Störungen des sympathischen und parasympathischen Nervensystems, die sich in Kreislaufschwäche, Störungen der Herztätigkeit, der Atmung, verbunden mit Herzklopfen, Unruhe, Schlaflosigkeit, Schweißausbrüchen, Schwindelgefühlen, Magen- und Kopfschmerzen zeigen.

JD

E

Echtheit

Echtheit, auch Kongruenz, bezeichnet die Übereinstimmung von Selbst und Selbstkonzept. Unter »Selbst« versteht Rogers die unverfälschte und ursprüngliche Erlebensweise; »Selbstkonzept« bezeichnet im Gegensatz dazu, wie eine Person sich selbst wahrnimmt. Das heißt, Personen, die ein hohes Maß an Echtheit verwirklichen, nehmen ihre eigenen → Gefühle und Empfindungen unverzerrt wahr und verstellen sich weder in der Selbstwahrnehmung noch in Beziehungen mit anderen. Diese Authentizität vor der eigenen Person wie vor anderen ist biblisches Gebot (vgl. Eph 4,15) und wird auch als Eigenschaft Jesu genannt (vgl. Mt 22,16; Mk 12,14). Allerdings wird Echtheit von manchen Anhängern der humanistischen Ideologie, aber auch von kritischen Autoren christlicher Prägung mißverstanden im Sinne eines hedonistischen »Handeln, wie es Spaß macht«.

Carl R. Rogers formulierte das Konzept als einen zentralen Begriff der → Gesprächspsychotherapie in doppelter Hinsicht: Echtheit beim Klienten ist Ziel der Beratung, Echtheit beim Therapeuten eine der drei für Heilung notwendigen Grundhaltungen (zusammen mit den Haltungsmerkmalen → Empathie und bedingungslose positive Wertschätzung).

Aus der Sicht der Gesprächspsychotherapie sind neurotische Störungen (→ Neurose) in erster Linie das Ergebnis verzerrter Selbstwahrnehmung. Die erlernte Bewertung eigener Gefühle als »richtig« oder »falsch« führt dazu, daß an Stelle der Wahrnehmung ursprünglicher und unverfälschter Gefühle (dem »Selbst«) ein Selbstkonzept entwickelt wird, welches die Unterdrückung bestimmter Gefühle notwendig macht.   UG

Eheberatung, -probleme, -konflikte

Waren es zu Beginn der zeitgenössischen Eheberatung die besonderen Belastungen äußerer Art, die Ehen in ihrem Bestand bedrohten, so scheinen es neuerlich Gründe jenseits äußerlicher Belastungen zu sein, die Ehen gefährden. Ganz grob lassen sich einige spezifische Problem- und Konfliktbereiche ausmachen.

Eine *konflikthafte Partnerwahl* belastet Ehen von ihrem Beginn an. Einmal kommt es nicht selten dazu, daß persönliche Störungsmuster sich durch Wahl eines entsprechenden Partners ergänzen. Ein »Pfleger« sucht sich einen »Pflegling«; ein »autonomer Herrscher« trifft auf einen »heteronomen Untertan« usw. Scheinbare Ergänzung führt dann im Verlauf der Ehe zur Kollusion (J. Willi) und damit zum Konflikt.

Ehebeginn als Flucht aus dem Elternhaus zeigt sich oft spät genug als eigentliches und damit betrügerisches Ehemotiv. Der Partner wird zur Lösung eines verdeckten Konfliktes benutzt und ist nicht eigentlich als Partner gemeint.

Mangelndes Eheinteresse findet sich besonders und zunehmend auf männlicher Seite. Hier macht sich das »Syndrom der ahnungslosen Männer« mehr und mehr bemerkbar. Ehemänner vernachlässigen die Wünsche und Interessen ihrer Ehefrau und halten die Ehe auch bei großer Belastung für »in Ordnung«, bis sie von einem irreversiblen Scheidungsbegehren der Frau überrascht werden.

Auf weiblicher Seite wird zunehmend eine *Kündigung des Ehevertrages* beobachtet. Frauen verlassen ihren Ehemann ohne Ankündigung innerlich oder äußerlich, um sich – besonders in einer zweiten Ehephase – der Verwirklichung eigener Interessen zu widmen. Die durch Zeitströmung verursachte Spannung zwischen Mutterschaft und beruflicher Karriere wird in ein Nacheinander aufgelöst und oft genug die Ehe zugunsten einer neuen Erwerbstätigkeit aufgegeben.

Mangelnde Beziehungskompetenz scheint demgegenüber als leichter lösbares Problem – besonders, wenn beide Partner an einer Lösung und einem gemeinsamen Lernen interessiert sind.

Eheliche Untreue ist oft genug Ergebnis einer der genannten Störungen, eher selten isolierbarer Anlaß für eine Ehekrise. Fast immer geht die innere – mitunter sehr anerkannte – Untreue als »anerkannter Ehebruch« (mit den Kindern, dem Beruf, der christlichen Gemeinde, dem Hobby usw.) der äußeren Untreue voraus. Zahlenmäßige Erfassungen in der Eheberatung zeigen, daß es hier keine Differenz hinsichtlich der Geschlechter gibt: Frau und Mann sind gegenwärtig potentiell gleich treulos.

Neben und hinter den genannten Konflikten zeigt sich mehr und mehr die *Entwertung der Ehe als Angebot und Gebot Gottes*. Diese Entwertung geht bis tief in den Bereich der Kirchen hinein, wo die Ehe als Bund diskutabel erscheint und lediglich menschlicher Beliebigkeit unterworfen. Die mancherorts modisch geführte Debatte um die Anerkennung homosexueller als normaler Beziehungen muß eheauflösend und damit konfliktverstärkend wirken.

Methodik der Eheberatung

Eheberatung ist eine »feldbezogene« Tätigkeit. Es gibt keine besondere und klassische »Eheberatungsmethodik«. Vielmehr fließen unterschiedliche Ansätze praxisbezogen zusammen, wenn Berater und Klienten miteinander beraten, um eine optimale Lösung für ein Eheproblem zu finden. Diese gemeinsame Beratung unterscheidet sich von einem bloßen »Rat geben« und ist in den meisten Fällen zeitaufwendig. Lebenserfahrung und persönliche Reife gehören dabei zur persönlichen Kompetenz von Beraterinnen und Beratern. Die fachbezogene Kompetenz ergibt sich aus theoretischen und methodischen Kenntnissen unterschiedlicher Schulen. Eine früher vorhandene Dominanz psychoanalytischen Vorgehens (→ Psychoana-

lyse) ist heute überwunden. Neben tiefenpsychologischen Erkenntnissen sind solche aus der → Verhaltenstherapie und der → Gesprächspsychotherapie getreten. Kommunikationstheoretische Methoden (→ Kommunikation) haben sich zur systemischen Arbeitsweise weiterentwickelt. Ehe und Familie werden hier als ein System gesehen, in dem Verhaltensweisen sich gegenseitig bedingen. Die → Transaktionsanalyse lenkt den Blick auf die »Transaktionen« der Partner und auf »Spiele«, die auch innerhalb von Ehe und Familie als destruktive Muster Raum haben. Alle Methoden werden eingesetzt und angeboten, um zerstörerische Ziele aufzudecken und verändern zu helfen. Sie dienen der Einübung förderlicher Beziehungsmuster und der personnahen Konfliktlösung. Mitunter ist Eheberatung auch nicht mehr als eine geduldige Begleitung durch eine Krise, an deren Ende eigene Lösungen wirksam werden.

Ziele und Werte

Eheberatung hat zunächst ein bewahrendes Ziel. Sie soll Eheleute befähigen, unterschiedliche Lebens- oder Partnerkonflikte zu ertragen, zu mildern und zu lösen. Neue Vereinbarungen sollen möglich werden, und alte Schuld soll vergeben werden können. Mit diesen primären Zielen steht – kirchliche – Eheberatung im Gegensatz zu zeitgenössischen Autonomiebestrebungen, in denen die eigene »Selbstverwirklichung« oberstes Motiv ist. Kirchliche Eheberatung als konkrete Seelsorge sieht die Ehe als unter dem Angebot und Gebot Gottes stehend. Sowohl Berater als auch Klienten wissen unter dieser Sicht nicht, welche Wege für eine konkrete Ehe noch offen stehen. Darum ist Eheberatung zugleich Einübung in Geduld. Angesichts des Scheiterns von Ehen hat Eheberatung das Ziel, Menschen in Frieden auseinandergehen zu lassen. Besonders im Fall verlassener Partner ist Eheberatung eine Begleitung durch die Scheidung hindurch und Hilfe zu einem neuen Leben.

Literatur:
English, F.: Es ging doch gut, was ging denn schief? 1982
Halberstadt, H.: Psychologische Beratungsarbeit in der Evangelischen Kirche, 1983
Minuchin, S.: Theorie und Praxis struktureller Familientherapie, 1983
Schall, T. U.: Eheberatung – konkrete Seelsorge in Familie und Gemeinde, 1983
Toman, W.: Familienkonstellationen, 1980
Willi, J.: Die Zweierbeziehung, Reinbek 1986
TS

Einreden → Gedankenstopp

Einstellung → Attitüden

Elektroenzephalogramm (EEG)

Das EEG des Menschen wurde erstmals 1924 von dem Neurologen H. Berger aufgenommen und dient seither als eine der wichtigsten Untersuchungsmethoden der Gehirntätigkeit. Die schwachen elektrischen Ströme, die Gehirntätigkeiten begleiten, werden an 15 bis 25 Punkten der Kopfhaut mittels Elektroden abgeleitet, verstärkt und als Funktion der Zeit grafisch dargestellt. Das gesunde Gehirn zeigt eine geordnete, »typische« und rhythmische Eigentätigkeit. Je nach Eigenart der aufgezeichneten Wellen (man unterscheidet zwischen Alpha, Beta-, Theta- und Deltawellen) können unterschiedliche Informationen aus dem EEG gewonnen werden. So kann man mit Hilfe des EEGs Hinweise auf bestimmte Gehirnerkrankungen (Epilepsien, Tumoren, Gefäßveränderungen usw.), das Schlafverhalten und die unterschiedlichen Schlafphasen beobachten (→ Schlaf) und die Krampfbereitschaft von Kindern untersuchen. Nicht zuletzt wird das EEG auch zur Feststellung des Todeszeitpunktes herangezogen: wenn es längere Zeit in der Nullinie verläuft, ist der Tod eingetreten. In der neueren Zeit wird das EEG vermehrt durch Computeranalysen unterstützt. Die Hirnstromkurven werden nicht mehr auf Papier gezeichnet, sondern auf Datenträger. Mit Hilfe der Computeranalyse gelingt es, immer detailliertere regionale Besonderheiten zu entdecken. Dies ist besonders bei der Diagnose von Tumoren oder Durchblutungsstörungen hilfreich.

Literatur:
Neundörfer, B.: EEG-Fibel. Das EEG in der ärztlichen Praxis, Stuttgart 1995   JD

Emotionen → Gefühle

Empathie

Empathie ist die Fähigkeit, die → Gefühle und Erlebnisse anderer Personen aus deren Sicht nachzuvollziehen, sich einzufühlen und diese Anteilnahme zum Ausdruck zu bringen. Empathie ist eine der drei von Rogers beschriebenen Haltungsmerkmale effektiver Psychotherapeuten (zusammen mit → Echtheit und bedingungsloser positiver Wertschätzung). Empirische Psychotherapieforschung bestätigt, daß diese Grundhaltungen notwendige Voraussetzungen für effektive Psychotherapie sind; die Ansicht von Rogers, daß sie auch ausreichend seien, bestätigt sich dagegen nicht (→ Gesprächspsychotherapie)

Wichtig ist die Unterscheidung von Empathie und Identifikation: während Empathie auf der Übernahme der Perspektive des anderen beruht, bedeutet Identifikation das Mitgefühl auf der Basis der Vorstellung, wie man selber eine bestimmte Situation erleben würde. D. h., wer sich identifiziert, versetzt sich zwar in die Lage des anderen, nimmt aber nicht genügend wahr, daß andere die Welt anders erleben als man selber.

Neben der Sicht, daß Empathie ein zentrales Merkmal von effektiven Psychotherapeuten und Seelsorgern ist, gibt es Untersuchungen, die nachweisen, daß die Fähigkeit zur Empathie allgemein als ein wichtiger Aspekt psychischer Gesundheit angesehen werden muß. Die Verbesserung des Einfühlungsvermögens und der Perspektivenübernahme auch auf seiten der Klienten ist also häufig ein Ziel psychotherapeutischer bzw. seelsorgerlicher Arbeit. UG

Empirie

Die anthropologische Vorstellung der Empirie

Innerhalb der empirischen Position ist man der Meinung, daß eine Kenntnis möglichst vieler Einzelelemente letztendlich den Schluß auf allgemeingültige Gesetzesmäßigkeiten zulasse (→ Wissenschaftstheorie). Sie argumentiert dabei, daß Beobachtungen und Fakten niemals in allgemeiner Form vorliegen; immer handelt es sich um Einzelerfahrungen. Dabei wird man an irgendeiner Stelle der eigenen Erfahrungen feststellen, daß sie nicht mehr »tiefer« überprüfbar sind – man muß sie als wahr (→ Wahrheit) annehmen, kann für sie keine wissenschaftlichen Beweise führen (vgl. beispielsweise die Annahme der Mathematiker dar, daß zwei Parallelen im Unendlichen zusammenlaufen).

Mit welchem Interesse forscht die Empirie?

In der Empirie geht es darum, bestimmte Sachverhalte möglichst genau und intersubjektiv zu untersuchen, Grundlagen explizit zu erforschen, neue Forschungsmethoden auf ihre Effekte hin zu untersuchen und zu bewerten (Evaluationsforschung), Zustände in einer bestimmten Gruppe zu erfassen und gegebenenfalls Veränderungen zu beschreiben (Quer- und Längsschnittuntersuchung).

Die Methoden der Empirie

Im hier gegebenen Zusammenhang kann nur auf die wesentlichen Untersuchungsverfahren eingegangen werden (vgl. Literatur).

Unterschiedliche Auswahlverfahren für Stichproben
Da es in der empirischen Sozialforschung vorwiegend darum geht, Daten zu gewin-

nen, die Informationen über möglichst viele Personen gleichzeitig geben, müßte man eigentlich immer alle Personen der jeweiligen Gruppe untersuchen, um ein genaues Ergebnis zu gewährleisten. Dies ist oft nicht möglich, so daß der Frage nach der Auswahl kleinerer Gruppen, die ein repräsentatives Bild der Gesamtgruppe darstellen sollen, große Bedeutung zukommt. In der Empirie unterscheidet man hier zwischen Wahrscheinlichkeitsauswahl und Quotenauswahlverfahren. In der *Wahrscheinlichkeitsauswahl* muß jede mögliche Untersuchungseinheit der Gesamtgruppe dieselbe Chance haben, in die repräsentative Stichprobe aufgenommen zu werden. Im *Quotenauswahlverfahren* versucht man, nach einigen Merkmalsausprägungen zentraler Variablen (z. B. Geschlecht, Alter, Berufsgruppe) die Stichprobe der Grundgesamtheit nachzubilden. Diese Merkmale müssen vorher bekannt sein.

Methoden der Datengewinnung
Mit Abstand am häufigsten wird in der empirischen Sozialforschung die schriftliche oder mündliche → Befragung durchgeführt. Beide Arten von Befragungen können entweder in einem *offenen* oder *strukturierten Interview* geführt werden. In einem offenen Interview verzichtet das Interview auf konkrete Fragestellung und orientiert sich statt dessen an einem allgemein gestellten Thema. Aus dem Gesprächsverlauf heraus wird entschieden, ob an einzelnen Stellen Nachfragen notwendig sind. Diese Form der Befragung hat sich in neuerer Zeit besonders in Form von sog. *qualitativen Interviews* in der Forschung bewährt.

Im strukturierten Interview liegt ein festgelegtes Fragenschema mit ausformulierten Fragen vor. Dadurch wird die Vergleichbarkeit zwischen den einzelnen Interviews größer und man kann die Ergebnisse relativ unproblematisch quantifizieren.

Forschungstypen
In der Empirie finden gegenwärtig vier unterschiedlich angelegte Forschungstypen

Anwendung: *Experiment, Grundlagen-, Evaluations-* und *Handlungsforschung, Quer-* und *Längsschnittuntersuchung* sowie *Fallstudien.*

Im einfachsten Fall eines *Experiments* wird eine unabhängige Variable (Ursache, UV) in der Weise verändert, daß dadurch Änderungen an der abhängigen Variable (Wirkung, AV) beobachtbar werden und in Aussagen über den Zusammenhang dieser Variablen umgeleitet werden kann. Um diese Untersuchung möglichst genau durchzuführen, werden die Effekte direkt oder indirekt wirkender Faktoren kontrolliert, indem die Personen einer Versuch- und einer Kontrollgruppe zugewiesen werden, die sich im Idealfall nur im Hinblick auf den Einfluß der UV unterscheiden. In weiteren Verfahren zur Kontrolle der Auswirkungen von UV und AV kennt weder die Versuchspersonengruppe noch der Versuchsleiter den eigentlichen Zweck des Experiments.

Die *angewandte Forschung* soll zur Lösung praktischer sozialer Probleme beitragen. So geht es in der *Evaluationsforschung* beispielsweise darum, bestimmte Maßnahmen auf ihre Effekte hin zu untersuchen und – gemessen an den damit verbundenen ursprünglichen Intentionen – zu bewerten (zu evaluieren).

Querschnittsuntersuchungen werden dann angewendet, wenn ein Zustand nur dahingehend untersucht werden soll, ob und wie die untersuchten Elemente im aktuellen Zeitpunkt untereinander in Beziehung stehen. Sollen dagegen Veränderungen zu verschiedenen Zeitpunkten und Charakteristika von Veränderungsprozessen untersucht werden, so sind in einer *Längsschnittuntersuchung* Daten desselben Gegenstandes in mindestens zwei Zeitpunkten zu erheben.

Die *Fallstudie* untersucht ein Phänomen so, daß der einheitliche Charakter des Untersuchungsgegenstandes erhalten bleibt. Dabei spielt hier der statistische Repräsentativitätsanspruch keine Rolle, sondern der besondere Fall soll als Ganzheit erfaßt werden.

Aufbereitung, Analyse und Interpretation der Daten

Während der empirischen Untersuchungen gewinnt man sogenannte Rohdaten, die weiterverarbeitet werden müssen. Bei qualitativ gearteten Erhebungsarten müssen die Ergebnisse niedergeschrieben werden, bei quantitativen Verfahren ist eine Sichtung der meist ziemlich umfangreichen Datenmenge notwendig. Auszählungen liefern eine Übersicht über die Merkmalsverteilung, auf deren Basis dann Mittelwerte, Streuungen usw. errechnet werden können. Zusammenhänge zwischen unterschiedlichen Variablen werden mit unterschiedlichen Verfahren ermittelt (einfache Tabellenanalysen, aber auch kompliziertere Verfahren, wie Regressions-, Korrelations- und Varianzanalysen, die meist nur unter Zuhilfenahme entsprechender EDV-Programme bewältigt werden können). Mit Hilfe der Faktorenanalyse lassen sich unter bestimmten Voraussetzungen aus einer größeren Anzahl miteinander in einem Zusammenhang stehender Variablen eine überschaubare, inhaltlich interpretierbare Zahl von Dimensionen bestimmen.

Empirie in Psychotherapie und Seelsorge

Wenn in der Seelsorge empirische Befunde eingesetzt werden, ist es also notwendig, diese Befunde immer einerseits vor dem spezifischen Entstehungshintergrund der Befunde einzuordnen (sie sind statistisch, nur begrenzt gültig und scheinen oft absolute Richtigkeit zu suggerieren, obwohl sie dies prinzipiell nicht können), andererseits muß immer vom Seelsorger selbst entschieden werden, wozu er diese Befunde einsetzen will (normative Entscheidung). Nur mit diesem Wissen können empirische Befunde optimal eingesetzt werden: als sehr genaue und relativ sichere Informationen über Einzelphänomene.

Literatur:
Clauss, G.; Ebner, H.: Grundlagen der Statistik, Berlin 1971

Geider, F. J.; Rogge, K.-E.; Schaaf, H.: Einstieg in die Faktorenanalyse, Heidelberg 1982
Grubitsch, S.; Rexilius, G.: Testtheorie- Testpraxis, Reinbek 1978
Lamnek, S.: Qualitative Sozialforschung, München 1989   JD

Encountergruppen

Encountergruppen sind Selbsterfahrungsgruppen (→ Gruppe) auf der Basis der → Gesprächspsychotherapie nach Carl R. Rogers. Sie sind im Gegensatz zur Gruppentherapie, nicht auf die Bewältigung von Problemen bzw. die Veränderung der Person gerichtet. Ziel der Begegnung (Encounter = Begegnung) zwischen unterschiedlichen Personen ist eine Verbesserung der Selbst- und Fremdwahrnehmung, eine bessere Selbstannahme, und das positive Erleben des Angenommenseins in der Gemeinschaft.

Encountergruppen sind geschlossene Gruppen: d. h. derselbe Teilnehmerkreis trifft sich für eine festgelegte Anzahl von Gruppensitzungen. Die Teilnehmerzahl liegt in der Regel zwischen 12 und 16 Teilnehmern, allerdings u.U. auch bedeutend mehr. Rogers und seine Mitarbeiter haben Encounter in Großgruppen mit bis zu 600 Personen veranstaltet. Diese Großgruppenencounter hatten in erster Linie politische Ziele und fanden z. B. in Südafrika mit Weißen und Schwarzen oder in Nordirland mit Protestanten und Katholiken statt. Rogers konnte nachweisen, daß die Teilnehmer dieser Gruppen signifikante Veränderungen in ihrer Einstellung gegenüber der jeweils anderen Bevölkerungsgruppe entwickelt hatten, und zwar in der erwünschten Richtung.

Der Einsatz von Encountergruppen als pädagogisches Modell in Erziehung, Schule und Ausbildung war dagegen deutlich weniger erfolgreich und wird auch heute noch kontrovers diskutiert. Der Schwerpunkt bedingungsloser positiver Annahme seitens der Gruppenleiter, Eltern und Lehrer/innen und dem damit verbundenen Verzicht auf Korrekturen, Wertungen und gezielter Einflußnahme wird von Kritikern der Encoun-

terbewegung als eine Vernachlässigung elementarer kindlicher Bedürfnisse gesehen.

Encountergruppen vor theologischem Hintergrund

Die Ideologie im Hintergrund der Encounterbewegung ist ein humanistisches Menschenbild (→ Anthropologie). Das heißt, daß alle Werte als subjektiv und relativ gesehen werden und der Mensch in einer Atmosphäre des Angenommenseins von selber gute und konstruktive Normen entwickelt. Dieser Hintergrund ist aus biblischer Sicht nicht haltbar. Im Gegenteil: Das »Dichten und Trachten des Menschen ist böse« (1Mo 8,21). Was gut und was böse ist, hat Gott in seiner Schöpfungsordnung souverän und absolut festgelegt. Das Vorgehen einer Encountergruppe setzt jedoch nicht zwingend eine Übernahme der humanistischen Ideologie voraus. Das bedeutet, man kann die Methode von der humanistischen Ideologie trennen und sie damit auch im Rahmen eines biblischen Menschenbildes einsetzen. Die im biblischen Menschenbild verankerte Sicht des Menschen als Ebenbild Gottes beinhaltet durchaus die Möglichkeit, daß ehrliche und annehmende Begegnungen hilfreich und wichtig sind und der Entwicklung der Persönlichkeit dienen. In diesem Fall ist die Encountergruppe aber lediglich eine Methode unter vielen, die die Schöpfungsordnung zuläßt. Die Beschränkung erzieherischer oder seelsorgerlicher Vorgehensweisen auf das Encounter als hauptsächliche oder gar einzige Vorgehensweise beinhaltet jedoch eine unzulässige Verkürzung des biblischen Menschenbildes.   UG

Endogen/Exogen/Somatogen

»Endogen« werden alle psychischen Prozesse und Störungen genannt, die nicht durch Einflüsse der Umwelt bedingt werden, sondern ausschließlich anlagebedingt, »von innen« entstehen.

»Exogen« ist eine Bezeichnung für Einflüsse von außen.

Die Bezeichnungen werden vorwiegend für die Unterteilung von → Depressionen benutzt. Kann man annehmen, daß eine Depression auf einer biochemischen Fehlfunktion beruht (→ Neurotransmitter), so wird sie mit »endogene Depression« bezeichnet. Dabei werden die Symptome einer endogenen Depression für besonders schwerwiegend gehalten (Davison, G. C.; Neale, J. M. 1988, 788). Heute wird eine eindeutig auf Anlage zurückführbare Depression als »somatogene Depression« bezeichnet. Die endogene Depression wird dann diagnostiziert, wenn eine Mischform der Ursachen vorliegt, die einerseits körperlich bedingt, andererseits auf Einflüsse von außen zurückzuführen sind. Exogen oder auch psychogen genannte Depressionsformen haben ausschließlich deutlich erkennbare äußerliche (umweltbedingte) Ursachen (→ Psychose).

Literatur:
Davison G. C.; Neale J. M.: Klinische Psychologie, München, Weinheim 1988
Dieterich, M.: Depressionen. Hilfen aus biblischer und psychotherapeutischer Sicht, Gießen 1991   PV

Endorphine → Placebo-Effekt

Engramm → Amnesie

Enneagramm
→ Persönlichkeitsstruktur

Enthemmung → Droge

Entspannung

Entspannung wird in der protestantischen Seelsorgeliteratur relativ selten thematisiert.

Weitaus mehr, insbesondere was die → Meditation und → Kontemplation anbelangt, finden sich Hilfestellungen hierzu in der katholischen Tradition.

Das hektische Leben unsere Zeit macht immer deutlicher, daß Entspannung nicht von alleine kommt, sondern organisiert werden muß. Allerdings darf Entspannung nicht unbedingt mit Ruhe gleichgesetzt werden. Ein gewisser Mindeststreß ist erforderlich, um das Arbeitsergebnis zu optimieren.

In der Bibel hat »Ruhe« eine andere Qualität als Entspannung, deshalb können die weisheitlichen Aussagen hierzu nicht ohne weiteres auf unsere Tage übertragen werden. Die Menschen der Bibel lebten wesentlich ausgeprägter als dies heute der Fall ist in einem bestimmten Rhythmus von Arbeit und Ruhe. Bis weit in unser Jahrhundert hinein war man auch durch den vorgegebenen Ablauf der Sonntage mit ihren bekannten Namen fest in das Kirchenjahr eingebunden. Sicher und überschaubar konnte man sein Leben führen. Heutzutage fehlen diese Rhythmen weitgehend, bzw. wir sind darauf angewiesen, sie künstlich wieder zu schaffen. Menschen brauchen den Rhythmus (»und es war Abend und Morgen – ein neuer Tag«), und so gesehen ist einer der grundsätzlichen Wege zur Entspannung diesen zu finden.

Physiologisch gesehen kann man den Grad der Ent- bzw. Verspannung mit dem → Elektroenzephalogramm feststellen. Die Gehirnströme zeigen dort typische Kurven (Alpha-, Beta-, Theta- und Deltawellen). Ein besonders entspannter und gleichzeitig kreativer Zustand ist dann gegeben, wenn die Gehirnwellen eine Frequenz von 7 bis 14 Hertz (Alphawellen) anzeigen. Bei den Forschungen zur Wirksamkeit von Entspannungsübungen kann man deshalb mit dem EEG überzeugende Nachweise zur Effektivität ableiten. Diese Ergebnisse zeigen allerdings einheitlich, daß jeder Mensch, bedingt durch seine Persönlichkeitsstruktur und seinen Lebenszuschnitt, eine ganz individuelle Verspannung erfährt. Dieselben Stressoren können deshalb bei verschiedenen Men-

schen (z. B. in der Ehe) zu ganz unterschiedlichen Streßerscheinungen (→ Streß) führen. Oftmals zeigt sich z. B., daß Frauen bei einer bestimmten Belastung schon ihre Leistungsgrenzen erreicht haben, während Männer einen deutlich stärkeren Stressor brauchen, um zu ihrer Höchstleistung zu kommen. So gesehen muß für jeden Menschen immer auch ein ganz individuelles Entspannungsprogramm zusammengestellt werden, und es gibt deshalb auch keine allgemein und für jedermann wirkenden Entspannungsübungen. Faßt man die verschiedenen Möglichkeiten zusammen, kann man folgende Gruppen beschreiben, die sich oftmals gegenseitig ergänzen:
- Überwiegend körperlich orientierte Entspannungsübungen. Hierzu gehören u.a. leichtes Jogging, Gymnastik, Atemübungen, progressive Muskelentspannung.
- Entspannungsübungen, die mit der Korrektur des Denkens zusammenhängen. Hierzu gehören z. B. die Ansätze aus der → Kognitiven Therapie.
- Entspannungsübungen, die mit den Ordnungen im Alltag zu tun haben. Hierzu gehört z. B. die Strukturierung der Arbeitszeit, das Erstellen von Ablaufdiagrammen, der Umgang mit dem Kalender usw.
- Überwiegend autosuggestiv orientierte Entspannungsübungen. Hierzu gehört u.a. die autosuggestive Entspannung, das → Autogene Training usw.
- Geistlich orientierte Entspannungsübungen, z. B. christliche Meditation und Kontemplation, biblische Neuorientierung (→ Beichte und → Buße).
Aufgabe des Seelsorgers und Therapeuten ist es, die für die jeweilige Person und die entsprechende Situation angemessene Entspannungsübung herauszufinden.

Literatur:
Dieterich, M.: Wir brauchen Entspannung, Gießen, Basel 1992
MD

Entwicklungspsychologie

Definition

Vor dem Hintergrund der → Anlage-Umwelt-Problematik wird es schwierig, den Aufgabenbereich der Entwicklungspsychologie festzulegen. War man in den vergangenen Jahrzehnten noch der Meinung, einzelne »Phasen« der Entwicklung ließen sich als genetisch determiniert betrachten und demnach exakt festmachen, so ist man heute dazu übergegangen, die Entwicklung des Kindes zum Erwachsenen und weiter bis zum alten Menschen sowohl auf anlagebedingtem Hintergrund als auch im Sinne von lebenslang andauernden Lernprozessen zu sehen. Folgerichtig kommen Oerter/Montada auch zu folgender Definition von Entwicklungspsychologie:
»Alle Veränderungen vollziehen sich in der Zeit. Gegenstand der Entwicklungspsychologie sind Veränderungen, die sinnvollerweise auf die Zeitdimension Lebensalter bezogen werden können« (1987,6).

Unterschiedliche Aufgaben der Entwicklungspsychologie

Die Entwicklungspsychologie hat unterschiedliche Aufgabenkomplexe, die zur Klärung bestimmter Fragen beitragen sollen:
Der Lebenslauf eines Menschen. Dieser Bereich klärt Fragen wie: Was kann man von einem Grundschulkind, einem Jugendlichen, einem Erwachsenen usw. erwarten? Mit welcher Wahrscheinlichkeit können welche Änderungen vom Durchschnitt auftreten? Wie kann man einen Menschen vor schädlichen Einflüssen schützen?
Prognose der Ausprägung und Veränderung *von Personenmerkmalen.* Dieser Bereich kann bei der Klärung beispielsweise folgender Fragen helfen: Wie schwer dürfen Bibelarbeiten sein? Wann kann man von einem Menschen wieviel erwarten? Besteht Anlaß zur Befürchtung irgendwelcher psychischer Störungen?

Ermittlung von *Entwicklungsbedingungen.* Dieser Bereich klärt Fragen wie: Sind bei bestimmten kritischen Einwirkungen auf einen Menschen negative Folgen zu erwarten? Wann können bestimmte Einwirkungen sinnvoll sein, wann schädlich? *Begründung von Entwicklungszielen.* In diesem Bereich werden aufgrund empirisch gewonnener Befunde (→ Empirie) mögliche Ziele vorgeschlagen, die zu qualitativ höherwertigen Zuständen innerhalb der Entwicklung führen können. *Planung von Entwicklungsaufgaben.* Durch Befunde auf diesem Bereich können Fragen geklärt werden, wie: Welche Maßnahmen sind bei welchen Voraussetzungen geeignet, ein bestimmtes Entwicklungsziel zu erreichen? Gibt es »Phasen« innerhalb der Entwicklung, wo bestimmte konkrete Handlungen optimale Auswirkungen besitzen?

Natürlich beziehen sich diese unterschiedlichen Aufgabenkomplexe auf spezielle Bereiche der Entwicklung des Menschen. Hier sind insbesondere die Entwicklung des → Denkens, des → Gedächtnisses, der Motivation (→ Motiv), die Begriffs-, Bedeutungs- und Sprachentwicklung (→ Sprache) und die Entwicklung von sozialem Wissen und Verstehen, sowie die Entwicklung der → Moral zu nennen.

In der neueren Zeit hat, angesichts der immer komplexer werdenden Forschungsfragen, eine weitgehende Spezialisierung beispielsweise auf reine Denkpsychologie stattgefunden, so daß man heute immer weniger von *der* Entwicklungspsychologie spricht, sondern eher von Denkpsychologie, Motivationspsychologie usw.

Entwicklungspsychologie in Psychotherapie und Seelsorge

Da die wenigsten Menschen, die einen Seelsorger oder Berater aufsuchen, in seinem Altersbereich liegen und nur in seltenen Fällen auch die Entwicklungsgeschichten des Ratsuchenden und des Beratenden so ähnlich sind, daß dieser von seiner eigenen Erfahrung ausgehen darf, ist die Kenntnis ent-

wicklungspsychologischer Befunde von großer Bedeutung. Vgl. auch → Denken, → Gedächtnis, → Motiv, → Sprache, → Moral.

Literatur:
Bourne, L; Ekstrand, B.: Einführung in die Psychologie, Frankfurt/M. 1992
Dieterich, M.: Handbuch Psychologie und Seelsorge, Wuppertal und Zürich 1989
Oerter, R.; Montada, L.: Entwicklungspsychologie, München 1987   JD

Entzugserscheinungen
→ Abstinenzsyndrom, → Droge, → Sucht

Enuresis → Bettnässen

Epidemiologie

Die Epidemiologie bezeichnet einen Forschungszweig der Medizin und der Psychologie, bei dem die Häufigkeit und Verteilung und deren soziale oder gesellschaftliche Bedingungen von Erkrankungen (→ Krankheit) untersucht werden. Wichtige Faktoren hierbei sind Zeit, Lebensraum, Alter, Beruf, Einkommen, soziale Schicht usw. Damit hat die Epidemiologie auch Einfluß auf die Prävention bestimmter Störungen. Letztlich bildet sie eine wichtige Basis für entsprechende politische Entscheidungen, z. B. bei der Frage über den Ausbau der stationären oder ambulanten Patientenversorgung. Häufig eingesetztes Forschungsinstrument sind Fragebogenverfahren (→ Befragung); diese werden in der Regel in nicht-selektierten, genau definierten Bevölkerungsstichproben angewandt. Während die Medizin nicht nur ansteckende, sondern auch nicht-infektiöse Erkrankungen (wie Diabetes, Herzinfarkt, Krebs usw.) untersucht, bezieht sich die Psychologie auf die Untersuchung der Verbreitung von psychischen Störungen und deren Zusammenhang mit bestimmten Merkmalen.

Literatur:
Heinemann, H. (Hg.): Epidemiologische Arbeitsmethoden, Jena 1994
Wacker, H.-R.: Angst und Depression. Eine epidemiologische Untersuchung, Göttingen 1995
RB

Epilepsie

Epilepsie wird auf eine Schädigung des Gehirns zurückgeführt, die ererbt (*genuine* Epilepsie) oder durch eine Erkrankung oder Verletzung (*symptomatische* Epilepsie) bedingt sein kann. Genuine Epilepsie kann bereits vor Auftreten (meist ab dem Jugendalter) anhand eines typischen EEG – Bildes (→ Elektroenzephalogramm) erkannt werden. Epilepsie kann sich in verschiedenen Arten von Anfällen äußern. Beim sog. grand mal stürzt der Kranke zu Boden, streckt sich krampfartig bei rhythmischen Zuckungen. Er läßt Urin ab und hat aufgrund seiner schnellen Zungenbewegungen meist blutigen Schaum vor dem Mund. Der Kranke merkt während des Anfalls nichts und hat nach ihm keine Erinnerungen. Da das Gehirn durch eintretenden Sauerstoffmangel geschädigt werden kann, besteht bei längeren Anfällen oder Serien Todesgefahr. Eine mildere Form der Epilepsie ist der sog. petit mal. Von ihm können bereits Säuglinge und Schulkinder betroffen sein. Er ist gekennzeichnet durch krampfartige Vorwärtsbewegungen, beispielsweise des Kopfes oder einer Abwesenheit bei starrem Blick. Bei etwa 50 % der Epileptiker ist das Auftreten der Krankheit mit einer Verlangsamung des Denkens, Wiederholungen beim Sprechen oder einem langen Verharren bei bestimmten Gedanken oder Vorstellungen verbunden. Heute kann man bei etwa 50 % der Erkrankten durch medikamentöse Behandlung eine Anfallsfreiheit erreichen.

Die Bibel beschreibt die Heilung eines Knaben, der offenbar epileptische Symptome zeigte (z. B. Lk 9,37f). Ob es sich

dabei jedoch tatsächlich um eine Epilepsie handelt oder um einen »Dämon« (Lk 9,42; → Okkultismus), kann nicht festgestellt werden.

Literatur:
Nissen, G.: Anfallskrankheiten aus interdisziplinärer Sicht. Geschichte. Grundlagenwissenschaften. Diagnostik. Psychopathologie. Therapie. Prognostik. Rechtsfragen. Forensik, Göttingen 1993
Schmidt, D.: Epilepsie. Fragen und Antworten, München 1995
JD

Ermahnen

Ermahnen stellt eine Hauptform → Biblisch-therapeutischer Seelsorge dar.

Der biblische Grund für das Ermahnen

Im Neuen Testament werden hierfür v.a. zwei Begriffe verwendet:
(1) nouthetein: ermahnen, zurechtweisen. Dieses fast ausschließlich von Paulus verwendete Wort zielt darauf ab, die Gemeindeglieder auf Christus hin zu ermahnen, ihren Blick auf ihn zu lenken und sie von einem verkehrten Weg zurückzugewinnen (z. B. 1Thess 5,14). Dabei stehen Ermahnung, Lehre (Kol 1,28, 3,16), Warnung (vgl. 1Kor 10,11 und Weish 16,6) und Erziehung (Eph 6,4) in einer engen Beziehung zueinander.
(2) parakalein: ermahnen, trösten (→ Trösten). Dieses über 100mal im Neuen Testament vorkommende Wort hat insbesondere bei Paulus die Doppelbedeutung von Zuspruch und Anspruch, von Trost und Ermahnung. Christus erhebt auf denjenigen, den er erlöst und gerechtfertigt hat (Röm 5,1), auch Anspruch. So dient die Gemeindeunterweisung des Paulus, sein Ermahnen, dazu, die Christen daran zu erinnern, »standesgemäß«, d. h. so zu leben, wie es ihnen als Kindern Gottes, als neuen Menschen entspricht. Diese Mahnungen beziehen sich auf die Art und Weise des Denkens (Röm 12,2; Eph 4,23), auf

das Verhalten untereinander (z. B. 1Kor 6,1ff; Eph 4,25ff) und gegenüber der Umwelt (z. B. Gal 6,10; 1Tim 2,1ff) und gegenüber Gott. Dem Glaubensgehorsam folgt der Tatgehorsam, die Heiligung.

Biblisch-theologisch haben diese Mahnungen ihren Grund v.a. im weisheitlichen Denken der Bibel (vgl. → Weisheit, → Zucht), an das auch Jesus als Weisheit in Person anknüpft (1Kor 1,30). So findet sich ein »Grundwort« des Ermahnens in Mt 11,25-30: »Kommt her zu mir, alle, die ihr mühselig und beladen seid; ich will euch erquicken. Nehmt auf euch mein Joch und lernt von mir; denn ich bin sanftmütig und von Herzen demütig; so werdet ihr Ruhe finden für eure Seelen. Denn mein Joch ist sanft, und meine Last ist leicht.« Hier nimmt Jesus auf die Weisheitstradition des Alten Testamentes Bezug. Von der Weisheit zu lernen und auf ihre Lebenshilfen, die von Gott für den Menschen geschaffen wurden (vgl. z. B. die Zehn Gebote), zu hören, sind Themen der Weisheitsliteratur (Spr 1,2ff.23; 4,1ff; 6,6; 8,1-3 usw.). Die weisheitlichen Lebensordnungen, wie sie sich in der Schöpfung für das Zusammenleben der Menschen und die Gestaltung des Lebens zeigen, werden als sanftes Joch und als leicht aufzufindende Regeln (vgl. z. B. Sir 51,34) beschrieben. In Gegensatz dazu gelten Verhaltensweisen außerhalb dieser göttlichen Ordnungen (vgl. z. B. Sir 28,23f) als hartes, knechtisches Joch, das viel Leid oder gar den Tod über den Menschen bringen kann. Die helfenden Grundordnungen für das Leben kann jeder erkennen. Die Weisheit lädt den Menschen ein, von ihr zu lernen und sich an ihr zu orientieren (z. B. Spr 6,6-11). Dabei appelliert sie an seinen Verstand und an seine Selbstverantwortung. Sie zwingt niemanden. Die Mühsal und das Beladensein, von deren Wirklichkeit Jesus spricht, entsteht also dadurch, daß Menschen neben oder gegen die Lebenshilfen Gottes ihr Leben gestalten wollen.

Auch Paulus gründet wie Jesus selbst (vgl. Mk 10,1ff) wichtige ethische Entscheidungen ganz im Sinne des weisheitlichen Denkens in die Schöpfungsordnungen Gottes (vgl. Röm 1,18ff; Eph 5,21ff).

Ermahnen bedeutet vor diesem biblischen Hintergrund, Menschen dazu einzuladen und aufzurufen, sich unter die erkennbaren Lebensregeln in der Schöpfung und in den Normen der Bibel zu stellen, das Leben an ihnen zu orientieren und von ihnen zu lernen.

Zur Praxis des Ermahnens

Ermahnen braucht die Diagnostik des Glaubensstils. Biblisch-therapeutische Seelsorge versucht, den Glaubensstil des ratsuchenden Menschen zu würdigen. Erlebt sich ein Mensch in seiner Beziehung zu Gott als Kind Gottes, als wiedergeborener Christ, so ist dieser leichter auf die göttlichen Ordnungen hin ansprechbar. Denn es ist sein Lebensziel geworden, »standesgemäß« zu leben und diese Lebenshilfen, sei es aus Dankbarkeit für die erfahrene Erlösung oder aus Gehorsam, in Anspruch zu nehmen. Erlebt sich ein Mensch als eher autonom von Gott, so ist Ermahnen dennoch möglich. Es stellt dann ein Werben für die Lebensregeln Gottes und ein Einladen »zum Leben hin« dar. Auch diesen Menschen kann man deutlich vermitteln, daß ein Leben innerhalb der Schöpfungsordnungen leichter möglich ist, als gegen sie anzurennen. In diesem Sinne gibt es auch ein säkulares Ermahnen. Dann, wenn z. B. ein Arzt seinen Patienten für eine bestimmte Diät gewinnen will und er ihm die Alternative aufzeigt: Entweder ein Leben unter gewissen Einschränkungen zu führen (Diät halten = sanftes Joch) oder aber wider besseres Wissen die »Mühsal« z. B. organischer Beschwerden ertragen zu müssen. Daß dabei die letzte Verantwortung beim Betroffenen liegt, entspricht ebenso dem weisheitlichen Ansatz des Ermahnens.

Seelsorgerliches Ermahnen setzt beim Seelsorger, wie dies generell für die seelsorgerliche Begegnung gilt, eine wertschätzende, einfühlsame und der Echtheit entsprechende Haltung voraus. Ebenso muß der

Ermahnende die Bereitschaft zur Konfrontation und ein gutes Maß an Konfliktfähigkeit besitzen.

Literatur:
Adams, J. E.: Befreiende Seelsorge, Gießen 1972
Dieterich, M.: Handbuch für Psychologie und Seelsorge, S. 231–236, Wuppertal und Zürich 1989
Stuhlmacher, P.: Biblische Theologie des Neuen Testaments. Bd. 1, Göttingen 1992
Veeser, W.: »Glaubensstile«, in: Dieterich, M.: Persönlichkeitsdiagnostik in ganzheitlicher Sicht, Theorie und Praxis, Hochschulschrift 1996
WV

Eros, Erotik → Sexualität

Erregung → Leistungsmotivation

Erschöpfung

Häufiges Symptom psychischer und/oder körperlicher Überlastung. Rund 20 bis 30 % der Bevölkerung klagen über ausgeprägte Müdigkeit und Erschöpfung. Die Ursachen sind vielfältig. Gut nachvollziehbar sind reale Überforderung bei an sich gesunden Menschen sowie Nachwirkungen von körperlichen Leiden (speziell Viruserkrankungen wie Hepatitis oder Grippe, rheumatische Erkrankungen, Blutarmut). Häufig läßt sich Erschöpfung bei ehrgeizigen und perfektionistischen Menschen beobachten, die an die Grenzen ihrer Leistungsfähigkeit stoßen (→ Burnout-Syndrom). Erschöpfung tritt auch als Begleiterscheinung einer → Depression auf und kann folgende Symptome aufweisen: Müdigkeit; Verlust von Interesse, Lust und Initiative; mangelnde Konzentrations- und Merkfähigkeit; Reizbarkeit; ausgeprägte körperliche Symptome wie Kopfweh, Gliederschmerzen, vermehrte Neigung zu Erkältungen. Mit dem Abklingen der Depression tritt auch die Erschöpfung wieder in den Hintergrund. Häufig kann allerdings eine erhöhte Anfälligkeit für Überforderungsreaktionen zurückbleiben.

Von der zeitlichen Dauer her kann man drei Formen der Erschöpfung unterscheiden:

a) vorübergehende Erschöpfung, mit klaren beruflichen und privaten Auslöserfaktoren, die durch entsprechende Entlastung und Umstellung des Lebens nachläßt und völlig abklingt.

b) länger dauernde, chronische Erschöpfung, die trotz weitgehender Einschränkung früherer Aktivitäten weiterbesteht und das Leben eines Menschen über lange Zeit hinweg überschattet.

c) Chronic Fatigue Syndrom (Chronisches Müdigkeitssyndrom, CMS). Dieser relativ neue Begriff umfaßt ausgeprägte Zustände einer länger dauernden und quälenden Erschöpfung und wird durch die Kriterien untenstehend definiert.

Diagnostische Kriterien des Chronischen Müdigkeitssyndroms (CMS)
– Müdigkeit ist das *Hauptsymptom*
– *Beginn:* Die Müdigkeit beginnt zu einem klaren Zeitpunkt und war nicht zeitlebens vorhanden.
– *Schweregrad:* Die Müdigkeit ist schwerwiegend, beruflich einschränkend und beeinträchtigt die körperliche und psychische Funktion.
– *Dauer:* mindestens 6 Monate während mindestens der Hälfte des Tages.
– *Begleitsymptome* können sein: Muskelschmerzen, Stimmungsschwankungen und Schlafstörungen, Klagen über Vergeßlichkeit, Halsweh, schmerzende Lymphknoten, Muskelschmerzen, Gelenkschmerzen, Kopfschmerzen.

Auszuschließen sind:
– Patienten mit medizinischen Grundleiden (wie etwa schwerer Blutarmut), die chronische Müdigkeit erzeugen können.
– Patienten mit Schizophrenie, manisch-depressiver Psychose, Alkohol- und Drogenmißbrauch, Eßstörungen oder nachgewiesenen organischen Gehirnerkrankungen.
– Andere psychiatrische Störungen (inklusive Depression und Angststörungen) sind nicht unbedingt auszuschließen.

Bis heute konnte keine eindeutige Ursache für das CMS gefunden werden. Während einige Wissenschaftler ein Virus dahinter annehmen, betonen andere die starke Überlappung mit depressiven Störungen. Weitere Theorien vermuten einen Mangel an Vitaminen oder Mineralstoffen, eine Allergie auf künstliche Farbstoffe in der Nahrung oder auf Süßigkeiten. Alle diese Vermutungen konnten aber nicht erhärtet werden. E. Shorter (1994) sieht deshalb das CMS auch im Zusammenhang mit körperlichen Erschöpfungszuständen im Rahmen hysterischer Zustandsbilder, die es über die Jahrhunderte immer gegeben hat. »Das Unbewußte möchte ernstgenommen und nicht der Lächerlichkeit preisgegeben werden. Es wird sich daher bemühen, Symptome zu präsentieren, die sich für das kulturelle Umfeld jederzeit wie legitime Anzeichen einer organischen Erkrankung ausnehmen.«

Erschöpfung und CMS in Psychotherapie und Seelsorge

Für die therapeutische Seelsorge ist es wichtig, um die starke Einschränkung und tatsächliche Belastung durch solche Erschöpfungszustände zu wissen. Nicht immer werden sie wie bei Elia (1Kön 19) durch eine relativ kurze Erholungspause wieder aufgelöst. Das seelsorgliche Vorgehen Gottes in seiner Situation gibt aber doch wesentliche Impulse: Herausnehmen aus der belastenden Umgebung, ausreichender Schlaf und erfrischendes Essen über längere Zeit legen die Grundlage für ein kritisches Hinterfragen der Gedankenwelt Elias. Bei der Begleitung von erschöpften Menschen ist es ratsam, zuerst die Umstände abzuklären und eine gründliche ärztliche Untersuchung zu empfehlen. Bei jungen Müttern ist Entlastung und Unterstützung in der Kinderbetreuung wichtig. Bei gestreßten Berufstätigen kann auch eine Reduktion der Arbeitslast angezeigt sein. In begleitenden Gesprächen gilt es die Denkmuster und Konflikte hinter einer Überarbeitung herauszuarbeiten und dem Ratsuchenden zu helfen, seine Aufgabe entspannter zu betrachten und anzugehen. Anspruchshaltungen in christlichem Gewande müssen hinterfragt und möglicherweise korrigiert werden. Solche Anspruchshaltungen können einerseits in ständigen Aufforderungen zu evangelistischen und sozialen Einsätzen liegen, wie sie in engagierten (Frei-)Kirchen häufig erfolgen. Andererseits empfinden erschöpfte Menschen auch viele Wünsche von Angehörigen und Mitmenschen als Anforderungen, die sie aus christlichen Erwägungen nicht abzuweisen wagen (vgl. van der Voet, 1995). Das Zusprechen göttlicher Verheißungen kann eine wesentliche Ermutigung sein. Bei länger andauernder Erschöpfung und Müdigkeit ist es wichtig, den Wert eines Menschen auch in der Begrenzung der Kräfte zu betonen (2Kor 4,7–18).

Literatur:
Burisch, M.: Das Burnout-Syndrom. Theorie der inneren Erschöpfung, Berlin 1994
Shorter, E.: Moderne Leiden. Zur Geschichte der psychosomatischen Krankheiten, Reinbek 1994
Tausch, R.: Hilfen bei Streß und Belastung, Reinbek 1995
van der Voet, N.: Warum muß ich immer helfen? Über Selbstbehauptung und Selbstverleugnung, Wuppertal 1995   SP

Erziehung

Das Fach Pädagogik beschäftigt sich neben dem Gegenstand der Bildung und des Unterrichts vor allen Dingen mit Erziehung. Bei genauer Untersuchung des Begriffes stellt man schnell fest, daß der Inhalt des Erziehungsbegriffes abhängig von der jeweiligen gesellschaftlichen Situation und der jeweiligen anthropologischen (→ Anthropologie) theoretischen Grundauffassung stark variiert. Vor diesem Hintergrund wird einerseits deutlich, daß es keine allgemeingültige Definition des Erziehungsbegriffes geben kann, andrerseits, daß vorhandene Definitionsvorschläge immer unter Berücksichtigung der jeweiligen anthropologischen und wissenschaftstheoretischen Grundauffassung und dem jeweiligen gesellschaftlichen

Kontext des Verfassers verstanden werden müssen (→ Anthropologie, → Wissenschaftstheorie). An dieser Stelle soll daher auf eine Definition des Begriffes verzichtet und statt dessen einerseits eine Analyse der unterschiedlichen Funktionsbestimmungen und Erscheinungsformen der Erziehung, andererseits ein Darstellung unterschiedlicher Erziehungsstile durchgeführt werden.

Die anthropologische Voraussetzung für Erziehung

Am Anfang jeder Frage nach Erziehung steht die Frage, ob der Mensch überhaupt erzieherischer Handlungen bedarf bzw. ob es einen Auftrag für erzieherische Handlungen gibt. Die Voraussetzung und der Auftrag an Ältere zur Erziehung ergibt sich innerhalb erziehungsphilosophisch begründeter Ansätze beispielsweise durch die Tatsache, daß der Mensch als »unfertiges Wesen« geboren wird und demzufolge der Erziehung bedarf (I. Kant), andererseits durch eine angenommene »Weltoffenheit« des Menschen (A. Gehlen), die zur Erziehung herausfordert. Auch in der Bibel finden wir immer wieder Textstellen, die Eltern, Väter wie Mütter, aber auch Lehrer zu erzieherischen Handlungen auffordern (5Mo 11,18f; Ps 78,3f, Eph 6,4).

Funktionsbestimmung der Erziehung

Abhängig davon, wo wir den »Ort« der Erziehung ansiedeln, zeigt sich das Phänomen in »unterschiedlichem Gewand«, in verschiedenen Manifestationen: Legen wir Erziehung als Phänomen innerhalb menschlicher Interaktion fest, so erweist sie sich als Erziehungs*prozeß*. Legen wir Erziehung als Inbegriff der Absichten, Vorstellungen und Planungen eines Erziehenden fest, so zeigt sich das Phänomen als Erziehungs*ziel*. Stellen wir Erziehung als Phänomen der Wahl unterschiedlicher Handlungsoptionen heraus, so können wir es als Erziehungs*methode* verstehen. Innerhalb der Verwirklichung der Ziele zeigt es sich als Erziehungs*zustand* und

innerhalb der Bewertung des Erreichten als Erziehungs*ergebnis*.

Erziehung innerhalb der Erziehungswissenschaft

Der Erziehungsprozeß, den die Erziehungswissenschaft zum Hauptgegenstand ihrer Forschung macht, verbindet pädagogische Theorie mit erzieherischer Praxis. Hier stellt sich Erziehung als bedeutender Bestandteil des in weiterem Rahmen anzusiedelnden Sozialisationsprozesses dar. Dem Erziehungsprozeß kommt hier die Aufgabe der – abhängig von anthropologischer Grundauffassung unterschiedlich bewerkstelligten – Eingliederung eines zu Erziehenden in ein bestehendes Sozialgefüge zu.

Der intentionale Aspekt der Erziehung

Unterschiedliche Erziehungsstrategien verfolgen immer ein zweiseitig formulierbares Ziel. Einerseits ist es Ziel, dem zu Erziehenden gezielt und planvoll je nach anthropologischer Grundauffassung unterschiedlich inhaltlich gefüllte Wertvorstellungen zu vermitteln, die sich auf sozialem, ethischem und religiösem Gebiet manifestieren. Diesen Aspekt der gezielten und planvollen Beeinflussung eines zu Erziehenden nennt man üblicherweise den intentionalen Aspekt der Erziehung.

Der funktionale Aspekt der Erziehung

Auf der anderen Seite hat Erziehung immer auch die Aufgabe, den zu Erziehenden instand zu setzen, seine Erziehung selbst »in die Hand zu nehmen«, ihn zur Selbsterziehung aufzufordern und ihn dazu zu befähigen, mit Hilfe der intentionalen Erziehung vermittelte Einsicht und gewonnenen Erfahrungswerten eine individuelle Behauptung und Selbstverwirklichung in der menschlichen Gesellschaft zu bewerkstelligen. Diesen Aspekt der Erziehung, das Phänomen des »Sich-Überflüssig-Machens« (H. Nohl), bezeichnet man i. d. R. als den funktionalen Aspekt der Erziehung.

Erziehungsstile

Wenn man Erziehungsmethoden genauer untersucht, kommt man rasch auf die Feststellung, daß sich Erziehungsmethoden hinsichtlich des jeweiligen Vorgehens in unterschiedliche Erziehungsstile differenzieren lassen. Die Frage nach Erziehungsstilen wurde in tiefgreifender Weise von E. Spranger und E. Weber behandelt, der in einer breit angelegten Untersuchung vier unterschiedliche Erziehungsstile herausarbeitete. Diese Stile kommen in der Realität in Reinform wohl nie zur Erscheinung, sie stellen jedoch »Grundmöglichkeiten des pädagogischen Vorgehens« dar, »zwischen denen man wählen kann, ohne daß man es von vornherein falsch macht« (E. Spranger, 1955). Wenngleich es andere Aufgliederungen der Erziehungsstile gibt (vgl. z. B. R. u. A. Tausch 1973), so soll im folgenden der allgemeinen Verständlichkeit halber der oben beschriebene Ansatz näher ausgeführt werden.

Der »weltnahe« und der »isolierende« Stil

Hinter dem isolierenden Erziehungsstil steckt die Überzeugung, »daß man nur in einer gewissen Ferne vom Gewirr des wirklichen Lebens, insbesondere vom Einfluß des herrschenden Zeitgeistes, wirksam erziehen könne« (Spranger 1962). Bei der weltnahen Erziehung herrscht die Vorstellung vor, daß durch den Umgang mit der realen Welt, durch den Umgang der Generationen untereinander und den Umgang mit dem konkreten Lebensvollzug erst das fruchtbare Moment der Erziehung gefunden werden kann.

Der »freie« und der »gebundene« Stil

Th. Litt bezeichnete den wesentlichen Unterschied dieses Stilpaares mit der berühmten Formel des »Wachsenlassens« und »Führens«. Unter freier Erziehung versteht man hier die Überzeugung, daß wahre Freiheit von Anfang an nur in einer Atmosphäre der Freiheit gedeihen kann, auf die Erziehung angewiesen ist, wenn sie nicht zur Dressur entarten soll. Dagegen steht die Argumentation des gebundenen Erziehungsstils, daß Erziehung nur möglich ist, wenn man in einer »Vorschule« des Gehorsams das freiheitliche Moment – schrittweise geführt – erlernt. Ohne diese schrittweise Einführung entartet Freiheit zu einer »Ad-libitum-Freiheit«.

Der »vorgreifende« und der »entwicklungstreue« Stil

Unter vorgreifendem Stil versteht man die Überzeugung, daß Kindheit und Jugend lediglich als Durchgangsstadien verstanden werden sollten, die möglichst rasch zu durchlaufen sind, und in denen man unter weitgehender Aufopferung der Gegenwart das lernt, was für das künftige Erwachsenendasein bedeutungsvoll erscheint. Der »entwicklungstreue« Stil möchte den Kindern und Jugendlichen eine »Schonzeit« zum Ausreifen und eine glückliche Gegenwart gewähren, in der sich in Ruhe die Kräfte entwickeln können, die zum späteren Erwachsenendasein notwendig sind.

Der »uniforme« und der »individualisierende« Stil

Der uniforme Stil will die einzelnen in die verbindende und verbindliche Verkehrswelt, in die gemeinsam maßgebende Kulturwirklichkeit einführen. Das Individuum steht zum Wohl des Ganzen, und seine Individualität soll in der Auseinandersetzung mit dem allgemein Verbindlichen vielseitig und abgerundet entstehen. Der individualisierende Stil hingegen will als Ansatz und Zielpunkt der Erziehung die persönlichen »Eigenwelten« berücksichtigen, die man zur Entfaltung bringen will. Ziel ist die optimale Entfaltung der individuellen subjektiven Möglichkeiten und Kräfte, die dann der Gemeinsamkeit zugute kommen sollen.

Literatur:
Baudler, G.: Religiöse Erziehung heute, Paderborn 1979
Brezinka, W.: Erziehungsstile – Erziehungsmittel, München, Basel 1981

Spranger, E.: Grundstile der Erziehung, Heidelberg 1955

ders.: Das Gesetz der ungewollten Nebenwirkungen in der Erziehung, Heidelberg 1962

Tausch, R.; Tausch, A.: Erziehungspsychologie, Göttingen 1973

Weber, E.: Erziehungsstile, Donauwörth 1986

JD

Eßstörungen

Immer häufiger tauchen in den letzten Jahren auch in christlichen Gemeinden und Gruppierungen Eßstörungen auf. Diese Störungen gab es in früheren Zeiten nur sehr selten (überwiegend in sehr wohlhabenden Kreisen) und auch heute noch nicht in Entwicklungsländern. So gesehen wird deutlich, warum man in diesem Zusammenhang auch von »Wohlstandskrankheiten« spricht.

Bei E. handelt es sich um Störungen, bei denen Menschen versuchen, unlösbar erscheinende Probleme durch unnatürliches Eßverhalten zu bewältigen. Die Nahrungsaufnahme bietet sich zum Mißbrauch schon deshalb an, weil Essen von Geburt an immer eng mit emotionalen und zwischenmenschlichen Erfahrungen verbunden ist. Physiologische und psychologische Aspekte können dabei nicht streng voneinander getrennt werden. Auch für normale Menschen ist Essen keineswegs nur auf die biologische Notwendigkeit beschränkt, sondern beinhaltet komplexe Wertmaßstäbe, ausgeklügelte Ideologien, religiöse Überzeugungen und Kategorien sozialen Prestiges. Eßgewohnheiten und Traditionen haben so ihr besonderes kulturelles und nationales Gepräge, darüber hinaus in der sozial bedingten und familiären Erfahrung einen emotionalen, geborgenheitsstiftenden Effekt. So lesen wir im Buch Prediger: »Da merkte ich, daß es nichts besseres dabei gibt als fröhlich sein und sich gütlich tun in seinem Leben. Denn ein Mensch, der da ißt und trinkt und hat guten Mut bei all seinem Mühen, das ist eine Gabe Gottes« (Pred 3,12f).

Eßgestörte Menschen essen aber entweder exzessiv und werden dick (bzw. erbrechen das Gegessene) oder sie reduzieren ihre Nahrung bis zu einem Punkt, an dem die Abmagerungserscheinungen gefährlich werden können.

Wir können E. also grob in *Anorexia Nervosa* (Pubertätsmagersucht), *Bulimia Nervosa* (»Stierhunger«) und *Adipositas* bzw. *Obesitas* (Fettsucht) unterscheiden. In der Praxis gibt es viele Misch- und Übergangsformen. Weitere seltener vorkommende Eßstörungen sind: Im *frühen Kindesalter: Pica* (beständiges Essen ungenießbarer Stoffe) und *Ruminationsstörung* (ein normalerweise unfreiwilliges Hochwürgen kleiner Speisemengen aus dem Magen mit Wiederkauen und meistens Wiederschlucken in Verbindung mit Gewichtsverlust).

→ Anorexia betrifft insbesondere junge Mädchen. Man muß davon ausgehen, daß ca. 2 % der mitteleuropäischen Mädchen darunter leiden (junge Männer nur ca. 0,2%). Ca 6 % (in einzelnen Studien geht man sogar von über 10 % aus) der Betroffenen sterben an der Pubertätsmagersucht.

Typische Kennzeichen sind: Intensive Angst, zu dick zu werden, Überschätzen der eigenen Figur (»ich bin zu dick«), Ausbleiben der Menstruation (Amenorrhoe).

Auch bei der → *Bulimia Nervosa* überwiegt der Anteil der Frauen deutlich (etwa im Verhältnis 2:1). Die Verbreitung ist noch nicht genau bekannt, unsere Schätzungen liegen bei 10 % aller Mädchen und Frauen zwischen 15 und 35 Jahren. Da Bulimia sich äußerlich (im Erscheinungsbild des Menschen) nicht so deutlich zeigt wie die anderen Eßstörungen, ist die Dunkelziffer womöglich noch weitaus größer.

Typische Kennzeichen sind Episoden von Heißhunger, bei denen Unmengen von (in der Regel sehr kalorienhaltigen) Speisen gegessen und danach (in ca. 80 % der Fälle) wieder erbrochen werden.

→ Adipositas wird dann diagnostiziert, wenn (willkürlich festgelegt) das Körpergewicht 20 % über den Werten der Sollgewichtstabellen liegt. Von krankhafter Fettsucht spricht man dann, wenn mehr als 100 % Übergewicht vorliegt.

Nicht nur übermäßige, sondern auch falsche Ernährung (z. B. fett- oder zuckerbetont) hat die Vermehrung des Fettgewebes zur Folge. Für die Betroffenen ist es schwierig, die Grenze körperlicher Sättigung zu spüren. Die Fettsucht in der Jugend ist eine der am häufigsten vorgebrachten Klagen in Jugendlichenkliniken.

Bei unbehandelter Fettsucht ist die Wahrscheinlichkeit, diese weiterhin während der Erwachsenenzeit zu halten, eindeutig erhöht.

Eßstörungen und Konfession

Einige neuere Studien weisen darauf hin, daß zwischen Eßstörungen und der Konfession ein Zusammenhang besteht: Unter Katholiken ist die Bulimia häufiger, bei Protestanten eher die Anorexia vorzufinden.

Einige *Bibelstellen* zum Thema Eßstörung, Sucht usw.: Spr 23,20; Pred 6,7; Lk 21,34; 1Kor 9,27; Phil 3,19; Gesundes Eß- und Trinkverhalten: Ps 22,27; Spr 11,25; 30,8; Pred 3, 12–13; Joh 21,5; 1Kor 10,31.

Literatur:
Bruch, H.: Eßstörungen. Zur Therapie von Übergewicht und Magersucht, Frankfurt 1991
Dieterich, M.: Handbuch Psychologie und Seelsorge, Wuppertal und Zürich 1992, S. 43–48
Feiereis, H.: Diagnostik und Therapie der Magersucht und Bulimie, München 1989
Langsdorff, M.: Die heimliche Sucht, unheimlich zu essen, Frankfurt 1985
Minirth, F. et al.: Liebeshunger. Heilung von Eßsucht, Asslar 1992
Potrek-Rose, F.: Anorexia nervosa und Bulimia. Therapieerfolg und Therapieprozeß bei stationärer verhaltenstherapeutischer Behandlung, Weinheim 1987   HLD

Ethik

Die Lehre, deren Gegenstand die Beurteilung des Unterschieds zwischen Gut und Böse ist.

Ethik als Urphänomen des Menschen

In der ganzen Menschheitsgeschichte gab es immer ein Nachdenken darüber, wie der Mensch handeln soll. Menschen benötigen Antworten auf die Frage: »Was soll ich tun?« Sein eigenes Sein und das Sein der Welt ist dem Menschen gegeben; aber das Wesen des Menschen, d. h. die Frage, wie er sein Sein verstehen und in der Welt gestalten soll, ist nicht vorab gelöst, sondern stellt eine Aufgabe des Menschen dar. Im Vergleich zum Tier ist der Mensch nicht von Instinkten geleitet. Diese Instinktarmut stellt jedoch weniger einen Mangel dar, sondern macht vielmehr seine eigentliche Größe aus. Er wird zum sittlichen Wesen, zum Wesen, das eine Ethik braucht. Somit ist Ethik die Lehre vom verantwortlichen Handeln, die sich der Mensch als Entscheidungs- und Verantwortungswesen bildet. In jeder kleinsten Gruppe, in menschlichen Gemeinschaften und Institutionen aller Größen und Arten gibt es ein mehr oder weniger großes Geflecht von Normen und Maßstäben des Handelns. Vom Altertum bis in die Gegenwart finden wir in allen Philosophien, Religionen und Weltanschauungen Ethiken.

Jede Ethik, wie einfach oder kompliziert sie auch aufgebaut sein mag, wird im wesentlichen von drei Grundelementen bestimmt: von Normen, vom → Gewissen und von der Spannung zwischen Sein und Sollen.

Normen des Handelns braucht jeder. Sie können durch eine Gruppe, eine Institution, den Staat, die Religion, die Sitte, das Volkstum, die Tradition, bestimmte Prinzipien (wie Nützlichkeit, Allgemeinwohl, Menschenglück), das Naturrecht, die Situation, den Kampf ums Dasein, die persönliche sittliche Eigenmächtigkeit vorgegeben sein. Der einzelne kann sein Handeln mehr autonom (in Sinne der Eigenverantwortung) oder mehr heteronom (im Sinne der Anlehnung an fremde Verantwortung) verstehen. Das bezieht sich auf den individualethischen Bereich (das mehr die persönliche Sphäre betreffende Handeln) wie auf den sozial-ethischen Bereich (das Handeln in Beziehung zu anderen Menschen und Gruppen), obwohl in der Praxis beide Bereiche nie scharf voneinander zu trennen sind.

Gewissen, ein Begriff, der schon in der antiken Ethik bekannt war, beschreibt die Tatsache, daß der Mensch ein ungewolltes wertendes Bewußtsein seiner Taten hat. Er fühlt sich wie von einer fremden Instanz beobachtet. In Zustimmung und Ablehnung fallen hier in seinem Inneren Entscheidungen über Gut und Böse seines Seins und Tuns. Biblische Kernstelle ist Röm 2,15. Mit Normen und Gewissen hängt die Spannung zwischen Sein und Sollen zusammen. Kein Mensch ist frei von Gewissensanklagen. Alle Ethik muß sich deshalb auch damit auseinandersetzen, wie der Mensch mit ethischen Mängeln, Schuld und der Kluft zwischen Sein und Sollen umgeht.

Unterschiedliche Ansätze von Ethik

Eine Antwort, wie man aus den genannten Spannungen herauskommt, versucht der sog. *ethische Idealismus.* Er geht davon aus, daß ethische Forderungen ideale Ziele darstellen, die nicht jeder erreicht. Das eigentlich ethische Verhalten besteht hier nicht im Erfüllen aller Forderungen, sondern im stetigen Bemühen, der Erfüllung näherzukommen.

Die sog. *Situationsethik* vertritt die Meinung, daß das Handeln nicht von immer gleich gültigen Normen bestimmt ist, sondern von den Erfordernissen der jeweiligen Situation.

Reine *Gesinnungsethik* geht davon aus, daß nicht die vollbrachte Tat, sondern nur die Gesinnung beim Handeln zählt. Angesichts des scheinbaren Versagens bisheriger Normen und des ethischen und religiösen Pluralismus unserer Tage wird vielfach eine *Verantwortungsethik* gefordert, bei der der einzelne sich möglichst von vorgegebenen Normen freimachen und in individueller Verantwortung handeln solle.

Christliche Ethik

Eine christlich orientierte Ethik sollte alle Versuche, die ethischen Probleme zu lösen, ernst nehmen, jedoch gleichzeitig ethische Fragestellungen vor biblischem Hintergrund betrachten. Alle Spannungen, alles Schuldigwerden, alle ethische Ratlosigkeit hängen nach christlicher Sichtweise ursächlich mit der sündigen Natur des Menschen zusammen (vgl. Röm 7,7–25). Christliche Ethik sollte überdies alle hilfreichen Erkenntnisse der Psychologie berücksichtigen, soweit diese helfen, die schuldhaften, konfliktvollen und oft unerkannten Verhaltensweisen und ihre unbewußten Ursachen zu erhellen.

Gleichzeitig sollte sie sich jedoch deutlich von solchen Auffassungen (aus Psychologie oder anderer Herkunft) abgrenzen, soweit sie biblische Wahrheiten entstellen oder fehldeuten.

Eigentliche Aufgabe einer christlichen Ethik ist, eine Ethik aus dem Evangelium anzubieten. Vergebung der Schuld durch den Glauben an Christus und Befreiung aus der Umklammerung des Bösen durch die befreiende Macht des Geistes Gottes werden die Voraussetzung des Handelns des Christen. Die Gebote werden helfender Rahmen, innerhalb dessen sich das neue Leben in Christus vollzieht. Sie sind nicht eine fremde Macht, unter die der Mensch kommt, sondern Ausdruck des Lebens, wozu Gott den Menschen geschaffen hat. In der Bindung an Christus sind Christen eingebunden in etwas, das ihr Wesen ausmacht, kommen sie wahrhaft zu sich selbst. Dabei entsteht keine kleinliche Vorschriftenethik, sondern ein Rahmen des Handelns. Was im einzelnen zu tun ist, darf der Christ in der Kraft des Geistes Gottes und im Gebet vor Gott prüfend erkennen (Röm 12,1–2).

Literatur:
Althaus, P.: Die Ethik Martin Luthers, Gütersloh 1965
Bockmühl, K.: Christliche Lebensführung, Gießen 1993
Bonhoeffer, D.: Ethik, München 1975

Höffe, O. (Hg.): Lexikon der Ethik, München 1980
Honecker, M.: Einführung in die theologische Ethik, Berlin 1990
Morgner, C. (Hg.): Glaube, der sich sehen läßt, Gießen 1993
Thielicke, H.: Theologische Ethik, Bd. 1, Tübingen 1965
Trillhaas, W.: Ethik, Berlin 1970   KHB

Etikettierung

[engl.: Labeling]

Etikettierung ist an sich der harmlose Vorgang, einer Person oder einem Objekt eine Bezeichnung zuzuordnen. Dadurch wird die Umwelt strukturierter und ist schneller einzuordnen. Wenn die Etiketten aber »Der ist ja neurotisch!« oder »Das ist ein Versager!« lauten, wird rasch die mögliche Gefahr deutlich, die durch diese Art der Strukturierung entstehen kann. Ein Etikett zieht dann (negative) Auswirkungen im Verhalten der Umgebung nach sich: »Mit der spreche ich nicht, da könnte ich etwas falsch machen.« – »Von dem kann ich nicht soviel erwarten. Da frage ich lieber jemand anders um Hilfe.« Gepaart mit der selbsterfüllenden → Prophezeiung kann auch der Etikettierte sein Verhalten in Richtung des Zugeschriebenen ändern. Besonders im Bereich der Diagnosenbildung (→ Psychodiagnostik) ist das Wissen darum, daß ein Etikett sehr gut »haftet« und deutliche Auswirkungen haben kann, nötig, um mit der Benennung von psychischen Störungen vorsichtig zu sein. Untersuchungen haben gezeigt, daß bei Arztwechsel in den meisten Fällen die Diagnose immer schwerwiegender wurde, auch wenn sich das Störungsbild de facto nicht geändert hatte.

Literatur:
Sielen, B.: Klinische Psychologie Bd.1; Stuttgart, Berlin, Köln 1994
Wittig, M.: Problemschüler als Schulprobleme. Fallstudie zu Etikettierungsprozessen in einer amerikanischen Schule, Weinheim 1978   BN

Exhibitionismus

Sexuelle Verhaltensweise, bei der Erregung durch Entblößen der Genitalien vor anderen Personen erzeugt wird. Bei der Exhibition geht der Betroffene davon aus, daß er Zuschauer sexuell stimuliert, wehrt jedoch i. d. R. sexuelle Appetenz von seiten der Zuschauer ab. Meist erreicht der Exhibitionist einen → Orgasmus allein durch Zusammenwirkung situationaler Faktoren während seines Delikts. So kann man davon ausgehen, daß durch Exhibitionismus keine unmittelbare physiologische Gefahr für Zuschauer entsteht.

Zu Exhibitionismus in Psychotherapie und Seelsorge: → Sexualstörungen   JD

Existenzanalyse

Von Victor Frankl eingeführter Begriff für die von ihm vor dem Hintergrund der Tiefenpsychologie entwickelte anthropologische (→ Anthropologie) und psychotherapeutische Behandlungs- und Forschungsmethode. Bei der Analyse der Biographie eines Menschen versucht die Existenzanalyse dessen Dasein unter dem Gesichtspunkt seiner Sinn- und Wertmöglichkeiten zu verstehen. Frankl stellt dem »Willen zur Lust« (S. Freud) und »zur Macht« (A. Adler) den »Willen zum Sinn« gegenüber. Wenn dieser fehlt oder zu einer falschen Erfüllung gelangt, so bezeichnet dies Frankl als »existentielle Frustration« und setzt an dieser Stelle mit seiner Therapie an (→ Logotherapie). Der Sinn umfaßt hier nicht nur die positiven Seiten des Lebens, sondern auch Leid und → Tod. Die Existenzanalyse dient vor allem der Erweckung des sog. »unbewußten Geistes«, dessen Verdrängung zu neurotischen Störungen führen kann. Die Existenzanalyse wurde, dem frühen Verständnis Frankls folgend, weiterentwickelt und ist durch die Gesellschaft für Logotherapie und Existenzanalyse heute zum psychotherapeutischen Verfahren bei seelischen Störungen und → Krankheiten geworden. Existenzanalyse ist nicht nur auf Sinnprobleme beschränkt, sondern hat die Mobilisierung sämtlicher Bedingungen für ein ganzheitliches, personal fundiertes Existieren zur Aufgabe.

Literatur:
Frankl, V. E.: Das Leiden am sinnlosen Leben, Freiburg 1983   JD

Exogen → Endogen

Exorzismus → Okkultismus

Experiment → Empirie

Extinktion → Löschung

Extraversion

Der Begriff »Extraversion« bedeutet »nach außen gekehrt, auf die Außenwelt gerichtet, für äußere Einflüsse leicht empfänglich«. Das Gegenstück zur Extraversion wird mit »Introversion« bezeichnet. Die von C. G. Jung eingeführten Begriffe benutzt man, um eine Unterscheidung für die Grundeinstellungen des Individuums in bezug auf die Umwelt zu treffen. Diese Persönlichkeitsmerkmale gelten als relativ stabil.

In neueren Untersuchungen zur → Kommunikation hat man festgestellt, daß extravertierte Personen mehr und auch lauter sprechen und daß sie öfter und länger Blickkontakt halten als introvertierte Menschen. Eysencks Persönlichkeitstheorie bezieht sich auf diese Dimension und erkennt vor allem im Hinblick auf die Konditionierungsfähigkeit (→ Konditionierung, klassische) Unterschiede zwischen Extraversion und Introversion. So erlernen Extravertierte konditionierte Reaktionen langsamer und verlernen sie schneller. Darüber hinaus reagieren extravertierte Menschen auf → Reize aus der Außenwelt weniger empfindlich als introvertierte Menschen.

Literatur:
Davison G. C.; Neale J. M.: Klinische Psychologie, München, Weinheim 1988   PV

Extrinsisch → Leistungsmotivation

F

Faktorenanalyse → Empirie

Fallstudie → Empirie

Fallsucht → Epilepsie

Familie

Familie als soziologisches Gebilde

Soziologisch gesehen ist die Familie eine Institution in der Gesellschaft. Damit unterliegt sie auch menschlicher Beobachtung und Erforschung (→ Sozialpsychologie). Zwar lassen sich in den verschiedenen Kulturen und im Laufe der Geschichte Wandlungen der Familienform und des Familienverständnisses feststellen. Dennoch werden die meisten Menschen in Familien geboren und leben in Familien. Trotz mancher Verfallserscheinungen und auch ideologischer Angriffe auf die Familie im herkömmlichen Sinne ist es nicht zu einer grundsätzlichen Auflösung oder Ersetzung durch andere Strukturgebilde gekommen. Immer noch gilt sie weithin als die bedeutendste Primärgruppe im Blick auf die Sozialisation des Menschen. W. Trillhaas bezeichnet sie als »Keimzelle der Völker« und »Urform des Gemeinschaftslebens«. Die Eltern sind nicht ohne weiteres durch andere primäre Bezugspersonen zu ersetzen. Als Lebens- und Erziehungsgemeinschaft ist Familie eine ursprüngliche und vorstaatliche Einrichtung. Durch den gesellschaftlichen Wandel in den letzten Jahrzehnten ist es jedoch zu einschneidenden Veränderungen gekommen. Man spricht von Desintegration und Desorganisation der Familie. Was ist darunter zu verstehen?

Desintegration und Desorganisation der Familie

Desintegration meint die zunehmende Ausklammerung der Familie aus gesellschaftlichen Funktionen, die sie früher erfüllt hat. Das zeigt sich vor allem in folgenden Erscheinungen: Erwerb wichtiger Informationen für die Lebensgestaltung und -bewältigung in außerfamiliären Bereichen; Prägung der heranwachsenden Generation durch den Wertepluralismus der Gesellschaft; Bruch mit jahrhundertealten Traditionen im Blick auf Lebensstil, Fest- und Feiergestaltung, Einstellung zu Nation und Geschichte, Religion und Ethos; außerfamiliäre sogenannte »geheime Miterzieher« formen und prägen Kinder und Jugendliche in ihren Einstellungen und ihrem Verhalten. Unter *Desorganisation* verstehen wir die fortschreitende Veränderung der Innenstruktur der Familie. Da der größte Teil des Lernens, der Freizeitgestaltung und Erholung außerhalb des Familienbereiches erfolgt, verbringt der einzelne auch einen großen Teil seiner Zeit in außerfamiliären Lebensräumen und Tätigkeitsfeldern. Ähnliches gilt von Problembearbeitung in besonderen Kreisen, Gruppen und Therapieangeboten.

Familie aus der Sicht christlicher Ethik

Familie als Erscheinungsform der Gesellschaft kann sich aus Sitte und Tradition herleiten lassen, kann Institution sein zur Befriedigung sexueller und kommunikativer Bedürfnisse, zur Sicherung von Ernährung und Fortpflanzung. Doch darin erschöpft sich ihr eigentlicher Sinn nicht. Nach der Bibel ist Familie Stiftung Gottes. Mann und Frau sind zu gegenseitiger Gemeinschaft bestimmt von ihrem Schöpfer (1Mo 2,18–23). Diese Gemeinschaft ist vorrangig vor allen anderen Beziehungen (1Mo 2,24). Durch Vermehrung sollen sie eine Bereicherung und ein Segen für die ihnen anvertraute Welt sein und diese ihrer Bestimmung zuführen in befreiender Herrschaft (1Mo 1,28–30; 2,15; Ps 8). Auch das Verhältnis der Generationen untereinander ist nicht im Sinne von

Aufzucht und Brutpflege in Analogie zu den Tieren zu verstehen, sondern es lebt wesensmäßig vom beiderseitigen Hören auf das Wort des Schöpfers und Erlösers. Diese geistliche Hörgemeinschaft schafft und erhält eigentlich Familie. So kommt es schon im AT zum Ausdruck (5Mo 6,20–25), besonders aber in den Haustafeln des NT (Eph 6,1–4; Kol 3,20–22). So wird christliche Familie Hör- und Lehrgemeinschaft, Liebes- und Dienstgemeinschaft, aber auch Vergebungsgemeinschaft »in dem Herrn«.

Familie und christliche Seelsorge

Ausgehend von den Gefährdungen und Belastungen der Familie in der Gegenwart, wird man Familie unter einem doppelten Aspekt zu sehen haben: einerseits ist sie »Patient Familie«, andererseits kann sie eine therapeutische Aufgabe übernehmen. Als »Patient Familie« wird ihr die Seelsorge besondere Aufmerksamkeit schenken müssen bezüglich der Aufarbeitung frühkindlicher Schädigungen durch elterliches Fehlverhalten, der Bearbeitung von Generationenkonflikten und Partnerproblemen. Dies wird z. T. nicht nur in Individualseelsorge, sondern oft auch unter Einbeziehung mehrerer oder aller Familienglieder zu geschehen haben (→ Systemtherapien). Spezielle Familienberatungsstellen können unter Ausnutzung wertvoller Erkenntnisse moderner → Psychologie an dieser Stelle eine wichtige Aufgabe erfüllen. Als eine Art therapeutischer Schutzraum werden bewußt christlich lebende Familien Anlaufstelle und Durchgangsstation für Menschen mit sozialen Integrationsschwierigkeiten sein können. Auch familiennahe Gottesdienste und familienfreundliche Begegnungsangebote in christlichen Gemeinden werden hier unterstützend wirken können. Das gleiche gilt von Familienfreizeiten und Familienbegegnungen aus privater Initiative. Wenn hier christliche Familien eine seelsorgerlich-therapeutische Aufgabe haben, darf dies jedoch nie in einem gesetzlichen oder idealistischen Sinne mißverstanden werden. Gerade die Tatsache, daß auch solche Familien nur aus der Kraft der Gnade Gottes und der Vergebung ihrer → Schuld leben, ist von großer Bedeutung. Oft kommen die hilfreichsten Impulse aus Familien, die selber einmal »Patient Familie« gewesen sind. Dies ist einmal durch Verkündigung und Seelsorge zu fördern, sollte aber auch durch Kurse und Schulungen in dieser Richtung unterstützt werden. So können Familien gesunden und Keimzellen der Gesundung für andere werden.

Literatur:
Bormuth, L.: Keine Angst vor der Familie, Marburg 1985
Keil, S.: »Familie«, in: TRE 11, Berlin-New York 1983, 1–23
Trillhaas, W.: Ethik, Berlin 1970   KHB

Familientherapie
→ Systemtherapie

Fasten

Fasten als Enthaltsamkeit von »Essen und Trinken«, als Verzicht, als Läuterung des Geistes, als Trauer und Gebet, gehörte und gehört in fast allen Religionen zum kultischen Ritual als Vorbereitung auf die Begegnung mit den Göttern. Im biblischen Zusammenhang stellt Fasten u.a. »die Übung in der Gottesfurcht, die Schärfung der Sinne, Gutes und Böses zu unterscheiden und die Bewahrung eines guten Gewissens« (M. Seitz) dar, d. h. heute die situationsgebundene Verwirklichung des Verzichts auf das Überangebot der »materiellen und spirituellen Supermärkte« einer verzerrten Welt, um im Geiste Jesu leben zu können. Jesus ging in die Wüste, um seine Sendung – uns die Botschaft Gottes zu bringen – in der Hingabe an den Vater anzufangen (Mt 4,1–4). Die christliche Urgemeinde behielt die jüdische Fastenpraxis bei. Jesus warnte aber vor einer »zur Schau gestellten Frömmigkeit« (Mt 6,16), vor dem Formalismus, dem schon die Propheten widersprochen hatten (Jes 58,

3f; Jer 14,12). Ist das Fasten echt, ist es von der Liebe zum Nächsten und vom Suchen nach der Gerechtigkeit bestimmt, dann ist es auch vom Gebet begleitet. Letztlich fastet der Mensch aus Liebe zu Gott (Sach 7, 5), einer Liebe, die ihre leeren Hände dem sich immer schenkenden Gott hinhält. In dieser Lebenshaltung gegenüber Gott wird sich der Mensch seiner eigentlichen Berufung bewußt. Fasten ist auf das »Heil ausgerichtet. Heil schließt immer auch Heilung in sich« (H. Spaemann). Fasten und Almosengeben bewegen sich auf der horizontalen Ebene und finden ihre Vollendung im Gebet als der vertikalen Dimension des Fastens.

Der gesundheitliche Aspekt der Fastens

Erst in den letzten Jahren sind die Fastenübungen in den christlichen Kirchen des Westens wieder aktuell geworden. Beim Fasten erfolgt ein Umschaltprozeß. Wenn der Körper keine Nahrung mehr aufnimmt, zehrt er von dem, was er hat. Diese Umstellung spart Energie und erleichtert dadurch die Einkehr, d. h. »die Sinne ins Innere zu bringen« (N. Brantschen) und still zu werden. Der Fastende wird sensibler, empfänglicher, erfährt seine eigene Begrenztheit. Der Innenraum wird frei. Das Empfinden für geistige und geistliche Entscheidungen wird möglich. Hier kann das »Heilfasten« einsetzen. Es berücksichtigt zum einen die leib-seelischen und medizinisch überprüfbaren Fakten, zum anderen beachtet es die tiefere, ganzheitliche und letztendlich die religiöse Dimension (N. Brantschen) und erschließt damit den tiefen Lebenssinn dieser Fastenart. »Heilfasten« impliziert das Wort »heil« als medizinisches Heilsein, als leibseelisches Heil- und Ganzsein. Wenn Christen fasten, öffnen sie sich dabei Gott, der über die leib-seelische Dimension hinaus das ewige Heil zusagt, das »Leben in Fülle« (Joh 10,10). Beim »Heilfasten« sollte der Leiter sowohl Arzt als auch Seelsorger sein. Es gibt hilfreiche Fastenkuren, wie: »Sieben Wochen Ohne« (Lutherische Monatsschrift), Werdenfelser Fastenkurse usw.

Almosengeben als psychosozialer Aspekt des Fastens

Wahres Fasten sorgt sich um den Menschen, einmal, »um unsoziale Strukturen zu beseitigen« (G. Braulik), soweit das möglich ist, und um tätige Nächstenliebe zu üben. Diese umfaßt nicht nur die Volks- und Glaubensgenossen. Jesus sagt: »... was ihr für Hungrige, Nackte, Gefangene, Fremde getan habt, habt ihr mir getan« (Mt 25, 35). Die Aktualität dieses Wortes ist nicht zu übersehen. Es fordert die Frage nach dem Lebensstil der heutigen Gesellschaft, vornehmlich dem der Christen heraus. Wer das Brot menschlicher Hinwendung schenkt, wer tröstet, ermutigt, Zeit zum Zuhören, Zeit für den anderen hat, der schenkt sein Herz. Das Teilen sollte mit dem Opfer der armen Witwe (Mk 2, 41f), die von ihrer Substanz hergibt (F. Reisinger), etwas zu tun haben. Das Heilen innerer Wunden und Stillen seelischen Hungers vereint die Menschen. Wenn Glaubende diese solidarische Haltung durch und im Geiste Jesu haben, bewirkt das, daß sie aus dem Drang des »Hungers und des Durstes nach Gerechtigkeit« (Mt 5,6) aus Liebe fasten – »und ihr werdet wie ein Garten sein ... wie eine Quelle ...« (Jes 58,11b), die erfrischt.

Gebet als geistliche Dimension des Fastens

Im fastenden Beten ist der Mensch eins mit Gott. In diesem Gebet trägt er auch den anderen im Herzen und hält ihn und sich selbst in Gottes Barmherzigkeit hinein. Beten wird ein »Mitleiden, Mitringen, als Einswerden mit dem anderen, um die gemeinsame Ohnmacht Gott« hinzuhalten (A. Grün). Das Fasten verinnerlicht das persönliche Gebet; es ist ein Beten, das sich in Sehnsucht nach Gott ausstreckt, weil die Erfahrung der Gott-Ferne im Menschen brennt und weil er der Erlösung bedarf. »Ziel des Betens ist die Schau Gottes« (A. Grün). Das Fasten kann das Innere des Menschen für dieses Gnadengeschenk auftun (s. Propheten, Mystiker). Da der Mensch gegenwärtiger ist, bewußter im Augenblick lebt und die Gedanken und Gefühle ihn nicht irritieren, erfährt er Gott an dem Ort, wo Gott in ihm selbst wohnt (Joh. 14,24). Das Fasten ist ein Mitgehen des Weges Jesu durch die Passion hin zur Auferstehung (Röm 6,5–11), und die österliche Verheißung ist, daß der Leib auferstehen wird, vom Geist Gottes erfüllt, erlöst und heil (Röm 8,11.23). Dort, wo sich Fastende auf Jesus Christus konzentrieren, gerät ihr Fasten nicht in die Gefahr, gesetzlich oder eine zur Schau gestellte Frömmigkeit zu werden.

Literatur:
Brantschen, N.:»Vom medizinischen zum religiös motivierten Fasten«, in: Lebendige Seelsorge 42/ 1988
Braulik, G.:»Fasten, wie Gott es gefällt«, in: Geist und Leben, 61/1958
Dufour, X. L. (Hg.): Wörterbuch zur Biblischen Botschaft, S. 166f, Freiburg 1964
Grün, A.:»Fasten in unserer Zeit«, in: Gottes Volk 3/1988, S. 112
Lutherische Monatsschrift 24/1985, S. 213
Reisinger, F.:»Sozial engagiert Fasten«, in: Lebendige Seelsorge 42/1988, S. 9
Seitz, M.: Praxis des Glaubens, Göttingen o. J.
Spaemann, M.:»Fasten zum Heil«, in: Geist und Leben 60/1987
Westphal, H.: Art.»Fasten«, in: Burkhardt, H.; Swarat, U.: Ev. Lexikon für Theologie und Gemeinde, Wuppertal und Zürich 1992   ES

Feldtheorie

Herkunft

»Feldtheorie« ist ein Begriff aus der Sozialpsychologie und wurde von K. Lewin geprägt. Lewin übernahm den Begriff aus der Gestalttheorie (Berliner Schule), aus der er selbst hervorging, und hat ihn variiert. Danach handelt es sich um einen grundlegenden Ansatz zur Erklärung menschlichen Verhaltens. Dessen Antriebskräfte werden nicht mehr innerhalb des Individuums gesucht, sondern in den Anziehungs- und Abstoßungskräften in der Beziehung zur Umwelt.

Merkmale

Der einzelne Mensch befindet sich immer in einem subjektiven Kraftfeld (das Bild ist aus der Physik übernommen), in dem seine eigenen Ziele, Motive und Erinnerungen genauso wie die soziale und physikalische Umwelt als Variable einwirken. Sein Verhalten ist entsprechend von diesen Faktoren (jedoch nur insoweit und in der Weise, wie er sie selbst erlebt) abhängig. Diese Abhängigkeit kann als mathematische Formel dargestellt werden: $V = f (P, U)$.

Das Verhalten (V) ist abhängig (eine Funktion, f) von der Person (P) mit ihrer Prägung und Einstellung usw. sowie der Umwelt (U). P und U zusammen bilden den Lebensraum des Individuums. Die Umwelt ist voller Objekte mit Aufforderungscharakter, auf die die Person mit entsprechender Motivation reagiert. Die Kraft des Aufforderungscharakters wird als Valenz gemessen, in umgekehrter Richtung wirkt die Kraft der Motivation.

Für Lewin ergeben sich damit mathematische, genauer geometrisch darstellbare Kräfteverhältnisse, die als Vektoren berechnet werden können (»Vektorenpsychologie«). Verhalten wird insoweit berechen- und vorhersagbar, als Person und Umwelt mit ihren Variablen und Valenzen bekannt sind. In einer geschlossenen Gruppe, dem »sozialen Kraftfeld par excellence«, lassen sich derartige Gesetzmäßigkeiten am ehesten nachweisen (Soziographie).

Wirkung

Lewins Feldtheorie hatte eigentlich erst in Verbindung mit seinen gruppendynamischen Experimenten (der Begriff der → Gruppendynamik stammt von ihm) ihre weitreichende Wirkung. Die Begriffe des Gruppenzusammenhalts, der Kohäsion einer → Gruppe, der sozialen Distanz der Mitglieder, die Rolle des Sündenbocks usw. gehören zum sozialen Kräftefeld.

Kritische Bewertung

Die Gefahr der Feldtheorie ist, daß der einzelne Mensch nur noch als Spielball der in seinem Lebensraum wirksamen Kräfte gesehen wird. Der Verzicht auf die Annahme innerpsychischer Antriebskräfte für menschliches Verhalten richtet den Blick einseitig auf die Außenkräfte. Damit wird der einzelne gerade in seiner Beziehung zur Umwelt nur noch ausschnitthaft wahrgenommen. Die Wirklichkeit ist jedoch sehr viel komplexer, als daß sie durch ein – wenn auch differenziert ausgearbeitetes – Vektogramm zureichend »nachgezeichnet« werden könnte. Sicher stellen die damit erfaßten Kräftevariablen Faktoren dar, die nicht außer acht gelassen werden dürfen. Das biblische Menschenbild sieht den einzelnen wie sein Beziehungsfeld jedoch viel umfassender. Die Berücksichtigung der sich damit ergebenden weiteren Variablen würde die Feldtheorie näher an die Wirklichkeit heranbringen. Eine völlige Berechenbarkeit von Verhalten zu postulieren, bleibt jedoch vermessen.   CS

Fetischismus

Menschliches Verhalten, durch das mittels symbolträchtiger Gegenstände, denen eine übernatürliche Kraft zugeschrieben wird, die Befriedigung individueller oder kollektiver religiöser, politischer, ökonomischer oder sexueller Bedürfnisse erreicht werden soll.

Bedeutungswandel des Begriffs

Der Terminus »Fetischismus« hat im Verlauf von etwa drei Jahrhunderten einen Bedeutungswandel erfahren. Fetischismus ist aus dem portugiesischen *feitico* abgeleitet und bedeutet »künstlich gestaltet«. Mit ihm werden in verschiedenen Wissenschaften unterschiedliche Gegenstandsbereiche bezeichnet. Portugiesische Eroberer benutzten dieses Wort zur Beschreibung der auf ihren Entdeckungsreisen nach Westafrika beobachteten fremdartigen Zeremonien und kultischen Verehrungen bestimmter Gegen-

stände durch Eingeborenenstämme. Durch schriftliche und mündliche Berichte gelangte das vieldeutige Wort in Europa in die Begriffssprache der Philosophen und Theologen, später in die der Völkerkundler, Religionswissenschaftler, Soziologen und politischen Ökonomen und schließlich, durch S. Freud, in die der Psychologen und Psychiater.

Sein ursprünglicher Anwendungsbereich ist die Kritik der christlichen Religion im Zeitalter der Aufklärung. Fetischismus wird zu einem Kampfbegriff gegen den Aberglauben. Für I. Kant (1797) stehen »Fetischmachen« und »Fetischdienst« im Gegensatz zum vernunftgemäßen Gottesdienst, der die Förderung eines moralisch guten Lebenswandels bezweckt. Der Fetischismus hat keinen moralischen Wert in sich selber, sondern verfolgt den Zweck, Gott zu zwingen, die egoistischen Wünsche der Menschen zu erfüllen. Das »Pfaffentum« ist für Kant die Verfassung einer Kirche, in der der Fetischdienst regiert.

Unter dem Einfluß aufgeklärter Religionskritik (L. Feuerbach) entstand im 19. Jh. die Religionswissenschaft als kritische Wissenschaft, die funktionale und strukturelle Analogien zwischen »primitiven« und »fortgeschrittenen« Religionen zu erforschen versuchte. Religionswissenschaftliche Begriffe wie Fetischismus, Animismus, Totemismus, Mana und Magie beeinflußten die historisch-kritische Erforschung des Alten Testaments. Auf der Suche nach dem »Gesetz der Entwicklung der Menschheit« sah A. Comte (1842), einer der Begründer der modernen Soziologie, im Fetischismus die erste Stufe nicht nur der Religions-, sondern der Gesellschaftsentwicklung überhaupt. Dieser Stufe folgte nach seiner Ansicht der Polytheismus und diesem der Monotheismus. Diese drei Stufen bildeten zusammen das »theologische Stadium«, das durch das »metaphysische Stadium« und schließlich durch das »positive Stadium« abgelöst wird, in welchem nicht mehr Zauberer, Magier, Priester und Philosophen, sondern die Spezialisten der »positiven Wissenschaften« (Naturwissenschaftler, Ingenieure, Unternehmer und Soziologen) eine wissenschaftlich begründete und moralisch gerechtfertigte Herrschaft über die Menschheit ausüben werden. Der evolutionäre Fortschrittsglaube Comtes übte im 19. Jahrhundert einen großen Einfluß auf verschiedene Wissenschaftsbereiche aus, obwohl sich seine Hypothesen nicht auf Tatsachenwissen stützen konnten. E. Durkheim (1912) führte den Nachweis, daß angeblich fortgeschrittenere Stufen der Religionsentwicklung nicht auf den Fetischismus zurückgeführt werden können.

In der politischen Ökonomie benutzte Karl Marx (1867) die Begriffe Fetischismus und Fetisch, um den »mystischen Charakter« von »Ware« und »Kapital« zu bezeichnen: sobald die Arbeitsprodukte als Waren produziert werden, »klebt ihnen der Fetischismus an«. Der Fetischcharakter der Warenwelt ergibt sich aus dem gesellschaftlichen Charakter der Arbeit, welche Waren produziert. Der gleiche Charakter haftet auch dem zinstragenden Kapital als einem sich selbst verwertenden Wert an. Der Zins ist die Frucht des Kapitals und als solche die Wirkung eines Fetischs. Der ökonomische Pan-Fetischismus von Marx bildete die Grundlage der politisch-ökonomischen Kritik des Marxismus am Kapitalismus und an der »bürgerlichen Gesellschaft«. Er stellt das politisch-ökonomische Pendant zur philosophischen und religionswissenschaftlichen Religionskritik des 19. und 20. Jahrhunderts dar.

Fetischismus in Psychologie und Psychiatrie

In Psychologie und Psychiatrie findet der Fetischismus-Begriff in Verbindung mit der Sexualtheorie S. Freuds Anwendung im klinisch-psychologischen Bereich der sexuellen Devianz. Mit Fetischismus ist die überwiegend bei Männern beobachtete abnorme sexuelle Erregung und Befriedigung durch nongenitale Köperteile eines Partners oder durch besondere Gegenstände, die in Beziehung zu diesem stehen, gemeint (→ Sexualstörungen).

Literatur:
Comte, A.: Die Soziologie. Positive Philosophie, Stuttgart ²1974
Durkheim, E.: Die elementaren Formen des religiösen Lebens, Frankfurt/M. 1984
Freud, S.: Drei Abhandlungen zur Sexualtheorie, Wien 1905
Göppinger H.; Witter, H. (Hg.): Handbuch der forensischen Psychiatrie, Berlin, Heidelberg, New York, 1972, S. 500
Kant, I.: Die Religion innerhalb der Grenzen der bloßen Vernunft, Königsberg ¹1793, in: Kant, I.: Werke, hg. von Weischedel, W.: Bd. 7, 847 ff.
Kautzsch, E.: Biblische Theologie des Alten Testaments, Tübingen 1911
Marquardsen, K.: Fetische als Negation der Wirklichkeit, 1984
K. Marx, Das Kapital. I. Bd., MEW, Bd. 27, S. 85–87, Berlin 1972
ders.: Das Kapital, III. Bd., MEW, Bd. 25, S. 404–405, Berlin 1973   GD

Focusing

Focusing (engl.: bewußt wahrnehmen, fokussieren) bezeichnet eine psychotherapeutische Methode, die im Bereich der → Gesprächspsychotherapie von E. T. Gendlin entwickelt wurde. Der Klient wird dabei angeleitet, unterdrückte und unbewußte Empfindungen körperlich zu erfahren und damit wieder zugänglich zu machen.

Im Focusingprozeß geht es darum, das im Unbewußten »implizit« vorhandene »explizit« herauszuheben, also ins Bewußtsein zu bringen. Dieser Bewußtwerdungsprozeß soll dabei in verschiedenen Modalitäten gleichzeitig ablaufen: kognitiv (also durch Einsichten, Erkenntnisse, Gedanken), imaginativ (also in Bildern, Gestalten, Musik usw.), emotional (also im Gefühlserleben (→ Gefühle) und körperlich (also in Bewegungsimpulsen, Handlungen, und Körperwahrnehmungen). Beim Focusing liegt der Schwerpunkt darin, die letztgenannte Modalität in das psychotherapeutische Gespräch zu integrieren. Gendlin geht davon aus, daß unterdrückte Empfindungen auch im Körper erinnert werden (»felt sense«). Wenn diese Körpererinnerung nicht mehr nur vage, sondern bewußt wahrgenommen bzw. gespürt wird, soll es zu einer körperlich fühlbaren Veränderung kommen (»body shift«), die mit einem Wohlgefühl verbunden ist.   UG

Fokaltherapie → Kurztherapie

Freude → Gefühle

Freßsucht → Adipositas, → Bulimia nervosa

Frigidität

Bezeichnung für geringe oder ganz fehlende und psychisch bedingte Orgasmusfähigkeit bei der Frau (→ Sexualstörungen, → Orgasmus).

Frustrationstoleranz

Der Begriff entstammt der → Psychoanalyse und ist charakterisiert als eine bestimmte Form von Ich-Stärke. Je stabiler und verläßlicher die Ich-Funktionen, um so größer die Frustrationstoleranz. Wer »Frusterlebnisse«, wie immer sie auch im einzelnen aussehen mögen, aushalten, ertragen kann, verfügt i. d. R. über eine stabile Realitätsanpassung und kann Lebensprobleme, die belastend sind, gut bewältigen. Beispiel: Überraschend verliert ein älterer Ehemann nach langer Ehe seine Lebensgefährtin durch eine akute, schwere Krankheit. Er lernt geduldig, diesen Trennungsschmerz auszuhalten und überwindet ihn durch Einüben und Erlernen neuer Lebensmöglichkeiten.

Frustrationstoleranz bedeutet die Fähigkeit zur Trauerarbeit sowie die Fähigkeit, andere sinnstiftende beziehungsgestaltende Maßnahmen zu entdecken. Dieser Prozeß einer Verzichtleistung ist notwendig und wird nur geleistet, wenn genügend »starker Wille«, genügend Einsicht – genügend Frustrationstoleranz – vorhanden sind. Bei schwer gestörten psychisch kranken Menschen (Psychosekranken [→ Psychose], sog. Grenzfällen, Suchtkranken und Frühgeschädigten) ist i. d. R. diese Frustrationstoleranz gering ausgeprägt. Auch bei verschiedenen → Neurosen spielt eine geringe Frustrationstoleranz eine erhebliche Rolle: Bei der histrionischen Persönlichkeitsstörung (früher: »Hysterie«) ist vor allem die Wahrnehmungsfunktion vermindert, bei der → Phobie stärker die Realitätsprüfung unzureichend.

Frustrationstoleranz in Psychotherapie und Seelsorge

Für den Therapeuten ist der Begriff dann von hoher Bedeutung, wenn es um die Einschätzung der sog. »therapeutischen Belastbarkeit« geht. Eine geringe Frustrationstoleranz erfordert sehr viel mehr vorsichtig-zurückhaltendes Arbeiten mit dem Patienten. Hierbei ist die Rolle der Ich-Stärkung in der therapeutischen Arbeit wichtiger als konfrontierend-deutendes Vorgehen.

Eine sorgfältige Anamneseerhebung (→ Anamnese) muß außer den früheren Erfahrungen und Erinnerungen auch die sog. »Fähigkeit zur psychosozialen Anpassung« berücksichtigen. Hierbei sind folgende Fragen wichtig: Welche Wahrheiten der Beziehung können dem Patienten zugemutet werden? Welche früheren Beziehungskonflikte können besprochen werden? Auf welche Erfahrungen und traumatische Erlebnisse darf eingegangen werden, auf welche nicht?

Die empathische Einfühlung des Patienten ist hierbei von hoher Bedeutung. Ein zu ängstlich-zögerndes Verschonen, eine therapeutische Zurückhaltung aus Angst, es könnte etwas passieren – der Patient könnte überfordert sein oder → Suizid begehen, ist die eine Seite; die andere Seite der Beziehungsgestaltung ist die Gefahr, zu rasch, zu rigoros, zu direkt auf den Kern, die Wurzel einer Krankheitsursache zusteuern und hierdurch den Patienten zu überfordern. Diese schwierige therapeutische Arbeit – gleichsam zwischen Scylla und Charybdis – hindurch zu steuern, muß sorgfältig überdacht und geprüft werden: Welche Haltung des Therapeuten ist dem jeweiligen Beziehungskontext angemessen: die utilisierend-gewährende oder die konfrontierend-fordernde Haltung?

Supervision ist dabei um so unerläßlicher, je weniger erfahren ein Therapeut/Seelsorger ist. ESCH

Furcht

Im Gegensatz zur → Angst bezeichnet man mit Furcht eine oft intensive Emotion, die auf eine identifizierbare Bedrohung erfolgt, so beispielsweise die Bedrohung durch Gefahren oder die Erwartung von Schmerzen. Furcht ist durch ein systematisches Muster körperlicher Veränderungen charakterisierbar und geht auf die Erregung des sympathischen Nervensystems zurück. Wenn die empfundene Furcht in keinem Verhältnis zur realen Gefahr steht, spricht man von → Phobie. JD

G

Gebet

Biblische Hinweise

Nach dem Sündenfall spricht Gott den
Menschen an: »Adam, wo bist du?« (1Mo
3,9). Gott redet zum Menschen durch die
Schöpfung (Röm 1,18ff), durch die in ihr
liegenden weisheitlichen Ordnungen, durch
sein Wort der Heiligen Schrift, durch Erfahrungen in der Lebensgeschichte, durch
→ Krankheit und → Krisen. Dieses Reden
Gottes fordert die betende Antwort des
Menschen heraus, aber nicht alle kennen
den biblischen Adressaten, ihren Schöpfer.
Beten allein macht noch keinen Christen.
Der Beter, der durch Neugeburt Christus
erfahren hat, kennt den Gott der Bibel.

Das alttestamentliche Gebet ist durch
Klage und Lob als Grundformen geprägt.
Die Hauptbegriffe für Gebet oder Beten im
Neuen Testament sind *proseuche, aiteo* (bitten, fordern), *deomai* (bitten, flehen), *proskyneo* (anbeten, sich niederwerfen), *eucharisteo*
(danken). Die gesamte Wirkzeit Jesu ist vom
Gebet begleitet. Seinen Jüngern gibt er das
Vaterunser (Mt 6,9ff) und die feste Zusage
der Gebetserhörung (Joh 14,13f; 15,7.16;
16,23f). In 1Joh 5,14 wird dies präzisiert:
»Wenn wir etwas bitten nach seinem Willen,
so hört er uns«. Insgesamt findet sich im
Neuen Testament eine große Vielfalt der
Gebetsformen, Mahnungen zum beständigen Gebet und Gebetsaufrufen.

Hinweise zur seelsorgerlichen Praxis

Die Begegnung mit Ratsuchenden zeigt, daß
ihr Gebet, das für viele zum Schönsten des
Glaubens gehört, oftmals der Ort ist, an
welchem sich große psychische Probleme
oder ein verirrtes christliches Denken zeigen können.

Wenn Beten zum Zwang wird.

Verbunden mit einem magischen Denken
fühlen sich Christen vor Gott und den
Menschen verpflichtet, Gebetslisten regelmäßig durchzubeten, bestimmte Gebetszeiten und Gebetsrituale (Gebetshaltungen, Orte des Betens, Gebetssprache)
strikt einzuhalten, wollen sie nicht das
Unheil auf sich oder auf jene ziehen, für
die sie beten müssen. Hier kann es eine
erste Hilfe sein, den Betroffenen von seinen Ritualen weg- und zu Dankgebeten
und zur Anbetung hinzuführen, oder den
Gebetszwang für einige Tage oder Wochen
ganz zu unterbrechen (Verzicht auf jegliche Gebetsform).

Wenn Beten Passivität, Hilflosigkeit
oder extreme externe Kontrollüberzeugungen stützt, d. h., daß die Verantwortung für das eigene Handeln vollständig an
Gott delegiert wird. Von ihm wird die Heilung (→ Heil und Heilung), die Hilfe, die
Veränderung oder der erste Schritt erwartet. Demgegenüber gilt es, an der Weisheit
festzuhalten:»So beten, als würde alles Arbeiten nichts nützen, und so arbeiten, als
würde alles Beten nichts nützen.«

*Wenn sich das Gebet zu einer »frommen«
Gebetssprache entwickelt.*

In solchen Fällen beobachtet man, daß
Ratsuchende in zwei Welten leben: einer
»frommen« Gemeindewelt und einer realen, von menschlichen Bedürfnissen geprägten Welt. Die unterschiedlichen Sprachen können dafür sorgen, daß sich diese
beiden Welten nicht wirklich begegnen.
Menschliche bzw. »weltliche« Bedürfnisse
gelten dann als verboten, bzw. werden
ignoriert. Christen leiden dann darunter,
daß sie nicht mehr in der Lage sind, ihre
notvollen Gefühle offen und ehrlich wahrzunehmen, um sie vor Gott und dem Seelsorger auszusprechen.

Wenn man auf dem Weg »vollmächtigen« Gebetes Gott nicht nur bitten und bewegen, sondern vielmehr zwingen will.

Solches Verhalten steht oft in großer Nähe zu magisch gebrauchten Gebets- oder Beschwörungsformeln im Heidentum (z. B. übertriebener, eben beschwörender Gebrauch des Namens Jesu: »Herr, Herr . . .« Mt 7,21ff). Schnell werden dann mangelnder Glaube oder die Uneinigkeit der Betenden als Ursache für die von Gott versagte Gebetserhörung angesehen. Dies führt zu erhöhtem psychischen Druck. Gott bleibt aber in seinem Handeln und im Erhören von Gebet stets souverän (vgl. auch das Gebet Jesu in Mk 14,36 und die Deutung in Hebr 5,5ff). Das Gebet um Krankenheilung im Namen Jesu (vgl. Jak 5) hat immer zwei Seiten: Die Beter trauen Jesus alles, auch ein Wunder, zu, und sie beten gleichzeitig: »Dein Wille geschehe«.

Wie man Beten neu lernen kann.

Der Beter konzentriert sich neu auf die Werke und Taten Gottes. Er lernt zu staunen und Gott für seine Treue und Lebensordnungen zu danken, die er sinnlich in der Schöpfung wahrnehmen kann.

Der Ratsuchende wird angeleitet, ein Klagegebet, in dem er seine Gefühle, seine Gedanken und sein Handeln ungefiltert Gott vorhält, (schriftlich) zu formulieren und die Inhalte betend vor Gott zu bringen. So kann die Klage zu dem Ort werden, an dem ein Mensch wieder die Sprache mit Gott findet.

Fällt es Betroffenen schwer, freie Gebete zu formulieren, können ihnen vorformulierte Gebete aus Agenden und Gebetbüchern helfen.

Literatur:
Hengel, G.: Art. »Gebet«, in: Burkhardt, H.; Swarat, U.: Evangelisches Lexikon für Theologie und Gemeinde. Bd. 2, S. 664–665, Wuppertal und Zürich 1993
Seitz, M.: »Anleitung zum Beten«, in: Seitz, M.; Thiele, F. (Hg.): Wir beten. Gebete für Menschen von heute, Gladbeck 1978
Veeser, W.: Beten um jeden Preis?, in: bts-aktuell, Nr. 17/August 1992   WV

Gedächtnis

Gedächtnis ist die Fähigkeit eines Organismus, Informationen zu speichern und sie auf Abruf hin wieder verfügbar zu haben (→ Informationsverarbeitungstheorie). Die Gedächtnisforschung unterscheidet zwischen zwei Gedächtnisformen, die sich nicht nur bezüglich ihrer Speicherungs*dauer*, sondern auch ihrer physiologischen und psychologischen Speicherungs*art* unterscheiden: das *Kurzzeitgedächtnis* (und hier zugehörig: das *Ultra-Kurzzeitgedächtnis*) und das *Langzeitgedächtnis*.

Welche Gedächtnistypen gibt es?

Ultra-Kurzzeitgedächtnis (UKG): Zur Erklärung dieser Art kann man sich in sehr vereinfachter Form vorstellen, daß irgendwo im Gehirn eine Art Kopie von Sinneseindrücken hergestellt wird. Es scheint dabei, daß diese Sinneseindrücke über einen bestimmten Zeitraum hinweg (etwa eine Zehntelsekunde) im Gehirn entschlüsselt werden: Folgt auf den ersten Eindruck innerhalb dieses Zeitraumes ein zweiter Eindruck, so wird die Verarbeitung des ersten Eindrucks gestört oder sogar unmöglich gemacht (»man vergißt, bevor man es sich merken konnte«).

Kurzzeitgedächtnis (KG): Die im UKG wahrgenommenen und entschlüsselten Eindrücke werden im KG über einen Zeitraum von wenigen Sekunden behalten und dann wieder gelöscht, oder zur Weiterverarbeitung verschlüsselt. Man nimmt an, daß sich das KG, zumindest wenn es sich um sprachliches Material handelt (z. B. Telefonnummer), eines akustischen Codes bedient (»man murmelt die Nummer vor sich hin«) und dies auch, wenn es sich um bildlich dargestellte Dinge handelt, an die man sich erinnert. Daneben gibt es aber auch die Möglichkeit der visuellen Codierung, und auch Gerüche, Geschmacksempfindungen usw. werden zur Verschlüsselung benutzt. Ist die Information verschlüsselt, geht es anschließend darum, diesen Code in irgendeiner

Form zu speichern. Man nimmt an, daß Gedächtnisinhalte durch Wiederholungen lebendig erhalten werden. Gibt man einem Erwachsenen eine Zahlenfolge zum Memorieren, so kann man feststellen, daß in der Regel nicht mehr als sieben Einheiten gespeichert werden können. Wir bezeichnen solche Einheiten als »Chunks«. Mehrere Chunks können wieder zu einem »übergeordneten« Chunk zusammengefaßt werden (z. B.: 1–2–3–4 [vier Chunks] wird zu 1234 [ein Chunk]). Diese Organisation des Merkstoffes bezeichnet man als *Chunking*. Sie wird gezielt als → Lernhilfe eingesetzt.

Langzeitgedächtnis (LG): Einen wesentlichen Unterschied zwischen KG und LG zeigt nicht nur die Differenz in der Behaltensdauer, sondern die Verschiedenartigkeit der Codierung. Grob vereinfacht kann man sagen, daß während das KG seine Inhalte durch elektrische Impulse erzeugt und auch kurzzeitig (ca. 3–5 Sekunden lang) speichert, werden Inhalte im LG durch Ausbildung bestimmter Muster der Molekularstruktur der sog. Desoxyribonucleinsäure (DNS) auf praktisch unbegrenzte Zeit und in unbegrenztem Umfang gespeichert.

Was wird gespeichert?

Für LG-Inhalte scheint es von Bedeutung zu sein, daß derjenige, der sich erinnern soll, das, was er im Gedächtnis hat, »verstanden« haben muß. Verstehen bedeutet hier, daß man die Bedeutung des Inhalts erfaßt hat und mit ihm in irgendeiner Weise umgehen kann. Wenn man beispielsweise eine Liste von Wörtern auswendig lernen muß, in denen das Wort »Zweig« vorkommt, dann macht man beim Erinnern nach einigen Stunden wohl weniger den Fehler, daß man »zwei« sagt (dies wäre ein akustischer Fehler) oder »Zwerg« (dies wäre ein visueller Fehler), sondern daß man sich an »irgend etwas vom Baum oder vom Ast« erinnert. Für das LG gibt es jedoch noch alternative Codierungsmöglichkeiten, die eine Speicherung auch dann ermöglichen, wenn man den Inhalt nicht verstanden hat. Dies erfolgt

häufig auf der Grundlage der akustischen oder visuellen Fähigkeiten des Gedächtnisses.

Wie kann man auf das Gespeicherte zugreifen?

Wir kennen das Phänomen: Ein Wort liegt uns auf der Zunge, wir wissen, worum es geht, aber wir können es nicht aus unserem Gedächtnis »herausholen«. Anscheinend sind das Merken und Behalten von Gedächtnisinhalten und deren Abruf unterschiedliche Prozesse. Wie bekommen wir das, was wir gespeichert haben, wieder zur Verfügung? Der Verarbeitungsvorgang, der aktiviert wird, wenn wir uns an etwas erinnern, wird immer durch Abrufsignale angeregt, z. B. die ersten Wortpaare einer Liste oder die Anfangsworte eines Gedichtes (Geh aus mein Herz ...) usw.

Es ist wahrscheinlich, daß Abrufsignale eine Erinnerung dadurch wecken, daß sie eine teilweise Wiederholung desselben Verarbeitungsvorgangs auslösen, der sich bei der Aneignung des Stoffes abspielte.

Darf man Kindern Bibelverse lehren, die sie noch nicht verstehen können?

Wir können bereits anhand des oben Gesagten feststellen, daß es durchaus sinnvoll sein kann, Kindern Gedächtnisinhalte zu lehren, die sie noch nicht verstehen. Denn wenn sie einmal im LG gespeichert sind, können sie später vom Erwachsenen abgerufen werden – und interessanterweise zeigt sich gerade beim alten Menschen, daß er die in früher Jugend gelernten Texte am wenigsten vergißt. An diese Stelle also ein Plädoyer für die (maßvolle) Vermittlung wichtiger Bibel- oder Gesangbuchverse usw. auch an Kinder, die diese Inhalte erst unzureichend verstehen.

Literatur:
Dieterich, M.: Handbuch Psychologie und Seelsorge, Wuppertal und Zürich 1989
Engelkamp, J.: Das menschliche Gedächtnis. Das Erinnern von Sprache, Bildern und Handlungen, Kornwestheim 1991

Porath, E. (Hg.): Aufzeichnung und Analyse. Theorien und Techniken des Gedächtnis, Würzburg 1995   JD

Gedächtnisstörungen → Amnesie

Gedankenstopp

Der Gedankenstopp soll dabei helfen, unerwünschtes Grübeln, d. h. negative Gedankengänge (»Ich kann das nicht, wie soll das bloß weitergehen, das wird doch nie anders ….«), die den Ratsuchenden noch tiefer in seine niedergedrückte Stimmung oder seine Angst führen, zu unterbrechen. Oft erleben Ratsuchende diese Gedankengänge so zäh, daß sie keine Möglichkeit für sich sehen, sie zu kontrollieren. Der Erfolg der Methode liegt zum Teil auf einem Überraschungsmoment. Während der Ratsuchende seine unerwünschten Gedanken schildert, ruft der Seelsorger laut »Stopp!« oder klatscht in die Hände. Durch diese Überraschung, das Erschrecken und Zusammenzucken gibt es tatsächlich eine Lücke in der »Gedankenlitanei«. Diese Lücke soll nun für eine Einrede (oder Selbstverbalisation) genutzt werden. Diese kann helfen, neu erlernte Sichtweisen vom Kopf ins Herz zu transportieren. Um ein neues Lied zu lernen, muß man die Melodie üben. Eine Einrede kann so ein neues Lied sein: z. B. »Mit meinem Gott kann ich über Mauern springen« oder »Ich bin unterwegs«, wenn Ratsuchende verzagt sind, daß sie das Ziel noch nicht erreicht haben. Einreden können als konstruktive Selbstgespräche neue Verhaltensweisen verstärken. Der Ratsuchende soll nun, jedesmal, wenn die unerwünschten und schädlichen Gedanken kommen, diese selbst abstoppen. Das kann tatsächlich die erste Zeit ein ständiger Wechsel von Denken und Unterbrechen sein, aber auf Dauer werden die Gedanken weniger plagen. Gedankenstopp und Einrede sind Methoden aus der → Verhaltenstherapie (→ Lernen). Sie werden auch im Rahmen einer kognitiven Umstrukturierung in der kognitiven Verhaltenstherapie (→ Kognitive Therapie) oder bei der Veränderung eines Lebensstils angewandt.

Literatur:
Dieterich, H. (Hg.): Handbuch für Gruppen, Nenzingen 1996
Fliegel, S.: Verhaltenstherapeutische Standardmethoden, Weinheim 1993   BN

Gefühle (Emotionen)

Die Unterscheidung von Gefühlen und anderen psychischen Erscheinungen, wie beispielsweise Bedürfnisse, erweist sich als außerordentlich schwierig, wenn nicht gar unmöglich. Bei Gefühlen handelt es sich um bestimmte Erfahrungen des Menschen wie → Angst, Eifersucht, Wut, Stolz, Liebe usw. Alle diese Erfahrungen erlebt der Mensch in ganzheitlicher Art und Weise, d. h., daß diese Zustände den Körper, das Erleben und Verhalten des Menschen beeinflussen. Dabei sind sie in der Lage, die → Wahrnehmung des Menschen in verstärkendem oder abschwächendem Sinne zu beeinflussen und die neuronalen Prozesse zu verändern. Die Beschreibung von Gefühlen wird i. d. R. mittels dreier Kategorien vorgenommen:
– *Intensität:* Die Intensität von Gefühlen reicht von der sanften, kaum bemerkbaren Form der »Anmutung«, über den Affekt, der kurz und meist heftig auftritt, bis hin zur alles stark beeinflussenden und »blind« machenden Leidenschaft.
– *Spannung:* Diese Beschreibungskategorie beschreibt die Intensität des Handlungsdruckes, den ein bestimmtes Gefühl bewirkt. Sie reicht von Lähmung jeglicher Handlungsaktivität hin zu starker Handlungsaktivität.
– *Lust/Unlust:* Diese Kategorie beschreibt die Qualität des Gefühls. Manche Gefühle werden als unangenehm, unlustbetont empfunden (z. B. Furcht, Ärger, Trauer, Enttäuschung), andere Gefühle werden als lustbetont erlebt (z. B. Freude, Glück, Liebe); wieder andere lassen sich nur bedingt in

diese Kategorie einordnen (Mitleid, Wut, Überraschung). Vor diesem Hintergrund wird diese Beschreibungskategorie immer wieder deutlicher Kritik unterzogen.

Messung von Gefühlen

Wie viele andere psychische Phänomene entzieht sich die Messung der Gefühle einem direkten Zugang und muß auf gefühlsbegleitende, physiologische Vorgänge wie Pulsbeschleunigung oder -verlangsamung, Veränderung des Atemrhythmus, Schweißbildung, Blaßwerden, Erröten, Hautwiderstand, Blutdruck usw. zurückgreifen, die auftreten, wenn ein Proband bestimmte Dinge hört, sieht, schmeckt usw. Diese Beobachtung vermag jedoch keinerlei Information darüber zu vermitteln, um welche Art Gefühl es sich handelt. Deshalb spielen bei der Gefühlsmessung verbale Äußerungen des Probanden, die mit Hilfe von Fragebögen und Interviews erfaßt und ausgewertet werden (→ Befragung, → Interview), eine wesentliche Rolle.

Entstehung von Gefühlen

Man kann heute davon ausgehen, daß Gefühle sich im Laufe der menschlichen Entwicklung immer weiter entwickeln. Beobachtet man das Verhalten von Kleinkindern und Säuglingen, so kann man feststellen, daß jede Einwirkung von außen zu einer einheitlich beschreibbaren Gefühlsreaktion führt, die meist nicht mit dem Terminus »Gefühl«, sondern vielmehr mit »Erregung« beschrieben wird. In den folgenden ersten Lebenswochen läßt sich diese Erregung jedoch bereits sehr einfach in Lust und Unlust unterscheiden. So ist der Unterschied, ob ein Kind zu trinken bekommt oder wund ist, deutlich erkennbar. In Laufe der weiteren Entwicklung des Kindes geschieht dann mit Hilfe der → Wahrnehmung eine immer differenziertere Skala von Gefühlen, die jeweils spezifischen Situationen zugeordnet werden können (Freude beim Wiedersehen mit Eltern, Schadenfreude bei Spielkameraden, Furcht vor Klassenarbeiten, Stolz über gute Bewertungen usw.). In dieser Zeit kommen

Kinder in die Lage, Erlebnisse in christlichem, kirchlichem oder religiösem Kontext differenziert gefühlsmäßig zu erleben und werden somit einer eigenständig kindgemäßen Vermittlung christlichen Glaubens zugänglich (→ Glaubensentwicklung). Die Ausdifferenzierung der Gefühle, bis hin zu den vielfältigen Emotionen eines Erwachsenen, wird weiterhin beeinflußt von den sich entwickelnden motorischen Fähigkeiten des Kindes und hier ganz besonders durch den Spracherwerb und die zunehmende Fähigkeit zu kommunizieren (→ Kommunikation).

Störungen der Gefühle

Störungen der Gefühle zeigen sich einerseits in psychosomatischer Hinsicht (→ Psychosomatik), beispielsweise durch Asthma, Magenbeschwerden usw., andererseits durch neurotische Störungen (→ Neurose). Eine der für Betroffene und deren Umwelt schwerwiegendsten Störungen der Gefühle ist die → Depression, in der Gefühle wie Leid und Traurigkeit in zum Teil extrem starkem Maß erlebt werden.

Literatur:
Macacci, L.: Das einzigartige Gehirn. Über den Zusammenhang von Hirnstruktur und Individualität, Frankfurt 1986
Spektrum der Wissenschaft: Gehirn und Kognition, Berlin, Heidelberg, New York 1992
Zieger, A.: Neurophysiologische und neuropsychologische Grundlagen des menschlichen Gehirns, Oldenburg 1984   JD

Gehorsam

Wortbedeutung

Das Wort »Gehorsam« kommt von gehorchen. Und gehorchen hat mit hören, horchen, gehören zu tun. Gehorchen ist ein vertieftes Hören, ein Hören, das zur Tat wird, ein verwirklichtes Hören. Gehorchen bedeutet: das gehörte Wort verwirklichen. Gehorsame Kinder hören also auf die Eltern, sie befolgen ihre Anordnung.

Disziplin oder Gehorsam?

Gehorsam gehörte lange Zeit zu den »pädagogischen Schimpfwörtern«. Selbständigkeit und Freiheit des Menschen wurden angestrebt, aber keine Unterwürfigkeit und Gehorsam. Diese ablehnende Haltung gegenüber dem Gehorsamsbegriff ist verständlich, wenn wir an die entsetzlichen Taten denken, die vor einigen Jahrzehnten unter Berufung auf die Tugend des Gehorsams in unserem Volk geschehen sind. Gehorsam ist auch etwas anderes als Disziplin und Ordnung. Während man unter Gehorsam ein interpersonales Verhältnis meint, einen direkten Bezug von Gehorsamsforderndem und Gehorchendem, meint Disziplin eine intrapersonale Größe. Handelt ein Mensch diszipliniert, so bedeutet dies, daß er nicht aufgrund seines Vertrauens zum Urteil eines anderen handelt, sondern kraft eigener Vernunft, die auch gewisse »Sachzwänge« im Hinblick auf ein bestimmtes Ziel in Kauf nimmt.

Falsche Gehorsamserziehung

Gehorsam muß oft als Entschuldigung für elterliches Fehlverhalten herhalten. Eltern verwechseln Erziehung mit Herrschaft über die Kinder und versuchen, ihren Gehorsam zu erzwingen (→ Macht, soziale). Sie wollen ihre Macht beweisen und drohen dem kindlichen Ungehorsam. Kinder, die nur wegen der Drohungen und → Strafen durch die Eltern folgen, neigen zur Rebellion. Sie folgen unfreiwillig, stimmen aber nicht mit den Eltern überein (→ Kinderlügen). Das Vertrauensverhältnis zwischen Eltern und Kindern ist gestört.

Gehorsamserziehung ist notwendig

Der Verzicht auf den Gehorsam in der Erziehung ist aber nicht möglich. Er wäre Unbarmherzigkeit gegenüber dem Heranwachsenden. Kinder kommen in diese Welt wie »Gäste, die nach dem Weg fragen«. Sie sind hilflos und unsicher, weil sie nicht wissen, wie sie sein und leben sollen. Sie brauchen also unsere Führung in Liebe und Konsequenz durch Gebot und Verbot. Damit geben wir den Kindern wichtige Orientierungshilfen. Fehlen solche Orientierungspunkte, dann verunsichert das die Kinder und führt schließlich zu Verwahrlosung und Fehlentwicklung der → Identität (→ Identitätskrisen).

Gehorsam und der Wille des Kindes

Der Gehorsamserwartung durch die Eltern steht oft der Eigenwille des Kindes entgegen. Ein Brechen des kindlichen Willens kann zu Fehlentwicklungen führen, wie wir sie im Dritten Reich erlebt haben: willenlose, gefügige, manipulierbare Menschen. Ein Nachgeben fördert Orientierungslosigkeit und führt zu haltlosen, lebensuntüchtigen Menschen. Gehorsamserziehung muß deshalb in einem ständigen dynamischen Spannungszustand zwischen »Führen und Wachsenlassen« stehen, sie darf den Willen des Kindes nicht brechen, sondern muß dem Kind helfen, seinen Willen zu zügeln und ihn richtig einzusetzen. Das Kind leistet dann Gehorsam. »Gehorsam ist kein Akt der Willensschwäche, sondern eine Leistung, eine aktive Tätigkeit« (König, S. 61).

Gehorsam und Vertrauen

Gehorsam meint keinen verantwortungslosen, blinden Gehorsam. Echter Gehorsam setzt Vertrauen und, soweit das möglich ist, auch Einsicht voraus. Wo die Vertrauensbasis gegeben ist, sind die Gehorsamsfragen in der Regel ohne große Mühe zu lösen. Weil das Kind den Eltern vertraut, weiß es: Was sie fordern, ist für mich hilfreich. Schwieriger wird es in den kritischen Phasen der menschlichen Entwicklung (z. B. Pubertät). Hier ist oft das Vertrauensverhältnis gestört. Strikte Gehorsamsforderungen erreichen dann wenig. Wichtiger ist das Gespräch, die Argumentation und das Verständnis für den anderen. Auch die Absprache von Regeln und das Festlegen von Konsequenzen bei Nichteinhaltung sind in solchen Situationen hilfreich. Die Forderungen werden dann von den Kindern mit festgelegt. Der Wille des Kindes erfährt Beachtung. Vertrauen wird nicht gestört, kann sich unter Umständen neu aufbauen.

Gehorsamserziehung

Ziel der Gehorsamserziehung ist die Unterordnung des Willens unter den Willen dessen, der mir als echte Autorität gegenübertritt im Vertrauen, daß er das Beste für mich will. Zu einer echten Gehorsamserziehung gehören:
– die Befähigung, den eigenen Willen, wo nötig, unterzuordnen;
– die Befähigung, falschen Autoritäten zu widerstehen;
– die Befähigung, zwischen richtigen und falschen Autoritäten zu unterscheiden.

Literatur:
Geißler, E. et al.: »Autorität und Disziplin«, in: Roth, L. (Hg.): Pädagogik, S. 906ff, München 1991
König, M.: Mit Liebe erziehen – zur Freude helfen, Gießen 1983
Litt, Th.: Führen oder Wachsenlassen, Stuttgart 1967
Ruthe, R.: Elternbuch, Wuppertal 1986
Stückelberger, A.: Erziehung, Wuppertal 1979
                                                            DV

Gemeindetherapie

Gemeindetherapie bezeichnet einen systemtherapeutischen (→ Systemtherapien) Ansatz, in dem die christliche Gemeinde ähnlich einer Familie oder anderer Gruppen auf seelisch gesund- bzw. krankmachende Aspekte untersucht und behandelt wird. Der Anlaß hierfür kann darin liegen, daß seelische Störungen bei einzelnen Mitgliedern der Gemeinde auftreten oder daß das Zusammenleben der Gemeinde gestört ist, auch ohne klinische Symptome. Seitdem der Berliner Frauenarzt Eberhard Schätzing zusammen mit Klaus Thomas den Begriff der ekklesiogenen Neurose im Jahr 1955 formulierte (Flender 1992), wurde zunehmend deutlich, daß auch Gemeinschaften christlicher Prägung ein hohes Potential haben können, bei ihren Mitgliedern psychische

Störungen wie Depressionen, Angststörungen usw. zu fördern.

Gemeindetherapie ist dann angebracht, wenn die Hintergründe einer oder mehrerer Störungen im sozialpsychologischen oder im geistlichen Bereich liegen und die Gemeinde zum einen oder anderen Aspekt beiträgt. Eine der ersten Aufgaben einer Gemeindetherapie ist es, der Gemeinde zu einer Unterscheidung dieser beiden Ebenen zu helfen. Häufig werden soziale Normen, wie z. B. ein bestimmter Kleidungsstil »geistlich begründet«, was dazu führt, daß ein sinnvoller Dialog über diese Themen nicht mehr möglich ist.

Krankmachende soziale Normen

Soziale Normen sind meistens unausgesprochen. Sie anzusprechen und zu hinterfragen mag schon »verboten« sein, so daß Mitglieder einer Gruppe, die die Normen der Gruppe in Frage stellen, in der Gefahr sind, Außenseiter zu werden oder anderweitig bestraft zu werden. Typische Beispiele für krankmachende soziale Normen in christlichen Gemeinschaften sind u.a. mangelnde Echtheit, kein ausgewogenes Verhältnis zwischen Arbeit und Entspannung bzw. Dienst und Genuß, übermäßig externe Kontrollüberzeugungen, mangelnde Individualität, übermäßig strenges Autoritätsverständnis usw. Die Liste ließe sich fortsetzen. Es ist zu vermuten, daß jede Gemeinde und jede weltliche Gruppe diese oder jene Gruppennorm entwickelt, die zumindest für einzelne Mitglieder sehr störend sein kann. Aufgabe einer Gemeindetherapie ist es, diese Normen zu entdecken, aufzudecken und, wenn möglich, zu verändern. Eine ganzheitliche Gemeindetherapie beschränkt sich jedoch nicht auf soziale Normen, sondern beachtet ebenfalls die geistlichen Aspekte.

Glaube und seelische Gesundheit

Christen sind sich darin einig, daß eine lebendige Beziehung zu Jesus Christus, die Vergebung von → Schuld, eine lebendige Hoffnung, ein praktischer Lebensvollzug innerhalb von Gottes Ordnungen, kurz ein evangeliumsgemäßer Glaube dem Menschen wohltut und keinesfalls zu irgendeiner Form von seelischer Störung beitragen wird. Im Bereich der geistlichen Aspekte von seelischen Störungen wird Gemeindetherapie dementsprechend die Frage stellen, ob in Alltag und Verkündigung ein gesetzlicher Glaube propagiert wird, bei dem letzten Endes die Beziehung zu Gott im eigenen gottgefälligen Denken, Fühlen und Handeln gegründet und abgesichert wird. Der Versuch, den Forderungen Gottes zu genügen, führt häufig zu großen Zwängen. Schuld und Versagen führen zu immer größerem seelischen Druck, sind sie doch in diesem Glaubenssystem schließlich der Beweis dafür, daß der Glaube nicht stark genug ist. Im Gegensatz zu gesetzlichem Glauben geht ein evangeliumsgemäßer Glaube davon aus, daß die persönliche Beziehung zu Gott in Gottes versöhnendem Tun durch Jesus Christus gegründet ist.

Gemeindetherapie in Psychotherapie und Seelsorge

Gemeindetherapie adressiert wie jede systemische Therapie die gesamte Gruppe der Betroffenen. Das kann eine Gemeindeleitung, ein Vorstand oder ein Kirchengemeinderat, aber auch eine ganze Gemeinde sein. Wie jede Therapie, fordert auch die Gemeindetherapie zuerst eine gründliche Diagnostik, so daß die Probleme klar beschrieben werden und sinnvolle Ziele vereinbart werden können. Bei kleineren Gremien (z. B. Kirchengemeinderat) wird hier eine Persönlichkeitsdiagnostik jedes einzelnen Mitgliedes mit Hilfe psychologischer Testverfahren sinnvoll sein. In der Regel wird die eigentliche therapeutische Arbeit zuerst im Seminarstil begonnen, um dann zunehmend die konkreten Probleme und Anliegen in möglichst großer Offenheit zu besprechen. Um eine nicht defensive und offene Atmosphäre zu erzeugen, müssen klare Regeln vereinbart werden (z. B. Verschwiegenheit, Umgang außerhalb der gemeinsamen Sitzungen usw.).

Psychologische und theologische Bewertung

Wenn auch Gemeindetherapie in Deutschland bisher selten praktiziert wurde und es wenig Literatur darüber gibt, läßt sich doch feststellen, daß die therapeutische Arbeit mit einer Gemeinde gute biblische Tradition hat (schließlich sind die meisten Teile des Neuen Testamentes Briefe an Gemeinden, in denen die Probleme dieser Gemeinden deutlich aufgedeckt und klargestellt wurden). Aus der Sicht der Psychotherapieforschung ist zudem deutlich geworden, daß eine Behandlung für individuelle Patienten oder Klienten dann nahezu sinnlos ist, wenn das soziale Netz dieser Patienten krankmachend ist und unverändert bleibt. Es ist also zu hoffen, daß neue Konzeptionen zur Gemeindetherapie weiterhin entwickelt, durchdacht und angewendet werden.

Literatur:
Dieterich, M. (Hg.): Wenn der Glaube krank macht, Wuppertal und Zürich 1991
Flender, J.: Christliche Sozialisation als Bedingung seelischer Erkrankungen, dargestellt an Beispielen der Depression, Siegen 1992   UG

Generalisierung

Generalisierung beschreibt die Tatsache, daß die auf bestimmte → Reize hin gelernten → Reaktionen (→ Konditionierung) auch auf ähnliche Reize erfolgen können, also generalisiert, übertragen oder verallgemeinert werden. Dieser Effekt ist vor allem beim Übertragen der Wünsche und der → Angst auf ähnliche Objekte oder Personen zu beobachten. Negative Reaktionen als Folge der Generalisierung geben Hinweise auf eine Entstehungstheorie von → Phobien.

Die Generalisierung ist eine sog. »höhere Lernleistung«, zu der nur höher entwickelte Wirbeltiere und Menschen fähig sind. Zur Generalisierung gehört die Fähigkeit der Begriffsbildung, d. h. der Mensch ist in der Lage, für eine Fülle von verschiedenen Dingen, allgemeine Begriffe (oder Kategorien) zu bilden, die diese Dinge »zusammenfassen« (»Tier« oder »Möbel«). Generalisierung trägt somit unmittelbar zur Fähigkeit sprachlicher und intellektueller Fähigkeiten beim Menschen bei (Franck, D. 1985, S. 122–123).

Das bekannteste Beispiel zur Untersuchung von Generalisierungsfähigkeit ist wohl ein heute aus ethischen Gründen umstrittenes Experiment von John B. Watson. Er zeigte einem elf Monate alten Kleinkind (Albert) eine weiße Ratte und erschreckte es jeweils kurz nach dem Anblick der Ratte mit einem lauten Geräusch. Nach einer Weile genügte es, Albert die Ratte zu zeigen, um bei ihm Furchtreaktionen (→ Furcht) auszulösen. Allerdings blieb es nicht bei der Furcht vor weißen Ratten, sondern sie generalisierte sich auf weiße Mäuse, Kaninchen und Pelzmäntel (Lück 1991, S. 119–120). Um eine unangemessene Generalisierung handelt es sich auch oft bei allgemeinen Meinungen wie z. B. »Blondinen sind Biester«, »Grüne leben gesund« oder »Mercedesfahrer sind rücksichtslose Rüpel« (Bandura, A. 1979, S. 84–85, 187).

Literatur:
Bandura, A.: Sozial-kognitive Lerntheorie, Stuttgart 1979
Franck, D.: Verhaltensbiologie. Einführung in die Ethologie, Stuttgart, New York 1985
Lück, H. E.: Geschichte der Psychologie, Stuttgart, Berlin, Köln 1991   PV

Genogramm

Ein Genogramm ist die Darstellung eines Familienstammbaumes, der über mindestens drei Generationen hinweg die vielfältigsten Informationen über die Mitglieder einer Familie und deren Beziehungen untereinander enthält. Genogramme werden in grafischer Form aufgezeichnet, dadurch wird ein rascher Überblick über komplexe Familienstrukturen möglich, und sie bieten für die seelsorgerliche oder psychotherapeutische Praxis eine reichhaltige Quelle zur Hypothesenbildung. Besonders hilfreich dabei ist, ein klinisches Problem im Zusammenhang mit der Familienstruktur zu sehen und darüber hinaus auch die historische Entwicklung dieser Struktur und der damit verbundenen Probleme wahrzunehmen.

Einsatzgebiete des Genogramms

Am meisten Verwendung findet das Genogramm bei Paar- und Familientherapeuten (→ Systemtherapien), es wird üblicherweise in der ersten Sitzung erstellt und später revidiert oder ergänzt, wenn neue Informationen hinzukommen (→ Anamnese). Die anfängliche Diagnostik (→ Psychodiagnostik) bildet also die Basis für die anschließende Behandlung. Vom methodischen Ansatz ist es so, daß Familientherapeuten Diagnostik und Behandlung üblicherweise nicht voneinander trennen. Jede Interaktion des Therapeuten mit der Familie tangiert die Diagnostik und beeinflußt also auch die nächste Intervention. Ein weiterer Vorteil eines Genogramms besteht darin, daß durch die anschauliche Form der grafischen Darstellung Daten und Fakten einer Anamnese nicht in den Krankengeschichten untergehen, wie das oft bei tabellarischen Eintragungen geschieht. So sind die Informationen eines Genogramms stets sichtbar, und dadurch werden systemische, komplexe Zusammenhänge auch für Familienmitglieder einsichtig und müssen nicht umständlich interpretiert werden.

Genogramme können den Familienmitgliedern auch dabei behilflich sein, sich selbst und die eigene Position in der Familie neu wahrzunehmen; sie stellen auch für den Therapeuten eine wichtige Möglichkeit dar, zu der Familie »Zugang« zu finden. Emotional besetzte Themen können »entgiftet« und damit bearbeitet werden. Einseitige Schuldzuweisungen können relativiert und in einen neuen Zusammenhang gestellt werden. Verstrickte Beziehungsmuster und deren Dysfunktionalität einer Familie können sowohl horizontal, d. h. innerhalb der jetzt zusammenlebenden Kernfamilie, als auch vertikal, d. h. innerhalb mehrerer Generationen betrachtet werden.

Das Aufstellen von Genogrammen bewährt sich nicht nur für die Paar- und Familientherapie. Sie sind ebenfalls hilfreich und gut einsetzbar in der Einzelbehandlung, besonders wenn es um die Thematik der inneren Ablösung von der Herkunftsfamilie geht. Ebenso lassen sich Themen wie → Schuld und Schuldgefühle mit Hilfe eines Genogramms besser unterscheiden und differenzieren, die Versöhnungsbereitschaft und das Eingestehen eigener Verfehlungen kann erhöht werden, und auf der anderen Seite können Patienten davor geschützt werden, fremde Schuld auf sich zu nehmen.

Für die Methode der Gruppentherapie ist die Genogrammarbeit ebenso gut verwendbar zum Bearbeiten derselben Themen wie bei der Einzeltherapie. Der Vorteil in der Gruppenbehandlung besteht darin, daß einzelne Szenen anschließend durch die Gruppenmitglieder dargestellt werden können, z. B. nach den Methoden von Psychodrama oder Gestalttherapie.

Die Abbildung zeigt ein standardisiertes Genogrammschema, es existiert jedoch bis heute keine allgemein anerkannte Methode zur Erstellung von Genogrammen.

Literatur:
McGoldrick, M.; Gerson, R.: Genogramme, Stuttgart 1990 KB

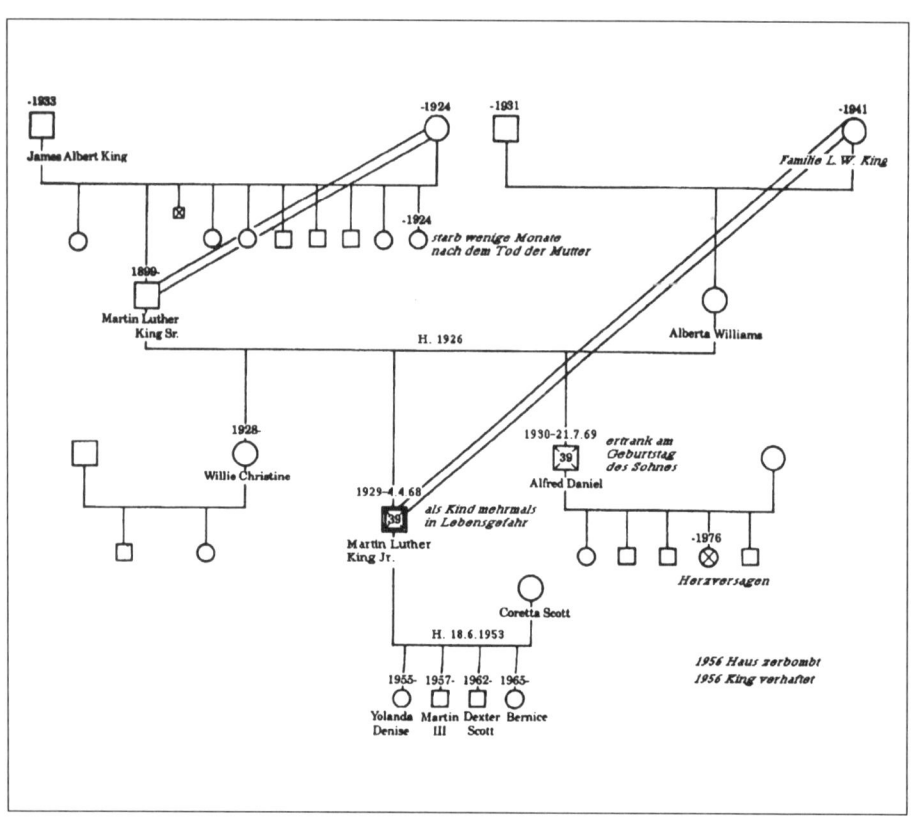

Geschlechtsidentifikation / Geschlechtsrolle

Ein wichtiger Schritt in der Entwicklung der Persönlichkeit ist die Identifikation mit dem eigenen Geschlecht, das Hineinfinden in die eigene Geschlechtsrolle. Heißt das dann beispielsweise Sport und Autos für Jungen, Bücher und Puppen für Mädchen? Woher kommen die Unterschiede zwischen den Geschlechtern?

Die Geschlechtsrolle beschreibt die für das männliche bzw. weibliche Geschlecht als angemessen betrachteten, kulturell erwarteten oder vorgeschriebenen Verhaltensmerkmale (Einstellungen, Interessen, Fähigkeiten, Motive, Verhaltensweisen). Im Laufe seiner Geschlechtsrollenentwicklung erkennt ein Kind zunächst, daß es zwei verschiedene Geschlechter gibt, und daß es selbst zu einer dieser Gruppen gehört (Geschlechtsidentität). Während jüngere Kinder (3–4 Jahre) die Unterscheidung der Geschlechter noch anhand von äußeren Merkmalen wie der Frisur oder der Kleidung vornehmen, erkennen ältere Kinder (ab ca. 6 Jahre) die Unveränderlichkeit des Geschlechts sowohl für andere als auch für sich selbst (Geschlechtskonstanz). Beginnt ein Kind damit, sich in seinem Verhalten den geschlechtstypischen Erwartungen seiner Umwelt anzupassen, spricht man von Geschlechtsrollenannahme, aber erst wenn die Rolle verinnerlicht ist von Geschlechtsrollenidentifikation.

Die Unterschiede von Männern und Frauen entstehen in erster Linie durch die unterschiedliche biologische Ausstattung (biologischer Erklärungsansatz). Hinzu kommt die Verstärkung von geschlechtstypischem Verhalten (Bekräftigungstheorie). Durch die Beobachtung gleichgeschlechtlicher Modelle werden deren Verhaltensweisen imitiert (Imitationstheorien, → Lernen). Die Identifikationstheorie nimmt eine Identifikation mit einer gleichgeschlechtlichen Bezugsperson an. Aber auch die Erkenntnis, selbst zu einem der beiden Geschlechter zu gehören, und das Bestreben, solches Verhalten auszuführen, das als »passend« zum eigenen Geschlecht erlebt wird (Kognitive Theorie), wird als Erklärungsmodell hinzugezogen. Während die ersten Theorien ihren Schwerpunkt auf dem Aspekt der Geschlechtsrollenannahme haben, ist für die kognitive Theorie die Geschlechtsrollenidentität der entscheidende Aspekt.

Bei Betrachtung der Theorien kann man sagen, daß jedes Erklärungsmodell auch ein Phänomen seiner Zeit ist: Die biologischen Erklärungsansätze stammen vorwiegend aus der Zeit, als für jedes menschliche Merkmal ein physiologisches Äquivalent gesucht wurde. Auch heute wird die Diskussion um → Homosexualität durch Ergebnisse angeregt, die auf eine biologische Anlage schließen lassen könnten. Mit den einzelnen Modellen ist jeweils ein anderes Menschenbild (→ Anthropologie) verbunden: der Mensch als durch seinen Körper bestimmt, als von der Umwelt beliebig formbares, passives Wesen oder als aktiv handelnde Person. Es geht auch hier darum, die Modelle nicht als Alternativen, sondern als einzelne »Puzzleteile« zu sehen, die das Ganze eher erklären können.

Aber es gibt – bei aller Erklärung – nicht *den* Mann und *die* Frau, sondern eine große Vielschichtigkeit. Dennoch scheinen Jungen unter einem höheren Druck zu stehen, ihre Geschlechtsrolle zu finden, als Mädchen. Eltern fördern viel eher »maskulines Verhalten« bei ihren Söhnen, als sie bei ihren Töchtern auf »feminines« Verhalten achten. Jungen werden schärfer kritisiert, wenn sie mädchenhaftes Benehmen zeigen. In diesen Bereich hinein fallen auch Theorien, die darin eine mögliche Erklärung für die Homosexualität suchen. Ein Kind oder Jugendlicher erlebt sich selbst, gerade bezogen auf die eigene Geschlechtlichkeit, als minderwertig und richtet sich nun mit seiner Bewunderung oder dem Wunsch nach Identifikation und Nähe auf die Menschen aus, die als besonders männlich oder echt weiblich eingeschätzt werden. Dies kann aber auch nur ein Puzzleteil zur Erklärung der Homosexualität sein.

Literatur:
Oerter, R.; Montada, L.: Entwicklungspsychologie, Weinheim ³1995   BN

Gesetzlichkeit

Zum Begriff

Der Begriff »Gesetzlichkeit« ist gängig in der seelsorgerlichen Umgangssprache, wird jedoch in der Fachliteratur selten ausdrücklich behandelt – wohl aber der Sache nach. Er beschreibt eine individuelle oder kollektive Glaubenspraxis, deren wesentlicher Inhalt die Erfüllung vorgegebener Lebensregeln und Normen ist. Er hat immer einen abwertenden Beiklang, da er eine verengte, der Gnade Gottes und der »Freiheit eines Christenmenschen« nicht gemäße Frömmigkeitspraxis von einer Außensicht her benennt. Die Selbstbeschreibung eines von außen als »gesetzlich« wahrgenommenen Menschen oder einer Gruppe sieht dagegen anders aus: Bibeltreue, Widerstand gegen den Zeitgeist, Unterscheidung von der gefallenen Welt wird als Begründung der eigenen Frömmigkeit angeführt. Gesetzlichkeit kann das Ergebnis eines redlichen Bemühens um Heiligung des Alltags sein, bei dem die allem eigenen Bemühen vorausgehende Liebe Gottes aus dem Blickfeld geraten ist (→ Heil und Heilung). In diesem Fall hängt eine Entwicklung zur Gesetzlichkeit wohl meist mit einem nicht dem Evangelium gemäßen Gottesbild zusammen. Ebenso können allerdings das Macht- und Kontrollstreben einer Gemeindeleitung sowie individuelle und soziale Ängste Gesetzlichkeit bewirken. Im Extrem wird in der Gemeinschaft die Liebe untereinander und ein barmherziger Umgang mit eigenen und fremden Schwächen durch sozialen Anpassungsdruck und ängstlich überwachte Konformität ersetzt. Im Fall individueller Gesetzlichkeit ist nicht selten ein Zusammenhang mit seelischen Belastungen des einzelnen Christen, einer Familie usw. zu finden, die Gottesbild und Selbstbild verzerren. Im Umgang mit Gesetzlichkeit stellt sich daher die doppelte Aufgabe der theologischen Arbeit am Gottes- und Menschenbild und der seelsorgerlichen Arbeit an psychologischen bzw. sozialen Ursachen der die Glaubenspraxis belastenden Ängste.

Theologische Aspekte

Den Hintergrund des Begriffs »Gesetzlichkeit« bildet die Unterscheidung von Gesetz und Evangelium in der reformatorischen Tradition, die damit das biblisch bezeugte Verhältnis Gottes zum Menschen zu erfassen sucht. Dabei ist zu beachten, daß in dieser Tradition auch das Gesetz zum rettenden Handeln Gottes gehört. Es führt dem Menschen die Ordnung der Welt vor Augen, nach der er sich richten muß, wenn er leben will. Der von Gott und von seiner Schöpfung entfremdete Mensch ist allerdings nicht imstande, diese in seinem Leben zu beachten oder gar in der Welt herzustellen. Daher macht ihm das Gesetz seine Verlorenheit und Bedürftigkeit deutlich. Im NT werden je nach Fragestellung verschiedene Aspekte des Verhältnisses Gesetz und Evangelium betont: Bei Paulus wird ihr Gegensatz hervorgehoben, im Hebräerbrief die folgerichtige Entwicklung vom Gesetz des alten Bundes zum neuen Bund Gottes mit den Menschen in Christus. Das rechte Verhältnis beider in der seelsorgerlichen Praxis zu finden, ist eine beständige Aufgabe, die sich nicht nach Formeln und Rezepten lösen läßt. Daher ist auch das Abgleiten in Gesetzlichkeit eine beständige Gefahr. »Kein Mensch lebt da auf Erden, der zu unterscheiden wüßte zwischen Gesetz und Evangelium ... Allein der Heilige Geist versteht diese Kunst« (Martin Luther). Für die Seelsorge eignet sich die Formulierung von Hans-Martin Barth (Berlin 1984) als Ausgangspunkt: »Unter der Predigt des Gesetzes sieht sich der Mensch auf den Weg zum Leben gewiesen, den er von sich aus weder finden noch gehen kann; unter der Predigt des Evangeliums sieht er sich auf den Weg zum Leben gebracht und insofern bereits in das Leben hineingerettet . . . Der gerechtfertigte Sünder steht . . . unter dem lebenslangen Zugriff der Predigt von Gesetz und Evangelium, durch die er einerseits seines Angewiesenseins auf Gottes Zuwendung immer stärker gewahr wird, andererseits aber sie zunehmend intensiver in Anspruch zu nehmen lernt.«

Soziologische und psychologische Aspekte

Ernst Troeltsch betrachtete in Anlehnung an den Soziologen Max Weber eine Überbetonung des Gesetzes als notwendige Folge des Bemühens um Heiligung in einer verbindlichen Gemeinschaft von Glaubenden. Für ihn war die Betonung der Gnade Merkmal der Volkskirche, die Betonung des Gesetzes Merkmal von »Sekten«. Diese Sichtweise, die in der akademischen Theologie weiterwirkt, läßt sich nicht grundsätzlich aufrechterhalten, bezeichnet aber eine Gefahr: Gesetzlichkeit ist Sache kleiner, relativ geschlossener Gemeinschaften. Sie wird gefördert durch eine rigide Gemeindedisziplin oder durch eine an äußeren Zeichen der Heiligung abzulesende Rangordnung, die in der Gemeinschaft gilt. Beides geht auf Kosten der Freiheit des einzelnen und einer Liebe, die auch abweichendes Verhalten zu tragen bereit ist, ebenso auf Kosten eines realistischen Selbstbilds bei denjenigen Menschen, die meinen, mit der Erfüllung des Gesetzes Gottes Gnade verfügbar gemacht zu haben. Daher kann die Gesetzlichkeit leicht in ihr scheinbares Gegenteil, den Perfektionismus, umschlagen. Wenn auf »gesetzlicher« Grundlage von Leitern Kontrollbefugnisse beansprucht oder gar Urteile über den Glaubensstand einzelner Menschen abgegeben werden, muß die Gesetzlichkeit als seelisch krankmachender Faktor für die Betroffenen eingestuft werden. Allerdings gibt es individuell oder familiär begründete, gesetzliche Frömmigkeitsformen, die u.U. sogar gegen eine freiere und liebevollere Praxis im Umfeld aufrecht erhalten werden. Ursache sind in aller Regel seelische Belastungen, die es dem Menschen schwer machen, die unbedingte und ohne Vorleistungen gewährte Liebe Gottes innerlich anzunehmen. Manchmal steht dahinter eine unbewußte Entwertung der eigenen Person, die Quelle ständiger Selbstbeschuldigungen und Fremdbeschuldigungen wird. Diese lassen sich nur durch (scheinbar) fromme Leistungen und Herabsetzung anderer vorübergehend abwehren. Auch eine unbewußte Abwehr gegen Autoritäten, versteckte Haßgefühle gegen Gott (und gegen scheinbar vorbildliche Christen) können Gesetzlichkeit bewirken. Eine lebendigere Frömmigkeit kann sich in solchen Fällen dann erschließen, wenn (oft in Krisensituationen) die eigene Haltung in Frage gestellt und seelsorgerliche Hilfe gesucht wird. Freude an der Liebe Gottes, mehr Barmherzigkeit und Geduld mit anderen und mit sich selbst sind die sichtbaren Folgen einer Befreiung aus gesetzlicher Frömmigkeit.

Literatur:
Barth, H.-M.: »Gesetz und Evangelium I.«, in: TRE 13, S. 126–142, 139f, Berlin/New York 1984
Jentsch, W.: Der Seelsorger, Moers 1982
Troeltsch, E.: Die Soziallehren der christlichen Kirchen und Gruppen, Aalen 1977 (Neudruck).
                                                                          HH

Gesprächspsychotherapie

Die Gesprächspsychotherapie wurde 1942 in ihren Grundzügen von Carl R. Rogers (1902–1987) entwickelt. Heute sieht man die Gesprächspsychotherapie und ihre verwandten Formen neben der Tiefenpsychologie (→ Psychoanalyse) und der → Verhaltenstherapie als die dritte große Kraft der → Psychotherapie. Die große Akzeptanz der Gesprächspsychotherapie begründet sich vor allem aus empirischen Untersuchungen (→ Empirie), die die Wirksamkeit der Gesprächspsychotherapie bestätigten (→ Wirksamkeitsforschung).

Menschenbild der Gesprächspsychotherapie

Gesprächspsychotherapie geht also davon aus, daß im Menschen Selbstheilungskräfte vorhanden sind, die ihm dazu verhelfen, seelische Störungen zu überwinden. Diese Selbstheilungskräfte sollen in der Therapie aktiviert werden. Die einfühlsame, wertschätzende und aufrichtige Beziehung zwischen Therapeut und Klient wird als die Atmosphäre angesehen, in welcher der Klient seine eigenen Ressourcen zur Selbstheilung optimal aktivieren kann.

Verständnis psychischer Störungen

Menschen erlernen durch fehlerhafte Einflüsse der Erziehung usw., bestimmte Bereiche ihres Erlebens zu unterdrücken, so daß diese Bereiche zwar weiterhin eine störende Wirkung haben, aber nicht mehr bewußt wahrgenommen und sprachlich formuliert werden können. Die unverfälschten Erlebnisse der Person nennt Rogers das *Selbst.* Im Gegensatz dazu entwickelt sich durch Erziehung ein → *Selbstkonzept,* was mit dem Selbst dann mehr oder weniger übereinstimmt. Seelische → Gesundheit bedeutet in der Gesprächspsychotherapie ein hohes Maß an Übereinstimmung von Selbst und Selbstkonzept. Das Wahrnehmen emotionaler Erlebnisinhalte bildet dementsprechend einen Schwerpunkt in der Gesprächspsychotherapie. Die Sicht psychischer Störungen als Ergebnis verzerrter Selbstwahrnehmungen führte zur Formulierung der drei Haltungsmerkmale beim Therapeuten, die nach Rogers ausschlaggebend sind für eine erfolgreiche Therapie: Bedingungslose positive Wertschätzung, Einfühlungsvermögen (→ Empathie) und → Echtheit.

Vorgehen in der Gesprächstherapie

Der Therapeut verzichtet auf eine gezielte Beeinflussung des Klienten weitgehend. Gesprächspsychotherapie ist dementsprechend als non-direktive Grundhaltung des Therapeuten zu verstehen, die das Vorgehen in der persönlichen Beziehung definiert. Diese Grundhaltung des Therapeuten wird durch die drei bereits genannten Haltungsmerkmale beschrieben.

Positive Wertschätzung

Die Fähigkeit, den Wert des anderen ohne Bedingungen wahrzunehmen und dieses auch zum Ausdruck zu bringen. Der Therapeut verzichtet auf Wertungen, die dem Klienten vermitteln würden, daß er unter bestimmten Bedingungen mehr oder weniger angenommen wird.

Einfühlungsvermögen oder Empathie

Die Fähigkeit, Gefühle und Erlebnisse des Gegenübers unverzerrt wahrzunehmen und zum Ausdruck zu bringen. Der Therapeut kann dadurch das persönliche Erleben des Erzählers »zwischen den Zeilen« wahrnehmen und in Worte fassen. Dazu gehört auch, bewußt emotionale Erlebnisinhalte der Klienten zu verbalisieren. Indem der Therapeut zur Sprache bringt, was der Klient meint und fühlt aber noch nicht gesagt hat, wird die Selbstexploration gefördert. Durch das selektive Zuhören und Widerspiegeln emotionaler Erlebnisinhalte wird das Gespräch bewußt auf die innere Welt des Ratsuchenden fokussiert. Hierbei legt die Gesprächstherapie besonderen Wert auf das »Hier und Jetzt«.

Echtheit oder Kongruenz

Echtheit oder Kongruenz bezeichnet ein hohes Maß an Übereinstimmung von dem, was man im Inneren erlebt und dem, was man nach außen hin zu erkennen gibt. Echtheit bedeutet die Übereinstimmung zwischen Selbst und Selbstkonzept. Sie ist demnach die wesentliche Basis seelischer Gesundheit. Echtheit bedeutet nicht, daß der Therapeut seine eigenen inneren Erlebnisse thematisiert, sondern nur, soweit diese für den anderen relevant sind. Zu solchen Empfindungen gehören selbstverständlich auch solche, die der Ratsuchende möglicherweise als schmerzhaft erlebt. Wichtig ist, daß der Therapeut seine Empfindungen als subjektiv und persönlich darstellt.

Theologische Bewertung

Kommt es, wie in den vorangegangenen Abschnitten beschrieben, bei der gesprächstherapeutisch orientierten Vorgehensweise wesentlich auf die Haltung des Beraters an, so wird diese im Blick auf den biblisch-therapeutischen Seelsorger am besten mit dem Gebot zur Liebe (Mt 22,39) und dem Grundgesetz Jesu Christi für die Gemeinde (»Einer trage des anderen Last ...«; Gal 6,2) charakterisiert. Nicht Sympathie oder Antipathie dürfen im seelsorgerlichen Gespräch für den Seelsorger bestimmend sein, sondern eine Art »Dennoch-Liebe«. Mögen säkulare Berater den Klienten aufgrund ihrer Toleranz wertschätzen, so ist das Motiv für den biblisch-therapeutischen Seelsorger ein biblisches: Der mir gegenübersitzende Mensch ist trotz seiner Fehler, seiner Sünde, seines Versagens von Gott gewürdigt, Geschöpf und Ebenbild zu sein. Gott erweist seine Gnade jedem, der ihn aufrichtig sucht. Der Seelsorger steht hier mit dem Klienten in einer Solidargemeinschaft. Beide sind Sünder und angewiesen auf die Gnade Gottes. Die in der Theorie zur Gesprächspsychotherapie beschriebenen »Selbstheilungskräfte« dürfen also nicht verwechselt werden mit dem biblischen → Heil.

Als einzige Form einer Seelsorge entspricht die Gesprächspsychotherapie allerdings nicht ausreichend dem, was in der Bibel im Sinne eines seelsorgerlichen Umganges geboten wird (→ Seelsorge). → Trösten, → Ermahnen, Beichtgespräch (→ Beichte) usw. sind wichtige Formen des seelsorgerlichen Gesprächs, die zwar ebenfalls die Grundhaltung des Gesprächstherapeuten erfordern, aber über diese hinausgehen.

Literatur:
Gordon, Th.: Familienkonferenz, Hamburg 1972
Martin, D. G.: Counseling and therapy skills, Monterey 1983
Rogers, C. R.: Der neue Mensch, Stuttgart 1981
ders.: Die nicht-direktive Beratung. München 1985
ders.: Die klientenzentrierte Gesprächspsychotherapie, München, 1986
ders.: Encounter-Gruppen, Frankfurt 1984
Seiffert, Th.; Waiblinger, A. (Hg.): Therapie und Selbsterfahrung, Stuttgart 1986
Tausch, R.; Tausch, A.: Gesprächspsychotherapie, Göttingen 1981
Weinberger, S.: Klientenzentrierte Gesprächsführung, Weinheim 1988   UG

Gestalt

(1) Gestalttheorie

Theorie über das Zustandekommen von Wahrnehmung und kognitiven Vorgängen. Die Gestalttheorie entstand in den 30er Jahren um Max Wertheimer. Nach dieser Theorie unterscheidet sich → Denken wesentlich von blindem Probieren. Das Finden einer Problemlösung wurde als »Einsicht« bezeichnet, d. h. man erkennt, wie sich die verschiedenen Aspekte eines Problems zu einem angemessenen Ganzen, einer Gestalt zusammenfügen. Offenbar spielt bei produktivem Denken das aktive Betrachten des Problems aus verschiedenen Perspektiven eine wesentliche Rolle. Oftmals ist eine neue Perspektive der Schlüssel zum Problem. Im Unterschied zu den Reiz-Reaktionsmechanismen (→ Reiz) des klassischen → Behaviorismus geht die Gestalttheorie von gezielten und schöpferischen Aktivitäten während des Denkvorgangs aus. Die Gestalttheorie ist nach heutigem Stand der Forschung eine Theorie, die besonders gut einfache Denkvorgänge beschreibt. Wesentliches Kriterium eines derartigen Denkvorgangs ist, daß man die entsprechende Aufgabe nur vom richtigen Standpunkt aus betrachten muß, um zu einer neuen Gestalt zu kommen. Für schwierigere Denkoperationen scheint sich eher der Ansatz der → Informationsverarbeitungstheorie, d. h. das Zerlegen eines Problems in kleine Unterprobleme und das sukzessive Lösen derselben zu bewähren.

(2) → Gestalttherapie

Psychotherapieform, die auf Frederick S. Perls zurückgeht und zur → Humanistischen Psychologie gehört. Die Gestalttherapie ist ein tiefenpsychologisches Verfahren. Perls glaubte, daß Verhaltensprobleme auftauchen, wenn Menschen ihre Gefühle oder Erfahrungen verneinen oder leugnen oder wenn sie Gefühle oder Ideen, die sie von anderen ausgeliehen haben, als ihre eigenen darstellen. Die Gestalttherapie ist dementsprechend darauf ausgerichtet, Menschen zu helfen, für sich selbst Verantwortung zu übernehmen und authentische Gefühle zu erleben bzw. »damit in Berührung zu kommen«. Sie geht davon aus, daß die Menschen dann den vorher unbewußten Konflikten und internen Inkonsistenzen gegenübertreten und sie lösen können.

Literatur:
Zu (1):
Bourne, L. E.; Ekstrand, B. R.: Einführung in die Psychologie, Eschborn 1992
Dieterich, M.: Handbuch Psychologie und Seelsorge, Wuppertal und Zürich 1989
Wertheimer, M.: Produktives Denken, Frankfurt 1957
Zu (2):
Corsini, R. J. (Hg.): Handbuch der Psychotherapie, Weinheim 1983
Perls, F. S.; Hefferline, R. F.; Goodman, P.: Gestalt-Therapie. Lebensfreude und Persönlichkeitsentfaltung, Stuttgart 1979   JD

Gestalttherapie

Gründer

Fritz Perls (1893–1970), deutsch-jüdischer Psychiater, 1933 Emigration nach Südafrika, 1946 in die USA. Laura (Lore) Perls, geb.1906, Gestaltpsychologin. Paul Goodman (1911–1972), Schriftsteller, Philosoph und Sozialkritiker.

Quellen

→ Psychoanalyse, z. T. polemische Abgrenzung gegen Freud, beeinflußt von S. Ferenczy, Karen Horney und Wilhelm Reich (Körperarbeit).

Gestaltpsychologie (Goldstein, Wertheimer, Köhler, Lewin), Prinzip der Ganzheitlichkeit, Gestaltbegriff, Wahrnehmungspsychologie, → Feldtheorie (→ Gestalt). → Psychodrama (Moreno), therapeutisches Theater (Iljine), Behandlungstechniken, Rollenspiel, leerer Stuhl, Rollentausch. Philosophie: Existentialismus und Phänomenologie (Buber), Ich-Du-Prinzip, Hier-und-Jetzt-Prinzip. Zen-Buddhismus und Taoismus (Awareness-Konzept)

Konzepte

– *Gestaltbegriff:* Gestalt ist das, was aus einem diffusen Hintergrund in den jeweiligen Vordergrund drängt (Figur-Grund-Prinzip). Man geht immer vom momentan wichtigsten Bedürfnis aus. Dabei ist das Ganze mehr als die Teile, darum ganzheitliche Therapie, ganzheitliche Wahrnehmung, ganzheitliches Lernen. Gestalten haben dynamischen Charakter, sie haben die Tendenz, sich zur »guten Gestalt« zu schließen und streben nach Prägnanz.
– *Hier-und-Jetzt-Prinzip:* Kindheit und Vergangenheit sind nur insofern wichtig, wie sie jetzt in der Gegenwart auftauchen. Freud fragt nach dem »Warum«, Perls nach dem »Wie«. Wie ist das für dich jetzt?
– *Ich-und-Du-Prinzip:* Ich bin ich, und du bist du. Jeder ist eine eigenständige Person. Das darf nicht vermischt werden (Konfusion). Nicht die anderen sind für mein Verhalten verantwortlich (Projektion), aber ich richte mich auch nicht ständig nach verinnerlichten Erwartungen anderer (Introjektion); oder ich beziehe die Gefühle der anderen auf mich (Retroflexion). Nur wenn ich wirklich ich selbst bin und dich dich sein lasse, ist Begegnung und Kontakt möglich.
– *Awareness-Konzept* (Aufmerksamkeit, Bewußtheit): Der Therapeut bleibt ständig bei dem, was jetzt ist – bei dem Klienten und bei ihm selbst. Darauf richtet sich seine ganzheitliche, wache Aufmerksamkeit. Körperreaktionen, Stimme, Tonfall, Blicke u.ä. werden dabei mit einbezogen. Der Klient soll

lernen, sich in einer kontinuierlichen »Awareness« selbst-bewußt zu sein.

Ziele

Die Gestalttherapie will dem sich selbst entfremdeten Menschen helfen, zu einem lebendigen, kreativen, sich selbst bewußten Menschen zu werden. Dabei setzt man nicht bei seinen Störungen an, sondern bei seinen gesunden Potentialen. Er soll sich selbst guter Gefährte werden. Sein soziales Umfeld bis hin zur Politik soll mitverändert werden. In einem sog. »Gestaltkibbuz« wollte Perls einen geschützten Rahmen schaffen, wo Menschen Gestalt als alternative Lebensform praktizieren, damit sie werden können, was sie sind und Verantwortung für ihr Leben übernehmen (Gestalt als Lebenshaltung). Dabei ist die Gestalttherapie in der Praxis hinter diesem Programm zurückgeblieben.

Methoden und Techniken

Gestalttherapie ist ein aktives, kreatives therapeutisches Verfahren für einzelne und Gruppen, das mit einer Fülle von Techniken arbeitet. Der Therapeut greift aktiv ein, konfrontiert, frustriert, verstärkt und stützt den Klienten. Dabei spricht der Klient in direkter Rede mit eigenen Anteilen, anderen – auch toten – Personen, die er auf einen leeren Stuhl (sog. Gestaltdialog; hot seat) setzt und dabei ihre Rolle übernimmt. Der Therapeut fordert den Klienten immer wieder auf: »Sei das, was du träumst, ablehnst, oder befürchtest. Geh ganz hinein und spiel es mit deinem Körper, damit du das Abgespaltene als zu dir gehörig erlebst«. Außerdem verwendet man in der Gestalttherapie noch weitere Techniken. So u.a. die Verstärkung von Körperreaktionen, Phantasiereisen, Rollenspiel (→ Psychodrama), kreative Medien (Malen, Töpfern, Musik, Bewegung).

Weiterentwicklungen und Ausbildung

Der Ansatz von Fritz Perls wurde von seiner Frau Laura zu einer eigenen Ostküsten-Gestalttherapie weiterentwickelt. In Deutschland und Europa hat Hilarion Petzold die Gestalttherapie wesentlich weitergeführt und daraus ein eigenes therapeutisches Verfahren, die Integrative Therapie begründet. Dabei werden vor allem die individualistischen Konzepte Perls aufgegeben und neue Konzepte (Leib- und Bewegungstherapie, Tanztherapie, Kunst- und Poesietherapie, sowie Gestaltseelsorge, → Methodenpluralität) integriert. Vor allem die theoretische Grundlage wurde völlig neu bearbeitet und auch christliches Denken aufgenommen. Auch neue Zielgruppen (Kinder, alte Menschen, Behinderte, Suchtkranke) wurden ins therapeutische Blickfeld gerückt.

Literatur:
Ladenhauf, K. H.: Integrative Therapie und Gestalttherapie in der Seelsorge, Paderborn 1988
Lückel, K.: Begegnung mit Sterbenden, München 1985
Perls, F.: Das Ich, der Hunger und die Aggression, München 1989
ders.: Grundlagen der Gestalttherapie, München 1976
Petzold, H.: Integrative Therapie, Paderborn 1993
Rahm, D.: Einführung in die Integrative Therapie, Paderborn 1993   FKG

Gesundheit

Anthropologisch

Gesundheit ist nicht ohne den Gegenbegriff → Krankheit zu definieren. Gesundheit und Krankheit sind Funktionen des Lebens. Leben ist das Geschehen der Integration (1) von Zellen zu Organen und Organen zum Organismus, (2) des körperlichen Lebens in ein die Innen- und Außenwelt wahrnehmendes und steuerndes Zentrum (Seele), dessen lenkende und regulierende Funktionen nur zum geringsten Teil auf der Bewußtseinsebene geschehen, (3) des Individuums in seiner Mit- und Umwelt.

Leben ist immer störanfällig, ist aber auch auf die Abwehr solcher Störungen ausgerichtet (z. B. Immunsystem), so daß es zwischen Gesundheit und Krankheit nur gleitende Übergänge gibt. Gesundheit ist nicht der Zustand vollkommen subjektiven Wohlbefindens (so die Definition durch die Weltgesundheitsorganisation), auch nicht der unbeeinträchtigte harmonische Ablauf des Lebens auf seinen verschiedenen Ebenen, sondern das Geschehen der erfolgreichen unbewußten oder bewußten Abwehr von störenden Lebenseinflüssen, die zur Krankheit führen können. Gesundheit und Krankheit sind nicht nur in bezug auf das subjektive Empfinden, sondern auch auf objektivierbare Größen (z. B. organische Befunde) zu definieren. Subjektive und objektive Betrachtungsweise müssen aufeinander bezogen sein und einander ergänzen und korrigieren.

Seelische Gesundheit wird als »Arbeits- und Genußfähigkeit« (S. Freud), als Fähigkeit zur zufriedenstellenden Bewältigung der inneren (→ Triebe, Bedürfnisse) und äußeren Realitäten des Lebens und zugleich – sozial – als Fähigkeit des Menschen verstanden, die Rollen und Aufgaben zu erfüllen, für die er sozialisiert (→ Identität) wurde. Gelingt es dem Menschen nicht, die innere psychophysische und seelisch-geistige Lebenswelt und die Anforderungen der äußeren Lebensrealität in eine Balance zu bringen, so wird er seelisch krank.

Nach dem dynamischen Verständnis von Gesundheit ist Gesundheit also nicht der Zustand vollständigen Wohlbefindens oder des Freiseins von allen Störungen des Lebens. Denn dann müßten alle Formen des Mißempfindens als pathologisch eingestuft werden. Damit würde die Fiktion einer leidfreien Welt gefördert. Vielmehr ist unter Gesundheit auch die Fähigkeit zu verstehen, mit Einschränkungen der Lebenskraft zu leben (z. B. Altern). Gesund wäre demnach auch ein Mensch, dem es gelingt, eine unabänderliche Störung seines körperlichen, seelischen oder sozialen Wohlbefindens so in sein Leben zu integrieren, daß er mit ihr leben kann und nicht sein Selbstwertgefühl verliert und nicht seelisch krank wird. Dies setzt meist voraus, daß man Einschränkungen auf einem Lebensgebiet auf einem anderen in etwa ausgleichen und so im Leben noch Sinn erfahren kann. Damit wird Gesundheit nicht nur als Arbeits- und Genußfähigkeit verstanden, sondern diese »Leistungsfähigkeit« wird auch bezogen auf die »Leidensfähigkeit«, die Fähigkeit zum eigenen Leiden und zum Mitleiden.

Theologisch und ethisch

Gesundheit ist – wie das Leben – Gabe Gottes und zugleich Aufgabe des Menschen, ist »Kraft zum Menschsein« (K. Barth), zur Verwirklichung der aufgegebenen Lebensbestimmung. Gesund ist der Mensch, der sein Leben als verdanktes Geschenk Gottes und nicht als Besitz versteht, wer also im Glauben eine Beziehung zu Gott findet (Lk 17,1ff) und aufgrund dieses Glaubens auch mit Einschränkungen der Gesundheit leben kann (2Kor 12,7ff). Im Glauben findet der Mensch sich eingespannt zwischen das verheißene Heil des Reiches Gottes und das gegenwärtig erlebte Unheil (Röm 8,18ff; Offb 21,1ff). Jede Heilung des Leibes und der Seele darf zwar als zeichenhafter Vorschein des Reiches Gottes erbeten und mit medizinischen, psychotherapeutischen und geistlichen Mitteln angestrebt und dankbar empfangen werden, doch ist ihr Ausbleiben kein empirisches (→ Empirie) Kriterium für Glauben oder Unglauben, die Stellung des Menschen vor Gott. Nicht die Herstellung einer gesunden, ganzheitlich-harmonischen und glücklichen Existenz ist der tiefste Sinn des Glaubens, sondern das Aushalten der Tiefen des Lebens in der Erfahrung des lebendigen Gottes (Ps 23; 42; 73; 139; Röm 5,1ff; 8,1ff; 2 Kor 12,7ff).

Gesundheit – auch seelische – ist (wie das irdische Leben) eine vergängliche Gabe, kein letztes, sondern ein vorletztes Gut. Der Glaube wehrt sich gegen seine Vergötzung wie gegen seine Geringschätzung. Der Vergötzung entspricht der Zwang zur Gesundheit und die soziale und religiöse Ächtung – bis hin zur Einstufung als »lebensunwertes« Leben – der unheilbaren und behinderten Menschen, gegen die sich Jesus mit seinen Heilungen in erster Linie wandte. Andererseits ist Gesundheit als gute Gabe Gottes zugleich eine Aufgabe für den Menschen, sie zu bewahren und zu fördern. Der Mensch trägt vor Gott Verantwortung für seine Gesundheit, ohne sie durch sein Bemühen sichern zu können.

Literatur:
Barth, K.: Kirchliche Dogmatik. Bd. III/4, Zürich ³1969
Bittner, W.: Heilung – Zeichen der Herrschaft Gottes, Neukirchen-Vluyn 1984
Eibach, U.: Heilung für den ganzen Menschen? Neukirchen-Vluyn 1991
ders.: Seelische Krankheit und christlicher Glaube, Neukirchen-Vluyn 1992
Rothschuh, K. E. (Hg.): Was ist Krankheit? Darmstadt 1975   UE

Gewissen

Das Gewissen ist eine bewußte, innerseelische Instanz, die uns signalisiert, ob wir uns im Einklang mit unseren eigenen Maßstäben oder Normen befinden. Im Wort »Gewissen« steckt der Ausdruck »Wissen«. In der Regel »wissen« wir intuitiv, ohne längeres Überlegen, ob unser Verhalten unserer Norm entspricht. Allerdings sind sich viele ihrer eigenen Norm nicht oder nur teilweise bewußt.

Das Gewissen übermittelt uns üblicherweise nur zwei Botschaften – nämlich »ja« oder »nein«. Dementsprechend sprechen wir von einem guten bzw. schlechten Gewissen. Ein gutes Gewissen liegt dann vor, wenn sich das Gewissen nicht »meldet« und wir uns entsprechend bei einer Sache wohl fühlen. Von einem schlechten Gewissen sprechen wir, wenn uns ein Gefühl von Betroffenheit oder Schuld befällt.

In der Regel ist die Abgrenzung eines guten von einem schlechten Gewissen ziemlich deutlich vollziehbar. Es kann aber auch zu Grenzfällen kommen, wo die Botschaft nicht eindeutig ausfällt.

Entstehung des Gewissens

Woher kommt das Gewissen? Die Anlage zum Gewissen ist allen Menschen ebenso angeboren wie die Fähigkeit, eine Sprache zu lernen. So wie Kinder von Natur aus jede Sprache dieser Welt lernen können, so vermag auch das Gewissen verschiedene »Dialekte« zu lernen. Ob neben der Anlage auch noch ansatzweise ethische Grundsätze angeboren werden, ist fraglich. Dazu sind die Unterschiede von Mensch zu Mensch viel zu groß. Die Grundsätze wären sicher nur wenig ausgeprägt und ließen sich nur äußerst schwierig von anerzogenen unterscheiden. Die erworbenen Anteile sind mit Sicherheit bedeutsamer. Das Gewissen läßt sich in fast allen Belangen mit der Alarmanlage eines Hauses vergleichen. Die Aufgabe besteht darin, unter genau definierten Kriterien Alarm zu schlagen. Das Ziel zu definieren und die Empfindlichkeit der Anlage einzustellen, ist Aufgabe der Installationsfirma oder des Besitzers. So kann man eine Alarmanlage zu empfindlich einstellen, mit der Folge, daß viele kostspielige Fehlalarme entstehen. Man kann eine Alarmanlage aber auch zu »stumpf« einstellen, so daß sie unter Umständen trotz eines Einbruches nicht reagiert. Es gilt also streng zu unterscheiden zwischen der Anlage und der Programmierung durch den Anwender.

Alles von der Alarmanlage Gesagte gilt nun auch für das Gewissen: Es soll uns signalisieren, wenn wir mit unserem Handeln von unseren Wertvorstellungen (→ Ethik) abweichen. Es kann uns aber niemals diese Wertmaßstäbe selber liefern. So wie die Alarmanlage, auch wenn sie technisch absolut einwandfrei arbeitet, vom Besitzer auf die jeweilige konkrete Situation justiert werden muß, so ist auch das Gewissen darauf angewiesen, mit Richtlinien eingestellt zu werden. Es ist deshalb ein Irrtum zu meinen, das Gewissen sei ein zuverlässiger Maßstab zur (objektiven) Beurteilung unseres Verhaltens. Es kann uns nur sagen, ob unser Verhalten im Einklang mit *unserem* Maßstab ist, aber es kann uns niemals sagen, ob unser Maßstab stimmt. Im Gegenteil: Wie die Alarmanlage, so muß auch das Gewissen geeicht, justiert werden. Praktisch geschieht dies durch die Erziehung in der Familie und in sonstigen funktionalen wie intentionalen Erziehungsumständen. Dabei vermag zwar die Erziehung die Normierung des Gewissens hervorragend zu vermitteln, kann die Normen aber nicht selbst erzeugen. Im Gegenteil, die Erziehung muß als solche selber an einem absoluten Maßstab geeicht werden. Dieser befindet sich in der Bibel als dem Wort Gottes. Im Gegensatz zur Musik, wo es einzelne Menschen gibt, die über ein absolutes Musikgehör verfügen, dürfte es auf moralischem Gebiet kein absolutes Gewissen geben. So kommen wir nicht darum herum, unsere inneren Töne nach einer Stimmgabel, dem Wort Gottes, zu richten.

Folgen zu empfindlichen oder unempfindlichen Gewissens

Wie erwähnt, ist das Gewissen der Menschen sehr unterschiedlich »programmiert«. Deshalb gibt es Menschen mit einem zwanghaften, zu fein eingestellten Gewissen, wieder andere, die ihr Gewissen solange nicht beachten, bis es am Ende völlig abgestumpft ist und nicht mehr reagiert.

Die Folge eines zwanghaften, übersensiblen Gewissens besteht in falschen Schuldgefühlen. Das heißt, es entsteht das Gefühl von Schuld, ohne daß objektiv eine entsprechende Schuld vorliegt (vgl. → Gesetzlichkeit). Umgekehrt kann man sein Gewissen bewußt unterdrücken oder überspielen, bis man seinen Ruf mit der Zeit gar nicht mehr vernimmt.

Die Hauptgefahr besteht darin, das Gewissen selber als objektive Norm zu betrachten. Es ist aber lediglich ein wertvolles Ausführungsorgan, das der Normierung von außen bedarf.

Christen sind in doppelter Hinsicht gefordert: Weil das Gewissen keiner objektiven Norm entspricht, sind wir aufgerufen, dieses immer wieder an die biblische Richtschnur anzupassen. Andererseits ist eine liebevolle Toleranz gefordert, weil das Gewissen anderer unterschiedlich justiert ist. Paulus ruft uns auf, die (im Gewissen) Schwachen nicht zu überfahren (1 Kor 8,23ff).

Literatur:
Eckstein, H.-J.: Der Begriff Syneidesis bei Paulus, 1983
Hallesby, O.: Vom Gewissen, Wuppertal 1990
Kettling, S.: Das Gewissen, Wuppertal 1985

MJ

Glaube

Der biblische Begriff

Der hebräische Begriff für »Glaube« leitet sich von der Wurzel – *aman*, fest sein, ab (gr. *pisteuein*). Das Substantiv hat nur in Hab 2,4 die Bedeutung von Glauben, sonst meint es Treue, Zuversicht. Das Verbum »glauben« dagegen tritt häufig auf und beschreibt das vertrauensvolle »Sich-Verlassen auf« und »Sich-Festmachen in« Gottes Treue und Wirklichkeit. Dies ist ein Glauben auch gegen die vorzufindende Wirklichkeit, ein »Dranbleiben« an Gott, der bleibt (vgl. Jes 7,9; Hebr 10,23 und in der Sprachform des Chiasmus Hebr 10,39–39). Die Botschaft von Jesus zielt auf Umkehr (→ Buße) und die Antwort des Glaubens: »Die Zeit ist erfüllt, und das Reich Gottes ist herbeigekommen: Tut Buße und glaubt an (gr. *en*) das Evangelium« (Mk 1,15). Die verkündigte Vergebung der → Sünde soll geglaubt, angenommen werden. Gleichzeitig drückt sich in dieser Textstelle das alttestamentliche Bleiben in Gott (vgl. Jes 7,9), ein Sich-Bergen in Gott aus.

Für Paulus liegt ein Schwerpunkt des Glaubens im Annehmen des Heils, welches durch die Sühne am Kreuz für den Menschen von Gott geschenkt wurde (vgl. 2 Kor 5,18f) – Glaube heißt demnach, dem rechtfertigenden Urteil Gottes über den Sünder mehr zu glauben und darauf zu vertrauen, als den eigenen religiösen Möglichkeiten, zu Gott zu kommen. Dieser Glaube schließt das Wissen um Bekehrung, Wiedergeburt, Erleuchtung und Kindschaft Gottes (vgl. Röm 8, 16) mit ein. Die Definition des Glaubens in Hebr 11,1.3, die Jes 28,16 aufnimmt, eröffnet den Blick auf die unsichtbare Welt Gottes, die als viel realer als die sichtbare

Welt vorgestellt wird und die vor der sichtbaren Welt geschaffen wurde. Der Hebräerbrief empfiehlt den verfolgten Christen (Hebr 10,32f) an ihrem realen himmlischen Hab und Gut (Hebr 10,34), an der Belohnung in dieser unsichtbaren Welt (Hebr 10,35; vgl. auch 2Kor 5,10) festzuhalten und trotz der gegenwärtigen Schwierigkeiten und existentiellen Bedrohungen nicht zurückzuweichen. Sie sollen ihren Glauben in diese unsichtbare Wirklichkeit, letztlich in Jesus Christus als den kostbaren Eckstein, gründen. Vor dem Hintergrund dieser Perspektive eröffnet sich für die Gläubigen ein Verhaltenspotential, das ihnen trotz Enteignung (Hebr 10,34), öffentlicher Schikanen (Hebr 10,33) und Lebensbedrohung große Gelassenheit und Gewißheit zuteil werden läßt, weil sie sich ganz in Gott geborgen und um die unsichtbare Realität wissen. Diese Hoffnung wird nicht als billige Vertröstung auf einen Idealzustand irgendwann nach dem Tode erlebt, sondern als konkrete Sinnperspektive in der Gegenwart auf eine Realität hin, die für die Gläubigen *schon jetzt* vollgültig da ist und um die sie wissen, auch wenn sie sie mit den natürlichen Sinnen *noch nicht* wahrnehmen oder beweisen können (Hebr 2,8; 1Joh 3,2).

Glaube in Psychotherapie und Seelsorge

Die *Kraft des Glaubens* ergibt sich für Christen u.a. aus folgenden Punkten:
– Sie sind von der Sorge um ihr Heil durch Gottes Wort der Vergebung und Versöhnung entlastet. Sie haben von Gott her den Rücken frei, sich den geforderten Aufgaben der Gegenwart zu widmen. Sie stehen nicht unter dem Druck des Gesetzes, vollkommen leben zu müssen, um vor Gott bestehen zu können.
– Glaube, der sich in diese Zusagen und in diese Erlösung durch Jesus Christus gründet, findet zu Heils- oder Glaubensgewißheit.
– Dieser biblische Glaube lebt von einer konkreten Hoffnung auf die unsichtbare

Welt und von konkreten Erwartungen. Er nimmt die Worte Jesu von den Wohnungen, vom historischen Mahl, von der Bürgerschaft in der unsichtbaren Stadt Gottes, vom Erbe bzw. Erbland, von der Belohnung nicht abstrakt, symbolisch oder fiktiv, sondern so real, wie dies Jesus und die neutestamentlichen Schriften formulieren.
– Biblischer Glaube erlebt die Beziehung zu Jesus Christus als lebendige und persönliche Gemeinschaft, die trotz äußerer Angriffe bleibt (vgl. Röm 8,38–39).

Ein altes, auch für die Seelsorge relevantes Problem stellt die Tatsache dar, daß viele Menschen den Glauben einseitig im Sinne von *Glaubenswissen* (fides, quae creditur) verstehen. Dazu gehört aber auch die *Glaubensbeziehung* zu Jesus Christus (fides, qua creditur). Auf diese Wirklichkeit einer lebendigen Beziehung zielt beispielsweise die Begegnung Jesu mit den um den verstorbenen Bruder trauernden Geschwistern Marta und Maria ab. Zu Marta spricht Jesus: »Ich bin die Auferstehung und das Leben. Wer an mich glaubt, der wird leben, auch wenn er stirbt, und wer da lebt und glaubt an mich, der wird nimmermehr sterben. Glaubst du das?« (Joh 11,25). Doch bleibt Marta offenbar im Glaubenswissen hängen (vgl. Joh 11,27).

Persönlicher Glaube kann nicht theoretisch erforscht, sondern muß gewagt werden. So tun, als ob es die unsichtbare Welt und Christus als lebendigen Gott und Herrn gibt, sich auf das *Glaubensexperiment* einlassen und dadurch Glaubenserfahrungen sammeln, selbst aktiv die Bühne des Glaubens betreten usw.: All dies sind Wege, wie sich einem Menschen die Wirklichkeit Gottes durch die Vermittlung des Heiligen Geistes erschließen kann.

Fällt insbesondere einem psychisch erkrankten Menschen dieses Glaubenswagnis schwer, ist es möglich, mit ihm sinnliche Schöpfungswahrnehmungen im Sinne auch der → Logotherapie zu üben (z. B. Blütendüfte riechen, Früchte schmecken, kühle Luft einatmen, den Körper beim Spaziergang, bei der Gymnastik oder dem Jogging spüren, den Geruch des Morgens bewußt als neue Schöpfung erleben usw.). Solche Übungen können Menschen dazu anleiten, die Treue Gottes zu seiner Schöpfung wahrzunehmen, dafür Gott zu danken und sie zunehmend glaubend als ein Zeichen für seine Liebe an den Betroffen zu entdecken.

Literatur:
Betz, O: Art. »Glaube«, in: Burkhardt; H., Swarat, U.: Evangelisches Lexikon für Theologie und Gemeinde, Band 2, S. 768–769, Wuppertal und Zürich 1993
Dieterich, M.: Handbuch für Psychologie und Seelsorge, Wuppertal und Zürich 1989
Grün, A.: Einreden. Der Umgang mit den Gedanken, Münsterschwarzach 1983
Schlatter, A.: Der Glaube im Neuen Testament, Stuttgart [6]1982
Stuhlmacher, P.: Biblische Theologie des Neuen Testaments. Bd. 1, Göttingen 1992   WV

Glaubensentwicklung

Für einen ganzheitlichen Entwicklungsansatz muß die körperliche Entwicklung, die Entwicklung des → Denkens, der Gefühle, der → Moral usw. mit der Glaubensentwicklung zusammen und sich gegenseitig bedingend gesehen werden. Wenn man nur die äußeren Aspekte beachtet, dann könnte man die Glaubensentwicklung vor dem Hintergrund der aus der Psychologie bekannten Ansätze zur Änderung von → Werthaltungen betrachten: Menschen, die eine neue Wertorientierung verinnerlicht haben, handeln nicht nur, sondern legen auch Rechenschaft über ihr verändertes Denken und Handeln im Sinne einer Überzeugung oder Gesinnung ab. Damit wird deutlich, daß die Werteänderung wesentlich mehr ist, als nur ein Wissen über diese neue Haltung, mehr auch als nur eine andere Gewohnheit oder ein verändertes Gefühl. Man kann diese Veränderung deshalb als Paradigmenwechsel beschreiben. Auch eine diffuse religiöse Werthaltung kann so erworben werden und wurde oft in den Romanen der Weltliteratur so beschrieben. Vor biblischem Hintergrund ist jedoch ein deutlicher Unterschied zu markieren zwischen der Entwicklung von diffus-religiösen Werthaltungen und einer persönlichen Lebenshingabe an Jesus Christus. Bei letzterem geht es um einen »Herrschaftswechsel« in der Beziehung zu Gott. Dabei wirkt er selbst am Menschen, indem er ihn verändert: »Ist jemand in Christus, so ist er eine neue Kreatur« (2Kor 5,17). Selbstverständlich führt ein Herrschaftswechsel auch zu einer Wertumorientierung. Weil jedoch nur die Folgen und nicht die Ursache überprüfbar sind, ist ein Umkehrschluß nicht möglich. Wir sind uns darüber im klaren, daß man die Beziehung zu Gott nicht messen kann. Es gibt für viele Christen den langsamen Weg des Hineinwachsens in einen persönlichen Glauben. Dabei ist es letztendlich ein Geheimnis zwischen dem Menschen und seinem Schöpfer, in welchem Verhältnis sie zueinander stehen.

Versucht man die äußeren Zeichen einer religiösen Entwicklung zu beobachten, kann man feststellen, daß sich die einzelnen Komponenten des Wertewandels nicht gleichmäßig verändern. Bei kleinen Kindern findet man in der Regel fast ausschließlich die Nachahmung der religiösen Gebräuche. Nach einiger Zeit kommt die affektive Komponente hinzu (feierliche Stille, andersartige Musik, Gerüche, bunte Kirchenfenster usw.). Diese Gefühle werden mit den Gebräuchen (dem Verhalten) gekoppelt (konditioniert), und das Kind erwirbt dadurch in der Regel eine positive Einstellung zum Religiösen. Die kognitive Komponente, die zur Übernahme der Gesamthaltung erforderlich ist, entwickelt sich erst im Kindergartenalter. Kinder haben anfangs sehr diffuse Vorstellungen über Gott (z. B. daß er dem Großvater ähnlich sieht). Die Begegnung mit ihm entspricht der Begegnung mit einem Menschen, der viel Macht hat (Kaiser oder Staatspräsident). Vater, Sohn und Heiliger Geist können bis weit in die Schulzeit hinein nicht differenziert und zugeordnet werden. Bejahen die Erzieher das Reli-

giöse, dann entsteht beim Kind eine ausgesprochen positive Haltung hierzu. In diesem
Alter gibt es auch persönliche Entscheidungen für Jesus Christus. Im Laufe seiner weiteren Entwicklung erfährt das Kind allerdings, daß in unserer Gesellschaft eine
kritische Diskontinuität bei der Bewertung
religiöser Werte herrscht. Je älter es wird,
um so deutlicher lernt es die Meinungen in
unserer Gesellschaft kennen, die davon ausgehen, daß Religion nur etwas für Kinder,
Abhängige, Alte und Schwache sei. Insgesamt gesehen nimmt die positive Einstellung
zur Religion in den Reifejahren ab. Einhellig
wird in der Literatur gezeigt, daß es zu einer
ständig wachsenden Unzufriedenheit mit
den institutionalisierten Religionsvorschrif-
ten kommt. Der Jugendliche versucht sein
traditionelles Glaubensgut mit anderen
Überzeugungen zu vereinbaren und in neue
Wertesysteme zu integrieren. Zumindest in
der Tendenz kann dieses Verhalten auch von
denjenigen Jugendlichen erwartet werden,
die den oben beschriebenen Herrschaftswechsel vollzogen haben. Auch bei ihnen
muß man davon ausgehen, daß es zu einer
ständig wachsenden Unzufriedenheit mit
den institutionalisierten Gebräuchen
kommt. Vor diesem Hintergrund gilt es, das
Glaubensleben des jungen Christen neu zu
ordnen. Zur → Identitätskrise des jungen
Menschen gehört häufig eine Glaubenskrise
hinzu. Mit seinen »neuen« Gefühlen, der
Möglichkeit des abstrakten Denkens, der
neuen Art, Zusammenhänge zu sehen und
von Oberbegriffen abzuleiten, muß sich der
junge Erwachsene jetzt auch mit seinem
Verhältnis zu Jesus Christus auseinandersetzen.

Im Anschluß an die oben gemachten
Überlegungen zum »Herrschaftswechsel«
kann man in fünf Stufen (mit allen mögli-
chen Übergängen) den verschiedenartigen
Glaubensstil als Beziehung des Menschen zu
Gott bzw. zu Jesus Christus aufzeigen.

(1) Für diese Kinder und Jugendlichen ist
Gott absolut gleichgültig. Sie haben weder
vom Elternhaus noch in den Schulen und
Kindergärten von ihm gehört. Auf

das zum Menschen gehörende Ahnen einer
Transzendenz reagieren sie diffus.

(2) Diese Kinder und Jugendlichen reden
wenig über Gott. Die verschiedenen Glau-
bensformen sind für sie allesamt sehr ähnlich. Religion und Geheimnisvolles bzw.
nicht Erklärbares werden oftmals synonym
gesehen. Die großen Kirchen werden eher
als Machtorganisationen verstanden, die
Menschen beeinflussen und einengen wollen. Religionsstifter sind im besten Falle
große und edle Menschen.

(3) Diese Kinder und Jugendlichen wissen, daß es Gott gibt und daß über ihn in der
Bibel berichtet wird. Sie haben die Sozialisation des christlichen Abendlandes erlebt
und stehen ihr positiv gegenüber. Die ethischen Richtlinien der Bibel sind ihnen wichtig. Daß Kirchen zu den großen Fragen der
Menschheit Stellung nehmen und daß die
Welt mehr an der Bibel, z. B. an der Bergpredigt, orientiert sein sollte, ist für sie wichtig.
Die Aufgabe der Christen sehen sie darin,
für Frieden in der Welt zu sorgen, das Nord-
Süd-Gefälle auszugleichen, Unterdrückung
aufzulösen usw.

(4) Diese Kinder und Jugendlichen haben
einen Wechsel ihrer Einstellungen zu Gott,
einen Paradigmenwechsel, vollzogen. Sie haben verstanden, daß Jesus Christus, der Sohn
Gottes, als stellvertretendes Opfer für die
Sünde dieser Welt gestorben ist. Sie können
anderen Menschen gegenüber, z. B. in der
Schule oder am Arbeitsplatz, diese Meinung
vertreten und zeigen ein entsprechendes
Handeln. Sie gehören zu den Mitarbeitern
in Kinder- und Jugendstunden. Es kann aber
auch vorkommen, daß sie scheinbar urplötz-
lich »abfallen«, um z. B. als engagierte Mitarbeiter in politischen Gruppierungen ein
anderes Paradigma zu übernehmen.

(5) Diese Kinder und Jugendlichen haben
eine bewußte Lebenshingabe an Jesus Christus vollzogen. Gott wirkt an ihnen, weil es
zu einem vorbehaltlosen Herrschaftswechsel gekommen ist. Sie sind »in Christus«
(2Kor 5,17) und damit »eine neue Kreatur«.
Jesus Christus bestimmt ihr Leben ganz-

heitlich. Dies muß nicht bedeuten, daß das Dasein ohne Probleme wäre. Auch ihre großen Fragen des Lebens müssen als »Entwicklungsaufgaben« gelöst werden. Junge Menschen brauchen Zeit, um ihre Identität zu finden, und dabei gibt es Traurigkeit, Sehnsucht und Tränen. Zweifel sind auch nach dem Herrschaftswechsel vorhanden – aber sie sind nie größer als der Glaube.

Literatur:
Dieterich, M. (Hg.): Seelsorge an Kindern, Neuhausen 1993   MD

Gruppe

In der Soziologie muß eine Gruppe (von ital. *gruppo* = Ansammlung, Schar; allgemein: kleinere Anzahl von Personen oder Dingen) folgende Merkmale aufweisen:

– eine überschaubare Anzahl von Personen, die sich in ihrer sozialen Einheit von anderen sozialen Gebilden abhebt;

– eine gemeinsame Sprache, die gruppenspezifische Züge annehmen kann;

– gemeinsame Wertorientierungen (→ Werthaltung, → Wertvorstellung), Ziele, Interessen;

– gemeinsame, gruppenspezifisch ausgeprägte Normen (→ Ethik), die das Gruppenverhalten u.U. durch Kontrolle oder Sanktionen regulieren;

– ein System, das durch Rollen wechselseitig aufeinander bezogen ist;

– die sozialen Beziehungen und Interaktionen sind dauerhaft, um zur Erreichung der Gruppenziele und Bewältigung von Problemen beizutragen;

– durch die psychisch-geistige Verbundenheit entsteht ein Wir-Bewußtsein (Kohäsion, Gruppen-Integration).

Der soziologische Gruppen-Begriff geht dabei vorrangig von der Kleingruppe aus, die bis zu 30 Personen umfaßt. Dabei wird von verschiedenen Typen der sozialen Gruppen ausgegangen: Die *Primärgruppe* (z. B.

Familiengruppe oder Freundschaftsgruppe),die durch enge, persönliche und gefühlsmäßige Beziehungen gekennzeichnet ist und die *Sekundärgruppe* (z. B. Vereinsgruppe oder Berufsgruppe).

Der Mensch braucht die Gruppe zum Entfalten und Überleben. So zeigt die Gruppen-Forschung verschiedene Leistungsvorteile der Gruppen gegenüber dem Individuum auf, insbesondere im pädagogischen und therapeutischen Bereich.

Die Untersuchung von Gruppenstrukturen ergab, daß die Strukturen innerhalb der Gruppe nicht homogen sind. Es gibt in der Regel eine bestimmte »Hackordnung«, d. h. ein »oben« und »unten«, den »Star« und das »schwarze Schaf«. J. L. Moreno hat schon 1934 mit seinen Forschungen die Möglichkeiten aufgezeigt, wie diese Gruppenstrukturen wissenschaftlich erfaßt (→ Soziometrie) und dargestellt werden können.

K. Lewin hat mit seiner »Feldtheorie« in den dreißiger Jahren die psychologischen Erkenntnisse aus der Gestaltpsychologie auf Kleingruppen übertragen. Von ihm stammt der Begriff »group dynamics« mit dem er, zusammen mit dem Gestaltpsychologen Wertheimer die Gesetzmäßigkeiten der Physik auf die Dynamik in kleinen Gruppen anzuwenden suchte (→ Gruppendynamik).

Salomon und Rasch haben bereits 1946 nachgewiesen, daß es beim Menschen einen Grundtrieb (→ Trieb) des »Mitgehens«, d. h. der Anpassung gibt. So wird im Konfliktfall beispielsweise immer angenommen, daß die Mehrheit im Recht ist. Diese Annahme kann im Extremfall zu einer Verzerrung der individuellen → Wahrnehmung und des individuellen Urteils führen. Der Einzelgänger wird von der Gruppe bestraft oder gelobt; dies geschieht nicht immer direkt, oftmals durch ein kaum auffallendes Verhalten wie Kopfschütteln, Lächeln, Wegdrehen usw. Da diese gruppendynamischen Prozesse in jeder Kleingruppe entstehen und erfahren werden, können solche Prozesse auch therapeutisch wirksam eingesetzt werden. Vor biblischem Hintergrund muß dabei jedoch darauf geachtet werden, daß, sofern Gruppenarbeit auf die Umdeutung christlicher Werte und des Glaubens an Jesus Christus im Sinne gruppendynamischer Prozesse hinzielt, sie eindeutig abzulehnen ist.

Beachtet man jedoch die Grundsätze biblisch orientierter Seelsorge, so kann sich Gruppenarbeit vor allem durch folgende Einzelfaktoren günstig auswirken:

– Gruppenmitglieder und Gruppenleiter können gemeinsam Hoffnung vermitteln, Hoffnung einflößen.

– Es wird für die Gruppenteilnehmer deutlich, daß auch andere leiden. Es zeigt die Universalität des Leidens.

– Es kann in der Gruppe eine besondere Form der »Schulung« erfolgen.

– Es ist in der Gruppe leichter möglich, den Weg vom Egoisten zum Altruisten zu finden.

– Man kann in der Gruppe soziales → Lernen und nachahmendes Verhalten praktizieren (vom mitmenschlichen Umgang bis hin zur Übung von Konfliktsituationen).

– Man kann sich in der Gruppe wirkungsvoller »entleeren« (→ Katharsis).

– Die Gruppenmitglieder halten zusammen, auch in den Zeiten zwischen den Sitzungen.

– Jesus Christus hat große Verheißung auf die Gemeinschaft gelegt (Mt 18,28).

BTS-Gruppenarbeit

Das Grundkonzept der BTS-Gruppen verbindet einzelne Methoden als »Handwerkszeug« aus der etablierten Psychotherapie mit einem biblischen Wirklichkeitsverständnis (→ Methodenpluralität). Es sieht den Bezug von Glauben und Handeln des Christen auf die sichtbare und unsichtbare Welt Gottes als Chance und Aufgabe. BTS-Gruppen sind keine → Selbsterfahrungsgruppen, sondern sind vor allem darauf gerichtet, Teilnehmern zu helfen, die dringend Hilfe brauchen, um aus ihrem spezifischen Defizit herauszukommen. Die Teilnehmerzahl ist deshalb auch niedriger als in den üblichen

→ Encountergruppen, und sollte nicht über 12 Personen hinausgehen.

Neben gemeinsamen Prinzipien anderer Therapiegruppen, wie Disziplin im regelmäßigen und pünktlichen Besuch der Sitzungen, dem Schweigevertrag, einem Gruppenhonorar, zeigt sich der Unterschied zu anderen Formen der Gruppenarbeit zusätzlich an folgenden Punkten:

– Der Leiter einer BTS-Gruppe bringt sich durch Vorgabe von Struktur deutlich ein. Es wird themenorientiert gearbeitet, allerdings immer unter der Prämisse »Störungen haben Vorrang« (→ Themenzentrierte Interaktion).

– Die Gruppen werden nicht systematisch, d. h. nach Alter oder Krankheitsbild usw. zusammengestellt. In der Schonzone einer solch gemischten Therapiegruppe können die unterschiedlichsten Probleme unter den unterschiedlichsten Teilnehmern ein erstes »Hinauslangen« aus dem eigenen Zirkel bedeuten.

– Es wird bevorzugt geschlechtsspezifisch gearbeitet, da Konkurrenz und Rivalität den Prozeß der Offenheit blockiert.

– BTS-Gruppen sind kein Ersatz für die Kreise innerhalb einer Kirche, sondern das Ziel dieser Seelsorgearbeit ist, die Teilnehmer wieder als mündige Mitglieder in ihre jeweilige Gemeinschaft zu entlassen. Sie sind auf Zeit und nicht auf Dauer angelegt. Zwei- bis dreimal jährlich wird eine deutliche Zäsur gemacht, in der Gruppenleiter und -mitglieder sich eine »Therapiebewertung« vornehmen und bedenken, ob eine weitere Verlängerung noch notwendig ist. Weil diese Therapie kein Akt sondern ein Prozeß ist, fällt es oft schwer, abrupt aufzuhören. Daher zeigt es sich als hilfreich, ein »Übergangsverfahren« anzubieten. Wir unterscheiden dabei zwischen:

– A-Gruppen mit wöchentlicher Intensivbetreuung;

– B-Gruppen mit monatlichem Treffen, bei dem neben dem therapeutischen Aspekt gleichzeitig durch Modelle Theorie und

Lebensschulung angeboten wird. Im Rahmen der Arbeit in den B-Gruppen wird ein thematischer Schwerpunkt auf das Gottes- und Menschenbild gelegt, das in diesem Reifestadium nun korrigiert und neu verstanden werden kann.

Literatur:
Dieterich, H. L.: »Prinzipien der BTS-Gruppe«, in: dies.: Handbuch für Gruppen, 1996
Dieterich, M.: »Theorien und Prinzipien der Gruppenarbeit«, in: Dieterich, H. L.: Handbuch für Gruppen, 1996
Neidhart, F. (Hg.): Gruppen-Soziologie, 1983
Yalom, I. D.: Theorie und Praxis der Gruppenpsychotherapie, München 1989   HLD

Gruppendynamik

Gruppendynamik ist ein schwer zu definierender Begriff. Im weitesten Sinne beschreibt die Gruppendynamik alle in → Gruppen typischerweise auftretenden Normen, Kräfte, Interaktionen, Rollenverhalten, soziale Verhaltensweisen usw. mit ihrem Einfluß auf einzelne und auf die Gruppe als Ganzes. Im engeren Sinne (auch »angewandte Gruppendynamik« genannt) wird der Begriff Gruppendynamik als Sammelbegriff für eine Reihe von Methoden und Techniken benutzt, die zum Erlernen besserer sozialer Fähigkeiten, besserer Selbst- und Fremdwahrnehmung sowie erhöhter Kommunikations- und Kooperationsfähigkeit dienen sollen. Häufig finden diese Methoden vor dem Hintergrund einer politischen, humanistischen oder religiösen Ideologie statt, (→ Anthropologie) wobei manche Vertreter der angewandten Gruppendynamik die Lösung fast aller gesellschaftlicher und menschlicher Probleme erwarteten. In der Ausbildung von Psychotherapeuten, Lehrern, Pfarrern, Seelsorgern usw. fand die Gruppendynamik breite Anwendung seit den siebziger Jahren (→ Pastoralpsychologie). Von vielen Vertretern evangelikaler christlicher Richtungen wurde dagegen die Anwendung der Gruppendynamik wegen ihrer ideologischen Untermauerung pauschal abgelehnt. Hierbei wurde jedoch in der Regel übersehen, daß das soziale Verhalten von Menschen Regeln und Normen entspricht, die durchaus auch vor dem Hintergrund der Schöpfungsordnung verstanden werden können. Das heißt, daß Methoden, die auf der Beobachtung und Beschreibung dieser sozialpsychologischen Zusammenhänge gegründet sind, keinesfalls zwingend im Konflikt zu einem biblischen Menschenbild stehen müssen. Wie bei allen weltlichen Vorgehensweisen gilt es also aus christlicher Sicht, zu prüfen, ob eine Methode von ihrem möglicherweise unbiblischen ideologischen Hintergrund getrennt angewendet werden kann.   UG

H

Habituation

Der Begriff »Habituation« (lat.: mit etwas behaftet sein) stammt aus dem → Behaviorismus und beschreibt dort, daß mehrfach ausgelöste unbedingte Reflexe (→ Konditionierung, klassische) an Stärke abnehmen. Das Wegziehen der Hand bei plötzlicher Berührung ist ein Schutzreflex. Er wird auch ohne irgendeine Bestrafung (ohne negative Verstärkung) immer langsamer und schwächer, wenn sich die Berührung wiederholt. In einem allgemeineren Sinn bezeichnet Habituation Vorgänge der Gewöhnung oder Reaktionsabschwächung.

Von bloßer Ermüdung oder einer Verminderung der Motivation unterscheidet die Habituation sich, weil sie reizspezifisch ist (→ Reiz). Hört ein Mensch neben sich ein Geräusch, reagiert er mit einer Wendung des Kopfs zur Geräuschquelle, bei Wiederholung jedoch bald nicht mehr. Wird das Geräusch deutlich verändert, bewirkt es wieder dieselbe Wendung wie zu Anfang. Daher handelt es sich bei der Habituation zwar um die einfachste, aber doch um eine Form echten → Lernens, denn das Verhalten paßt sich durch Habituation an Informationen aus der Umwelt an. Ermüdung kann zwar die Reaktionsbereitschaft allgemein senken, nicht aber in bezug auf einen spezifischen Sinneseindruck. Auf der anderen Seite darf Habituation nicht mit der → Löschung (Extinktion) von Reaktionen verwechselt werden, die nicht nur durch Reizwiederholung, sondern durch Gegenerfahrungen bewirkt wird. Das verhaltenstherapeutische »flooding« (→ Verhaltenstherapie) beruht auf Extinktion, nicht auf Habituation. Die Funktion der Habituation ist, daß man Reize, auf die weder positive noch negative Erfahrungen folgen, nicht mehr beachtet. Dadurch trägt sie auf einer frühen Stufe der Informationsverarbeitung dazu bei, daß be-

deutsame Reize aus der Flut der Wahrnehmungen ausgefiltert werden und bedeutungslose unwirksam bleiben. Subjektiv wird dies als unbewußter Einfluß auf die Aufmerksamkeit erlebt, bis dahin, daß selbst starke Sinnesreize nach langer Gewöhnung keine Beachtung mehr finden. Bekannt ist das Beispiel von Menschen, die neben einer Bahntrasse wohnen und die im gewohnten Takt fahrenden Züge nicht wahrnehmen, jedoch aufmerksam werden, wenn ein Zug ausfällt. HH

Haldol-Janssen
→ Psychopharmaka

Halluzination

Bis ins letzte Jahrhundert hinein hatte der Begriff »Halluzination« (von lat. *hallucinari* = im Geiste herumwandern) keine klar umrissene Bedeutung und wurde zur Kennzeichnung verschiedener psychischer Störungen verwendet.

Im heutigen Sprachgebrauch versteht man unter Halluzination eine besonders deutliche Form der Sinnestäuschung oder der Wahrnehmungsstörung, bei der bei fehlenden Umweltreizen (→ Reiz) und ohne Stimulation des betreffenden Sinnesorgans dennoch eine – realistisch empfundene – Sinneswahrnehmung stattfindet. Halluzinationen sind auf allen Sinnesgebieten möglich, wobei sie aber in den meisten Fällen akustischer, seltener visueller Natur sind.

Die Ursachen von Halluzinationen sind vielfältiger Art. So können sie durch → Drogen (Halluzinogene), nach Alkoholentzug, aber auch durch künstliche Reizung bestimmter Gehirnabschnitte und klassische → Konditionierung hervorgerufen werden. Pathologisch werden Halluzinationen, wenn es Betroffenen nicht gelingt, den Realitätscharakter der Halluzinationen zu überprüfen. Halluzinationen deuten dann vor allem auf bestimmte Formen der → Schizophrenie hin (seltener auf andere Formen psychotischer Störungen).

Für Sinneswahrnehmungen im Traum, beim Einschlafen oder Aufwachen, die Realitätscharakter haben können, benutzt man den Begriff »Halluzinationen« in der Regel nicht. Außerdem gelten Halluzinationen im Verlaufe von intensiven religiösen Ereignissen nicht als pathologisch (DSM III-R 1989, S. 470). PV

Halluzinogene → Droge

Halo-Effekt

Der Halo-Effekt (von lat. *halos* = Hof um Sonne oder Mond) ist eine bei der Persönlichkeitsbeurteilung auftretende Fehlerquelle, die zum ersten Mal von F. L. Wells (1907) beschrieben und von Thorndike (1920) benannt wurde.

Halo-Effekt in Psychotherapie und Seelsorge

Der Beurteilende (z. B. Seelsorger) hat häufig die Tendenz, bei der Beurteilung einer Persönlichkeitseigenschaft sich von einem positiv oder auch negativ empfundenen Gesamteindruck oder einer hervorstechenden Eigenschaft des Beurteilten leiten zu lassen und so die Persönlichkeit verzerrt wahrzunehmen. Wesentliches Merkmal des Halo-Effekts ist, daß diese Verzerrung unwillkürlich abläuft. Vor allem in der Seelsorge und Psychotherapie ist es daher hilfreich, die eigene Beurteilung durch objektive Persönlichkeitstests zu unterstützen.

Literatur:
Thorndike, E. L.: »A constant error of psychological ratings«, in: Journal of applied Psychology, 4/1920, S. 25–29 BN

Haltung, therapeutische

Therapeutische Haltungen sind im Gegensatz zu Methoden, Strategien oder Techniken innere Einstellungen, die ein Therapeut zum Patienten, Klienten bzw. Ratsuchenden

hat. Die durch Psychotherapieforschung wissenschaftlich gut belegte Erkenntnis, daß die Haltung für das Ergebnis einer Psychotherapie von größerer Bedeutung ist als die »richtige« Vorgehensweise, oder das Fachwissen eines Therapeuten führte nicht nur zur Entwicklung der → Gesprächspsychotherapie (in der die therapeutische Haltung zentrale Bedeutung hat), sondern auch in anderen therapeutischen Schulen dazu, daß die Qualität der Therapeut-Klienten-Beziehung größere Beachtung findet. Rogers beschrieb die Grundmerkmale einer therapeutischen Haltung als → Empathie, → Echtheit und bedingungslose positive Wertschätzung. JD

Haltungen → Attitüden

Handauflegung

Handauflegung in der Bibel

Handauflegung begegnet im AT im Zusammenhang mit Opferhandlungen (2Mo 29,15; 3Mo 1,4; 3,28 u.ö.), bei Segenshandlungen (1Mo 48,13–20), bei Amtseinsetzungen (4Mo 27,28ff; 5Mo 34,9) sowie in prophetischen Handlungen (2Kön 13,16; 1Kön 17,21). Hier handelt es sich im Sinne des atl. Gottesglaubens jedesmal um die mit einer sichtbaren und spürbaren Handlung verbundene Bitte um die Annahme des Opfers, die Gewährung des Segens oder die Verleihung der Amtsgnade und Vollmacht (etwa bei einer Ordination). Im NT begegnet uns das Substantiv »Auflegen der Hände« viermal, das Verb »Hände auflegen« 17 mal. So legte Jesus bei vielen Heilungen Hände auf (Mt 9,18; Mk 5,23; 6,5; 7,32; Lk 4,40; 13,13 u.ö.) und segnete durch Handauflegung die Kinder Mk 10,13ff). In der ntl. Gemeinde nach Pfingsten konnte Handauflegung in dreifacher Weise geübt werden:
– bei Krankenheilung (Apg 28,8; Jak 5,13ff);
– beim Empfang des Heiligen Geistes (Apg 8,14ff; 19,6);

– bei der Einsetzung und Ausrüstung zu bestimmten Diensten (Apg 6,6; 13,3; 1Tim 4,14; 2Tim 1,6).

Bei all diesen Formen der in der Bibel bezeugten Handauflegung muß jedoch ein deutlicher Unterschied zur sonst üblichen Praxis des Handauflegens gemacht werden, etwa wie es in außerbiblischen Religionen und in der Magie (→ Okkultismus) vorkommt. Dort wird die Hand als ein Mittel zur Kraftübertragung und Übelabwendung benutzt, wie es bei Krankenheilungen und allerlei Zauberpraktiken geschieht. Die Religionsgeschichte vom Altertum bis zur Gegenwart legt vielfach davon Zeugnis ab. Ähnliche Vorstellungen stehen hinter modernen Formen von Magie, bei denen die Hand benutzt wird. Jedesmal gilt dabei der handelnde Mensch als Träger oder Kanal übernatürlicher und übermenschlicher Kräfte, die es zu vermitteln gilt. Im biblischen Geschehen bleibt Gott jedoch der allein und souverän Handelnde.

Handauflegung in der Praxis der christlichen Kirche

Seit ihren Anfängen hat die christliche Kirche bei verschiedenen Anlässen und in mannigfacher Weise Handauflegung geübt. Im wesentlichen hat sie sich dabei an den im NT üblichen Gebrauch angeschlossen. Vor allem geschieht Handauflegung im Zusammenhang mit Taufe, Segnung, Amtseinführung, sowie Ausrüstung und Sendung zu bestimmten Aufgaben in der Gemeinden, bei Firmung und Konfirmation sowie im Zusammenhang mit Krankenheilung, Krankensalbung und in der allgemeinen Seelsorge.

Das speziell röm.-kath. Verständnis der Handauflegung, soweit sie im Zusammenhang mit Sakramenten erfolgt, wird von den aus der Reformation hervorgegangenen Kirchen nicht geteilt, da diese ein anderes Sakramentsverständnis haben. Sie können sich der Meinung nicht anschließen, daß das Sakrament (etwa der Priesterweihe) ein unauslöschliches geistliches Zeichen, ein für

immer der geweihten Person eingeprägtes Mal verleiht (*character indelebilis*). Zwar schwankt bei ihnen auch die Meinung zwischen einem mehr exhibitiven (d. h. die Segnung und Gnade bewirkenden) und einem signifikativen oder symbolischen (d. h. die Segnung und Gnadenverleihung zeichenhaft begleitenden) Verständnis von Handauflegung. Doch eines dürfte in beiden Formen ev. Verständnisses deutlich sein: Handauflegung ist weder ein übernatürlicher Akt von Gnadenübertragung, der als solcher funktioniert (magisches Verständnis), noch ein nach vorgeschriebenem Ritus zu vollziehendes sakramentales bzw. sakramentsähnliches Geschehen, das zur Eingießung göttlicher Gnade führt und in bestimmten Fällen eine unverlierbare Eigenschaft verleiht (kath. Verständnis), noch ist sie ein Geschehen, bei dem ein christlicher Vollmachtsträger gleichsam aus seiner eigenen inneren Vollmacht heraus Gnade und Segen an den anderen weitergibt. Vielmehr ist sie von Gott uns gewährte zeichenhafte Handlung, die zugleich etwas bewirkt. Der Bewirkende ist allein Gott in seiner Souveränität. Aber der die Hände Auflegende steht demutsvoll und glaubenszuversichtlich zugleich vor Gott und erbittet in der Handauflegung, daß Gott selber in Jesus Christus sich dem Menschen, dem die Hände aufgelegt sind, gnädig und heilvoll zuwendet, sei es durch Heilung, durch Stärkung und Tröstung, durch Ausrüstung und Sendung zum Dienst. Nicht bestimmte Anteile an Gnade oder irgendwelche Eigenschaften werden verliehen, sondern Gott selber kommt dem Menschen nahe; aber er tut es hier durch Menschen und eine den Menschen selbst berührende Handlung. Wichtig und unerläßlich dabei ist aber der Zuspruch des Wortes Gottes. Denn Gott bindet sein Tun an sein Wort.

Handauflegung in Psychotherapie und Seelsorge

Bei psychisch kranken und seelisch labilen Menschen besteht mitunter die Gefahr, daß sie bei dem Verlangen nach seelsorgerlicher Handauflegung im Grunde körperliche Nähe und Zuwendung wünschen, die sie vielfach entbehrt haben. Hier kann für den christlichen Seelsorger das Problem auftauchen, daß seine Handauflegung wie ein therapeutisches Geschehen mißverstanden wird. Sie ist, wo es angebracht erscheint, auch solchen Menschen nicht zu verwehren; aber man sollte sie behutsam darauf aufmerksam machen, daß Gott mit seiner helfenden und tröstenden Zuwendung an sein Wort, nicht aber in jedem Fall an eine Handauflegung gebunden ist. Auch der Wunsch von solchen Kranken, gerade von einem bestimmten Menschen Handauflegung zu erfahren, weil man meint, nur von ihm gesegnet werden zu können, oder das Verlangen, die Hände auf das erkrankte Glied zu legen, sind abzulehnen. Gott segnet und hilft, weil er gnädig ist, nicht weil er sich an Menschen und bestimmte Berührungen bindet.

Trotz dieser Gefahren darf und soll der christliche Seelsorger zu Handauflegung in mannigfacher Weise ermutigt werden, soweit sie sich in den nüchternen und glaubensvollen Linien bewegt.

Literatur:
Merkel, H.: »Handauflegung«, TRE 14, S. 415–428, Berlin/New York 1985
Senf, P.: Handauflegung, Göttingen 1977

KHB

Handlungen

Handlungen sind als Verhaltensweisen aufzufassen, die als zusätzliche Merkmale *Zielgerichtetheit*, *Zweckhaftigkeit* und *Bewußtheit* aufweisen.

Der Ausgangspunkt handlungstheoretischer Überlegungen stammt aus der Regelungstechnik und Kybernetik (Wiener, 1948). Das Ergebnis war ein psychologisches Grundmodell menschlichen Handelns, das sogenannte »TOTE-Modell« (Test-Operate-Test-Exit). Handlungen kennzeichnen sich demzufolge dadurch, daß beim Herangehen an einen Sachverhalt

die Situation einer ersten Prüfung unterzogen wird (Test). Dann erfolgt die erste Handlung (Operate) zur Veränderung des Ausgangszustandes; daraufhin erfolgt eine neuerliche Prüfung (Test), etwa ein Vergleich mit der Ausgangssituation. Je nach Ergebnis erfolgt das Ende der Tätigkeit (Exit) oder eine neue Handlung (Operate).

Diese Überlegungen machte sich z. B. Kanfer et al. 1990 in seinem Selbstregulationsmodell zunutze. Selbstkontroll- und Selbstregulationsprozesse sind ohne grundlegende kognitive Prozesse kaum analysierbar: Im Selbstregulationsmodell von Kanfer wird von der Fähigkeit des Individuums ausgegangen, eigene Verhaltensweisen selbst zu beobachten (= Selbstbeobachtung), sich selbst Standards, Kriterien für Verhaltensweisen zu setzen (= Selbstbewertung) und sich selbst für das Erreichen der Kriterien gegebenenfalls zu verstärken (= Selbstverstärkung). Speziell in der zweiten Stufe des Selbstregulationsmodells wird vorausgesetzt, daß die Person zum einen in der Lage ist, sich Ziele (Standards) zu setzen und zum anderen, daß gleichzeitig eine Prüfung, ein Vergleich der Standards mit dem eigenen Verhalten vorgenommen wird. Zusätzlich wird geprüft, ob die vorgegebenen Ziele durch entsprechende Handlungen erreicht werden können.

Die Minimalvoraussetzung für ein kognitives → Lernen sind demnach das → Gedächtnis, welches aufgenommene Informationen speichern kann, die Bildung von abstrakten Zeichen (Symbolen) für konkrete Dinge und das Aufstellen von Regeln für bestimmte Situationen und nicht zuletzt Mechanismen der Transformation, d. h. konkrete Dinge von verschiedenen Gesichtspunkten aus zu betrachten (z. B. Benutzung eines Stockes als »Werkzeug«).

JL

Haschisch

Harz der Cannabispflanze (→ Droge).

Haß

Haß bezeichnet im Unterschied zu Ärger und Wut keine spontane Gefühlsäußerung, sondern einen länger anhaltenden Gefühlszustand. Er entsteht beispielsweise dann, wenn jemand seinen Ärger unterdrückt, nicht ausdrückt oder Handlungen, die aus Ärger erfolgen, keine Verhaltensänderungen bewirkten. Haß kann ähnlich wie Groll, Feindseligkeit und Ablehnung alle anderen Gefühle und Verhaltensweisen überlagern.

In der Bibel wird mit Haß ein vielfältiges Bedeutungsspektrum umrissen. Im AT ist mit Haß (hebr. *sana*) zunächst die oben beschriebene affektive Dimension gemeint. In bezug auf Gott drückt Haß den ultimativen Gegensatz zwischen Gottes Heiligkeit und der menschlichen Sünde aus. Haß von Menschen in bezug auf Gott äußert sich in Ignoranz gegenüber Gottes Geboten und in der Bekämpfung der »Gerechten« (vgl. die Psalmen). In bezug auf die Aufforderung, das Böse zu »hassen«, meint die Bibel weniger eine psychisch-emotionale Reaktion, sondern vielmehr die praktische Distanzierung von dem, was Gott widerspricht. Liebe zu Gott schließt das Tun des Bösen aus.

Im NT (gr. *misein*) wird das atl. Verbot des Bruderhasses (3Mo 19,17) aufgegriffen und erweitert. Hier wendet sich die Bibel gegen den Haß auf Glaubensbrüder (1Joh 3,15), Fremde (Lk 10,25ff) und Feinde (Mt 5,43ff). Das Vergeltungsprinzip und die damit verbundene Eingrenzung der Liebe widersprechen der universalen Feindesliebe Gottes. Wenn im NT davon die Rede ist, seine Angehörigen (Lk 14,26) oder das Böse (Röm 12,9) um Jesu willen zu »hassen«, so ist auch hier weniger eine spontane psychische Regung gemeint, als vielmehr die praktische Distanzierung von dem, was Gott widerspricht. Hier ist die Umwertung der Werte als Zeichen ganzheitlicher Umkehr und neuer Freiheit gemeint. Mit »Hassen« wird hier also nicht ein Gefühl intendiert, sondern eine klare Absage, eine entschiedene Abgrenzung zugunsten von etwas Gutem bzw. zugunsten von Gott.

In der Praxis zeigt sich gerade in christlichen Gemeinden immer wieder, daß vor diesem Hintergrund manche Christen sich nicht erlauben, Ärger und Wut zu zeigen. Statt dessen sind Beziehungen dann von verstecktem Haß und Feindseligkeit geprägt, der mit einem Abbruch derselben einhergehen kann. Den Ärger überhaupt wahrzunehmen und im Sinne einer paradoxen → Intention zuzulassen, kann ein erster Schritt sein, sich dem anderen wieder zu nähern. Die paulinische Mahnung »Laßt die Sonne nicht über eurem Zorn untergehen!« (Eph 4,26) ruft nicht nur zur baldigen Versöhnung, sondern kann auch davor bewahren, daß sich Zorn zu unterschwelligem Haß und Ablehnung verfestigt.

Literatur:
Goldhor Lerner, H.: Wohin mit meiner Wut? Frankfurt/M. 1990
Klessmann, L.: Ärger und Aggression in der Kirche, Göttingen 1992   HCB/JD

Heil und Heilung

Das deutsche Wort »Heil« ist mit dem Adjektiv »heil« eng verwandt, das seinerseits zum altgotischen Wort *hails* = gesund in Beziehung steht. Daß »Heilung« andererseits mit »Heil« sprachlich verwandt ist und die zielgerichtete dynamische Entsprechung dieses statischen Zielbegriffes darstellt, ist evident.

Heil und Heilung im NT

Die neutestamentliche Entsprechung des deutschen Wortes »Heil« ist *soteria* und meint Hilfe, Errettung, Heil durch Menschen, auch durch Umstände, schließlich aber auch durch Gott. In der Regel benennt das Wort also die Rettung durch Gott und das Heil im endzeitlichen Sinn als Heilwerden des von Gott getrennten Menschen.

Heilung im Sinn von Gesundwerden, griechisch *iasis*, kommt im Neuen Testament nur vereinzelt vor. Es wird nur von Lukas gebraucht (Lk 13,32). Ähnlich selten ist *therapeia* für Heilung (Lk 9,11). In beiden Fällen werden die Verben *iaomai* und *therapeuo* häufiger und regelmäßiger gebraucht, wenn es um Heilungen als Gesundmachen und Gesundwerden geht.

Stärker, als die unterschiedlichen griechischen Wortstämme es ausdrücken, markieren die deutschen Worte: Heilung und Heil gehören zusammen. Heilung zielt auf das Heil, und Heil bewirkt Heilung. Jesu Tätigkeit umfaßt beides: Ansage des Heils und Heilung kranker und belasteter Menschen. Daß das endzeitliche Heil gegenüber der aktuellen Heilung das höherwertige Ziel ist, wird dabei im Neuen Testament stillschweigend vorausgesetzt. Die Predigt vom Reich Gottes hat Vorrang vor der Linderung aktueller Krankheit (Mk 1,32–39). Beides gehört aber zusammen. Jesus steht hier in der atl. Tradition, in der Priestertum und Sorge um Gesundheit eng beieinander liegen. Die Aussätzigen werden nach der Heilung zu den Priestern geschickt (Lk 17,11–19). Gleichwohl ist Heilung und Heil nicht identisch. Jesus entzieht sich immer wieder massiven Heilungswünschen, einerseits um zu beten, andererseits, um an anderen Orten und gegenüber anderen Menschen das Heil Gottes anzusagen.

Heilung ohne Heil?

Die schon in der Bibel angelegte Spannung zwischen Heilung und Heil wird in der Neuzeit zugunsten eines Vorranges von Heilung aufgelöst, die sich – fast völlig – vom Heil im Sinne einer »heilen« Gottesbeziehung löst. Heilung in der Bedeutung von »gesunden« wird ohne Heil angeboten. Am deutlichsten wird das in der Chirurgie, in der Pharmakomedizin und in der Apparatemedizin. Hier ist ein Gesundheits- und Heilungsbegriff wirksam geworden, der immer wieder der Gefahr erliegt, den Menschen als ganzen aus dem Blick zu verlieren und allein das kranke Organ zu sehen. Kritik gegen eine solche »Heil-lose« Verdinglichung des Menschen kommt einmal aus der Medizin selbst, wo der Arzt selbst wieder als Faktor der Heilung gesehen wird (»Der Arzt als Droge«). Kritik kommt auch aus dem Bereich der Psychotherapie, wo auf psychosomatische (→ Psychosomatik), d. h. ganzheitliche Zusammenhänge von Heilung hingewiesen wird. Wie nahe Heilung und Heil beieinander liegen, zeigt dabei nicht zuletzt die Rede von den »Halbgöttern in weiß«. Ärzte genießen teilweise quasi priesterliche Verehrung und nehmen sie nicht selten in Anspruch.

Heil ohne Heilung?

Gegenüber einer verdinglichten Heilung bleibt es die Erkenntnis der christlichen Gemeinde, daß das Heil auch ohne Heilung existent ist. Das Heil birgt und bringt Hoffnung an den Grenzen des Heilens. »Es gibt keine gesunden Menschen; es gibt nur ungenügend durchuntersuchte!« Dieser etwas saloppe Satz weist auf die Problematik von Gesundheit hin. Gesundheit ist wie andere irdische Güter nur innerhalb einer gefallenen Schöpfung und damit gebrochen erfahrbar. Unheilbare Krankheiten und Altersabbau machen Heilung zu einer variablen Größe, deren Bedeutung gegenüber dem Innewerden von Heil zurücktritt. Die christliche Gemeinde kann dabei die Spannung des Neuen Testaments wieder aufnehmen. Sie kann das endzeitliche, aber schon jetzt wirksame Heil unabhängig von Möglichkeiten oder Grenzen von Heilung bezeugen und weitersagen. Sie kann jedoch gleichzeitig damit rechnen, daß Heil Heilung in dieser oder jener Form bewirkt.

Heil und Heilung gehören zusammen

Gegenwärtig sind eine Reihe von Wegen beobachtbar, Heilung und Heil stärker zusammen zu sehen und zu suchen.

(1) Im Sinne eines eingeschränkten aber prinzipiell offenen Verständnisses von Heil sehen Homöopathie und einzelne Schulen der Psychotherapie den Menschen als Ganzes, d. h. mit seinem Fühlen, Denken, Sorgen und Glauben. In diesem Bereich ist die

Person des »Heilers«, des Arztes oder Therapeuten von ausschlaggebender Bedeutung. Im Raum der christlichen Gemeinde ausgeübte und von Christen in Dienst genommene Psychotherapie kann zur heilenden Seelsorge werden, die das Heil im Blick hat und zugleich zumindest partielle Heilung ermöglicht. Homöopathische Bemühungen können neben der Auswahl entsprechender »Gaben« den ganzen Menschen mit seiner Geschöpflichkeit und Schuldverfallenheit berücksichtigen und damit Heilung und Heil als Ziel verbinden.

(2) Die Einheit von Heilung und Heil wird in der von Mary Baker Eddy (1821–1910) gegründeten »Christlichen Wissenschaft« postuliert. Die »Christliche Wissenschaft« will den von den Kirchen vergessenen Auftrag des Heilens den Menschen neu zeigen. Besondere »Heiler« haben die Aufgabe, Kranken zu helfen. Die neutestamentliche Spannung zwischen Heilung und Heil wird hier in eine Identität hinein aufgelöst und damit biblische Erkenntnis verlassen.

(3) Die Sehnsucht nach einer größeren Nähe von Heilung und Heil findet sich gelegentlich in Gruppierungen im pietistischen Raum. Auch ohne besondere Lehre wird mitunter eine Verbindung zwischen Glauben und insbesondere psychischer Gesundheit hergestellt. »Wenn Du einen stärkeren Glauben hättest, wärest Du nicht depressiv – (oder anderweitig psychisch beeinträchtigt)!« Auch diese Haltung hat biblische Erfahrung und Erkenntnis verlassen (Klagepsalmen, Hiob, Elia, Paulus) und ist oft Auslöser sogenannter ekklesiogener → Neurosen.

(4) Einen neuen Zugang zur zu Unrecht vergessenen Beziehung zwischen Heil und Heilung versuchen unterschiedliche Gruppen der »Charismatischen Bewegung«. Das Spektrum reicht hier weit von der besonderen Fürbitte für Kranke und ihrer Segnung in Heilungsgottesdiensten bis hin zu ekstatischen Phänomenen, bei denen die Frage nach dem biblischen Grund nur unzureichend beantwortet werden kann.   TS

Helfen

Das Bedürfnis zu helfen scheint aufgrund einer gemeinschaftlichen Bestimmtheit des Menschen und seinem Bedürfnis, zu lieben und geliebt zu werden, anthropologische Grunddimension zu sein. Der Antrieb zum Helfen liegt offenbar im gesunden Menschen. Insofern steht Helfen auch eng mit dem biblischen Begriff der Liebe in Zusammenhang. Es meint das Anschauen des Wesens eines Menschen jenseits von dem, was er gerade denkt, sagt oder tut. (vgl. Mk 10,21). Echte Hilfe ist Last-Tragen (vgl. Gal 6,2), Nähe-Geben, Hilfe zur Selbsthilfe und Wegbegleitung zur Selbstwerdung.

Für jeden Helfer, besonders wenn er einen Helferberuf ausübt (z. B. Ärzte, Krankenpflegeberufe, Seelsorger, Therapeuten, Lehrer, Erzieher), ist es jedoch von großer Bedeutung, die eigenen Helfer-Motive zu klären. Wenn beispielsweise Eltern wenig Liebe geben konnten oder überfürsorglich waren, bleibt im Erwachsenenalter oft unbewußt die Sehnsucht nach echter Liebe. Um eine Ersatzfüllung dieser seelischen Lücke zu bekommen, kann ein Mensch zum Helfer werden.

Auch die biographische Eigenerfahrung der Überfürsorge kann dazu beitragen, daß ein Helfer seine erwachsenen Schützlinge »bemuttert«. Weil er nur lieben kann, wenn er sich der Liebe des anderen gewiß ist, braucht er lebensunsichere, hilflose Menschen und hält sie fest zur Stillung seiner eigenen unbewußten Wünsche. Aus der eigenen Erfahrung der Ablehnung bietet er so unerwünschte Hilfe, hilft am anderen eigentlich sich selbst und tröstet sich so über seine unverarbeitete Trauer hinweg. Tritt diese Haltung deutlich an den Tag, oder wird sie gar zu einem Teil der Persönlichkeitsstruktur, so spricht man in der Psychotherapie vom sog. *Helfer-Syndrom.* Das Helfer-Syndrom ist die zur Persönlichkeitsstruktur gewordene Unfähigkeit, eigene Gefühle und Bedürfnisse zu äußern, verbunden mit einer Fassade der Allmacht.

Die häufigsten Motive für eine derartige problematische Helfereinstellung sind: Helfen,
– um Einsamkeit ertragen zu können bzw. nicht spüren zu müssen,
– um nötig zu sein,
– um Intimität zu erfahren,
– um sich stark bzw. andere schwach fühlen zu können,
– um zu herrschen.
Deshalb brauchen Helfer unbedingt für sich selbst Hilfe in Form von Seelsorge, Therapie und Supervision (vgl. auch → Balintgruppen). Sie müssen lernen, sich selbst als hilfsbedürftig zu sehen und sich helfen zu lassen, und müssen dafür sorgen, Nähe und Intimität auch außerhalb von Helfer-Situationen zu erfahren.

Literatur:
Berne, E.: Spiele der Erwachsenen, Reinbek 1970
Fengler, J.: Helfen macht müde. Zur Analyse und Bewältigung von Burnout und beruflicher Deformation, München 1994
Hitzinger, I.: Zu zweit sind wir stärker. Eine Anleitung zum seelsorgerlichen und beratenden Gespräch, Stuttgart 1986
Schmidbauer, W.: Die hilflosen Helfer, Reinbek 1992   HCB

Hellsehen → Parapsychologie

Hemmung/-en

1) Zustand, der der Erregung polar entgegengesetzt ist; bei vielen physiologischen Abläufen gibt es einen Wechsel zwischen Hemmung und Erregung.
2) Behinderung oder Bremsung einer Funktion durch eine andere.
(a) Hemmung des Zustroms an Assoziationen ins Bewußtsein durch krankhafte Verlangsamung des Denkablaufs (→ Denken);
(b) Hemmung der Tätigkeit von Neuronengruppen durch die Erregung anderer, übergeordneter Neuronengruppen (→ Neurotransmitter); z. B. tritt eine »affektive Hemmung« auf, wenn nach der Informationsaufnahme oder nach dem Lernen ein starker Affekt (→ Gefühl) erregt wird.
3) Ranschburgsche Hemmung: Sprachliche Fehlleistung, vor allem in geschriebenen Sätzen, bei der hintereinander stehende, gleichlautende Silben zusammengezogen oder ganz ausgelassen werden; z. B. »du bist hoffentlich naß geworden« statt »du bist hoffentlich nicht naß geworden«? tritt bei → Schizophrenie, aber auch bei Ermüdungszuständen auf.
4) Hemmung im Sinne von Gehemmtheit: Übergroße Zurückhaltung und Schüchternheit; in der psychoanalytischen Deutung durch → Verdrängung entstandene Anomalie des Antriebserlebens. Am Beginn steht häufig erlebtes Versagen und Entmutigung. Der Betroffene wird zunehmend passiv. Gleichzeitig werden die innerlich vorhandenen hohen Ansprüche noch verstärkt, für die es dann keine reale Möglichkeit der Erfüllung mehr gibt; die Folge ist weiterer Rückzug und erlebte Minderwertigkeit.

Hemmungen in Psychotherapie und Seelsorge

Hier ist die Seelsorgebeziehung besonders wichtig. Der Seelsorger muß empathisch, einfühlsam mit dem Ratsuchenden umgehen (→ Empathie, Wertschätzung), damit dieser seine Hemmung in erster Linie einmal gegenüber der Person des Seelsorgers überwinden kann. Außerdem wäre eine Therapiegruppe für den Ratsuchenden hilfreich, in deren geschützter Atmosphäre er schrittweise lernen kann, sich zu öffnen.

Literatur:
Schönpflug, W. & U.: Psychologie, München, Wien, Baltimore 1983
Schultz-Hencke, G.: Der gehemmte Mensch, Stuttgart 1989   AK

Hermaphroditismus

Bezeichnung für Intersexualität. Man unterscheidet zwischen (1) echtem Zwittertum

(Hermaphroditismus verus), bei dem beide Keimdrüsengeschlechter (Hoden und Eierstöcke) vorhanden sind und (2) Scheinzwittertum (Pseudohermaphroditismus), bei dem das Keimdrüsengeschlecht entweder nur männlich oder weiblich ist, die äußeren Geschlechtsorgane jedoch vorhanden (zwittrig) oder zumindest unvollständig ausgebildet erscheinen. Psychologische Probleme können sich ergeben, wenn Hermaphroditismus zu spät diagnostiziert wird und sich in der Pubertät äußere Geschlechtsmerkmale entwickeln, die mit der anerzogenen Geschlechterrolle nicht übereinstimmen.   JD

Hermeneutik

Der Gründer des geisteswissenschaftlich-hermeneutischen Ansatzes von Wissenschaft, Wilhelm Dilthey, war selbst Philosoph und überprüfte die Geschichte der unterschiedlichen Ansätze von Philosophie. Dabei stellte er fest, daß es sich um eine Kette von aufgebauten und danach offenbar von anderen Philosophien widerlegten Systemen handelte. Wenn diese Systeme keinen fortdauernden Bestand aufwiesen, so mußte an ihnen etwas falsch sein. Stellvertretend für andere philosophische Systeme stellte er fest: »In den Adern des erkennenden Subjekts, das Kant, Locke und Hume konstruierten, rinnt nicht wirkliches Blut, sondern der verdünnte Saft von Vernunft als reiner Denktätigkeit« (Dilthey, Gesammelte Schriften, Bd. I, S. XVIII). Ursache für den unbefriedigenden Zustand war für Dilthey die von Kant geforderte alleinige Beschränkung auf die rationale Erkenntnis und nicht eine Bezugnahme auf den Menschen in seiner Ganzheitlichkeit. So schrieb er: ». . . der Grundsatz meiner Philosophie besteht darin, daß bisher noch niemals der ganze Mensch und das ganze Leben, mithin noch niemals die ganze und volle Erfahrung zum Ausgangspunkt des Philosophierens gemacht worden sind« (Dilthey, Bd. VIII, S. 171).

Ein weiterer Aspekt veranlaßte Dilthey zum Entwurf seiner Position: Damals steckte die Wissenschaft, die sich mit der Untersuchung des »Inneren« des Menschen beschäftigte und die man in Abgrenzung zu den Naturwissenschaften »Geisteswissenschaft« nannte, noch in den Kinderschuhen. Demgemäß orientierte sich diese Geisteswissenschaft auch an bis dahin im naturwissenschaftlichen Bereich etablierten und bewährten Methoden der Wirklichkeitserfassung (→ Wissenschaftstheorie). Es stellte sich jedoch bald heraus, daß die bis dahin in den Naturwissenschaften perfektionierte Methode des Experiments so nicht auf die Untersuchung des Menschen anwendbar war. Naturwissenschaftler konnten ihren Gegenstand immer wieder im gleichen Experiment neu untersuchen. Der Mensch kann niemals in einem gleichen Zustand zweimal hintereinander untersucht werden, denn er unterliegt der ständigen Veränderung. Außerdem ist der Gegenstand »Mensch« für eine Untersuchung im Experiment, die gegebenenfalls zu seiner Zerstörung führt, zu kostbar.

Die anthropologische Vorstellung der Hermeneutik

Das Denken, Fühlen und Handeln eines Menschen ist immer bestimmt durch die Welt, in der er lebt. Diese Welt ist nicht losgelöst im »Jetzt-Zustand« zu sehen, sondern ist immer geschichtlicher Natur. Im Unterschied zu Hegel, der noch meinte, das Leben sei auf einen Begriff zu bringen, ist Dilthey der Meinung, daß das Leben, der Mensch an sich und seine Gesellschaft aufgrund ihrer Eingebundenheit in die Geschichte und die Mannigfaltigkeit des Lebens mit Hilfe von Gesetzeserkenntnissen und allgemeingültigen Begriffen nicht angemessen zu erfassen ist.

Mit welchem Interesse forscht die Hermeneutik?

Hermeneutik richtet ihr Erkenntnisinteresse auf die in der Praxis auffindbaren Erlebnisse. Sie ist eine Wissenschaft von der Praxis für die Praxis. Am persönlichen Erleben des einzelnen Menschen, am Studium seiner individuellen Geschichte unter Berücksichtigung seiner geschichtlichen Eingebundenheit in die Umgebung ist diese Wissenschaft interessiert. Es ist dabei nur von nachgeordneter Bedeutung, welche Form von Aussagen entsteht, wenn beim wissenschaftlichen Forschungsprozeß nur wirklich auf praktischen Nutzen geachtet wird. Die Hermeneutik hat demnach ein rein praktisches Interesse. Sie zielt auf Verständnis und Weitervermittlung von Sinn und Bedeutung, sie interessiert sich an Motiven und Interessen handelnder Menschen. Weil sie von der Komplexität menschlichen Lebens ausgeht und allgemeine Gesetzeserklärungen ablehnt, ist sie immer am einzelnen, am Erleben, am Ausdruck und am Verstehen seines Lebens interessiert, beginnt sie bei jedem Menschen den Forschungsprozeß von neuem.

Die Methoden der Hermeneutik

Hermeneutik akzeptiert die Komplexität menschlichen Lebens und menschlicher Gesellschaft als Bestandteil und versucht nicht, diese Komplexität aufzulösen. Wie kann sie jedoch etwas erfassen, das in seiner Ganzheit aufgrund seiner Komplexität nicht erfaßbar ist? Sie verlegt sich, statt einzelne Elemente der Ganzheit zu beschreiben, darauf, die Gesamtheit zu verstehen zu suchen. Diese Methode ist das wesentliche Kennzeichen der Hermeneutik. Sie beginnt, wenn ein Wissenschaftler über seinen Gegenstand nachdenkt, und führt weiter, indem er versucht, dieses »Erlebnis« auszudrücken und zu verstehen. Widerspricht dieses Verständnis der tatsächlichen Realität, zeigt sich die Realität quasi »widerständig«, so versucht der Wissenschaftler, sein Verständnis zu modifizieren oder gegebenenfalls zu verwerfen. Der Weg der Erkenntnisgewinnung verläuft so in einer Art von aufsteigender Spirale, dem »hermeneutischen Zirkel«.

Dieses Verstehen muß im Wissenschaftler nicht erst geweckt oder von ihm erst erlernt werden. Es ist bereits in jedem Menschen elementar vorhanden. Es ist dasselbe Verständnis, wie wenn Menschen sich im Gespräch gegenseitig verstehen, wenn man die morgendliche Zeitungslektüre versteht usw. Die Kultivierung dieses Verstehens für wissenschaftliches Arbeiten gründet auf eine Grundannahme Diltheys, nämlich, daß in jedem Erlebnis (in jedem beforschten Gegenstand) ein Teil des Allgemeinen enthalten ist, gewissermaßen zwischen Forscher und Erforschtem ein letztendlich gemeinsames Fundament herrscht. In der Hermeneutik nennt man dieses Allgemeine den »objektiven Geist«.

Hermeneutik in Psychotherapie und Seelsorge

Die ursprüngliche Konzeption dieser Wissenschaft wies als Methode die Auslegung und das Verständnis von Texten aus. In dieser ursprünglichen Form von Hermeneutik bietet sie sich besonders zur Auslegung von Texten der Bibel und der Sekundärliteratur an. Doch nicht nur dieser Aspekt kann von der Hermeneutik abgedeckt werden. Hermeneutik – am einzelnen in seiner Ganzheitlichkeit interessiert – erschließt das Individuum, den Menschen, der in die Seelsorge kommt nicht von seinen »Einzelteilen« her, sondern gewissermaßen von »oben«, von seiner Ganzheitlichkeit. Hermeneutik kann also gemeinsam mit der → Empirie bereits ein sehr umfangreiches Bild des Menschen liefern. Durch die Auslegung der Bibel, durch die Konfrontation mit dem Leben in seiner Aktualität und mit dem einzelnen in seiner historisch verstandenen Eingebundenheit in seine Umgebung, liefert die Hermeneutik jedoch noch einen dritten, besonders wichtigen Aspekt für die Seelsorge: Mit hermeneutischem Vorgehen werden Handlungsnormen aufgestellt und gleichzeitig immer neu aktualisiert. Hermeneutische Vorgehensweise liefert also für die Seelsorge die Zielkonzeption. Die Frage »Wohin soll

meine seelsorgerliche Tätigkeit führen?«
wird durch Hermeneutik klärbar.

Literatur:
Dilthey, W.: Gesammelte Schriften, Göttingen
(unterschiedliche Jahresangaben)
Lassahn, R.: Einführung in die Pädagogik, Heidelberg 1974
Seiffert, H.: Einführung in die Wissenschaftstheorie, München 1983–1985
Tschamler, H.: Wissenschaftstheorie. Eine Einführung für Pädagogen, Bad Heilbrunn 1978

JD

Heroin → Sucht

Hier-und-Jetzt-Prinzip

Mit Hier-und-Jetzt-Prinzip bezeichnet man
eine – ursprünglich nur der → Gesprächspsychotherapie zugrunde liegende – Haltung, die in der Psychotherapie und Seelsorge besonders auf die aktuellen Erlebnisse
des Alltags eines Patienten ihr Augenmerk
legt. Weder Vergangenheit noch Zukunft
werden über ihre Bedeutung für die Gegenwart des Patienten hinaus vermehrte Aufmerksamkeit geschenkt. Heute wird es nicht
nur in der Gesprächspsychotherapie, sondern auch beispielsweise in den tiefenpsychologischen Methoden (→ Psychoanalyse), in → Kognitiver Therapie, → Verhaltens-, Familien-(→ Systemtherapien),
→ Kunst- und körperzentrierter Therapie
(→ Körperpsychotherapie) oder im → Psychodrama angewendet. Rekonstruktionen
der Vergangenheit oder Konstruktionen der
Zukunft eines Patienten haben zunehmend
nur noch dann therapeutische Bedeutung,
wenn sie mit der aktuellen Problematik des
Ratsuchenden in erkennbarem Zusammenhang stehen.

Hier-und-Jetzt-Prinzip in Psychotherapie und Seelsorge

Die Bibel weist im Alten und Neuen Testament immer wieder auf die Gefahr und Unsinnigkeit einer allzu großen Bezugnahme

auf Vergangenheit oder Zukunft hin und betont statt dessen die Wichtigkeit einer Gegenwartsbezogenheit (2Mo 16; Mt 6,34; Phil
3,14; Jak 4,13–17). In der Seelsorge ist es vor
diesem Hintergrund also wichtig, immer
wieder darauf hinzuweisen, daß die Erlebnisse der Vergangenheit und die Sorgen vor
der Zukunft an Jesus abgegeben werden dürfen (Mt 6,25; Phil 4,6; 1Petr 5,7ff).   PV

Hilflosigkeit, erlernte

Der auf M. E. P. Seligman zurückgehende
Begriff beschreibt eine Verhaltensweise, die
auf eine spezifische Konstellation von Ursachen zurückzuführen ist: Werden subjektiv
bedeutsame Ereignisse wiederholt unkontrollierbar oder als unkontrollierbar erlebt,
kann der Mensch lernen, daß sein Verhalten
und dessen Konsequenzen in der Umwelt
unabhängig voneinander sind und in keinem
ursächlichen Zusammenhang stehen. Er unterläßt infolge dieser Erfahrungen immer
häufiger jeden Kontrollversuch der Wirklichkeit auch in ursprünglich als kontrollierbar empfundenen Situationen. Die Hilflosigkeit führt zu Defiziten, die Gedanken,
Gefühle und Motivation betreffen, sowie zu
körperlichen Veränderungen, die insgesamt
zu depressiven Zuständen führen können
(→ Depression). Die häufige Erfahrung von
Nichtkontrolle führt auch dazu, daß sich die
Person nach dem Grund der Hilflosigkeit
fragt. Die Art dieser Ursachenzuschreibung
(Kausalattribution) bestimmt die Stabilität
der körperlichen und psychischen Veränderungen. Nicht die Tatsache allein, daß Verhalten und Konsequenzen in der Umwelt als
nicht in ursächlichem Zusammenhang stehend empfunden werden, bestimmt die
Schwere einer depressiven Störung, sondern
in erster Linie die *subjektive Bedeutung*, die
einer jeweils als unkontrollierbar empfundenen Situation zugemessen wird. In der Realität erleben wir ja immer wieder nicht kontrollierbare Situationen, und dennoch müssen diese Erlebnisse nicht in einen depressiven Zustand führen. Es kommt auf die

Bedeutung an, die wir einer unkontrollierbaren Situation zumessen.

Hilflosigkeit in Psychotherapie und Seelsorge

Der therapeutische Ansatz zur Behandlung der Depressionen zielt dementsprechend auf eine Änderung des vorliegenden Attributionsmusters ab. Nicht alle Situationen waren oder sind tatsächlich unkontrollierbar. Außerdem kann es sich als sinnvoll erweisen, im Sinne einer paradoxen → Intention → Angst oder → Furcht vor künftigen, scheinbar nicht zu kontrollierenden Situationen abzubauen.

Literatur:
Davison, G. C.; Neale, J. M.: Klinische Psychologie. Ein Lehrbuch, München, Weinheim 1988
Dörner, D.; Selg, H.: Psychologie. Eine Einführung in ihre Grundlagen und Anwendungsfelder, Stuttgart 1985
Reinecker, H. (Hg.): Lehrbuch der Klinischen Psychologie. Modelle psychischer Störungen, Göttingen, Toronto, Zürich 1994   AK

Histrionische Persönlichkeitsstörung
→ Hysterie,
→ Persönlichkeitsstörung

Hoffman-Prozeß
→ Primärtherapie

Hoffnung

Hoffnung gehört zur Grundbedingung menschlichen und christlichen Lebens. Verbunden mit Glaube und Liebe stellt sie die Grundhaltung des Christseins dar (1Kor 13,13).

Hoffnung erleben zu können setzt voraus, daß Menschen in ihrer frühen Kindheit die Fähigkeit erworben haben, auftretende Ängste vor der Trennung von den wichtigen Personen ihrer Kindheit zu bewältigen. Geht die Mutter fort, greift das Kind etwa zu seinem Taschentuch, hält es ganz nahe an seinen Mund und erschafft damit selber in einem kreativen (→ Kreativität) Akt die Illusion der Gegenwart seiner Mutter. Subjektiv, symbolisch ist die Mutter in diesem »Übergangsobjekt« vorhanden. Dieser Bereich zwischen Phantasie und äußerer Wirklichkeit, zwischen dem Kind selbst und seinen Liebesobjekten wird »intermediärer Raum« oder »Zwischenbereich« genannt und stellt den wichtigsten Innenbereich des Menschen dar, um notvolle Trennungserfahrungen mit Hilfe seiner phantasierten Illusion zu bewältigen. Illusion in diesem Sinne ist phantasierte Wunscherfüllung, wobei die Unterscheidung von äußerer und innerer Realität unberücksichtigt bleibt. Nur wenn sich dieser intermediäre Erfahrungsraum konstellieren kann aufgrund gelungener ganz früher symbiotischer Verschmelzung zwischen Mutter und Kind, steht dem Menschen sein Leben lang die kreative Möglichkeit zur Verfügung, gegen alle Hoffnungslosigkeit dennoch hoffen zu können, gegen alle Fakten am Glauben festhalten zu können.

Hoffnung vor biblischem Hintergrund

Christen haben Verbindung mit dem Gott der Hoffnung (Röm 15,13). Hoffnung ist der unzertrennliche Begleiter des Glaubens, ist sein subjektiver Kern. Hoffnung nährt und stützt den Glauben, macht ihn weit und führt ihn ins Leben hinein. Solange wir in diesem Leben sind, sind wir auf die verheißene Hoffnung angelegt (Röm 5,2; Kol 1,5; 1Thess 5,8). Als Menschen sind auch Christen angewiesen auf die subjektive Möglichkeit des Hoffen-Könnens. Der Geist Gottes aber beschenkt die Seinen mit einer inhaltlichen Gewißheit (2Kor 3,12; Eph 1,12; 1Petr 1,13; Kol 1,27; Tit 3,7), auch wenn sie noch unsichtbar, unbeweisbar und zukünftig und damit echte Hoffnung ist (Apg 2,26; Röm 8,24). Wir tragen diese Hoffnung in uns (Gal 5,5) wie die Schwangere ihr Kind: Einmal wird die neue Stadt Gottes da sein, und

Gott wird mitten unter den Menschen wohnen und ihre Tränen abwischen (Offb 21,3f).

Literatur:
Freud, S.: Die Zukunft einer Illusion, Wien 1927
Marcel, G.: Homo viator. Philosophie der Hoffnung, 1949
Moltmann, J.: Theologie der Hoffnung, München 1966
Winnicott, D. W.: Vom Spiel zur Kreativität, Stuttgart 1973   TG

Homöostase → Motiv

Homosexualität

Mit Homosexualität meint man sexuelle Handlungen mit bzw. Orientierungen auf Menschen gleichen Geschlechts. In westlichen Gesellschaften hat etwa jede vierte Frau und etwa jeder zweite Mann Erfahrungen mit Homosexualität gemacht. Homosexualität als einzige Quelle sexueller Befriedigung gilt für max. 5 % aller Frauen und für bis zu 15 % aller Männer. Ausschließlich homosexuelle Männer haben deutlich höhere Promiskuitätsraten als ausschließlich lesbische Frauen.

In der Pubertät (→ Jugendalter) kommt es immer wieder zu Erprobungsverhalten mit Menschen gleichen Geschlechts, auch bei Menschen, die später heterosexuelles Verhalten bevorzugen.

Heute geht man davon aus, daß eine rein homosexuelle oder rein heterosexuelle Orientierung seltene Ausnahmen darstellen und es vielmehr um eine graduelle Übergewichtung der homosexuellen Orientierung geht.

Ursachen

Nach heutigem Erkenntnisstand gibt es keine einzeln isolierbare Ursachen für homosexuelles Verhalten, sondern es kommen vielmehr komplizierte Interaktionen zwischen verschiedenen Faktoren für die Erklärung der Homosexualität in Frage.

Biologische Faktoren

können lediglich die Veranlagung zu homosexuellem Verhalten erklären, die Veranlagung zur Homosexualität beinhaltet jedoch keinesfalls das Verhalten selbst als zwingende Konsequenz.

Es gibt Hinweise (z. B. Beobachtungen zur familiären Häufung, → Zwillingsforschung usw.) darauf, daß homosexuelle Veranlagung vererbt werden kann. Eine konkrete Verbindung zwischen männlicher Homosexualität und einem identifizierbaren Chromosom (Xq28) wurde von Hu et al. (1995) festgestellt. Gehirnregionen, die sexuelle Orientierung steuern, können bei homosexuellen Männern in der weiblichen Größe und Struktur ausgeprägt sein. Der → Streß der Mutter während der Schwangerschaft scheint ebenfalls im Zusammenhang mit hormonellen Veränderungen zu stehen, die Homosexualität fördern. Bei allen biologischen Erklärungsversuchen muß man berücksichtigen, daß biologische Vorgaben fast allen Menschen erlauben, sich in die hetero- oder homosexuelle Richtung zu entwickeln. Folglich bekommen vor allem psychologische Faktoren bei der Frage der Entstehung von Homosexualität eine große Bedeutung.

Psychologische Aspekte

Lerntheoretische Theorien können als Erklärungsansatz empirische Nachweise erbringen. Denn während die Tiefenpsychologie von frühkindlichen Prägungen ausgeht, die nur in begrenztem Rahmen veränderbar sind, geht die Lerntheorie von lebenslangen Lernprozessen aus (→ Lernen). Man konnte empirisch nachweisen, daß Sexualverhalten durch die Beobachtung anderer wesentlich beeinflußt ist. So kann ebenso wie hetero- auch homosexuelles Verhalten verstärkt werden. Sobald der Mensch Lust empfindet, werden die ausgeübten Verhalten verstärkt, und es entsteht eine sexuelle Präferenz. Der → Orgasmus spielt dabei als Verstärker eine wesentliche Rolle.

Biblische Bewertung

Wenn die Bibel als autoritativ gültiges, von Gott geoffenbartes lebendiges Wort verstanden wird, gibt es keinen Zweifel, daß die Bibel jede homosexuelle Praxis ablehnt. Sie geht durchgängig von einer → Anthropologie einer exklusiv heterosexuellen Beziehung aus, die sowohl für die Fortpflanzung als auch das Familienleben konstitutiv ist. Sowohl die Heiligkeitsgesetze Israels (z. B. 3Mo 18,22; 3Mo 20,13) als auch neutestamentliche Hinweise (z. B. Röm 1,26f; 1Kor 6,9ff; 1Tim 1,8 ff) machen deutlich, daß jeder Geschlechtsverkehr außerhalb der heterosexuellen Ehe mit der Schöpfungsordnung nicht vereinbar ist.

Homosexualität in Psychotherapie und Seelsorge

In der → Psychoanalyse wird versucht, die eigentliche sexuelle Orientierung zu ändern, indem die problematische Elternbeziehung der Kindheit aufgearbeitet wird. Eher verhaltenstherapeutisch orientierte Therapien (→ Verhaltenstherapie) gehen davon aus, daß homo- sowie heterosexuelle Orientierung immer in einem gewissen Maß vorhanden ist und daß heterosexuelle Anteile durch entsprechendes Verhalten aktiviert werden können. Vor allem Therapieansätze, die sich im Sinne der → Methodenpluralität gegenseitig ergänzen, können in der Therapie und Seelsorge gute Ergebnisse erzielen. Zur → Seelsorge mit homosexuell orientierten Menschen gehört ohne Zweifel auch die Arbeit mit Menschen, die ihre Orientierung nicht ändern können und aus Glaubensgründen daher keine Sexualität praktizieren bzw. praktizieren wollen.

Literatur:
Byne, W.: »Homosexualität: ein komplexes Phänomen«, in: Spektrum der Wissenschaft, Juli 1994, S.43–51
Hu, S. et al.: »Linkage between sexual orientation and chromosome Xq28 in males but not in females« in: Nature genetics, 1995
Kinsey, A. C.; Pomeroy, W. B.; Martin, C. E.: Sexual Behavior in the Human Male. Philadelphia 1948
LeVay, S.: Keimzellen der Lust, Heidelberg 1994
LeVay, S.; Hamer, D.: »Homosexualität: Biologische Faktoren«, in: Spektrum der Wissenschaft, S. 36–43, Juli 1994
Nicolosi, J.: Homosexualität muß kein Schicksal sein, Neukirchen-Vluyn 1995   UG

Hospitalismus

Hospitalismus beschreibt die durch Anstaltserziehung oder -aufenthalt entstandenen Schäden bei Kindern und Erwachsenen. R. Spitz hat den Begriff geprägt, als er beobachtete, wie Kinder in Massenpflege trotz ausreichender Ernährung und Einhaltung der Hygiene körperlich und psychisch verfielen. Heute ist es keine Frage mehr, daß Kinder ganzheitlich angesprochen werden müssen. Versorgung bezieht sich nicht nur auf die äußere Pflege, sondern auch auf die psychischen, kognitiven und sozialen Bedürfnisse des Kindes. Hospitalismus bezieht man heute auch auf Erwachsene und versucht z. B. auch in psychiatrischen Kliniken ein Milieu einzurichten, das so weit wie möglich der »Welt draußen« entspricht. Denn die Reizdeprivation (die Wegnahme von gewohnten Umweltreizen, → Reiz) kann im intellektuellen und gefühlsmäßigen Bereich zu Störungen führen, die dann gern der »Krankheit« angelastet werden. Aber eigentlich sind sie auf eine zu reizarme Atmosphäre zurückzuführen, in der z. B. Lärm, Licht, Platz, Auslauf, Blumen oder Privatsphäre fehlen.   BN

Humanistische Psychologie

Herkunft

Humanistische Psychologie ist die Selbstbezeichnung einer psychologischen Schulrichtung, die in den 50er Jahren zunächst in

Amerika als dritte dominierende Kraft neben der → Psychoanalyse und dem → Behaviorismus (→ Verhaltenstherapie) aufkam und bald in der ganzen westlichen Welt bedeutenden Einfluß ausübte. 1961 wurde die Zeitschrift »Journal of Humanistic Psychology« ins Leben gerufen, 1962 die »American Association of Humanistic Psychology« gegründet. Namhafter Begründer ist A. Maslow. Bekannte Vertreter sind weiter C. Bühler, E. Fromm, K. Goldstein, K. Horney, J. L. Moreno und besonders C. R. Rogers. Letzterer hat die Anliegen der bis dahin vorwiegend wissenschaftlich-theoretisch orientierten Humanistischen Psychologie in die Praxis seiner → Gesprächspsychotherapie umgesetzt. Damit hat er wesentlich dazu beigetragen, daß sie rasche Verbreitung fand und schließlich eine ganze Kultur prägen konnte.

»Humanistisch« meint dabei einerseits und allgemein den weltanschaulichen Hintergrund dieser Bewegung. Darin wird der Mensch zum Maß aller Dinge gemacht. Andererseits ist damit das spezielle Merkmal angesprochen, daß die menschliche Persönlichkeit im Mittelpunkt solcher Psychologie steht. Es handelt sich um eine »Psychologie des Menschen«. Die Wurzeln für solchen Anthropozentrismus finden sich bereits bei R. Descartes im 17. Jh. und können bis zu den alten Griechen zurückgeführt werden (Aristoteles). Heute gehört eine humanistische Gesinnung zum allgemeinen Kulturgut und ist Grundlage unseres Bildungssystems.

Merkmale

Die Humanistische Psychologie stellt eine Art Gegenbewegung zur psychoanalytisch beherrschten Tiefenpsychologie, aber auch zum Behaviorismus dar. Ausgangspunkt ist nicht der gestörte Mensch wie in der Psychoanalyse oder Experimente an Tieren wie im Behaviorismus. Im Mittelpunkt steht vielmehr die gesunde menschliche Persönlichkeit, deren schöpferische Fähigkeiten entfaltet werden sollen. Ziel ist deren → »Selbstverwirklichung« bzw. »Selbstak-

tualisierung«. In der therapeutischen Beziehung wird eine autoritäre Oben-Unten-Beziehung zwischen Therapeut und Klient abgelehnt, jede direktive Beeinflussung zu vermeiden gesucht. Im Vordergrund steht eine offene und echte personale Beziehung, in der besonders die emotionale Ebene zur Sprache gebracht wird. Dahinter steht die Auffassung und Erwartung, daß der Zugang zu den eigenen Gefühlen und den Gefühlen anderer die Persönlichkeit erst zur Entfaltung bringe und zu einer aggressionsfreien Beziehung beitrage. Entscheidend ist dabei die Wahrnehmung, die zur entsprechenden Bewertung beiträgt. Deshalb sollen die Selbst- und die Fremdwahrnehmung (wie man sich selbst und andere sieht und bewertet) und damit die Erlebnisfähigkeit erweitert werden (»Sensitivity Training«). Die dabei geübte Offenheit im Aussprechen auch negativer Gefühle mag auf Unbeteiligte evtl. verletzend wirken, hat aber wesentlich zur Popularität der Humanistischen Psychologie beigetragen.

Wirkung

In der Humanistischen Psychologie geht es nicht zuerst um den psychisch gestörten Menschen, sondern um eine gewissermaßen ideale, heile Persönlichkeit und entsprechend heile zwischenmenschliche Beziehungen. Deshalb konnte sich die Praxis der Humanistischen Psychologie nicht auf Einzelgespräche beschränken. Sehr schnell wurde sie auch auf die Gruppentherapie (→ Gruppen) ausgeweitet. In den USA wurde daraus die »Encounter-Bewegung« (engl. = Begegnung), die Denken, Fühlen, Sprache und Verhalten einer ganzen Generation prägte. In Deutschland fanden diese Anliegen in den 70er Jahren breiten Eingang (Selbsterfahrungsgruppen, Gruppenmarathons im Fernsehen) und wurden im kirchlichen Raum im Rahmen der → Klinischen Seelsorge-Ausbildung aufgenommen. Das Interesse an der menschlichen Persönlichkeit und ihren Motiven führte auch zu einer verstärkten Erforschung des Selbst (→ Selbstkonzept).

Kritische Bewertung der Humanistischen Psychologie

Die Humanistische Psychologie ist im Gesamtzusammenhang eigentlich keine → Psychologie, so sehr sie sich im Einzelfall wissenschaftlich darzustellen vermag, sondern eine psychologische Lebensanschauung. Dies legt auch das Prädikat »humanistisch« nahe und läßt sich insbesondere an den von Maslow aufgestellten Bedürfnishierarchien zur Selbstverwirklichung nachweisen. Der Mensch wird im Kern seiner Persönlichkeit als gut angesehen. Es komme nur darauf an, diese Anlagen zu entdecken und zur Entfaltung zu bringen. Die von Rogers behauptete »Selbstaktualisierungstendenz« trägt gewissermaßen von selbst dazu bei. Was dabei gut, was schlecht (»böse«) ist, bestimmt letztlich der Mensch und damit jeder wieder anders. Gut ist damit z. B. das, was nützlich und wirksam ist, wenn es um eine Verbesserung des sozialen Miteinanders geht. Christliche Wertmaßstäbe werden nur soweit akzeptiert, als sie die Entfaltung der Persönlichkeit nicht behindern. Diese Einstellung steht in deutlichem Widerspruch zum biblischen Menschenbild und Wirklichkeitsverständnis. Der sich selbst verwirklichende Mensch braucht keinen göttlichen Erlöser. Er ist von sich aus fähig, sich zu verbessern. Die Schwierigkeit ist, daß auch nicht wenige Christen von derart humanistischem Optimismus beeinflußt sind, ohne sich der Unvereinbarkeit bewußt zu sein. Das biblische Zeugnis läßt jedoch keinen Zweifel daran, daß der Mensch erlösungsbedürftig ist, sich nicht selbst erlösen kann und den befreienden Eingriff, das erlösende Wort von außerhalb braucht. Nicht »wer ewig strebend sich bemüht«, wird erlöst, sondern wer Gottes Gnade in Jesus Christus zugesprochen bekommt, empfängt und annimmt. Lebensziel kann nicht sein, sich selbst zu verwirklichen, sondern Gestalt werden zu lassen, was Gott aus einem machen möchte. Daran wird keine seelsorgerliche Begegnung herumkommen, die ihren Auftrag ernst nimmt. Unabhängig davon ist der ganzheitliche Ansatz beim gesunden Menschen zu würdigen, für den nicht der Kranke zum Maßstab gemacht wird. Besonders hilfreich sind die Erkenntnisse der Selbstkonzept-Forschung für die → Seelsorge, wenn es um die Selbsterforschung (»Exploration«) und Selbsterkenntnis geht. Die Bewertung solcher Erkenntnisse darf jedoch nicht den humanistischen Bestrebungen überlassen werden. Dafür bleiben biblische Aussagen gültiger Maßstab.

Literatur:
Bühler, C.; Allen, M.: Einführung in die humanistische Psychologie, Stuttgart 1974
Bühler, C.; Massarik, F. (Hg.): Lebenslauf und Lebensziele, Stuttgart, 1969
Maslow, A. H.: Motivation und Persönlichkeit, Freiburg i. Br. 1977
Rogers, C. R.: Die klientenzentrierte Gesprächspsychotherapie, München 1978
ders.: Encounter-Gruppen. Das Erlebnis menschlicher Begegnung, München 1974   CS

Hyperaktivität

Hyperaktivität ist eine Entwicklungsstörung, die schon ab frühestem Kleinkindalter zu beobachten ist. Eine allgemein akzeptierte Definition gibt es bisher nicht. Gemeinsamkeiten der verschiedenen Definitionen lassen sich jedoch an folgenden Primärsymptomen festmachen:

Aufmerksamkeitsstörungen und damit verbundene mangelnde Konzentrationsfähigkeit, *motorische Überaktivität oder Unruhe* (»Zappelphilipp«) und *Impulsivität* (DSM III-R in der Kategorie: »Expansive Verhaltensstörungen«; ICD 10: »Hyperkinetisches Syndrom« F 90).

Von verschiedenen Autoren werden unterschiedliche Schwerpunkte gesetzt, indem entweder kognitive Defizite bei der Informationsverarbeitung (Schlottke 1991) oder sozial unangemessene Verhaltensweisen betont werden (Henker, Whalen, 1989). Sekundärdefizite kommen häufig sowohl in Form emotionaler Schwierigkeiten wie Angstentwicklung und niedriges Selbstwertgefühl als auch durch soziale Isolation und Schulschwierigkeiten dazu.

Für die *Entstehung der Störung* werden verschiedene Ansätze diskutiert: Neben einer hirnorganischen Genese werden immunregulatorische, bzw. allergologische und neurochemische Fehlmechanismen angenommen. Hyperaktives Verhalten kann als Folge mangelhafter selektiver Aufmerksamkeit auftreten, wodurch aufgabenirrelevante Reize nur schwer unterdrückt werden können und durch mangelhafte Filterung der Informationen eine Reizüberflutung oder Überstimulation ausgelöst wird. Andererseits wird auch eine Unterstimulation angenommen: Stimulantien tragen paradoxerweise zur Reduktion hyperaktiven Verhaltens bei. In diesem Zusammenhang käme der Hyperaktivität als Selbststimulationsverhalten die Funktion der Herstellung eines optimalen zentralen Erregungsniveaus zu.

Entsprechend der ätiologischen Modelle (→ Ätiologie) werden verschiedene *Interventions-Möglichkeiten* angenommen:

Hyperaktivität in Psychotherapie und Seelsorge

Der Allergieanfälligkeit kann mit entsprechender Nahrungseinschränkung begegnet werden: Auf die sog. Feingold- oder Haferdiät reagierten jedoch nur 1–5 % der Kinder positiv. Diese Ernährungseinschränkungen können zudem zu partieller Mangelernährung führen, so daß vor solchen Interventionen gewarnt werden sollte.

Die organischen Ursachen dieser Störungen können durch eine medikamentöse Therapie behandelt werden. Hier haben sich bisher Psychostimulantien (z. B. Ritalin) zur Steigerung einer dauerhaften Aufmerksamkeit bewährt. Der Sorge um mögliche Suchtgefahren ist u.a. entgegenzuhalten, daß diese Stimulantien von Kindern eher ungern genommen werden. Allein durch die Medikation werden jedoch nicht die sozialen oder kognitiven Fähigkeiten selbst gefördert.

Aus diesen Gründen wird eine sog. multi-modale Behandlung empfohlen, in welcher Medikamente und verhaltenstherapeutische Methoden (→ Verhaltenstherapie) kombiniert werden (Schlottke, 1991). Zu diesen verhaltenstherapeutischen Methoden gehört die Aktivierung des Kindes für die eigene Mitgestaltung im Veränderungsprozeß (Selbstattribution), eine Diagnosephase der individuellen Defizite und Stärken und ein Selbstinstruktionstraining. Dabei werden Problemstrategien z. B. für das Lösen von Schulaufgaben vermittelt, indem ein erwachsenes Modell die Aufgabenlösung laut sprechend vorführt, das Kind dies nachmacht und dabei laut instruiert wird und sich in einer weiteren Phase selbst laut, und zuletzt leise instruiert (Selbstkontrollprogramme). Auch für das soziale Verhalten können solche Selbstinstruktionen eingeübt werden (»Versuch's mal mit Gemütlichkeit!«).

Insgesamt lernen hyperaktive Kinder weniger über Bestrafungen oder Androhung, sondern vielmehr über Belohnungen und positive Anreize: Für das selbständige Zähneputzen oder anderes erwünschtes Verhalten gibt es – im Sinne eines sog. Token-Programms – z. B. einen Sternchenaufkleber. Für 10 Sternchen geht der Papa mit dem Sohn in den Wald. Dies fordert von den jeweiligen Angehörigen oder Pädagogen ein Umdenken (statt Bestrafung: Ignorieren). Hyperaktive Kinder sind nicht absichtlich »störend«, daher der Hinweis an Erziehende, Hyperaktivität nicht persönlich zu nehmen, sondern gelassen und direktiv das Kind unterbrechen und unter Umständen aus dem Raum entfernen.

Für die Entwicklung hyperaktiver Kinder, die bis zu einem Drittel auch als Erwachsene Anzeichen der Störung aufweisen (soziale Defizite, antisoziale Persönlichkeit) scheinen gleichzeitige Störungen des Sozialverhaltens, niedriger IQ und schwere psychische Störungen der Eltern einen eher ungünstigen Verlauf anzuzeigen.

Als präventiver Faktor spielt insbesondere die Verfügbarkeit einer unterstützenden Bezugsperson eine zentrale Rolle. Hyperaktive

Kinder spüren in den meisten Fällen sehr sensibel und dankbar, wann Bezugspersonen sie mögen und gleichzeitig mit den Symptomen umgehen können.

Literatur:

Henker, B., Whalen, C.: »Hyperactivity and Attention Deficits«, in: American Psychologist, 44/2/1989, S. 216–223

Kinze, W.; Roth, N.; Barchmann, H. (Hg.): Aufmerksamkeit und Konzentration im Kindesalter, Berlin 1991

Schlottke, P. F.: »Zwischen Zappelphilipp und Hans-Guck-in-die-Luft: Kinder mit Aufmerksamkeitsstörungen«, in: Acta Paedopsychiatrica, 51/1988, S. 209–219   EJ

Hypnose

Bereits aus frühen Phasen der Menschheitsgeschichte sind hypnoide Zustände bekannt und wurden zu Heilzwecken eingesetzt. Psychotherapie kann in einer allgemeinen Definition als Krankenbehandlung mit seelischen Mitteln bezeichnet werden. Im gezielten Einsatz hypnoider Zustände ist demnach nicht nur die älteste bekannte Form seelischer Krankenbehandlung zu sehen, sondern es handelt sich um ein transkulturelles Phänomen, das einen Grundschatz menschlicher (Heil-) Erfahrung darstellt. Die Zeiten, in denen Hypnose ebenso dem Bereich der Heilkunst wie magischen Zirkeln zuzurechnen war, sind seit der zunehmenden wissenschaftlichen Erforschung vorüber, auch wenn Bühnenhypnotiseure immer noch gelegentlich öffentlich auftreten und hypnoide Zustände zu Schauzwecken mißbrauchen.

Wesentlicher Bestandteil der Hypnose ist die Suggestion. Suggestion kann definiert werden als die auf effektiver Resonanz beruhende, anratende und eingebende Beeinflussung eines anderen, die jedoch nur bei positiver emotionaler Wechselwirkung angenommen und autosuggestiv verarbeitet wird. Im Gegensatz zum → Autogenen Training basiert die Hypnose auf Hetero-, also Fremdsuggestionen, die vom Therapeuten vorgesprochen werden, vom Patienten aber angenommen werden müssen, um wirksam zu werden. Wie bei anderen psychotherapeutischen Interventionstechniken beruht die Wirksamkeit einer Hypnosebehandlung auf einer tragfähigen therapeutischen Beziehung (die sog. »Wir-Bildung«). Entgegen der landläufigen Meinung ist nach den vorliegenden Untersuchungsergebnissen eine Beeinflussung des Betroffenen gegen seinen Willen, seine tiefen Überzeugungen und ethischen Werthaltungen durch Hypnose nicht möglich. Kossak führt aus, daß im Bereich der römisch-katholischen Kirche aufgrund von Recherchen festgestellt wurde, daß Hypnose nichts Okkultes sei oder mit Zauberei, Spiritismus und Schwarzer Magie zu tun habe. Der Mißbrauch sei zu verwerfen, nicht jedoch der legitime Gebrauch im Rahmen medizinischer Behandlungen.

Techniken der Hypnose

Im Laufe der langen Tradition der Hypnose wurden zahlreiche verschiedene Techniken entwickelt. Am häufigsten wird gegenwärtig die *klassische medizinische Hypnose* und die – neuere Ergebnisse der Kommunikationsforschung integrierende – *indirekte Hypnosetechnik* nach M. H. Erickson (1981) angewandt. Eine die Eigenaktivität des Patienten besonders betonende Form ist die *gestufte Aktivhypnose*, die hinsichtlich der Verwendung von Selbst- und Fremdsuggestionen eine Stellung zwischen dem → Autogenen Training und der klassischen medizinischen Hypnose einnimmt.

Neben dem suggestiven Geschehen können hypnoide Zustände aber nur richtig verstanden werden, wenn auch die körperlichen und kognitiven Veränderungen berücksichtigt werden. Unter der verbalen Führung durch den Therapeuten tritt, ähnlich wie beim autogenen Training, relativ rasch eine Entspannungsreaktion auf, die u.a. mit Schwere- und Wärmeempfindungen und einer ruhigen Atmung einhergeht. In hypnoiden Zuständen kommt es zu einer verstärkten Zuwendung der Aufmerksamkeit zu inneren Aspekten der Reizverarbeitung (→ Reiz). Äußere Reize werden zunehmend bedeutungslos. Während beim → Autogenen Training die Aufmerksamkeit auf die Entspannungsprozesse selbst gerichtet wird, fokussiert der Patient bei der Hypnose die Aufmerksamkeit zunehmend auf die Stimme des Therapeuten und die von ihm nach initialer Induktion (z. B. durch Fingerfixation) vorgesprochenen Inhalte. Der durch physiologische, kognitive und sozialpsychologische Aspekte gekennzeichnete hypnoide Zustand ermöglicht es, daß die eingesetzten psychotherapeutischen Interventionen Persönlichkeitsanteile erreichen, die im hellwachen Zustand nur schwer zugänglich sind. Kretschmer (1961) hat in diesem Zusammenhang den Begriff der »Tiefenperson« geprägt, der nicht mit dem Begriff des »Unbewußten« der → Psychoanalyse identisch ist.

Hypnose in Psychotherapie und Seelsorge

Die Inhalte der therapeutischen Interventionen hängen von dem jeweiligen Störungsbild des Patienten, seiner Lebensentwicklung und seiner gegenwärtigen Situation ab. Häufig werden Metaphern verwendet. Dies verdeutlicht, daß Hypnose in der Krankenbehandlung nie als reine »Technik« eingesetzt wird, sondern stets in umfassende Diagnose- und Therapiekonzepte (→ Psychodiagnostik) eingebettet ist. Die Vorstellung mancher Betroffenen, durch einige wenige »Hypnosen« ohne eigene Aktivität »geheilt« werden zu können, ist ebenso unzutreffend, wie die → Angst vor unkontrollierbarer Beeinflussung durch den Therapeuten. Bevor die Indikation zu einer Hypnotherapie gestellt werden kann, gilt es daher u.a., derartige Vorstellungen zu korrigieren. Hypnose ist weder ein »Allheil-«, noch ein »Wundermittel«. Empirische Studien belegten die Wirksamkeit von Hypnotherapien insbesondere bei psychosomatischen (→ Psycho-

somatik) und funktionellen Störungen. Besonders bewährt hat sich der Einsatz des Verfahrens bei Angststörungen (→ Angst) (Stetter et al. 1994). Grundsätzlich ist ein breiter Indikationsbereich anzunehmen. Kontraindiziert ist die Hypnotherapie dagegen bei Geistesstörungen und schwersten Affektstörungen (schizophrene, depressive oder manische → Psychosen, → Schizophrenie, → Depression).

Hypnotherapie kann nur von speziell ausgebildeten Therapeuten mit gründlicher Eigenerfahrung angewandt werden. Wie in allen Bereichen der Psychotherapie kann auch mit Hypnose Mißbrauch durch selbst ernannte »Heiler« ohne fundierte Basis- und Spezialausbildung getrieben und damit Schaden bei den Patienten angerichtet werden. Es ist daher zu empfehlen, Hypnotherapien nur im Rahmen des medizinisch-psychologischen Versorgungssystems durchzuführen, das ein Mindestmaß an Qualitätssicherung vorsieht.

Literatur:
Erickson M. H.; Rossi E. L.: Hypnotherapie: Aufbau – Beispiele – Forschungen, München 1981
Kossak H. C.: Hypnose, München 1989
Kretschmer E.: »Hypnose und Tiefenperson«, in: Zeitschrift Psychotherapie Medizinische Psychologie 11/1961, S. 207–215
Langen, D.: Kompendium der medizinischen Hypnose, Basel, München, Paris [3]1972
Stetter, F.: »Die Bedeutung der Hypnosuggestiv-Verfahren in der Psychiatrie – ein empirisch fundierter, pragmatischer Behandlungsansatz«, in: Schneider, F. et al. (Hg.): Perspektiven der Psychiatrie, S. 153–159, Stuttgart, Jena, New York 1991
Stetter, F.: »Gestufte Aktivhypnose, autogenes Training und zweigleisige Psychotherapie. Historischer Hintergrund und aktuelle Bedeutung der Therapieansätze von Ernst Kretschmer«, in: Fundamenta Psychiatrica 8/1994, S. 14–20
Stetter, F.; Walter, G.; Zimmermann, A.; Zähres, S.; Straube, E. R.: »Ambulante Kurztherapie von Angstpatienten mit autogenem Training und Hypnose«, in: Psychotherapie Psychosomatik Medizinische Psychologie 44/1994, S. 226–234

FS

Hypochondrie

Mit Hypochondrie (gr. Krankheitswahn) wird ein Zustandssyndrom bezeichnet, das durch unbegründete Krankheitseinbildung, übersteigerte Selbstbeobachtung, und gedrückte Stimmungslage, begleitet von z. T. heftigen, zwanghaften (→ Zwang, Zwangshandlungen, Zwangsneurose) → Ängsten gekennzeichnet ist. Menschen mit hypochondrischen Symptomen werden als Hypochonder bezeichnet (→ Apathie). Die Befürchtung, krank zu sein oder zu erkranken, stützt sich dabei nicht auf tatsächliche organische Veränderungen, sondern auf eine Überbewertung von Körperwahrnehmungen, wie z. B. Verdauungsvorgängen. Der Betroffene fahndet ängstlich und sorgenvoll nach Krankheitssymptomen, erlebt sich von schwerer Krankheit bedroht oder bereits ernstlich erkrankt. Sein ganzes Denken und Handeln dreht sich um seine Sorge um Gesundheit und Leben. Hypochondrie wird zumeist nicht als eigene Krankheit behandelt, sondern als Begleiterscheinung verschiedener psychischer Störungen, wie z. B. → Depression, → Schizophrenie, aber auch bei hirnorganischen Erkrankungen diagnostiziert.

Hypochondrie in Psychotherapie und Seelsorge

Vor einer Therapie von Hypochondrie muß der Betroffene auf organische Krankheiten untersucht werden und der Befund negativ lauten. Die Behandlung von Hypochondrie sollte dann unter Berücksichtigung des psychischen Gesamtzustands und unter Berücksichtigung evtl. diagnostizierter psychischer Störungen erfolgen. Dem Betroffenen zu versichern, er sei gesund, führt im allgemeinen zu keinem Erfolg; auch negative Laborbefunde können ihn i. d. R. hiervon nicht überzeugen. Als hilfreich hat es sich erwiesen, die vermeintlichen somatischen Beschwerden zu ignorieren und sich auf positivere Aspekte des Lebens zu konzentrieren. Ablenkende und zerstreuende Aktivitäten sollen die Aufmerksamkeit des Betroffe-

nen auf andere Beschäftigungen richten. Nach Herstellung einer positiven therapeutischen Beziehung hat es sich immer wieder auch als hilfreich erwiesen, Betroffene durch behutsam formulierte Ermahnungen, etwa im Sinne Paul Gerhardts »Geh aus mein Herz und suche Freud«, aus ihrer Störung heraus zu führen.

Literatur:
Baur, S.: Die Welt der Hypochonder. Über die älteste Krankheit der Menschheit, München 1994
Davison, G. C.; Neale, J. M.: Klinische Psychologie. Ein Lehrbuch, München, Weinheim 1988
Gerhardt, P.: Lieder zur Seelsorge, Nenzingen 1991
Rief, W.: Multiple somatoforme Symptome und Hypochondrie. Empirische Beiträge zur Diagnostik und Behandlung, Göttingen 1995

AK

Hypomanie

Geringerer Ausprägungsgrad der → Manie

Hysterie

Der Begriff »Hysterie« hat in den letzten Jahren eine Wandlung erfahren. Dabei werden zwei Ebenen unterschieden: die Ebene der hysterischen (bzw. histrionischen) Persönlichkeitsstörung und die Ebene der schwerwiegenden körperlichen und psychischen Störungen, die bei histrionischen Patienten auftreten können (Konversion, Somatisierungsstörung).

Der Begriff Hysterie kommt daher, daß betroffene Menschen (vielfach Frauen) oft an Unterbauchbeschwerden leiden, die auf die Gebärmutter (gr. = *hysteros*) zurückgeführt wurden. Der heutige Begriff der »histrionischen« Persönlichkeit leitet sich vom griechischen Wort *histrio*, Schauspieler, her und unterstreicht etwas von der Dramatik, die im hysterischen Verhalten zu finden ist.

Die histrionische Persönlichkeitsstörung

Sie ist definiert durch folgende Kriterien

(nach DSM-III-R): Es findet sich ein durchgängiges Muster übermäßiger Gefühlsbe-
tontheit oder eines übermäßigen Verlangens
nach Aufmerksamkeit. Mindestens vier der
folgenden Kriterien müssen erfüllt sein:

(1) ständiges Verlangen nach Bestätigung,
Anerkennung oder Lob;
(2) übertriebene Attraktivität mit verführe-
rischem Verhalten;
(3) übertriebene Besorgnis um die äußere
Erscheinung;
(4) übertriebener Ausdruck von Gefühlen;
(5) Person fühlt sich unwohl in Situationen,
wo sie nicht im Mittelpunkt steht;
(6) Person zeigt rasch wechselnde und oberflächliche Gefühle;
(7) Person ist stark ich-zentriert, im Handeln auf unmittelbare Befriedigung ausgerichtet, kann Enttäuschungen nur schwer
aushalten;
(8) übertriebene und detailarme Sprache.

Diese Eigenschaften führen zu großen
zwischenmenschlichen Problemen. Hysterische Persönlichkeiten wirken zwar am Anfang charmant und schließen schnell
Freundschaften. Ist eine Beziehung aber einmal aufgebaut, so werden sie anspruchsvoll,
ichbezogen und rücksichtslos. In ihrer
Sehnsucht nach bedingungsloser Annahme
und Anerkennung machen sie sich übermäßig abhängig von andern und nehmen sie
völlig in Beschlag. Versucht der andere, sich
etwas mehr Freiraum zu verschaffen, so
kommt es zu Vorwürfen und dramatischen
Gefühlsausbrüchen. Hilfloses Sich-An-
klammern kann sich bis zum Selbstmordversuch steigern. Durch ihr unreifes Verhalten zerstören sie gerade diejenigen Beziehungen, nach denen sie sich so sehr sehnen.
Sexuelle Probleme sind häufig. Hysterische Personen leiden oft unter überhöhten
Erwartungen an sich selbst und an ihrem
Partner und neigen zur Flucht in sexuelle
Phantasien. Die Wirklichkeit ist meist ganz
anders, und Enttäuschungen sind programmiert. Oft klagen sie auch über schlechte
Gesundheit, allgemeine Schwäche und
Kopfschmerzen.

Hysterische Konversion und Somatisierungsstörung

Unter Belastungen kann es bei hysterischen
Personen zu körperlichen Symptomen kommen. Weil diese manchmal (nicht immer!)
etwas von ihrem inneren Konflikt ausdrücken, wurden diese körperlichen Störungen als Konversionsstörungen (Konversion
= Umwandlung) bezeichnet. So kann beispielsweise eine junge Frau nicht mehr gehen (zur Abgrenzung: → Aphasie, → Sprache), nachdem sie mehrfach heimlich und
gegen ihre eigentlichen Überzeugungen zu
einem Drogendealer gegangen ist. Weitere
körperliche Beschwerden werden im Unter-
leib verspürt, in Atembeklemmung, in Taub-
heit und Kribbeln der Arme, Blindheit oder
plötzlichem Stimmverlust. Dabei lassen sich
keine neurologischen Symptome finden. Oft
stimmen die Schwere der körperlichen Beschwerden und die Grundstimmung nicht
überein, so daß man den Eindruck gewinnt,
die Betroffenen würden ihre Symptome zur
Manipulation ihrer Umgebung nutzen.
Dennoch darf man das tiefe Leiden an solchen Störungen nicht verharmlosen.

Hysterie in Psychotherapie und Seelsorge

Hysterische Patienten sind eine besondere
Herausforderung an Arzt und Seelsorger.
Denn oft ist man nicht sicher, was nun echt
und was gespielt ist. Der Seelsorger muß oft
am eigenen Leib erfahren, wie die Person
üblicherweise mit anderen Menschen umgeht. Sie sind auch dem Betreuer gegenüber
unberechenbar. Oft kommt es nach einer
anfänglichen Idealisierung später zu einer
anklammernden Abhängigkeit. Ihre Klagen
bringen sie oft in dramatischer Form in die
Sprechstunde, mit Details garniert, die einen
immer wieder fragen lassen, ob hier nicht
übertrieben wird. Doch die Betroffenen sind
felsenfest von ihren Erlebnissen überzeugt
und reagieren auf prüfende Rückfragen des
Seelsorgers mit Vorwürfen und Zweifeln an
seiner Fähigkeit, sie zu verstehen.
Christen mit hysterischen Zügen neigen

dazu, ihre Erlebnisse durch übernatürliche Einwirkungen zu erklären. Oft steigern sie sich so in ihre Vorstellungen okkulter Kräfte hinein, daß sie die farbigsten Beschreibungen dämonischer Belästigungen geben können. Vom Seelsorger fordern sie dann ein Freibeten von ihrer »Besessenheit«. Dabei spielen sich oft dramatische Szenen ab, die die Anwesenden von der dämonischen Besessenheit der Ratsuchenden überzeugen sollen. Wagt es ein Pfarrer, ihren Wünschen Grenzen zu setzen, so können die Betroffenen äußerst enttäuscht und schroff reagieren. Nicht selten wird dann zu einem Seelsorger gewechselt, der »mehr Vollmacht« hat. Damit soll die Rolle geistlichen Beistands während hysterischer Krisen nicht heruntergespielt werden. Bibelworte und Gebete können zu einer eindrücklichen Beruhigung und Lösung der inneren Nöte führen.

Es wäre jedoch falsch, das Verhalten histrionischer Persönlichkeiten nur als »Theater« abzutun, handelt es sich doch um ein Verhaltensmuster besonders sensibler Personen, das sie nicht immer voll steuern können. Ja, sie sind im Nachhinein oft selbst entsetzt, wenn sie merken, wie sie sich von ihren Gefühlen forttragen ließen. Mit der allgemeinen Beruhigung des Zustandsbildes kommt es meist auch zur Rückbildung der histrionischen Symptome.

Der Seelsorger sollte diesen Menschen ein Fels sein, der Halt, Schutz und Ufer bietet; ein Seelsorger also, der sie ernst nimmt, aber ihren Gefühlen mit nüchterner Gelassenheit entgegentritt und die nötigen Grenzen setzt; ein Seelsorger, der auch in unreifen Trotzreaktionen fest bleibt, ohne sie zu verstoßen, und ein Seelsorger, der sie trotz ihrer Abhängigkeitswünsche zur Selbständigkeit ermutigt und begleitet.

Literatur:
Bräutigam, W.: Reaktionen – Neurosen – Abnorme Persönlichkeiten. Seelische Krankheiten im Grundriß, Stuttgart 1985
Hoffmann, S. O.; Hochapfel, G.: Einführung in die Neurosenlehre und Psychosomatische Medizin, Stuttgart 1991
Israel, L.: Die unerhörte Botschaft der Hysterie, München 1983
Shorter, E.: Moderne Leiden. Zur Geschichte der psychosomatischen Krankheiten, Reinbek 1994

SP

I

Ich-Zustands-Modell
→ Transaktionsanalyse

Identität

Bezeichnung für eine auf relativer Konstanz von Einstellungen und Verhaltenszielen beruhende, relativ überdauernde Einheitlichkeit in der Betrachtung seiner selbst und anderer.

Vor allem während der Jugendzeit stellt die Findung einer eigenen Identität ein zentrales Problem für Jugendliche dar. Auf der Suche nach Identität geht es darum, das Denken, Handeln und Fühlen in Gleichklang zu bringen und Widersprüche zwischen Erwartungen an die Zukunft und Erfahrungen aus der Vergangenheit in ein ausgewogenes Gleichgewicht zu bringen.

Ursache für eine gesteigerte Identitätssuche während der Jugendzeit scheint zu sein, daß zu diesem Zeitpunkt die Entwicklung des → Denkens bereits soweit fortgeschritten ist, daß sich der Jugendliche selbst bestimmen kann. In diesem Alter entdeckt er auch, daß ihn zwar viele Gemeinsamkeiten mit anderen Menschen verbinden, er jedoch auch in vielerlei Hinsicht unterschiedlich ist. Vor allem körperliche Veränderungen, Erwartungen aus der Erwachsenenwelt (berufliche, schulische Qualifikation) drängen ihn zusätzlich zur Entwicklung einer eigenen Identität.

Identitätskrisen

Neuere Untersuchungen belegen, daß es wenig erfolgversprechend ist, eine Identität aufzubauen, die frei von Spannungen bezüglich bisheriger Lebenserfahrungen und Erwartungen an die Zukunft ist. Damit würde die Notwendigkeit zur geistigen und sozialen Mobilität erlahmen und ein Phlegma entstehen, aus dem Identitätskrisen erwachen.

Wenn allerdings der Spannungszustand zwischen Erfahrung und Erwartung zu groß wird, dann ist die Suche nach Identität von vornherein mit Angst besetzt und auch hier wären Identitätskrisen die Folge. Es geht also darum, daß Menschen, um ein möglichst optimales Identitätsgefüge zu erreichen, einen dynamischen Spannungszustand zwischen Erwartungen und Erfahrungen einhalten sollten, der es ihnen einerseits ermöglicht, die geistige und soziale Mobilität zu erhalten, der andererseits jedoch auch von allzu großen Spannungszuständen frei ist.

Das Fehlen eines geistigen und sozialen Standorts führt häufig zu sog. jugendlichem Rigorismus. Fähigkeiten wie Kompromißbereitschaft und Toleranz werden dann häufig als Zeichen von Schwäche und Inkonsequenz interpretiert. Da jedoch die Umwelt Grenzen setzt und damit das Durchsetzen von Totalitätsansprüchen verhindert, kommt es zwangsläufig im Jugendalter gehäuft zu Identitätskrisen, die sich zumeist in einer für dieses Alter typischen Selbstwertproblematik zeigen. Bleiben Erfolgserlebnisse aus und werden Mißerfolge und fehlende soziale Anerkennung zusätzlich noch durch bestimmte äußere Merkmale (z. B. unreine Haut, zurückgebliebenes körperliches Wachstum usw.) verstärkt, und fehlen darüber hinaus die Kompensationsmöglichkeiten (z. B. gute sportliche, musische oder schulische Leistungen), dann können sich daraus lange andauernde Identitätskrisen entwickeln.

Identität in Psychotherapie und Seelsorge

Oftmals sind Tagträume eine der Möglichkeiten, mit denen sich junge Menschen den Identitätskrisen entziehen. Aber es ist dies zumeist kein nach vorne gerichteter Weg. Längerfristig kann man ihnen bei der Suche nach Identität nur dadurch helfen, daß man ihnen konkrete Hilfestellungen anbietet, das heißt, sie in konkreten Situationen vor Aufgaben und Probleme stellt. Durch die Lösung der altersgemäßen und konkreten Aufgaben erwachsen Erfolgserlebnisse, die ein Gefühl des Anerkanntseins und des Ernstgenommenwerdens vermitteln.

Literatur:
Dieterich, M.: Handbuch Psychotherapie und Seelsorge. Wuppertal und Zürich 1989
Erikson, E.: Identität und Lebenszyklus, Frankfurt/M.1974
Schweitzer, F.: Identität und Erziehung, Weinheim, Basel 1985   JD

Identitätskrise

Um Identitätskrisen näher zu kennzeichnen, muß zunächst herausgearbeitet werden, was der Begriff »Identität« im hier gemeinten Sinne bedeutet. Menschen werden während ihrer psychischen und physischen Entwicklung immer wieder vor – manchmal altersspezifische – Aufgaben gestellt (→ Entwicklungspsychologie). Erikson hat als zentrale Entwicklungsaufgabe die Entwicklung der Identität gesehen. Dabei meint Identität zweierlei Komponenten: die Person, für die man sich hält und die Person, für die andere einen halten. Die Bildung einer Identität findet schwerpunktmäßig während der Jugendzeit statt. Hier ist die Entwicklung des Denkens soweit fortgeschritten, daß sich der Jugendliche bereits selbst bestimmen kann. Während dieser Zeit entdeckt er, daß er einerseits viele Eigenschaften und Interessen mit anderen gemeinsam hat, jedoch auch in vieler Hinsicht verschieden ist. Zur selben Zeit fühlt er einen beachtlichen (gesellschaftlichen) Druck, sich mit seiner Person und seiner Zukunft auseinanderzusetzen.

Identitätskrise in Psychotherapie und Seelsorge

Krisen oder Probleme mit der Identität können dann entstehen, wenn das → Denken, Fühlen und Handeln mit den Reaktionen der Umgebung in extremen Widerspruch gerät. Eine vollständige Übereinstimmung, eine »totale« Identität, also ein Zustand, in dem zwischen bisherigen Lebenserfahrungen und den möglichen Erwartungen keine

Spannung mehr besteht, führt jedoch zum Verlust der geistigen und sozialen Mobilität. Es gilt daher, in der Psychotherapie und Seelsorge ein dynamisches und gleichzeitig ausgewogenes Gleichgewicht zwischen der Ruhe und Sicherheit einer gefestigten Identität und dem Ansporn eines empfundenen Bedürfnisses des Identitätswechsels zu finden (→ Coping).

Literatur:
Erikson, E. H.: Jugend und Krise, Frankfurt/M. 1981   JD

Imagination

Imagination (von lat. *imago* = Bild) ist die Fähigkeit, bildhaft anschauliche Vorstellungen von nicht präsenten Situationen, Vorgängen, Objekten oder Personen vor dem »inneren Auge« entstehen zu lassen (→ Halluzination). Man macht sich heute die Fähigkeit der Imagination in vielen Bereichen zunutze, so ist »kreatives Ideensammeln« sowohl in der Schule als auch bei der beruflichen Aus-, Fort- und Weiterbildung bekannt.

Imagination in Psychotherapie und Seelsorge

Imagination kann aber auch in der Psychotherapie und Seelsorge als Hilfsmittel eingesetzt werden. Eine Möglichkeit der Imagination ist beispielsweise, neue Verhaltensweisen, die man in einer realen Situation noch nie angewandt hat, in der Vorstellung oder auch im Rollenspiel »auszuprobieren«. Eine weitere Möglichkeit ist die Anwendung der Imagination bei der Behandlung verschiedener → Phobien (vgl. systematische → Desensibilisierung). Außerdem wird die Imagination auch bei verschiedenen Entspannungstechniken (→ Entspannung) effektiv genutzt.

Literatur:
Freeman, A. et al.: Clinical applications of cognitive Therapy, New York 1990
Singer, J. (Hg.): Imaginative Verfahren in der Psychotherapie, Paderborn 1986

Weerth, R.: NLP und Imagination. Grundannahmen, Methoden, Möglichkeiten und Grenzen, Paderborn 1992   PV

Imitation → Lernen

Impotenz → Sexualstörungen

Indikation

Mit Indikation (von lat. *indicare* = anzeigen) bezeichnet man die Bedingung oder Notwendigkeit zur Anwendung einer bestimmten medizinischen oder psychologischen Heilmethode. Wir unterscheiden unterschiedliche Typen der Indikation:
– *Diagnostische Indikation:* Untersuchungsverfahren zur Sicherstellung von Diagnoseergebnissen bei bestimmten Krankheitssymptomen oder Verletzungszeichen (z. B. besteht bei länger dauernden Kopfschmerzen [→ Psychodiagnostik] die Indikation zur nervenärztlichen Untersuchung, um eine Gehirnerkrankung auszuschließen).
– *Therapeutische Indikation:* Nach Feststellung einer Erkrankung oder Störung besteht die Indikation zu einer bestimmten Behandlung (z. B. nach Feststellung einer Angstneurose [→ Angst] besteht die Indikation zu psychotherapeutischer Behandlung).
– *Differentialindikation:* Entscheidung über das günstigste diagnostische oder therapeutische Verfahren (z. B. bei länger andauernden → Schlafstörungen besteht die Entscheidungsnotwendigkeit zwischen einer medikamentösen oder psychotherapeutischen Behandlung).
– *Absolute Indikation:* Unbedingte, u.U. lebenserhaltende Notwendigkeit (Bsp.: Nach Selbstmordversuch [→ Suizid] besteht die absolute Indikation zu einer psychotherapeutischen Behandlung.)
– *Relative Indikation:* Nur bedingte Notwendigkeit. (Bsp.: Bei → Schlafstörungen besteht nur bedingte Indikation zu einer medikamentösen Behandlung.)

– *Kontraindikation:* Gegenanzeige. (Bei Blutmangel ist eine große Operation kontraindiziert, d. h. nicht empfehlenswert.)
                                    HD

Indikationslösung → Abtreibung

Individualpsychologie

Die Individualpsychologie ist ein tiefenpsychologisch fundiertes (heil-)pädagogisches und psychotherapeutisches System. Sie wurde durch den Wiener Nervenarzt Alfred Adler (1870–1937) gegründet und zählt als sog. »2. Wiener Schule« der Psychotherapie zu den ältesten psychotherapeutischen Verfahren überhaupt. Sie ist eine der drei klassischen Richtungen der Tiefenpsychologie (neben der Psychoanalyse Freuds und der Analytischen Psychologie Jungs).
Die Bezeichnung, die Adler seiner Schule gab, ist unglücklich gewählt: Gerade die Individualpsychologie betont die sozialpsychologischen Aspekte der Entwicklung und Veränderung psychischer Störungen.
Die Individualpsychologie unterscheidet sich von anderen psychologischen Schulen durch einige wesentliche Punkte:
– Sie betrachtet den *Menschen als eine Ganzheit* und spricht von der Einheit der Persönlichkeit (→ Anthropologie), bei der das Ganze mehr ist als die Summe seiner Teile. Menschen können viel vermuten, jedoch nichts wissen, wenn ihnen bloß ein Ausschnitt der Persönlichkeit vorliegt. Aber dennoch verstehen sie die kleinste Geste, wenn sie das Ganze, dessen Teil sie ist, individualpsychologisch erfaßt haben. Die psychoanalytische Einteilung in die Instanzen »Ich«, »Es« und »Über-Ich« mag nützlich sein. Auch andere Aufteilungen, z. B. in Bewußtes und Unbewußtes oder, entsprechend den Funktionen des Menschen, in Gedanken, Gefühle, Willen und Handlungen mögen als Arbeitsgrundlage dienen können. Diese Teile des Menschen aber als selbständige Kräfte oder Instanzen anzuse-

hen, über die der Mensch nicht verfügen kann, lehnt die Individualpsychologie ab. Anzunehmen, daß der Mensch durch solche Kräfte bestimmt wird, wird von der Individualpsychologie als typisches Vorurteil unserer Zeit betrachtet.

– Sie betrachtet den *Menschen als eine zielgerichtete Einheit* (etwa im Sinne von: Der Vogel hat Flügel, damit er fliegen kann). Demzufolge sieht sie alle Handlungen des Menschen vom Ziel her (der Mensch weint, um getröstet zu werden). Diese finale Betrachtungsweise wird als wesentlich wichtiger erachtet als die kausale. Adler sprach in diesem Zusammenhang von der Wichtigkeit, zu wissen, wohin der Mensch gehen will, und von der Unwichtigkeit, zu wissen, woher er kommt. Individualpsychologie schaut also in erster Linie nicht nach den Ursachen und Gründen für Verhaltensweisen des Menschen, sondern nach dessen Zielen. Deshalb ist sie auch Teleoanalyse (von gr. *telos,* = Ziel) genannt worden.

– Nach der Individualpsychologie besitzt der Mensch drei grundsätzliche Strebungen (psych. Antriebe), die in individuell unterschiedlicher Ausprägung vorliegen. Diese werden mit Strebung nach *Überlegenheit,* Strebung nach *Gemeinschaft* und Strebung nach *Aktivität* bezeichnet.

Von dem Endziel der »vollkommenen Überlegenheit« her werden in der Lebensstilanalyse folgende unbewußte Lebensziele sichtbar:
– Macht über die Mitmenschen
– Verfügbarkeit über Besitztümer
– Soziales Prestige
– Moralisches Prestige
– Selbstverwirklichung (im Sinne des Schaffens einer »Intimsphäre«)

Die Meinung, die sich der einzelne bildet, spielt in seinem Verhalten eine hervorragende Rolle. Sie ist wichtiger als die eigentliche Tatsache, um die es geht. Der Mensch handelt weniger aufgrund der Tatsachen, sondern aufgrund seiner Meinung. Bei dieser Meinungsbildung sind wir relativ frei. Die sogenannte freie schöpferische Kraft gibt dem Menschen Verantwortung für alles,

was er tut. Gleichzeitig nimmt er ihm die vielen möglichen Entschuldigungen, die andere psychologische Ansätze oft bieten. Adler schrieb dazu, daß ein bestimmtes Ereignis nur dann zu einem psychischen Trauma wird und als solches eine Wirkung auf mich ausüben kann, wenn ich dieses Ereignis zur Ursache mache.

– Individualpsychologie sieht im *Menschen ein soziales Wesen.* Adler weigerte sich, einen Menschen isoliert zu betrachten. Der Mensch wird in der Individualpsychologie immer als Teil eines größeren sozialen Systems (Familie, Verein, Kirchengemeinde, Volk) verstanden. Adler spricht von der »eisernen Logik« des Zusammenlebens.

– Individualpsychologie ist eine *Gebrauchspsychologie.* Demgegenüber beschreiben die »Besitzpsychologien« den Menschen als ein Wesen, das gewisse Eigenschaften besitzt. Der Individualpsychologie kommt es aber nicht so sehr auf diesen Besitz an, sondern darauf, was der einzelne aus dem, was er hat, macht – also, wie er es gebraucht.

– Individualpsychologie ist eine *optimistische Psychologie.* Der Optimismus wird als eine berechtigte Lebensanschauung, der Pessimismus dagegen als unberechtigt angesehen.

– Die *soziale Gerechtigkeit ist eine der Hauptforderungen der Individualpsychologie.* Weder die Unterschiede in Rasse, Geschlecht, Alter noch in Bildung, Beruf, Können etc. spielen eine Rolle. Jeder – auch das kleine Kind – wird als gleichwertiger Partner in einer gemeinsamen Aufgabe betrachtet.

– Individualpsychologie ist die Grundlage und die Praxis einer neuen Pädagogik. Sie will die Menschenkenntnis lehrbar machen, dies aber nicht durch einen intellektuellen Vorgang, sondern durch einen Umwandlungsprozeß, der in die Tiefe der Persönlichkeit reicht. Sie will die Krise des Individualismus überwinden. Sie sucht die Synthese zwischen der Persönlichkeit und der Gemeinschaft. Ziel der individualpsychologischen Lebensanschauung ist verstärkter Wirklichkeitssinn und Verantwortlichkeit, die Ablösung der verborgenen Gehässigkeit unter den Menschen durch gegenseitiges Wohlwollen. Dies kann nur durch die bewußte Entfaltung des Gemeinschaftsgefühls und das Ablegen unserer Vorurteile erreicht werden.

Individualpsychologie in Psychotherapie und Seelsorge

In Verbindung mit der Logotherapie V. Frankls als »Höhenpsychologie« wird die Individualpsychologie A. Adlers als Tiefenpsychologie im methodenpluralen Konzept der BTS eingesetzt, wenn es angezeigt ist, die Vergangenheit zu analysieren und in die Zukunft zu blicken.

Literatur:
Ansbacher, H. & R.: Alfred Adlers Individualpsychologie, 1982
Antoch, R.: Von der Kommunikation zur Kooperation, 1981   HB

Informationsverarbeitungstheorie

Der Lern- und Gedächtnisvorgang des Menschen stellt einen komplexen Prozeß dar, der immer noch in vielen Bereichen recht unklar erscheint. Bei der Untersuchung von Vorgängen des Lernens und Memorierens stießen Forscher auf eine Reihe von Prinzipien, denen auch moderne Computer gehorchen. Diese Prinzipien ähneln offensichtlich nicht nur äußerlich dem Lern- und Gedächtnisvorgang des Menschen, sondern sie scheinen durchaus auch Analogien zum menschlichen Verarbeitungsprozeß zu beinhalten. Diese Analogien waren die Basis für einen wichtigen Forschungszweig der modernen Psychologie, der Informationsverarbeitungstheorie. Die Informationsverarbeitungstheorie soll im folgenden anhand von vier Gesichtspunkten etwas erläutert werden.

Unterschiedliche Verarbeitungsprozesse und -stufen

Der menschliche Informationsverarbeitungsprozeß verläuft in verschiedenen Stufen bzw. unterschiedlichen Prozessen. Auf jeder Stufe des Systems wird die Information entsprechend weiterverarbeitet, sie wird analysiert, eingeübt oder verändert (transformiert) und gelangt danach zu einer nächsten Stufe, auf der wiederum andere Verarbeitungsprozesse stattfinden. Zwischen Verarbeitungsstufen und Verarbeitungsprozessen gibt es jedoch einen deutlichen Unterschied: Zum Beispiel ist das Wiederholen einer Information ein Einübungsprozeß, der die Information auf einer bestimmten Stufe »lebendig hält«, sie gewissermaßen innerhalb dieser Stufe hält, die wir als Kurzzeitgedächtnis bezeichnen. Dies geschieht, wenn man beispielsweise eine Telefonnummer wählt und diese so lange im Kopf wiederholt, bis sie zu Ende gewählt wurde. Ein Verarbeitungsprozeß kann sich also kontinuierlich auf einer bestimmten Stufe bewegen, er kann jedoch auch prozeßhaft unterschiedliche Stufen der Verarbeitung durchlaufen.

Der Informationsverarbeitungsvorgang verfügt nur über begrenzte Kapazitäten

Der zweite Gesichtspunkt der Informationsverarbeitungstheorie ist die Annahme, daß die Informationen, die das System verarbeiten kann, begrenzt sind. Die Informationsverarbeitung benötigt also eine gewisse Aufmerksamkeit, eine gewisse Verarbeitungskapazität. Menschen verfügen offensichtlich jedoch nur über eine begrenzte – individuell unterschiedliche und auch veränderliche – Verarbeitungskapazität, die sie dazu zwingt, sich auf wenige Tätigkeiten gleichzeitig zu begrenzen. Wir können nicht zu viele Dinge gleichzeitig tun, sonst wird das Verarbeitungssystem überlastet und bricht gewissermaßen zusammen. So kann es geschehen, daß eine Telefonnummer, die man sich eben noch gemerkt hat, plötzlich »fort« ist, weil eine Teetasse zu Boden fiel.

Kontrollmechanismen der Informationsverarbeitung

Der dritte Gesichtspunkt der Informationsverarbeitungstheorie ist die Annahme eines Kontrollmechanismus über den Verlauf und die Analyse aller Daten im Verarbeitungssystem des Menschen. Der Kontrollmechanismus verfügt über übergeordnete Funktionen, um die Gesamtoperationen des Systems zu steuern. In bezug auf eine Telefonnummer, die man behalten will, würde ein Kontrollmechanismus beispielsweise entscheiden, wie diese Information zu verarbeiten ist. Soll man sie nur so lange behalten, bis man sie gewählt hat? Oder soll sie sich auf längere Zeit gemerkt werden? Wenn man die Nummer nur so lange behalten will, bis man sie gewählt hat, wird der Kontrollmechanismus am ehesten auf das Kurzzeitgedächtnis zurückgreifen. Im anderen Fall werden andere Mechanismen gewählt werden, die eine längere Erinnerung ermöglichen (→ Gedächtnis).

Informationen werden zweigleisig verarbeitet

Der vierte Gesichtspunkt der Informationsverarbeitungstheorie ist, daß die Informationen aus zwei Stellen stammen, die in gegenseitiger Interaktion stehen. Die aktuelle Umwelt des Menschen ist die eine Informationsquelle. Neue Daten werden über die Sinne ins Verarbeitungssystem eingegeben. Die zweite Quelle ist das bereits gespeicherte Wissen. Ist das Verarbeitungssystem weitgehend von neuen Informationen abhängig, nennen wir es »durch Sinnesdaten betrieben«. Man nennt diesen Verarbeitungsprozeß die »aufsteigende Analyse« (bottom-up-Verfahren). Geht es in erster Linie um bereits gespeicherte Informationen, bezeichnen wir das System als »durch Wissen betrieben« und sprechen von »absteigender Analyse« (top-down-Verfahren). Die jeweils eingetretene neue Situation bestimmt dabei das zu wählende Verfahren. Beide Verfahren stehen jedoch in gegenseitiger Interaktion. Wenn man beispielsweise die Ge-

brauchsanleitung eines neuen Videorecorders studiert, werden sich auf- und absteigende Analysen immer wieder abwechseln. Einmal lernt man vollständig neue Verfahrensweisen (die »typisch« neue Schalterpositionen), dann vergleicht man sie wiederum mit bereits Bekanntem (»das ist ja wie bei meinem alten Videorecorder«). Neue Informationen werden mit Hilfe der bereits gespeicherten verarbeitet. Inwiefern der eine oder andere Verfahrensmodus mehr oder weniger aktiviert wird, hängt natürlich von der jeweiligen Situation ab; auf jeden Fall sind sie aber immer beide und in gegenseitiger Beeinflussung beteiligt.

Literatur:
Bourne, L.; Ekstrand, B.: Einführung in die Psychologie, Frankfurt/M. 1992
Dieterich, M.: Handbuch Psychologie und Seelsorge, Wuppertal und Zürich 1995   EJ

Instrumentelles Lernen
→ Lernen

Integrative Therapie
→ Gestalttherapie,
→ Methodenpluralität

Intelligenz

Intelligenz ist eine der eng mit den andern kognitiven Fähigkeiten → Denken, → Lernen und → Gedächtnis im Zusammenhang stehende Größe, die man nur idealtypisch von diesen ausgrenzen kann. Intelligenz und Begabung treten in der Literatur häufig synonym auf. Wo dies nicht der Fall ist, sieht man Intelligenz mehr unter dem Aspekt unspezifischer Fähigkeiten, während sich die Begabung auf bestimmte und ausgewiesene Tätigkeitsfelder (z. B. »Sprachbegabung«) richtet.

Geschichte

Untersuchungen zur Intelligenz haben ihre Ursprünge in Schulleistungstests und sind auch heute noch häufig in diesem Kontext vorzufinden, z. B. bei der Begabungs- und Bildungsförderung, zur Diagnose (→ Psychodiagnostik) intellektueller Lernfähigkeiten bzw. Lernhemmungen, zur Berufseignungsermittlung usw. Wahrscheinlich wird jedoch die Gewichtigkeit der Intelligenz (auch in der Schule) im Zusammenhang mit den anderen Beiträgen zur Aufklärung der menschlichen Persönlichkeit landläufig weit überschätzt.

In biblischer Sicht ist die Intelligenz unter den weiten Begriffen *näpäs* bzw. *leb* gut zu subsumieren und zeigt mit diesem Blickwinkel eindeutig den ganzheitlichen Ansatz des biblischen Menschenbildes.

Intelligenzdefinitionen

Die meisten der zahlreichen Intelligenzdefinitionen und der ihnen zugrunde liegenden Theorien enthalten wenigstens zwei wichtige Bestimmungsstücke. Zum einen die biologische und/oder soziale Anpassungsfähigkeit an neue (bislang nicht erfahrene bzw. gelernte) Problem- oder Aufgabensituationen bzw. Umweltbedingungen und zum andern das Postulat nach einer Ökonomie der Verfügungsmittel in der Mittel-Zweck-Relation.

Historisch gesehen waren es Alfred Binet (1857–1911) und Theodore Simon (1873–1961) die, um zu einer frühzeitigen Erkenntnis der Schulleistungen bzw. einer Zuordnung in Sonderschulen zu kommen, im Jahr 1905 in Frankreich eine Reihe von Aufgaben für 3 bis 15jährige mit altersentsprechenden Anforderungen erstellten. Der Hamburger William Stern (1871–1938) entwickelte im Anschluß daran den sog. »Intelligenzquotienten«. Hier wird ein Quotient aus dem »Intelligenzalter« (dies ist die Aufgabenreihe im »Binetarium« vom 3. bis zum 15. Lebensjahr, die das Kind lösen kann) und dem Lebensalter gebildet und dieser Wert mit 100 multipliziert. Der Normalwert ist dann IQ 100. Diese Bezeichnung wurde bis heute beibehalten, obwohl die Intelligenz längst nicht mehr durch Quotientenbildung, sondern über eine statistische Normalverteilung beschrieben wird (IQ 100 ist dann der Mittelwert, zu dem eine bestimmte Standardabweichung gehört).

Im ersten Teil dieses Jahrhunderts wurden die Forschungen zur Beschreibung und Ermittlung der Intelligenz vor allem in den USA vorangetrieben. Bei einer Literatursichtung findet man heute bis zu 100 Einzelfaktoren, die den vielgestaltigen Begriff zu klären suchen, und es gibt eine fast nicht mehr zu übersehende Zahl von Intelligenztests, die auch Fachleute zu Sätzen hinreißen läßt wie »sie wissen nicht, was es ist, aber sie können es messen« oder »Intelligenz ist, was der Intelligenztest mißt«. Um das hypothetische Konstrukt Intelligenz meßbar zu machen, bedarf es demnach einer operationalen Definition.

Stern verstand unter Intelligenz »die allgemeine Fähigkeit eines Individuums, sein Denken bewußt auf neue Forderungen einzustellen«. Wechsler definierte: »Intelligenz ist die zusammengesetzte oder globale Fähigkeit des Individuums, zweckvoll zu handeln, vernünftig zu denken und sich mit seiner Umgebung wirkungsvoll auseinanderzusetzen.« Eine moderne Definition (Groffmann 1964) sagt »Intelligenz ist die Fähigkeit des Individuums, anschaulich oder abstrakt in sprachlichen, numerischen und raum-zeitlichen Beziehungen zu denken; sie ermöglicht erfolgreiche Bewältigung vieler komplexer und mit Hilfe jeweils besonderer Fähigkeitsgruppen auch ganz spezifischer Situationen und Aufgaben«.

Zusammengefaßt kann man also davon ausgehen, daß mit diesen Definitionen Intelligenz als eine Leistungsdisposition beschrieben werden kann, die sowohl die spontane Einstellung als auch die reaktive Anpassung sowie der Instrumentalcharakter (z. B. Intelligenz als Hilfsmittel zur Selbstbehauptung bzw. Weltbewältigung) gesehen wird. Solche Merkmale enthalten dann auch die meisten heute gängigen Intelligenzdefinitionen (vgl. Aurin, Busemann, Engelmayer/Strunz, Gottschaldt, Hofstätter,

Lersch, Lückert, Mühle, Piaget, Schenk-Danzinger, Thomae, Wellek, Wertheimer et al.).

Intelligenztests

Bei der praktischen Testkonstruktion werden Aufgabenbatterien zusammengestellt, die diese Merkmale operational erfassen können. Sie sind je nach gewählter Gruppe deutlicher schulorientiert (z. B. der HA-WIK), suchen die Intelligenz zu strukturieren (z. B. der IST) oder sind auch sprachfrei aufgebaut (Raven).

In der Sonderpädagogik ist man heute davon abgekommen, die Sonderschulbedürftigkeit ausschließlich mit Intelligenztests zu definieren und verwendet Tests eher im Sinne einer »Förderungsdiagnostik«, die ihren Schwerpunkt nicht in die Richtung von Selektion, sondern zur Entdeckung der individuellen Fördermöglichkeiten sieht.

Vererbte bzw. umweltbedingte Anteile der Intelligenz

Eng verbunden mit den Intelligenztests ist auch die Suche nach den Anteilen vererbter bzw. durch Sozialisation erworbener Intelligenz (→ Anlage-Umwelt-Problematik). Die → Zwillingsforschung hat einige Befunde zur Beantwortung geliefert. Je nach Definition der Intelligenz können vererbte Anteile zwischen 30 und 80 % gefunden werden. Auf alle Fälle immer so viel, daß sich eine pädagogische Arbeit lohnt.

Von der Altersforschung ist bekannt, daß sich im Laufe des Lebens die Intelligenz zunehmend von einer eher »fluiden« zu einer »kristallinen« Art entwickelt und daß die Intelligenz bis ins hohe Alter durch aktive kognitive Betätigung erhalten bleiben kann.

Literatur:
Amelang, M.; Bartussek, D.: Differentielle Psychologie und Persönlichkeitsforschung, Stuttgart 1991
Heller, K.: Intelligenz und Begabung, München 1976

MD

Intention, paradoxe

Die paradoxe Intention wurde von Viktor Frankl, dem Begründer der → Logotherapie und Existenzanalyse bereits 1929 praktiziert, aber erst 1947 unter diesem Namen publiziert. Frankl schlägt vor, die paradoxe Intention gegen jene Störungen einzusetzen, die ihre Entstehung in der sog. Erwartungsangst (→ Angst) haben. Solche Störungen können als eine Art »Teufelskreis« bezeichnet werden, der dadurch entsteht, daß Menschen Angst vor einem negativen Ereignis haben, sich dann das betreffende Symptom verstärkt und dadurch die Angst weiter zunimmt usw. Ein Betroffener könnte z. B., weil er oft unter → Schlafstörungen leidet, Angst davor haben, nicht einzuschlafen. Infolgedessen verstärkt sich seine Nervosität, was zu einer Steigerung der ursprünglichen Angst führt usw. Die paradoxe Intention hat sich vor allem bei drei Arten von Störungen als wirkungsvoll erwiesen: Soziale Ängste (wie auch Angst allgemein), Zwangsneurosen (→ Zwang, → Neurose) sowie Schlafstörungen.

Die paradoxe Intention in Psychotherapie und Seelsorge

Diese »logotherapeutische Technik basiert auf dem heilsamen Einfluß des Versuches des phobischen Patienten, sich das zu wünschen, wovor er sich so sehr fürchtet. Auf diese Art und Weise wird nämlich der Angst schließlich der Wind aus den Segeln genommen« (Frankl 1987, 231). Die paradoxe Intention sollte so humorvoll wie möglich formuliert werden. Mit Hilfe des Humors gelingt es dem Menschen, sich von allem und jedem und so auch von sich selbst zu distanzieren. Ein zusätzliches Beispiel soll das Gesagte weiter erläutern: Ein Student, der bis zu diesem Zeitpunkt sein Studium ohne nennenswerte Schwierigkeiten durchgeführt hat, sieht sich, wie alle anderen Mitstudenten auch, vor die Aufgabe gestellt, in einem Seminar ein Referat zu halten. Je öfter er den Vorträgen der anderen Studenten zuhört, um so bedrohlicher wird die Angst, dieser Aufgabe nicht gewachsen zu sein. Dabei läßt er in seinen Gedanken völlig außer acht, wie gut er sich vorbereitet hat und wie vertraut ihm der zu behandelnde Stoff ist. In erkennbarer Panik kommt er zum therapeutischen Gespräch. Da wenig Zeit zur Verfügung steht, bietet sich die paradoxe Intention geradezu an. Er wird ermutigt, seine Ängste als Wunsch und Erwartung zu formulieren: Ich wünsche mir, daß alle Mitstudenten vor meinem gestotterten Vortrag den Raum verlassen und ich mit zittrigen Knien und feuchten Händen mit dem Professor allein zurückbleibe. Der junge Mann lächelt in sich hinein, und wenn auch nur für Augenblicke hat er seine Angst ironisiert und sich damit von ihr distanziert. Mit größerer Gelassenheit wird es daraufhin für ihn möglich sein, den Vortrag erfolgreich zu halten. In den umfangreichen Erläuterungen zur paradoxen Intention hat Frankl von Menschen berichtet, die ohne psychologische Vorkenntnisse die paradoxe Intention in ihren angstbesetzten Alltagssituationen angewandt haben, und sich so ohne psychotherapeutische Anleitung selbst helfen konnten. Dieser Teilbereich der Logotherapie hat besonders die → Verhaltenstherapie angezogen, da sie im Einklang mit deren Methoden und Konzepten steht. Da die Verhaltenstherapie eine empirisch (→ Empirie) orientierte Psychotherapie ist, folgten auf die unzweifelhaften Befunde über die Wirksamkeit der Methode Schritte der experimentellen Gültigkeit (Ascher, 1985, S. 132).

Literatur:
Ascher, L. M.: »Die paradoxe Intention aus der Sicht des Verhaltenstherapeuten«, in: Längle, A. (Hg.): Wege zum Sinn, München 1985
Frankl, V.: Der Wille zum Sinn, Wien 1982
ders.: Ärztliche Seelsorge, Wien 1987   UH

Interviews, qualitative

Das Qualitative Interview ist eine Forschungsmethode innerhalb der empirischen Sozialforschung (→ Empirie). Es ist gekennzeichnet durch eine möglichst alltagsnahe, den kommunikativen Fähigkeiten des Befragten angemessene und nicht an vorgegebenen Fragen orientierte Gesprächsführung, in der der Befragende versucht, die »Meinung« des Befragten zu einem bestimmten Thema möglichst umfangreich zu erfassen. Dabei müssen die Befragenden ganz besonders darauf achten, daß sie die Meinung des Befragten nicht durch vorgefaßte eigene Meinungen oder Erwartungen beeinflussen.

Man beginnt üblicherweise mit einer den Untersuchungsgegenstand betreffenden Einstiegsfrage und versucht dann, das Gespräch um diese Frage kreisen zu lassen, wie es der Befragte wünscht. Im Qualitativen Interview ist also der Befragte gewissermaßen »Experte« und nicht der Befragende. Hat ein Forscher eine genügende Anzahl von Interviews geführt, so entwickelt sich in ihm allmählich ein relativ umfangreiches und genaues Bild des Forschungsgegenstandes (→ Wissenschaftstheorie), auf dessen Grundlage es ihm dann leichter fällt, den Gegenstand zur weiteren Klärung mit anderen Methoden (beispielsweise der standardisierten → Befragung) der Sozialforschung zu untersuchen. Die Vorteile und Nachteile des Qualitativen Interviews liegen auf der Hand: Einerseits birgt es den Vorteil, daß es in der Lage ist, ein sehr genaues Bild des Untersuchungsgegenstandes zu liefern. Andererseits ist das Ergebnis ein oft sehr umfangreiches Interviewprotokoll, das sich von jedem anderen zum Teil deutlich unterscheidet. Hierdurch können die Einzelergebnisse nur sehr schwierig untereinander verglichen werden. Vor diesem Hintergrund betrachtet, bewährt sich das Qualitative Interview insbesondere dann, wenn es darum geht, einen Untersuchungsgegenstand genau kennenzulernen, um auf dieser Grundlage bereits relativ fundierte Hypothesen zu formulieren (→ Empirie).

Literatur:
Lamnek, S.: Qualitative Sozialforschung. Bd. 1: Methodologie, München 1988; Bd. 2: Methoden und Techniken, München 1990   JD

Intrinsisch → Leistungsmotivation

Introversion

Der Begriff wurde erstmals von C. G. Jung (1910) geprägt. Er beschreibt die Neigung eines bestimmten Grundtypus, seine Interessen mehr der Innenwelt, dem geistigen Leben, dem Abstrakten zuzuwenden. Dies drückt sich nach außen durch ein zögerndes, abwägendes und abwartendes Wesen aus, welches eher beobachtet und wahrnimmt als handelt. H. J. Eysenck konnte diesen Persönlichkeitstyp in einem Persönlichkeitsfragebogen faktorenanalytisch zusammen mit dem entgegengesetzten Grundtypus »Extraversion« gut belegen. Introversion und Extraversion werden heute als Grundeigenschaften menschlichen Wesens angesehen. Auch in projektiven Verfahren wie dem Rorschach-Formdeutetest kann ein introversiver Typus beschrieben werden. Im Bereich der Kinderpsychiatrie kann in der sog. Child Behavior Check List, einem Elternfragebogen, ein sog. Introversionsscore für Kinder ebenfalls faktorenanalytisch von einem Extraversionsscore getrennt werden; dieser ist z. B. bei Kindern mit emotionalen, v.a. depressiven und ängstlichen, also sog. introversiven Störungen erhöht.

Introversion in Psychotherapie und Seelsorge

Introversive Erwachsene neigen ebenfalls deutlich vermehrt zu ängstlichen und depressiven Störungen. Zumindest im Kindesalter haben introversive Störungen eine günstigere Prognose als extraversive Störungen wie z. B. Störungen des Sozialverhaltens.

RB

Inzest

Als Inzest (lat.: *incestus* = unrein) werden sexuelle Beziehungen zwischen engen Verwandten bezeichnet. Das strenge Verbot ist weltweit und bei fast allen Völkern verbreitet. Ausnahmen gab es in den Herrschaftshäusern Ägyptens, aber auch im AT. Abraham heiratete seine Halbschwester Sara. Solche Ehen waren bis zur Zeit Moses zulässig (5Mo 27,22).

Formen des Inzests

Der *Vater (Großvater, Stiefvater)-Tochter*-Inzest ist die häufigste Form, der *Vater-Sohn*- und *Mutter-Sohn*-Inzest wird mittlerweile deutlicher erforscht. Der Übergang von spielerischem, zärtlichem Erforschen des Körpers zum Inzest vollzieht sich da, wo bewußte Gelegenheiten gesucht werden, eigene Bedürfnisse nach menschlichem Kontakt, Macht und Zärtlichkeit in erotischer und sexueller Aktivität am Körper eines Kindes zu befriedigen. In der Regel besteht eine Vertrauensbeziehung oder ein Abhängigkeitsverhältnis, welches die Grenzüberschreitung ohne äußerlich sichtbare Gewaltanwendung unter Ausnützung der Autoritätsstellung ermöglicht. Beim Kind kann Inzest zu einer Identitätsverletzung (→ Identität) auf körperlicher und seelischer Ebene führen. Oft ist der Übergriff als Spiel verkleidet, das Kind wird den andern vorgezogen und zur Geheimhaltung überredet. Die Verantwortung liegt auch bei provokativem Verhalten ganz auf der Seite des Älteren, denn das Kind ist aufgrund seiner Entwicklung nicht in der Lage, die Folgen abzuschätzen.

Geschwister-Inzest

Im Lauf des sexuellen Entwicklungsprozesses gibt es bei Geschwistern häufig gegenseitige Neugier, Bewunderung und sexuell gefärbte Spiele. Schuld- und Schamgefühle werden besonders da hervorgerufen, wo Eltern dies grundsätzlich als schädlich und schmutzig betrachten (→ Sexualerziehung). Geschwister suchen häufig dann gegenseitig Liebe und Zärtlichkeit, wenn sie in einer Atmosphäre von Angst und Schrecken leben. Sexualität wird ihnen zum Raum der Geborgenheit. Lang andauernde erotisierte Geschwisterbeziehung intensiviert die Bindung und kann die eigene Identitätsentwicklung massiv erschweren. Es scheint, daß Frauen als Erwachsene mehr darunter leiden. Ein Vertrauensverlust kann sich später auf alle Männer erstrecken. → Depression, Gebrauch von → Drogen und häufiger Partnerwechsel tauchen gelegentlich als Folgeerscheinungen auf. Als Partner werden überwiegend beschützende, sexuell nicht bedrohlich erlebte Männer gewählt.

Folgen von Inzest

Unter den Reaktionen der Opfer läßt sich keine spezifische somatische oder psychische Symptomatik feststellen. Viele Kinder, Jugendliche und Erwachsene brauchen dennoch immer wieder Hilfe bei seelischen Belastungen wie verzerrter Selbstwahrnehmung und Selbstunsicherheit, Identitätsunsicherheit, Scham- und Schuldgefühlen, regressivem Verhalten, depressiven Stimmungen, selbstdestruktiven Handlungen, Verlust sozialer Kompetenz, sexualisiertem Benehmen. Im familiären Bereich lebt das Kind oft mit großer emotionaler Vereinsamung unter auferlegtem Geheimhaltungsdruck. Auch die Mutter-Tochter-Beziehung ist häufig entfremdet, ebenso die Beziehung zu andern Geschwistern, da das Kind oft bevorzugt wird. Nach Bekanntwerden des Inzests bleibt oft die emotionale Isolation als »posttraumatische Isolation« bestehen, und das Kind gibt sich nun zusätzlich die Schuld für den Zerbruch der Familie. Im Bereich der *Langzeitauswirkungen* sind teilweise Zusammenhänge mit verschiedenen psychiatrischen Krankheitsbildern gefunden worden z. B. → Eßstörungen wie Anorexie und Bulimie, → Borderline-Störung, → multiple Persönlichkeitsstörung, Sucht (→ Droge), psychosomatische Symptome (→ Psychosomatik), Störungen im Beziehungs- und Sexualverhalten. Ein Teil mißbrauchter Menschen zeigt keine feststellbaren Symptome.

Vor dem Hintergrund neuerer Untersuchungen von seiten der Täter wird deutlich, daß insbesondere in der Seelsorge und Therapie dieser Aspekt deutlich vernachlässigt wurde.

Inzest in Psychotherapie und Seelsorge

Zu den Grundvoraussetzungen für die Arbeit mit Opfern und/oder Tätern gehört Selbsterfahrung/Selbsterkenntnis im Sinne einer Bewußtheit über eigene Täter/Opfer-Strategien, (Macht-Ohnmacht-Problematik). Diese sind auch für Seelsorger von großer Wichtigkeit, um die menschlich-psychologische Ebene nicht einfach zu überspringen und sich gerade so darin zu verstricken. Die eigene Tendenz, sich eher auf die Seite des Opfers oder Täters zu stellen, muß ebenso bewußt sein, als auch die Möglichkeit der Suggestivwirkung eines therapeutischen Seelsorgers, das sich in einem »Falsch-Erinnerungs-Syndrom« äußern kann, d. h. beim Therapeuten Phantasien auslösen kann und zu falschen Deutungen führt. Da gerade Opfer wenig Abwehrkräfte gegen Grenzüberschreitungen haben, muß hier der therapeutische Seelsorger mit besonderer Sorgfalt arbeiten. Eine Unterscheidung zwischen sexuellem Mißbrauch und seelisch-geistigem Mißbrauch kann falsche Anschuldigungen von Familienmitgliedern vermeiden. Fachwissen um Inzest, supervisorische Begleitung und die Fähigkeit, die in der Arbeit mit Opfern und Tätern angebotenen Rollen zu erkennen und nicht zu übernehmen, ist wesentliche Voraussetzung.

Wichtige *Therapieziele* bei Opfern:
– Wiederfinden verlorener Gefühle wie Trauer, Wut, aber auch Freude
– Umgang mit Ohnmacht, Angst, Scham
– Klärung von Schuldgefühlen
– eigenen Wahrnehmungen vertrauen lernen
– Wahrnehmung eigener Bedürfnisse, Grenzen erkennen und vertreten lernen
– Wiederfinden verlorener Körperempfindungen und Sexualität
– Wandlung der Gottesbeziehung durch Erleben vertrauenswürdiger, echter Beziehung
– Klärung von behindernden Vorstellungen, die aus menschlichen Beziehungen auf die Gottesbeziehung übertragen wurden.

Die Tendenz sexuell mißbrauchter Jungen, das Trauma mit aggressivem Verhalten zu bewältigen und die Gefahr, jedoch keinesfalls Notwendigkeit, selber zum Mißbrauchenden zu werden, ergibt die Therapienotwendigkeit. Der Bearbeitung der Geschlechtsrollenidentität wird dabei ein besonderes Gewicht beigemessen, insbesondere auch aufgrund meist homosexueller Handlungen.

Die Therapie mit Tätern erfolgt oft erst unter erheblichem Druck durch die Umgebung und ist ein sehr langwieriger Prozeß wegen der oben erwähnten massiven Verdrängungsmechanismen.

Literatur:
Bank, P.: Geschwisterbindung, S. 145–180, Paderborn 1990

Bodenstein, F.; Petermann U. F. et al.: Hilfen für Kinder und Jugendliche bei Folgen sexuellen Mißbrauchs (verhaltenstherapeutisch geprägter Ansatz).
Bruder, K.-J.: »Sexueller Mißbrauch: Die Psyche der Täter«, in: Psychologie heute, 22. Jg. 4/1995, S. 42–47
Mertens, W.: Entwicklung der Psychosexualität und der Geschlechtsidentität Bd. 2, Stuttgart 1994, Kap. 5
Tavris, C.: »Der Streit um die Erinnerung«, in: Psychologie heute, 21. Jg. Juni 1994, S. 2
Wirz, U.: Seelenmord, Zürich 1989

Irrsinn → Psychopathologie

J

Jugendalter

Begriffsklärung

Mit Jugendalter wird im allgemeinen der Altersbereich zwischen dem 12. und 20. Lebensjahr bezeichnet. Der Jugendliche ist der »Mensch dazwischen«, zwischen Kind und Erwachsenem, zwischen Spiel und Arbeit. Die zeitliche Festlegung des Jugendalters ist problematisch, da ab dem 18. Lebensjahr die Volljährigkeit gilt und die typischen Veränderungen des Jugendalters zeitlich nicht immer genau festzulegen sind (→ Entwicklungspsychologie).

Das Jugendalter besteht aus zwei Phasen. Die erste, längere Phase, ist der Übergang zwischen Kindheit und Erwachsensein. Sie wird als Pubertät (Reifealter) bezeichnet. Ihr folgt das Adoleszenzalter, das die Jugendzeit abschließt.

Zeitlich ist auch die Pubertät nur schwer einzugrenzen. Beginn, Verlauf und Ende sind individuell verschieden. Bei Mädchen kann sie bereits mit dem 10./11. Lebensjahr beginnen, bei Jungen etwa zwei Jahre später. In unserem Kulturkreis fällt die Zeit der körperlichen und die der seelisch-geistigen Reife junger Menschen immer weiter auseinander.

Veränderungen im Pubertätsalter

im körperlichen Bereich

Zunächst lösen sich die harmonischen Körperformen der späten Kindheit durch ein gesteigertes Längenwachstum der Extremitäten (Beine, Arme) auf. Der Pubertierende ist verunsichert, weil er seine Bewegungen nicht mehr so erfolgreich steuern kann. Ein großer Bewegungsdrang erfüllt ihn, aber seine Motorik ist noch unharmonisch.

Gegenüber dem Längenwachstum der Extremitäten ist das Wachstum der inneren Organe verlangsamt, was zur leichten Erreg-

barkeit, Ängstlichkeit und körperlicher Leistungsminderung führen kann.

Erst in der zweiten Hälfte der Pubertät tritt wieder eine deutliche Harmonisierung der Körpergestalt ein.

Das Verhalten in der Auflösungsphase ist immer wieder von Wildheit und Unbeherrschtheit gekennzeichnet. Innerhalb der psychoanalytischen Theorie (→ Psychoanalyse) kündigen solche Verhaltensweisen den Durchbruch des noch nicht beherrschten Triebhaften an.

Im geschlechtlichen Bereich werden zunächst die sekundären Geschlechtsmerkmale (Körperbehaarung in den Achselhöhlen und im Genitalbereich, Entwicklung der Brustdrüsen beim Mädchen und des Kehlkopfes beim Jungen) ausgebildet. Danach tritt die eigentliche Geschlechtsreife ein.

im psychischen Bereich

Der Pubertierende macht eine für ihn neue Entdeckung: seine eigene Innenwelt. Ihr wendet er sich nun verstärkt zu. Aus dem lebensbejahenden, fröhlichen Kind kann jetzt ein unruhiger, launischer junger Mensch werden, der sich gerne zurückzieht und verstärkt gefühlsbezogen reagiert.

Das Selbstwertgefühl des Heranwachsenden ist in dieser Zeit oft übersteigert und gerade darum auch wieder leichter verletzbar als früher. Das hängt mit dem zentralen Thema der Pubertät zusammen: der Suche nach der eigenen → Identität: Wer bin ich? Wozu bin ich da? Wie sollte ich sein? Der Jugendliche hat große Probleme mit seiner → Selbstannahme. Er möchte kein Kind mehr sein, aber auch nicht einfach das Leben der Erwachsenen kopieren. Das Selbstwertgefühl bleibt während des ganzen Prozesses der Selbstfindung sehr labil und kann bis zum Lebensüberdruß absinken (hohe Selbstmordquote Jugendlicher!).

in den sozialen Beziehungen

Die Suche nach Identität hat auch soziale Veränderungen zur Folge. Der Pubertierende sucht seine Identität in der Ablösung von der bisherigen Welt des Kindes aber auch in der Abgrenzung von der Welt der Erwachsenen. Damit ist der Konflikt der Generationen praktisch programmiert.

Die kritische Ablösung und Distanzierung beginnt zunächst im Elternhaus. Aber auch alle anderen von den Erwachsenen tradierten Werte und Ordnungen werden kritisch hinterfragt und abgelehnt. Da der Jugendliche noch sehr unsicher ist und noch nicht weiß, wer er ist und was er will, ist diese Abgrenzung in der Pubertät meist negativer Art. Sie äußert sich nicht selten in einer radikalen Ablehnung von allem bisherigen: Kindheit, Eltern, Glaube und Politik der Erwachsenen ...

Erst wenn die Frage nach der Identität geklärt ist, verändert sich auch wieder das Verhältnis zu den Erwachsenen. Es beginnt eine Phase der – allerdings immer noch kritischen – Anpassung.

Hinweise für die Erziehung in der Pubertäts- und Adoleszenzphase

– Der Pubertierende braucht viel Verständnis für seine besondere entwicklungspsychologische Situation. Uneinsichtigkeit und Härte bewirken meist das Gegenteil. Moralische Appelle und Vorwürfe vergrößern die Kluft.

– Erwachsene sollten das sich entwickelnde Selbstbewußtsein respektieren und den jungen Menschen als eine vollwertige Persönlichkeit achten.

– Die Distanz zu den Erwachsenen ist normal. Der Jugendliche braucht aber viel Vertrauen.

– In der Beziehung zu den Erwachsenen ist das Aufeinander-Hören wichtig. Die Probleme des Jugendlichen müssen ernst genommen werden. Der Erwachsene sollte auch den Mut haben, sich der Kritik des Jugendlichen auszusetzen.

– In Konfliktsituationen sind begründete Auseinandersetzungen hilfreich.

– Erwachsene müssen bereit sein, ihre eigene Position zu beziehen und – wenn nötig – auch Widerstand zu riskieren.

– In entscheidenden Fragen braucht der Jugendliche klare Orientierungshilfen als Angebot.

– Der Pubertierende sucht, auch wenn er das nicht immer zugibt, Erwachsene, die in ihrer Lebensgestaltung ein glaubwürdiges Vorbild sind.

Literatur:
Dieterich, M.: Handbuch Psychologie und Seelsorge, Wuppertal und Zürich 1989
Kaplan, L. J.: Abschied von der Kindheit, Stuttgart 1988
Oerter, R.; Montada, L.: Entwicklungspsychologie, München 1987
Ruthe, R.: Elternbuch, Wuppertal 1986   DV

Jungsche Analyse → Analytische Psychologie

K

Katatonie → Schizophrenie

Katathymes Bilderleben

Die Methode des Katathymen Bilderlebens (KB) wurde 1955 von Hanscarl Leuner in die Psychotherapie eingeführt. Mit dem Begriff »katathym« kennzeichnete H. Maier (1912) zum ersten Mal die Abhängigkeit von Emotionen und Affekten (gr. *kata* = gemäß, abhängig von; *thymos* = Seele, hier: Emotionalität). Besonders in Schweden setzte sich der Begriff »Symboldrama« durch. In englischer Sprache ist das Verfahren unter »Guided Affective Imagery« bekannt geworden. Das KB als ein tiefenpsychologisch fundiertes Verfahren ist vom Begründer her grundsätzlich der psychoanalytischen Theorie (→ Psychoanalyse) verpflichtet. Es ist also eine psychoanalytisch orientierte Kurzpsychotherapie (→ Kurztherapie). KB anerkennt die unbewußte Psychodynamik (Triebimpulse des Es, die Abwehrmechanismen des Ich, die Instanz des Über-Ich) sowie das Prinzip von Übertragung und Gegenübertragung.

Vorgehensweise des Katathymen Bilderlebens

Die Möglichkeit des Menschen zur Phantasieproduktion und zum Tagträumen wird im KB therapeutisch genutzt. Der Therapeut erkennt in den Inhalten des Tagtraumes die symbolischen Darstellungen von unbewußten Konflikten. Die angewandte Technik des KB als eine gelenkte Tagtraumtechnik hat eigenständigen Charakter. Von daher könnte in der Praxis jedes tiefenpsychologisch orientierte Konzept (also auch die → Individualpsychologie A. Adlers und die → Logotherapie V. Frankls) der Bearbeitung des Tagtraummaterials zugrunde gelegt werden. Der vom Therapeuten initiierte und gelenkte Tagtraum entstammt einer Erlebnisebene, die zwischen dem Bewußtsein und dem Unbewußten angenommen wird (leichte oder auch »hypnoide« Bewußtseinssenkung). Das intensive bildhafte Erleben entsteht relativ frei von reflektierendem Denken und willentlichen Impulsen. Es gehorcht eigenen Gesetzen, ist farbig und in allen Details sichtbar und plastisch. Der Klient kann sich in seinem Bild frei bewegen und handeln. Er berichtet dem Therapeuten laufend über sein Erleben und setzt ihn hierdurch – wörtlich – »ins Bild«. Dieser wiederum kann unmittelbar in den Ablauf der Imaginationen eingreifen (gelenkte Tagtraumtechnik). Er lenkt somit die symbolischen Vorgänge und fördert unmittelbar den klärenden Dialog beim Anblick des katathymen Bildes. Der Klient träumt unter dem »Schutz« des Therapeuten, der durch seine Mitteilungen unmittelbar am Traumerleben teilhat.

Psychologisch betrachtet ist das KB ein projektives Verfahren. In das Dunkel vor den geschlossenen Augen erscheint der Gegenstand projiziert. Das Mittel der Projektion ist die optische Phantasie. Die plastischen Erlebnisbilder werden als Projektion unbewußter Konflikte behandelt.

Parallelen zu anderen therapeutischen Verfahren

Das KB hat Berührungspunkte zur → Spieltherapie des Kindes, zum → Psychodrama (Moreno), zu Elementen der → Gestalttherapie (Perls), zur → Gesprächspsychotherapie (Rogers; »emotionales Klima«) und zur → Verhaltenstherapie (Wolpe; »körperlich-seelischer Entspannungszustand«).

Therapeutische Anwendung

Der Klient wird im Entspannungszustand vom Therapeuten zu tagtraumartigen Imaginationen angeregt. Die Standardmotive der Grundstufe stammen aus dem Landschaftsbereich: Wiese, Bach, Berg, Haus, Waldrand. Der Klient kann sich auf »seiner Wiese« bewegen wie in der Realität. Er liegt oder geht, er hört den Vogel und fühlt den

Wind usw. Die Wiese wird in allen Details erlebt und dies dem Therapeuten laufend berichtet. Dieser fördert in seiner Haltung diese Phantasien. Verhinderungsmotive weisen auf Störungen hin: Die Wiese kann durch Hecken oder Stacheldraht eingeengt oder von Gräben durchzogen sein; sie kann feucht, sumpfig oder abgefressen und ausgedörrt sein: Immer zeigt sich darin symbolhaft ein dahinterliegender Konflikt.

In der Mittelstufe des KB dominiert der freie Tagtraum; in der Oberstufe sind konfliktbeladene Motive vorherrschend (Höhle, Sumpfloch, Vulkan etc.).

Kritische Bewertung

Das KB hat sich als ein relativ einfaches und praktikables Verfahren der Psychotherapie erwiesen. Anzuwenden ist es besonders bei → Ängsten, → Hemmungen, Kriseninterventionen (→ Krisen). Dauer: Bis zu 30 Sitzungen.

Literatur:
Leuner, H.: Katathymes Bilderleben, Grundstufe, 1970
ders.: Katathymes Bilderleben mit Kindern und Jugendlichen, 1990   HB

Katharsis

Der Begriff »Katharsis« (gr.: Reinigung) bezieht sich in seiner psychologischen Bedeutung auf die Vorstellung, daß das mit dem Erkennen und Sich-Bewußtwerden eigener unterdrückter oder nicht-eingestandener Gefühle verbundene (emotionsgeladene) Zum-Ausdruck-Bringen dieser verdrängten Gefühle psychisch entlastend und heilsam wirkt. Nach dieser Vorstellung hat beispielsweise das Weinen eines Vaters, der seine Trauer um den Tod eines Kindes bislang aus äußeren Gründen (z. B. Ablenkung durch Erledigung der Beerdigungsformalitäten) oder aus inneren Motiven (z. B. Angst vor Kontrollverlust) bislang nicht realisiert hatte, entlastende Wirkung. Psychotherapeuten einzelner »Schulen« streben ausdrücklich eine Katharsis an, sie fördern oder provozie-

ren in der Therapie gezielt den Ausdruck verdrängter Gefühle. Ob sich spontane oder therapeutisch induzierte Katharsis längerfristig günstig auswirkt, ist wissenschaftlich wenig erforscht und umstritten. Nach gegenwärtigem Erkenntnisstand scheint das Zum-Ausdruck-Bringen (verbal oder nonverbal) verdrängter Gefühle für die betroffene Person längerfristig nur dann psychologisch günstige Effekte zu haben, wenn gleichzeitig auch eine gedankliche Verarbeitung der die verdrängten Gefühle auslösenden Situation gelingt (→ Kognitive Therapie). Das bloße Abreagieren von Affekten (z. B. Wut herausschreien) hat danach unter psychotherapeutischen Aspekten keinen anhaltend positiven Effekt.

Literatur:
Scheff, T.: Explosion der Gefühle. Über die kulturelle und therapeutische Bedeutung kathartischen Erlebens, Weinheim 1983   FG

Killerphrasen

Sieht man die → Kommunikation zwischen Menschen als vierfache Möglichkeit, eine Sachbotschaft zu erklären, sich selbst darzustellen, Menschen zu beeinflussen und die Beziehungen zu verbessern, dann kommt der Analyse der jeweiligen Funktion eine große Bedeutung zu. Ganz bestimmte Floskeln, Sätze und Bemerkungen hindern den Fortgang der Kommunikation, sie werden kurz als »Killerphrasen« bezeichnet (engl. *kill* = töten). Nachfolgend einige Beispiele aus der Alltagspraxis in der Familie und am Arbeitsplatz:

»In der Theorie ist das ja ganz gut, aber in der Praxis . . .«; »Das haben wir schon immer so gemacht«; »Hat sich Ihr Vorschlag schon irgendwo mal bewährt?«; »Das sehen Sie völlig falsch!«; »Dafür sind wir doch gar nicht zuständig.«; »In Wirklichkeit ist es doch so, daß . . .«; »Es ist doch allgemein bekannt . . .«; »Das ist doch (juristisch, technisch, psychologisch, medizinisch . . .) gar nicht machbar!«; »Kommen wir doch endlich zur Sache.«; »Wissenschaftliche Untersuchungen haben gezeigt, daß ...«; »Bei uns geht das nicht!«; »Das ist doch schon längst überholt!«; »Davon haben Sie keine Ahnung!«; »Das läßt sich nicht durchsetzen!«; »Das ist viel zu teuer!«; »Dazu haben wir jetzt keine Zeit!«; »Dafür gibt es Experten.«; »Das haben wir alles schon versucht!«; »Dafür sollten wir einen Ausschuß einsetzen.«; »Wir sollten da erst noch die Entwicklung abwarten!«; »Das ist gegen die Vorschriften!«

Aber auch im seelsorgerlichen Gespräch schleichen sich nicht selten Killerphrasen ein, z. B.: »Dies ist dein Weg!«; »Dies ist ungeistlich!«; »Hattest Du auch schon genügend Stille Zeit?«; »Mir ist innerlich für Dich klar geworden, daß Du ...«; »Wir müssen über das Problem nicht reden, sondern beten ...« usw.

Literatur:
Neuberger, O.: Miteinander arbeiten- miteinander reden, München 1981

Kinderlügen

Die moralische Bewertung von Lügen ist gesellschaftsspezifisch. In den westlichen Gesellschaften wird Lüge als etwas angesehen, das in jedem Fall als schlecht empfunden wird, gleichgültig, wer belogen wird. Westliche Eltern machen außerdem erheblich mehr Aufhebens um das Lügen. Es wird vermutet, daß diese Tendenz aus dem stillschweigenden Glauben erwächst, der Charakter sei genau wie die Intelligenz des Kindes eine unteilbare Einheit, die, wenn sie nur irgendwo einen Makel besitzt, vollständig verdorben ist (vgl. Kagan 1987).

Kinderlügen und ihre ethische Beurteilung müssen vor dem Hintergrund der geistigen und moralischen Entwicklung des Kindes betrachtet werden (→ Entwicklungspsychologie). Die Bibel lehrt »Darum legt die Lüge ab und redet die Wahrheit, ein jeder mit seinem Nächsten« (Eph 4,25), doch kann es in frühen Stadien der Entwicklung des Kindes durchaus der Fall sein, daß dem Kind eine Unwahrheit gar nicht deutlich bewußt ist (→ Denken). Wir müssen

also mit der Verurteilung von Lügen sehr vorsichtig sein.

Es gibt eine Vielzahl von Gründen, warum Kinder lügen:

Angst vor harter Strafe fördert erneutes Lügen.
Erziehende sollten bei erzieherischen Maßnahmen das Alter des Kindes, seine Einsichtsfähigkeit und den Grund der Lüge berücksichtigen. Es kann sein, daß das Kind aufgrund seiner früheren Erfahrungen mit den Eltern gelernt hat, daß Strafen bei »Ertapptwerden« sehr hart ausfallen. Eltern müssen sich also immer wieder die Qualität und Quantität ihrer → Strafen vor Augen führen. Außerdem müssen Strafen in jedem Fall einerseits so geartet sein, daß das Kind niemals aus Furcht vor Strafen (die gegen das Lügen gerichtet waren) erneut lügt, andrerseits muß das Kind einen deutlichen Zusammenhang zwischen der Tat und der Strafe erkennen können (»Wiedergutmachungsstrafen«; das Kind behebt selbst den Schaden, den es durch seine Lüge angerichtet hat).

Ungerechtfertigte, willkürliche Zwänge, aber auch das Ausbrechen aus elterlichen Anweisungen können Lügen hervorbringen.
Strafen in Form ungerechtfertigter und willkürlicher Zwänge sind in keinem Fall geeignet, deutlich erzieherische Wirksamkeit zu entfalten. Die erzieherische Verhaltensweise sollte ein dynamisches Gleichgewicht zwischen zu großen Begrenzungs- und Entfaltungsmöglichkeiten des Kindes herzustellen versuchen.

Ein ungenügendes Maß an Wertschätzung der Kinder kann zu Lügen führen.
Immer wieder lügen Kinder, weil sie sich durch dieses Verhalten ein höheres Maß an Wertschätzung durch ihre Eltern erwerben möchten, als dies bisher der Fall war (sie geben beispielsweise bessere Schulnoten an, als sie tatsächlich bekommen haben). Entdecken Eltern eine derartige Motivation bei ihren Kindern, so sollten sie sich bezüglich ihrer Wertschätzung dem Kind gegenüber deutlich hinterfragen. Denn die erzieherische Haltung sollte dem Kind ein *unbeding-*

tes Gefühl des Angenommenseins vermitteln.

Lernen durch Nachahmung kann zu Lügen führen (→ Lernen).
Wenn Eltern lügen, so erlernen die Kinder die elterliche Einstellung zum Lügen und zeigen diese ihrerseits in ihrem Verhalten. Da Eltern für Kinder absolutes Vorbild sind, wird den Kindern die Schuldhaftigkeit des Lügens (→ Gewissen) durch das mangelhafte Verhalten der Eltern nicht deutlich.

Literatur:
Bridger, F.: Wie Kinder glauben, Winterthur 1990
Ekman, P.: Warum Kinder lügen, München 1990
Kagan, J.: Die Natur des Kindes, München 1987
Kohlberg, L.: Zur kognitiven Entwicklung des Kindes, Frankfurt/M. 1974
Piaget, J.: Das Weltbild des Kindes, Frankfurt/M. 1980
Tausch, R. et al.: Erziehungspsychologie, Göttingen 1973   JD

Kinderseelsorge

Ausgangslage

Daß Kinder der Seelsorge bedürfen, ist kein selbstverständlicher Gedanke. »Seelsorge ist Beistehen in den Grundsituationen des Lebens vom Evangelium her« (M. Seitz, Praxis des Glaubens, 1978, S. 73). Ein solches braucht auch das Kind. Doch die Seelsorge hat die Bedürfnisse der Kinder kaum wahrgenommen, die Seelsorgeliteratur erschöpft sich noch in Beschreibungen des Defizits.

Wir können zwischen einer allgemeinen und speziellen Kinderseelsorge unterscheiden. Die »generelle«, also allgemeine Sorge um die Seelen geschieht nicht ausdrücklich, sondern gleichsam unter der Hand, im Vollzug von gemeinsamem Leben, Unterricht, Familie usw. Die »spezielle« Sorge um die Seelen hingegen ist ausdrückliche, intentional seelsorgliche Begegnung.

Allgemeine Kinderseelsorge

Allgemeine, funktionale (nicht-zielgerichte-te) Kinderseelsorge geschieht da, wo Menschen mit Kindern aufmerksam und liebevoll umgehen. So bekommt das Zusammenleben in Familie, Kindergarten oder Schule, aber auch das Leben mit Kindern in der Gemeinde eine seelsorgliche Dimension. Dabei geht es vor allem darum, das Grundvertrauen der Kinder zu stärken: zum himmlischen Vater, aber darum auch zum eigenen Leben und zu der das Kind umgebenden Lebenswelt. Damit dieses Grundvertrauen bewahrt und trotz aller Beschädigung immer wiederhergestellt werden kann, bedarf es besonders in der Familie eines Klimas der Wärme und Geborgenheit, der Offenheit für die kleinen und großen Nöte von Kindern, der Gesprächsbereitschaft und Gesprächsfähigkeit, der klar definierten Grenzen und der herausfordernden Freiräume, des Schuldigwerdens und wieder neu Anfangens, der Weltoffenheit und Glaubensklarheit, der Gebetserziehung und Vermittlung biblischer Geschichten sowie der Geborgenheit stiftenden familiären Rituale. Ein solches Gesamtklima (und nicht bloß die Phrase, daß man doch über alles reden könne) ist seelsorglich.

Ein seelsorgliches Klima brauchen auch die Institutionen, die die Erziehung der Kinder unterstützen, immer mehr auch teilweise oder ganz ersetzen müssen. Dies gilt für Kindergärten, Schulen, Vereine und besonders für die christliche Gemeinde. Gerade eine Kirche, die Säuglinge tauft, übernimmt Verantwortung für deren Kindheit, d. h. für die Lebensphase bis zur mündigen Übernahme des Glaubens in eigener Verantwortung. Sie wird den von Jesus als vollwertig und vorbildlich qualifizierten Glauben der Kinder (Mk 9f) ernst nehmen und fördern, ihm Räume bereitstellen, in dem er wachsen, sich ausdrücken und seinen Beitrag in der Gemeinde der Kleinen und Großen einbringen kann. Dabei wird sie versuchen, dem Kind zu helfen, zu einer im Glauben gegründeten, seine Gaben und Grenzen bejahenden, vertrauensvollen und lebenstüchtigen Persönlichkeit heranzureifen.

Spezielle Kinderseelsorge

Besonders in Krisensituationen reicht ein
seelsorgliches Klima nicht mehr aus; es bedarf dann besonderer Hilfs- und Gesprächs-
angebote für Kinder. Manches wird in der
Familie aufgefangen werden können, manches wird von nicht-institutionellen Seelsor-
ge-Angeboten abgedeckt werden können.
Der Gruppenleiter in der Kindergruppe, der
Klassenlehrer, der Taufpate, der Kinderarzt,
der Pfarrer – diese Menschen aus dem Umfeld der Kinder können Seelsorger werden,
wenn sie die oft versteckten Signale der Kinder wahrnehmen und behutsam darauf eingehen, Zeit haben, zuhören können, sich in
das Kind hineinversetzen und seine Fähigkeiten stärken, mit dem Konflikt fertig zu
werden. Manches aber wird auch der professionellen Hilfe bedürfen, sei es durch An-
laufstellen wie das Sorgentelefon beim Kin-
derschutzbund (z. B. nach der Zeugnisver-
gabe), sei es durch Kinderpsychotherapeu-
ten und Mitarbeiter von Beratungsstellen
(z. B. nach bedrängenden Erlebnissen, Ge-
walt- oder Todeserfahrungen).

Seelsorge in diesem Sinn wird durch spezifische kindliche Krisenerfahrungen notwendig: z. B. durch Belastungen im familiären Umfeld, Ehekrisen der Eltern, bleibende
Geschwisterkonflikte, aber auch Erfahrungen der Benachteiligung, der negativen Posi-
tionierung z. B. in der Schulklasse, der Einsamkeit, der schulischen Überforderung,
des Konflikts mit Normen, durch verlet-
zende Ungerechtigkeiten.

Ein besonders schwerwiegender Aspekt: Kinderseelsorge im Krankenhaus

Pro Jahr werden in Deutschland ca. 1 Mil-
lion Kinder in Krankenhäuser eingewiesen.
Seelsorge ist hier dennoch eher die Ausnahme.

Beginnt ein Seelsorger seinen Dienst im
Kinderkrankenhaus, muß er zunächst mit
einer mehrfachen Verunsicherung fertig
werden: Die medizinischen Fachkräfte im
Krankenhaus wissen zunächst wenig mit

ihm anzufangen. Der Seelsorger ist nicht
durch eine klare Kompetenz ausgewiesen,
und er hat keinen deutlich definierten Platz
in der Hierarchie des Krankenhauses. Nicht
nur aus diesen Gründen braucht der Seelsorger im Kinderkrankenhaus viel Geduld,
durch regelmäßige Präsenz und Kontaktar-
beit das Vertrauen der Menschen im Kinderkrankenhaus zu erwerben. Akut kranke
Kinder erleben die Einlieferung ins Krankenhaus als ernsthafte Krise, auch wenn ihre
Erkrankung nicht bedrohlich ist. Sie werden
von ihren nächsten Bezugspersonen getrennt und in ein fremdes und bedrohliches
Umfeld versetzt. Schwestern und Ärzte behandeln sie und müssen ihnen dabei
Schmerzen zufügen. Dazu kommt das diffuse Gefühl, durch die Krankheit für irgendein Fehlverhalten bestraft zu werden. Ihnen
als einer beizustehen, der nicht behandelt,
sondern besucht, vorliest, spielt und u.U.
auch mit ihnen betet, ist in der Tat Seelsorge.

Der Seelsorger trifft auch auf chronisch
kranke und lebensbedrohlich kranke Kinder. Deren Zahl steigt, da die Medizin sie
heute relativ erfolgreich zu behandeln weiß.
Diese Kinder sind häufig und lange im
Krankenhaus. Sie müssen mit ihrem Zustand
zwischen schwerer Krankheit und labiler
Gesundheit leben, auch mit den Einschränkungen, die ihnen der Kampf um das Überleben aufzwingt. Sie reifen oft »voraus« und
beschäftigen sich mit tiefen Lebensfragen.

Der Seelsorger trifft auch auf Kinder, die
sterben werden. Sind es nicht Früh- oder
Neugeborene bzw. Säuglinge, so haben Kinder oft ein verborgenes Wissen um die
Schwere ihrer Erkrankung und den nahen-
den Tod. Es sind die Erwachsenen mit ihrer
Angst, die dieses Thema nicht zulassen
möchten und darum das offene Gespräch
und die helfende Begleitung unterlassen,
letztlich aber das sterbende Kind in seiner
Not einsam zurücklassen. Kinder können
ihr Wissen um den Tod verarbeiten.

Auch für den Seelsorger sind dies belastende Erfahrungen, nach denen er Hilfe
und Aufarbeitung braucht. Er wird dabei
mehr und mehr ein Mensch des Gebetes

werden, der Zuflucht und Hilfe bei Jesus sucht. Und er wird angesichts der tiefen Verborgenheit Gottes im Leid der Kinder Zuflucht nehmen bei dem (mit-)leidenden gekreuzigten Jesus Christus. Nicht selten zeigt sich hier, wie wahr die Einschätzung der Kinder durch Jesus ist: Sie werden im wechselseitigen Geschehen der Seelsorge zu Tröstern und Helfern (→ Helfen) ihrer Umgebung.

Der Seelsorger trifft auf die Geschwister von kranken Kindern. Ihre Eltern haben kaum noch Zeit für sie. Zwischen Aggression und Schuldgefühl ist das gesunde Geschwisterkind oft allein gelassen und bedarf dringend der Aufmerksamkeit. Der Seelsorger trifft auf Eltern. Sie müssen ihr Leben umstellen, während sie um ein Kind bangen, das z. B. operiert wird. Latente Ehekrisen werden manifest. Sie kämpfen mit dem Gefühl, das eigene Kind im Stich zu lassen, und würden das Leiden des Kindes lieber am eigenen Leib ertragen. Sie beginnen in ihrer Not die Frage nach dem Sinn zu stellen, hadern mit Gott oder suchen neu nach seiner Hilfe, beginnen zu beten und nehmen das Gespräch mit einem Seelsorger oft gerne wahr.

Seelsorge im Kinderkrankenhaus bedarf einer Reihe von Haltungen (neben der Grundvoraussetzung, Kinder zu mögen und gern und unverkrampft mit Kindern umgehen zu können): Er muß seine relativ schwache, dafür aber freie Rolle in der Hierarchie annehmen. Er muß verläßlich sein in seinen Verabredungen mit den Kindern. Er braucht Bescheidenheit: Es darf nicht unter seiner Würde sein, viele kurze Kontaktgespräche zu führen, mit Kindern einfach nur zu plaudern, zu spielen, sie zu füttern. Er braucht Beständigkeit, regelmäßig da zu sein. Er braucht Zurückhaltung, nicht zu schnell in fromme Worte und Gebete zu fliehen, und wachen Mut, an der richtigen Stelle auf Jesus hinzuweisen. Er muß sprachfähig werden, um die »Chiffren« der Kinder zu verstehen, die eben nicht direkt ansteuern, was sie beschäftigt, sondern in Bildern, gemalten wie gesprochenen, preisgeben, was in ihnen vorgeht.

Der Seelsorger im Kinderkrankenhaus hat verschiedene Mittel der Seelsorge zur Verfügung: gewiß auch das Gespräch. Daneben kann er durch biblische und andere Geschichten Identifikationsmöglichkeiten anbieten: Die Kinder finden sich dann wieder im Gichtbrüchigen oder im blinden Bettler Bartimäus, in der Tochter des Jairus oder in dem verlorenen Schaf. Im übrigen sind der Methodik kaum Grenzen gesetzt. Der Seelsorger kann Handpuppen einsetzen; er kann Lieder singen, mit Kindern malen oder spielen. Er ist auch da, um die schönen Tage im Krankenhaus mitzufeiern, die Geburtstage etwa oder die Freudentage nach einer erfolgreichen Operation. Im Ernstfall wird er vielleicht nur noch da sein, nicht weglaufen und die Hand halten.

Literatur:

Bobzin, D.: Das behalt ich mir. Begegnungen mit Kindern im Krankenhaus, Hannover 1993
Dieterich, M. (Hg.): Seelsorge mit Kindern. In Liebe leiten, Neuhausen 1993
Fuchs, R.: Stationen der Hoffnung. Seelsorge an krebskranken Kindern, Stuttgart 1984
Grollman, E. A.: Mit Kindern über den Tod sprechen, Konstanz 1991
Keding, K.: Gehe hin – dein Sohn lebt! Marburg 1988
Komp, D.: Fenster in den Himmel, Neukirchen-Vluyn 1990
Schiff, H.: Verwaiste Eltern, Stuttgart 1986
Stange, O.: Zu den Kindern gehen, München 1992
(Literatur).   MH

Kindesmißhandlung

In der Bundesrepublik Deutschland werden jährlich weit über 200 000 Fälle von Kindesmißhandlung vermutet, von denen lediglich 5 % zur Anzeige kommen und strafrechtlich verfolgt werden können. Dabei handelt es sich um unterschiedliche Qualitäten von Kindesmißhandlung, die sich wie folgt kennzeichnen lassen:

– Vernachlässigung
– Verbaler Mißbrauch (z. B. Abwertung, Demütigung)
– Anwendung physischer Gewalt (z. B. Mißhandlungen mit Gegenständen, Verbrü-

hungen, Verbrennungen. Ausdrücken einer Zigarette auf der Haut des Kindes).

– Sexuelle Ausbeutung.

Für die Seelsorge und Psychotherapie ist es vor dem Hintergrund dieser erschreckend hohen Dunkelziffer wichtig, Merkmale zu kennen, die auf Kindesmißhandlung hindeuten. Dazu gehören vor allem unerklärliche Zeichen körperlicher Verletzungen (blaue Male, Prellungen usw.), Zeichen physischer und psychischer Vernachlässigung (beispielsweise Abgemagertheit oder Verhaltensauffälligkeiten), eine besonders ausgeprägte Ängstlichkeit des Kindes. Außerdem können bei jüngeren Kindern das Fehlen des Schutzsuchens bei den Eltern und bei älteren Kindern Konfliktvermeidung durch überangepaßtes Verhalten Indizien für Kindesmißhandlung sein.

Die Wahrscheinlichkeit für eine Kindesmißhandlung wächst, wenn die Familie folgende Faktoren aufweist:

– Alkohol- und Drogenmißbrauch.

– Soziale Isolation (keine unterstützende Möglichkeiten in der Gemeinde; Kontaktabbruch und Konflikte mit der Herkunftsfamilie, keine Freunde).

– Starke soziale Probleme (die Familien können nicht mit den Krisen, die durch ihre sozialen Bedingungen entstanden sind, umgehen).

– Männer wurden oft als Kind mißhandelt; sie trinken viel Alkohol. Einige assoziieren Männlichkeit und Potenz mit der Gewaltanwendung. Sie empfinden keine Wertschätzung und/oder haben keine Bestätigung in der Arbeitswelt (Demütigungen, Arbeitslosigkeit).

– Frauen sind oft noch sehr jung. Sie haben zwischen 15 und 19 Jahren ihr erstes Kind bekommen. Sie haben sich nicht von der Herkunftsfamilie gelöst. Sie sind neidisch auf ihre Kinder. Bei vielen bestehen massive Partnerschaftskonflikte. Eine beträchtliche Anzahl nimmt legale Drogen.

Die Folgen der Mißhandlung können sich in einer intellektuellen Behinderung, einer langfristigen Beeinträchtigung der Persönlichkeit und in emotionalen Störungen sowie in Verhaltensauffälligkeiten zeigen. Vor diesem Hintergrund werden zunehmend flächendeckend spezialisierte, interdisziplinäre Institutionen für solche Kinder notwendig.

Unterschiedliche Erklärungsansätze für Kindesmißhandlung

Soziologisch orientiertes Erklärungsmodell
Bedingt durch die ökonomisch unzureichenden Verhältnisse (schlechte Wohnbedingungen, große Familie, Arbeitslosigkeit) entsteht Streß und das Empfinden von Überforderung. Dies führt häufig zur Gewalt. Kulturelle Einflüsse (Akzeptanz von Gewalt in der sozialen Gemeinschaft etc.) können die Gewaltbereitschaft noch erhöhen.

Soziale Lerntheorie
Eltern, die ihre Kinder mißhandeln, haben dies in ihrer eigenen Kindheit gelernt. Sie kennen nur dieses »Gewaltmodell«. Deshalb ist es wichtig, alternative Verhaltensweisen zu lernen und selbst besser mit Konflikten und Ärger umgehen zu können.

Systemisch-familientherapeutisches Modell (→ Systemtherapien)
Gewalt hat für das System Familie eine konstruktive Funktion: Sie hilft der Familie, zusammen zu bleiben. Familientherapeutisch ist die systemische Bedeutung der Gewalt für jedes Familienmitglied herauszuarbeiten (z. B. kann durch die Gewalt Liebe gezeigt werden, oder nach einer solchen Eskalation entsteht sehr viel Nähe untereinander).

Psychoanalytische und psychodynamische Modelle (→ Psychoanalyse)
Kindesmißhandlung resultiert aus einem inneren Konflikt des Mißhandelnden aus seiner eigenen Kindheit. Dabei spielt seine Erfahrung, sich nicht auf eine stabile Mutterbeziehung verlassen zu können, eine zentrale Rolle. Er war selbst nicht umsorgt, unsicher und ungeschützt. Er hat ein inkonsequentes Elternverhalten erlebt mit emotional deprivierten Eltern. Eine Reihe von Abwehrmechanismen werden bei ihm wirk-

sam und übertragen sein konflikthaftes Erleben auf das Kind (z. B. führt ein Mangel an erfahrener primärer Mütterlichkeit dazu, sich nicht auf sein Kind einstellen zu können. Das Schreien des Kindes wird so als Kritik und Ablehnung verstanden und belebt regressiv die Empfindung des Kritisiertwerdens durch den eigenen lieblosen Elternteil).

Kindesmißhandlung in Psychotherapie und Seelsorge

Vorbeugende und helfende Maßnahmen können sein:
- Änderung der Lebensbedingungen von Familien
- Familienstützende Maßnahmen
- Einrichtung von Fortbildungsseminaren für Familien
- Einrichtung sozialer Unterstützungssysteme

Darüber hinaus kommen vor allem systemisch orientierte Therapieansätze (→ Systemtherapie), sowie → Gesprächspsychotherapie (v.a. klientenzentrierte Kindertherapie), → Verhaltenstherapie und → Psychoanalyse als Hilfe in Betracht.

Sexueller Mißbrauch von Kindern in Psychotherapie und Seelsorge

Neben der Arbeit mit allen Beteiligten kommt der mit den Opfern besondere Bedeutung zu. Sexuell Ausgebeutete leiden unter viel → Angst, besitzen ein negatives Selbstwertgefühl, sind oftmals selbstdestruktiv, haben wenig Vertrauen zu anderen Menschen und befürchten, benutzt zu werden. Sie empfinden Schuld und Scham. In der Therapie ist deshalb häufig mit Verleugnung zu rechnen. Dieser Abwehrmechanismus ist unbedingt zu respektieren. Das Kind benötigt in dieser Situation eine Einzelbehandlung mit dem Ziel, neue, verläßliche Bindungen aufbauen zu können und sich selbst und andere Menschen anzunehmen. Es ist von großer Bedeutung, daß der Therapeut sich auf die Sprache, vor allem auf den Wortschatz der Kinder einstellt. Es ist deshalb wichtig, Wortbedeutungen mit den Kindern zu klären. Methodisch kann die Arbeit mit einer Handpuppe hilfreich sein. Außerdem ist es wichtig, daß der Therapeut vermeiden muß, das Vertrauen des Kindes erneut zu mißbrauchen. Nur anhand einer verläßlichen Beziehung zum Therapeuten, kann das Kind seine Mißbrauchserfahrung aufarbeiten und wird nicht erneut Opfer eines Mißbrauchs.

Literatur:
Olbing, H. et al. (Hg.): Kindesmißhandlung. Eine Orientierung für Ärzte, Juristen, Sozial- und Erzieherberufe, Köln 1989
Pfeiffer, E. et al. (Hg.): Kindesmißhandlung – Erkennen und Helfen. Eine praktische Anleitung. Bundesministerium für Jugend, Familie und Gesundheit, Bonn 1979
Remschmidt, H.: Kinder- und Jugendpsychiatrie in Klinik und Praxis. Bd. 3, Stuttgart 1985
Remschmidt, H. et al.: Gewalt in Familien und ihre Verhinderung. In: Praxis der Kinderpsychologie und Kinderpsychiatrie, Göttingen 1990
WR

Kindheit

Als Kindheit wird zumeist der Lebensabschnitt zwischen dem vierten und elften bis zwölften Lebensjahr betrachtet. Kindheit ist nicht allein durch bestimmte körperliche oder psychische Veränderungen bestimmt, sondern ist auch gesellschaftlich-kulturell definiert. Innerhalb unseres Kulturkreises meinen wir mit Kindheit einen Lebensabschnitt, in dem das Kind bestimmte Aufgaben zu bewältigen hat, jedoch von der Verantwortung der Erwachsenen frei bleibt. Ein klares Definitionsmerkmal ist somit die Abhängigkeit vom Erwachsenen. Der Abstand zur Erwachsenenwelt ist noch sehr groß, und es kommt somit zu wenig Konflikten zwischen der Erwachsenen- und Kinderrolle. Außer im Spiel bestehen kaum Möglichkeiten für Kinder, die Rolle von Erwachsenen zu übernehmen, und das Kind tritt nur ausnahmsweise zum Erwachsenen in Konkurrenz.

Wesentliche Abschnitte der Entwicklung während der Kindheit

Die Entwicklung der → Intelligenz ist während der Kindheit von einer drastischen Zunahme gekennzeichnet, während diese Zunahme im zweiten Lebensjahrzehnt allmählich wieder abflacht. So sind im Alter von ca. fünf Jahren bereits 50 %, mit ca. acht Jahren sogar 80 % der endgültigen Intelligenzhöhe festgelegt.

Während der Kindheit werden bereits wesentliche Schritte zur Übernahme der spezifischen Geschlechterrolle (→ Geschlechtsidentifikation) übernommen. Hier müssen jedoch zwei verbreitete Vorstellungen aufgegeben werden:

Es gibt nicht »die« Frau und »den« Mann, sondern eine große Variationsbreite von Merkmalen. Geschlechtsspezifische Merkmale werden von Kindern beispielsweise im Sinne eines Lernens durch Nachahmung von der Mutter bzw. dem Vater usw. übernommen.

Psychische bzw. verhaltensmäßige Geschlechtsunterschiede liegen vermutlich nicht im »Wesen« der Geschlechter begründet, sondern sind stark kulturell determiniert. Von hierher begründet sich die relativ weite Variationsbreite geschlechtsspezifischer Merkmale.

Ein wesentlicher Faktor während der Kindheit stellt die Schule dar. In der Schule werden Kinder im großen und ganzen über viele Jahre hinweg relativ gleich behandelt, nämlich als Schüler. In der Schule existiert eine Interaktionsform, die sich deutlich von der außerhalb der Schule unterscheidet. Während das Kind im Elternhaus den Erwachsenenpartner relativ stark für sich beanspruchen kann und ihn als Bezugsperson nur mit wenigen Familienmitgliedern teilt, erfährt sich das Kind in der Schule als eines von vielen und erkennt, daß der Lehrer alle Schüler gleich behandeln bzw. berücksichtigen muß. In der Schule wird das Kind in den Konflikt zwischen Fleiß und Leistung versus Minderwertigkeit gestellt (vgl. Erikson 1976). Neben leistungsbezogenen Entwicklungsaufgaben werden soziale Aufgaben der Kooperation sowie des Spielens und Arbeitens in der Gruppe wichtig.

In der Kindheit ist das Kind in besonderem Maß erzieherischen Einflußnahmen zugänglich (→ Erziehung). Hier werden grundlegende Erfahrungen und Einstellungen, die während der Kleinkindzeit gesammelt wurden, weiter gefestigt und ausgebaut, aber auch eine Fülle neuer Verhaltensformen, Erfahrungen und Einstellungen gesammelt. In dieser Zeit finden für das gesamte Leben prägende Erlebnisse statt. Hier wird beispielsweise das Maß an Selbstvertrauen oder Unsicherheit dauerhaft festgesetzt. Kinder sind innerhalb dieser Phase besonders auf eine Atmosphäre von Wärme und Zuneigung von seiten der Eltern angewiesen. Kinder können hier erstmals auch die Geschichten der Bibel in ihrer Phantasie nacherleben. Hier ist es allerdings wichtig, daß in der Denkwelt der Kinder biblische (und auch andere) Wunder nicht als solche erlebt werden, sondern als Bereich, der durchaus als der Natur zugehörig und *normal* empfunden wird. Wunder werden also – zumindest in der frühen Kindheit – nicht als solche verstanden. Die Auswahl und Gewichtung biblischer Geschichten in der Erziehung und Kinderarbeit sollte diesen Umstand im Auge behalten.

Literatur:
Erikson, E. H.: Identität und Lebenszyklus, Frankfurt/M. 1976   JD

Kind-Ich → Transaktionsanalyse

Kleptomanie

Bis heute ist Kleptomanie (gr.: Stehl-Sucht) eine nur wenig erforschte und verstandene Problematik. Unter Kleptomanie versteht man eine Störung der Impulskontrolle, bei der die betroffene Person dem Impuls zum Stehlen nicht widerstehen kann. Kleptomanie unterscheidet sich deutlich dadurch von anderen Diebstahldelikten, daß ihr weder materielle, noch emotionale (beispielsweise Wut/Haß gegen den Besitzer) oder sonstige kriminelle Motive zugrunde liegen. Der Diebstahl erscheint logisch für andere nicht nachvollziehbar und wirkt unsinnig. Die gestohlenen Dinge haben oft keinen speziellen oder materiellen Wert für die Person. Oft werden sie sogar weggegeben, heimlich zurückgelegt oder irgendwo aufbewahrt. Bevor die Betroffenen den Diebstahl begehen, spüren sie eine steigende innere Spannung, die erst durch die Handlung abgebaut wird und einer eigenartigen Erleichterung weicht. Die meisten Kleptomanen stehlen allein und planen ihre Diebstähle nicht im voraus. Es besteht bei praktisch keinem Betroffenen die materielle Notwendigkeit zu stehlen.

Der Begriff Kleptomanie wurde erst Ende des 19. Jahrhunderts geprägt, doch deuten schon frühere Berichte auf die Existenz dieses Zustandsbildes hin. Untersuchungen bei Ladendiebstahlsdelinquenten ergaben nur sehr geringe Prozentzahlen, die ein zwanghaftes impulsives Muster im Sinne einer Kleptomanie hatten. Viele Betroffene haben zusätzliche Probleme der Impulskontrolle, so z. B. eine Bulimie (→ Eßstörungen).

Symptome

Typischerweise handelt es sich bei den Betroffenen um verheiratete Frauen (Männer sind nur sehr selten betroffen) in den mittleren Jahren, die das Muster zwanghaften Stehlens in ihren frühen Erwachsenenjahren entwickelten. Ihr Stehlen bringt ihnen beides, Spannungsabbau und Schuldgefühle. Meist suchen sie keine Behandlung, obwohl sie unter dem drängenden, wiederholten und selbstschädigenden Handeln leiden. Sie sind i. d. R. labil und leiden häufig an depressiven Verstimmungen (→ Depressionen) und sexuellen Problemen. Die Ehebeziehung wird oft als wenig erfüllt und stützend beschrieben. In einigen Fällen treten weitere hysterische Symptome bis hin zur Dissoziation auf (→ Persönlichkeitsstörungen). Die emotionale Instabilität ist oft auch mit einer unsicheren, belasteten, ja

chaotischen Kindheit verbunden. Psychoanalytische Theorien sehen in dem Akt des Stehlens den Versuch, eine innere Leere, ein verlorenes Objekt, den Verlust von Liebe und Selbstwert gutzumachen.

Kleptomanie in Psychotherapie und Seelsorge

In der Seelsorgeliteratur gibt es kaum Hinweise auf Kleptomanie. Allerdings schrieb schon Augustinus in seinen »Confessiones«: »Und dennoch gelüstete es mich zu stehlen, und ich tat es, ohne durch Hunger oder Armut dazu gezwungen zu sein.« Mit seiner Bekehrung erfuhr er offenbar auch in diesem Bereich inneren Frieden, ohne daß dies durch weitere Aussagen belegt wäre. In einer therapeutischen Seelsorge wäre es aber verfehlt, Kleptomanie in vereinfachender Weise mit Diebstahl und damit mit Sünde gleichzusetzen, weil man damit den Anteil des Leidens und des inneren Chaos der betroffenen Person ausblendet. Eine umfassende Beratung sollte vielmehr darauf abzielen, der betroffenen Person zu einer verstärkten Stabilisierung in ihrer gesamten Lebensgestaltung inklusive der oft unbefriedigenden Ehebeziehung zu verhelfen (→ Systemtherapie; → Eheberatung).

Literatur:
Goldman, M. J.: »Kleptomania: Making Sense of the Nonsensical«, in: American Journal of Psychiatry 148/1991, S. 986–996
in der Beek, M.: Der Zwang zu stehlen. Psychologische, soziologische und juristische Aspekte der Kleptomanie, Bonn 1991   SP

Klientenzentrierte Psychotherapie
→ Gesprächspsychotherapie

Klimakterium → Wechseljahre

Klinische Psychologie

Innerhalb der Psychologie als Wissenschaft vom bewußten und nichtbewußten Erleben und Verhalten des Menschen ist die Klinische Psychologie jener Bereich, der sich mit dem Erkennen (Diagnose), der Behandlung (Therapie) und Vorbeugung (Prophylaxe) gestörten psychischen Erlebens beschäftigt.

Definition und Abgrenzung

»Klinische Psychologie ist jener Zweig der Psychologie, der die sozialbedingten und sozialrelevanten Störungen des psychischen Lebens und deren Modifikation in Forschung, Lehre und Praxis zum Gegenstand hat. Ihre praktischen Aufgaben sind Diagnostik, Therapie und Prophylaxe« (Pongratz).

Von der Wortbedeutung her steht »Klinische Psychologie« mit dem griechischen Wort für Bett, *kline*, und weitergehend mit »Klinik« in Verbindung. Klinische Psychologie umschreibt, was Psychologen in der Klinik tun: Diagnostik (→ Psychodiagnostik), Beratung, → Psychotherapie. Im Zuge der Entwicklung der Psychologie beschränkt sich Klinische Psychologie heute jedoch nicht auf den stationären Bereich, sondern hat einen weiteren Schwerpunkt in der ambulanten Arbeit. Hier arbeiten Klinische Psychologen in den unterschiedlichsten Beratungsstellen (Erziehungsberatung, → Ehe-, Familien- und Lebensberatung [→ Systemtherapien], Altenberatung, Suchtberatung [→ Sucht]) und in Heilerziehungs- und Pflegeheimen mit verschiedenen Schwerpunkten. Viele Klinische Psychologen haben sich als frei praktizierende Psychotherapeuten niedergelassen, wo sie jedoch in Konkurrenz zu ärztlichen Psychotherapeuten stehen.

Als psychologische Fachdisziplin betreibt Klinische Psychologie die Anwendung der psychologischen Grundlagenfächer: Allgemeine Psychologie (→ Wahrnehmung, → Lernen, → Denken, → Motiv und → Gefühle), Differentielle oder Persönlichkeitspsychologie, → Entwicklungspsychologie, → Sozialpsychologie, → Psychoanalyse. Als praktische Fachdisziplin steht sie neben der Pädagogischen Psychologie und dem großen Bereich der Angewandten Psychologie (Arbeitspsychologie, Kriminalpsychologie, Organisationspsychologie, Verkehrspsychologie, Werbepsychologie etc.).

Begründer der Klinischen Psychologie

Als Fachgebiet experimentell-empirischer Psychologie geht die Klinische Psychologie auf Wilhelm Wundt (1832–1920) zurück, der ab 1876 erste psychologische Experimente durchführte. Die eigentliche Fachdisziplin »Klinische Psychologie« entwickelte sich parallel in Deutschland und in den USA. In Deutschland war es Emil Kraepelin (1856–1926), der als Psychiater und Schüler von Wilhelm Wundt erste psychologische Untersuchungsmethoden entwickelte (z. B. Additionsmethode, 1902) und »persönliche Grundeigenschaften« beschrieb. In den USA kann Lightner Witmer (1867–1956), ebenfalls ein Schüler Wundts, als der eigentliche Begründer der Klinischen Psychologie bezeichnet werden, er schuf auch den Begriff der »Klinischen Psychologie« und wies der Psychologie neben der Diagnose auch die Heilung vieler Störungen als Aufgabengebiet zu.

Entwicklung und gegenwärtige Schwerpunkte

Die Entwicklung der Klinischen Psychologie wird durch vier Schwerpunkte bestimmt: Psychodiagnostik, Psychoanalyse, Mental-Health-Bewegung und Ausbildung neuer Psychotherapieformen.

(1) Im Bereich der Psychodiagnostik wird versucht, die Persönlichkeit eines Patienten mit unterschiedlichen Verfahren und in unterschiedlicher Hinsicht zu untersuchen. Die ersten Intelligenztests gehen auf J. McKeen Cattel (1866–1944) in den USA und den Franzosen Alfred Binet (1857–1911) zurück. Ihnen schlossen sich andere Forscher an. Am bekanntesten wurde in Deutschland der Hamburg-Wechsler-Intelligenztest für Erwachsene (HAWIE) bzw. Kinder (HAWIK). Die ersten Tests gingen von dem Modell einer allgemeinen Intelligenz aus (Generalfaktormodell). Neuere Tests messen

verschiedene Intelligenzfaktoren, die voneinander weitgehend unabhängig sind (Sprachbeherrschung, Wortflüssigkeit, Rechenfertigkeit, Logisches Denkvermögen, Raumvorstellung, Geschwindigkeit der Wahrnehmung, Gedächtnis). Unter einer Vielzahl von Verfahren sind die bekanntesten Tests in Deutschland der Intelligenz-Struktur-Test von Amthauer (IST) und das Leistungsprüfsystem von Horn (LPS).

Bei den Persönlichkeitstests gehen der »Rorschachtest« und der »Thematische Apperzeptionstest« (TAT) als »projektive Tests« auf die Psychoanalyse zurück. Durch Einführung und Entwicklung der Fragebogentechnik traten diese Verfahren etwas zurück. Am bekanntesten ist das »Freiburger-Persönlichkeits-Inventar« (FPI) und der »Gießen-Test«. Ähnlich wie bei der Intelligenz werden verschiedene »Persönlichkeitsfaktoren« gemessen: Extraversion vs. Introversion, Emotionale Labilität; dazu: Offenheit und Durchsetzungsbereitschaft, Dominanz vs. Kooperationsbereitschaft, Irritierbarkeit.

(2) Zur Psychodiagnostik trat sehr früh die → Psychoanalyse als Baustein Klinischer Psychologie. Sigmund Freud (1856–1938) und seine Schüler führten die psychodynamische Fragestellung in die Psychologie ein. In Abgrenzung zu dieser Therapieform entwickelte der → Behaviorismus die → Verhaltenstherapie. Von ihr grenzte sich in Gegenposition die → Gesprächspsychotherapie ab, von der sich wiederum die systemischen Therapien abgrenzten. Heute versucht man in der Klinischen Psychologie oft einen integrativen Ansatz. Dies erscheint insbesondere deshalb günstig, weil er die Vorteile der jeweiligen Therapiemethoden (→ Methodenpluralität) bei unterschiedlichen psychischen Problemen am effizientesten nutzen kann. Der in der Vergangenheit so häufig postulierte Monopolanspruch der → Psychoanalyse ist damit heute hinfällig. Dies liegt vor allem in der Tatsache begründet, daß die psychoanalytische Methode zu große Behandlungszeiträume beansprucht

und sie sich gegenüber einer Ergänzung durch andere therapeutische Verfahren im Sinne des oben beschriebenen integrativen Ansatzes unzugänglich gezeigt hat.

(3) Die Mental-Health-Bewegung versucht, psychisch Gestörte nicht mit ihrer Problematik allein zu lassen, sondern psychisches Wohlbefinden zur gesellschaftlichen und gemeinschaftlichen Aufgabe zu machen. Zu Beginn dieses Jahrhunderts in den USA entstanden, wird von hier aus der Gedanke der Vorbeugung psychischer Störungen (Prophylaxe) in die Klinische Psychologie eingebracht. Klinische Psychologen arbeiten in der Tradition von »Mental-Health« nicht nur als Therapeuten, sondern auch als Berater, Leiter von Kursen und Referenten sowie als Planer und Spezialisten in entsprechenden Verbänden und Behörden.

Die Klinische Psychologie konkretisiert sich gegenwärtig wesentlich in Erforschung, Lehre und Praxis unterschiedlicher Psychotherapieverfahren. Aus der Vielzahl unterschiedlicher Schulen ragen drei Verfahren heraus, deren Wirksamkeit vor anderen Ansätzen als zur Zeit gesichert gilt: → Verhaltenstherapie und Klientenzentrierte Psychotherapie (→ Gesprächspsychotherapie) und mit den oben genannten Einschränkungen Psychoanalyse. Die → Gestalttherapie von Fritz Perls, die → Logotherapie von Viktor E. Frankl und die → Transaktionsanalyse von Eric Berne haben besonders im kirchlichen Raum eine gewisse Verbreitung gefunden. Wesentliches Problem heutiger klinisch-psychologischer Forschung ist die Prüfung tatsächlicher Wirksamkeit von sich neu entwickelnden Methoden. Neue »Psychotherapien« entstehen schneller, als Methoden für ihre Überprüfung entwickelt werden können.

Wo kann man Klinische Psychologie lernen?

Die Klinische Psychologie ist häufig Teil des Fächerkanons der psychologischen Lehrstühle an Universitäten, Fachhochschulen und Pädagogischen Hochschulen.

Literatur:
Bastine, R.; Fiedler, P. A.; Grawe, K. et al. (Hg.):
Grundbegriffe der Psychotherapie, Weinheim,
Deerfield Beach/Florida, Basel 1982
Davison, G. C.; Neale, J. M.: Klinische Psycholo-
gie, München, Wien, Baltimore 1979ff
Grawe, K.; Donati, R.; Bernauer, F.: Psychothera-
pie im Wandel, Göttingen 1994
Kriz, J.: Grundkonzepte der Psychotherapie,
München, Wien, Baltimore 1985
Pongratz, L.: Lehrbuch der Klinischen Psycholo-
gie, Göttingen 1973ff   TS

Klinische-Seelsorge-Ausbildung (KSA)

Geschichte

Die Wurzeln der KSA liegen in den USA. Der amerikanische Pfarrer Anton Boisen entwickelte bereits zwischen 1920 und 1930 aufgrund seiner Erfahrung in einer psychiatrischen Klinik das Leitmotto dieser Bewegung: Theologie solle nicht an Texten, sondern »an lebendigen menschlichen Dokumenten« studiert werden (Stollberg, 1969, Vorwort). Dieser Grundgedanke Boisens wird für das Clinical Pastoral Training (CPT), dem amerikanischen Vorbild der KSA, bestimmend. Der Holländer Wybe Zijlstra, der die neue Bewegung in den USA studiert hatte, führt 1963 in Leidschendam bei Den Haag erste Kurse in CPT durch. Hans-Christoph Piper, der an den Kursen bei Zijlstra in den Niederlanden teilgenommen hatte, eröffnet 1970 das erste Zentrum für KSA in der hannoverschen Landeskirche. Weitere Zentren entstehen durch Werner Becher und Richard Riess in Frankfurt sowie durch Dietrich Stollberg in Bethel.

Eine neue Methode in der Seelsorgeausbildung

Die KSA stellt eine neue Methode in der Seelsorgeausbildung dar. Leitend ist das Interesse, Theorie und Praxis in der Seelsorgeausbildung aufeinander zu beziehen. Am Anfang der KSA steht daher nicht die akademische Wissensvermittlung, sondern der Umgang des Seelsorgers mit den Patienten. Als Ausbildungsort kommen neben Kliniken und Krankenhäusern auch Beratungsstellen oder auch Gefängnisse in Betracht. Entscheidend ist in jedem Fall die Methode, direkt am Menschen Seelsorge zu lernen, und die damit verbundene Selbsterfahrung.

Inhalte und Ziele der Klinischen-Seelsorge-Ausbildung

Nach Werner Becher (Becher 1974, 321) und Hans-Christoph Piper (Piper 1974, 137) sind die folgenden Elemente für die KSA konstitutiv:

(1) Klinik

Am Anfang steht die praktisch seelsorgerliche Tätigkeit, die in der Regel in einer Klinik stattfindet. Jeder Teilnehmer an der klinischen Seelsorgeausbildung macht von Beginn des Kurses an seine eigene Seelsorgeerfahrung, indem er für Patienten die seelsorgerische Verantwortung übernimmt. Er besucht neu aufgenommene Kranke und bietet den Patienten und ihren Angehörigen seine Einzel- und Gruppenseelsorge an. Die Dauer des Kurses beträgt zwölf Wochen.

(2) Gesprächsprotokolle

Die Darstellung und Reflexion der Seelsorgepraxis erfolgt in Gesprächsprotokollen. Gesprächsprotokolle sind möglichst wörtliche Niederschriften aus dem Gedächtnis des Seelsorgers, die er nach einem Gespräch aufzeichnet. Sie halten verbale Gesprächsverläufe fest und bezeichnen auch die emotionale Beteiligung des Seelsorgers am Gespräch. Die Gesprächsberichte (Verbatims) werden in der Gruppe analysiert.

(3) Gruppe

Die Gruppe dient außer der Analyse der Gesprächsprotokolle vor allem der Selbsterfahrung. Zu diesem Zweck trifft sich dieselbe, die in der Regel aus acht Teilnehmern besteht, regelmäßig zum freien Gespräch. Die Hauptaufgabe für die Gruppe ist es, miteinander über eine längere Zeitspanne hin auszukommen. Wenn im Verlauf des Gruppenprozesses Aggressionen, Sympathien und

Antipathien der Gruppenteilnehmer entstehen, kommt es zu Lernprozessen. Da es in der Kleingruppe unmöglich ist, Konflikte zu verdrängen oder ihnen auszuweichen, lernen die Gruppenteilnehmer diese zu äußern und ihnen auf den Grund zu gehen. Sie erfahren, welche Dinge in ihnen sich hemmend und störend im Kontakt zu ihren Mitmenschen auswirken. Daraus ergibt sich dann ein Stück gezieltes therapeutisches Arbeiten an sich selbst.

In jeder Gruppe ist ein Supervisor, der zunächst als schweigender Beobachter am Gruppenprozeß teilnimmt. Er hilft nur nach Ablauf eines Gesprächs in einem sogenannten »feedback« zu verstehen, was in diesem Gespräch abgelaufen ist. Die Gruppensupervision kann durch Einzelsupervision ergänzt werden.

(4) Theologische Perspektive
Zuletzt gilt es, die theologische Perspektive der KSA zu beachten. Wo ein Teilnehmer im Verlauf des Gruppenprozesses sich selbst besser kennenlernt, verhilft ihm dies zur Echtheit. Seelsorger lernen, Schwachheit einzugestehen und Fehler zuzugeben. Die KSA bietet somit vor allem Theologen ein Erfahrungsfeld, das sie theologische Inhalte erleben läßt und verstehen hilft.

Die KSA ist inzwischen als Ausbildungskonzept in vielen Landeskirchen verbreitet (W. Becher, 1976). Sie vermag in relativ kurzer Zeit seelsorgerliche Erfahrung zur Verfügung zu stellen und die Selbst- und Fremdwahrnehmung des Seelsorgers zu fördern. Anfragen richteten vor allem evangelikale Kreise an das Gruppengeschehen: Wird die Gruppe zum Heilsinstitut? Wird die theologische Perspektive durch die psychologische verdrängt? (Vgl. Wort der Konferenz der Bekennenden Gemeinschaften, 1979, S. 199–201).

Literatur:
Becher, W.: »Klinische Seelsorgeausbildung in der Bundesrepublik Deutschland«, in: Gruppendynamik 5. Jg. 1974, S. 320–328
ders. (Hg.): Seelsorgeausbildung. Theorien-Methoden-Modelle, Göttingen 1976
Piper, H.-Chr.: »Perspektiven klinischer Seelsorge«, in: Riess, R. (Hg.): Perspektiven der Pastoralpsychologie, S. 137–151, Göttingen 1974
Stollberg, D.: Therapeutische Seelsorge. Die amerikanische Seelsorgebewegung. Darstellung und Kritik. Mit einer Dokumentation, München 1969
Wort der Konferenz der Bekennenden Gemeinschaften in den Evangelischen Kirchen in Deutschland an die Kirchenleitungen der Evangelischen Kirchen in Deutschland, in: Reller, H., Sperl, A. (Hg.): Seelsorge im Spannungsfeld. Bibelorientierung – Gruppendynamik, S. 199–201, Hamburg 1979   RS

Kognition

Kognition ist eine umfassende Bezeichnung für den Vorgang der personeninternen Informationsverarbeitung. Hier meint man alle Vorgänge, mit denen der Mensch Information transformiert, reduziert, ausarbeitet, abspeichert, abruft, weiter verwendet und dergleichen mehr. Psychische Aktivitäten wie Wahrnehmen, Vorstellen, Erinnern, Denken, Problemlösen und Handeln werden als mögliche Schritte im Vorgang der Informationsverarbeitung aufgefaßt.

Die wissenschaftliche → Psychologie versuchte zunächst Verhalten mit der Klassischen → Konditionierung nur auf äußere Bedingungen der Situation zurückzuführen. Mit der Operanten Konditionierung fand sie in den Konsequenzen eines Verhaltens Gründe für die Wiederholung dieses Verhaltens.

Mit der Entdeckung des Modellernens kam eine völlig neue Erklärungsvariante zum menschlichen Verhalten und Erleben hinzu, z. B. beobachtet ein Kind in einem Film ein bestimmtes Verhalten und kann dieses gezeigte (Modell-) Verhalten in einer späteren Situation selbst wiederholen. Es hat also eine Verhaltensweise allein durch Beobachtung gelernt (→ Lernen). Ein Vertreter dieser Forschungsrichtung war z. B. Albert Bandura (1969, 1977).

Das Modellernen stützt sich auf die vier wesentlichen Bestandteile von Kognitionen:

Aufmerksamkeitsprozesse, (→ Wahrnehmung)
Der Beobachter muß wichtige Merkmale

des Modells aber auch sein eigenes Verhalten wahrnehmen und beides in Beziehung setzen können. ,

Behaltensprozesse (→ Lernhilfen, → Gedächtnis)
Die z. B. über das Auge aufgenommenen Informationen werden in symbolischer Form codiert. Dann müssen sie über eine bestimmte Zeit hinweg für eine längerfristige Speicherung behalten werden. Dies erfolgt über symbolische und/oder motorische Wiederholungen. Zu unterscheiden ist dabei die Behaltensleistung, die Erinnerungsleistung und die Fähigkeit zum Abruf des Behaltenen.

Eigenes Verhaltensrepertoire
Die motorische Wiederholung des Modellverhaltens setzt voraus, daß der Beobachter zumindest Teilreaktionen des Modellverhaltens aus seinem Verhaltensrepertoire verfügbar hat. Die Fähigkeit zu sprechen ist hier Voraussetzung zur Imitation und Übung eines Modellverhaltens des Seelsorgers. Weiterhin muß der Beobachter seine motorischen Wiederholungen beobachten, um damit zu einer Bewertung der Übereinstimmung zwischen dem Modellverhalten und dem eigenen Verhalten zu kommen.

Motivationale Prozesse
Sie spielen sowohl bei der »Wahr-Nehmung« der Gedächtnisleistung als auch in der aktiven Ausführung des Modellverhaltens eine Rolle. Insbesondere bei letzterem haben Belohnungen oder Bestrafungen (→ Strafe) einen wichtigen Einfluß.

Literatur:
Bandura, A: Principles of behavior modification, New York 1969
ders.: Sozial-kognitive Lerntheorie, Stuttgart 1979
Wimmer, H.; Perner, J.: Kognitionspsychologie, Stuttgart 1979   JL

Kognitive Therapie

Die Kognitive Therapie gründet sich auf die Annahme, daß kognitive Prozesse (Kogni-

tion) angepaßte und unangepaßte Erlebens- und Verhaltensmuster beeinflussen. Die Kognitive Therapie arbeitet mit Techniken, die kognitive Prozesse beeinflussen und ändern, so entsprechend auch Erlebens- und Verhaltensmuster. Eine kognitive Erneuerung forderte schon Paulus, als er in Röm 12,2, Eph 4,2 oder 2Kor 10,5 die Christen zur Erneuerung von Geist und Sinn (Kognition) aufforderte.

Hinter der Kognitiven Therapie steht die Idee, daß unser Verhalten und Erleben stets durch Selbstverbalisationen begleitet sind. So mögen beispielsweise die ersten Versuche, ein Auto zu fahren, mit folgenden Selbstverbalisationen begleitet gewesen sein: »Vorsichtig Gas geben, dabei die Kupplung langsam kommen lassen; in den Rückspiegel schauen, Außenspiegel beachten, Blinker setzen usw.« Nach häufiger Übung wird Selbstverbalisation in dieser Weise nicht mehr notwendig sein. Sie hat sich automatisiert, d. h. in einen automatischen Gedanken verändert, der nur sehr kurz vorhanden ist, unser Verhalten aber wirksam steuert. Diese Art von automatischen Gedanken oder anderen schnell ablaufenden kognitiven Prozessen wie z. B. der selektiven → Wahrnehmung können unangepaßtes Erleben und Verhalten aufrechterhalten. Ebenso sind es dann Grundannahmen oder feste Überzeugungssysteme (»Weil ich nur auf der Hauptschule war, werde ich stets benachteiligt«), die das Verhalten und Erleben steuern.

Lange ließ die Lernpsychologie (→ Psychologie) und damit auch die frühe → Verhaltenstherapie kognitive Prozesse unbeachtet. Versuchte die klassische Verhaltenstherapie mit der Klassischen und der Operanten → Konditionierung (→ Lernen) das Verhalten fast ausschließlich auf Umweltfaktoren zurückzuführen, nahm das Interesse der Lernpsychologie an inneren Prozessen wie z. B. der Selbstkontrolle und Selbstregulierung des Menschen, also Prozessen, die als dem Menschen innewohnend betrachtet werden müssen, in den 60er Jahren deutlich zu. Albert Bandura erarbeitete 1969 mit seinem Buch »Principles of Behavior Modification« Grundlagen zur theoretischen Begründung der Kognitiven Therapie. Die Arbeiten von T. Aron Beck (1976) und Albert Ellis (1979) erhielten aufgrund spektakulärer Therapieergebnisse z. B. bei depressiven Menschen (→ Depression) in der Psychotherapieforschung große Aufmerksamkeit und regten Wissenschaftler weiter an, über die Kognitive Therapie zu forschen. Ihre Abgrenzung zur Verhaltenstherapie ist schwer zu bestimmen, da sie häufig mit verhaltenstherapeutischen Techniken kombiniert wird, z. B. Entspannungsübungen (→ Entspannung) oder Übungen in der realen Situation (Hautzinger, M. et al., 1992).

Die Vorgehensweise der Kognitiven Therapie

Beim praktischen Vorgehen liegt die Aufgabe des Seelsorgers in der Diagnostik (→ Psychodiagnostik) und der → Erziehung. Er muß unangepaßte kognitive Prozesse im Hier und Jetzt erfassen und dann dem Ratsuchenden Lernerfahrungen vermitteln, durch welche die Kognitionen und die damit zusammenhängenden Verhaltens- und Erlebensmuster verändert werden.

Die vier Schritte der Kognitiven Therapie

Erwartung einer Hilfestellung
Vorrangiges Ziel der → Seelsorge ist es zunächst, beim Ratsuchenden die Erwartung zu wecken, daß Hilfe möglich ist und die Seelsorge erfolgreich sein wird. Erreichen kann dies der Ratsuchende, indem er Einsicht über seine unangepaßten Kognitions-, Verhaltens- und Erlebensmuster erhält. Dies geschieht nicht durch Diskussion und Streitgespräch. Hier ist eine Art »Pilgerschrittverfahren« (ein Schritt zurück, dann zwei Schritte nach vorn) erfolgreich, das zunächst das → Paradigma des Ratsuchenden bestätigt. Dann wird er aufgefordert, seine Gedanken, Gefühle und Verhaltensweisen

z. B. in einer Drei-Spalten-Tabelle (1. Situation; 2. Gefühl; 3. Gedanke) selbst zu registrieren, die vor, während oder nach bestimmten problematischen Situationen oder Stimmungen auftreten. Beck schlägt vor, die problematischen Kognitionen nun zusammen mit dem Ratsuchenden einer Analyse zu unterziehen. In einer *logischen Analyse* werden die Kognitionen im Hinblick auf logische Fehler wie Übergeneralisierung (»Immer werde ich übersehen«), willkürliches Folgern (»Wenn ich mit meiner Hausarbeit nicht fertig werde, bin ich eine schlechte Mutter«) geprüft. Die empirische Analyse (→ Empirie) betrifft die Übereinstimmung der meist impliziten Annahmen des Ratsuchenden mit den tatsächlichen Gegebenheiten, d. h., er muß die Richtigkeit seiner Überzeugungen und Gedanken durch Fakten aus dem Hier und Jetzt beweisen. In der *pragmatischen Analyse* wird untersucht, welche praktischen Konsequenzen bestimmte Annahmen und Überzeugungen des Patienten haben. Hier können kleine Experimente durchgeführt werden, indem der Ratsuchende zwischen den Seelsorgegesprächen Aufgaben erhält, mit denen er sich der Realität aussetzen muß, z. B. »Was passiert denn tatsächlich, wenn der Sohn eine Woche lang mit ungewaschenen Socken herumläuft? Werden alle Mütter des Dorfes am Ende der Woche darüber sprechen? Wer wird es überhaupt bemerken?« Mit diesen Analysen soll der Ratsuchende mit Hilfe des Seelsorgers selbst eine plausible Erklärung für seine Probleme finden, die ihn gleichzeitig motiviert, seine Kognitionen zu ändern. Schließlich gelangt man zur

Korrektur der fehlangepaßten Kognitionen
Ist beim Ratsuchenden die Bereitschaft zur Veränderung von Kognitionen hervorgerufen, werden mit ihm alternative Gedanken und Überzeugungen erarbeitet. Der Ratsuchende muß ohne Schwierigkeiten erkennen können, daß das neue »Kognitions-Set« zu geeigneteren Erlebens- und Verhaltensmustern führt. Dies kann z. B. geschehen, in-

dem der Drei-Spalten-Tabelle eine weitere Spalte hinzugefügt wird, in der nun an die Realität angepaßte, »vernünftige« Gedanken zu der jeweiligen Situation gesucht werden.

Aufbau von Kompetenzen für den alltäglichen Einsatz
Die Anwendung des neuen »Kognitions-Sets« erfolgt entweder in der Imagination (Vorstellung), durch Übungen in analogen Situationen, durch → Gedankenstopp mit dem Einsetzen des alternativen Gedankens oder mit Übungen in der realen Problemsituation.

Veränderungen der Einschätzung, weitere Problembereiche selbst zu lösen
Wichtigstes Ergebnis hierbei ist, das Gefühl der Selbsteffizienz im Umgang mit den eigenen Problembereichen herzustellen. Dies soll den Ratsuchenden motivieren, im Selbstmanagement weitere Problembereiche selbst anzugehen.

Kognitive Therapie in Psychotherapie und Seelsorge

Die Kognitive Therapie findet eine breite Anwendung insbesondere bei → Angst- oder Streßreaktionen (→ Streß), → Depressionen, Problemen in der sozialen Kompetenz und bei → Persönlichkeitsstörungen.

Nach empirischen Untersuchungen innerhalb der → Wirksamkeitsforschung konnte der Kognitiven Therapie eine deutliche Wirksamkeit vor allem bei der Behandlung depressiver Störungen nachgewiesen werden.

Literatur:
Bandura, A: Principles of behavior modification, New York 1969
ders.: Sozial-kognitive Lerntheorie, Stuttgart 1979
Beck, A. T. et al.: Kognitive Therapie der Depression, Weinheim 1992
Ellis, T.: Rational-Emotive-Therapie, München 1993
Grawe, K.; Donati, R.; Bernauer, F.: Psychotherapie im Wandel, Göttingen 1994
Hautzinger, M.; Stark, W.; Treiber, R.: Kognitive Verhaltenstherapie bei Depressionen, Weinheim 1992

Meichenbaum, D. B.: Cognitive-behavior modification: An integrativ approach, New York (Plenum) 1977 (deutsch: Kognitive Verhaltensmodifikation, München 1979)   JL

Kommunikation

Kommunikation bezeichnet zunächst ganz allgemein die Tatsache, daß jeder Organismus mit seiner Umwelt in einer wechselseitigen Beziehung steht. Unter psychologischer Betrachtung bezeichnet man mit Kommunikation den Sachverhalt, daß Erleben und Verhalten des Individuums sich in Begegnung und Kontakt mit der Welt entfaltet. Innerhalb von Sozialpsychologie und Informationstheorie umfaßt Kommunikation die wechselseitigen Mitteilungen von Individuen und den Empfang solcher Mitteilungen.

An der Kommunikation sind mehrere Einflußgrößen (»Faktoren«) beteiligt: der Geber (»Sender«) einer Information, der Empfänger, die Nachricht selbst, die Art und Weise der Kommunikation (die Kommunikationskanäle Sehen, Hören, Riechen, Fühlen, Empfinden), die Beziehung zwischen Sender und Empfänger und die Rückmeldung des Empfängers der Information an den Sender. Alle Faktoren unterliegen wiederum verschiedenen Einflüssen. Die Nachricht selbst besteht aus Zeichen, in die hinein die Mitteilung kodiert wird. Die Zeichen haben eine bestimmte Bedeutung (semantischer Aspekt), stehen zueinander in einer bestimmten Beziehung (syntaktischer Aspekt) und haben einen Wirkungszusammenhang mit ihren Benutzern (pragmatischer Aspekt). Auf der Empfängerseite gehört die Decodierung zur Voraussetzung eines störungsfreien Empfangs der Mitteilung (→ Sprache; → Körpersprache).

Die Grundaxiome von Kommunikation

Watzlawick, Beavin und Jackson formulieren fünf »Pragmatische Axiome« der Kommunikation.

(1) »Es ist unmöglich, nicht zu kommunizieren.« Dieses Axiom weist darauf hin, daß Individuen immer in einer Kommunikationsbeziehung stehen. Selbst wenn sie diese verweigern, handelt es sich auch um eine Form von Kommunikation.

(2) »Jede Kommunikation hat einen Inhalts- und einen Beziehungsaspekt, derart, daß letzterer den ersteren bestimmt und daher eine Metakommunikation (s.u.) ist.« Informationen werden durch die Art und Weise der persönlichen Beziehung der Kommunikationspartner bestimmt. Die Information liefert die bloßen Daten; die Beziehung bestimmt, wie die Daten aufzufassen sind.

(3) »Die Natur einer Beziehung wird durch die Interpunktion der Kommunikationsabläufe seitens der Partner bestimmt.« Kommunikationspartner setzen ihrerseits Beginn und Ende eines Informationsablaufes fest. Dabei führen unterschiedliche Begrenzungen zur Störung der Kommunikation. Bei der Folge: »Wir haben Probleme, weil du zuviel trinkst« – »Ich trinke, weil wir soviel Probleme haben« werden die beiden Informationen »Probleme« und »zuviel trinken« von den Partnern unterschiedlich zeitlich eingeordnet, »interpunktiert«. Ziel einer ungestörten Kommunikation ist es, gleiche Interpunktionen vorzunehmen.

(4) Die Kommunikation zwischen Kommunikationspartnern kann »digital« nach dem »Alles-oder-Nichts-Prinzip« verlaufen. Diese Art von Kommunikation kann komplexe logische Zusammenhänge umschreiben. Kommunikation kann jedoch auch »analog« in Form von »Vokalisierungen, Ausdrucksbewegungen und Stimmungssignalen« (Watzlawick) verlaufen, die die Art der Beziehung versinnbildlichen und umschreiben. Das entsprechende Axiom lautet: »Menschliche Kommunikation bedient sich digitaler und analoger Modalitäten. Digitale Kommunikationen haben eine komplexe und vielseitige logische Syntax, aber auf dem Gebiet der Beziehungen unzulängliche Semantik. Analoge Kommunikationen dagegen besitzen dieses semantische Potential,

ermangeln aber die für die eindeutige Kommunikation erforderliche logische Syntax.« Vereinfacht kann man sagen: Verhalten und persönliche Beziehung wird durch die klare Aussage gedeutet. Die klare Aussage braucht aber wiederum das »analoge« Verhalten, das die Beziehung umschreibt.

(5) »Zwischenmenschliche Kommunikationsabläufe sind entweder symmetrisch oder komplementär, je nachdem, ob die Beziehung zwischen den Partnern auf Gleichheit oder Unterschiedlichkeit beruht«. Beziehungen zwischen gleichwertigen und sich als gleichwertig betrachtenden Partnern sind symmetrisch. Beziehungen, die von Dominanz und Unterordnung geprägt sind (hierarchische Beziehungen), sind komplementär.

Die vier Aspekte von Mitteilung und Empfang

Zu den beiden schon genannten Aspekten einer Nachricht (Inhalt und Beziehung) treten im Vollzug der Mitteilung noch zwei andere: Selbstaussage und Appell, so daß jede Nachricht vierfach sein kann. Sie sind einmal eine Sachaussage, indem sie einen bestimmten Tatbestand mitteilt. Darüber hinaus enthält sie einen Beziehungsaspekt und sagt offen oder verborgen etwas über die Beziehung zwischen den Gesprächspartnern aus. Im Hinblick auf die beiden Partner kann sie einmal eine Selbstaussage sein oder aber ein Appell an den Empfänger.

Entsprechend diesem vierfachen Charakter einer Nachricht kann die Nachricht selbst auch vierfach wahrgenommen oder verstanden werden. Schulz v. Thun spricht von »vier Ohren«, mit denen Nachrichten empfangen werden können«. Empfänger können Nachrichten als Sach- oder Beziehungsaussagen hören. Sie können sie als Selbstaussage des Senders verstehen oder als Appelle an sich selbst. Aus dieser vierfachen Möglichkeit ergeben sich eine Fülle von möglichen Mißverständnissen. Diese sind nur durch ein »Gespräch über das Gespräch«, eine »Metakommunikation« vermeidbar oder korrigierbar.

»Metakommunikation« bezeichnet jene menschliche Fähigkeit, über die Kommunikation zu kommunizieren, d. h. zu sprechen. Metakommunikation ist die Grundlage für Konfliktlösungen und therapeutische Interventionen.

Wie kann man Kommunikationsstörungen vermeiden?

Störungen der Kommunikation sind besonders dann schmerzhaft, wenn eine Auseinandersetzung auf inhaltlichem Gebiet erfolgen sollte, die Beziehung der Kommunikationspartner jedoch nicht ungestört ist. Folge ist, daß die inhaltliche Kontroverse nicht mehr zum eigentlichen Gegenstand wird, sondern quasi zum Medium einer Beziehungsauseinandersetzung. Wenn beispielsweise die Mutter zur Tochter sagt: »Ziehe eine Jacke an, es ist kalt draußen« und die Tochter unangemessen heftig darauf reagiert, so kann man daraus schließen, daß die Auseinandersetzung nur scheinbar auf inhaltlichem Gebiet lief, eigentlich jedoch einen Beziehungskonflikt andeutet.

Was kann man tun? Von grundlegend wichtiger Bedeutung ist es hier, den Beziehungsaspekt zwischen den Kommunikationspartnern mit Hilfe einer Metakommunikation bei nächster Gelegenheit zu klären. Man spricht in einer Metakommunikation nicht mehr über irgendeinen Gegenstand, sondern *über* den Kommunikationsstil und die Beziehung selbst. Menschen sollten, wenn sie Störungen in ihrer Kommunikation haben, zuerst überprüfen, auf welcher Ebene sie liegen. Wenn Störungen auf der Beziehungsebene liegen, kann keine sinnvolle inhaltliche Kontroverse stattfinden, sondern es muß zuerst die Beziehung geklärt werden.

Literatur:
Schramm, W.: Grundfragen der Kommunikationsforschung, München 1964ff
Schulz v. Thun, F.: Miteinander Reden, Bd. 1 und 2, Hamburg 1993
Watzlawick, P.; Beavin, J. H.; Jackson, D. D.: Menschliche Kommunikation, Bern, Stuttgart, Wien 1969ff
Watzlawick, P.; Weakland, J. H.; Fisch, R.: Lösungen, Bern, Stuttgart, Wien 1974ff   TS

Konditionierung, Klassische

Die Klassische Konditionierung geht auf die Arbeiten des russischen Physiologen Iwan Pawlow zurück. In den bekannten Untersuchungen gab er einem Hund Fleischpulver in den Mund, woraufhin beim Hund unweigerlich (ohne Konditionierung) eine Speichelabsonderung erfolgte. Wurde eine Sekunde vor der Gabe des Fleischpulvers das Licht eingeschaltet und dieser Vorgang mehrmals geübt, löste allein das Anschalten des Lichtes die Speichelabsonderung aus. Das Licht ist jetzt zu einem konditionierten Reiz für die Speichelabsonderung geworden. Pawlow wies damit die Fähigkeit zur Assoziationsbildung bei verschiedenen Reizen an Hunden nach.

Schematisch kann dies wie folgt beschrieben werden: Ein unkonditionierter → Reiz (Futter) löst eine unkonditionierte Reaktion (Speichelabsonderung) aus. Ein zunächst neutraler Reiz (Licht) wird zusammen oder zeitnah mit dem unkonditionierten Reiz (Futter) dargeboten. Nach einer Übungsphase wird jetzt der neutrale Reiz (Licht) gekoppelt mit dem unkonditionierten Reiz (Futter). Durch diese Koppelung (Assoziation) ist es jetzt möglich, daß allein das Licht die Speichelabsonderung auslöst. Der neutrale Reiz (Licht) ist also zum konditionierten Reiz geworden und die unkonditionierte Reaktion (Speichelabsonderung) damit zur konditionierten Reaktion.

Vielen Angststörungen (→ Angst) liegt eine Konditionierung zugrunde; z. B. mag die Angst vor einem Zahnarzttermin darin begründet sein, daß ein Bohrer (unkonditionierter Reiz) auf einem Zahnnerv immer zu Schmerzen führt (unkonditionierter Reaktion). Der Zahnarzt selbst, der Geruch der Zahnarztpraxis, der weiße Kittel oder das Geräusch des Bohrers sind zunächst neutrale Reize. Erst die Koppelung der neutralen Reize mit dem unkonditionierten Reiz

(»Bohren auf Zahnnerv«) führt dazu, daß der Zahnarzt oder das Geräusch des Bohrers zu einem Schmerzerleben führen (→ Löschung, systematische → Desensibilisierung). JL

Konflikt

Menschen leben in ihrer Alltagswelt in einem Kraftfeld von miteinander konkurrierenden Interessen, Wünschen, Zielen und Ansprüchen. Diese finden sich einmal im einzelnen Menschen selbst, sie treten aber auch in der jeweiligen gesellschaftlichen Situation des Menschen auf. Je nachdem, in welchen Konstellationen sie vorkommen, bilden sie konkrete Konfliktfelder, die menschliche Reaktionen erfordern. So können bestimmte durch Sozialisation verinnerlichte Normen (→ Sozialpsychologie) mit Wünschen und Zielen konkurrieren, oder ethische Ziele liegen im Konflikt mit ihrer Erfüllbarkeit als sogenannter Sein-Sollen-Konflikt. Andererseits finden häufig zwischen gesellschaftlichen Gruppen und Institutionen Ziel- und Interessenkonflikte statt, ebenso Generationenkonflikte, weltanschauliche und religiöse Konflikte. Auch können Einzelpersonen als Angehörige oder Zugehörige von Gruppen und Institutionen mit diesen in Konflikt geraten, indem sie beispielsweise durch nicht konformes Verhalten zu Außenseitern (→ Soziometrie) werden oder dem Gruppendruck nachgeben (Norm). Ebenso können sie in den konkurrierenden Kampf mit anderen Gruppen hineingezogen werden.

Nun werden Konflikte in der Regel nicht als einander ausschließende, unversöhnliche Gegensätze definiert, sondern als Kampf- oder Streitfälle, die durchaus einer Lösung entgegengeführt werden können. In der sogenannten Konfliktsoziologie wird sogar jeder Konflikt als ein »kreativer Kern und struktureller Faktor der Gesellschaft zur Gewinnung humaner Lebenschancen« angesehen (Yates). In diesem absoluten Sinne wird eine solche Meinung hier nicht zu vertreten sein. Aber es darf grundsätzlich gelten: Konflikte verlangen danach, einer Lösung entgegengeführt zu werden. Auf diesem Wege können sie kreativ wirken und neue Kräfte freisetzen, auch Reife- und Reinigungsprozesse bei Einzelpersonen und Gruppen bewirken.

Echte und scheinbare Konfliktlösungen

Hilfreiche Konfliktlösungen sind zu unterscheiden von Scheinlösungen. Als Scheinlösungen können gelten:
– Vermeidung jeglicher Konflikte durch Flucht vor konfliktträchtigen Situationen und Beziehungen.
– Vermeidung von Konfliktaustragung durch Nachgeben, vorschnelle Selbstbezichtigung und Schuldübernahme (→ Neurose). Dies birgt oft den Stoff für neue Konflikte oder Wiederaufleben der nicht bewältigten Konflikte in sich.
– Überspielen des eigenen inneren Betroffen- und Verletztseins.
– Vertagen von Lösungen oder Abschiebung der Lösung auf scheinbar kompetentere und mehr zuständige Instanzen.

Oft steht hinter solchen Versuchen ein idealistisches Harmoniebedürfnis oder ein unrealistisches Harmonieverständnis vom Leben in dieser Welt. Gerade unter Christen kann aus einem falschen Harmonie- und Demutsverständnis die Tendenz zur Konfliktvermeidung oder einem Nicht-wahr-haben-Wollen von Konflikten entstehen. Hier ist es Aufgabe christlicher Verkündigung und Seelsorge, eines grundsätzlich deutlich zu machen: Alles Leben vollzieht sich in einer »gegenwärtigen, bösen Welt« (Gal 1,4), die in erhöhtem Maße konfliktträchtig ist. In ihr sind nicht nur Menschen, die Sünder sind, am Wirken, sondern auch hintergründige Mächte des Chaos und des Bösen (Eph 6,12). Die apostolischen Schreiben des NT beschäftigen sich eingehend mit Schuld und Konflikten. Weil auch Christen, die unter Gottes vergebender Gnade leben, weder in ihrem Erkennen noch in ihrem Tun und Sein vollkommen sind, wird es in ihrem Leben und im Leben von Gemeinden selbst- und fremdverschuldete Konflikte geben. Auch wird keine Konfliktlösung als solche vollkommen und fehler- und irrtumsfrei sein. Daß Menschen auch unter diesen Voraussetzungen von Gott angenommen sind, gehört zu den Grundwahrheiten des christlichen Glaubens. In diesem Sinne ist der Glaube stets der angefochtene Glaube, der aber gerade dadurch auch geläutert und erfahren wird (vgl. 1 Petr 1,3–8).

Hilfreiche Ratschläge zur Konfliktbewältigung:

– Die eigene Person annehmen und bejahen, daß Konflikte auch der Reifung und dem Wachstum des Glaubens dienen.
– Die Situation annehmen und vertrauen, daß auch selbstverschuldete Konflikte zu einer hilfreichen Lösung geführt werden können.
– Die eigene Betroffenheit aussprechen (→ Kommunikation) und den beteiligten Konfliktpartnern die gleiche Chance lassen.
– Keine Scheinlösungen (s.o.) oder vorschnellen Lösungen anstreben, sondern auch Spannungszeiten durchhalten.
– Auch bereit sein, eigene Vorstellungen und Positionen zugunsten einer Lösung aufzugeben.
– Anerkennen, daß nicht nur Bosheit von Menschen oder widrige Verhältnisse, sondern auch die Unterschiedlichkeit von Persönlichkeitsstrukturen der Auslöser für Konflikte sein kann.
– Weder einen notwendigen und unvermeidbaren Konflikt herunterspielen noch minimale Mißverständnisse und Unklarheiten zu Konflikten hochstilisieren.
– Sich um sachliches Verhalten und die nötige Hintergrundinformation bemühen bei Konfliktlösungen.
– Auch mit unterschiedlichen Auffassungen leben lernen, solange es genügend Gemeinsames für ein Miteinander gibt. Bei Unlösbarem auch vorübergehende Trennungen in Kauf nehmen.
– Leben und Handeln aus dem Vertrauen,

daß Gott auch alle Vorläufigkeiten bei ehrlichem Wollen der Konfliktpartner zu Lösungen benutzen kann.

Literatur:
Höffe, O.: Lexikon der Ethik, München 1980
Lange, D.: Ethik in evangelischer Perspektive, Göttingen 1992
Thomae, H. K.: Entscheidung, Verantwortung, Stuttgart 1974
Thielicke, H.: Theologische Ethik, Bd. II/1, Tübingen 1973   KHB

Kontemplation

Das lateinische Wort *contemplatio* entspricht dem griechischen Wort *theoria* und heißt übersetzt soviel wie »Schau«. Im Rahmen der altkirchlichen Askese (Wüstenväter) und der mittelalterlichen Orden war die Kontemplation ein wesentlicher Bestandteil auf dem Weg zur Begegnung mit Gott. Daher rührt, daß sie noch heute das geistliche Leben katholischer und orthodoxer Mönchsgemeinschaften prägt. Innerhalb mystisch geprägter Frömmigkeit – etwa bei Teresa von Avila und Johannes vom Kreuz – stellt die Kontemplation eine Stufe auf dem Weg zu Gott dar. Ihr geht die Läuterung, die dunkle Nacht, voraus (vgl. Johannes vom Kreuz, Die dunkle Nacht); es folgt die Einigung mit Gott. In der Kontemplation kommt es zur Gottesschau, zur inneren Begegnung mit Gott. Dies geschieht in der Anbetung. In der ostkirchlichen Tradition steht hier das sog. Herzensgebet (»Herr Jesus Christus, erbarme dich meiner« im Zentrum. Dabei unterscheiden alle Mystiker zwischen dem kontemplativen und dem wortlosen, inneren Gebet. Voraussetzung des wortlosen Gebetes ist ein Zur-Ruhe-Kommen des Intellekts, der Phantasie und des Willens. In der Ekstase (bisweilen verbunden mit Auditionen und Visionen) hört die seelische Aktivität des Menschen überhaupt auf.

Auch die meisten der in den vergangenen Jahrzehnten im Raum der evangelischen Kirche entstandenen Bruder- und Schwesternschaften, Kommunitäten und anderen verbindlichen geistlichen Lebensgemeinschaften haben einen stark kontemplativen Zug. Dabei ist ihre Spiritualität oft durch eine Verknüpfung von Aktion und Kontemplation geprägt. So heißt es z. B. in der Regel von Taizé: »Viel zu beten, in der Freude des Gottesdienstes zu leben und brüderlich offen zu sein für die Menschen die uns umgeben: da liegt der wahre Grund unseres Daseins, alles andere muß sich daraus ergeben.« Viele der Kommunitäten haben neben den gemeinsamen Stundengebeten den Raum der persönlichen Stille zur Ruhe und inneren Sammlung entdeckt, um sich darin immer wieder neu Gott und seiner Führung anzuvertrauen. Sie haben damit für den Protestantismus einen wesentlichen Bestandteil christlicher Spiritualität zurückgewonnen.

Elemente der christlich begründeten Kontemplation

Drei wesentliche Elemente prägen die christlich begründete Kontemplation: Voraussetzung ist die Offenheit für Gott. Indem ein Mensch seine Geschöpflichkeit bejaht, beginnt sich seine »Selbstverkrümmung« (Luther) zu lösen. Indem er seine Existenz als Existenz im Angesicht der Ewigkeit wahrzunehmen beginnt, erhält er Anteil an Gott. Dieser Wahrnehmungsprozeß geschieht im Schauen (Josef Pieper): Kontemplation meint ein schweigendes Wahrnehmen der Wirklichkeit. Anstelle des denkenden Erkennens von Abwesendem tritt das schauende Erkennen von Anwesendem. Letztlich geht es um ein von Staunen begleitetes schauendes Erkennen.

Schließlich sieht die christliche Kontemplation nicht am Leiden und Sterben Jesu Christi vorbei. Das unmittelbar Begegnende wird auf den menschgewordenen Gottessohn hin transparent. Menschliches Leiden wird als eingeborgen in Christi Leiden erkennbar und somit tragbar. Die »dunkle Nacht« gehört unverzichtbar zur »vita contemplativa« dazu. Gerade in Entbehrungen und im Leiden ist Gott nahe. Mit ihrer Trockenheit und Leere ist die dunkle Nacht

das Mittel, um Gott und sich selbst kennenzulernen (Johannes vom Kreuz).

Kontemplation in außerchristlichen Religionen und kritische Bewertung

Kontemplation gibt es auch im außerchristlichen Bereich wie im Sufismus, der islamischen Mystik. Im Hinduismus und Buddhismus entspricht die Kontemplation der Versenkung, der Überwindung der Subjekt-Objekt-Spaltung. Ziel ist die Überwindung der Leidenschaften. Der einzelne Mensch soll, wie ein Wassertropfen im Ozean, aufgehen im Nirwana, das nach hinduistischem und buddhistischem Verständnis das »höchste Gut« und das »höchste Glück« bedeutet. Auch wenn das Ziel östlicher Versenkung dem der christlichen Kontemplation äußerlich zu entsprechen scheint, sind Weg und Ziel doch diametral unterschieden. Im christlichen Bereich handelt es sich um eine personale Begegnungsmystik, im hinduistisch-buddhistischen Bereich um eine unpersönlich verstandene Verschmelzungsmystik. Dieser Unterschied ist vor allem in einem anderen Sünden- und Versöhnungsverständnis begründet. Nicht die Leidenschaften an sich sind nach christlichem Verständnis sündhaft, sondern ihre falsche Ausrichtung läßt sie sündig werden. Sie müssen also nicht abgetötet, sondern in den richtigen Bezug gebracht werden. Es sei nicht verschwiegen, daß es aufgrund von Unklarheiten in diesem Zusammenhang auch innerhalb der christlichen Kontemplation immer wieder Tendenzen zu einer Abtötung der Leidenschaften mit dem Ziel einer konturlosen Einigung mit Gott gegeben hat und gibt (→ Fasten).

Literatur:
Böhme, W. (Hg.): Begegnung mit Gott. Über mystischen Glauben, Stuttgart 1989
Heiler, F.: Art. »Kontemplation«, in: RGG[3], Sp. 1792f, Tübingen 1959
Heinz-Mohr, G.: Christsein in Kommunitäten, Stuttgart 1968
Jäger, W.: Kontemplatives Beten, Münsterschwarzach 1985

Johannes vom Kreuz: Die dunkle Nacht, Einsiedeln 1983
Pieper, J.: Glück und Kontemplation, München 1957
Reimer, I.: Verbindliches Leben in Bruderschaften, Kommunitäten, Lebensgemeinschaften, Stuttgart 1986   PZ

Kontingenzvertrag

Der Kontingenzvertrag (»contingency contracting«) zwischen Therapeut und Klient stellt eine spezielle Form des Kontingenzmanagements dar (Kontingenz – nach Skinner das Verhältnis der Reaktion auf einen Stimulus und deren Verstärkung) und findet v.a. in der → Verhaltenstherapie Anwendung. Er wird vorzugsweise als Selbststeuerungsprogramm des Klienten eingesetzt, um diesem beim Einleiten einer bestimmten erwünschten Verhaltensweise zu helfen, um klare Kriterien hinsichtlich der dafür zu erbringenden Leistung aufzustellen und die entsprechenden Konsequenzen zu beschreiben, sowie bei anderen Methoden der Verhaltenstherapie und in der Erziehungs- und Eheberatung.

Der Kontingenzvertrag dient dabei als motivationale Unterstützung zur Sicherstellung eines therapeutischen Veränderungsprogrammes. Erprobte Kontingenzverträge über die Aufstellung und Einhaltung bestimmter Bedingungen liegen vor z. B. für die psychotherapeutische Behandlung von Partnerschaftsproblemen, delinquentem Verhalten, → Eßstörungen, Abhängigkeiten wie Nikotinmißbrauch und Alkoholismus (→ Sucht); aber auch praktisch alle standardisierten Therapieprogramme (wie z. B. Selbstbehauptungstrainings, Angstreduktionsprogramme (→ Angst), Ärgerkontrollen, Depressionstherapien (→ Depression) etc.) lassen sich in Vertragsform umformulieren.

Beim Kontingenzvertrag unterscheidet man drei Formen:
(1) *unilateral:* der Klient verpflichtet sich, gewisse Handlungen unabhängig von der Beteiligung oder »Vorleistung« anderer Personen zu vollziehen;

(2) *bilateral:* der Vertrag enthält wechselseitige Vereinbarungen mit anderen Personen (z. B. in Familien, bei Ehepartnern, zwischen Kind und Erziehungberechtigtem oder Lehrkraft); dabei sollte darauf geachtet werden, daß die Erfüllung eines spezifischen Kriteriums durch eine Person unabhängig von der Vertragserfüllung durch eine andere Person möglich sein muß;
(3) *»Klient mit sich selbst«:* der Therapeut begleitet und überwacht hier lediglich die Ausführung der Vertragsbedingungen, der Klient ist eigenverantwortlich zuständig für alle vertraglichen Kontingenzen, Belohnungen, Bestrafungen etc.

Die Inhalte des Kontingenzvertrags können im Detail schriftlich fixiert werden, wobei jede Vertragspartei ein Exemplar erhält. Die konkrete Beschreibung der Vertragsbedingungen macht Fortschritte überprüfbar und läßt Konsequenzen leicht adäquat setzen. Kanfer und Gaelick (1986) formulieren sieben Elemente, die beim Abschluß eines Kontingenzvertrags zu beachten sind und zuvor mit dem Klienten ausführlich geklärt werden müssen:

(1) eine klare und detaillierte Beschreibung des geforderten Verhaltens;
(2) klare Kriterien dafür, ab wann das geforderte Verhalten als erreicht gelten kann, mit Festlegung einer maximalen Vertragsdauer sowie der Kriterien der Frequenz oder Intensität des Verhaltens;
(3) Vereinbarung über positive Verstärker bei Erreichen der vereinbarten Kriterien (Zwischenziele oder endgültige Vertragserfüllung);
(4) klare Spezifizierung der aversiven Konsequenzen bei Nichteinhalten der Bedingungen innerhalb der festgelegten Zeit oder Häufigkeit von seiten des Klienten;
(5) »Bonus-Klausel« als Verabredung zusätzlicher Verstärkungen (»Sonderprämien«), falls der Klient die unter (2) vereinbarten Kriterien (»Minimalforderungen«) übererfüllt;
(6) Festlegung von Methoden, mit denen das geforderte Verhalten während der

Vertragsdauer beobachtet, gemessen und protokolliert werden kann.

(7) Regelung über »Timing« der Selbstverstärkungen, wobei kleine »Belohnungen« auf kurze Verhaltenssequenzen folgen und größere positive Verstärkungen in längeren Intervallen gegeben werden können.

Zu beachten ist weiterhin, daß der Kontingenzvertrag möglichst kurzfristig erreichbare Ziele beinhaltet, die nur solche Verhaltensweisen betreffen, die sich bereits in den Möglichkeiten des Verhaltensrepertoires des Klienten befinden. Deshalb soll der Therapeut den Klienten effektiv auf die Umsetzung der Vertragsbedingungen vorbereiten (z. B. durch präzise Vorbesprechungen und die Einübung des erforderlichen Verhaltens). Der Kontingenzvertrag sollte sich auf relativ wenige Aktivitäten beschränken, nicht zu viele Bedingungen gleichzeitig enthalten und eine überschaubare Gültigkeitsdauer (von ca. ein bis zwei Wochen) haben, um eine weitere therapeutische Flexibilität in Abhängigkeit von den tatsächlichen Entwicklungen zu gewährleisten. Beide Vertragsparteien müssen bereit sein, die vereinbarten Bedingungen (nicht aus purem Gehorsam, sondern aus Leistungsmotivation heraus) erfüllen zu wollen. Der Kontingenzvertrag sollte positiv formuliert sein, d. h. Verstärkungen sollten an gefordertes Verhalten geknüpft sein statt Bestrafungen an Unterlassungen oder dessen Nichterreichen. Auf die systematische Anwendung und Einhaltung der Vertragsbedingungen ist besonderes Augenmerk zu richten. Im Rahmen einer Selbstkontrolle des Klienten sollte der Therapeut den Klienten in allen Phasen zu geplanten, freiwilligen und selbstregulatorischen Aktivitäten motivieren. Kontingenzverträge dienen zur Erhöhung impliziter Wirkungsmechanismen durch Einteilung in überschaubare Einheiten und Schwierigkeitsgrade des präzisierten Verhaltens, Koppelung mit positiven Konsequenzen und implizitem motivationalen Druck, nicht (vor allen Vertragsparteien und eingeweihten anderen Personen) als Vertragsbrecher dazustehen.

Falls Klienten die Vertragsbedingungen erfolgreich erfüllen, kann in der darauffolgenden Sitzung über eine Fortsetzung bzw. geringfügige Modifikation des Kontingenzvertrags (z. B. durch minimale Erhöhung der Verhaltensanforderungen) verhandelt werden. Bei Mißerfolgen beim Erreichen spezifischer Ziele können diese behandelt und geklärt werden, der Kontingenzvertrag kann revidiert und neue Bedingungen können entwickelt werden, die eine erfolgreiche Vertragserfüllung wahrscheinlicher machen. Als besonders effektiv haben sich alltagsnahe, unmittelbar relevante Vereinbarungen mit zwischen den Vertragsparteien ausbalancierten Verpflichtungen erwiesen. Ebenso haben sich Verträge bewährt, die wichtige andere Personen aus der natürlichen Umgebung des Klienten in die Abmachungen mit einbeziehen.

Literatur:
Fliegel, S. et al.: Verhaltenstherapeutische Standardmethoden. Ein Übungsbuch, München 1989
Kanfer, F. H.; Reinecker, H.; Schmelzer, D.: Selbstmanagement-Therapie. ein Lehrbuch für die klinische Praxis, Berlin, Heidelberg, New York 1991   AK

Kontrollüberzeugung

Bei den Forschungsarbeiten zu den »internalen und externalen Kontrollüberzeugungen« (»Locus of control-Konstrukt«) hat Rotter gezeigt, daß diese ziemlich stabilen Persönlichkeitsdimensionen wesentlichen Einfluß auf die Art und Weise unserer Lebensbewältigung haben. Er geht bei seinen Überlegungen davon aus, daß Menschen auf ein verstärkendes Ereignis (etwa eine Belohnung) verschieden reagieren – je nachdem, welche Beziehung sie zwischen der Verstärkung und dem eigenen vorausgegangenen Verhalten erstellen können.

So kann ein Mensch beispielsweise zu der Überzeugung gelangen, daß die Belohnung für seine Arbeit durch das eigene (fleißige) Verhalten bewirkt wurde. Dies wäre dann eine *internale Kontrollüberzeugung*. Andererseits könnte er aber auch davon überzeugt sein, die Belohnung habe mit dem eigenen Verhalten nichts zu tun. In diesem Fall würde er davon ausgehen, daß auch fleißiges Arbeiten nicht mehr Erfolg bringt, daß die Entlohnung von »Mächten« ausgeht, die außerhalb der Person liegen und auf die man keinen Einfluß hat. Eine solche Art des Denkens nennt man eine *externale* Kontrollüberzeugung. Die beiden unterschiedlichen Arten der Lebensbewältigung werden in der Regel durch eine entsprechende Erziehung erworben.

Zu ähnlichen Aussagen kommt auch das Konzept der »erlernten Hilflosigkeit«, das von Seligman vorgestellt wurde. Seine Theorie geht von der Beobachtung aus, daß Menschen stets einen Zusammenhang zwischen ihrem Tun und dessen Folgen suchen. Manche Menschen erleben dabei subjektiv, daß sie den Folgen ihres eigenen Handelns »hilflos« gegenüber stehen. Wenn ein solcher unkontrollierbarer Zusammenhang zwischen dem Ereignis und der vorausgehenden Handlung schon in der Kindheit immer wieder auftritt, wird die Hilflosigkeit im Sinne des klassischen Verstärkens erlernt (→ Konditionierung, klassische). Es ist dabei nicht wichtig, ob es diesen Zusammenhang tatsächlich gibt, sondern nur, wie das Kind eine solche Kausalität subjektiv mit seinen Erfahrungen bewertet.

Die »erlernte Hilflosigkeit« zeigt ähnliche Auswirkungen wie die »externale Kontrollüberzeugung«: Verspannung und Verkrampfung, Störungen der Motivation, des Denkens und Fühlens.

Zusammenfassend kann man sagen, daß Menschen mit einer internalen Kontrollüberzeugung eher als selbstbewußte, aktive und unbeirrbare Personen auftreten, die ihrer eigenen Linie treu bleiben. Menschen, die auf das Echo ihrer Umwelt achten und sich leicht von anderen beeinflussen lassen, haben eine externale Kontrollüberzeugung.

Solche Überzeugungen haben natürlich Einfluß auf den Lebensstil. So neigen Menschen mit einer deutlich externalen Kon-

trollüberzeugung eher zu depressivem Verhalten (→ Depression). Rotter hat jedoch darauf hingewiesen, daß Depressionen nicht nur bei der externalen, sondern auch bei der internalen Kontrollüberzeugung auftauchen können, und zwar jeweils bei extremer Ausprägung. Bei stark externaler Kontrollüberzeugung kommt es zu Depressionen, weil man keine Einflußmöglichkeiten auf die Folgen seines Tuns sieht. Bei extremer Ausprägung der internalen Kontrollüberzeugung kommt es möglicherweise deshalb zu Depressionen, weil man auch mit Aufbietung aller Kräfte das gewünschte Ziel nicht erreicht und sich dann für schuldig oder unfähig hält. In unserer Gesellschaft sind Menschen mit internaler Kontrollüberzeugung eher erfolgreich. Möglicherweise hat jedoch der external Kontrollierte weniger Mühe in seinem Glaubensleben.

Kontrollüberzeugungen und Christsein

Der depressive Christ mit externaler Kontrollüberzeugung hört z. B. in der Predigt selektiv immer nur Worte wie: »Du mußt dich ganz in die Hände deines Herrn fallen lassen und gar nichts eigenes tun.« Oder: »Sei still und warte, der Herr wird für dich streiten.« Er schließt daraus, daß er gar nichts tun kann – und verstärkt damit die Hilflosigkeit immer mehr.

Jedoch kann auch das andere Extrem – wenn auch seltener – zu Depressionen führen. Es sind dies Christen, die von ihren Fähigkeiten überzeugt sind. Mutig, ja selbstbewußt gehen sie ihre Wege, können Erfolge aufweisen – doch irgendwann kommen sie an ihre Grenzen. Plötzlich entdecken sie, daß die Kräfte nicht mehr ausreichen, daß viele Ziele nicht mehr zu erreichen sind. In der Bibel finden wir beide Arten der Kontrollüberzeugung in einem ausgewogenen Verhältnis. Jesus selbst weist uns an: »Bittet, so wird euch gegeben; suchet, so werdet ihr finden; klopfet an, so wird euch aufgetan« (Mt 7,7). Hier sind alle Übergänge zu finden: vom Bitten, das in der Abhängigkeit der externalen lebt, über das Suchen, das bereits eigene Aktivität verlangt, bis hin zum Klopfen, das zum systematischen, vom Gebet begleiteten Tun auffordert, also der internalen entspricht.

Auch Paulus stellt, z. B. in Phil 2,12f, die beiden Überzeugungen gemeinsam und gleichwertig dar.

Kontrollüberzeugung in Psychotherapie und Seelsorge

Nachdem in der Seelsorge diagnostiziert wurde, welche Art der Kontrollüberzeugung beim Ratsuchenden überwiegt, ist es therapeutisch hilfreich, einen entsprechenden Ausgleich zu suchen. Zwar ist die Stabilität der Kontrollüberzeugung recht hoch, aber man kann depressiven Christen mit externaler Kontrollüberzeugung dennoch klarmachen, daß sie sich aufmachen sollen, um etwas zu unternehmen, vielleicht mit dem Motto: »Ich gehe – und vertraue darauf: Der Herr geht mit.« Für solche Menschen ist als »Einrede« der Liedvers von A. H. Francke hilfreich: »Nun aufwärts froh den Blick gewandt und vorwärts fest den Schritt! Wir gehn an unsers Meisters Hand, und unser Herr geht mit.« Wurde eine internale Kontrollüberzeugung diagnostiziert, dann ist es für diese Christen hilfreich zu lernen, daß Gott gerade da stark ist, wo wir schwach sind. Ihr Liedvers könnte deshalb eine Strophe aus dem Lied von Hedwig v. Redern sein: »Weiß ich den Weg auch nicht, du weißt ihn wohl, das macht die Seele still und friedevoll. Ist's doch umsonst, daß ich mich sorgend müh, daß ängstlich schlägt mein Herz, sei's spät, sei's früh.«

Literatur:
Mielke, R.: Interne/Externe Kontrollüberzeugung, Bern, Stuttgart, Wien 1982
Seligman, M.: Erlernte Hilflosigkeit, Weinheim 1995   MD

Kontrollverlust → Sucht

Konversionsstörung → Hysterie

Körperpsychotherapie

Unter Körperpsychotherapie ist eine Therapieform zu verstehen, die versucht, das Leib-Seele-Problem in der Weise zu lösen, daß die künstliche Trennung von körperlichen und seelischen Schwierigkeiten integrierend aufgehoben und dadurch beide behandelt werden. Der Psychoanalytiker Wilhelm Reich (1897–1957) war der bahnbrechende Entdecker dieser Therapieform.

Reichianische Arbeit wurzelt im Verständnis der Lebensenergie als körperlicher Grundlage von Gefühlen und Gefühlsblockierungen. Erfahrene Körperpsychotherapeuten können aufgrund von Körperausdruck und Körperhaltung auf die Persönlichkeit und Persönlichkeitsstörungen schließen. Das Selbst oder der Wesenskern eines Menschen ist im Körper verankert, und folglich können psychische Probleme nur mit sehr begrenztem Erfolg behandelt werden, wenn der Körper ignoriert wird. So werden z. B. durch traumatische Erfahrungen Erinnerungen verdrängt, der Körper jedoch hat ein spezielles Erinnerungsvermögen, das sich als »Körper-Wahrheit« zeigt. Diese Körper-Wahrheit ist z. B. ablesbar in der »Muskelpanzerung«, das sind chronische Verspannungsmuster im Körper, die für die blockierten Gefühle verantwortlich sind. Durch diese Verspannungsmuster werden Gefühle und Affekte zurückgehalten. Dies ist dem vergleichbar, wie wenn ein Tier durch irgendein Ereignis von seiner Umwelt bedroht wird, infolgedessen ein Spannungszustand entsteht und es auf diese Bedrohung wie auf einen Notfall reagiert. Durch den Notfall wird das Nervensystem mobilisiert. Dafür gibt es zwei Grundmuster: entweder Kampf oder Flucht. Wenn es dem Tier nun gelingt, sich von der Bedrohung zu retten, indem es angreift oder flieht, hat es die Notlage erfolgreich bewältigt und kann anschließend in seinen normalen Zustand zurückkehren. Die Störung war vorübergehend und akut. Bei einer Fehlanpassung (z. B. Charakterneurose [→ Neurose]) lebt der Mensch nun aber so, als sei er dauernd in einer Notsituation. Deshalb ist sein Spannungszustand und die Überaktivität des sympathischen Nervensystems, die ihn aufrecht erhält, chronisch geworden. Nur durch die Auflösung der Blockaden kann in einer Körperpsychotherapie wieder erlernt werden, sich mit der Umwelt angemessen auseinanderzusetzen.

Wenn ein Mensch jahrelang z. B. Wut- und Haßgefühle aufgestaut hat und er nun aufgefordert wird, sich zu entspannen, gelingt es ihm nicht, denn er hat gelernt, sich »zusammenzunehmen« und seinen Ärger oder andere Gefühle und Affekte zu zügeln. Symptomatisch zeigt sich dies an → Depressionen, → Ängsten oder → Zwängen, destruktiven Verhaltensweisen, die gesamte Energie wird aufgebracht, verhindert gesunde Beziehungen und kann nicht in gesunde Lebensenergie umgewandelt werden. Die Unterdrückungsmechanismen sind im wahren Sinne des Wortes in Fleisch und Blut übergegangen. Die Muskeln und Gelenke dienen nicht mehr der Bewegung, sondern dem Blockieren von Gefühl, Atem und Ausdruck: Schmerzen, Versteifungen, Unlust und Gefühle von Abgespanntsein können die Folge sein.

Körperpsychotherapie in der Praxis der Psychotherapie und Seelsorge

In der Körperpsychotherapie werden diese Fehlhaltungen unmittelbar angegangen durch Atemübungen oder Körperübungen. Dies hat dann die Folge, daß tief verdrängte Erinnerungen ausgelöst werden und vor allem aber auch neue seelische und körperliche Erfahrungen ermöglicht werden können. Die nun bewußt werdenden Gefühle und Bedürfnisse stehen immer auch in Beziehung zu aktuellen Problemen und Konflikten.

In der Körperpsychotherapie wird nicht über Gefühle geredet, sondern Gefühle werden erlebt und dieses Erleben und Durcharbeiten wird im psychotherapeutischen Gespräch integriert, so daß das Zusammenwirken der körperlichen, emotionalen und ko-

gnitiven Ebenen zur erwünschten Änderung führt und nicht nur zu einer Vermehrung des Wissens über sich selbst.

Literatur:
Lowen, A.: Bioenergetik, Bern 1976
ders.: Körperausdruck und Persönlichkeit, München 1981
Maurer, Y.: Körperzentrierte Psychotherapie, Stuttgart 1993
Reich, W.: Die Funktion des Orgasmus, Köln 1966
ders.: Charakteranalyse, Frankfurt 1973
Rosenberg, J. L.: Körper, Selbst und Seele, Oldenburg 1989   KB

Körpersprache

Körpersprache ist ein wesentlicher Bestandteil der → Kommunikation. Menschliche Kommunikation findet immer statt, wenn zwei oder mehr Menschen beisammen sind, oder, um es mit den Worten Watzlawicks auszudrücken, »man kann nicht *nicht* kommunizieren«. Die Kommunikation mit Worten wird durch unsere körperlichen Signale eingeleitet, unterstützt oder sogar ersetzt. Als besonders drastisches körpersprachliches Signal könnte die Haltung Jesu, wie sie in Johannes 8, 6 beschrieben wird, gewertet werden: »Aber Jesus bückte sich nieder und schrieb mit dem Finger auf die Erde«. Alle körperlichen Kommunikationssignale werden unter dem Begriff »Körpersprache« zusammengefaßt. Dabei machen die körpersprachlichen Signale in manchen Gesprächen weit mehr als die Hälfte des gesamten Kommunikationsanteiles aus. Wir unterscheiden in der Körpersprache Mimik als das Gebärdenspiel der Gesichtsmuskulatur und Gestik als das Gesamt der Bewegungen des übrigen Körpers. Kommunikationsprobleme können dann entstehen, wenn die verbalen und die nonverbalen Signale in der Kommunikation nicht deckungsgleich sind. Dies muß nicht bedeuten, daß man während so einer mißverständlichen Kommunikation die Unwahrheit sagt – oft hat man sich dann nur eine ungeschickte Gewohnheit bei der Körpersprache angeeignet, die der Gesprächspartner vor seinem Erfahrungshintergrund als irritierend und widersprüchlich empfindet. Um Mißverständnisse in der Kommunikation zu vermeiden, ist es günstig, nach einigen allgemeinen Körpersignalen zu suchen, damit man das, was man in Worten sagen will, richtig unterstützen kann.

Körpersprache in Psychotherapie und Seelsorge

Wie bereits oben angedeutet, kann ein Gespräch auch dann mißlingen, wenn »das Richtige gesagt« wurde: körpersprachliche Signale haben die positive Wirkung der Worte behindert. Ein wesentlicher Gesichtspunkt, um eine optimale Kommunikation durch körpersprachliche Signale nicht zu behindern, ist die Einhaltung der richtigen Distanz zum Gegenüber. Wir unterscheiden

dabei zwei – für ein Gespräch zu zweit – wichtige Zonen der Distanz. Die sogenannte persönliche Distanz beträgt etwa 60 cm bis 1,5 m (mindestens eine Armlänge). In diese Distanz muß man »eindringen«, wenn man einen persönlichen Kontakt zu Personen aufnehmen möchte, die einem noch nicht bekannt sind. Diese Entfernung wirkt nicht aufdringlich und der Gesprächspartner wird dennoch als »interessiert« empfunden. Näher als eine ausgestreckte Armlänge vom Gegenüber entfernt sollte man kein seelsorgerliches Gespräch führen. Im folgenden wurde ein Liste wichtiger körpersprachlicher Signale und deren Bedeutungen zusammengestellt, die auch im seelsorgerlichen Gespräch von großer Bedeutung sein können.

Körperspiel	*Bedeutung*
Die Stirn runzeln	Entrüstung
Mit der Hand über die Stirn streichen	Verlegenheit, Wegwischen von Sorgen
Den Kopf einziehen	Unsicherheit, Schuldbewußtsein
Das Kinn streicheln	Nachdenklichkeit
Den Kopf ruckartig zurückwerfen	Trotz
Den Kopf senken	Unsicherheit, Schuldbewußtsein, Ergebenheit
Häufig die Lider bewegen	Nervosität
Die Augenbrauen heben	Skepsis, Erstaunen, Arroganz
Die Augenbrauen senken; zusammenziehen	Ärger; Nachdenklichkeit
Langen Blickkontakt halten	Arroganz, Sicherheit
Sich kurz an die Nase greifen	Verlegenheit, sich ertappt fühlen
Sich die Nase reiben	Nachdenklichkeit
Mit dem Oberkörper beim Sitzen weit nach vorne kommen	Interesse, will unterbrechen, eingreifen, abbrechen, schaltet sich ins Gespräch ein
Den Oberkörper beim Sitzen weit zurücklehnen	Abwarten, Ablehnung
Die Beine zum Gesprächspartner hin/weg übereinanderschlagen	Aufbau/Abbau eines Sympathiefeldes
Die Füße um die Stuhlbeine legen	Unsicherheit, Halt suchen.
Auf dem Stuhl wippen	sich aus der Gruppe zurückziehen, Selbstsicherheit
Die Füße im Sitzen nach hinten nehmen	Ablehnung, Angriff
Mit den Füßen im Stehen wippen	einmal: Unsicherheit, häufiger: Arroganz
Die Füße verschränken	Selbstsicherheit, Arroganz
Die Brille hastig abnehmen	Verwirrung, Erregung, Zorn
Die Brille hochschieben	will Zeit gewinnen, Nachdenklichkeit
Das Gesicht verdecken	Nachdenken, will entfliehen, abschalten

Körperspiel	*Bedeutung*
Die Hände um die Stuhllehne klammern	Verkrampfung, Unsicherheit
Den Mundwinkel heben	Zynismus, Arroganz, Überlegenheitsgefühl
Den Mund öffnen	Erstaunen, will unterbrechen, Selbstsicherheit
Die Lippen zusammenpressen	verhaltener Zorn, Starrsinn
Die Unterlippe hochziehen	Überlegung, Nachdenklichkeit
Die Arme vor der Brust verschränken	Abwarten, Ablehnung, Suche nach Geborgenheit, sich unter Kontrolle halten
Die Hände vor der Brust falten	Verkrampfung, Unsicherheit
Weite Armbewegungen	Sicherheit
Kurze, enge, andeutende Hand- und Armbewegungen	Unsicherheit
Mit den Händen ein Spitzdach gegen den Gesprächspartner	ich wehre mich gegen deinen Einwand
Spitzdach nach oben	Nachdenklichkeit
Schnelles Händereiben	Schadenfreude
Mit Gegenständen spielen	Nervosität
Die Hand zur Faust	Zorn, verhaltener Zorn
Die Hand vor den Mund beim Sprechen	Unsicherheit
Die Hand vorm Mund nach dem Sprechen	Zurücknehmen des Gesagten
Hände in die Hüfte stemmen	Imponiergehabe, Überlegenheitsgefühl, Entrüstung
Hände in der Hosentasche	Entspannung, Arroganz
Arme und Hände unter den Tisch	Unsicherheit
Hand aufs Herz	»Hand aufs Herz«
Hände auf den Rücken	Befangenheit, Arroganz, Autoritätshaltung
Hände im Nacken verschränken	Wohlbehagen, Entspannung
Fingerkuppen einer Hand aneinanderpressen	Unterstreichen einer Aussage, Überzeugtsein
Mit dem Finger zeigen: »Du bist«	Entrüstung, Aggression
Zeigefinger heben	Belehrung, Tadel
Linkes Standbein/Betonung der linken Körperhälfte	eher intuitive Menschen, lassen sich gerne von Sympathien tragen. Sensibilität, künstlerisch ansprechbar
Rechtes Standbein/Betonung der rechten Körperhälfte	rationale Denkart, logisches Handeln, Pragmatismus
Aktive rechte Hand	Lust, zu handeln
»Kopf/Augenzappler«	interessiert, aufgeschlossen, nicht immer alles zu Ende führend
»Scheuklappenmenschen«	verläßlich, wenig Phantasie, Akkuratesse
»Kopfvorschieber«	vorsichtig, (Opportunismus)
»Frauensitz«	erotisches Signal
Gespreizte Beine	(fem.) einladende Geste (mask.) Imponiergehabe
Große Pupillen	Interesse, Angenehmheit, Begehren
Verengte Pupillen	Desinteresse, Ablehnung, Langeweile

Literatur:
Argyle, M. et al.: Signale von Mensch zu Mensch, Weinheim 1981
Molcho, S.: Körpersprache, München 1983
ders.: Körpersprache der Kinder, München 1992
ders.: Partnerschaft und Körpersprache, München 1990   JD

Krankenhausseelsorge

In der Krankenhausseelsorge geht es um die Ausrichtung des Evangeliums an den einzelnen in seiner persönlichen Situation der → Krankheit, die eine stationäre Behandlung notwendig macht. Sie geschieht unter der Voraussetzung, daß das Krankenhaus nicht als »Gesundheitsfabrik« zu verstehen ist, in der die Krankheit vom Kranken abstrahiert wird und er nur so rasch wie möglich von den Symptomen seiner Leiden befreit werden soll. Vielmehr ist das Krankenhaus ein »Haus für Kranke«, in dem der Patient als Mensch in seiner Ganzheit ernst genommen wird. Von den Anfängen des christlichen Krankenhauswesens an hatte die → Seelsorge am Patienten große Bedeutung.

Krankenhausseelsorge in der Praxis

Der Krankenhausseelsorger wird bemüht sein, dem Patienten das Bewußtsein zu vermitteln, daß er Zeit für ihn hat. Er wird bereit sein, die Fragen des Kranken geduldig anzuhören und im Gespräch die besondere Situation des Patienten zu erfassen (→ Kinderseelsorge, → Sterben). Er wird keine Ratschläge erteilen, aber im Gespräch mit der notwendigen Behutsamkeit und Distanz versuchen, Vertrauen zu Gott und seinem Wort beim Kranken zu wecken bzw. zu vertiefen. Der Patient im Krankenhaus ist aus seiner Welt herausgerissen und durch den völlig veränderten Tagesablauf verunsichert. Viele Patienten haben → Angst vor einem ärztlichen Eingriff oder vor einer hoffnungslosen Diagnose. Besonders wichtig ist das Gespräch mit Patienten, die wissen, daß ihnen nicht mehr geholfen werden kann

oder sie für immer behindert bleiben (→ Tod, Trauer). Die kurze Verweildauer der Patienten in einem Krankenhaus der Akutversorgung läßt oft nur ein Kontaktgespräch mit dem Patienten zu. Erschwerend kommt hinzu, daß seelsorgerliche Gespräche nicht immer ungestört durchgeführt werden können, und daß sich oft das Gespräch um so schwieriger führen läßt, je mehr Patienten in einem Zimmer liegen und dem Gespräch zuhören.

Bei der zunehmenden Anzahl psychosomatischer Erkrankungen (→ Psychosomatik) gewinnt die Krankenhausseelsorge an therapeutischer Bedeutung. Darum ist die → Kommunikation zwischen Ärzten, Pflegepersonal und Krankenhausseelsorger nötig. Diese Kommunikation wird manchmal behindert durch eine einseitig an der Naturwissenschaft orientierte medizinisch-technische Behandlung, durch den häufigen Wechsel der Mitarbeiter auf der Station, Schichtdienst usw. aber auch durch die Veränderung und Vielfalt der Motivation für die Berufsausübung.

Literatur:
Bräumer, H.-J.: Auf dem letzten Weg, 1988
Eibach, U.: Der leidende Mensch vor Gott, 1991
Piper, H.-Chr.: Kranksein – Erleben und Lernen, 1980   FL

Krankheit

Wir verstehen unter Krankheit die teilweise oder überwiegende Störung der Beziehungen, die Leben ausmachen (→ Gesundheit). Sie tritt ins Bewußtsein, wenn sie sich als Hemmung der normalen Lebensvollzüge bemerkbar macht. Bei genauerer Untersuchung des Begriffes fällt zunächst eine deutlich seltene Notierung des Begriffs »Krankheit« in einschlägigen Lexika auf. Dies mag bereits ein Indiz dafür sein, daß Krankheit unter dem Einfluß religiöser, politischer, ökonomischer und sozialer Normen je unterschiedlich aufgefaßt und definiert wird und demzufolge »Ersatzbegriffe« geschaffen werden, die bereits über die jeweilige begriffsprägende Norm Auskunft geben. So signalisiert beispielsweise die Verwendung des Terminus »psychische Störung« bereits ein unter der theoretischen Prägung durch die Psychologie zu verstehendes Krankheitsbild (→ Wissenschaftstheorie).

Unterschiedliche Auffassungen von Krankheit

Medizinisch und psychosomatisch

Die naturwissenschaftlich geprägte Auffassung, die sich vor allem in der Medizin zeigt, führt Krankheit auf materiell faßbare Ursachen zurück (genetische Defekte, Stoffwechsel etc.), die die wünschenwerte Funktionsweise des Organismus beeinträchtigen. Dabei wird die Forschungsarbeit vorwiegend von der Frage geleitet, wie die kleinsten »Bausteine« von Krankheit aussehen, wie sie diese Krankheit bewirken und wie sie demzufolge zu therapieren ist. Die Frage nach möglichen Sinninhalten von Krankheit wird zur Klärung in andere Disziplinen verwiesen. Wenn Krankheiten auf dieser Grundlage nicht interdisziplinär behandelt wird, besteht vor medizinischem Hintergrund die Gefahr, daß Krankheit losgelöst von möglichen Sinninhalten zu einem sinnlosen Verhängnis wird. Die psychosomatische Medizin betrachtet Krankheit vermehrt auch vor dem Hintergrund der Biographie des Betroffenen und versteht sie als Ausdruck eines konflikthaften oder auch verfehlten Lebens. Solche Konflikte können sich in seelischen Störungen manifestieren, die wiederum in körperlichen Symptomen ihren Niederschlag finden können. Nicht selten wird innerhalb dieser Auffassung verkannt, daß die Ursachen von Krankheit meist nicht ausschließlich auf Konflikte oder Verfehlungen zurückzuführen sind, sondern ihnen sehr wohl auch materiell faßbare Ursachen zugrunde liegen können. Auch hier ist also der interdisziplinäre Austausch von größter Bedeutung für eine Therapie des Patienten.

Theologisch

In der theologischen Betrachtung steht die Frage im Vordergrund, warum Krankheit entsteht und welche Bedeutung sie für Menschen haben kann. In der Bibel werden Krankheiten als Ausdruck einer gestörten Beziehung zwischen Mensch und Gott verstanden (1Mo 3,1ff). Der Gläubige erlebt Krankheit nicht nur als Schmerz und Bedrohung des Lebens, sondern auch als Infragestellung des Gottesverhältnisses (Ps 22; 42; 77; 88). Krankheit wird deshalb auch als Strafe Gottes erlebt, und zwar zunächst in einem gesamtmenschheitlichen Sinn. Weil in der Welt die Sünde herrscht, hat auch Krankheit Raum und ist der Tod »der Sünde Sold« (Röm 6,23; Jak 1,25). Erst in späteren weisheitlichen Schriften (→ Weisheit) wird ein individueller Tun-Ergehen-Zusammenhang hergestellt und Krankheit als Strafe für persönliche Sünde gedeutet, ein Dogma, an dem fromme Menschen (Hiob, Ps 73) zerbrachen und das von Jesus entschieden abgelehnt wurde. Jesus sprach nie vom Sinn der Krankheit, hat vielmehr Krankheit – wie die Sünde – als widergöttliche Macht bekämpft und Menschen geheilt. Das relativiert den Unterschied zwischen »normalen« und Krankheiten »dämonischen« Ursprungs. Unter letzteren lassen sich am ehesten Krankheiten verstehen, die mit ihrem zerstörerischen Werk im Zentrum der Person ansetzen und es ganz an eine überwältigende und als fremdartig erlebte Macht ausliefern (→ Psychose: Mk 5,1ff; → Epilepsie: Mk 9,14ff). Menschen mit solchen Krankheiten stehen Gott deshalb nicht ferner als andere (vgl. 2Kor 12,7ff).

Neben der Deutung von Krankheit als Leben zerstörende widergöttliche Macht, der der späte M. Luther, J. Chr. Blumhardt, K. Heim, K. Barth et al. folgen, finden sich in der Bibel auch andere Deutungen. Krankheit wird als Prüfung des Glaubens durch Gott und als Ruf zu Buße und Bekehrung angesehen (Hiob 32–37; Spr 3,11f; Hebr 12,5f), Deutungen, die im Pietismus bevorzugt aufgegriffen wurden. Daran ist richtig, daß in der Zeit der Krankheit oft Tore zu Wahrheiten – auch zu Gott – sich öffnen, die sonst verschlossen bleiben, und daß zwischen zugefügten Verletzungen der Seele und Krankheit sowie zwischen Lebensführung – also auch Sünde – und Krankheit oft Zusammenhänge bestehen. Dennoch ist es problematisch, in jeder Krankheit einen Sinn oder gar eine Chance zur Vertiefung des Lebens und Glaubens sehen zu wollen. Es gibt Erfahrungen von Krankheit, in denen das möglich ist, aber auch Krankheiten, die die Persönlichkeit und das Leben nur zerrütten, die nur ein Schrei nach Erlösung (Röm 8,18ff) sind (z. B. schwere chronische → Psychosen; hirnorganischer Abbau).

Krankheit in Psychotherapie und Seelsorge

Ob und wie Krankheiten ertragen werden, hängt nicht nur von der Schwere der Krankheit ab, sondern auch von den Lebenseinstellungen des Kranken und der Zuwendung, die er erfährt. Jede ernsthafte Krankheit bringt eine um so tiefere Identitätskrise mit sich, wie der Sinn und Wert des Lebens von der Gesundheit abhängig ist. Aufgabe christlicher Seelsorge ist nicht so sehr die Sinndeutung von Krankheiten, als vielmehr den Glauben so zu stärken, daß der Kranke aus ihm Kraft empfängt, gegen die Krankheit mit geistlichen, medizinischen und psychotherapeutischen Mitteln zu kämpfen, und zugleich Kraft, sie – auch als »sinnloses Rätsel« – anzunehmen, ohne zu verzweifeln. Christlicher Glaube will bewahren vor Resignation bei Krankheit, wie auch befreien vom Zwang zur Gesundheit und Heilung (Röm 5,1ff; 2Kor 12,7ff) und sich so als Lebenshilfe mit und gegen die Krankheit bewähren.

Literatur:
vgl. zu → Gesundheit
Eibach, U.: Der leidende Mensch vor Gott, Neukirchen-Vluyn 1991
Mitscherlich, A.: Krankheit als Konflikt. 2 Bde., Frankfurt ⁴1979
Nüchtern, M.: Medizin – Magie – Moral, Mainz/-Stuttgart 1995
Pfeifer, S.: Die Schwachen tragen. Moderne Psychiatrie und biblische Seelsorge, Moers 1988
Weizsäcker, V. v.: Pathosophie. Göttingen ²1967
UE

Kreativität

Mit »kreativ« werden Lösungswege für Probleme bezeichnet, die zumindest zwei Kriterien genügen sollten: Die Lösungsvorschläge sollten *neu oder ungewöhnlich* sein und zugleich *nützlich.*

Genauere Kennzeichnung der Kreativität

Nach neuen Forschungsergebnissen zeichnen sich kreativ denkende Personen dadurch aus, daß sie sich nicht damit begnügen, einen Lösungsweg zu suchen und als passend zu akzeptieren oder zu verwerfen, sondern daß sie alternative Lösungsvorschläge erarbeiten. Die Phase der Lösungssuche wird dabei wiederholt durchlaufen, ohne daß jeweils sofort eine Bewertungsphase erfolgt. Für Kreativität scheinen sich gewisse Persönlichkeitsmerkmale begünstigend auszuwirken.

Begünstigende Faktoren für Kreativität

Insbesondere die sogenannte »intrinsische Motivation« scheint als Voraussetzung für kreatives Problemlösen notwendig. Bei intrinsischer Motivation spielen → Motive wie Interesse, Neugier und Faszination eine Rolle. Sie steht im Gegensatz zur »extrinsischen Motivation«, deren Motive eher auf sozialer Anerkennung, Geld usw. beruhen. Neben motivationalen Aspekten spielen folgende weitere Merkmale beim Zustandekommen von Kreativität eine wesentliche Rolle: → Frustrationstoleranz, → Ambiguitätstoleranz, das Offenhalten von Antwortmöglichkeiten, das Aufbrechen von Wahrnehmungsfixierungen (»Wer sagt, wir hätten keine Musikinstrumente im Haus? Da steht doch ein Kochtopf!«) und das »produktive Vergessen« (z. B. von momentan unbrauchbarem Faktenwissen).

Der Prozeß der Findung kreativer Lösungen gliedert sich in vier Phasen:

(1) *Präparation:* Bewußtwerden des Problems, Sammeln von problemrelevantem Wissen;

(2) *Inkubation:* die »schöpferische Pause« im Sinne einer un- bzw. vorbewußten Weiterverarbeitung (Kekulé kam z. B. im Halbschlaf auf die Idee der Ringstruktur beim Benzolring);
(3) *Illumination:* der »plötzliche« Einfall;
(4) *Verifikation:* Lösungsbeurteilung.

Kreativität vor biblischem Hintergrund

Der biblische Kreativitätsbegriff unterscheidet menschliche und göttliche Kreativität: Der hebräische Begriff *bara* für »Schaffen« ist exklusiv Gott zugeordnet, der ex nihilo, aus dem Nichts ebenso erschaffen kann wie aus oder mit vorhandener Materie. Dieses Schaffen Gottes führt zum Staunen und in den Gottesdienst, da diese Form der »Kreativ-Bezeichnung« gleichzusetzen ist mit Hochachtung. Für diese viel umfassendere Form des göttlichen Schaffens werden Kriterien genannt, die sich auch in säkularer Literatur finden: neu, wertvoll, übertragbar, dauerhaft und nicht vorherzusagen.

In zunehmendem Maße finden kreativitätsförderliche Techniken wie z. B. »Brainstorming« (bei welchem die oben erwähnte Zurückstellung der Bewertungsphase eine entscheidende Rolle spielt. Anwendung, wobei deren Effektivität kontrovers diskutiert wird.

Kreativität in Psychotherapie und Seelsorge

Der seelsorgliche Prozeß hat es in der Regel mit Problemen zu tun, für die es nicht *die* einzig richtige Lösung gibt, sondern die Lösungsansätze in starkem Maß von der Kreativität des Seelsorgers oder Psychotherapeuten abhängt. Demzufolge spielen die Kreativität des Seelsorgers und die zu fördernden Perspektivenwechsel und Auflösungen von Wahrnehmungsfixierungen auf der Seite des Ratsuchenden eine wichtige Rolle. Eine möglichst wertfreie und entspannte Atmosphäre kann zu solchen Veränderungen auf der Wahrnehmungsebene führen, die wiederum eine Bedingung für Veränderungen auf der Handlungsebene sein können.

Literatur:
Amabile, T. M.: The social psychology of creativity, New York 1983
Bollinger, G.: »Kreativitätsmessung durch Tests zum divergenten Denken?«, in: Zeitschrift für differentielle und diagnostische Psychologie, 2/1981, S. 87–106
Bollinger, G.; Greif, S.: »Innovationsprozesse. Fördernde und hemmende Einflüsse auf kreatives Verhalten«, in: Irle, M. (Hg.): Handbuch der Psychologie, Bd. 12, Marktpsychologie, Göttingen 1983, S. 196–482
Brodbeck, K.-H.: Entscheidung zur Kreativität, Darmstadt 1995
GEO Wissen: Chaos und Kreativität, Hamburg 1994
Maslow, A.: Motivation und Persönlichkeit, Olten 1977   EJ

Kreativtherapien
→ Kunsttherapie

Krisen

Definition

Krise – wörtlich: Entscheidung, Wendepunkt (medizinisch z. B. bei einer Lungenentzündung) – bedeutet eine umfassende Erschütterung (Labilisierung) durch körperliche, seelische oder geistige Ereignisse (Krisenauslöser, Noxen), die durch gewohnte Streßbewältigungsmechanismen nicht mehr bewältigt werden können, die die Identität verändern und deren Ausgang ungewiß ist. Es kann zum Zusammenbruch, aber auch zu einer stabilisierten Persönlichkeit kommen.

Ursachen

Verlusterfahrungen durch Tod, Krankheit, Unfall oder Schock, Trennung und Scheidung, aber auch Heirat und Geburt, Pensionierung oder Arbeitslosigkeit, alle gravierenden Veränderungen der Lebenssituation können Krisen auslösen, besonders in Übergangsphasen (Einschulung, Pubertät, Familiengründung, Berufswechsel, Ruhestand), wo Menschen durch neue Lebensaufgaben gefordert sind und gewohnte Lebenssituationen verlassen müssen. Entscheidend sind aber auch frühe Vorerfahrungen, frühe Verluste und Ketten von belastenden Ereignissen, die eine → Vulnerabilität (Verletzlichkeit) geschaffen haben und den Betroffenen bereits so geschwächt haben, daß oft ein kleiner Anlaß genügt, um eine große Krise auszulösen. Darum muß bei der Ursachenforschung immer die gesamte Lebensspanne berücksichtigt werden und nicht nur die aktuellen Auslöser!

Verlauf von Krisen

Nach dem Eintritt des Krisenauslösers kommt es zunächst zu heftigen psychischen Turbulenzen, bei denen das gewohnte Selbstbild verloren geht (»Ich kenne mich selbst nicht mehr!«). Verwirrende, wechselnde Gefühle, begleitet von körperlichen Symptomen (Schmerz, Weinen, Schlafstörungen, Hautreaktionen und Verdauungsproblemen) führen zu geistiger und geistlicher Orientierungslosigkeit (»Was soll ich tun? Ich weiß nicht mehr weiter!«).

Auf dem Höhepunkt der Krise, dem eigentlichen Wendepunkt, entscheidet sich, ob die Krise in der sog. Dekompensation (→ Depression, Regression, Zusammenbruch, Alkoholismus oder Medikamentenabhängigkeit [→ Sucht] bis hin zum → Suizid) endet oder ob der Mensch in der Krise neue Bewältigungsmechanismen entwickelt, die ihm neuen Halt, Sinn und Neuorientierung geben. Dann geht der Mensch, um eine Erfahrung reicher, gestärkt aus der Krise hervor (»krisengestärkt«).

Krisen in Psychotherapie und Seelsorge

Menschen in der Krise brauchen meistens Hilfe von außen, weil ihre Selbstregulation blockiert ist. Sie brauchen die Stütze und Nähe eines gesunden sozialen Netzes (Partner, Familie, Freunde, Gemeinde), das ihnen Annahme und Geborgenheit vermittelt. Oft ist auch fachliche Hilfe nötig, → Seelsorge, → Psychotherapie, Beratung, eventuell auch Arzt oder Krankenhaus. Dort werden

die eigenen Ressourcen (nicht »erschlossene« Fähigkeiten) bewußt gemacht und verstärkt durch Rückbesinnung auf eigene Stärken und überstandene Krisen. Dann werden neue Problemlösungsstrategien entwickelt, z. B. Lernen, über Probleme zu reden, statt zu schlucken, zu trinken oder zu flüchten; sich Hilfe suchen, statt mit allem allein fertig werden zu wollen.

Konkrete Hilfen in der Krise

– Erinnerung an Erfahrungen in der Vergangenheit (»Wo und wie hat Gott mir bisher geholfen? Was kann ich aus meiner Lebensgeschichte lernen?«).

– Positive Zukunftsphantasien: Ich stelle mir vor, wie es mir wieder gut geht, wenn Gott mir geholfen hat. »Ich werde ihm noch danken . . .« (Ps 42,6).

– Gebet, Singen, Psalmlesungen, um bei Gott und in den Erfahrungen anderer mit Gott Hilfe zu suchen.

– Entspannungsübungen (→ Autogenes Training, → Entspannung), Phantasiereisen zu schönen Orten, innere Begegnungen mit wohlwollenden Menschen, die Vorstellung eines Schutzmantels oder eines ständigen Beistandes stärken das Vertrauen und die Zuversicht.

– Spaziergänge im Wald oder am Meer, Urlaub oder eine Kur lassen in der Natur durch Ruhe und Abstand neue Kräfte wachsen.

– Innere Distanzierung (»Ich sehe mein Leben auf einer Bühne oder von einem Berggipfel herab«) relativiert die aktuelle Krise und gibt Abstand zu ihr.

– Problemstrukturierung: »Ich packe die Probleme in einzelne kleine Päckchen, stecke mir kleine überschaubare Ziele und mache damit die Krise überschaubar.«

– Neubewertung der Situation: »Welche Vorteile und Stärken kann ich aus dieser Krise gewinnen? Welche Lebensveränderung kann diese Krise anstoßen? Was habe ich aus der Krise gelernt für mein Leben?«

Wenn ich Krisen als Siebe sehe, die mich durchschütteln, aber das Gute bewahren, dann sind Krisen Motoren der Veränderung und Chance für einen Neubeginn.

Literatur:
Filipp, S. H.: Kritische Lebensereignisse, München 1990
Petzold, H. G.: Krisenintervention, Gestaltbulletin 1/3 1982
Ulich, D.: Krise und Entwicklung, München 1987   FKG

Kunsttherapie

Kunsttherapie wird in zunehmendem Maße in den Rahmen der »Kreativtherapien« eingeordnet. Kreativtherapien kennzeichnen sich dadurch, daß sie schwerpunktmäßig im nonverbalen Bereich arbeiten, den ganzen Menschen in seiner Körperlichkeit im Blickfeld haben und nicht nur die »Beseitigung von Störungen«, sondern auch eine Entwicklung der Persönlichkeit im präventiven Sinne anstreben. In diesem Bereich sind auch Parallelen zur → Gesprächspsychotherapie gegeben.

Kunsttherapie ist aus der praktischen Erfahrung entstanden und daher nicht notwendigerweise an ein bestimmtes, anthropologisches (→ Anthropologie) Modell oder eine Ideologie geknüpft. Dies macht es auch möglich, im Rahmen einer christlichen Seelsorge kunsttherapeutisch zu arbeiten.

Worin zeigt sich die hilfreiche Wirkung der Kunsttherapie, dem therapeutischen Arbeiten mit Farben und Formen, Ton, Kleister usw.? Die Wirksamkeit kunsttherapeutischer Methoden als kreative, nonverbale Therapiemethode läßt sich z. T. wissenschaftlich belegen (→ Kreativität). So wird z. B. jede Erfahrung sowohl nichtsprachlich als auch sprachlich im Gedächtnis abgelegt. Dadurch werden auch unterschiedliche Zugänge (d. h. auch seelsorglicher Art) zum psychischen Geschehen ermöglicht. Die nonverbal kodierten Erinnerungen haben dabei direktere Verbindung zum Hand-

lungsbereich als die verbal codierten Erinnerungen. Worte, die bildhaft sind (z. B. »Apfelbaum« im Gegensatz zu »apodiktisch«), werden zweifach im Gedächtnis kodiert und dadurch besser gespeichert.

Kunsttherapie in Psychotherapie und Seelsorge

Die Frage, bei welchen Störungen oder Klienten-Persönlichkeiten Kunsttherapie sinnvoll ist, ähnelt der Frage, wann Gesprächspsychotherapie indiziert (→ Indikation) ist. Kunsttherapie führt in die Selbstexploration und ist, z. B. durch die Frage: »Was möchte ich eigentlich?«, bei Entscheidungssituationen hilfreich. Dies muß nicht zwangsweise in die Realität umgesetzt werden. Allein das Bewußtmachen kann hilfreich sein. Sie aktiviert Ressourcen, z. B. durch eine ganz konkrete Suche auf dem gemalten Bild nach den »guten Steinen, auf die ich bauen kann« und kann in Trauer- oder Verlustsituationen neue Perspektiven eröffnen.

Bei psychosomatischen Beschwerden (→ Psychosomatik) kann Kunsttherapie ein wichtiges Bindeglied auf dem Weg von körperlichen Symptomen zur Verbalisierung darstellen, da sie mit nonverbalen Elementen eine Zwischenstufe bildet.

Im Gegensatz zur Gesprächstherapie stellt sie keine hohen Anforderungen an die Ausdrucksfähigkeit des Ratsuchenden.

Im Umgang mit ängstlichen oder zwanghaften Ratsuchenden ist jedoch unbedingt darauf zu achten, daß es nicht zu einer Überforderung durch zu offene Aufgabenstellungen (»Einfach irgend etwas malen«) kommt, sondern daß die Patienten »abgeholt« werden, indem z. B. stufenweise, im Sinne einer systematischen Desensibilisierung, von einer strukturierten Aufgabenstellung (z. B. »Nur mit einer Farbe und einer Form arbeiten – und diese eben in Größe oder Reihung variieren«) zu einer freieren Aufgabenstellung (z. B. »Malen Sie Ihre Situation!«) übergeleitet wird.

Kunsttherapie kann in Einzelform (z. B. Kontaktmalen mit dem Therapeuten »im

Dialog«) oder in der Gruppe bzw. mit der Familie des Ratsuchenden sinnvoll sein.

Das Arbeiten mit Bildern im Sinne einer »rezeptiven« oder passiven Kunsttherapie bietet sich auch – und sogar in besonderem Maße – bei depressiven Störungen an, bzw. in Situationen der Erschöpfung, in welchen nur wenig verbaler Zugang möglich ist.

Die aktive Kunsttherapie kann prozeßorientiert sein, d. h. daß die Entstehung des Bildes, die Art, wie das Papier gefüllt, übermalt, korrigiert oder in einer Gruppe ein Tonklumpen bearbeitet wird, thematisiert werden kann. In diesem Fall spielt das Produkt keine große Rolle. Wichtig ist hier die Möglichkeit, scheinbar »fertige« Bilder verändern zu können und auf einem Bild wie auch im Leben »unterwegs« sein zu können. Dazu sollten dann auch Materialien und Farben benutzt werden, die diese Möglichkeit eröffnen (Kreiden, übermalbare Ölfarben oder Acryl, feuchtgehaltener Ton, flüssiger Kleister mit Dispersionsfarben usw.).

Ein anderer Schwerpunkt kann dagegen auf das *Produkt* gelegt werden. Das Besprechen der »Produkte« erfordert dabei jedoch eine therapeutische Haltung, die sich am ehesten über die gesprächstherapeutischen Variablen beschreiben läßt (Einfühlsamkeit, → Echtheit und Wertschätzung). Der Ratsuchende bleibt »Experte« für sein Bild und die Interpretation seines Bildes. Der Therapeut oder die Gruppenmitglieder teilen ihren Eindruck mit – jedoch bewußt subjektiv (in »Ich-Form«) und eher in Form einer Frage oder eines Vorschlages. Die »Wertschätzung« drückt sich dabei in einer wertfreien, also eher zurückhaltenden Form aus. Bescheidenheit und Transparenz sind hier Schlüsselmerkmale.

Eine solche Form der »Bild-Interpretation« schafft auch eine gute Grundlage für weitere kreative Formen in der Therapie, da der Mehrdeutigkeit, die für eine nonverbale und analoge Kommunikationsform bezeichnend ist und der Dimension, die sich jenseits von »richtig« oder »falsch« bewegt,

Raum gegeben wird. Eine angstfreie Atmosphäre kann neben dem Besprechungsstil auch durch bestimmte Instruktionen (Einschränkung der Materialien oder Mittel, Malen mit geschlossenen Augen, Malen auf Musik usw.) oder Entspannungsübungen ermöglicht werden.

Kunsttherapie sollte in Verbindung mit anderen therapeutischen Verfahren (wie dies z. B. das methodenpluralistische Konzept der BTS vorsieht) angewandt werden.

Literatur:
Dreifuss-Kattan, E.: Praxis der klinischen Kunsttherapie, Bern, Stuttgart, Toronto 1987
Landgarten, H.: Klinische Kunsttherapie, Karlsruhe 1990
Petzold, H.; Orth, I.: Die neuen Kreativitätstherapien, Paderborn 1990   EJ

Kurztherapie

1) Tiefenpsychologisch orientiertes Verfahren mit 5–30 Sitzungen. Im Gegensatz zur psychoanalytischen Standardbehandlung (→ Psychoanalyse), die die Bewußtmachung und Bearbeitung aller für die Störung relevanten Kindheitskonflikte zum Ziel hat, wird dabei auf die passive, deutende Haltung des Therapeuten verzichtet, und statt dessen nur ein gegenwärtiger Hauptkonflikt herausgegriffen und mit dem Patienten bearbeitet.

2) Kurztherapie (*brief therapy*) nach De Shazer et al.; Ziel der Kurztherapie ist nicht die Korrektur tiefer liegender ursächlicher Fehlanpassungen, vielmehr soll dem Klienten geholfen werden, das für sich nutzbar zu machen, was er schon mitbringt, also sich seiner positiven Ressourcen zu bedienen. Dies wird dadurch erreicht, daß der Klient zum einen auf das Positive, was er bereits für sich tut, hingewiesen wird und er zum anderen ermutigt wird, eine neue Verhaltensweise auszuprobieren, die für ihn hilfreich sein könnte (→ Psychodrama, Rollenspiel). Dabei wird davon ausgegangen, daß, egal wie schlimm und komplex sich die problematische Situation des Klienten darstellt,

eine kleine Veränderung genügt, um eine
Verbesserung des Gesamtzustandes zu erreichen. Als Therapieziel wird daher eine eher
bescheidene Etappe gewählt, deren Erreichung jedoch für den Klienten realistisch
und erreichbar erscheint und ihm ein erstes
Erfolgserlebnis in die richtige Richtung
gibt. Im Blickfeld steht nicht so sehr die
vollständige Eliminierung des Problems,
sondern ein In-Gang-Setzen eines Lösungs-
prozesses, der sich nach der Kurztherapie
weiterentwickeln soll. Das Verfahren findet
vor allem in der Familientherapie (→ Systemtherapie) Verwendung.

Literatur:
Davanloo, H.: Der Schlüssel zum Unbewußten.
Die intensive psychodynamische Kurztherapie,
München 1995
De Shazer, S.: Wege der erfolgreichen Kurzthera-
pie, Stuttgart 1995
Dryden, W.; Feltham, C.: Psychologische Kurz-
beratung und Kurztherapie. Einführung in die
praktischen Techniken, München 1994   AK

Kurzzeitgedächtnis
→ Gedächtnis

L

Lebensskript
→ Transaktionsanalyse

Lebensstil
→ Individualpsychologie

Leiden, Leid

Wir erfahren Leid äußerlich in der Gestalt von Ungerechtigkeit oder Verfolgung, die uns widerfährt. Wir erfahren es innerlich in Schmerz, Behinderung, ja endlich im Tod. Immer aber scheint solche Erfahrung auf unser Innerstes zuzugreifen, unsere ganze Existenz zu bestimmen.

Leiden in der Bibel

Vergleicht man den biblischen Leidensbegriff mit unserem heutigen, so ergeben sich zwei Unterschiede:
- Für die Lebenswelt der biblischen Zeit ist in der Regel die Gemeinschaft der Familie, des Dorfes, ja des Volkes die primäre Größe des Leides. So wird Leid von vielen erfahren und mitgetragen (Ausnahme: der leidende Gerechte; s. u.). Wir leben in einer Zeit der Individualisierung, der Privatisierung. So erscheint uns auch das Leiden zunächst als eine »private« Angelegenheit. Dahinter erscheint das moderne Ideal eines individuellen und leidensfreien Lebens als Normalfall.
- Es kommt in der Bibel kaum vor, daß Krankheiten als »Leiden« bezeichnet werden. Vor allem sind es Verfolgungen des Volkes um seiner Erwählung willen, Gerichte Gottes über das Volk um seines Ungehorsams willen, Verfolgung, Beraubung usw. um des Bekenntnisses willen zu Christus. Wer sich das vor Augen hält, mag auch eine andere Einstellung zu eigenen Leidenserfahrungen gewinnen.
Gerade dort, wo Menschen in die Nähe Gottes kommen und seine Wege mit ihm gehen, ist Leiden kein Fremdwort. Bereits die Urgeschichte beginnt mit der Vertreibung aus dem Paradies, mit dem ersten Mord. Das erwählte Volk Israel kann seinen Weg nur im Leiden finden. Zu den erwählten Boten Gottes, den Propheten, gehört das Leiden als Kennzeichen ihrer Berufung untrennbar hinzu. So erscheint der wahre Fromme in den Psalmen immer wieder als der »leidende Gerechte«, so können die Propheten ihren Auftrag nur im Leiden, in der Ablehnung durch das erwählte Volk erfüllen (hier tritt also der einzelne in Gegensatz zur Gemeinschaft des Volkes). Gerade im Gericht über das Volk aber ist es vor allem Gott selbst, der zutiefst leidet und seine Boten in sein Leiden hineinzieht (vgl. Jer 45). Das NT nimmt das Wissen darum, daß der »Gerechte« unter der Gestalt des »Leidenden« verborgen wird, auf und entfaltet es an der Gestalt Jesu, aber auch seiner Boten (v.a. Paulus) und am Weg der ganzen Gemeinde (Leiden als Benachteiligung und Verfolgung). Dieses Wissen ist eingespannt in das Geschichtsdenken der Bibel, das von der kommenden Vollendung der Geschichte durch Gott selbst auch die endgültige Aufhebung der Leiden erwartet. Das setzt frei zur gegenwärtigen Tätigkeit, aber es befreit auch von der Illusion, durch eigenes Tun die Vollendung herbeiführen zu können.

Die theologische Dimension des Leidens

Es gehört zur Besonderheit der biblischen Schriften, daß Gott selbst als der Leidende vorgestellt wird. Er legt das Leid nicht einfach auf sein Volk, auf seine Boten, sondern vor allem auf sich selbst. Was in den Schriften des AT geahnt und bereits angedeutet wird, wird an der Gestalt Jesu im NT deutlich ausgebreitet: »All Leid hat er getragen.« Damit ist ausgedrückt, daß Jesus als der Leidende gleichzeitig auch der stellvertretende Gerechte ist. Seit Jesu Kreuz und Auferstehung ist klar, daß es kein Leid mehr gibt, das nicht schon »getragenes«, d. h. immer schon von Gott übernommenes und von Christus am Kreuz getragenes Leid ist. Auch wenn nur der Glaube dies fassen kann, so ist es nicht weniger Wirklichkeit, die in der Verkündigung für alle Menschen proklamiert wird.

Fragen nach dem Grund des Leidens

– »Warum läßt Gott das alles zu?« Bedrängend werden uns diese Fragen dann, wenn sie nicht bloß aus intellektueller, sondern aus existentieller Anfechtung entgegenkommen. Man hat bereits in der Geschichte der Bibel diese Frage verschieden zu beantworten gesucht: Leid sei »juristisch« Strafe für konkrete individuelle Schuld, sei »pädagogisch« gegeben zur Reifung, sei »dualistisch« zu verstehen als Anfechtung durch die Mächte des Bösen usw. Vor allem das Buch Hiob und Ps 73 artikulieren diese Fragen und stellen sich diesem Problem.

Jede der gegebenen Antworten hat ihr jeweiliges Wahrheitsmoment. Krankhafte Lebensführung kann zu leidensmäßigen Folgen, Schuld zur Belastung und Beschwerung eines Lebens führen. Aber die Bibel durchbricht diese Kausalkette einer streng gefaßten biblischen Weisheitstheologie. Nicht immer läßt sich Leid in dieser Weise begründen. So wird vor allem bei Hiob deutlich, daß sein leidenschaftliches Fragen nach dem Grund seines Leidens von Gott nicht beantwortet, sondern in der Begegnung mit Gott gleichsam »aufgehoben« wird. Der Glaube, der sich Gott übereignet, glaubt, daß Gott auch da das Leid sinnhaft erfüllt, wo wir diese Sinnhaftigkeit nicht sehen können.

Zusammenfassend kann man folgern, daß Leid im Tiefsten immer unverstehbares Leiden ist. Daneben aber steht die geglaubte Sinnhaftigkeit des Leids. Einsicht in diese Sinnhaftigkeit aber gibt uns nicht nachträgliche »Einsicht« oder umsichtige Erklärung, sondern der Glaube daran, daß Gott all das verantwortet: auch das unverstehbare Leiden.

Leiden in Psychotherapie und Seelsorge

Leidende Menschen haben ein Recht darauf, als Leidende verstanden und durch Mitleiden mit getragen zu werden. Wir kritisieren nicht, sondern gehen den momentanen Weg des Leidenden in der Seelsorge gemeinsam. Darüber hinaus sind jedoch kritische Akzente zur »Weiterführung« nötig. Entgegen der Tendenz zur Individualisierung ist aufzuzeigen, daß jeder Leidende in der Gemeinschaft mit vielen anderen Leidenden steht. Gibt es Lebenszeugnisse, Biographien usw. von Menschen, die ihre konkrete und vielleicht sehr parallele Leidenserfahrung als sinnvollen Weg erkennen und leben konnten? Außerdem ist es in der Seelsorge und Psychotherapie wichtig, die soziale Dimension des Leidens wiederzugewinnen: Wir leiden nicht bloß für bzw. an uns, sondern auch für die und an der Gemeinschaft unseres Volkes, unserer Kirche und an der Geschichte unserer Generation. Wir haben endlich aber auch die theologische Dimension zu betonen. Niemand hat so sehr an der Geschichte, an der Schuld der Völker und der Menschen gelitten wie Gott selbst. Von der Einsicht in den Weg Jesu Christi ist klar: Alle Schuld der einzelnen Menschen und der Völker, die Schuld der »Welt« ist stellvertretend von Jesus Christus am Kreuz getragen worden. Damit ist auch alles Leid, das eigene und auch das fremde, immer schon in den Weg Christi eingeschlossen. Christliche Seelsorge will zu dieser Erkenntnis hinführen mit dem Dank, daß das Leid der ganzen Welt wie auch das eigene Leid, das vergangene, gegenwärtige und das kommende, übernommen worden ist in den Weg des Leidens, Sterbens und Auferstehens Christi. »Erlösung« vom Leid besteht gerade darum im glaubenden Wissen, in dem wir den Weg Jesu durch Leiden, Sterben und Auferstehen mitgehen und so an ihm Anteil haben. Wer glaubend von dieser Stellvertretung Jesu Christi herkommt, der kann auch nicht mehr anders, als gegen die konkreten Ursachen des Leidens aktiv anzutreten. Insofern liegt im Christsein nicht nur die Kraft, Leiden zu ertragen, sondern ebenso und noch zuvor die Kraft, gegen die Ursachen des Leidens aktiv anzugehen.   WB

Leidenschaft → Gefühl

Leistungsmotivation

Unsere Gesellschaft trägt bezeichnenderweise immer wieder den Beinamen der »Leistungsgesellschaft«. Erfolg bringen zu müssen, das scheint oft durch die Umstände in Schule, Beruf, Familie oder in der Gemeinde (»Wie viele haben sich bei eurer ProChrist-Veranstaltung bekehrt?«) bedingt zu sein. Oder ist es eher ein inneres Bedürfnis des einzelnen? Was führt Menschen dazu, Erfolg zu suchen und Mißerfolg zu meiden?

Ursachen der Leistungsmotivation

In bezug auf die Leistungsmotivation gibt es verschiedene Theorien. In den sog. *Inhalts-* oder auch *Ursache-Theorien* wird die Leistungsmotivation als eines der Grundbedürfnisse des Menschen gesehen, das aber nur dann umgesetzt wird, wenn das Bedürfnis nach Erfolg (Leistungsmotiv) stark ist, wenn ein Mensch glaubt, daß auf sein Verhalten die Belohnung wirklich folgt, und der Anreiz des Erfolges hoch ist. Dabei unterscheidet man Erfolge, die intrinsisch (von innen heraus, z. B. die Möglichkeit zur Mitbestimmung, Selbstverstärkung) oder extrinsisch (von außen, z. B. Geld, Anerkennung von anderen) sind. Hier hat sich gezeigt, daß Aufgaben, die extrinsisch belohnt werden, ihren Wert durch diese Belohnung erhalten und ohne sie weniger wert sind. Intrinsische Motivation ist darüber hinaus von anderen unabhängig. Hinzu kommt, daß Menschen bei Tätigkeiten, die »in sich selbst« befriedigend sind, in diesem Tun »aufgehen« und ein Gefühl der eigenen Kompetenz erleben. Dieses Erleben ist für Menschen, die durch die *Seelsorge* hin zur Selbstregulation geführt werden sollen, sehr wichtig.

Prozeßtheorien konzentrieren sich darauf, wie Handlungen in Gang gesetzt, gerichtet und beendet werden. Dabei legen sie einen Schwerpunkt auf die kognitiven Aspekte im menschlichen Handeln. Jemand setzt sich dann ein, wenn er erwartet, daß er mit seinem Verhalten ein bestimmtes Ziel erreichen kann, und dieses Ziel auch Wert für ihn hat.

Die Inhaltstheorien geben also Auskunft darüber, *warum* jemand Leistungsmotivation hat, die Prozeßtheorien erläutern, *wie* diese eingesetzt wird. Ein weiterer wichtiger Aspekt ist der Zusammenhang von Leistung und Erregung. Eine gewisse Erregung oder *Streß* fördert, zuviel hemmt die Leistung. Je stärker allerdings das *Motiv*, der Wunsch zur Handlung, desto größer ist der Hang zur Routine. In Zeiten der Not hat daher das Neue und Ungewohnte die geringste Chance.

Leistungsmotivation in Psychotherapie und Seelsorge

Einige Erkenntnisse aus der Motivationsforschung lassen sich auf die Therapiesituation übertragen. Bisher gibt es allerdings keine spezifischen »Therapiemotivationskonzepte«. Seelsorgerliche Schritte haben nur dann Aussicht auf Erfolg, wenn der Ratsuchende die Motivation zur Änderung mitbringt und folgende Fragen in positivem Sinne beantworten kann:

(1) Wie wird sich mein Leben ändern, falls ich mich ändere?
(2) Was wird sich für mich bessern, falls ich mich ändere?
(3) Kann ich es schaffen?
(4) Was muß ich für die Veränderung investieren?
(5) Wird mich mein Seelsorger, die Klinik etc. unterstützen?

Transparenz und Fachwissen des Seelsorgers sind notwendig, um klar und deutlich auf erfolgversprechende Möglichkeiten hinweisen und dadurch motivieren zu können. Denn: Einem Menschen, der bisher z. B. mit seiner Angst lebt, wird die Vorstellung, sich dieser Angst nun zu nähern, Unbehagen bereiten. Die gewohnte Routine der Vermeidung zu durchbrechen, wird zwangsläufig wieder *Angst* auslösen. Die Aufgabe des Seelsorgers ist es, den subjektiven Gewinn einer Verhaltensänderung vor Augen zu ma-

len, der größer sein muß als der Krankheitsgewinn. Die Veränderung muß aber in
kleine realistische Schritte gegliedert sein,
daß das angestrebte Ziel für den Ratsuchenden auch tatsächlich erreichbar ist. Getragen
wird all dies von der Vertrauensbeziehung
zwischen Seelsorger und Ratsuchendem.
Nur das Gefühl, »am richtigen Ort zu sein«,
wird den Ratsuchenden motivieren, sich
einzusetzen.

Literatur:
Rheinberg, F.: Motivation, Stuttgart, Berlin, Köln
1995   BN

Lernen

Lernen ist der Erwerb von relativ andauernden Verhaltensänderungen bzw. Änderung
der Verhaltensmöglichkeiten durch Erfahrung. D. h., diese Änderung kann durch
Übung, Nachahmung oder Nachdenken,
aber darf nicht durch Reifung, Ermüdung
oder Drogeneinfluß entstanden sein. Lernen
ist die Grundlage dafür, daß wir unser Verhalten an Situationen anpassen und neue
Verhaltensweisen in unser Repertoire aufnehmen können. Die *Lernpsychologie* versucht die Bedingungen zu beschreiben, die
Lernen ermöglichen. Dabei muß beachtet
werden, daß viele dieser Ergebnisse im La-
bor gefunden wurden, d. h., daß unter kontrollierten Bedingungen geforscht und Feh-
lerquellen ausgeschaltet werden konnten. So
müssen diese Erkenntnisse auf die komplexen Situationen, die wir täglich erleben,
übertragen werden. Die *Verhaltenstherapie*
nutzt dieses Wissen, um Menschen effektiv
dabei zu unterstützen, Neues zu lernen und
zu denken. Die Bibel spricht an vielen Stellen vom Menschen als einem Lernenden:
»Nehmt auf euch mein Joch und lernt
von mir . . .« (Mt 11,29). So kann man die
Lerngesetze auch als Schöpfungsordnungen
sehen.

Theorien des Lernens

Folgende Lerntheorien wurden entdeckt: (1)

Klassische Konditionierung, (2) Operante
oder Instrumentelle Konditionierung, (3)
Lernen durch Nachahmung (Modell) und
(4) Lernen durch Einsicht.

(1) Die *Klassische* → Konditionierung beschreibt den Vorgang, wie ein Stimulus
durch einen anderen ersetzt werden kann.
Dadurch entsteht eine neue Reiz-(Stimulus)-
Reaktions-Verbindung. Ein Beispiel ist der
Fahrstuhl, der, verbunden mit Angst, als
neuer Stimulus das Verhalten »Vermeidung«
auslöst. Diese Verbindung wird gelernt,
d. h., sie ist nicht natürlicherweise vorhanden. Diese Lernart bietet aber nicht nur einen Verstehens- und auch Therapieansatz
für Angststörungen, sondern erklärt auch
die weniger spektakulären Alltagserfahrungen: daß viele sich bei dem Gedanken an
Palmen und Strand entspannen können und
dies mit Urlaub, d. h. Freizeit, Ausschlafen
etc., verbinden, oder Zimt an Kerzenlicht
und Weihnachten erinnert.

(2) Die *Operante Konditionierung* (*operant*
[engl.]: Eine bestimmte Wirkungsweise in
sich habend) wird auch »Lernen am Erfolg«
genannt. – Es ist einleuchtend, daß dasjenige
Verhalten am häufigsten gezeigt wird, welches »Erfolg« einbringt. Dabei ist dieser Begriff sehr weit gefaßt und schließt z. B. Befriedigung von Hunger oder Durst, Anerkennung, Geld, Entspannung oder Aufmerksamkeit ein. Ein Kind, das neugierig
am Bart seines Onkels zieht und Aufmerksamkeit bekommt, indem die Erwachsenen
darüber lachen, wird dies Verhalten gleich
darauf wiederholen. Ein Prinzip des operanten Konditionierens ist, daß zufällig gezeig-
tes Verhalten (Bart ziehen) durch Einflüsse
der Umwelt bzw. → Verstärkung (Aufmerksamkeit, Lachen) nun systematischer
gezeigt wird. Die Verhaltensforscher (besonders E. L. Thorndike und B. F. Skinner) haben die Prozesse des operanten Konditionierens an Tieren untersucht. Der Grundsatz
lautet: Jede Reaktion, die verstärkt werden
kann, kann auch konditioniert d. h. systematisch gelernt werden. Diejenigen Reaktionen, die angenehme Umweltereignisse
auslösen, werden häufiger gezeigt. Von da-

her nennt man das Lernen durch operantes Konditionieren auch ein Lernen durch »Versuch und Irrtum«. Das Augenmerk der operanten Konditionierung richtet sich also auf die Ereignisse, die einer Reaktion folgen, während die klassische Konditionierung sich auf die Reize, die die Reaktion auslösen, bezieht. Die Begriffe »operantes« oder »instrumentelles« Konditionieren sind austauschbar.

(3) Das *Modellernen (Lernen durch Nachahmung)* beschreibt den Vorgang, daß man sich Verhalten regelrecht von anderen abschauen und nachahmen kann. Dadurch werden Versuch und Irrtum erspart, und man profitiert von den Erfahrungen anderer. So lernen wir sprechen, indem Laute der Eltern nachgeahmt werden. Ob sonstiges Verhalten auch gezeigt wird, hängt allerdings davon ab, ob das Verhalten der Modellperson Erfolg gebracht hat. Menschen, die u.a. isoliert sind, wenig Selbstvertrauen haben, lernen häufiger durch Modellernen von den Menschen, die sie attraktiv und erfolgreich (z. B. auch von der sozialen Stellung her) und nicht zu weit entfernt von sich erleben. Besonders in bezug auf die Seelsorge wird deutlich, daß viele Ratsuchende die Voraussetzungen erfüllen, am Modell des Seelsorgers zu lernen.

(4) Bei den bisher vorgestellten Lerntheorien kamen Problemlösungsprozesse, Erkenntnisse etc. nicht vor. Diese Prozesse werden beim *Lernen durch Einsicht* beschrieben. Der Begriff »Einsicht« bedeutet jedoch nicht eine an objektiven Maßstäben gewonnene Erkenntnis, sondern beschreibt auch die inneren Dialoge oder Selbstgespräche, die wir führen. Das können Pläne oder Lösungsstrategien sein, die uns z. B. versichern, welche Schritte wir jetzt gehen können, oder auch, daß wir an unserer Lage nichts mehr ändern können. Unser Denken steuert unser Verhalten. Lernen durch Einsicht kennzeichnet sich also dadurch, daß Beziehungen zwischen Hinweisreizen und einem Zielreiz (→ Reiz) erkannt werden müssen und zu einer Verhaltensänderung führen.

Literatur:
Dieterich, M.: Handbuch Psychologie und Seelsorge, Wuppertal 1992
Schermer, F. J.: Lernen und Gedächtnis, Stuttgart, Berlin, Köln 1991
Teegen, F.; Grundmann, A.; Röhrs, A.: Sich ändern lernen. Anleitung zur Selbsterfahrung und Verhaltensmodifikation, Reinbek 1975   BN

Lernhilfen (Mnemotechnik)

Weil jeder Mensch seine ganz individuelle Art des Lernens und Behaltens hat, kann man die große Zahl der in der Literatur angebotenen Lernhilfen bzw. der Methoden zur Verbesserung des Gedächtnisses nicht pauschal für jedermann einsetzen. Man sollte vorab prüfen, ob Erinnerungen besser durch Bilder, schriftliche Notizen, durch Hören, in Verbindung mit Geruch und Geschmack usw. behalten werden. Ein schönes Beispiel aus der Bibel zur Vielfalt der Lernhilfen ist die rhythmische Bewegung beim Singen der Psalmen.

Vor einem solchen Hintergrund kann aus den nachfolgend genannten Methoden individuell ausgewählt werden:

– *Überlernen*
Wenn man einen ganz bestimmten Text, Wörter oder ähnliches zu erlernen hat, könnte man meinen, daß man dann aufhören soll, wenn man alle Wörter bzw. den ganzen Text beherrscht. Die Erfahrungen zum »Überlernen« sagen jedoch, gerade dann weiterzulernen, wenn man den Stoff schon beherrscht. Das weitere Üben, das »Überfließen des Lernens« (Redundanz) um ca. 10 bis 15 % der Zeit, hat einen ganz wesentlichen Einfluß darauf, wieviel des gelernten Materials man später noch weiß.

– *Wiederholung*
Bei einer systematischen Wiederholung braucht man weniger Zeit, um das zu behalten, was man gelernt hat. Es ist hilfreich, wenn man den zu erlernenden Text deshalb mehrere Male liest.

Wenn man in einigen Wochen eine Prüfung hat, sollte der zu lernende Stoff so früh wie möglich erstmalig durchgelesen und dann nach einiger Zeit einige Male wiederholt werden. Einer der Gründe, warum eine solche Wiederholung sinnvoll ist, liegt auch darin, daß man dabei auf diejenigen Elemente aufmerksam gemacht wird, die beim ersten Durchlesen entgangen sind.

– aktives Rezitieren
Wechselt man zwischen stillem Lernen und aktivem Vorlesen ab, wird das gelernte Material besser behalten. Das Rezitieren führt zu einer aktiven Aufmerksamkeit anstatt zur ausschließlich passiven Aufnahme und bewirkt zudem, daß das gelernte Material nicht nur wiedererkannt, sondern auch akustisch reproduziert werden kann. Das aktive Rezitieren ist auch eine sehr nützliche Methode der Wiederholung. So kann das Material z. B. bei geschlossenem Buch laut wiederholt werden.

– Lernen mit Musik
Viele Kinder sagen zu ihren Eltern, daß sie mit einem musikalischen Hintergrund besser lernen könnten. Die meisten Eltern lehnen dies ab und sind streng darauf bedacht, daß z. B. während der Zeit der Schularbeiten keine Musik läuft. Sie irren sich in vielen Fällen, denn die Kinder könnten mit bestimmter Musik sehr viel besser lernen und behalten. Tatsächlich ist es so, daß man mit einer ausgewählten Art von Musik die Lernleistungen wesentlich verbessern kann. Insbesondere sehr langsame Barockmusik (Tempo 60, also langsame Sätze wie beispielsweise die »Aria« aus den Goldberg-Variationen von J. S. Bach oder der Satz »Winter« aus den »Vier Jahreszeiten« von A. Vivaldi), verbunden mit einer speziellen Atemtechnik (vgl. Entspannung), lassen die Lernleistungen beträchtlich ansteigen.

Begründet wurde dies durch Forschungsarbeiten zur Suggestopädie damit, daß man zur Verbesserung der Lernleistungen die beiden Gehirnhälften aktivieren sollte.

Literatur:
Edelmann, W.: Lernpsychologie, Weinheim 1994
Kugemann, W.: Kopfarbeit mit Köpfchen, München 1966
Möller, C.: Technik der Lernplanung, Weinheim 1970
Reichmann, J.: Leichter lernen – leicht gemacht, Bad Heilbrunn 1985
Sarges, W.; Fricke, R.: Psychologie für die Erwachsenenbildung – Weiterbildung, Göttingen, Toronto, Zürich 1986
Skowronek, H.: Lernen und Lernfähigkeit, München 1975
Vester, F.: Denken, Lernen, Vergessen, München 1978   MD

Lesbe → Homosexualität

Libido

Ende des letzten Jahrhunderts wurde der Begriff ausschließlich als Libido sexualis verstanden und verhielt sich zum Sexualinstinkt wie der Hunger zum Selbsterhaltungstrieb (→ Trieb). Nach S. Freud bezeichnete er zunächst eine ebenfalls mit dem Sexualtrieb im Zusammenhang stehende Motivation für bestimmte Handlungen. Im weiteren Verlauf wurde der Begriff ausgedehnt und stellte bei Freud, aber auch bei seinen Schülern, jegliche Art von Energie im Zusammenhang mit den Trieben dar. Als Kernbegriff der → Psychoanalyse prägte er mehrere Theorien. So entwarf Freud selbst mehrere Libidotheorien. Der zunehmend generalisierte Begriff »Libido« bezeichnete hierbei zuletzt jegliche Art von psychischer Energie, die die verschiedenen Triebe begleitet. Freud gebrauchte diesen Begriff so weit, daß er zuletzt mit »Interesse« gleichgesetzt werden konnte. C. G. Jung sah darin eine Art psychische Energie, die sich im Lebensvorgang manifestiert und subjektiv als »Streben und Begehren« wahrgenommen wird. Gegen diese Verallgemeinerung wandte sich jedoch Freud. Nach Freud konnten allerdings bestimmte Objekte mit Libido besetzt werden. Ist dieses »Objekt« die eigene Person, so wurde der Begriff »Ich-Libido« oder »narzißtische Libido« gebraucht. Ansonsten wird der Begriff »Objekt-Libido« verwendet.   RB

Life Event-Forschung

Unter einem life event (LE) versteht man ein belastendes Lebensereignis, das möglicherweise psychische Probleme auslösen kann. Die Streßforscher Holmes und Rahe (1967) haben eine Skala entwickelt, die belastende Lebensereignisse in ihrer Bedeutung gewichten (vgl. Tabelle S. 209). Dabei fällt auf, daß nicht nur negative Vorfälle, sondern auch vordergründig erfreuliche Ereignisse zum belastenden Faktor werden können (z. B. Heirat, Ferien oder Familienzuwachs). Jede Veränderung im Leben eines Menschen, sei es an der Arbeit, in den Beziehungen, in der Wohnsituation oder in der Kirche, ist als LE zu verstehen, das mehr oder weniger Streß erzeugt.

Kommen mehrere Ereignisse zusammen, so wächst die Anfälligkeit für Krankheiten. So waren in der Personengruppe zwischen 150 und 199 Streßpunkten nur 37 Prozent, bei 200 bis 299 Streßpunkten schon 51 Prozent, bei mehr als 300 Streßpunkten sogar 79 Prozent der Untersuchten krank.

Besonders interessant ist die Frage, welchen Einfluß LE auf die Entstehung von → Depressionen und anderen psychischen Störungen hat. In einer Studie an 1082 Zwillingspaaren (→ Zwillingsforschung) zeigte sich, daß vier besonders schwere LE häufig zu Depressionen führten: Tod eines nahen Angehörigen, ein Angriff auf Leib und Leben, ernsthafte Eheprobleme und eine Scheidung bzw. Trennung. Gleichzeitig wurde deutlich, daß eine genetische Disposition wesentlich mitbestimmte, wie ein LE sich auf die Psyche auswirkte und ob es zu einer Depression kam. Je anfälliger (sensibler) also ein Mensch für psychische Reaktionen ist, desto stärker wirken sich belastende Lebensereignisse auf seine Gesundheit aus (vgl. auch → Vulnerabilität).

Biblische Aspekte

In der Bibel finden sich vielfältige Hinweise auf die Rolle von belastenden Ereignissen für das allgemeine und geistliche Wohlbefinden: So ist die Rede von Anfechtungen (1Petr 1,6), von Trübsal (2Kor 4,8 u.v.a.m.), von Lasten (Ps 38,5) und von Hitze (1Petr 4,12). Auf der einen Seite wird die Not solcher schweren Lebenserfahrungen ernst genommen. Selbst Paulus berichtet, daß er unter all diesen Trübsalen »am Leben verzagte« (2Kor 1,8). Gleichzeitig ermutigte er aber die Gläubigen, in diesen Belastungen zu lernen, »unser Vertrauen nicht auf uns selbst zu setzen, sondern auf Gott«.

Literatur:
Bodenmann, G.: Bewältigung von Streß in Partnerschaften. Der Einfluß von Belastungen auf die Qualität und Stabilität von Paarbeziehungen, Göttingen 1995
Brüderl, L. (Hg.): Belastende Lebenssituationen. Untersuchungen zur Bewältigungs- und Entwicklungsforschung, Weinheim 1988
Westmeier, A.: Auch tiefverletzte Seelen können heilen. Belastende Bindungen lösen. Leben entfalten, Wuppertal 1994   SP

Lithium → Psychopharmaka

Locus of Control
→ Kontrollüberzeugung

Logik, Private

Alfred Adler gebrauchte den Begriff »private Logik«, bevor er in der von ihm gegründeten → Individualpsychologie den Begriff des »(persönlichen) Lebensstils« einführte, verzichtete jedoch auch später nicht auf ihn.

Synonyme Begriffe sind: private Intelligenz; private Welt; private Weltanschauung; persönliche Intelligenz; private Landkarte; privates (primäres) Bezugssystem; isolierte Intelligenz; »nicht in gleicher Weise wie andere Menschen sehen« – neurotisches Weltbild.

Anknüpfend an Kants Lehre vom »logischen Eigensinn« (*sensus privatus*) beschrieben Adler und seine Nachfolger die private Logik als ein in sich geschlossenes (primäres) Bezugssystem, in dem spezifisch individuelle logische Gesetzmäßigkeiten ablaufen. Diese sind dem Menschen nicht bewußt.

Life Event Skala nach Holmes und Rahe (1967)

Punkte	Ereignis
100	Tod eines Ehepartners
73	Scheidung
65	Trennung vom Ehepartner
63	Gefängnisstrafe
63	Tod eines Familienangehörigen
53	Eigene Verletzung oder Krankheit
50	Heirat
47	Verlust des Arbeitsplatzes
45	Eheliche Aussöhnung
45	Pensionierung
44	Krankheit in der Familie
40	Schwangerschaft
39	Sexuelle Schwierigkeiten
39	Familienzuwachs
39	Arbeitsplatzwechsel
38	Erhebliche Einkommensveränderung
37	Tod eines Freundes
36	Berufswechsel
35	Streit in der Ehe
31	Aufnahme eines größeren Kredits
30	Kündigung eines Darlehens
29	Neuer Verantwortungsbereich im Beruf
29	Kinder verlassen das Elternhaus
29	Ärger mit angeheirateter Verwandtschaft
28	Großer persönlicher Erfolg
26	Anfang oder Ende der Berufstätigkeit der Ehefrau
26	Schulbeginn oder -abschluß
25	Änderung des Lebensstandards
24	Änderung persönlicher Gewohnheiten
23	Ärger mit dem Chef
20	Änderung von Arbeitszeit und -bedingungen
20	Wohnungswechsel
20	Schulwechsel
19	Änderung der Freizeitgewohnheiten
19	Änderung der kirchlichen Gewohnheiten
18	Änderung der gesellschaftlichen Gewohnheiten
16	Änderung der Schlafgewohnheiten
15	Änderung der Häufigkeit familiärer Kontakte
15	Änderung der Eßgewohnheiten
13	Urlaub
12	Weihnachten
11	Geringfügige Gesetzesübertretungen

In den Frühphasen seiner Persönlichkeitsentwicklung entwickelt der Mensch seine subjektive Einsicht von den Menschen und der Welt, wie er sie erlebt. Er tendiert dabei stark zu extremen und verabsolutierenden Urteilsschlüssen, interpretiert das, was er erlebt, nach seinem Wahrnehmungsschema und bildet sich so seine »Vor-Urteile«. Hat er sich in seinem Bewertungsschema »eingerichtet«, ist also seine private Logik verfestigt, wird alles, was er erlebt, durch diese »Brille« gesehen. In Zukunft handelt er so, als ob seine Beurteilung die einzig mögliche und absolut richtig sei.

Dem »primären Bezugssystem«, das weitgehend von der privaten Logik beherrscht wird, steht antithetisch das »sekundäre Bezugssystem« gegenüber. Hier kommen der Gemeinsinn (sensus communis), das Gemeinschaftsgefühl, die allgemeinverbindlichen, regelhaften Prinzipien der »Weltvernunft« zum Tragen.

Gesund ist ein Mensch, der sein »Ich« (private Logik) mit dem »Wir« der Gemeinschaft in Einklang bringen kann.

Literatur:
Dreikurs, R.: Grundbegriffe der Individualpsychologie, 1981
Titze, M.: Lebensziel und Lebensstil, 1979
HB

Logotherapie

Psychotherapeutische Methode, die die aktivierende seelische Schicht des Menschen sucht, um zu erreichen, daß der Patient den Sinn seines Lebens findet.

Geschichte der Logotherapie

Viktor Frankl, der Vater der Logotherapie und der Existenzanalyse, hat sich zuerst mit Sigmund Freuds → Psychoanalyse und Alfred Adlers → Individualpsychologie beschäftigt. In der Auseinandersetzung mit diesen Therapierichtungen bemerkte er, daß dort ein wesentlich humanes Phänomen nicht behandelt wurde: die Suche des Menschen nach Sinn. »Man hat den Ausdruck

Tiefenpsychologie geprägt; wo aber bleibt die Höhenpsychologie, die nicht nur den Willen zur Lust, sondern auch den Willen zum Sinn mit einbezieht in ihr Gesichtsfeld? Die bisherige Psychotherapie hat uns der geistigen Wirklichkeit des Menschen zu wenig ansichtig werden lassen.« (Frankl, 1987, S. 26)

Inhalt der Logotherapie

Frankl bezeichnet die Logotherapie als eine am Sinn orientierte Psychotherapie, bei der »Logos« zunächst Sinn bedeutet, von diesem Sinn ausgehend, gilt es, an den Menschen heranzutreten und deutlich zu machen, daß Sinn von allem Anfang an und bis zum letzten Atemzug gegeben ist. »Der Frage nach dem Sinn des Lebens müssen wir eine kopernikanische Wendung geben: Das Leben selbst ist es, das dem Menschen Fragen stellt. Er hat nicht zu fragen, er ist vielmehr der vom Leben her Befragte« (Frankl 1987, S. 96). Anliegen der Logotherapie ist es, das Wertgesichtsfeld, so Frankl, zu erweitern, so daß das gesamte Spektrum personaler und konkreter Sinn- und Wertmöglichkeiten erkannt werden kann. Es stehen grundsätzlich drei Kategorien von Werten zur Verfügung: (1) zu erleben, was an sich einen Wert hat, schön ist und das Leben bereichert, (2) das Leben durch schöpferische Arbeit zu verändern und zu verbessern und (3) die unabänderlichen Tatsachen des Lebens durch Einstellungswerte anzunehmen und daran zu wachsen und zu reifen. Damit arbeitet die Logotherapie spezifisch gegen Ohnmacht, Verzweiflung, Unfreiheit und Unverbindlichkeit. Alle diese Elemente finden sich im besonderen in den → Neurosen, die somit ein Hauptgebiet der Logotherapie darstellen. Der Sinnverlust, häufig ein Grund für den Beginn einer Therapie, zeigt sich in einem existentiellen Vakuum und führt nicht selten zu einer noogenen Neurose. Dabei wendet die Logotherapie zwei Behandlungsmethoden an, die eine rasche Besserung fehlangepaßten Verhaltens zum Ziel haben: paradoxe → Intention und Dereflexion. Die Wirksamkeit der paradoxen Intention beruht darauf, den Angstpatienten anzuleiten, gerade das, wovor er sich fürchtet, sich paradoxerweise zu wünschen, um damit die Erwartungsangst vorwegzunehmen. Für den Menschen, der an inneren Konflikten bis zur Handlungsunfähigkeit leidet, bietet die Dereflexion eine notwendige Selbstdistanzierung zwischen dem, was ist, und dem, was sein soll. Weiter wird der Tatsache der Selbsttranszendenz Beachtung geschenkt, daß menschliche Existenz sich nur dort erfüllt, wo sie über sich selbst hinaus auf etwas verweist, das nicht wieder sie selbst ist. »Ganz Mensch ist der Mensch eigentlich nur dort, wo er ganz aufgeht in einer Sache, ganz hingegeben ist an eine andere Person. Und ganz er selbst wird er, wo er sich selbst übersieht und vergißt« (Frankl 1987, S. 201). Somit erfüllt die Logotherapie nach Auffassung von Längle »... die Kriterien einer sinnorientierten Beratungs- und Behandlungsform ...«

Vorgehensweise der Logotherapie

Logotherapie kennzeichnet sich weniger durch eine spezifisch anzuwendende Methode als durch eine offene, nicht wertende Haltung (→ Gesprächspsychotherapie) dem Ratsuchenden gegenüber. Ausgangspunkt ist dabei das Wissen, daß jeder Mensch für sich selbst in Freiheit und Verantwortung auf Lebenssituationen entscheidend einwirken kann. Hierbei ist es die Aufgabe des Therapeuten, zu helfen, Gefühle »zu bergen«, Dereflexion zu ermöglichen und sich auf neu zu entdeckende Sinnfragen im Leben einzulassen.

Gibt es einen biblischen Hintergrund für Logotherapie?

Die Frage nach Gott wird sowohl in der Seelsorge als auch im therapeutischen Gespräch vom Ratsuchenden häufig angesprochen. Ganz besonders dann, wenn er sich von leidvollen Lebensumständen wie Leid, Schuld und Tod konfrontiert sieht. Während die Theologie nach dem äußersten Sinnhorizont fragt, sucht die Logotherapie nach dem Situationssinn. Aus dieser sich gegenseitig

befruchtenden Konstellation ergibt sich eine wertvolle Ergänzung der Seelsorge durch die Logotherapie und für gläubige Christen eine Erweiterung der Logotherapie durch die Seelsorge. Wir kennen in der Bibel zahllose Beispiele für ein logotherapeutisch anmutendes Vorgehen Jesu. So stellt Jesus Menschen während des Heilungsvorgangs in einen freiheitlichen Raum und in die Eigenverantwortung (Mt 20,32 etc.).

Literatur:
Frankl, V.: Die Sinnfrage in der Psychotherapie, München 1981
ders.: Ärztliche Seelsorge, Wien 1987
Längle, A.: »Logotherapie und Existenzanalyse – eine begriffliche Standortbestimmung«, in: Existenzanalyse 1/95, S. 5–15   UH

Löschung

Löschung, Auslöschung oder Extinktion ist ein verhaltenstherapeutisches Vorgehen, das sowohl im Rahmen der Klassischen als auch der Operanten → Konditionierung (→ Lernen) vorkommt.

In der *Klassischen Konditionierung* bezieht sich Löschung auf die Entkopplung zwischen einer konditionierten Reaktion und einem konditionierten → Reiz.

Beispiel: Ein Mann blieb während der Fahrt in einem Aufzug stecken. Diese Situation löste bei ihm eine starke Angstreaktion aus. Jedesmal, wenn er einen Aufzug betreten will, spürt er wieder diese Angst. Der Aufzug ist zum konditionierten Reiz für die Angst geworden und hat sich mit der Gefahrensituation »steckengebliebener Aufzug/keine Fluchtmöglichkeit« gekoppelt. Eine Löschung dieser Koppelung kann nun erfolgen, indem der Mann den Aufzug erneut benutzt und die Erfahrung macht, daß der von ihm benutzte Aufzug nicht steckenbleibt. Mit jeder weiteren solchen Erfahrung wird die Koppelung nach und nach gelöscht.

Unter Löschung versteht man beim *Operanten Konditionieren* das Ausbleiben der (positiven) Konsequenzen auf ein bestimmtes Verhalten. Beispiel: Ein Kind erhält für sein störendes Verhalten am Eßtisch stets Aufmerksamkeit von den Eltern. Das Kind erlebt dies als positive Konsequenz. Die Löschung erfolgt, indem die Eltern das störende Verhalten des Kindes nicht beachten und damit der Zusammenhang »störendes Verhalten führt zu elterlicher Zuwendung« abgeschwächt wird. Sobald die Eltern in ihr altes Verhalten zurückfallen, wird die Löschung wieder aufgehoben. Wichtig ist also bei der Löschung, daß sie konsequent erfolgt.

Literatur:
Hautzinger, M.: »Löschung«, in: Linden, M.; Hautzinger, M. (Hg.): Verhaltenstherapie, Berlin 1993   JL

Lösen und Binden

Lösen und Binden und die → Beichte stellen eine der sechs Hauptformen der Biblisch-therapeutischen Seelsorge dar.

Der biblische Grund für das Lösen und Binden

Hier sind zwei Aussagen Jesu zu nennen: Mt 16,19 (zu Petrus): »Ich will dir die Schlüssel des Himmelreichs geben: alles, was du auf Erden binden wirst, soll auch im Himmel gebunden sein, und alles, was du auf Erden lösen wirst, soll auch im Himmel gelöst sein.« – Mt 18,18 (zu den Jüngern): »Was ihr auf Erden binden werdet, soll auch im Himmel gebunden sein, und was ihr auf Erden lösen werdet, soll auch im Himmel gelöst sein.« – Hintergrund dieser beiden Texte ist die rabbinische Lehr- und Disziplinargewalt. Sie konnten bestimmte Dinge für verboten und erlaubt erklären und gegenüber denen, die sich nicht an diese Weisung hielten, den Ausschluß aus der Synagoge verhängen (dies ist jedoch in den rabbinischen Texten eher selten bezeugt). Diese Entscheidungen sollen vor Gott und der Welt Gültigkeit haben. Der Auftrag Jesu an seine Jünger ist jedoch anders akzentuiert.

Er wendet sich gegen die kasuistische Praxis der Rabbinen und radikalisiert den Auftrag: An der von Jesus seinen Jüngern übertragenen Predigt vom Evangelium und an

dem hierbei entstehenden Glauben oder Unglauben entscheidet sich der Zugang zu Gott und die Trennung von ihm (vgl. Joh 3,18). Wo das durch die Jünger verkündigte Wort Gottes abgelehnt wird, bindet es jene Hörer für das kommende Gericht verbindlich an die unvergebene Schuld. Die letzte Beurteilung jedoch, ob ein Mensch aufgrund der geschehenen Verkündigung des Wortes Gottes befreit oder gebunden ist, bleibt den Jüngern verborgen. Dies ist die richterliche Aufgabe von Jesus Christus (vgl. Mt 13,30). Im Johannesevangelium wird diese Vollmacht der Jünger als das unter der Leitung durch den Geist Gottes geschehende Vergeben und Behalten der Sünde beschrieben (Joh 20,23).

Konsequenzen für die Seelsorge

Somit ist auch in der Seelsorgearbeit damit zu rechnen, daß sich Menschen trotz der Einladung zum Glauben und dem Empfang der Vergebung diesem Ruf verweigern und an ihre Schuld gebunden bleiben. Doch sollte der Seelsorger dieses letzte Urteil über einen Menschen, so wie es Mt 13,30 gebietet, Christus überlassen. Aus diesem Grund wäre es auch falsch, die in einem therapeutischen Veränderungsprozeß durchaus entstehenden Reaktanzen oder einen Therapieabbruch als Verweigerung des Glaubens an Gott oder als die Gebundenheit an → Sünde zu interpretieren. Auch wenn dies in einzelnen Fällen so sein kann, behält ein Mensch die Option des Glaubens bis an sein Lebensende.

Ein weiteres Problem ergibt sich dann, wenn Seelsorger vor dem Hintergrund dieser Textstellen Ratsuchende ganz im kasuistischen Denken der Rabbinen und im Sinne eines sog. Befreiungsdienstes von einzelnen Sünden oder Gebundenheiten (z. B. vom »Geist des Geizes«, »Geist des Neides« usw.) womöglich mit exorzistischen Methoden lösen wollen. Dies widerspricht der dargestellten Textgrundlage (→ Okkultismus).

Literatur:
Dieterich, M.: Handbuch für Psychologie und Seelsorge, Wuppertal und Zürich 1989
Herbst, M.: Art. »Beichte«, in: Burkhardt, H.; Swarat, U.: Evangelisches Lexikon für Theologie und

Gemeinde, Band 1, S. 199–201, Wuppertal und
Zürich 1992
Seitz, M. et al.: Die Freude der Beichte, 1985
Sorg, Th.: Das lösende Wort, 1976
Veeser, W. (Hg.): Biblisch-therapeutische Seel-
sorge und Okkultismus, Neuhausen 1991   WV

Lustprinzip

Bedeutung des Begriffs

Der Begriff »Lustprinzip« ist aus der Terminologie Sigmund Freuds in den allgemeinen
Sprachgebrauch eingedrungen, allerdings
öfter in abwertender Bedeutung. Er stammt
aus Fechners Anschauung über das »Lustprinzip des Handelns«. Ohne auf die Geschichte des psychoanalytischen Begriffs
»Lustprinzip« näher einzugehen, genügt es
hier, Freuds allgemeinstes Modell des Be-
griffspaares »Lustprinzip« und »Realitätsprinzip« darzustellen.

Zuallererst wird der Säugling vom »Lustprinzip« bestimmt, d. h., die menschlichen
Triebe suchen Abfuhr und Befriedigung auf
kürzestem Wege. Aufgrund von ersten Behinderungen einer raschen Triebbefriedigung muß der Säugling sich auf die Hindernisse, die realen Verhältnisse der Außenwelt,
einstellen lernen. Das so entstehende Realitätsprinzip hebt das Lustprinzip nicht auf,
sondern hilft, wenn auch auf Umwegen, zur
Befriedigung zu kommen.

Lust ist eine treibende Kraft unseres Lebens. Lusterleben ist von einer breiten Skala
von Empfindungen und Gefühlen getragen.
Lust ist nicht allein gebunden an unsere fünf
Sinne. Lust ist auch nicht identisch mit
Triebbefriedigung. Lust wird gefühlsmäßig
häufig mit Glück, mit Liebe, mit Freude verbunden. Die Möglichkeit, Lust auf höheren
Ebenen erleben zu können, hängt von der
erreichten Stufe der eigenen inneren Entwicklung ab. Lust wurzelt in triebhaftem
Begehren und läßt sich bis in höchste, religi-
ös-mystische Erlebnisformen transformie-
ren. Die Lust des Mystikers am Herrn (Ps
37,4) ist ohne Freundlichkeit gegenüber
triebhafter Lust nicht zu erlangen. Sonst gerät der mystische Weg zur Lebensflucht.

Störungen im Lusterleben

Wo Lust nicht mehr Begleit- und Folgeer-
scheinung richtig vollzogener Lebensprozesse
ist, verselbständigt sie sich und mißrät zum
Lusterleben ohne echte Freude, ohne wirklichen Genuß und ohne dankerfüllte Sättigung.
Lustsüchtigkeit ist ein Zeichen von Persönlichkeitsstörung, ebenso Lustverneinung oder
Lustkompensation. »Pflichtmenschen« leben
oft ein lusteingeschränktes Leben, Moralisten
lieben das Lustverbot, sog. Altruisten verschaffen gerne anderen Lustgewinn, ohne ihn
selber genießen zu dürfen. Ohne Lusterleben
keine echte Liebesfähigkeit, ohne Lusterleben
keine wirkliche Dankbarkeit, ohne Lusterleben ist keine Lebensreifung möglich. Lustlo-
sigkeit ist stets ein Alarmzeichen für eingeeng-
tes, verarmtes oder erkranktes Leben. Mangel
an Lust ist Mangel an richtigem Leben.

Lust vor biblischem Hintergrund

Lust als Lebensprinzip ist Motor für viele
kreative Lebensgestaltungsprozesse. Je reifer
die Persönlichkeit, um so differenzierter ihr
Lusterleben. Vielfältig spricht die Bibel von
der Lust und unterscheidet sie von den Lü-
sten des »Fleisches«: Lust haben am Gesetz
des Herrn (Ps 1,2; Röm 7,22), Lust haben an
Gottes Gnade (Mi 7,9), Lust sehen und Fülle
haben (Jes 53,11), Gott dienen mit Lust (Sir
35,20). Alles Lustvolle, das ich dankbar empfangen kann, ist gut, ja geheiligt (1Tim 4,4f).
Alle Lust der Welt ist aber auch vergänglich
(2Petr 1,4). Zeiten der Dürre, der fehlenden
Lust wollen durchschritten werden. Je mehr
wir bereit werden, Vergängliches loszulassen,
um so stärker trägt uns die Lust am Herrn (Ps
37,4) und umkleidet uns mit Ewigkeit.

TG

Literatur:
Buchholzer, S. A.: »Das göttliche Lustprinzip«, in:
Studien zur Gottes- und Seelenkonzeption im
Werk der Mechthild von Magdeburg, Bern 1988
Fechner, G.: Ueber das Lustprinzip des Handelns,
Halle 1848
Fischle-Carl, H.: Lust als Steigerung des Daseins,
Stuttgart 1980
Freud, S.: Formulierungen über die zwei Prinzipien
des psychischen Geschehens, Wien 1911
Grabner-Haider, A.: Recht auf Lust?, Wien 1970

M

Macht

In der Bibel ist auf vielschichtige Art von Macht die Rede. Es wird deutlich, daß Menschen zwar Macht haben können, gleichwohl steht Gottes Allmacht darüber. Besonders das Buch Daniel ist voll von packenden Beschreibungen der Macht Gottes. Immer wieder wird klar gemacht, daß der Mensch selber keine Macht hat (2Kö18,20; Jes 36,5).

Gott ist es, der dem Menschen Macht in verschiedener Form geben kann (Ps 118,14; Mk 6,7; Lk 9,1;10,19; Eph 6,10).

Für den Menschen ist es schwer verständlich, daß Gott auch negative Macht schickt. Dies zeigt aber noch deutlicher seine Allmacht und Souveränität auf (2Thess 2,11).

Macht in Psychotherapie und Seelsorge

Seelsorge und Psychotherapie sollen in diesen komplexen Rahmen gestellt werden. In der Psychotherapie ist oft die Rede von Allmachtsvorstellungen von Therapeuten. Schmerzvoll ist aber, zu erkennen, daß »bloße Worte nicht genügen als Rat und Macht«. Guter Rat und machtvolle Hilfe bestehen offenbar aus mehr als bloßen Worten. Aus der alltäglichen Psychotherapieerfahrung kann dies nur bestätigt werden. A. T. Beck (→ Psychoanalyse; → Kognitive Therapie) meinte, daß er psychotherapeutisch neue Wege zu suchen begonnen habe, als er Patienten nach einer mehrjährigen Psychoanalyse fragte, was ihnen nach ihrer eigenen Empfindung geholfen habe. Eine Frau soll ihm geantwortet haben, sein ermutigender Kommentar zu ihrer neuen Frisur sei eines der wenigen Dinge und gleichzeitig das wichtigste, was ihr von einer mehrjährigen Psychoanalyse geblieben sei und ihr, ihrer Beurteilung nach, entscheidend geholfen habe, eine Veränderung zu erleben. Dies bewog Beck, das Konzept der kognitiven Verhaltenstherapie zu entwickeln. Es zeigt

gleichzeitig, daß das Praktische, das Lebensnahe und das Konkrete im Gespräch wichtige Eckpfeiler darstellen. Diese Art, auf Menschen zuzugehen, läßt sich auch aus den verschiedenen in der Bibel beschriebenen Begegnungen zwischen Jesus und vielen Menschen ableiten. Psychotherapie und Seelsorge müssen immer wieder der Prüfung unterzogen werden, ob sie nicht nur bloße Worte sind. Unsere Macht ist nicht groß, und wir bleiben immer abhängig von Gott, ob wir dies anerkennen oder nicht, ob wir dies wissen oder nicht.

Machtmißbrauch in Psychotherapie und Seelsorge

Als weiterer Aspekt der Macht soll deren Mißbrauch ernst genommen werden. Besonders in christlichen Kreisen wird menschliche Macht eingesetzt, um Menschen an sich und/ oder an eine Gemeinschaft/Kirche zu binden. Noch subtiler ist der Machtmißbrauch in Psychotherapie und Seelsorge. In einer Beziehung mit einem eindeutigen Machtgefälle sind Hilfesuchende besonders gefährdet. Doch auch die Helfer (→ Helfen) können der Versuchung erliegen, die ungleichen Machtverhältnisse auszunutzen. Diese Problematik tritt in den letzten Jahren immer häufiger ins Blickfeld (→ Macht, soziale); allerdings wurde sie in christlichen Kreisen bislang noch wenig diskutiert.

Mit Modellen der Transaktionsanalyse (und auch anderer psychologischer Modelle) läßt sich feststellen: Helfer sind oft Helfer aufgrund eigener, unbearbeiteter Konflikte. Sie bieten Hilfe an, ohne darum gebeten worden zu sein, was auf tiefliegende symbiotische Bedürfnisse hinweist (Versuch, andere an sich zu binden, ohne daß diese davon etwas merken sollen; Mißachtung der Autonomie des anderen). Eine helfende Tätigkeit (und dazu gehören Seelsorge und Psychotherapie) wächst oft auf dem Boden eigener Bedürftigkeit, eigener innerer Vereinsamung, eigener innerer Angst und Unsicherheit (→ Helfen). So verschiebt sich das Ziel der Hilfe weg von der Not des Betroffenen und hin zur Not des Helfenden. Dies kann sich über Jahre so verhalten, ohne daß beide Seiten dies realisieren. Es ist möglich und wahrscheinlich eher häufig, daß sich Helfer dieser eigenen Problematik gar nicht bewußt sind. Die Folge einer solchen Therapiekonstellation ist, daß nicht mehr an einer Lösung für das ursprüngliche Problem (die Not des Hilfesuchenden) gearbeitet wird. Es ist deshalb wichtig, als Helfer die eigenen Motive zu kennen, warum man gerade diese Tätigkeit ausüben möchte.   **PB**

Macht, soziale

(vgl. → Macht)

Der Grad an sozialer Macht ist dadurch bestimmt, inwieweit ein Individuum dank seiner Position oder seinem Status innerhalb einer bestimmten Gruppe die Fähigkeit oder den Einfluß besitzt, andere Individuen derselben Gruppe zu kontrollieren, ihnen bestimmte Verhaltensweisen vorzuschreiben und Gehorsam abzuverlangen.

Neuere Forschungen haben ergeben, daß das Ausmaß an sozialer Macht weniger durch bestimmte Persönlichkeitsmerkmale bestimmt ist, sondern mehr von spezifischen sozialen Beziehungsmustern innerhalb der Gruppe (→ Soziometrie). Auch umgekehrt bestimmt soziale Macht die Wege der sozialen → Kommunikation und der Verteilung sozialer Belohnungen und Aufgaben. Wir können drei Merkmale herausarbeiten, die das Ausmaß sozialer Macht bestimmen:

Die *Vielfalt der materiellen und immateriellen Mittel*, die einem bestimmten Individuum innerhalb der Gruppe zur Verfügung stehen, um mit ihnen Belohnungen zu verteilen und Aufgaben einzufordern. Je mehr Mittel einem Individuum zur Verfügung stehen, um so größer ist seine soziale Macht. Der jeweils von anderen Individuen derselben Gruppe zugemessene Wert dieser Mittel wird bestimmt durch die *Abhängigkeit* der Gruppenmitglieder von diesem Individuum. Diese Abhängigkeit ist wiederum bestimmt von der *Anzahl der möglichen Alternativen*, die für Gruppenmitglieder quasi als »Ersatz-

belohnung« oder als alternative Betätigungsfelder zur Verfügung stehen. Je mehr alternative Betätigungsfelder oder Belohnungen einem Individuum zur Verfügung stehen, desto weniger empfindet es die soziale Macht eines anderen.

Das Ausmaß der sozialen Macht eines Sektenführers begründet sich beispielsweise dadurch, daß dieser die Möglichkeit hat, Aufgaben an bestimmte Gruppenmitglieder zu delegieren und Belohnungen (beispielsweise in Form von »Beförderungen«, Lob vor der Versammlung, Steigerung des Lebenskomforts eines bestimmten Mitgliedes usw.) zu verteilen. Die Sektenmitglieder sind in hohem Maße vom Führer abhängig, was seine soziale Macht steigert, weil es für sie (beispielsweise aufgrund ihrer Isoliertheit von anderen Gruppen) keine alternativen Belohnungsmöglichkeiten oder Betätigungsfelder gibt.

Betroffene in der Psychotherapie und Seelsorge

Opfern überstarker Machtausübung kann häufig dadurch geholfen werden, daß man in einen der drei obengenannten Punkte, die soziale Macht bewirken, eingreift und den »Teufelskreis«, den sie bewirken, unterbricht. So könnte eine Hilfestellung lauten, Möglichkeiten für Betroffene zu suchen, wie sie alternative soziale Belohnungen erlangen können. Es könnte auch dadurch geschehen, daß man den Einfluß der mißbrauchenden Person oder die Qualität der Mittel, die diese einsetzt, beispielsweise in einer → Kognitiven Therapie mindert.   **JD**

Magersucht → Eßstörungen, → Anorexia nervosa

Manie

(gr.: Raserei, Wahnsinn)

1) Abnormer Gemütszustand in Richtung einer heiteren Verstimmung. Bildet mit dem

Störungsbild der endogenen → Depression zusammen die bipolare Störung (manische Depression), bei der sich Zustände der Manie und der Depression phasenweise abwechseln. In seltenen Fällen erleben die Patienten ausschließlich manische Episoden. Symptome der Manie: grundlose, überströmende Heiterkeit, Selbstüberschätzung und unbeirrbarer Optimismus, Gehobenheit aller Lebensgefühle, manchmal bis zur Gereiztheit, Oberflächlichkeit des Denkens (Ideenflucht: Springen von einem Thema zum anderen, Gedankengänge werden nicht zu Ende geführt) und vermehrte Ablenkbarkeit, Triebsteigerung, insbesondere der Sexualität und der Aggressivität, allgemeine Antriebssteigerung, die sich in Bewegungs-, Betätigungs- und Rededrang und vermindertem Schlafbedürfnis zeigt. Durch die gehobene Stimmung und ein gesteigertes körperliches Wohlbefinden fehlt jegliches Krankheitsgefühl. Die Betroffenen neigen in dieser Zeit zu unüberlegten, spontanen Handlungen wie z. B. horrenden Geldausgaben, unüberlegten Geschäftsabschlüssen oder Alkoholexzessen. Der manische Redestrom ist laut und kaum zu unterbrechen, voll von Witzen, Wortspielen und Reimen. Das Aktivitätsbedürfnis des Betroffenen macht ihn für seine Mitmenschen penetrant gesellig und aufdringlich. Jeder Versuch, seiner ziellosen Geschäftigkeit Einhalt zu gebieten, kann Zorn und Wutanfälle auslösen. Die Behandlung erfolgt überwiegend medikamentös mit Lithium und Neuroleptika (→ Psychopharmaka). Andere Behandlungsmethoden erwiesen sich in der akuten Phase bisher als wenig erfolgreich. Lithium wird auch prophylaktisch verabreicht, um der Gefahr eines Wiederauftretens der Störung entgegenzuwirken. Die Manie entwickelt sich gewöhnlich plötzlich, innerhalb von ein bis zwei Tagen. Die Dauer einer manischen Phase kann sich von mehreren Tagen bis zu einigen Jahren erstrecken, in seltenen Fällen kann es zur Bildung einer chronischen, schwer heilbaren Manie kommen.

Manie zeigt sich im christlichen Umfeld auch beispielsweise durch übermäßiges, gehetztes Traktatverteilen ohne Bezug zu den angesprochenen Menschen; Ausgaben großer Geldsummen für die Mission ohne Rücksicht auf die wirklichen finanziellen Verhältnisse; Rededrang in der Gemeinde und Verlangen, die Predigt zu übernehmen, obwohl deutlich wird, daß die Person sich nicht mehr besonnen mitteilen kann. Besonders notvoll wird sexuelle Distanzlosigkeit bei einer ansonsten geordneten, oft sogar depressiven Person (→ Depression; → Manisch-depressive Krankheit, → Wahn).

2) Abnorme zwang- und suchtartige Steigerung einer einzelnen Verhaltensweise. Wird auch als Monomanie bezeichnet. Darunter fallen z. B. Kleptomanie (krankhafter Antrieb zu stehlen), Pyromanie (krankhafter Antrieb, Brände zu legen und anzusehen), Nymphomanie (krankhaft gesteigerter heterosexueller weiblicher Geschlechtstrieb).

Manie in Psychotherapie und Seelsorge

Dieses Störungsbild hat einen stark somatischen (organischen) Hintergrund. Deshalb ist eine medizinische Abklärung vor Beginn der Therapie unbedingt erforderlich. Hier sollte der Seelsorger sehr einfühlsam mit dem Ratsuchenden umgehen, da für diesen der Gang zum Psychiater beschämend und angstbesetzt sein kann. Wenn eine Medikation erfolgt, ist in der Seelsorge vor allem eine Begleitung des Ratsuchenden vorrangig und nicht so sehr eine Therapie der Störung selbst. Aufgabe des Seelsorgers wird es allerdings sein, Ursachen und besonders Wirkungen der Störung in den Beziehungssystemen (→ Systemtherapien) des Ratsuchenden seelsorgerlich zu bearbeiten.

Literatur:
Luderer, H.-J.: Himmelhoch jauchzend, zum Tode betrübt. Depression und Manie, Stuttgart 1994
Mentzos, S.: Depression und Manie. Psychodynamik und Therapie affektiver Störungen, Göttingen 1994

Wittchen, H. U. et al.: Diagnostisches und Statistisches Manual Psychischer Störungen. DSM-III-R, Weinheim, Basel 1991   AK

Manisch-depressive Krankheit

Synonyme: Manisch-depressive Psychose, Bipolare affektive Störung.
Sonderform der Depression, die bei ca. 1 Prozent der Bevölkerung auftritt. Depressive Phasen (→ Depression) wechseln sich ab mit manischen Phasen (→ Manie).

Besondere Ausprägungen im christlichen Umfeld (bei gleichzeitigen weiteren Symptomen für eine Manie): übermäßiges, gehetztes Traktatverteilen ohne Bezug zu den angesprochenen Menschen; Ausgeben großer Geldsummen für die Mission ohne Rücksicht auf die wirklichen finanziellen Verhältnisse; Rededrang in der Gemeinde und Verlangen, die Predigt zu übernehmen, obwohl deutlich wird, daß die Person sich nicht mehr besonnen mitteilen kann. Besonders notvoll wird sexuelle Distanzlosigkeit bei einer ansonsten geordneten, oft sogar depressiven Person.

Ursachen und Verlauf: Das Auftreten einer manischen Episode nach einer Depression weist auf eine Störung der Biochemie des Gehirns hin, die auf eine genetische Disposition (→ Anlage-Umwelt-Problematik) zurückgeht. Der Verlauf ist unterschiedlich. Während manche Depressive nur wenige manische Episoden erleben, kann es bei anderen zu einem regelmäßigen Schwanken zwischen depressiven und manischen Phasen kommen. In seltenen Fällen leiden Patienten nur an manischen Phasen. Zwischen den Phasen können die Betroffenen völlig normal arbeits- und beziehungsfähig sein.

Manisch-depressive Krankheit in Psychotherapie und Seelsorge

Die Behandlung der depressiven Phasen erfolgt medikamentös und durch gesprächstherapeutische Begleitung (→ Depression, → Gesprächspsychotherapie). An dieser Stelle soll der Behandlung der manischen Phasen besonderes Augenmerk geschenkt werden: Es gilt zu unterscheiden zwischen der Behandlung der akuten manischen Phasen und der langfristigen Vorbeugung eines erneuten Auftretens einer manischen Phase. In der *akuten Phase* sind die Betroffenen oft wenig oder gar nicht einsichtig und müssen deshalb bei starker Überaktivität, Reizbarkeit und Fremdgefährlichkeit i. d. R. in eine Klinik eingewiesen und mit Medikamenten behandelt werden. Besonders bewährt haben sich hier Neuroleptika (→ Psychopharmaka). In manchen Fällen kann man mit den Patienten vor einer erneuten Phase abmachen, daß sie sich bei einer Verschlechterung freiwillig mit beruhigenden Mitteln behandeln lassen, in anderen Fällen muß die Behandlung gegen den Willen der Patienten erfolgen, bis sich allmählich wieder eine Urteilsfähigkeit einstellt.

Die Vorbeugung von Rückfällen erfolgt am ehesten mit dem Mineralsalz Lithium (→ Psychopharmaka), das offensichtlich eine stabilisierende Wirkung auf die Reizleitung der Nerven ausübt (→ Neurotransmitter). Unter regelmäßiger Lithiumeinnahme kann es über Jahre hinweg zu einer völligen Symptomfreiheit kommen, die dem Betroffenen ein normales Leben in Familie, Arbeit und christlichem Umfeld ermöglicht.

In der Beratung von manisch-depressiven Patienten gilt es, auch die Angehörigen ernst zu nehmen, die sehr unter dem veränderten Verhalten des Betroffenen leiden können.

Literatur: Rafaelson, O. J.; Helmchen, H.: Depression, Melancholie, Manie. Ein Buch für Kranke und Angehörige, Stuttgart 1992   SP

Marihuana → Droge

Masochismus

Die Bezeichnung »Masochismus« (bzw. »Sadomasochismus«) wird auf zwei literarische

Werke zurückgeführt, deren Autoren masochistische Verhaltensweisen beschrieben (Leopold von Sacher-Masoch: »Venus im Pelz«, 1870; Alphonse de Sade: »Justine«, 1791). Man unterscheidet zwei Kategorien von Masochismus.

Masochismus im weiteren Sinne

Häufig unbewußtes Bedürfnis nach Leiden, Schmerz und Erniedrigung, sowie Zerstören von Erfolgsaussichten in der Hoffnung, Liebe und Respekt zu erreichen. In dieser Form gilt der Masochismus als Gegenstück zum → Narzißmus.

Gesunder Masochismus: Fähigkeit, Unangenehmes als Preis für höhere Ziele zu ertragen; Einsicht in Strafbedürftigkeit.

Krankhafter Masochismus:
(1) äußerlicher Masochismus mit Verhaltensmustern von Opfertum und Erniedrigung in wesentlichen Beziehungen;
(2) innerer (moralischer) Masochismus: überstrenges Gewissen bzw. überhöhtes Idealbild quälen durch Scham- oder Schuldgefühle;
(3) verdeckter Masochismus unter einer sadistisch-narzißtischen Fassade;
(4) masochistische Dimension: erhöhte Opfer- und Leidensbereitschaft.

Entstehung: Schwere direkte oder indirekte meist frühe psychische oder/und organisch-sexuelle Verletzungen, die der Geheimhaltung durch die Familie unterliegen und zu Scham- und Schuldgefühlen sowie Loyalitätskonflikten führen. Dies führt zu einer gedanklichen Verknüpfung von engen Beziehungen mit Schmerz und Leid. Bei Beziehungsknüpfungen werden meist sadistisch (→ Sadismus) veranlagte Partner gewählt. Nebeneinander bestehen der Wunsch nach Verschmelzung mit dem Partner und die Angst vor Identitätsverlust. Wechselseitiges völliges Identifizieren mit dem Partner. Die anfangs befriedigende Beziehung eskaliert destruktiv (Kollusion) zur gegenseitigen Quälerei. Angst vor Alleinsein und Hoffnung, durch Opfer den Partner zu ändern, machen die Trennung auch bei Mißhandlungen sehr schwierig.

Vorkommen: Symptom bei → Depressionen und schweren → Persönlichkeitsstörungen; isoliert z. B. bei Partnern von Abhängigen.

Masochismus im engeren Sinne (sexuelle Orientierung)

Hier zeigt sich der Masochismus eindeutig von seiner sexuellen Orientierung her und wird im allgemeinen als sexuelle Perversion klassifiziert. Es besteht ein erotisiertes Herrschaftsverhältnis mit Demütigungen und Zufügen von Schmerzen in ritualisierter Form als Bedingung sexueller Erregung (in der Phantasie oder als Verhalten). Wegen des häufigen Nebeneinanders der aktiven (sadistischen) und passiven (masochistischen) Rolle ist auch die Bezeichnung »Sadomasochismus« üblich.

In der psychotherapeutischen Literatur wurde hin und wieder eine Beziehung zwischen moralischem Masochismus und Askese o.ä. aufgezeigt. Dies ist insofern nur bedingt richtig, als moralischer Masochismus durchaus ein unterstützendes Motiv für asketisches Verhalten sein *kann*, jedoch keinesfalls tatsächlich immer ist.

Masochismus in Psychotherapie und Seelsorge

Zugänge sind u.a. über die kognitive Verhaltenstherapie möglich. Speziell für Angehörige von Abhängigen haben sich Selbsthilfegruppen (z. B. Alanon, Alateen) als hilfreich erwiesen. Es handelt sich in jedem Fall um einen sehr langen therapeutischen Prozeß, bei dem die Gefahr der Verstrickung in sadomasochistische Beziehungsmuster mit beispielsweise übergroßer Strenge des Therapeuten groß ist. Fortschritte und Erfolge werden schlecht, weil unverdient erscheinend ertragen und oft von Rückschlägen begleitet (»negative therapeutische Reaktion«).

Literatur:
Grün, A.: Gut mit sich selber umgehen, Mainz 1995
Heilmann, A. (Hg.): Texte der Kirchenväter. Bd. 4: Verfolgung und Martyrium, München 1964
Hertoft, P.: Klinische Sexologie, Köln 1989
Norwood, R.: Wenn Frauen zu sehr lieben, Reinbek 1992
Tournier, P.: Echte und falsche Schuldgefühle, Bern o. J.
Willi, J.: Die Zweierbeziehung, Reinbek 1986
Wurmser, L.: Das Rätsel des Masochismus, Berlin, Heidelberg, New York 1993   MS

Masturbation
→ Selbstbefriedigung

Medikamentenmißbrauch

Mißbräuchliche Einnahme oder Überdosierung von Medikamenten ohne ärztliche Indikation.

Biologisch bedingte Ursachen für Medikamentenmißbrauch

Viele Medikamente haben die Tendenz, ihre Wirkung relativ rasch zu entfalten, um dann nach einem bestimmten Zeitraum in ihrer Wirksamkeit nachzulassen. Um die erwünschte und als angenehm empfundene Wirkung wieder zu erzielen, wird üblicherweise die Dosis gesteigert, manchmal ohne Information des Arztes. Damit beginnt ein Teufelskreis: Der Wirkungsverlust des Medikamentes ruft nach Dosiserhöhung. Nach einer gewissen Zeit läßt die Wirkung wieder nach, der Kreislauf beginnt von vorne. Dieses Phänomen wird als »Toleranz« bezeichnet.

Die biochemische Ursache der Toleranz ist entweder ein verstärkter Abbau des Medikaments oder eine Reaktion des Körpers auf das Medikament im Sinne einer Gegenregulation.

In der Praxis wehrt sich der Patient gegen das Absetzen des Medikaments und verlangt eine Erhöhung der Dosis, da die Wirkung nachgelassen hat, z. B. bei Schlafmitteln.

Der Arzt oder Therapeut hat die Verantwortung, daß er entsprechend gefährdeten Patienten keine solchen problematischen Medikamente verordnet, auf die Gefahr des Medikamentenmißbrauchs hinweist und der Dosiserhöhung nicht zustimmt. Oft ist das Medikament sogar zu wechseln. Ein Nachgeben in dieser Situation gegenüber o.g. Forderungen ist der Anfang zu einem Medikamentenmißbrauch.

Finanzielle Ursachen für Medikamentenmißbrauch

Potentiell suchtinduzierende Medikamente werden heute von der Pharmaindustrie in großen Mengen hergestellt und bedeuten einen guten Verdienst für das entsprechende Unternehmen. Floriert der Absatz eines bestimmten Präparates mit Suchtpotential, so wird aus marktwirtschaftlichen Gründen nicht selten dessen Produktionsrate noch gesteigert, der Preis gesenkt und das Medikament noch häufiger verkauft. Für bereits abhängige Patienten erhöht sich dadurch die Bereitschaft, das entsprechende Präparat noch häufiger zu konsumieren. Verstärkend tritt zu diesem Effekt auch die Unterstützung durch die Krankenkasse bei rezeptpflichtigen Medikamenten hinzu.

Die Folgen von Medikamentenmißbrauch

– Psychische oder physische *Gesundheitsschädigungen* bei Mißbrauch von Medikamenten oder → Drogen.
– *Abhängigkeitssyndrom:* Das Denken und Verhalten ist mehr und mehr von der Zielsetzung bestimmt, die Medikamente oder Drogen weiterhin konsumieren zu können. Bei Nichterhalt des Stoffes treten körperliche, psychische oder Verhaltensveränderungen in Richtung Verlust der Selbstkontrolle und körperlicher Entzugssymptome auf (»Die Droge ist stärker als der Mensch«).
– *Restzustand:* Tiefgreifende Persönlichkeitsveränderung, die nach längerem Konsum der Substanz auch nach Entzug und Entwöhnung weiter besteht. Die Per-

sönlichkeitsveränderung betrifft das Denken, den Verstand, das Verhalten und das Gefühls- und Stimmungserleben.

In der Regel gehen die beschriebenen Zustände ineinander über.

Sozial bedingte Ursachen für Medikamentenmißbrauch

Ursachen für den weit verbreiteten Medikamentenmißbrauch sind vielfältiger Natur: Sie sind einerseits teilweise frei verkäuflich und bedürfen keines Rezeptes durch den Arzt, andererseits haben viele Medikamente neben einer Haupt- noch mehrere Nebenwirkungen, die zum Teil als angenehm erlebt werden. Medikamente werden überdies in diskreter Verpackung angeboten, so daß Mißbrauchende sozial wenig auffällig erscheinen. Nicht zuletzt können Medikamente auch deshalb leichter als Droge angewendet und mißbraucht werden, weil ihnen in der Gesellschaft der Ruf als »Heilmittel« vorausgeht. Mißbrauchende können sich unter diesem Schutz einer sozialen Ächtung relativ leicht entziehen und statt dessen gar Mitleid von seiten der Gesellschaft erhalten.

Potentiell suchtinduzierende Medikamente

- *Beruhigungsmittel:* Dies ist die Hauptgruppe der Medikamente, die für Medikamentenmißbrauch und -abhängigkeit verantwortlich sind. Besonders die Benzodiazepine wie Valium oder Librium, aber auch andere Medikamente dieser Substanzgruppe, tragen ein hohes Abhängigkeitsrisiko in sich. Besonders ältere Menschen sind hier Hauptkonsumenten, meist in Verbindung mit dem behandelnden Arzt, der ihnen diese Medikamente verschreibt (→ Psychopharmaka).

- *Stimulanzien:* Diese Gruppe von Medikamenten wird als Stimmungsaufheller oder auch als Appetitzügler eingesetzt. Die Gefahr der Abhängigkeit ist ähnlich hoch wie bei Beruhigungsmitteln. Teilweise sind diese jedoch rezeptfrei erhältlich

und stellen somit eine großes Mißbrauchsrisiko dar.

- *Opiate:* Medikamente, die Opiate enthalten, sind fast alle rezeptpflichtig und damit nur schwer erhältlich. Medikamentenmißbrauch dieser Substanzgruppe tritt daher vermehrt unter medizinischem Personal auf.

- *Schmerzmittel:* Eine Nebenwirkung dieser Medikamente ist Beruhigung oder Euphorie, beides angenehm erlebt, was dazu verleitet, diese Medikamente auch dann weiterhin zu nehmen, wenn die Schmerzen abgeklungen sind. Diese Medikamente sind oft rezeptfrei erhältlich, was das Abhängigkeitsrisiko noch erhöht.

- *Alkohollösungen:* Vor allem bei Präparaten in flüssiger Darreichungsform ist hochprozentiger Alkohol das häufig verwendete Lösungsmittel. Solche Medikamente sind häufig rezeptfrei und leicht erhältlich. Dadurch besteht die Gefahr einer Alkoholabhängigkeit.

Behandlung des Medikamentenmißbrauchs

Medikamentenmißbrauch darf ausschließlich von dafür speziell ausgebildeten Fachärzten behandelt werden. Dies ist insbesondere deshalb von enormer Bedeutung, da plötzliches Absetzen eines über längere Zeit eingenommenen Medikamentes schwerwiegende und lebensgefährliche Symptome nach sich ziehen kann. Oft ist eine stationäre Behandlung in einer Fachklinik psychiatrischer Ausrichtung notwendig. Da aus länger dauernden Handlungen oft Gewohnheiten werden, ist die Behandlung der psychischen Abhängigkeit nach dem Abklingen der organisch bedingten Entzugssymptome das schwierigste Problem.

Literatur:
Ernst, H. et al. (Hg.): »Die tägliche Versuchung: Thema Sucht«, in: Psychologie heute, Weinheim, Basel 1988
Flury Kaplan: Drogenprophylaxe. Handbuch für Eltern und Erzieher, 1980
Ramström, J.: Drogenabhängigkeit. Psychosoziale Ursachen, Verlauf, Therapie, Köln 1984

Weltgesundheitsorganisation, Dilling H. et al. (Hg.): Internationale Klassifikation psychischer Störungen: ICD-10, Bern, Göttingen, Toronto 1991   MC

Meditation

(von lat. *meditari:* nachdenken, besinnen, üben)

Meditation bezeichnet eine Art der Wahrnehmung, für die folgendes charakteristisch ist:

- *Absichtslosigkeit,* entgegen der weitgehenden Verzweckung unseres Lebens;

- *Empfänglichkeit:* nicht etwas mit einem Objekt machen, sondern etwas mit sich geschehen lassen; hier liegt der Unterschied zu Besinnung und Betrachtung, bei der der Mensch Subjekt bleibt;

- *Achtsamkeit:* leben im gegenwärtigen Augenblick und mit offenen Sinnen. Für die Meditation eines Bibelwortes heißt das: Ich nehme mit meinen Sinnen wahr, was das Wort jetzt mit mir macht. Wie schmeckt es? Wie fühlt es sich an? Welche Bilder, welche Gefühle, welche Gedanken erweckt es in mir?

- *Sich ergreifen lassen* von der Wahrheit und dem Leben, die für den Christen in Jesus Christus verkörpert sind: herauskommen aus kühler Distanz hin zu dem Wunsch, in das Geschaute hinein verwandelt zu werden.

Meditation kann übergehen in Kontemplation, in das stille Ruhen in der Gegenwart Gottes, in den langen, liebevollen Blick auf das, was wirklich ist.

So sehr Meditation ein Übungsweg ist: Jede tiefere Erfahrung bleibt doch ganz der Machbarkeit entzogen und ist reines Geschenk.

Meditation ist ein Weg der Reinigung, Klärung und Einigung. Aus der Überfülle der Informationen, Angebote und Anforderungen kommt der Mensch zur Ruhe, vom Vielen zum Wenigen, zum Einen (vgl. Lk 10,41f). Er setzt sich heilenden Worten und Bildern aus. Alte Worte und Bilder, Gedanken und Gefühle, die er gespeichert hat, können neu beleuchtet, geklärt und integriert werden. Er kommt sich selbst näher und gibt damit Antwort auf die Herausforderung, ganz zu werden, seine Bestimmung als Mensch zu finden, entsprechend dem Ruf Gottes an Abraham (1Mo 17,1): »Ich bin der Herr dein Gott, wandle vor mir und sei ein Ganzer!« – Das neuzeitliche Weltbild befindet sich heute in einer Krise. Rationalität hat als »Verkopfung« Leib- und Gefühlsfeindlichkeit hervorgebracht. Wissenschaftlich-technischer Fortschritt erweist sich auch als Lebensbedrohung. Die absolute Stellung des Subjekts zeigt mehr und mehr ihre Schattenseiten: Entfremdung, Isolation, Sinnleere. Nicht von ungefähr hat der westliche Mensch in unserem Jahrhundert auf der Suche nach Erfahrungen von Einheit, Sinn und Lebensfülle die Meditation wiederentdeckt. Er kann dabei anknüpfen an eine reiche meditative und kontemplative Tradition innerhalb des Christentums (Beispiele: die vierzigtägige Wüstenzeit Jesu, die Wüstenväter des 3. und 4. Jahrhunderts, die Hesychasten, Johann Tauler, Ignatius von Loyola, Theresa von Avila, die kontemplativen Orden, Gerhard Tersteegen).

Christliche Meditation unterscheidet sich von östlicher dadurch, daß sie das Personsein des Menschen im Gegenüber zur Person des dreieinigen Gottes ernst nimmt.

Literatur:
Hannsen, O.; Deichgräber, R.: Leben heißt sehen, Göttingen 1968
Henrici, P., Wild, P.: Meditationskurs; 3 Bände, München 1991–1993
Keating, T.: Das Gebet der Sammlung, Münsterschwarzach 1987
Loyola, I. v.: Die Exerzitien, Freiburg 1993
Melzer, F.: Innerung; Wege und Stufen der Meditation, Kassel 1968
ders.: Konzentration, Meditation, Kontemplation, Kassel 1974
Stierli, J. (Hg.): Ignatius von Loyola. Gott suchen in allen Dingen, München, Zürich 1987
Tilmann, K.: Übungsbuch zur Meditation, Zürich, Einsiedeln, Köln 1973   HCB

Meinungsforschung
→ Demoskopie

Melancholie

Das Wort »Melancholie« (»Schwarzgalligkeit«) deutet auf die Herkunft aus der klassisch-griechischen Medizin hin. Hippokrates (ca. 460–377 v. Chr.) hatte mit seiner Humoraltheorie sowohl eine Krankheits- als auch eine Temperamentenlehre entwickelt. Er nahm an, daß die damals bekannten Körpersäfte (Blut, schwarze Galle, gelbe Galle und Schleim) bestimmten Persönlichkeitstypen zuzuordnen seien, die auch im Zusammenhang mit den klimatisch-geographischen Umweltbedingungen zu sehen sind. Die Mischungen (= Temperamente), die dann besonders von Galen (129–199 n. Chr.) beschrieben worden sind, führten zu vier idealtypischen Persönlichkeitstypen mit bestimmten Merkmalen: Sanguiniker (optimistisch, emotional positiv gestimmt, gesellig), Melancholiker (pessimistisch, negativ gestimmt, ungesellig), Choleriker (leicht erregbar, unbeherrscht, aktiv) und Phlegmatiker (schwer erregbar, langsam, untätig). Entsprechend der Humoralpathologie führt die krankhafte Vermehrung der schwarzen Galle zu seelischem Leiden.

Im Mittelalter kam es zu einer bis heute in manche christlichen Kreise hineinreichenden schwerwiegenden Fehldeutung der Lehre von den Körpersäften: Weil bei melancholischen Menschen oftmals auch ihr Glaubensleben durch die Gefühlsstimmung verändert ist, war für die Mystikerin Hildegard von Bingen die »schwarze Galle« kein natürlicher Körpersaft mehr, sondern ein »diabolisches Gift«, das durch die Adern rinnt, und Thomas von Aquin weist der Melancholie einen Platz unter den Todsünden zu, »weil sie das geistliche Leben aufhebt, das in der Liebe gründet, durch die Gott in uns wohnt«. Vor diesem Hintergrund gesehen, ist erklärbar, warum die Melancholie bzw. insbesondere auch ihre schwerere Ausprägungsform, die → Depression, heute

noch oftmals im Zusammenhang mit Sünde gesehen wird. Immer wieder taucht aber auch (im Anschluß an Theophrast) die Kombination bzw. Verschränkung zwischen Melancholie und Genialität auf. Man kann außerordentliche Leistung verbunden mit gleichzeitigem Weltschmerz sowohl in der Literatur (vgl. Goethes »Leiden des jungen Werther«) als auch der Kunst (vgl. Dürers »Melancholia«) oder in der Musik (vgl. Tschaikowskys Symphonie Nr. 6 »Pathétique«) leicht nachweisen.

Offenbar hat Hippokrates ein einsichtiges Modell der Persönlichkeitsstruktur dargestellt, denn es hat sich bis in unser Jahrhundert hinein in groben Zügen erhalten, und es gibt auch eine Reihe von Persönlichkeitstests, die sich auf diese Grundideen beziehen (z. B. das Eysenck-Persönlichkeitsinventar oder Teile des bekannten Freiburger Persönlichkeitsinventars usw.).

Versucht man einige Kriterien zur Beschreibung des melancholischen Menschen zu finden, dann zeigt sich immer wieder die Nähe zur → Depression. Vereinfacht könnte man davon ausgehen, daß es eine stetige Zunahme der Symptome ist, die vom traurigen Menschen über den »seelisch verstimmten« zum »melancholischen« bis hin zum »depressiven« führt. So gesehen fällt es schwer, eine präzise Abgrenzung zur Melancholie zu finden. Man findet zwar in der diagnostischen Literatur (z. B. dem ICD 10 bzw. DSM IV) Kriterien zur Beschreibung der Depression, nicht jedoch für die Melancholie. Tellenbach gibt für den »Typus Melancholicus« eine Zusammenfassung, indem er auf die Klärungsversuche einzelner psychologischer Schulrichtungen eingeht. So zeigt die → Psychoanalyse bei der Melancholie eine erhöhte Schuldempfindung (→ Schuld) des → Gewissens und rückt sie mit den Merkmalen Ordnung, Reinlichkeit, Eigensinn und Trotz, im Wechsel mit abnormer Nachgiebigkeit und Übergüte, in die Nähe der zwangsneurotischen Persönlichkeitsstruktur (Neurose). Kretschmer beschrieb Arbeitstreue, Gewissenhaftigkeit und Fleiß, verbunden mit der Gefährdung, durch kritische Situationen in Melancholie zu fallen. Der Japaner Shimoda sieht eine bestimmte Prädisposition zur Melancholie dadurch gegeben, daß der Melancholiker die Neigung hat, an den Gedanken und Gefühlen haften zu bleiben, was ihn dazu führt, angefangene Pflichten höchst verantwortlich durchführen zu müssen, vorbildlich, ordentlich, ehrlich und ernst zu sein – bis an den Rand der → Erschöpfung. Man kann hier recht deutlich auch einen Zusammenhang der Melancholie mit dem »Typus value achievment« (Wertleistung) entdecken, von dem objektive Ergebnisse seiner höheren → Leistungsmotivation (Heckhausen 1980) bekannt sind. Weitere Kennzeichen der Melancholie sind die engen und oftmals symbiotischen Beziehungen zu nahestehenden Menschen, so daß eine Trennung (Tod, Scheidung, Trennung von den Kindern, Auszug aus der Wohnung usw.) als sehr schmerzhaft empfunden wird. Der Schwerpunkt dieser Beziehung liegt jedoch nicht in einer selbstlosen Nächstenliebe, sondern in der Leistung und Erfüllung der Normen (→ Ethik) begründet (der ständig arbeitende Vater, die sich aufopfernde Mutter). Deshalb ist dann auch die eigene → Krankheit bedrohlich, weil die Einhaltung der selbst vorgegebenen Ordnungen nicht mehr möglich ist. Man kann bei einer derartigen Überidentifikation im Sinne des Dienens geradezu von einer »Flucht in die Rolle« sprechen, bei der der Fliehende jedoch seine persönliche Identitätsentwicklung hinter sich läßt.

Mit den Ergebnissen der neueren Forschung sind Zusammenhänge zwischen Melancholie und Kodependenz bzw. Suchtverhalten (→ Sucht) deutlich sichtbar, auch im Sinne des »hilflosen Helfers« (Schmidbauer 1977; → Helfen) oder »Wenn Frauen zu sehr lieben« (Norwood 1986).

Zusammengefaßt gesehen ist Melancholie keine Krankheit, wohl aber eine Gefühlsdisposition, die in Richtung der Depression führen kann. Mit den heutigen Erkenntnissen ist es nicht möglich, von einer eindeutigen Beschreibung des Melancholikers auszu-

gehen, weil jeder Mensch mehr oder weniger diese Persönlichkeitsanteile zeigt und alle Übergangsformen möglich sind. So gesehen sind auch Beschreibungen von biblischen Persönlichkeiten (z. B. »der Melancholiker Mose« von Tim Lahaye) wenig hilfreich, weil die Extremausprägungen nur äußerst selten vorkommen. Zur Seelsorge wird auf den Abschnitt »Depressionen« verwiesen.

Literatur:
Pawlik, K. (Hg.): Grundlagen und Methoden der Differentiellen Psychologie, Göttingen 1996
Tellenbach, H.: »Typus Melancholicus«, in: Kindlers Psychologie des 20. Jahrhunderts Band 1, Weinheim, Basel 1981   MD

Menopause → Wechseljahre

Methodenpluralität

Zum Begriff

Methodenpluralität steht für ein Konzept des Umgangs mit der Vielfalt der psychotherapeutischen Schulen und Methoden in → Psychotherapie, Beratung und → Seelsorge. Es beruht auf der Einsicht, daß Psychotherapie bei seelischen Belastungen hilfreich sein kann, daß aber alle psychotherapeutischen Theorien (ebenso wie Seelsorgelehren) unvollständig sind und die Realität seelischen Leidens nur teilweise oder nur einseitig erfassen. Ebenso sind die therapeutischen und seelsorgerlichen Handlungsanweisungen einer Schule nur in manchen Situationen angemessen und in anderen nicht. Methodenpluralität erfordert daher eine schulenübergreifende Kompetenz auf Seiten der Helfer (→ Helfen). Sie stehen vor der Aufgabe, für jede Situation eine angemessene psychologische Betrachtungsweise und ein hilfreiches Handlungsmuster auszuwählen. Nach einer gängigen Systematik wäre dafür im Idealfall Einblick in Theorie und Methode von fünf »Therapiefamilien« erforderlich, nämlich je eine verhaltensorientierte, tiefenpsychologische, erlebensorientierte, systemische und körperorientierte Schule. Dagegen wäre nicht erforderlich, Dutzende der (je nach Zählung) 100 bis 300 unterscheidbaren Schulen kennenzulernen, da Ideen und Methoden in den fünf »Familien« redundant sind (= sich immer wiederholen) und durch innere Ausdifferenzierung (s.u.) immer ähnlicher werden.

Zur Begründung der Methodenpluralität

Daß alle psychotherapeutischen Schulen nur eine relative Wirksamkeit und Gültigkeit haben, läßt sich nachweisen. Durch die Psychotherapieforschung konnten zwischen den »erfolgreichen« Schulen nur geringe Effektivitätsunterschiede festgestellt werden; für viele in der Praxis beliebte Methoden steht der Wirkungsnachweis völlig aus. Positive Therapieeffekte wurden belegt, aber auch die (oft geleugnete) Möglichkeit schädlicher Wirkungen. Ein umfassender therapeutischer Anspruch einer Schule ist daher wissenschaftlich nicht mehr vertretbar. Viele Fachleute reagieren mit einer schulenübergreifenden Orientierung (Eklektizismus) und mit einer praktischen Angleichung ihres Tuns. Man spricht von einer Tendenz zur Integration der Verfahren in der Person des Therapeuten. Die Schulen und ihre Ausbildungen reagieren im Unterschied dazu in der Regel durch eine innere Ausdifferenzierung, mit der sie ihren (meist in einer Aufbruchphase erhobenen) umfassenden therapeutischen Anspruch abzusichern trachten. Man bemüht sich um den Abbau von unrealistischen Utopien und weltanschaulichen Festlegungen, um nüchterne Fachlichkeit und andere Merkmale seriösen Heilens und Helfens. Zeitgeschichtliche Beispiele sind die Entwicklung der → Gestalttherapie und der → Transaktionsanalyse von 1970 bis heute. Einer Schule, der das Eindringen in den Markt seriösen Helfens nicht gelingt oder nur in Teilen gelingt, droht Marginalisierung und im Extrem eine sektenhafte Sonderentwicklung. Am Beispiel der → Neurolinguistischen

Programmierung (NLP) läßt sich derzeit beobachten, wie ein Teil der in der euphorischen Aufbruchphase angeworbenen NLP-Praktiker heute einen Weg zur Differenzierung sucht, ein anderer Teil einen Sonderweg der Vermarktung außerhalb der fachlichen Heilkunde beschreitet.

Methodenpluralität als Konzept bedeutet eine Absage an solche gängigen Anpassungsprozesse innerhalb der Therapieschulen und eine Erhebung der Pluralität zum Prinzip. Damit wird der Konstruktcharakter aller psychologischen Modelle, ihr Wesen als menschliches Produkt, zur Grundlage des praktischen Umgangs gemacht. Mit seiner erkenntnis- und utopiekritischen Stoßrichtung weist das Konzept auch über die (an und für sich begrüßenswerte) Integration der Schulen in der Therapeutenperson hinaus. Vom christlichen Menschenbild her können alle psychologischen Modelle nur einen Teil der existentiellen Realität seelischen Leidens erfassen. Daher vermeidet Methodenpluralität in der Seelsorge die Auslieferung des Handelns und Denkens an eine bestimmte Schule ebenso wie an eine bestimmte Person.

Zur Praxis

Methodenpluralität setzt voraus, daß es Kriterien für die Auswahl bestimmter Techniken und Betrachtungsweisen in der therapeutischen bzw. seelsorgerlichen Situation gibt (fachlich: für die Praxis der Methodenpluralität wird eine Metatheorie und Metamethodik benötigt). Michael Dieterich (1989) nennt drei Leitfragen: (1) nach den Eigenschaften des Therapeuten oder Seelsorgers; (2) nach den Eigenschaften des Klienten oder Ratsuchenden; (3) nach den gegenwärtigen Umständen. Er bringt dies auf die Formel M = f (S, R, U); d. h., die Wahl der Methode wird als Funktion von Seelsorger, Ratsuchendem und Umständen gesehen. Einige der gesuchten Kriterien lassen sich aus der Psychotherapieforschung ableiten. Zum Beispiel wirken viele Methoden differentiell, so daß die Probleme des Klienten eine von ihnen nahelegen und evtl. eine andere verbieten: Kognitive Verhaltenstherapie (→ Kognitive Therapie) ist danach bei Angstsyndromen (→ Angst) zu bevorzugen. Tiefenpsychologische Langzeitmethoden (→ Psychoanalyse) bei Zwangssymptomen (→ Zwang) oder klientenzentrierte → Gesprächspsychotherapie bei Agoraphobie (→ Phobie) werden dagegen keinen Erfolg haben. Bewiesen wurde auch, daß Selbsthilfe manchmal der professionellen Therapie gleichrangig sein kann (z. B. Sucht, reaktive Depressionen, → Selbsthilfegruppen). Die Helferpersönlichkeit und die Umstände liefern weitere Kriterien, die schwer zu systematisieren sind. Dies gilt jedoch nicht nur für einen methodenpluralen Ansatz, sondern auch innerhalb einer psychotherapeutischen Schule. Untersuchungen zeigen, daß eine schulmäßige Indikation weniger Einfluß auf die Wahl der Behandlung hat als unsystematische Einflüsse: Wertsystem von Klient und Therapeut, Bildungsstand, Finanzierung, Vorinformationen der Beteiligten usw. In der Praxis ist auch zu bedenken, daß viele hilfreiche Faktoren allgemein (nicht schulenbezogen) wirken: eine vertrauenerweckende Therapeutenpersönlichkeit (→ Empathie), eine positive Erfolgserwartung des Hilfesuchenden, die Möglichkeit zur Selbstreflexion sowie »therapeutisches → Lernen« allgemein usw.

Neben den psychologischen Kriterien sind in der Seelsorge bei der Auswahl von Methoden und Denkmodellen theologische Kriterien zu berücksichtigen. Einige therapeutische Techniken lassen sich im Einzelfall mit einer seelsorgerlichen Haltung verbinden, andere nicht. In einer Phase der Selbstreflexion beim Ratsuchenden mag es zum Beispiel angemessen sein, die seelsorgerliche Gesprächsführung an die klientenzentrierte Gesprächstherapie anzulehnen. Wenn ein Ratsuchender dagegen aufgrund seiner Glaubensprobleme eine Stellungnahme des Seelsorgers herausfordert, würde ein Festhalten an dieser Gesprächstechnik der seelsorgerlichen Absicht gerade im Weg

stehen. Auch solche theologischen Kriterien sind schwer zu systematisieren; die Seelsorge bleibt prinzipiell offen für die unverfügbare Hilfe Gottes auch in der Wahl der Methodik oder – wozu ebenfalls Freiheit gegeben ist – im Verzicht auf psychologische Methodik.

Literatur:
Dieterich, M.: Psychotherapie-Seelsorge-Biblisch-therapeutische Seelsorge, Neuhausen-Stuttgart 1987
ders.: Handbuch Psychologie und Seelsorge, Wuppertal und Zürich 1989
Goller, H.: »Wie wirksam ist Psychotherapie?«, in: Stimme der Zeit 11/1993, S. 771–782
Hemminger, H.: Psychotherapie – Weg zum Glück?, München 1987
Perrez, M.: »Kosten und Nutzen in der Psychotherapie«, in: Neue Zürcher Zeitung 18./19. 12. 1994, S. 31
Sons, R.: Seelsorge zwischen Bibel und Psychotherapie, Stuttgart 1995   HH

Minderwertigkeitsgefühl, Minderwertigkeitskomplex

Der Ausdruck Minderwertigkeit wurde von A. Adler in die Tiefenpsychologie eingeführt. Dieser Begriff gehört zu den wichtigsten Säulen der von ihm begründeten → Individualpsychologie. Nach Adler bedeutet Menschsein das Sich-minderwertig-Fühlen schlechthin. Das Minderwertigkeitsgefühl ist das unangenehme Erlebnis der eigenen Unzulänglichkeit bzw. Unterlegenheit gegenüber anderen in einzelnen Situationen oder als Dauerhaltung (Minderwertigkeitskomplex).

Das Gefühl der Minderwertigkeit ist nur möglich, wenn man sich mit anderen vergleicht. Es ist immer subjektiv und beruht auf einer falschen Einstellung zu sich selbst. Der Zweifel am eigenen Wert und an den eigenen Fähigkeiten verhindert das Gefühl der Zusammengehörigkeit. Der Mensch beurteilt sich ständig, indem er sich mit anderen vergleicht. Dabei ist er in eigener Sache gleichzeitig Angeklagter, Ankläger und Richter und hat demzufolge nie das »richtige« Urteil über sich selbst: entweder überschätzt oder unterschätzt er sich. Zweifelt er an seinem eigenen Wert, überschätzt er die Überlegenheit anderer und umgekehrt.

Minderwertigkeit und Gemeinschaftsgefühl

Jeder Mensch hat das Grundbedürfnis nach Dazugehörigkeit (soziales Eingebettetsein) und kann letztlich nur »normal« handeln, wenn er sich gleichwertig anerkannt fühlt. Er ist sich seines Platzes in der Gemeinschaft sicher, entwickelt das notwendige Gefühl der Zusammengehörigkeit und bewegt sich auf der nützlichen Seite des Lebens. Er weicht aber auf die gemeinschaftsfeindliche Seite des Lebens aus, wenn die Furcht vor der Niederlage auf der nützlichen Seite größer wird als der Wunsch nach Anerkennung. (Nützlich sein heißt: etwas zum Nutzen/Wohl der Allgemeinheit/Gemeinschaft beitragen.) Minderwertigkeitsgefühle entstehen also aus dem Konflikt zwischen Anspruch auf Anerkennung (und Dazugehörigkeit) einerseits und Furcht vor Mißerfolg andererseits.

Minderwertigkeit und ihre Überwindung

Der Mensch strebt grundsätzlich nach Überwindung von Mangellagen. Dem erlebten Minderwertigkeitsgefühl steht die gleichzeitige Tendenz zur Kompensation dieses Gefühles gegenüber: das Geltungsstreben. Der Mensch bewegt sich vom Zustand des Minderwertigkeitsgefühls hin zum Zustand der Überwertigkeit und Überlegenheit. Sein Streben ist darauf gerichtet, die vermeintliche Überlegenheit der anderen zu überwinden. Er will damit sein Selbstwertgefühl sichern. Diese Kompensation ist kein abnormer, sondern ein allgemein menschlicher Vorgang. Der Mensch ist beispielsweise in der Lage, durch Überkompensation einer Organminderwertigkeit gerade auf diesem Gebiet zu besonderen Leistungen zu kommen. Das klassische Beispiel ist Demosthenes, der kein »L« aussprechen konnte und mit einem Kieselstein im Mund so lange übte, daß er schließlich Griechenlands berühmtester Redner wurde. Das Minderwertigkeitsgefühl verspürt in gewissen Situationen jeder (besonders das Kind). Indem man sich sagt: »Das kann ich noch nicht«, wird man angespornt zu einer positiven weiteren Entwicklung.

Von einem Minderwertigkeitskomplex dagegen reden wir, wenn ein Mensch fatalistisch auf eine echte oder nur vorgestellte lähmende bzw. einschränkende Situation reagiert und nicht versucht, seine Lage zu ändern oder zu verbessern. Ein solcher Mensch ist entmutigt, er gibt seine Bemühungen auf, erklärt seine Unfähigkeit zur Bewältigung des Lebens, was einer Bankrotterklärung gleicht.

Arten der Minderwertigkeit

– Biologische Minderwertigkeit
– Soziale Minderwertigkeit
– Kosmische Minderwertigkeit
– Organminderwertigkeit
– Eingebildete Minderwertigkeit
– Erworbene Minderwertigkeit

Literatur:
Hobmair, C.; Treffer, R.: Individualpsychologie in Erziehung und Gesellschaft, 1979
Wexberg, E.: Individualpsychologie, 1987
HB

Moral

Unter Moral verstehen wir die Gesamtheit von normativen Prinzipien, welche im Verlaufe eines längeren Anerkennungsprozesses in einer menschlichen Gemeinschaft als verbindlich erklärt werden. Dabei meint »normativ«, daß es sich um ausformulierte Grundsätze handelt, welche von einer Gesellschaft als gültig anerkannt werden. Normen finden ihren Ausdruck in Geboten (»du sollst«) und Verboten (»du darfst nicht«).

Im Alltag werden die Begriffe »Moral« und »Ethik« häufig synonym verwendet, sollten aber auseinandergehalten werden: Die → Ethik versucht in einem umfassenden Sinne die Frage nach Gut oder Böse, respektive »richtig« oder »falsch« zu beantworten. Sie tut dies, indem sie eine Handlung oder Entscheidung nach bestimmten Kriterien oder Maßstäben beurteilt.

Innerhalb des großen Gebietes der Ethik ist die Moral (neben Moralität, Gewissen oder Verantwortung) ein zentraler Begriff. Sprachlich geht Moral auf den lateinischen Ausdruck *mos, mores* zurück, was sowohl »Sitte« als auch »Charakter« bedeutet. Diese Doppelbedeutung kommt auch im Deutschen zum Ausdruck, indem wir einerseits von Moral (Sitte), dann aber auch von Moralität (Charakter) sprechen.

Praktisch handelt es sich bei der Moral um mündlich oder schriftlich ausformulierte, häufig hierarchisch strukturierte Prinzipien. Von der Form her entsprechen beispielsweise Verfassungen, Statuten oder Gesetze einer Moral. Dies steht im Gegensatz zur Moralität oder Sittlichkeit. Diese beschreibt nicht einzelne Grundsätze oder Ordnungen, sondern befaßt sich mit den dahinterliegenden Prinzipien. Moralität meint eine Grundhaltung der Tugend oder der ethischen Verantwortung. Sie treibt den Menschen dazu, sich überhaupt mit ethischen Fragen auseinanderzusetzen, eine bestehende Moral zu hinterfragen oder zu begründen.

Weil Moral definitionsgemäß in einem längeren Anerkennungsprozeß entsteht, folgt daraus als erstes, daß jede größere Volks- oder Berufsgruppe, jede Religion oder Weltanschauung ihre eigene Moral kennt. Daß jede Moral von Menschen formuliert wird, bedeutet zweitens, daß sie stets unvollkommen und niemals für die Ewigkeit gemacht ist. Sie wird sich deshalb innerhalb gewisser Grenzen im Laufe der Zeit verändern können. Die Bedeutung der Moral liegt in ihrer Mittelstellung in einer dreistufigen Hierarchie. Auf einer obersten Ebene finden sich die ethischen Grundprinzipien. Von diesen inspiriert, formulieren Menschen auf einer zweiten Ebene die Moral. Diese wiederum beeinflußt auf einer dritten Stufe die praktische Anwendung, die Umsetzung in die Wirklichkeit. Daraus folgt, daß die Verbindlichkeit der Moral sowohl von der Zuverlässigkeit der ethischen Grundprinzipien als auch vom Anerkennungsprozeß durch die Menschen abhängt. Je verbindlicher die ethischen Grundprinzipien, desto zuverlässiger wird auch die Moral sein. Deshalb wird stets versucht, eine Moral auf möglichst solide ethische Grundsätze zu beziehen. Dies entspricht philosophisch einem Bezug auf das Unbedingte, wobei häufig die Freiheit als Bezugspunkt gewählt wird. In diesem Sinne versuchen auch alle Religionen ihre Moral in ihren Glaubenssätzen zu verankern. Je absoluter diese ethischen Prinzipien, desto verbindlicher und zeitloser wird die daraus abgeleitete Moral.

Christentum und Moral

Die Christen sind überzeugt, in der Bibel das von Gott offenbarte Wort vor sich zu haben. Der Rückbezug auf die Bibel ist daher feste Verankerung für eine Moral. Dadurch vermag eine Moral, obwohl durch Menschen formuliert, eine hohe Verbindlichkeit zu erlangen. Trotzdem bleibt sie, weil auf menschlicher Interpretation und einem Konsens beruhend, stets innerhalb gewisser Grenzen verbesserungsfähig und muß in einem ständigen Prozeß auf Gottes absoluten Maßstab ausgerichtet werden. Sie darf deshalb nie verabsolutiert oder mit der biblischen Autorität verwechselt werden.

Literatur:
Dieterich, M.: Handbuch Psychologie und Seelsorge, S. 167ff, Wuppertal und Zürich 1987
Jost, M.: Die ethische Basis der modernen Medizin, 1992
Pieper, A.: Ethik und Moral, München 1985
Thielicke, H.: Theologische Ethik, Bd. III, Tübingen 1969–1987   MJ

Motiv, Motivation

Für die Frage, warum sich ein Mensch so und nicht anders verhält, hat jeder Mensch eine eigene Theorie und vielfältige Namen: Leidenschaft, Begierde, Interesse, Triebfeder, Wille, Wunsch usw. So wird heute in der Alltagssprache versucht, die möglichen Beweg- oder die richtungsgebenden Hintergründe des Handelns zu erklären. In der bisherigen Motivationsforschung hat sich ein Wandel ergeben. Man unterscheidet heute grob zwischen biologischen und psychologischen oder sozialen Motiven. Diese Trennung läßt sich nicht immer eindeutig vollziehen, da eine Wechselwirkung zwischen angeborenen (biologischen) und psychologischen (d. h. erworbenen) Motiven besteht.

Biologische Motive (auch als »primäre« oder »biogene« → Triebe bezeichnet) entstehen aufgrund angeborener biologischer Mechanismen, die der Aufrechterhaltung des physiologischen Gleichgewichts im Organismus dienen. Der innere Organismus unternimmt dabei große Anstrengungen, um das Gleichgewicht, die sog. Homöostase, zu erhalten. Dieser Vorgang verläuft nach dem Prinzip der Regelkreis-Systeme. Ein Zuwenig oder Zuviel an bestimmten Stoffen führt zu Aktivitäten, um den Mangel wieder auszugleichen.

Sozial-psychologische Motive werden auf Lernprozesse zurückgeführt, bei denen bestimmte Bedürfnisse erlernt wurden, die von individuellen Erfahrungen, von der → Erziehung, insgesamt von der Umwelt beeinflußt sind und die ihrerseits auf biologische Bedürfnisse zurückgehen können. Ihre Entstehung kann nicht allein durch das Streben nach Homöostase erklärt werden. Menschen haben den Wunsch nach Leistung (→ Leistungsmotivation), nach Sicherheit, Zuneigung, sich weiterzuentwickeln etc. Werden diese Motive langfristig frustriert, kann dies zu emotionalen Störungen oder somatischen Krankheiten führen (→ Hospitalismus). Sozial-psychologische Motive werden auch als »sekundäre Bedürfnisse« bezeichnet. Daß Motive nicht irgendwie un-

spezifisch ausgelöst werden, machte die Entdeckung von entsprechenden aktivierenden Hirnzentren klar.

Biologische und sozial-psychologische Motive werden aus der Sicht der einzelnen Therapieschulen verschieden erklärt. In der psychodynamischen Theorie (→ Psychoanalyse) spricht man von → Trieb, → Libido oder Es-Kräften, die meist unbewußt das menschliche Handeln bestimmen. Diese Theorie versucht das Zusammenspiel der angeborenen Triebe mit dem psychologisch-sozialen Umfeld zu beschreiben, der Mensch wird aber auf ein »triebgesteuertes Wesen« reduziert. So ist er nach dieser Theorie ständig damit beschäftigt, Triebe entweder zu befriedigen oder zu verdrängen, wodurch diese dann auf teilweise kompliziertem Weg an anderer Stelle wieder auftreten. Neue psychodynamische Theorien berücksichtigen zunehmend die Entscheidungsmöglichkeit des einzelnen und sehen ihn nicht mehr nur seinen Trieben ausgeliefert. Humanistische Theorien (→ Humanistische Psychologie) bringen die einzelnen Motive in eine Rangreihe. Sind die Bedürfnisse auf einer Stufe befriedigt, so haben die Bedürfnisse der nächsten Stufe Vorrang. Folgende Stufen werden von A. Maslow beschrieben: physiologische Bedürfnisse (Hunger, Durst etc.), Bedürfnisse nach Sicherheit, nach Liebe und Zugehörigkeit, nach Wertschätzung und nach → Selbstverwirklichung. Diese Theorie ist sehr allgemein formuliert, ebenso unbewiesen wie die psychodynamischen Theorien, bietet jedoch bereits eine Erklärungs- und Strukturierungshilfe für Motive. Lerntheoretische und kognitive Ansätze (→ Behaviorismus) konnten einerseits aufzeigen, daß der Mensch keineswegs »sklavisch« seinen Trieben unterworfen ist, andererseits konnten sie ein überzeugendes Erklärungsmodell für die Entstehung von Motiven liefern. So hängt Verhalten einerseits von einem individuell und von der Situation bedingten Erregungs- oder Spannungsniveau ab. Ein entscheidender Faktor ist andrerseits auch die Erwartung eines Erfolgs einer bestimmten

Handlung (Belohnung, → Verstärkung). Hier spielt die → Kontrollüberzeugung eine große Rolle und ebenso die kognitive → Dissonanz.

Bedürfnisse lassen häufig unterschiedliche Handlungs- oder Reaktionsmöglichkeiten zu. Hierbei kann es vorkommen, daß unterschiedliche Motive und entsprechende Handlungsmöglichkeiten miteinander kollidieren, was wiederum häufig Ursache für Konflikte sein kann. So könnten beispielsweise Handlungen, die dem Bedürfnis nach → Schlaf oder dem Bedürfnis nach sexueller Befriedigung folgen, miteinander kollidieren. Aber auch im christlichen Leben kennen wir Situationen, wo gleichermaßen vorhandene Bedürfnisse miteinander in Konflikt geraten können. Paulus beschreibt dies treffend (Röm 7,19): »Das Gute, das ich will, das tue ich nicht; sondern das Böse, das ich nicht will, das tue ich.« Der Glaube an Jesus Christus kann auf der einen Seite neues Handeln ermöglichen, aber gute Motive setzen sich eben nicht immer durch, sondern die Auslösebedingungen für das »alte« Handeln wirken noch weiter. Paulus löst dieses Paradox, frei und doch unter dem alten Gesetz zu sein, damit, daß er Jesus Christus dankt und dann konstatiert (V. 25b): »So diene ich nun mit dem Gemüt dem Gesetz Gottes, aber mit dem Fleisch dem Gesetz der Sünde.« Wir können diese Äußerung vor dem hier gegebenen Hintergrund dahingehend verstehen, daß miteinander kollidierende Bedürfnislagen eine Erklärung (und keine Entschuldigung) für Konflikte im Leben eines Christen sein können (→ Leistungsmotivation).   BN

Multimodale Therapie

Biblisch-therapeutische Seelsorge gründet sich auf dem Menschen- und Weltbild der Bibel. Seele (*näfäsch, pneuma*) meint sowohl im AT und NT den geistlichen, körperlichen und psychischen Aspekt des Menschen (H. W. Wolff). Die Multimodale Therapie/Seelsorge versucht dieser ganzheitlichen Schau des Menschseins gerecht zu

werden. Sie versucht also, die unterschiedlichen Aspekte des Menschseins zu erfassen und zu verstehen. Eine → Biblisch-therapeutische Seelsorge wird zumindest immer von drei Dimensionen des Menschen ausgehen: der (1) medizinisch/biologischen Dimension, der (2) psychosozialen Dimension und der (3) geistlichen Dimension (→ BASIC-ID/BASIC-SID)

Die medizinisch/biologische Dimension meint z. B. medizinische Daten wie Blutdruck, Gehirnwellen (→ Elektroenzephalogramm), den gesundheitlichen Zustand, die genetische Veranlagung oder die Einnahme von Medikamenten.

Die psychosoziale Dimension bezieht sich auf das Verhalten und Erleben eines Menschen und die Einflüsse der sozialen Umwelt; z. B. ist interessant, welche Lerngeschichte ein Mensch hat oder ob er als Einzelkind bzw. mit Geschwistern aufgewachsen ist.

Die geistliche Dimension hält fest, daß neben den Verursachungen in der sichtbaren Welt ebenso Einflüsse der unsichtbaren Welt (Hebr 11,1–3) vorhanden sind und beide zuvor genannten Dimensionen beeinflussen (M. Dieterich, 1987).

Eine ganzheitliche Seelsorge muß in der Auswahl der Interventionen stets individuell vorgehen und dabei sich selbst, den Ratsuchenden und die Umstände im Blick haben. Von daher kann sich eine Biblisch-therapeutische Seelsorge nicht nur einer einzigen Seelsorgeform (z. B. Ermahnen, nuthetische Seelsorge) oder einer einzigen Therapieschule, z. B. der Gesprächspsychotherapie oder Verhaltenstherapie, verpflichten. Dies belegt die Psychotherapieforschung (Klaus Grawe, 1994), in der vier objektive Wirkfaktoren in der Psychotherapie erkannt wurden (→ Wirksamkeitsforschung), die gleichwertig nebeneinander stehen (→ Methodenpluralität). Die verschiedenen Therapieschulen können diese Wirkfaktoren jeweils nur bedingt anbieten. Diese vier Wirkfaktoren sind:

– *Ressourcenaktivierung:* Der Seelsorger hilft dem Ratsuchenden, an seinen positiven

Möglichkeiten, Eigenarten, Fähigkeiten und Motivationen anzuknüpfen, und gestaltet die Art der Hilfe so, daß der Ratsuchende sich in der Seelsorge auch in seinen Stärken und positiven Seiten erfahren kann. In der Diagnostik (→ Psychodiagnostik) sollten daher auch die vom Ratsuchenden mitgebrachten Stärken, Eigenarten, Gewohnheiten, Fähigkeiten, Einstellungen und Ziele erfaßt werden, die für den Veränderungsprozeß gezielt genutzt werden können.
– *Problemaktualisierung* oder das *Prinzip der realen Erfahrung:* Das Prinzip sagt, »was verändert werden soll, muß in der Therapie real erlebt werden«.
– *Aktive Hilfe zur Problembewältigung:* Der Seelsorger unterstützt den Ratsuchenden aktiv mit geeigneten Maßnahmen bzw. leitet ihn direkt an, mit einem bestimmten Problem besser fertig zu werden. Es geht um die Erfahrung, nun besser mit einer bestimmten Schwierigkeit umgehen zu können, sich besser gewappnet, nicht mehr so ausgeliefert zu fühlen wie zuvor. So kann das Zutrauen des Ratsuchenden in der Seelsorge wachsen. Der Seelsorger arbeitet hier aus dem Blickwinkel »Können vs. Nichtkönnen«, ohne dem Nichtkönnen irgendwelche anderen Bedeutungen zu unterstellen.
– *Klärung:* Der Seelsorger hilft dem Ratsuchenden, sich über die Bedeutungen seines Erlebens und Verhaltens im Blick auf seine bewußten und unbewußten Ziele/Motive und Werte klarer zu werden.
Bei der Bestimmung der zu wählenden Intervention sind zumindest drei Faktoren zu berücksichtigen: Merkmale des Seelsorgers, Merkmale des Ratsuchenden und Merkmale der Umgebung. Dieser Zusammenhang läßt sich mit der Seelsorgeformel von M. Dieterich (1987) darstellen M = f (S, R, U).

Literatur:
Dieterich, M.: Biblisch-therapeutische Seelsorge, Neuhausen 1987
Grawe, K.: »Grundriß einer allgemeinen Psychotherapie«, in: Psychotherapeut 3/95, S. 130–145, Heidelberg   JL

Multiple Persönlichkeitsstörung (MPS)

Die Multiple Persönlichkeitsstörung ist eine sehr seltene Störung der Persönlichkeitsidentität. Nach dem DSM-III-R sind zur Diagnose (→ Psychodiagnostik) der MPS zwei Voraussetzungen wichtig: Die erste beschreibt die Existenz von zwei oder mehr Personen oder Persönlichkeitszuständen innerhalb einer Person (jede mit einem eigenen, relativ überdauernden Muster, die Umgebung und sich selbst wahrzunehmen, sich auf sie zu beziehen und sich gedanklich mit ihnen auseinanderzusetzen).
Die zweite Voraussetzung fordert, daß mindestens zwei dieser Persönlichkeiten oder Persönlichkeitszustände wiederholt volle Kontrolle über das Verhalten des Individuums übernehmen. Diese Phänomene führen dazu, daß eine »Person« (bzw. ihr Körper) gelegentlich etwas sagt, fühlt oder tut, das sie selbst nie tun würde. Häufig besteht für den Zeitraum der Kontrolle durch eine andere »Person« oder einen Persönlichkeitsanteil eine völlige oder teilweise Erinnerungslücke (→ Amnesie). Die Diagnose der Störung wird kompliziert durch die Mannigfaltigkeit der Symptome, die auch körperliche Beschwerden mit einschließen (→ Borderline-Störung, → Schizophrenie). Als Ursache der MPS wird heute eine lang andauernde überwältigende psychische und physische Traumatisierung (z. B. schwerer sexueller Mißbrauch) mit Beginn in der frühen Kindheit angenommen. Es kommt zur Abspaltung (Dissoziation) dieser unerträglichen Erlebnisse in weniger zugängliche Bewußtseinsbereiche.

Multiple Persönlichkeitsstörung in Psychotherapie und Seelsorge

Die Therapie erstreckt sich gewöhnlich über viele Jahre hinweg, das Ziel ist die Reintegration oder bessere Kooperation der »Personen« bzw. Persönlichkeitsanteile. Therapieerfolge werden von den unterschiedlichsten Therapierichtungen beschrieben.
Für christliche Therapeuten liegt eine Ge-

fahr in der Überinterpretation (z. B. zu schnelle okkult-dämonische Zuordnung) der eindrücklichen Phänomene. Unbewußte psychologische Bedürfnisse der Berater, welche durch Glaubensüberzeugungen geformt sind, müssen bei der Beurteilung der MPS besonders beachtet werden (1Kor 2,15; Hebr 5,14).

Literatur:
Huber, M: Multiple Persönlichkeiten, Frankfurt/M. 1995
Koch, E.: »Ich bin ich, und ich bin viele«, in: GEO 11/1995, S. 99–112
Pfeifer, S.; Brenner, L.; Spengler, W.: »Störung mit multipler Persönlichkeit«, in: Der Nervenarzt 65/1994, S. 623–627   LB

Musiktherapie

In der Musiktherapie wird Musik zu psychotherapeutischen Zwecken eingesetzt.

Generell liegt der Vorteil einer Musiktherapie in einem nonverbalen, seelsorgerlichen Zugang (→ Kunsttherapie). Dieser Umstand macht Musiktherapie besonders bei schweren psychischen Störungen geeignet, in welchen der verbale Zugang durch Erschöpfung erschwert wird und eher im analogen Bereich mit Bildern oder Musik gearbeitet werden sollte. Aber auch bei sprachlichen Behinderungen und bei Klienten, die zu verbaler Kommunikation zwar fähig sind, aber in stark überlernten und automatisierten Worten »hängenbleiben«, findet Musiktherapie ihren Einsatz.

In der Musiktherapie werden häufig zwei Formen unterschieden: Zum einen kann der therapeutische Einsatz über das *Anhören von Musik*, der sogenannten *rezeptiven Musiktherapie* geschehen (→ Entspannung) – und zum anderen über *aktive Musiktherapie*, in welcher das Musizieren der Klienten und Therapeuten im Vordergrund steht.

Das Wissen um die heilsame Wirkung von Musik findet sich schon in den ersten schriftlichen Belegen früherer Kulturen und dem Beispiel Davids, dessen Musizieren König Saul Erleichterung verschaffte, »sooft ihn sein böser Geist überfiel« (1Sam 16,14–23).

Rezeptive Musiktherapie

Die Musikpsychologie untersucht schon seit geraumer Zeit die emotionalen Auswirkungen verschiedener Musikstile, konnte jedoch keine eindeutigen Effekte des Musikhörens nachweisen, was wiederum dazu führte, daß rezeptive Musiktherapie gegenüber der aktiven Musiktherapie in den Hintergrund trat. In letzter Zeit spielt sie jedoch in zunehmendem Maße in der klinischen Medizin eine Rolle: In der Schmerztherapie und Anästhesie konnte ihre schmerz- und angstlösende Wirkung zuverlässig nachgewiesen werden. Dabei erfüllt speziell indizierte Musik die Anwendungskriterien eines Medikaments. Weitere Anwendungsbereiche liegen im Bereich der Gynäkologie und Geburtshilfe (Streß- und Schmerzdämpfung), der Neurologie und Geriatrie.

Im geriatrischen Bereich konnte man zeigen, daß der geistige Abbau alter Menschen durch das Anhören von Musik (z. B. Volkslieder, »Ohrwürmer« aus der Jugendzeit der Klienten usw.) verzögert oder sogar rückgängig gemacht werden kann. Auch in einer seelsorgerlichen Begleitung Sterbender (→ Sterben) kann Musik noch Begegnungen und Nähe vermitteln, wenn der Gebrauch anderer Sinnesorgane oder ein verbaler Zugang nicht mehr möglich ist.

Problematisch bleibt dennoch ein gezielter, sog. »funktionaler« Einsatz des Musikhörens in der Therapie, da Musik von Person zu Person unterschiedlich wahrgenommen und bewertet wird – abhängig von ihrer Lebensgeschichte, ihrem kulturellen Hintergrund, ihrer Erziehung, ihrer momentanen Stimmung usw. – und es daher z. B. keine absolut gültige »Entspannungsmusik« geben kann. Es kann jedoch die Grundregel gelten, daß die entsprechende Musik relativ langsam sein sollte (etwa 60 Schläge pro Minute). Man findet geeignete Musik bei klassischen Komponisten v.a. der Gregorianik, der Renaissance (G. P. da Palestrina, Josquin, T. Tallis, W. Byrd) und des Barocks

(A. Corelli, T. Albinoni, J. S. Bach, A. Vivaldi usw.). Nicht zuletzt gibt es geeignete Musik, die speziell zu Entspannungs-, Meditations- und therapeutischen Zwecken komponiert wurde (Edition TonArt).

Der Einsatz von Musiktherapie kann in → Gruppen eine Erweiterung des Wahrnehmungsspektrums bewirken, indem z. B. auf eine unbefangene, unzensierte Wahrnehmung, auf die Unterscheidung von akzeptierter und nicht akzeptierter Wahrnehmung und auf die Wahrnehmung der Gefühlsreaktionen Wert gelegt wird.

Aktive Musiktherapie

In der *aktiven* MT geht es hauptsächlich um eine freie musikalische Improvisation mit der Stimme und allen möglichen Arten von Musikinstrumenten (v.a. Orffsches Instrumentarium oder auch selbstgebaute Instrumente). Ein solcher Improvisationsprozeß verläuft häufig in vier Phasen:

Zunächst werden die Musikinstrumente erkundet (Exploration), was in dieser Phase zu »chaotischen« Improvisationen führt. Das Bedürfnis nach Strukturierung und die Suche nach Spielregeln (Instrumentierung einschränken oder eine bestimmte Spielweise – z. B. nur kurze, leise Töne – festlegen) führt in die zweite Phase der Differenzierung. In einer dritten Phase werden die gesammelten Erfahrungen zur Kontaktaufnahme untereinander benützt und Rollen verteilt. Mit zunehmender Vertrautheit untereinander tritt die improvisierende Gruppe in die Phase der Spezialisierung ein: Die eingebrachten Themen werden im Detail behandelt.

Was den Besprechungsstil und die Interpretation der Musik oder der Empfindungen zu gehörter Musik anbetrifft, so gelten hier dieselben gesprächstherapeutischen Kriterien, wie sie auch im Rahmen der → Kunsttherapie gelten, da es um ein vorsichtiges »Übersetzen« nonverbaler Elemente in eine verbale Sprache geht.

Choräle und geistliche Lieder werden häufig bereits in der Kindheit und Jugend gelernt. Dadurch sind diese auch in Krisensituationen leichter verfügbar. Solche Choräle werden bereits seit langer Zeit erfolgreich in der → Seelsorge angewendet. Durch stilles oder lautes Singen oder Sprechen der Lieder und Texte kann häufig eine Besserung des Zustands erzielt werden.

Literatur:
Bruhn, H.; Oerter, R.; Rösing, H.: Musikpsychologie, Hamburg 1993
Decker-Voigt, H. H.: Aus der Seele gespielt. Eine Einführung in die Musiktherapie, München 1991
Muthesius, D.: »Die Alten waren einmal Kinder.«, in: Decker-Voigt, H. H. (Hg.), Dokumentation der Fachtagung Musiktherapie auf den MUSICA-Kongressen Hamburg 1988 und 1990, Lilienthal 1990
Schwabe, C.: Regulative Musiktherapie, Leipzig ²1987
Spintge, R.; Droh, R.: Musik-Medizin, Physiologische Grundlagen und praktische Anwendungen, Stuttgart 1992
Strobel, W.; Huppmann, G.: Musiktherapie, Göttingen 1978

Musikempfehlungen:
Albinoni, Tomaso: Adagio.
Bach, Johann Sebastian: Partiten für Violoncello.
Des Pres, Josquin: L'homme arm« Masses.
Edition TonArt: Musikkassetten und Compact Discs speziell zur Entspannung, Meditation und Therapie. Einige Titel: Der du die Zeit in Händen hast; Tonmalereien ... Quelle der Freude; Frühlingszeit; Gratias agimus tibi (Edition TonArt, Gartenstr. 35, 78359 Nenzingen).
Palestrina, Giovanni Pierluigi da: Missa Papae Marcelli.
Tallis, Thomas: Spem in alium.   EJ

Mutismus

(von lat. *mutus* = sprachlos, schweigend)

Ein Stummbleiben des Kindes, obwohl Sprechorgane und entsprechende Wahrnehmungsorgane sowie die zugehörigen Zentren im Gehirn voll funktionsfähig sind. Mutismus tritt häufig bei besonders sensiblen Kindern auf, insbesondere dann, wenn deren Bedürfnisse nach Zuwendung vernachlässigt werden (→ Hospitalismus).

Man unterscheidet den *totalen* Mutismus (das Kind spricht generell nicht) und den *selektiven* Mutismus (spricht mit bestimmten Personen nicht). Mutismus darf man nicht als absichtliche Verhaltensweise, quasi eine Trotzreaktion auf mangelnde Zuwendung, verstehen, denn den Kindern ist nicht bewußt, warum sie nicht sprechen können.

Mutismus in Psychotherapie und Seelsorge

Befindet sich das Kind in einem sozialen Kontext, der ihm die Bedürfnisse nach Zuwendung und emotionaler Wärme nicht erfüllt, so ist i. d. R. eine stationäre Unterbringung in einem Kinderheim oder bei Pflegeeltern angebracht. Durch einfühlendes Verstehen, durch kindgemäße → Gesprächspsychotherapie kann es gelingen, das Kind zu einer → Katharsis zu führen. Mit Hilfe der → Verhaltenstherapie gelingt es, ähnlich wie beim → Autismus, das Sprechen neu zu erlernen. Selten tritt Mutismus als Symptom der → Schizophrenie auf.   JD

Mutter-Tochter-Beziehung

Die Beziehung zur Mutter ist für die Tochter die erste menschliche Beziehung und bildet damit Grundlage für weitere Beziehungen. Sie durchläuft verschiedene Entwicklungsphasen.

Entwicklungsphasen

Schon vor der Geburt ist das Kind Thema ausgiebiger Phantasien für beide Eltern. Die erste Kommunikation mit dem Neugeborenen beinhaltet, ob dieses nun Erfüllung oder Enttäuschung der Träume der Eltern ist.

Körpersprachliche Vorgänge, die ab der Geburt zwischen Mutter (Vater) und Tochter ablaufen, vermitteln in der *Kindheit* auf subtile Weise bewußte und unbewußte Erwartungen. Je weniger eine Mutter eine eigenständige weibliche Identität aufbauen konnte und in ihrem Partner ein erfüllendes

Gegenüber finden kann, um so stärker steht sie in Gefahr, bei ihrer Tochter Befriedigung für unerfüllte Bedürfnisse zu suchen. Viel unterschwellige Wut von Töchtern ergibt sich aus der größeren Bereitschaft von Müttern, Töchter weniger als eigenständige Persönlichkeit und gelegentlich als Erweiterung von sich selbst zu sehen. Die Mutter vermittelt ihrer Tochter als erste, wie sie Weiblichkeit erfährt, lebt und hineinfließen läßt in die Partnerbeziehung und den gesellschaftlichen Raum. Durch ihre Beziehungsweise vermittelt sie Bilder vom »Mann« und von der Ausgestaltung weiblichen Rollenverhaltens. Die Beziehung zu ihrer eigenen Körperlichkeit und Sexualität wirkt unausgesprochen im weiblichen Beziehungsraum.

Wenn intensive, spontane Emotionen wie Begeisterung, Freude, → Aggression, Wut, Trauer, aber auch Sinnlich-Zartes Platz hat in einer Partnerbeziehung, ohne chaotisch überschwemmend zu sein, ist das auch ein guter Nährboden für die Mutter-Tochter-Beziehung.

Brustwachstum und erste Menstruation fordern in der *Pubertät* eine Wandlung von der kindlichen zur weiblichen Identität. Trauer über die vergangene Kindheit kann in dieser Ablösungsphase bei beiden stark mitschwingen und verbunden sein mit Gefühlen der Mutter, ihre Lebensaufgabe zu verlieren. Trägt der Vater die Auseinandersetzungen der beiden Frauen mit und geht er mit subtilen Entwertungsstrategien (auch der Söhne) verantwortungsvoll um, so kann sich dies deutlich positiv auswirken. Töchter, die den Wunsch äußern, lieber zum männlichen Geschlecht zu gehören, lehnen oft im Grunde nicht ihr eigenes Geschlecht ab, sondern nur die entwertete und begrenzte Stellung der Frau. Mütter können ihren Töchtern ihre Zuwendung anbieten, aber sie können sie nicht vor ungerechter Behandlung in der Gesellschaft bewahren. Gelegentlich werden aber auch von der Mutter Zorn und Enttäuschung über unzählige Beschränkungen ihres Lebens als Frau statt mit dem Ehemann an der Tochter ausgetragen. Erspürt die Tochter etwas von einem erfüllten weiblichen Leben bei der Mutter, glückt der Entwicklungsschritt der Pubertät für beide Seiten meist leichter.

Wird die *Tochter selbst Mutter*, nimmt sie durch die eigene Erfahrung in der Mutterschaft ihre Mutter anders und differenzierter wahr und lernt, diese von möglicherweise in der Kindheit und von unserer Gesellschaft übernommenen Vorstellungen zu trennen.

Alleinstehende Töchter haben es oftmals schwerer, aus dem Status des Kindseins in eine mehr freundschaftliche Beziehung zu ihrer Mutter zu finden, da sie sich äußerlich nicht in einer neuen Familie binden und ihre Mutter anders zu einer Beziehungswandlung herausfordern.

Die in der *Lebensmitte* aufbrechende neue Auseinandersetzung mit dem Thema Mutter (Vater) geschieht oft nicht nur im Gegenüber mit den leiblichen Eltern, sondern auch über eine intensive innere Auseinandersetzung mit bedrängenden und ängstigenden Aspekten von Mütterlichkeit (Väterlichkeit). Diese Frauen finden oft ein vertiefteres weibliches Empfinden in Verbindung mit deutlicher gelebten aggressiven Strebungen. Die meist als Krise erlebte Wandlung kann in vertiefte weibliche Identität auf körperlich-geistig-geistlicher Ebene münden. Solche Veränderungen können vom Partner allerdings oft mit Mißtrauen und Angst wahrgenommen werden.

Die Pflegebedürftigkeit der Mutter im *Alter* führt oft zu einer Rollenumkehr, bringt die vertiefte Auseinandersetzung mit dem bevorstehenden Tod der Mutter mit sich und ist auch dann lebenslang nicht abgeschlossen.

Mutter-Tochter-Beziehung vor biblischem Hintergrund

Wurde im Alten Orient die Frau weitgehend als Eigentum des Mannes angesehen, so ändert sich das im Raum biblischer Offenbarung. Obwohl auch hier die patriarchalen Züge dominieren, so ist die Frau doch nicht ganz ohne Rechte. Will sie der Mann »verstoßen«, so erhält sie einen Scheidebrief, der ihr die Wiederverheiratung ermöglicht und ihr so soziale Sicherheit gibt (vgl. Josef). Das Neue an Christus ist die Gewißheit, bereits in der angebrochenen Gottesherrschaft zu leben. Das neue Gesetz, nach dem er lebt, ist nicht mehr auf Stein geschrieben, sondern in das Herz hineingegeben. Jesus macht das in besonderer Weise aus seiner Vaterbeziehung heraus deutlich. Darum kann er sich auch auf eine neue, angstfreie und die Frau in ihrer Würde bestätigende Weise mit der Kraft des Weiblichen auseinandersetzen (z. B. Lk 13,10–17; Joh 4,5–30). Aus der inneren Beziehung zu Jesus als dem Christus, nicht aus der Anerkennung durch Männer, Kinder und Gesellschaft (was diese ebenso von einer schweren Bürde entlastet), wird diese neue Würde als Geschenk und in Gott allein begründete Wirklichkeit erfahren (Lk 15,8–10).

Literatur:

Bürki, A.: Ich bin nicht mehr die Frau, die du geheiratet hast, München 1994
Caplan, P. J.: So viel Liebe, so viel Haß. Zur Verbesserung der Mutter-Tochter-Beziehung, München 1993
Kast, V.: Loslassen und sich selber finden. Die Ablösung von den Kindern, Freiburg 1991
Riedel, I.: Demeters Suche. Mütter und Töchter, Zürich 1988
Stierlin, H. et al.: Das erste Familiengespräch, Stuttgart 1987

N

Nähe-Distanz-Problem

In engen persönlichen Beziehungen, besonders in der Ehe, haben die Partner zwei grundlegende Probleme zu lösen. Die *Machtfrage* (→ Macht) ist dabei wesentlich durch die frühesten und frühen Erfahrungen innerhalb der Geschwisterreihe bzw. durch ein Aufwachsen als Einzelkind bestimmt. Die *Nähe-Distanz-Problematik* ergibt sich aus dem Zusammenwirken von latent bestimmter Partnerwahl und unterschiedlicher Charakterstruktur und muß ebenfalls von jedem Paar gelöst werden.

Ein in der Praxis handhabbares Erklärungsmodell hat Fritz Riemann mit seinem Entwurf von »Grundformen der Angst« vorgelegt. Er beschreibt vier Grundängste: Angst vor Selbsthingabe (und Nähe), Angst vor Selbstwerdung (und Näheverlust), Angst vor Wandlung (und Vergänglichkeit) und Angst vor der Notwendigkeit (und Bindung). Dabei können zwei Dimensionen festgestellt werden. Die Dimension der Bindung und die Dimension Nähe-Distanz.

Ein Zeichen völliger seelischer Gesundheit ist es, wenn ein Mensch alle vier Grundängste und die daraus folgenden Impulse in lebendiger Ausgewogenheit leben kann. Diese völlige Ausgewogenheit ist jedoch nur als Ziel erfahrbar. Menschen erleben auch in der Dimension Nähe-Distanz schwächere oder stärkere Impulse aus der einen oder anderen Grundangst.

Riemann nennt dabei Menschen mit einer Angst vor dem Herausfallen aus der Geborgenheit »*depressive Persönlichkeiten*«. Solche Menschen versuchen überwiegend in der Ich-Aufgabe und Hingabe zu leben. Sie versuchen dabei die emotionale, räumliche und oft auch körperliche Distanz soweit wie möglich aufzuheben. Sie erleben Distanz als Trennung und Verlust, und das ängstigt sie. Sie sind nur ganz Ich mit dem anderen.

Damit sind ihre Wünsche den Wünschen, die eine »*schizoide Persönlichkeit*« hat, diametral entgegengesetzt. Schizoid strukturierte Menschen haben Angst vor der Hingabe und vor enger mitmenschlicher Nähe. Das Streben solcher Persönlichkeiten richtet sich dahin, möglichst unabhängig und autark zu werden. Unterschreitung einer bestimmten Distanz empfinden sie als Gefährdung ihrer Unabhängigkeitsbedürfnisse und Freiheit.

Depressiv strukturierte Menschen schätzen an Schizoiden oft deren Durchblick, Intuition, ihre Sachlichkeit, Abgrenzungsfähigkeit und Souveränität in Krisensituationen. Eher auf Distanz bedachte Menschen schätzen demgegenüber Wärme und Hingabe, Geduld und Leidensbereitschaft der Nähe suchenden depressiven Persönlichkeit. Die unterschiedlichen Wünsche nach Nähe und Distanz werden dabei mitunter als weniger wichtig eingestuft.

Den meisten Paaren gelingt es, Distanz- und Nähewünsche in der Balance zu halten. Das liegt einmal an einer schwachen oder mittleren Ausprägung dieser Wünsche. Es ist zum anderen im Lernen und zunehmender Ich-Stärke der Partner begründet. Der eine kann mehr Nähe zulassen, und die andere kann mehr Distanz ertragen. Schwierig wird es, wenn die Balance verlorengeht. Das kann einmal an einer starken Ausprägung jeweiliger Wünsche liegen. Daneben können auch Krisensituationen alte Ängste stärker wirksam werden lassen. In dieser Situation ergibt sich nicht selten ein »Verfolgungs-Flucht-Muster« oder »Flucht-Verfolgungs-Muster«. Der depressiv strukturierte Partner bringt im ersteren Fall sich in größere Nähe zum schizoid geprägten Partner. Das löst Fluchttendenzen mit dem Ziel größerer Distanz aus. Der Nähe Suchende folgt, um mehr Nähe zu haben. Daraufhin versucht der andere wieder größere Distanz herzustellen usw. Im zweiten Fall zieht sich der distanzierte Partner mehr zurück, der depressiv strukturierte folgt. Der andere zieht sich wieder zurück usw.

Nähe-Distanz-Problem in Psychotherapie und Seelsorge

In dieser Situation ist beratende Seelsorge bzw. Beratung angezeigt. Ziel einer solchen Verabredung wäre es, die jeweiligen Partner dahin zu begleiten, etwas mehr an Distanz bzw. Nähe auszuhalten, um so die Balance wieder herzustellen. Da es sich hier um einen klassischen Konflikt handelt, sind Konfliktlösungsstrategien einzusetzen. Neben dem bekannten Kompromiß sind dies: Regelung, Situation ändern, Konflikt ertragen, Vermittler- oder Zufallsurteil. Ein (Macht-)kampf um die Durchsetzung des eigenen Wunsches führt hier zum Verfolgungs-Flucht-Muster.

Literatur:
Riemann, F.: Grundformen der Angst, München, Basel 1991ff   TS

Narzißmus

Mit diesem aus einer gr. Sage stammenden Begriff wird die Tendenz bezeichnet, auf eigene Handlungen und körperliche Attribute unverhältnismäßig viel Wert zu legen. Der Begriff wurde erstmals 1910 von Sigmund Freud erwähnt.

Narzißmus in Psychotherapie und Seelsorge

Hilfreich ist zunächst eine grundsätzliche Unterscheidung zwischen dem gesunden Narzißmus und der narzißtischen Persönlichkeitsstörung. Letztere liegt dann vor, wenn ihr Beginn bereits in der Kindheit oder Jugend liegt und im Erwachsenenalter andauert. Es handelt sich dann um tief verwurzelte und anhaltende Verhaltensmuster, die sich in starren Reaktionen auf unterschiedliche persönliche und soziale Lebenslagen zeigen. Das Selbstwertgefühl ist vor allem durch die frühe Interaktion zwischen Mutter/Eltern und Kind gestört. Der gesunde Narzißmus und das daraus folgende Selbst-

wertgefühl entwickelt sich dadurch, daß das Kind z. B. die Mutter narzißtisch besetzen kann, d. h., »es schaut in das Gesicht der Mutter und findet sich selbst darin«. Bei der narzißtischen Persönlichkeitsstörung ist es umgekehrt, daß die Eltern das Kind narzißtisch besetzen, d. h., die Eltern sind durch eigene Probleme oder Ängste behindert und suchen die Verwirklichung eigener Bedürfnisse im Kind. Dadurch kann sich beim Kind kein stabiles Wertgefühl entwickeln. Statt eines grundlegenden Vertrauens kommt es zu einem kontinuierlichen Mißtrauen gegenüber sich und anderen. Obwohl Narzißmus bei Christen immer wieder zu einem gestörten Verhältnis zu Gott führen kann, darf eine gestörte Gottesbeziehung umgekehrt nicht schon als Symptom für Narzißmus gelten.

Narzißmus kennzeichnet sich durch folgende Verhaltensauffälligkeiten:
- übertriebenes Gefühl des Selbstwertes, Übertreibung von Leistungen und Begabungen und Konzentration auf die besondere Art der eigenen Probleme;
- Grandiosität: Phantasien von grenzenlosem Erfolg, Macht, Schönheit oder idealer Liebe;
- die Suche nach dauernder Aufmerksamkeit und Bewunderung;
- kühle Gleichgültigkeit oder deutliche Gefühle von Zorn, Minderwertigkeit, Scham oder Leere als Reaktion auf Kritik o.ä.

Schwierigkeiten in zwischenmenschlichen Beziehungen kennzeichnen sich wie folgt:
- Anspruchshaltung: die Erwartung besonderer Vergünstigungen, ohne entsprechende Verpflichtungen übernehmen zu wollen;
- Ausbeutung und Manipulation: andere übervorteilen, um die eigenen Wünsche zu erfüllen, oder zur Steigerung des Selbstwertgefühls; Mißachtung der persönlichen Integrität und der Rechte anderer;
- Beziehungen, die zwischen den Extremen Idealisierung und völliger Abwertung schwanken;
- Mangel an Empathie und Einfühlsamkeit in die Situation anderer.

Bei der Behandlung der narzißtischen Persönlichkeitsstörung ist zu beachten: Hinter einer »Leistungsfassade« kommt oft nur mühsam ein therapeutischer Prozeß in Gang. Einsichten werden eher produziert, um Anerkennung zu ernten. Häufig hat der Betroffene die Schwierigkeit, sich in eine »therapeutische Abhängigkeit« zu begeben. Die therapeutische Behandlung des Narzißmus kennzeichnet sich vor psychoanalytischem Hintergrund etwa durch Spiegelkommunikation, d. h., nicht erlebte oder abgespaltene Gefühlsanteile werden in der Behandlung stellvertretend gespiegelt, damit ein eigenes und unterschiedenes Ich sich bilden kann. Ziel ist es, »Ich« sein zu dürfen mit allen Gefühlen und Reaktionen, ohne daß diese mit Schuld- und Schamgefühlen abgewehrt werden müssen. Der therapeutische Fortschritt zeigt sich dann in einem Wandel von Pseudounabhängigkeit in eine therapeutische Abhängigkeit, und daraus folgt eine »gewachsene« Unabhängigkeit und Selbständigkeit.

Neben der psychoanalytischen haben sich vor allem kognitive und rational-emotive Behandlungsmethoden bewährt (etwa im Sinne von Röm 12,2).

Literatur:
Wittchen, H. U. et al.: Diagnostisches und Statistisches Manual psychischer Störungen, Weinheim/Basel 1984³
ders.: Internationale Klassifikation psychischer Störungen: ICD-10, Göttingen 1991

Kernberg, O.: Borderline-Störung und pathologischer Narzißmus, Frankfurt 1983
Mahler, M.: Die psychische Geburt des Menschen, Frankfurt o.J.   KB

Neoanalyse

Sammelbezeichnung für alle neueren Entwicklungen der → Psychoanalyse. Ihre Hauptvertreter sind K. Horney, E. Erikson, E. Fromm, M. Klein, S. Sullivan, H. Schultz-Hencke, S. Rado.

Wesentliche Beiträge einiger wichtiger Vertreter der Neoanalyse

K. Horney emigrierte nach New York und brach bald mit den Grundsätzen der Psychoanalyse. Sie wurde durch die → Individualpsychologie und → Gestalttherapie beeinflußt und maß den kulturellen Umständen und der Bedeutung situativer Faktoren bei Neurosenentstehung (→ Neurose) hohe Bedeutung bei. »Motor« der Neurose ist demnach die → Angst und ihre Abwehr.

E. Erikson war in seiner Jugend einer starken → Identitätskrise ausgesetzt und nahm diese Erfahrungen als zentralen Ausgangspunkt seiner Theorie. Er wurde stark von der Anthropologin M. Mead beeinflußt. Erikson differenzierte das Entwicklungsschema von Freud um die Phasen des Erwachsenen:

Entwicklungsschema nach Erikson

– Säuglingszeit	oral-sensorisch	Urvertrauen gegen Mißtrauen
– frühe Kindheit	muskulär-anal	Autonomie gegen Scham und Zweifel
– Spielalter	motorisch-genital	Initiative gegen Schuldgefühle
– Schulalter	latent	Leistung gegen Minderwertigkeit
– Adoleszenz		Identität gegen Verwirrung
– Jugendzeit		Intimität gegen Isolierung
– Erwachsenenalter		Generativität gegen Stagnation
– Alter	reif	Integrität gegen Verzweiflung

Jede Phase stellt demnach eine Zeit der → Krise dar. Wenn sie nicht abgeschlossen wird, kommt es zur Stagnation mit Ausbildung einer abnormen Reaktion. Die Behandlung erfolgt im Kindesalter durch → Spieltherapie und bei Erwachsenen durch eine modifizierte analytische Therapie: Der Therapeut bekommt Einblick in die unbewußte Motivation (→ Motiv) des Patienten und teilt sein Wissen mit ihm. Es folgt die Beseitigung der Auslöser, und der Patient entwickelt eine neue reifere Identität.

E. Fromm übte den stärksten Einfluß der Neoanalytiker aus. Er war Mitglied der sog. »Frankfurter Schule« (→ Wissenschaftstheorie) und Vertreter der → Humanistischen Psychologie. Fromm geht davon aus, daß der Mensch die wahren Motive seines Handelns nicht kennt. Fromm lieferte darüber hinaus eine bemerkenswerte sozialpsychologische Analyse unserer Kultur.

M. Klein begründete die englische Schule der Psychoanalyse. Sie entwickelte die Kinderanalyse und differenzierte sehr stark die Entwicklungsstadien des Menschen unter Annahme eines Aggressionstriebes (→ Aggression). Eine wesentliche Rolle spielt dabei der Ödipuskomplex (→ Ödipuskonflikt). Die Therapie erfolgt im Spielkontext (→ Spiel, → Spieltherapie).

S. Sullivan übte starken Einfluß auf die amerikanische → Psychiatrie (interpersonelle Psychiatrie) aus und führte eine fast legendäre Abteilung für jugendliche Schizophrene. Er brach mit der Freudschen Terminologie innerhalb der klassischen Analyse und achtete vermehrt auf die soziale Komponente des Menschen. Der Mensch entwickelt sich in zwischenmenschlichen Beziehungen durch Selbstsysteme (→ Wesenszüge, die sich aus einer Anzahl von Möglichkeiten der → Kommunikation mit Eltern entwickeln). Im Erwachsenenalter erlernt der Mensch nach dem Verständnis Sullivans die Kultur, und der Konflikt zwischen den Grundbedürfnissen »Befriedigung« und »Sicherheit« erzeugt emotionale Probleme. Der Mensch wird erst in der Auseinandersetzung mit anderen »er selbst«, und seine Störungen sind nur im sozialen Kontext zu verstehen. Die Sullivansche Therapiemethode kennzeichnet sich durch direkte Auseinandersetzung zwischen Patient und Therapeut.

H. Schultz-Hencke entwickelte eine eigene psychoanalytische Lehre (eigentlicher Neoanalytiker). Das Antriebsleben des Menschen ist demnach in intentionale, kaptative, retentive, aggressiv-geltungsstrebige, urethrale und liebende Motive unterteilt. Dies bedeutete eine Erweiterung gegenüber den Entwicklungsstadien Freuds. Durch Einseitigkeit in der Erziehung (Härte und »Verzärtelung«) entstehen Hemmungen einzelner Motive, die zu Charakterveränderungen führen. In → Krisen kommt es zur Auslösung der → Neurose, die schizoid (→ Schizophrenie), depressiv (→ Depression), anankastisch oder hysterisch (→ Hysterie) sein kann.

S. Rado war einer der Pioniere der Neoanalyse in Amerika und wirkte über den Kreis der Tiefenpsychologie hinaus. Er verband das Konzept des → Unbewußten mit biologischen Aussagen und kritisierte mit diesem Ansatz stark die Theorien Freuds. Rado entwickelte ein eigenes Handlungskonzept, in dem die vier Ebenen der Verhaltensmotivation (lustbestimmt, emotional, emotional denkend, nicht-emotional denkend) integriert sind. Der Mensch sucht demnach soziale Anpassung; erst wenn dieser adaptive Vorgang trotz Reparationsmechanismen mißlingt, resultieren → Neurosen. Die Behandlung erfolgt durch Fördern von gemeinschaftsfördernden Emotionen wie Zuneigung, Stolz, Freude und der Fähigkeit des Individuums, selbständig zu leben. Seine Handlungsanweisungen sind sehr pragmatisch und unterscheiden deutlich zwischen dem Behandlungsverhalten und Alltagsverhalten des Patienten.

Zusammenfassung

Die Ergebnisse der Neoanalytiker gingen in die Alltagspsychologie unser Zeit ein und faszinieren z. T. durch ihre griffigen Erklärungen des menschlichen Verhaltens.

Gleichzeitig offenbart sich die Zersplitterung der tiefenpsychologischen Schulen, die sich immer wieder innerhalb ihrer Theoriebildung und -formulierung widersprechen.

Literatur:
Erikson, E.: Jugend und Krise, 1981
Horney, K.: Der neurotische Mensch unserer Zeit, 1951
Klein, M.: Die Psychoanalyse des Kindes, 1932
Schultz-Hencke, II.. Der gehemmte Mensch, 1942
Sullivan, S.: Die interpersonale Theorie der Psychiatrie, 1983   **HS**

Netzwerk, soziales
→ Systemtherapien

Neuroleptika → Psychopharmaka

Neurolinguistisches Programmieren (NLP)

NLP wurde 1979 von John Grinder und Richard Bandler entwickelt. Sie wandten eine in der Wirtschaft übliche Methode, das sogenannte »Master Modelling«, auf die Psychotherapie an. Dabei untersuchten sie besonders erfolgreiche und in unterschiedlichen Methoden arbeitende Psychotherapeuten (z. B. Milton H. Erickson, Virginia Satir und Frederic Perls) und analysierten Gemeinsamkeiten, um auf diesem Wege zu einer Hypothese für besonders erfolgreiche Psychotherapie zu gelangen.

Im NLP wurden nun alle besonders wirksam scheinenden Aspekte, die gefunden wurden, zusammengefaßt. Das heißt: NLP ist eine Sammlung erfolgreicher schulenübergreifender Beobachtungen, die mit dem Ziel eingesetzt werden, wirkungsvolle Gemeinsamkeiten in einer effizienten Methodik zu vereinbaren.

Menschenbild des NLP

Das Menschenbild des NLP (→ Anthropologie) stellt den Menschen als einen komplizierten, jedoch klaren Gesetzen folgenden biologischen »Computer« dar, der mit Hilfe der Sprache programmiert wird und sich dann diesen Programmen entsprechend verhält. Die Kenntnis dieser Programme erlaubt eine starke Vorhersehbarkeit und Manipulierbarkeit des Menschen.

Grundannahmen des NLP

NLP unterscheidet zwischen Realität und Modell. Menschliches Denken und Wahrnehmen kennt jedoch (in der Sicht des NLP) nur Modelle. Modelle geben immer nur bestimmte Aspekte der Realität wieder.

NLP sieht *Sprache als Mechanismus der Modellbildung,* wobei für den therapeutischen Prozeß oft sehr aufschlußreich ist, was jemand *nicht* sagt. Mit solchen sog. »Tilgungen« meint NLP Botschaften, in denen durch das Gesagte deutlich wird, daß etwas noch nicht gesagt wurde. So läßt beispielsweise die Formulierung »Man weiß ja, wie das dann so weitergehen wird« viele Aspekte offen: Wer ist »man«? Was geht weiter? Wie geht es weiter?

NLP sieht *psychische Störungen als Ergebnis unflexibler Modelle* an. Das bedeutet, daß psychische Probleme dann gelöst werden, wenn man neue Modelle der → Wahrnehmung und des → Denkens durch eine Manipulation der Sprache erzeugt.

Methoden des NLP

Die wichtigsten Methoden des NLP lassen sich mit einigen Schlüsselbegriffen zusammenfassen, die im folgenden kurz erläutert werden:

Rapport bezeichnet die Qualität einer Beziehung. Wenn man »auf der gleichen Wellenlänge ist«, besteht Rapport. NLP folgt hier einer – wissenschaftlich nicht belegten – These, nämlich daß es verschiedene Typen von Menschen gibt, die die Welt primär durch jeweilig unterschiedliche Sinne wahrnehmen – Augen, Ohren, Tastsinn. An den

Augenbewegungen sowie an sprachlichen Formulierungen erkennt man laut NLP den Typus. So ist es ein Unterschied, ob jemand sagt »Das sehe ich ein« (visueller Typ) oder »Das klingt ja gut« (auditiver Typ) oder »Die Idee schmeckt mir« (kinästhetischer Typ). Sich sprachlich auf den Wahrnehmungsstil des Gegenübers einzustellen ist – laut NLP – für guten Rapport unerläßlich.

Pacing bedeutet das Einstellen auf das richtige Tempo. Im NLP versteht man darunter, daß sich der Therapeut nonverbal und verbal auf sein Gegenüber einstellt. Durch Imitation der Sprache und Körpersprache (auch Atmung) soll eine innere Übereinstimmung erzeugt werden. Wenn sie besteht, kann der Therapeut sein Verhalten und – bei gutem Rapport – das des Klienten ändern. Er beginnt zu »führen« (leading).

Ankern bezeichnet die bereits von Pawlow beschriebene klassische → Konditionierung.

Chunking bezeichnet einen Prozeß, mit dem der Therapeut zu steuern versucht, wie detailliert bzw. wie grundsätzlich die Gesprächsthemen besprochen werden. Das Hinführen zu größeren, grundsätzlicheren Aussagen (chunking up) fragt nach dem Sinn, nach Zielen oder nach Konsequenzen eines Verhaltens. Dagegen erreicht man mit chunking down, daß ein generell formuliertes, großes Ziel in kleine, einzeln durchführbare Handlungsschritte zerlegt wird.

Ressource meint alle die Möglichkeiten und Begabungen, die ein Mensch zu seiner Verfügung hat. Wenn jemand blockiert ist, hat er den Zugang zu seinen Ressourcen verloren. NLP geht davon aus, daß jeder Mensch alle Ressourcen besitzt, die er braucht, um seine Probleme zu bewältigen, und versucht, die eigenen Ressourcen aufzuzeigen und Zugänge zu ermöglichen.

Reframing ist die Fähigkeit, Altbekanntes, Störendes usw. sprachlich in einer solchen Weise in einen Rahmen zu fassen, daß es eine neue Bedeutung erhält. Wenn z. B. »klein beigeben« als Zeichen von Schwäche erlebt wird, ist der Satz »Der Klügere gibt nach« ein Beispiel für Reframing.

Kritik des NLP vor biblischem und wissenschaftlichem Hintergrund

NLP beruht auf einem Menschenbild, das mit dem biblischen Menschenbild kollidiert (→ Anthropologie), da es den Bezug des Geschöpfes Mensch zu seinem Schöpfer nicht berücksichtigt und mit der Wirklichkeit der Gottesbeziehung nicht rechnet. Weder der Trost noch die Hilfe Gottes noch eine Schuld des Menschen vor Gott sind im NLP-System denkbar. Der Mensch wird als grundsätzlich programmierbar gesehen und erscheint nur zu oft auch durch seine Programme völlig erfaßt – die Freiheit des menschlichen Tuns vor Gott hat keinen Raum. Damit wird die Ebenbildlichkeit des Menschen und sein Schöpfungsauftrag geleugnet. NLP kann also niemals Grundlage ganzheitlicher Seelsorge sein. Darüber hinaus entspricht NLP nicht dem fachlichen Stand der Psychotherapie, den wir heute aufgrund wissenschaftlicher Forschungen vom Helfer erwarten können. NLP nimmt zwar seine Methoden aus unterschiedlichen Schulen der Psychotherapie, ist aber nicht wirklich methodenplural (→ Methodenpluralität). Die Hypothese des NLP, daß möglichst effizientes therapeutisches Vorgehen nicht durch striktes Einhalten einer bestimmten therapeutischen Schule gelingt, ist heute eine wissenschaftlich anerkannte Tatsache (s. Grawe et al., 1993, Dieterich 1992). Indem NLP – von der Effizienzfrage her kommend – gute Möglichkeiten bei verschiedenen Schulen entdeckt hat, reicht es bereits in den wissenschaftlich fundierten Nutzen der Methodenpluralität hinein. Beim NLP ist jedoch, im Gegensatz zu einer echten Methodenpluralität, aus verschiedenen Schulen ein methodisches Vorgehen herauskristallisiert worden – so daß wieder alle Ratsuchenden letztlich gleich behandelt werden.

Literatur:
Bandler, R.: Veränderung des subjektiven Erlebens, Paderborn 1988
ders.: Bitte verändern Sie sich jetzt!, Paderborn 1991

Bandler, R.; Grinder, J.: Neue Wege der Kurzzeit-
therapie, Paderborn 1989
Bandler, R.; Grinder, J.: Metasprache und Psycho-
therapie, Paderborn 1981
Birkenbihl, V. F.; Blickhan, C.; Ulsamer, B.: NLP
– Einstieg in die Neuro-Linguistische Program-
mierung, Speyer, 1987
Dieterich, M.: Handbuch Psychologie und Seel-
sorge, Wuppertal und Zürich 1989
European Academy & Research for NLP & more
GmbH, Düsseldorf: Jahresprogramm 1994
Grawe, K.; Donati, R.; Bernauer, F.: Psychothera-
pie im Wandel, Göttingen 1993
Robbins, A.: Grenzenlose Energie, Bonn 1994
Rückerl, T.: NLP in Stichworten, Paderborn
1994
Ulsamer, B.: Erfolgstraining für Manager, Düssel-
dorf 1994
Winiarski, R.: »NLP – Psychozauber für die Ma-
nagement-Manege«, in: Psychologie heute, März
1995   UG

Neurose

Definition

Neurosen sind psychische Störungen, bei
welchen die hervorstechende Beeinträchtigung ein Symptom oder eine Symptomgrup-
pe darstellt, die den Betroffenen quält und
von ihm als nicht-akzeptierbar und fremdartig (ich-dyston) empfunden wird; die Reali-
tätskontrolle ist im großen und ganzen in-
takt; das Verhalten verletzt die wesentlichen
sozialen Normen nicht aktiv (obwohl die
Leistungen deutlich beeinträchtigt sein können); des weiteren gelten folgende Grundregeln: Die Symptome treten ohne Behandlung anhaltend oder phasenweise auf; die
Symptome sind nicht eine vorübergehende
Reaktion auf eine Belastung; bei den meisten
Neuroseformen läßt sich keine organische
Ursache im engeren Sinne nachweisen (zunehmend Ausnahmen durch moderne bild-
gebende Verfahren des menschlichen Gehirns, z. B. bei schwerem Zwangssyndrom).

Geschichte

Erstmalige Verwendung des Begriffs für die
Gesamtheit der Erkrankungen des Nervensystems durch Cullen (1777). Im 19. Jh.
Namensgebung nach dem vermeintlichen
Sitz der Erkrankung, z. B. »Herzneurose«,
→ Hysterie (Gebärmutter), → Hypochondrie (Magen-Darm-Beschwerden). Zu Beginn des 20. Jahrhunderts prägte Freud die
Vorstellungen über die Ursachen und sah in
den Neurosen eine psychisch bedingte Störung, deren Symptome unmittelbare Folge
oder symbolischer Ausdruck eines krankmachenden seelischen Konfliktes zwischen
Ich, Es und Über-Ich sind, der unbewußt
bleibt. Freud ging davon aus, daß die späteren neurotischen Konflikte in frühkindlichen Erfahrungen mit den wesentlichen Bezugspersonen verwurzelt seien. Alfred Adler
betonte das Machtstreben und betrachtete
Neurosen als Kämpfe auf Nebenschauplät-
zen, um dem Wesentlichen auszuweichen.
Frankl hingegen sah besonders den Aspekt
der Sinnfindung und sprach von einer »noogenen Neurose« durch den Sinnverlust des
Menschen.

Die *Beschreibung und Deutung* des neurotischen Geschehens hat sich über die Jahrzehnte gewandelt. Man kann *zwei Betrachtungsweisen neurotischer Menschen* unterscheiden:

– *analytisch-dynamisch-pathogenetisch:* Hier
liegt die Betonung auf Beziehungs- und Mo-
tivationsmustern, der (meist negativ bewer-
teten) Rolle der Mutter, auf (unbewußten)
Konflikten, sexuellen Triebkonflikten in der
Kindheit und Abwehrreaktionen auf Bezie-
hungsängste. Insbesondere werden den neurotischen Symptomen besondere Bedeutungen zugeschrieben. Oft wird davon gesprochen, jemand erhalte durch sein Leiden
einen Sekundärgewinn oder das Leiden er-
fülle eine Funktion für den Betroffenen
(→ Melancholie, → Depression). Die Gefahr liegt dabei in der Hauptbetonung auf
den Ursachen (Weil – Darum), dem Hinein-
interpretieren ohne ausreichende Grundlage
und ohne Bezug zur aktuellen Lebenssituation. In der Seelsorge sind als Grundfragen
zu stellen: Wo ist die Ursache? – Wo

liegt die okkulte Belastung? – Welche Sünde ist noch nicht bereinigt? – Welche unbewußte Verletzung aus der Kindheit hat noch Macht über den Patienten?

– *syndromal-beschreibend:* Hier werden die körperlichen und psychischen Symptome beschrieben und in ihrer Auswirkung auf Befinden und Leistungsfähigkeit gewichtet. Die aktuelle Lebenssituation wird unter folgenden Stichworten betrachtet: außerordentliche Belastungen (→ Streß) – konflikthafte Beziehungsmuster – innere Spannungen (Strain). Diese Betrachtungsweise verzichtet bewußt auf Kausalzusammenhänge und versucht den Ratsuchenden ernst zu nehmen in seinen Lebensumständen, in seiner existentiellen Not, die durch die psychischen und psychosomatischen Symptome entsteht. Hier liegt die Gefahr in einer reinen Symptombeschreibung ohne Zusammenhang mit Lebensgeschichte und innerer Verarbeitung.

Häufigkeit und Verläufe
Untersuchungen haben gezeigt, daß ca. 10 % der Bevölkerung an einer Neurose im engeren Sinne leiden, weitere 20 % an neurotisch gefärbten Persönlichkeitsstörungen. Dabei gibt es fließende Übergänge von leichteren Störungen bis hin zu schwersten Zustandsbildern mit einer völligen Invalidisierung. Während manche Menschen nur phasenweise unter neurotischen und psychosomatischen (→ Psychosomatik) Beschwerden leiden, prägt sich bei anderen eine dauerhafte Beeinträchtigung aus.

Symptome und Formen der Neurosen
Neuere Forschungen haben gezeigt, daß sich bei allen neurotischen Menschen folgende gemeinsamen Eigenschaften finden: Unsicherheit, Hemmungen, Kontaktstörung, Verstimmungen, verminderte Leistungsfähigkeit, vegetative (psychosomatische) Beschwerden. Zudem kann man die folgenden Formen von Neurosen unterscheiden:
– *Angststörungen* (früher Angstneurosen, → Angst, Phobie);

– *Panikstörungen (Panik);*
– *Zwangsstörungen* (früher Zwangsneurose, → Zwang);
– *Dysthymie* (neurotische Depression): Hierbei handelt es sich um eine langdauernde → Depression von mehr als 2 Jahren, die zwar nicht den Grad einer schweren Depression erreicht, aber doch einen ständigen Leidensdruck erzeugt. Die Betroffenen beschäftigen sich meist ausschließlich mit ihren seelischen Verletzungen und Verlusten und reagieren sehr sensibel auf Ablehnung und Versagen. Oft besteht auch eine schwer faßbare Lebensangst.
– *Dissoziative Störungen* (früher als hysterische Konversionsstörungen bezeichnet, → Hysterie, multiple Persönlichkeit).
– *Posttraumatische Störungen:* Psychische und psychosomatische Probleme nach schweren psychischen und körperlichen Belastungen (plötzlicher Tod eines geliebten Menschen, Vergewaltigung, Katastrophen, → Posttraumatische Belastungsstörung).

Somatoforme Störungen (psychosomatische Syndrome, → Psychosomatik)
– *Neurasthenie:* Ein Syndrom mit allgemeiner Erschöpfung, Überempfindlichkeit und depressiver Verstimmung (→ Erschöpfung, → Burnout-Syndrom)
– *weitere neurotische Störungen* umfassen sexuelle Identitäts- und Funktionsstörungen (Sexualstörungen), → Eßstörungen sowie unklare Mischformen

Entstehung von Neurosen
Man geht heute davon aus, daß neurotische Störungen durch das Zusammenwirken verschiedener Faktoren entstehen (vgl. Abbildung nächste Seite).

Obwohl frühe Erfahrungen von Ablehnung und Verlust sicher eine wesentliche Rolle spielen, können sich neurotische Muster des Denkens, Fühlens und Verhaltens auch durch spätere Erfahrungen und Lernvorgänge ausprägen. Dabei entsteht dann eine übermäßige Sensibilität (→ Vulnerabilität), die sich durch die sechs oben beschriebenen gemeinsamen Eigenschaften auszeichnet.

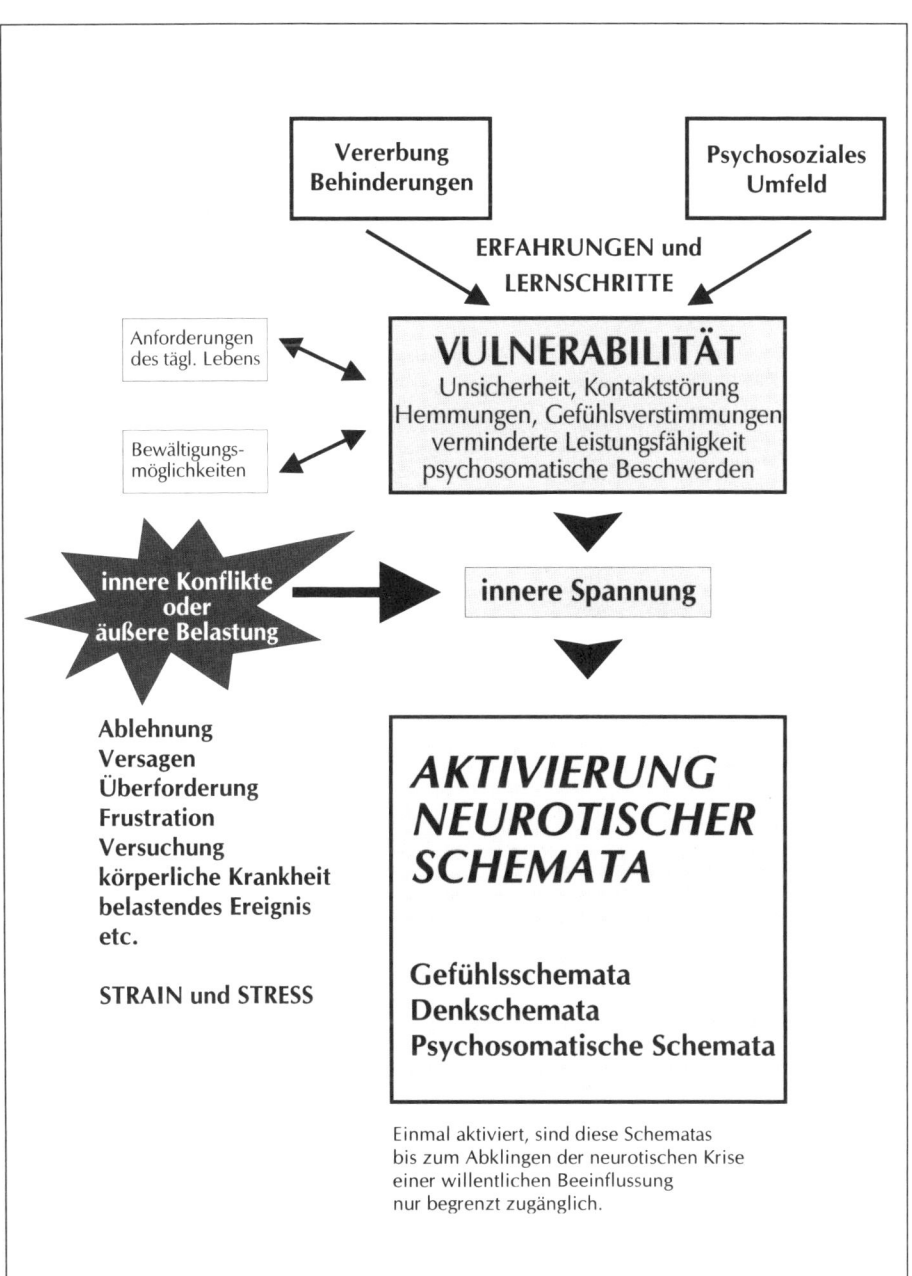

Entstehung von neurotischen Mustern

Solange die betroffene Person die Kraft hat, mit ihren Möglichkeiten den Anforderungen des täglichen Lebens gerecht zu werden, besteht noch keine manifeste Neurose. Wird dieses Gleichgewicht aber durch äußere Belastungen (→ Streß) oder innere Konflikte (Strain) aus dem Lot gebracht, so entsteht eine innere Spannung, die nun sogenannte neurotische Schemata (oder Reaktionsmuster) in Gang setzt. Während die eine Person mit Panik reagiert (Gefühlsschema), kommt es bei einer anderen Person zu körperlichen Störungen (psychosomatisches Schema) oder zu einer verzerrten Form des Denkens über sich selbst und andere (kognitives Schema). Oft spielen alle drei Faktoren zusammen. Einmal aktiviert, sind diese Schemata bis zum Abklingen der neurotischen Krise einer willentlichen Beeinflussung nur begrenzt zugänglich. Man tut deshalb neurotischen Menschen häufig Unrecht, wenn man ihnen unterstellt, sie inszenierten ihre Symptome, um ein Ziel (vermehrte Zuwendung oder Schonung, Rente etc.) zu erreichen.

Neurose in Psychotherapie und Seelsorge

Grundfrage: Wie kann ich diesem Menschen in der Liebe Jesu begegnen, ohne ihn bereits zu richten? – Welches sind seine Nöte? – Wo sind seine Möglichkeiten und Stützen? – Wo kann er selbst durch innere und äußere Veränderungen zur Verbesserung der Situation beitragen? – Wo sind seine Grenzen?

Neurotische Menschen leben oft mit ihren Beschwerden, ohne je zu einem Arzt oder Psychotherapeuten zu gehen. Selbst schwerkranke Menschen mit neurotisch-psychosomatischen Syndromen ziehen sich langfristig zurück und bleiben in keiner Behandlung. Nur 25 Prozent suchten je einen Arzt oder Therapeuten auf; nur 2 % befinden sich in regelmäßiger psychotherapeutischer Behandlung. Wesentliche Aspekte einer Therapie bei neurotischen Menschen beinhalten ein sorgfältiges Erfassen der Symptomatik (→ Anamnese, → Psychodiagnostik), das Herausarbeiten von äußeren

Belastungen (Life events), von unerfüllten Wünschen und zwischenmenschlichen Konflikten, die zu inneren Spannungen führen. Die Bewußtmachung solcher Konflikte kann dazu beitragen, daß die Betroffenen Wege finden, besser mit Spannungen umzugehen und neue Bewältigungsstrategien zu entwickeln. Bei Ängsten, Zwängen und Depressionen ist unbedingt auch eine medikamentöse Unterstützung (→ Psychopharmaka) einer Psychotherapie zu empfehlen.

Literatur:
Battegay, R.: Psychoanalytische Neurosenlehre. Eine Einführung, Frankfurt 1986
Bräutigam, W.: Reaktionen – Neurosen – Abnorme Persönlichkeiten. Seelische Krankheiten im Grundriß, Stuttgart 1985
Hoffmann, S. O.; Hochapfel, G.: Einführung in die Neurosenlehre und Psychosomatische Medizin, Stuttgart 1991
Rattner, J.: Der neurotische Mensch und seine Lebensschwierigkeiten, Hamburg 1984   SP

Neurose, ekklesiogene

Herkunft

Die Bezeichnung »ekklesiogene Neurose« wurde durch den Berliner Frauenarzt E. Schaetzing in einem entsprechend betitelten Aufsatz in der Zeitschrift »Wege zum Menschen« 1955 eingeführt und geprägt. Während der Begriff »Neurose« das vor allem von der Tiefenpsychologie geprägte Verständnis angstbedingter seelischer Störung meint (→ Neurose), bezeichnet der Zusatz »ekklesiogen« deren Entstehungshintergrund. Das griechische Wort *ekklesia* (wörtl. »die Auserwählte«) ist der neutestamentliche Begriff für »Kirche«, »Gemeinde«. Insofern verleitet der Name »ekklesiogene Neurose« leicht zu dem Mißverständnis, als ob die religiöse Einbindung in eine Kirche allein schon Auslöser für seelische Störungen sein könne. Dies wurde durch die pauschale Diffamierung von Religion als »universelle Zwangsneurose« durch S. Freud gefördert.

Doch schon Schaetzing selbst und andere Therapeuten, die diesen Begriff aufgenommen und in ihre Praxis eingebracht haben (K. Thomas), haben ihn ausschließlich auf spezielle, gesetzliche Frömmigkeitsformen zurückgeführt.

Merkmale

Schaetzing beobachtete in seiner gynäkologischen Praxis, daß Patientinnen, die unter Frigidität oder psychisch bedingten Schmerzen im Genitalbereich litten oder Geburtsschwierigkeiten hatten, meist auch eine stark ausgeprägte religiöse Einstellung aufwiesen. Für solchen »kirchlichen Dogmatismus« machte er die enge, gesetzliche und leibfeindliche, in seinen Augen unchristliche Erziehung in freikirchlichen und pietistischen Kreisen verantwortlich. Dieses Urteil äußerte er selbst von einem engagierten, sich als christlich verstehenden Standpunkt aus. Er griff damit die in manchen christlichen Kreisen zu findende Tabuisierung der Sexualität an (»unduldsame Erziehungsbeflissene«, »geistig minderbemittelte Fanatiker«, »gedankenlos handelnde Geistliche«). Wo gleichzeitig verschwiegen, verboten und bedroht werde, würden die Betroffenen in einen unerträglichen Widerspruch getrieben, der bis hin zum Selbstmord führen könne (Thomas).

Wirkung

Schaetzing bezog den Begriff der ekklesiogenen Neurose ursprünglich nur auf Fehlhaltungen im Bereich der Sexualität. Bis heute neigen tiefenpsychologisch orientierte Therapeuten dazu, bei Patienten aus pietistisch geprägten Kreisen zuerst einen pathogenen (krankmachenden) Glauben zu vermuten. Insbesondere bei der gehäuften Zahl von → Depressionen wird ein solcher Zusammenhang angenommen.

Beurteilung

Eine enge, gesetzliche und tabuisierende Erziehung kann tatsächlich seelische Störungen als Folgewirkung aufweisen (muß dies jedoch nicht!). Solche Erziehungshaltung ist

jedoch unabhängig von der religiösen Zugehörigkeit. Grundsätzlich ist der christliche Glaube als solcher nicht krankmachend, will er doch dem eigenen Anspruch nach befreiend und ermutigend wirken. Aber es gibt Mißverständnisse, irrige Vorstellungen, Verzerrungen und entsprechende Fehlformen des Glaubens, die durchaus pathogen wirken können. Die Ursachen dafür können u.a. in einer gestörten → Persönlichkeitsstruktur liegen, aber auch in einseitigen oder gar irrigen Aussagen christlicher Verkündigung, die entsprechendes Gehör finden. Untersuchungen von G. Hole, H. Hark, A. Dörr haben gezeigt, daß eine gesunde, innige personale Glaubensbeziehung weniger Neigung zur Depression aufweist als eine nichtreligiöse Lebenseinstellung. Umgekehrt weist eine eher formal, an äußeren Verhaltensweisen orientierte Glaubenshaltung ohne innige Vertrauensbeziehung einen deutlichen Zusammenhang mit Depressivität auf. Damit tut sich ein weit größerer Zusammenhang möglicher Ursachen für derartige Störungen auf, der nicht nur durch das eng gefaßte psychoanalytische Muster einer ekklesiogenen Neurose erklärt und auch nicht auf nur eine Ursache zurückgeführt werden kann. Deshalb sollte der Begriff »ekklesiogene« Neurose besser nicht gebraucht und statt dessen von »seelischen Störungen« gesprochen werden, »die im Umfeld der christlichen Gemeinde entstanden sind« (M. Dieterich). Eine pauschale Diffamierung pietistischer und freikirchlicher Frömmigkeit ist angesichts der Tatbestände nicht gerechtfertigt.

Literatur:
Bovet, T.: »Ekklesiogene Neurosen«, in: Wege zum Menschen 7/1955, S. 265–268
Dieterich, M.: »Frühe Kindheitserfahrungen und mögliche Folgen für das Glaubensleben«, in: ders. (Hg.): Wenn der Glaube krank macht, Wuppertal und Zürich 1991
Dörr, A.: Religiosität und Depression. Eine empirisch-psychologische Untersuchung, Weinheim 1987
Hark, H.: Religiöse Neurosen. Ursachen und Heilung, Stuttgart 1984

Hole, G.: Der Glaube bei Depressiven, Stuttgart 1977
Schaetzing, E.: »Die ekklesiogenen Neurosen«, in: Wege zum Menschen, 7/1955, S. 97–108
Stoll, C. D.: »Krankmachender Glaube?«, in: Dieterich, M. (Hg.): Wenn der Glaube krank macht, Wuppertal und Zürich 1991
Thomas, K.: Handbuch der Selbstmordverhütung, Stuttgart 1964   CS

Neurotransmitter

Neurotransmitter übernehmen die Übertragung von Informationen zwischen Nervenzellen, den sog. Neuronen. Während sich die Übertragung innerhalb der Neuronen durch elektrische Impulse vollzieht, geschieht der Übergang einer Information von Neuron zu Neuron durch chemische »Botenstoffe«, die Neurotransmitter. Solche Stoffe sind in hohem Maße für den psychischen Zustand des Menschen verantwortlich. Bereits Unterschiede im Bereich von tausendstel Gramm können den Gemütszustand des Menschen radikal beeinflussen.

Für die Psychologie wichtige Neurotransmitter sind u.a. Adrenalin u. Noradrenalin, Dopamin, Serotonin.

Adrenalin ist zusammen mit *Noradrenalin* Überträgerstoff des »sympathischen Nervensystems« (Teil des vegetativen Nervensystems). Beide Stoffe werden auch in Nebennieren und in bestimmten Speichern von Herz und Blutgefäßen gebildet.

Adrenalin und Noradrenalin haben unter natürlichen Bedingungen folgende Wirkungen: Erhöhung der Herzfrequenz, Steigerung des Blutdrucks, Pupillenerweiterung, Zittern, Blässe, Schwitzen, Übelkeit, Unruhe und Angstgefühle. Beim Krankheitsbild der Panikstörung, teilweise auch bei der generalisierten Angststörung kommt es zur situationsinadäquaten, überhöhten Produktion und Freisetzung von Adrenalin und Noradrenalin. Dadurch empfindet der Betroffene Pulsrasen, Schwindelgefühl, Schweißausbrüche, Übelkeit und Unruhe. Diese Symptome werden als Zeichen einer körperlichen Fehlfunktion gedeutet. Es entsteht Angst, insbesondere vor Herzinfarkt, Schlaganfall, aber auch vor Verrücktwerden oder davor, sofort sterben zu müssen.

Bei chronischem Streß wird über einen längeren Zeitraum zuviel Adrenalin produziert, was eine Bluthochdruckerkrankung (Hypertonie) zur Folge haben kann.

Außerdem spielt Noradrenalin eine wesentliche Rolle als Überträgerstoff im Gehirn, lokaler Noradrenalinmangel tritt als Sekundärsymptom bei bestimmten Depressionsformen auf (→ Depression).

Dopamin ist ein Überträgerstoff im zentralen Nervensystem und hat auch eine Bedeutung in der Regulation der Magenmotorik.

Dopamin ist derjenige Neurotransmitter, dessen Fehlen die Symptome der Parkinsonschen Erkrankung (umgangssprachlich: Schüttellähmung) bedingt. Diese Erkrankung kann durch Zuführen von Dopamin in Tablettenform positiv beeinflußt werden. Regionaler Dopaminüberschuß in bestimmten Gehirnbereichen ist eine Teilursache für die Auslösung einer schizophrenen Psychose. Antipsychotische Medikamente wirken durch eine Blockierung dieses regionalen Dopaminüberschusses an den entsprechenden Rezeptoren.

Serotonin ist ein Überträgerstoff im Gehirn und im Bereich der Darmmotorik, wichtig insbesondere im Zusammenhang mit → Depressionen. Ähnlich wie beim Noradrenalin kann ein regionaler Serotoninmangel ursächlich für bestimmte Depressionsformen sein. Dementsprechend werden Substanzen, die diesen Serotoninmangel vermindern, als antidepressive Substanzen eingesetzt (z. B. Serotonin-re-upta-ke-Hemmer, die die Wiederaufnahme des Serotonins aus dem synaptischen Spalt verhindern und somit eine Anreicherung des Serotonins im synaptischen Spalt bewirken).

Literatur:
Beaumont, J. G.: Einführung in die Neuropsychologie, Weinheim 1987
Guttmann, G.: Lehrbuch der Neuropsychologie, Bern 1981   HD

Noogen (lebenssinnbedingt),
→ Depressionen, → Neurose

Noradrenalin
→ Neurotransmitter

Normalität → Abnormität

Normen → Ethik

Nosologie → Abnormität

Nouthetische Seelsorge

Mit »Nouthetischer Seelsorge« bezeichnet man einen Seelsorgeansatz, der auf J. Adams zurückgeht und ab ca. 1972 in der Bundesrepublik innerhalb evangelikaler Kreise große Beachtung fand. Ausgehend von dem griechischen Wort *nouthetein* (ermahnen, zurechtweisen), das fast ausschließlich von Paulus verwendet wird, versucht J. Adams, die Normen der Bibel für die Seelsorgearbeit fruchtbar zu machen.

In der Sicht J. Adams sind qualifizierte Seelsorger mit einer fundierten biblisch-theologischen Ausbildung kompetentere Berater als Psychiater, Psychologen oder sonst irgend jemand. Dies deshalb, weil nur der biblische Seelsorger die eigentliche Tiefe des Menschen ergründen kann und nicht der Psychiater. Adams' Ansatz geht davon aus, daß die gefallene menschliche Natur grundsätzlich verdorben ist und nichts Gutes aus sich hervorbringt. Deshalb ist für ihn jedes Problem, das ein Ratsuchender äußert, primär vor dem Hintergrund seiner Sünde, seines Ungehorsams gegenüber Gott zu sehen.

Mit diesem Ansatz steht J. Adams in der Gefahr, die notwendige Unterscheidung von Gesetz und Evangelium, → Heil und Heilung zu vermischen. Aus theologischer Sicht muß man jedoch Heil und Heilung unterscheiden. Auch erlöste und neugeborene

Christen leben unter den Bedingungen der gefallenen Welt, von Sünde, Tod und Teufel. Nach ihrer geistlichen Realität sind sie neue Menschen, nach ihrer äußeren Existenz leben sie »in der Welt«. D. h., auch als Christen sündigen sie, werden krank und sterben. Heil muß sein, Heilung kann sein. So gibt es Krankheitszustände, die den ganzen Menschen umfassen, aber nicht unmittelbar auf sein gestörtes Heilsverhältnis zu Gott zurückzuführen sind (vgl. z. B. Joh 9,1–3). Auch trotz einer körperlichen oder psychischen Erkrankung bleiben Christen erlöst, von Gott geliebt und angenommen.

In diesem Sinne versteht J. Adams auch den Begriff »Seele«. Spricht er von ihr, geht es ihm vor allem um das Heil des Menschen. Eine seelische Krankheit schließt er aus; der Begriff Krankheit ist bei ihm nur für den organischen Bereich zulässig. Seelische Krankheiten sind Adams' Ansicht nach erlernte Masken, die sündige Probleme verdecken sollen: »Was fehlt also den seelisch Kranken? Ihre Schwierigkeiten liegen in ihnen selbst, sind selbst verursacht. Der gefallene Mensch entfernt sich von Gott. Der Mensch ist in Sünde geboren, geht in die Irre von Geburt an (Ps 58,4) und wird deshalb ›natürlicherweise‹ sündhafte Schliche versuchen, um seiner Sünde nicht ins Auge sehen zu müssen. (...) Abgesehen von den Menschen, deren Störungen organisch bedingt sind, sind die ›seelisch Kranken‹ in Wahrheit Menschen, die ihre Probleme nicht bewältigt haben« (1972, S. 26). In der Konsequenz dieses Denkens fragt sich Adams auch bei depressiven Menschen (→ Depression), ob ein Christ, der sein Gewissen an den biblischen Maßstäben formt, jemals ernsthaft deprimiert sein kann, ohne daß die Sünde nicht immer vor seinen Augen ist (vgl. 1972, S. 101).

Trotz dieser notwendigen Kritik an J. Adams' Seelsorgeansatz muß sein positiver Beitrag gerade gegenüber einer sich säkularisierenden → Pastoralpsychologie gewürdigt werden. So hält Adams an den biblischen Dichotomien fest: Sünde – Glaube, Ungehorsam – Gehorsam, falsch – richtig,

Teufel – Gott. »Die Psychologie neigt hingegen zu einem monistischen Denken, in dem seelische Gegenkräfte miteinander ins Lot gebracht werden ... Daß etwas ›Sünde‹ genannt wird und aus dem Menschen ausgeschieden werden muß, paßt nur schwer ins System. Es ist denn auch häufig so, daß in pastoralpsychologischen Seelsorgekonzeptionen grundsätzliche christliche Wahrheiten eingeebnet und verwischt werden. Deshalb ist die Position von Adams eine bleibende peinliche Anfrage, (. . .) der sich eine verantwortungsbewußt betriebene Pastoralpsychologie nicht leichtfertig entziehen darf« (Rebell, 1988, S. 186f).

Die Praxis → Biblisch-therapeutischer Seelsorge, die Teilaspekte Adams' in ihre Seelsorgeform (→ Ermahnen) aufgenommen hat, lehrt, daß man in der Begegnung mit psychisch Kranken sehr differenziert und ganzheitlich vorgehen muß. Neben den geistlichen Aspekten muß man ebenso die psychische und biologische Dimension des menschlichen Verhaltens in Diagnose und Therapie beachten. Die Praxisvorschläge Adams' erinnern sehr häufig an die Vorgehensweisen der kognitiven → Verhaltenstherapie, die ebenso ein Bestandteil der Biblisch-therapeutischen Seelsorge sind.

Literatur:
Adams, J. E.: Befreiende Seelsorge, Gießen 1972
ders.: Handbuch für Seelsorge. Praxis der biblischen Lebensberatung, Gießen 1976
Dieterich, M.: Handbuch für Psychologie und Seelsorge, Wuppertal und Zürich 1989
Rebell, W.: Psychologisches Grundwissen für Theologen. Ein Handbuch, München 1988
WV

Nymphomanie → Aphrodisia

Objektstufe

Objektstufe ist ein Begriff aus der Traum-deutung C. G. Jungs, der die schon bei S. Freud vorherrschende Art der Traumdeu-tung aufnimmt (→ Traum). »Unter Deu-tung auf der Objektstufe verstehe ich diejenige Auffassung eines Traums oder einer Phantasie, bei der die darin auftretenden Personen oder Verhältnisse auf objektiv-reale Personen oder Verhältnisse bezogen werden« (C. G. Jung, 1981, S. 854). Wenn jemand also von realen Personen träumt, dann geht die Deutung auf der Objektstufe davon aus, daß diese realen Personen so ge-meint sind, wie der Träumer sie erlebt oder früher erlebt hat. Es geht hier also um die Beziehung zwischen dem Träumer und sei-ner Außenwelt. Demgegenüber meint die Deutung auf der Subjektstufe die Bezie-hung des Träumers zu sich selbst; die ge-träumten Gestalten und Umstände werden als projizierte Persönlichkeitsanteile des Träumers selbst verstanden.

Ein Beispiel: Ein junger Mann, der unter starken Ängsten vor Autoritätspersonen lei-det, träumt von seinem Vater, den er mit 15 Jahren durch Tod verloren hatte. Während er sonst den Vater idealisierend als Inbegriff des Guten und Edlen beschrieb, sah er ihn im Traum als viel kleineren, grausamen Menschen mit einer dämonischen Fratze und in einem Tempel thronend. Auf der Subjektstufe gedeutet, ginge es um grausa-me, machtbesessene Seiten des Träumers selbst, die ihm sonst nicht bewußt sind. Auf der Objektstufe gedeutet, würde der Traum den wirklichen Vater meinen und das Ideal-bild von ihm korrigieren. Außerdem würde er auf die kindlichen Ängste hinweisen, die der Träumer früher vor seinem als über-mächtig erlebten Vater hatte, und würde die Auseinandersetzung mit dieser dunklen Seite des Vaters anmahnen, die durch dessen

frühen Tod nicht stattgefunden hatte. Hier läge dann auch ein Weg, um die aktuellen Autoritätsängste abzubauen.

Die Deutung auf der Objektstufe ver-gleicht das bewußte Bild von Personen oder Gegebenheiten mit dem, wie sie im Traum erscheinen, und achtet auf die Unterschiede, z. B. in Größe, Gesichtsausdruck, Kleidung, typischem Verhalten einer Person. Dabei meint der Traum meist weniger das Objekt, von dem geträumt wird, als die Beziehung des Träumers zu ihm. Der Traum wird als Hinweis auf das genommen, was im Wach-bewußtsein nicht registriert, verdrängt oder vergrößert bzw. verkleinert wahrgenommen wurde.

H. Bürki gibt der Traumdeutung auf der Objektstufe noch einen weiteren Akzent, in-dem er nach dem Wesen jeder im Traum auf-tauchenden Einzelheit fragt. – Eine Frau träumte von einem runden Tisch, an dem nie-mand saß. Zum Wesen eines runden Tischs gehört aber, daß man sich dort zur Gemein-schaft zusammenfindet. Dieser Unterschied brachte die Frau zu der Erkenntnis, daß sie bisher ihr Leben nach dem Grundsatz »Fühle dich nicht zugehörig!« eingerichtet hatte.

Literatur:
Bürki, H.: »Träume sehen tiefer und weiter«, in: ders.: Ganz Mensch werden, Moers 1993
Dieckmann, H.: Träume als Sprache der Seele. Ein-führung in die Traumdeutung der analytischen Psy-chologie C. G. Jungs, Fellbach 1978
Freud, S.: Traumdeutung, Frankfurt/M. 1991
ders.: Schriften über Traum und Traumdeutung, Frankfurt/M. 1994
Grün, A.: Träume auf dem geistlichen Weg, Mün-sterschwarzach 1989
Hark, H.: Die Träume als Gottes vergessene Spra-che. Symbolpsychologische Deutung biblischer und heutiger Träume, Düsseldorf 1993
Harre, K.: Träume weisen dir den Weg. Praxis der Traumdeutung nach C. G. Jung, Freiburg i. Br. 1981
Jung, C. G.: Traumanalyse. Nach Aufzeichnungen der Seminare 1928–1930, Düsseldorf 1991
ders.: Gesammelte Werke Band 6, Olten und Frei-burg i. Br. 1981
ders.: Gesammelte Werke Band 8, Olten und Frei-burg i. Br. 1971   HCB

Ödipuskonflikt

Nach dem Phasenmodell von S. Freud (→ Psychoanalyse) tritt dieser Konflikt im Rahmen der sog. genitalen oder ödipalen Phase zwischen dem 3. und 5. Lebensjahr auf. Das Kind entdeckt in dieser Zeit verstärkt die Beziehung zum gegengeschlechtlichen Elternteil. In Analogie zur griechischen Ödipussage entsteht dadurch eine Rivalität zum gleichgeschlechtlichen Elternteil, welche sich in Abneigung und Eifersucht äußern kann. Dieser positiven Form steht die negative Form gegenüber, die Liebesgefühle gegenüber dem gleichgeschlechtlichen Elternteil und Haßgefühle (→ Haß) gegenüber dem gegengeschlechtlichen Elternteil beinhaltet. Meist mischen sich beide Formen. In der Regel gelingt die Bewältigung durch Identifikation mit dem gleichgeschlechtlichen Partner und → Verdrängung der Wünsche und der dabei auftretenden Kastrationsängste. In der Pubertät kann es zu erneutem Auftreten der ödipalen Konfliktkonstellation kommen. In der analytischen Persönlichkeitstheorie wird in der mangelhaften Bewältigung des Ödipuskonfliktes der Ausgangspunkt für neurotische Störungen bzw. Persönlichkeitsstörungen gesehen. RB

Okkultismus

Okkultismus wird häufig als ein unscharfer Sammelbegriff für ganz verschiedene paranormale, esoterische oder neureligiöse Phänomene gebraucht.

Paranormale Phänomene

Die Existenz paranormaler Phänomene (Dinge vorherwissen, Psychokinese, »Spuk«, aber auch Heilungen, Prophetien usw.) ist weitgehend unbestritten. Die Frage ist, wie man solche Phänomene deuten soll.

Die parapsychologische Deutung

Bei diesem Ansatz geht man davon aus, daß diese Phänomene durch im Menschen liegende Fähigkeiten hervorgerufen werden, die man auch mit dem Faktor »Psi« bezeichnet. Bei der Erforschung dieser Phänomene versucht man, mit wissenschaftlichen Methoden wie Experimenten, Tests und statistischen Auswertungen zu arbeiten.

Die okkulte Deutung

Okkultismus im engeren Sinne deutet diese paranormalen Phänomene als Kraftwirkungen und Fähigkeiten einzelner Menschen, die auf dämonische Geister zurückgehen. Dabei muß zwischen einem »esoterischen Okkultismus« und einem »vulgären« Okkultismus unterschieden werden. Der »esoterische Okkultismus« zeichnet sich durch eine strikte Geheimhaltung des okkulten Wissens und der damit verbundenen Praktiken und Rituale aus. Der »vulgäre Okkultismus« ist keinem festen weltanschaulichen System verpflichtet. Es handelt sich um allgemeinen Aberglauben mit oft volkstümlichen Praktiken.

Viele dieser okkulten Sichtweisen gehen auf die jüdische Dämonenlehre seitens der Pharisäer zurück, mit der auch Jesus konfrontiert war. Jesus lehnte diese Sicht ab. Statt partiell durch exorzistische Praktiken etwas zu bewirken, rief er die Menschen zum Eintritt in sein Reich auf (Mt 12,28; Mk 1,15). Nur so gab es wirkliche Freiheit von widergöttlichen Mächten (vgl. Joh 8,36).

Die spiritistische Deutung

Bei dieser Sicht gehen die Anhänger davon aus, daß beim Tod eines Menschen eine personale geistig-seelische Wesenheit weiter lebt, die unter bestimmten Bedingungen in der Sphäre der noch Lebenden physikalische Veränderungen oder Mitteilungen durch ein Medium bewirken kann. In spiritistischen Séancen versuchen Menschen, Fragen an die toten Geister zu richten, um dadurch Antworten z. B. hinsichtlich des eigenen Todestages zu bekommen. Typische Techniken sind dabei das Glas- und Tisch-

rücken und das automatische Schreiben. Mit
der okkulten oder spiritistischen Deutung
sind oft auch magische und mantische Vorstellungen und Praktiken verbunden.

Magie

Magie setzt ein Weltbild voraus, in dem alles
miteinander verbunden und voneinander
abhängig ist. Die Vertreter glauben, daß von
einem Zauber reale Kraft mit nachweisbaren
Wirkungen ausgehe, daß man Kräfte übertragen könne, daß es bestimmte kosmische
Kraft- und Energiesphären gebe, die sich auf
das Verhalten des Menschen auswirken
(z. B. Bioenergie, Od-Kraft). Bei der
»schwarzen Magie« geschieht Zauber durch
böse Geister oder Dämonen, bei der »weißen Magie« durch »gute Geister«.

Mantik

Unter Mantik versteht man die Kunst der
Weissagung. Auch diese fußt auf einem magischen Weltbild. Vorgänge am Sternen-
himmel haben nach dieser Sicht Wirkungen auf Menschen (so eines der astrologi-
schen Axiome).

Seelsorgerlicher Umgang mit
paranormalen Phänomenen

Bei der seelsorgerlichen Beurteilung der paranormalen Phänomene gibt es z. T. sehr
konträre Positionen. Auf der einen Seite stehen Vertreter, die jede Form von paranormalen Phänomenen ausschließlich innerwelt-
lich deuten. Letztlich steht hierbei die Existenz einer widergöttlichen Macht generell
in Frage. Auf der anderen Seite finden sich
Vertreter, die alles, was nicht biblisch erklärbar ist, in die Nähe von Okkultismus rük-
ken. Hierzu gehört auch der unklare und in
der Bibel nicht vorhandene Sammelbegriff
in der Wortverbindung »okkulte Belastung«.
Darunter verstehen viele Christen die Möglichkeit einer direkten teuflischen Einflußnahme via Dämonen, Spuk etc. auf Menschen, so auch auf Christen. Vielen ist nicht
bewußt, daß diese Sicht auf die bereits beschriebenen pharisäischen Dämonenlehren

zurückgeht. Eine »okkulte Belastung«
könne auf ganz unterschiedlichem Wege
zum Menschen kommen: durch eigene aktive Ausübung von Okkultismus, durch
Zauber und magische Einwirkung seitens
belasteter Menschen, Gegenstände usw.
Auch die Übertragung okkulter Symptome
im Sinne einer »geistlichen« Vererbung
durch Vorfahren wird als Erfahrungswissen
weitergegeben und an dessen Gültigkeit
trotz biblischer Einwände festgehalten.

Für → Biblisch-therapeutische Seelsorge
ist es unbestritten, daß paranormale Phänomene sowohl innermenschliche Vorgänge
darstellen als auch durch Wirkungen einer
in der Bibel immer wieder angedeuteten
widergöttlichen Macht (Teufel, Satan,
Durcheinanderbringer) hervorgerufen werden können (z. B. in der Extremform einer
Besessenheit). Allerdings lehnt sie die Postulate des okkulten Erfahrungswissens
oder einer sich auf okkulte Phänomene
konzentrierenden Seelsorge ab und gründet
sich in die Sichtweisen der Bibel. (Dies betrifft z. B. die Behauptung, daß eine »okkulte Belastung« durch 2Mo 20,5 begründet
werden könne. Tatsache ist, daß der Textzu-
sammenhang auf die Frage des richtigen
Gottesdienstes abzielt und mit Okkultismus nichts zu tun hat und daß spätestens
seit Hes 18 jeder Mensch für seine eigene
Sünde verantwortlich ist.)

Es muß unterschieden werden, ob ein
Mensch sich aktiv und wissentlich auf Okkultismus oder Spiritismus eingelassen hat,
oder ob er an sich unbeteiligt eine Einflußnahme durch solche Mächte vermutet. Hier
muß auch jeder Annahme, daß eine bestimmte Materie einen Geist oder einen Dämon transportieren würde, entschieden widersprochen werden (vgl. 1Kor 8; 10,23–31).

Nach dem Maßstab der Bibel stellen diese
okkulten Praktiken Zaubereisünde oder
auch Götzendienst dar. Von daher sind sie
nicht mehr oder weniger schwer als jede andere z. B. von Paulus in Gal 5,19f genannte
Sünde auch.

Befreiung aus diesen Zaubereisünden gibt
es nicht durch eine mit dem pharisäischen

Exorzismus verwandte Methodik, sondern allein durch den Sieg Jesu Christi über Sünde, Tod und Teufel. Jesus spricht ein schlichtes Befreiungswort und ruft zum Eintritt in das Reich Gottes auf. Der Sünder soll Buße tun, umkehren und seine Sünde bekennen. Der Seelsorger spricht ihm im Namen Gottes die Vergebung und diese Freiheit durch Christus zu und stellt ihn unter den Schutz Jesu Christi (→ Beichte).

Wie beim Überwinden von Suchterkrankungen (→ Sucht) kann der Weg aus einer okkulten oder spiritistischen Hingabe an den Feind Gottes relativ lange dauern. Dies deshalb, weil die Konditionierungsprozesse (→ Konditionierung) mit bestimmten Bildern, mit Musik aus der Szene oder mit intensiven Gemeinschaftserlebnissen sehr stark sind und oft nur langsam durch neue Bilder, Erfahrungen und Gefühle ersetzt werden können. Vor diesem Hintergrund ist es auch ratsam, daß sich ein Betroffener von sämtlichen okkulten Gegenständen trennt.

Immer wieder zeigt sich, daß insbesondere Menschen mit einer dependenten Persönlichkeit oder mit einer ausgeprägten externen Kontrollüberzeugung für okkulte Sichtweisen und paranormale Phänomene ansprechbar sind. Für die Praxis der Seelsorge bedeutet dies, mit diesen Betroffenen v. a. an Fragen der sozialen Kompetenz (Kommunikations-, Kontakt-, Konflikt- und Korrekturfähigkeit) seelsorgerlich zu arbeiten.

Literatur:
Bender, H.: Umgang mit dem Okkulten, Freiburg i. Br. 1984
Dieterich, M.: Handbuch für Psychologie und Seelsorge, Wuppertal und Zürich 1989
Hemminger, H.: »Verschlissene Hoffnungen: Heil und Unheil der Psychokultur«, in: Boysen, G.; Hemminger, H.; Kuenzlen, G.: Im Sog der Psychoszene. Erfahrungen und Kommentare, Stuttgart 1988
Thiede, W.: »Der neuzeitliche Okkultismus in theologischer Perspektive«, in: Kerygma und Dogma, 1987, S. 279–302
Veeser, W. (Hg.): Biblisch-therapeutische Seelsorge und Okkultismus, Neuhausen 1991
WV

Organneurose/somatoforme Störung

Ein von S. Freud eingeführter Begriff zur Bezeichnung einer psychischen Störung, die von traumatischen Umweltbedingungen oder von Schwächen herrührt, die während der Kindheit auftreten. Zu den Organneurosen zählen jene Krankheiten der Erwachsenen, die auch als psychosomatische Erkrankungen (→ Psychosomatik) beschrieben werden. Dazu gehören beispielsweise Asthma, Magen- und Darmerkrankungen, Blutdruckstörungen, Hauterkrankungen, Gelenkerkrankungen usw. Da der Begriff relativ unklar erscheint, geht man in der modernen Psychotherapie vermehrt dazu über, statt dessen den Begriff der somatoformen Störung zu verwenden. Um die oben gekennzeichneten physiologischen Erscheinungen dem Krankheitsbild der somatoformen Störungen zuzuordnen, muß eine Beziehung zwischen Streßbedingungen, die von der betreffenden Person stärker als von anderen Personen erlebt wird, und der unmittelbaren Reaktion in Form körperlicher Veränderung aufgedeckt werden.

Somatoforme Störungen in Psychotherapie und Seelsorge

Somatoforme Störungen stellen sich als eine Krankheit dar, zu deren Therapie Fachkräfte mit medizinischer und psychotherapeutischer Qualifikation notwendig sind. Für eine erfolgreiche Therapie muß der Patient lernen, daß psychische Prozesse körperliche Symptome beeinflussen können. Für den Therapeuten ist es dabei wichtig, die Betroffenen innerhalb eines Systems – Belastung-Patient-Symptom-Umfeld – zu betrachten. Die Therapie wird in der Regel mit Hilfe → Kognitiver Therapien (selten: längerfristig angelegte psychoanalytisch fundierte Therapie) durchgeführt. Der therapeutische Prozeß kann durch Entspannungsübungen und selten → Psychopharmaka unterstützt werden.

Für den Seelsorger stellen sich Organneurosen/somatoforme Störungen als schwierige und oft hoffnungslos scheinende Aufgaben dar, da der Betroffene häufig an einer körperlichen Ursache als Krankheitskonzept festhält oder wegen der Erfolglosigkeit der Schulmedizin zur alternativen Medizin Zuflucht nimmt. Da Seelsorger i. d. R. relativ wenig Einsicht in die physiologischen Grundlagen der Organneurose besitzen, sollte sich deren Aufgabe in einem nicht zu unterschätzenden Anteil auf unterstützende Maßnahmen zum Genesungsprozeß des Betroffenen beschränken.

Literatur:
Battegay, R.: Psychoanalytische Neurosenlehre. Eine Einführung, Frankfurt 1986
Bräutigam, W.: Reaktionen – Neurosen – Abnorme Persönlichkeiten. Seelische Krankheiten im Grundriß, Stuttgart 1985
Hoffmann, S. O.; Hochapfel, G.: Einführung in die Neurosenlehre und Psychosomatische Medizin, Stuttgart 1991
Rattner, J.: Der neurotische Mensch und seine Lebensschwierigkeiten, Hamburg 1984   JD

Orgasmus

Weil es einige Unterschiede bei den sexuellen Reaktionen von Männern und Frauen gibt, diese jedoch für das Gesamtverhalten nicht entscheidend sind, kann man von der allgemeinen sexuellen Reaktion des Menschen und ihren männlichen und weiblichen Varianten sprechen. Man darf davon ausgehen, daß die sexuelle Erregung in vier Phasen abläuft: Erregungsphase, Plateausphase, Orgasmusphase und Rückbildungsphase.

Mit zunehmender sexueller Stimulierung in der Plateauphase nimmt die Spannung der willkürlichen und unwillkürlichen Muskulatur zu. Pulsfrequenz und Blutdruck steigen. Der Orgasmus (von gr. *orgasmos* = lustvolle Erregung) ist das plötzliche Nachlassen der Muskel- und Nervenanspannung auf dem Höhepunkt sexueller Erregung. Dieses Erlebnis stellt den intensivsten körperlichen Genuß des Menschen dar und ist beim männlichen und weiblichen Geschlecht prinzipiell gleich. Ein Orgasmus dauert nur wenige Sekunden. Er wird wie ein kurzer krampfartiger Anfall oder eine schnelle Folge von Zuckungen erlebt, die den ganzen Körper ergreifen und dann rasch zu völliger Entspannung führen. Bei geschlechtsreifen Männern kommt es gleichzeitig mit dem Orgasmus zur Ejakulation der Samenflüssigkeit. Während bei Männern der Orgasmus nach einem einheitlichen Schema verläuft, sind Frauen eher zu mehreren aufeinanderfolgenden Orgasmen fähig; sie können den Orgasmus auch auf ganz verschiedene Art erleben: Bei manchen Situationen eher kurz und sanft, bei anderen länger und heftiger.

Orgasmusstörungen haben selten einen physiologischen Hintergrund und werden deshalb psychotherapeutisch behandelt. Neben den Methoden aus der → Kognitiven Therapie hat sich auch die Paradoxe → Intention bewährt nach dem Motto: »Orgasmus muß gar nicht unbedingt sein . . .«

Literatur:
Haeberle, E. J.: Die Sexualität des Menschen, Berlin 1985   MD

Overprotection

Overprotection ist der englische Begriff für Überbeschützung oder Überbehütung von Kindern in der Erziehung. Overprotection stellt einen »Pol« des oft diskutierten Verhältnisses zwischen einer stark lenkenden, dirigierenden Haltung oder einer freiheitlichen Haltung (vgl. Tausch/Tausch 1973) dar. War man zu Beginn dieses Jahrhunderts der Meinung, Kinder benötigten ein stark behütendes und dirigierendes Erzieherverhalten, so löste sich diese Überzeugung vor allem durch die sog. reformpädagogische Bewegung auf (vgl. Nohl 1988). Heute ist man der Meinung, daß in der Erziehung nicht die konkrete Handlung für das »Ergebnis« entscheidend ist, sondern daß Handlungen Folge einer Beziehung zwischen Kind und Erziehendem sind. Overprotection kann dann entstehen, wenn eine mangelhafte oder fehlende Beziehung durch die Menge konkreter Handlungen kompensiert werden soll. Das Kind erlebt beispielsweise anstelle der Haltung »Ich weiß, daß ich meinen Eltern sehr wertvoll bin und sie sich um mich sorgen« die konkreten Handlungen einer ausgeprägten Lenkung und kann so kaum eigene Erfahrungen bei der Erkundung seiner Welt machen.

Literatur:
Litt, Th.: Führen oder Wachsenlassen, Stuttgart 1958
Nohl, H.: Die pädagogische Bewegung in Deutschland und ihre Theorie, Frankfurt 1988
Tausch, R; Tausch, A.-M.: Erziehungspsychologie, Göttingen 1973   JD

P

Pädophilie

Pädophilie ist eine Sammelbezeichnung für die Neigung Erwachsener zu präpubertären Kindern aus sexuellen Motiven. Bevorzugt werden 8- bis 10jährige Kinder. Die pädophile Handlung oder Phantasie ist für Pädophile die bevorzugte oder einzige Methode, eine sexuelle Erregung bei sich hervorzurufen. Die sexuelle Neigung kann hierbei gleichgeschlechtlich oder das andere Geschlecht betreffend sein. Die gleichgeschlechtliche (homosexuelle) Form wird als Päderastie bezeichnet und ist gekennzeichnet durch den Hang eines Mannes, sexuelle Annäherung zu Knaben zu suchen. Bei der gegengeschlechtlichen (heterosexuellen) Form spricht man von einer Pädophilia erotica. Diese ist auf ein Sexualverhältnis zu Kindern des anderen Geschlechtes ausgerichtet. Überwiegend findet sich die gegengeschlechtliche Form als sexualisierte Zuneigung von Männern zu kleinen Mädchen. Vereinzelt wird aber auch von sexuell getönten Beziehungen erwachsener Frauen zu Knaben berichtet.

Abzugrenzen von der Pädophilie ist der → Inzest. Inzest findet definitionsgemäß zwischen Angehörigen derselben Familie statt. Inzestopfer sind im allgemeinen älter als Kinder, die zum Ziel pädophilen Begehrens werden. Die Pädophilen aber fühlen sich besonders von der Unreife kleiner Mädchen und Knaben angesprochen. Es gibt allerdings fließende Übergänge. Manche Pädophile finden im rein körperlichen Kontakt ohne sexuellen Verkehr Befriedigung. Sie streicheln Arme oder Haare des Kindes, gehen aber häufig zur Berührung des Genitals über oder ermuntern die Kinder, das gleiche mit ihnen zu tun. Ein wirklicher Geschlechtsverkehr ist im Gegensatz zum Inzest eher selten. Ein Orgasmus wird nur von einem geringen Teil der Täter gesucht (ca.

6 %). Ohne Abwehr durch das Kind oder Entdeckung können pädophile Kontakte über viele Jahre bestehen. Gewöhnlich kennen Pädophile die Kinder, die sie belästigen (Bekannte, Nachbarn, Freunde der Eltern). Die meisten älteren Pädophilen sind verheiratet oder waren es irgendwann in ihrem Leben einmal. Im mittleren Erwachsenenalter sind gehäuft ernsthafte Eheprobleme zu beobachten, welche jedoch niemals als die eigentliche Ursache der Pädophilie interpretiert werden dürfen. Eine weitere Gruppe besteht aus älteren, vereinsamten, impotenten Männern.

Im allgemeinen wird eine pädophile sexuelle Ausrichtung durch seelischen Streß angeregt. Hier sind vor allem zu nennen der Verlust einer wichtigen Beziehung, Eheprobleme oder extreme Einsamkeit. Insgesamt wird die Streßsituation verschärft oder sogar erst hervorgerufen durch die Unfähigkeit des Pädophilen, mit normalen Belastungen eines Erwachsenen fertigzuwerden. Schon der normale Kontakt zu Erwachsenen ist durch Angst und Versagensgefühle belastet. Der Umgang mit Kindern dagegen gestaltet sich angstfrei und dient als Mittel, sich von schwer erträglichen Spannungen zu befreien. Bei jungen Pädophilen bestehen eher Anzeichen psychosexueller und sozialer Unreife. Über die Ursachen der Störung besteht keine einheitliche Auffassung. Es fällt jedoch auf, daß sich in der Vorgeschichte der Betroffenen häufig schwere Belastungen durch ungünstige familiäre Verhältnisse, zerrüttete Ehen, Trennung der Eltern, gewalttätige Väter, gefühlskalte Mütter sowie gehäuft Heimaufenthalte finden.

Pädophilie in Psychotherapie und Seelsorge

Eine spezifische Behandlung der Störung ist bis heute nicht bekannt. In den meisten Ländern werden Pädophile bestraft oder »von Amts wegen« in eine psychiatrische Einrichtung eingewiesen. Diese Maßnahmen verändern die pädophile Neigung gewöhnlich nicht, dienen aber dem Schutz der Kinder.

Erschwert wird jeder psychotherapeutische Zugang durch die zwanghafte Qualität der Störung. Die Seelsorgeliteratur beschäftigt sich kaum im einzelnen mit dieser Störung. Entsprechend findet sich auch kein Hinweis für einen spezifischen seelsorgerischen Umgang. Es bleibt die stützende Begleitung der Betroffenen und ihrer Angehörigen.

Literatur:
Bräutigam, W.; Clement, U.: Sexualmedizin im Grundriß, Stuttgart 1989
Lester, D.: Unusual sexual behavior, Springfield/ Illinois 1985   LB

Paidogen

Durch kindliche Prägung entstanden, → Depression

Panikattacken

Mit Panikattacken werden unerwartet starke Angstgefühle (→ Angst) beschrieben, die nicht direkt im Zusammenhang mit einer aktuellen angstauslösenden Situation stehen. Panikattacken dauern üblicherweise nur einige Minuten, seltener auch Stunden. Ein wesentliches Merkmal ist, daß sie (zumindest am Anfang) völlig unerwartet auftreten, obwohl die Betroffenen später allmählich diejenigen Störungen kennen, die solche Panikattacken auslösen können (z. B. im Auto im Stau stehen, durch einen Tunnel fahren, in einem überfüllten Geschäft warten). Panikattacken beginnen mit dem plötzlichen Einsetzen von intensiver → Angst oder Schrecken. Oft besteht das Gefühl drohenden Unheils. Manchmal wird die Attacke nicht als Angst, sondern als intensives Unbehagen empfunden. Die Panikattacken werden von Symptomen begleitet, die über das Gehirn, die Hormone und das vegetative Nervensystem in den verschiedenen Organen hervorgerufen werden und die unserer willkürlichen Kontrolle entzogen sind. Wenn man in der Diagnose (→ Psychodiagnostik) von Panikattacken spricht, müssen

mindestens vier dieser Symptome vorhanden sein: Atemnot oder Beklemmungsgefühle, Benommenheit, Gefühl der Unsicherheit oder Ohnmachtsgefühle, Erstickungsgefühle, Herzklopfen oder beschleunigter Puls, Zittern oder Beben, Schwitzen, Übelkeit oder Bauchweh, Gefühl der Unwirklichkeit, Taubheitsgefühl oder Kribbeln, Hitzewallungen oder Kälteschauer, Schmerzen oder Unwohlsein in der Brust, Furcht zu sterben und Furcht, verrückt zu werden oder etwas Unkontrolliertes zu tun.

Forschungen haben für Panikattacken verschiedene Ursachen aufgezeigt: Einerseits besteht bei manchen Menschen eine genetische Disposition (→ Anlage-Umwelt-Problem), unter intensivem psychischem Druck eher mit Panikattacken zu reagieren. Zum Teil lassen sich Panikattacken auch durch biochemische Reize auslösen (Lactat-Infusion). Auf der anderen Seite ließen sich aber auch wesentliche Faktoren in der Lebensgeschichte beobachten, die wie folgt zusammengefaßt werden können: Betroffene beschreiben sich in der Kindheit als ängstlich, nervös oder scheu. Sie erinnerten sich an ihre Eltern als zornig, angsterzeugend, kritisch oder kontrollierend. Sie äußerten häufig Unbehagen beim Erleben von → Aggression. Sie beschrieben häufig chronische Gefühle von niedrigem Selbstwert. Ihre Ehepartner werden als passiv, freundlich und nichtaggressiv beschrieben. Dem Auftreten der ersten Panikattacken gingen Situationen voraus, die durch Frustration, Ärger und Überforderung gekennzeichnet waren. Oft fühlten sich die Betroffenen in einer Situation, die einen Konflikt zwischen Abhängigkeit und Unabhängigkeit enthielt, aus der sie keinen Ausweg sahen. Die zunehmende Einengung (bewußt oder unbewußt) führte zu erhöhten psychosomatischen Beschwerden, verbunden mit negativen Gefühlen, die schließlich in Panikattacken mündeten.

Eng verbunden mit Panikattacken sind Platzängste (Agoraphobie): Damit umschreibt man die Angst, sich an Orten oder in Situationen zu befinden, in denen beim plötzlichen Auftreten von Symptomen eine Flucht nur schwer möglich (oder peinlich) ist oder in denen keine Hilfe verfügbar wäre (z. B. im Geschäft Schlange stehen; im Lift steckenzubleiben; Ängste im Zug oder Bus; aber auch: z. B. Angst, in einem Theater plötzlich die Kontrolle über Blase oder Darm zu verlieren; in der Kirche plötzlich angesprochen zu werden).

Panikattacken können das Leben der Betroffenen stark beeinträchtigen: Sie erleben Einschränkungen bei vielen Aktivitäten, ziehen sich von Menschen zurück, haben Angst vor allen Situationen, die neue Angst hervorrufen könnten, und leiden z. T. intensiv. Reisen sind oft nicht mehr möglich, es sei denn, man wird durch eine andere Person begleitet. Dies führt auch zu starken Abhängigkeiten von anderen. Sicher spielen bei Panikattacken auch Lernprozesse eine Rolle, indem sich die Angst zunehmend verfestigt, wenn man ihr ständig nachgibt.

Panikattacken in Psychotherapie und Seelsorge

In einer ersten Phase sollten die Umstände, in denen die Panikattacken auftreten, sauber erfaßt werden (→ Psychodiagnostik). Es sollte versucht werden, die innerseelischen und zwischenmenschlichen Spannungen herauszuarbeiten, die dem erstmaligen Auftreten der Angst vorausgingen. Auf der anderen Seite soll die Person ermutigt werden, sich den Ängsten zu stellen und die Schwellenangst zu überwinden. Oft ist dabei ein gestuftes Training unter Anleitung notwendig (→ Verhaltenstherapie). Bei gläubigen Patienten kann das Verhaltenstraining ganz bewußt mit Gebet unterstützt werden. Schließlich können sich bei schweren Panikattacken auch Medikamente (→ Antidepressiva, → Psychopharmaka) als sehr wirksam erweisen, um Seelsorge und Psychotherapie zu unterstützen.

Literatur:
Brasch, C. et al.: Die Angst aus heiterem Himmel. Panikattacken und wie man sie loswerden kann, München 1994
Hoefert, H.-W.: Angst, Panikattacken, Depression. Ursachen und Behandlungskonzepte aus psychologischer und medizinischer Sicht, Berlin 1993
Katschnig, H.: Panikattacken, Wiesbaden 1990
Leidig, S.: Nur keine Panik. So lernen Sie, mit Ihren Ängsten umzugehen, München 1995
Margraf, J.; Schneider, S.: Panik. Angststörungen und ihre Behandlung, Berlin 1990   SP

Paradigma

Besondere Bedeutung hat das Wort »Paradigma« (gr.: »Beispiel« oder »Muster«) seit seiner Einführung in die moderne → Wissenschaftstheorie und Wissenschaftsgeschichte durch Thomas S. Kuhns 1962 in den USA erschienenem Buch »The Structure of Scientific Revolutions« (»Die Struktur wissenschaftlicher Revolutionen«) erlangt. Kuhn versteht unter Paradigma all das, was die Gesamtheit aller eine Disziplin in einem Zeitabschnitt beherrschenden Grundauffassungen hinsichtlich Gegenstandsbereich und Methode bezeichnet. Paradigmen zeichnen sich dadurch aus, daß sie sich als äußerst widerstandsfähig gegen Innovationen erweisen und daß sie dazu tendieren, mit ihrer Art der Weltsicht die bisherigen Auffassungen zu bestätigen.

Klassisches Beispiel ist für Kuhn, der überwiegend vor historisch-zeitlichem Hintergrund denkt, das Paradigma der Newtonschen Physik im Unterschied zur »modernen« (z. B. quantenmechanisch beschriebenen) Physik. Heute gehen wir in der Beschreibung des Paradigmas weiter und meinen damit nicht nur Grundauffassungen im wissenschaftstheoretischen Sinne, sondern auch Paradigmen bezogen auf das Denken des Individuums. So spricht man z. B. in der → Rational-Emotiven-Therapie von einem Denksystem, das die Stabilität eines Paradigmas haben kann, und zeigt Wege auf, dieses »verirrte« Paradigma durch neue Denkansätze zu korrigieren. Auch Glaubensüberzeugungen können zumindest ansatzweise im Sinne von Paradigmen beschrieben werden. So könnte man den Beginn eines neuen Lebens mit Christus als Paradigmen-Wechsel bezeichnen.

Kontroversen löste die Auffassung Kuhns über die Änderungen der Paradigmen aus. Er geht davon aus, daß sich in der Wissenschaftsgeschichte Veränderungen (»Revolutionen«) dann ergeben, wenn sich Paradigmen unvereinbar (inkommensurabel) gegenüberstehen und dies dann zu einer fruchtbaren Krise – eben der Revolution – führt. Er zeigt dies beim Übergang von der klassischen zur modernen Physik zu Beginn dieses Jahrhunderts. Bis weit in dieses Jahrhundert hinein gab es Wissenschaftler (z. B. der Physiker Gerlach), die die neuen Ansätze nicht übernehmen konnten und ihrer alten Idee treu blieben. Ähnliches zeichnet sich derzeitig recht deutlich in der Psychotherapie und Seelsorge ab. Hier steht das klassische Paradigma der Tiefenpsychologie den neueren Ansätzen zum Verhalten und Erleben aus der Psychologie gegenüber. Verläuft die »wissenschaftliche Revolution« im Sinne von Kuhn, wird die Inkommensurabilität jedoch nicht dazu führen, daß sich die beiden Paradigmen im dialektischen Prozeß vereinigen, sondern daß eines der beiden den Sieg davonträgt. Kuhn schreibt, daß »zu Beginn ein neues Paradigma nur wenig Befürworter hat ... (jedoch wenn es das Überlegene ist) ... die Zahl und Stärke seiner Argumente zu seinen Gunsten wachsen ... überzeugt von der Fruchtbarkeit werden immer mehr die neue Art der Ausübung normaler Wissenschaft annehmen, bis schließlich nur einige ältere Starrköpfe übrig bleiben« (Kuhn 1967, S. 169).

Literatur:
Kuhn, Th. S.: Die Struktur wissenschaftlicher Revolutionen, Frankfurt 1967   MD

Parapsychologie

Die Parapsychologie der Gegenwart versteht sich als Zweig der Psychologie. Sie untersucht die »Anomalien« psychischer und naturhafter Vorgänge, die sich nicht auf Bekanntes zurückführen lassen. Diese Phänomene werden traditionellerweise als »okkult« bezeichnet. Die Parapsychologie benutzt dafür lieber den Ausdruck »paranormal«. Mit diesem Wort soll ausgedrückt werden, daß sich die entsprechenden Erscheinungen nicht in den »normalen« wissenschaftlichen Erklärungsrahmen einfügen, d. h. »neben« (gr. *para*) diesem stehen. Die Bezeichnung »Parapsychologie« wurde 1889 von dem Psychologieprofessor M. Dessoir eingeführt. Für ihre Forschungen benutzt die Parapsychologie die anerkannten wissenschaftlichen Methoden der Psychologie, Sozial- und Geschichtswissenschaften.

Über die Abgrenzung des Untersuchungsfeldes der Parapsychologie besteht keine Einheitlichkeit. Üblicherweise werden die Phänomene des Feldes in »Außersinnliche Wahrnehmung« (ASW) und »Psychokinese« (PK) zusammengefaßt. Zur ASW gehören »Hellsehen« (außersinnliche Wahrnehmung eines Sachverhaltes, von dem niemand sonst Kenntnis hat), »Präkognition« (Hellsehen in die Zukunft) und »Telepathie« (außersinnliche Wahrnehmung eines fremdseelischen Vorgangs oder Übertragung seelischer Vorgänge von einer Psyche auf die andere ohne Vermittlung der Sinnesorgane). Unter PK versteht man die Einwirkung einer Psyche auf Gegenstände oder andere Organismen ohne Beteiligung einer bisher bekannten physikalischen Energie.

Die parapsychologischen Untersuchungen erstrecken sich auf Spontanfälle in Geschichte und Gegenwart (Ahnungen, Visionen, Wahrträume, Spuk), auf kontrollierte Beobachtung von Sensitiven (Menschen, die für ASW begabt sind) und auf experimentelle Versuchsreihen unter künstlichen Bedingungen (sog. Laboratoriumsexperimente). Die ersten groß angelegten Laboratoriumsexperimente mit ASW und PK, die wesentlich zur wissenschaftlichen Etablierung der Parapsychologie beitrugen, unternahm J. B. Rhine an der Duke University in Durham (North Carolina) ab 1934. Der

deutsch-amerikanische Physiker H. Schmid
verfeinerte und objektivierte die Versuchs-
bedingungen Rhines durch seine Untersu-
chungsgeräte. Dadurch gelang es ihm
(1969), einen Teil der an Rhines Versuchen
geübten Kritik zu entkräften.

Im weiteren Sinne befaßt sich die Parapsychologie auch mit den geistig-weltan-
schaulichen Strömungen, Lehren und Gruppierungen, die unter der Bezeichnung »Okkultismus« (→ Okkultismus) zusammengefaßt werden (z. B. dem Spiritismus oder der
Astrologie).

Parapsychologie als empirische Wissenschaft, die eine »vorurteilsfreie Tatsachen-
forschung« (Bender) anstrebt, formiert
sich seit der Gründung der englischen »So-
ciety for Psychical Research« (Gesellschaft
für psychische Forschung) im Jahre 1882.

In ihrer über 110jährigen Geschichte ist
es der Parapsychologie nicht gelungen, die
gesamte »Gemeinschaft der wissenschaftlich Forschenden« von der Existenz paranormaler Phänomene zu überzeugen.
Dennoch läßt der unvoreingenommene
Blick auf die Fülle des gesammelten Materials den Schluß zu, daß ASW und PK zwar
nicht wissenschaftlich erwiesen, aber doch
hoch wahrscheinlich sind. Außerdem hat
die Parapsychologie wesentliche Erkenntnisse über psychische und soziale Bedingungen, seelische Motive, Struktur und
Reichweite von ASW und PK herausgearbeitet, die auch für die Seelsorge von
Belang sind.

Parapsychologen versuchen – entsprechend dem Ansatz ihrer Wissenschaft – das
Paranormale möglichst »immanent« (inner-
weltlich) zu erklären. Ehe Paranormales vermutet werden kann, müssen Betrug, Selbst-
täuschung oder natürliche Erklärungen ausgeschlossen sein. Als Grundlage für ASW
und PK nehmen viele Parapsychologen eine
bisher unbekannte Kraft oder Fähigkeit
»Psi« an (Abkürzung für gr. *psyche* = Seele).
Spiritistische Phänomene werden von den
meisten Parapsychologen »animistisch« verstanden (von lat. *anima* = Seele), d. h. als
Ausdruck von unbewußten Persönlichkeits-

anteilen. Die physiologischen und psychosozialen Mechanismen, die sich bei spiritistischen Praktiken abspielen, sind von
Parapsychologen sehr gut erforscht worden. Ihre Kenntnis ist für mit entsprechenden Fällen befaßte Seelsorger sicher von
Hilfe. Trotz vieler Versuche war die Parapsychologie bisher nicht in der Lage, ein
anerkanntes plausibles Verstehensmodell
oder eine wissenschaftlich abgesicherte
Theorie der paranormalen Phänomene
und Fähigkeiten zu erarbeiten. Dennoch
weist Parapsychologie ihrem Selbstverständnis nach nicht auf ein »Jenseits« im
theologischen Sinne hin, sondern auf
»neue Dimensionen der Psyche« und eine
»erweiterte Natur«, wenn auch mit Phänomenen, die zur Zeit in unser naturwissen-
schaftliches Weltbild noch nicht eingeordnet werden können. Welche Bedeutung die
Ergebnisse parapsychologischer Forschung für Glauben und Theologie haben,
ist umstritten. Ablehnung gibt es aus verschiedenen Gründen.

Parapsychologie in Psychotherapie und Seelsorge

In praktischer Hinsicht hat die Parapsychologie wichtige Erfahrungen und Erkenntnisse zur Psychohygiene im Umgang mit
dem Paranormalen gesammelt. Christliche
Seelsorge wird sich dieser Erkenntnisse in
entsprechenden Fällen bedienen, ohne ihr
Eigenes aufzugeben. Schon von der Bibel
her weiß sie von der Realität paranormaler
Gaben und Phänomene und wird sie anerkennen, ohne unkritisch zu sein. Traditionellerweise fragt christliche Theologie und
Seelsorge nach dem religiösen Ursprung
und Ort paranormaler Gaben und Erscheinungen. Aber auch eine psychologisch auf-
nahmebereite, biblisch orientierte Seelsorge
wird von der Parapsychologie lernen, daß
vorschnelle Etikettierungen (»dämonisch«
oder »gottgewirkt« – »charismatisch«) unangemessen und schädlich sind, und der Frage
nach seelischen Motiven und Zusammenhängen nachgehen. Christliche Seelsorge

weiß aber auch, daß das Paranormale im Alltag ein Entscheidungsfeld für die religiöse Ausrichtung und Bindung ist. So wird christliche Seelsorge über die Parapsychologie hinaus, da wo paranormale Gaben und Phänomene auftreten, nach der Gottesbeziehung, nach dem religiös-sozialen Zusammenhang und nach dem »Geist«, in dem sie gebraucht werden, fragen.

Literatur:

Parapsychologische Literatur
Bender, H.: Unser sechster Sinn. Telepathie, Hellsehen, Spuk, Reinbek 1972
ders.: Umgang mit dem Okkulten, Freiburg/Br. 1984
Bonin, W. F.: Lexikon der Parapsychologie und ihrer Grenzgebiete, Frankfurt/M. 1981
Eysenck, H. J.; Sargent, C.: Der übersinnliche Mensch. Report der Psi-Forschung, München 1984
Lucadou, W. v.: Psyche und Chaos. Neue Ergebnisse der Psychokinese-Forschung, Freiburg/Br. 1989
Mischo, J.: »Okkultismus und Seelsorge«, in: Zeitschrift für Parapsychologie und Grenzgebiete der Psychologie 30. Jg., Nr. 1–4, 1988, S. 70–98

Theologische Literatur
Bauer, P.: Horoskop und Talisman. Die Mächte des heutigen Aberglaubens und die Macht des Glaubens, Stuttgart 1963
Bergmann, G.: ... und es gibt doch ein Jenseits. Auf den Spuren des Übersinnlichen, Gladbeck 1974
Horkel, W.: Botschaft von Drüben. Übersinnliche Erfahrungen und Erkenntnisse aus unserer Zeit, Hamburg 1949
Janzen, W.: Okkultismus. Erscheinungen – Übersinnliche Kräfte – Spiritismus, Mainz/Stuttgart 1988
ders.: Wahrsagen. Schicksalsbefragung und Zukunftsdeutung, Mainz/Stuttgart 1994
Köberle, A.: Das geheimnisvolle Reich der Seele. Erfahrungen der Psyche in den Grenzbereichen des Lebens, Freiburg/Br.1984
Koch, K. E.: Seelsorge und Okkultismus, Wüstenrot 1953
Ruppert, H.-J.: Okkultismus. Geisterwelt oder neuer Weltgeist, Wiesbaden/Wuppertal 1990
Veeser, W. (Hg.): Biblisch-therapeutische Seelsorge und Okkultismus, Neuhausen-Stuttgart 1991   WJ

Pastoralpsychologie, Geschichte der

Die Vorgeschichte in den USA

Die Anfänge der Pastoralpsychologie liegen in den USA. Nachdem Anton Boisen bereits aufgrund seiner Erfahrungen in Kliniken (→ Klinische Seelsorge-Ausbildung) die Bedeutung der Psychologie für die Seelsorge entdeckt hatte, ging man mehr und mehr dazu über, eine eigenständige wissenschaftliche Disziplin auszubilden, die theologische und psychologische Erkenntnisse verband. Einer der Wegbereiter der Pastoralpsychologie in den USA ist Seward Hiltner. Hiltner rezipierte die Gesprächspsychotherapie von Carl Rogers und bemühte sich um eine Verbindung von psychologischer Wissenschaft und pastoraler Perspektive. Die Psychologie wird ganz und gar in den Dienst der Seelsorge genommen (vgl. Riess 1973, S. 197–246). Den Weg in die Bundesrepublik fand die amerikanische Pastoralpsychologie durch Dietrich Stollbergs gründliche Dokumentation Anfang der 70er Jahre (Stollberg 1969).

Pioniere der Pastoralpsychologie in Deutschland

Neben ihrer amerikanischen Vorgeschichte besitzt die Pastoralpsychologie auch eine eigenständige Geschichte auf deutschem Boden. Vor allem die Tiefenpsychologie Sigmund Freuds wurde sehr früh von Theologen entdeckt. Der Zürcher Pfarrer Oskar Pfister machte bereits 1927 in seinem Programm der »Analytischen Seelsorge« auf die Bedeutung des Unbewußten für die Seelsorge aufmerksam (→ Psychoanalyse). Die Theologen Otto Haendler und Walter Uhsadel suchten die Einsichten C. G. Jungs für die Seelsorge fruchtbar zu machen. Den nachhaltigsten Einfluß übte jedoch Joachim Scharfenberg aus. Am Beispiel der Gottliebin Dittus, dem bekannten Seelsorgefall Johann Christoph Blumhardts, will er den Zusammenhang von Bewußtwerdung und Heilung aufzeigen. Ein historischer Seelsorgefall wird hier erstmals Zug um Zug tiefenpsychologisch interpretiert. Theologische Zusammenhänge werden einer tiefenpsychologischen Betrachtungsweise unterzogen und in deren Horizont bewertet.

Die Pastoralpsychologie auf ihrem Höhepunkt

Einen »Boom« erlebte die Pastoralpsychologie in Deutschland in den 70er Jahren. Pastoralpsychologie wurde nun als empirische Wissenschaft verstanden, in der seelsorgerliche Einstellungen hinterfragt und einer ausschließlichen humanwissenschaftlichen Betrachtungsweise unterzogen werden. Hans-Joachim Thilo untersuchte nun das Kasualgespräch auf dem Hintergrund des tiefenpsychologischen Paradigmas. Dabei machte er auf die Phänomene von Übertragung und Gegenübertragung im Seelsorgegespräch aufmerksam (Thilo, H.-J., 1971). Klaus Winkler will mit Hilfe der Tiefenpsychologie zu einem bewußten Umgang mit den ins Unbewußte verdrängten Persönlichkeitsanteilen verhelfen (Winkler, K., in: Riess 1974). Pastoralpsychologie wird auf diese Weise immer mehr zu einer Wahrnehmungshilfe innerhalb der Praktischen Theologie werden. Ein wichtiges Datum stellt 1972 die Gründung der Deutschen Gesellschaft für Pastoralpsychologie (DGfP) dar. Sie gliedert sich in drei Sektionen: Tiefenpsychologie, KSA und → Gruppendynamik (1976 kommt als vierte Sektion die Verhaltenspsychologie [→ Behaviorismus] hinzu).

Pastoralpsychologie als Wissenschaft

Grundlegende Überlegungen hinsichtlich einer pastoralpsychologischen Gesamttheorie stellt Joachim Scharfenberg an. Auf der Basis der Psychoanalyse formt Scharfenberg die Pastoralpsychologie zu einer eigenständigen Wissenschaft aus. Seine Vorstellung ist die einer Integrationswissenschaft, in der theologische und psychologische Aspekte sich ergänzen und wechselseitig interpretieren (Scharfenberg, J., 1985). Der Grundgedanke ist, daß menschliche Grunderfahrungen sowohl theologisch als auch psychologisch beschrieben werden können. Eine wichtige Rolle spielen dabei die Symbole, die sich in den mythologischen Überlieferungen der Menschheit finden (→ Archetyp). Menschliche Konflikte können sowohl psychologisch, mythologisch als auch theologisch ausgedrückt werden. In jedem Falle bringen sie denselben Sachverhalt zum Ausdruck. Für Scharfenberg ist die Pastoralpsychologie nicht nur eine Wahrnehmungshilfe für zwischenmenschliche und hintergründige Vorgänge in der Seelsorge, sondern vielmehr eine eigenständige Wissenschaft. Sie ist einer integrativen Schau verpflichtet, in der Psychologie und Theologie sich gegenseitig interpretieren und durchdringen.

Literatur:
Riess, R.: Seelsorge. Orientierung, Analysen, Alternativen, Göttingen 1973
Scharfenberg, J.: Einführung in die Pastoralpsychologie, Göttingen 1985
ders.: »Zur Lehre von der Seelsorge. Bewußtwerdung und Heilung bei Johann Christoph Blumhardt«, in: Wintzer, F. (Hg.): Seelsorge. Texte zum gewandelten Verständnis und zur Praxis der Seelsorge in der Neuzeit, München 1985
Stollberg, D.: Therapeutische Seelsorge. Die amerikanische Seelsorgebewegung. Darstellung und Kritik. Mit einer Dokumentation, München 1969
Thilo, H.- J.: Beratende Seelsorge. Tiefenpsychologische Methodik, dargestellt am Kasualgespräch, Göttingen 1971
Winkler, K.: »Die Funktion der Pastoralpsychologie in der Theologie«, in: Riess, R. (Hg.): Perspektiven der Pastoralpsychologie, Göttingen 1974

RS

Pastoralpsychologische Ausbildung

Die pastoralpsychologische Ausbildung umfaßt ein weites Spektrum an unterschiedlichen psychologischen und gruppentherapeutischen Verfahren, die alle in die kirchliche Seelsorgeausbildung Eingang gefunden haben. Der erste gruppendynamische Kurs im Rahmen der Seelsorgeausbildung fand

1969 am Theologischen Seminar in Herborn statt. Bald waren gruppendynamische Kurse an fast allen landeskirchlichen Aus- und Fortbildungsstätten verbreitet (Dahm 1977).

Grundlinien pastoralpsychologischer Ausbildung

(1) Selbsterfahrung

Am Anfang pastoralpsychologischen Lernens steht die Selbsterfahrung des Seelsorgers. Pastoralpsychologische Kompetenz wird daher nicht in erster Linie durch Vorlesungen oder Bücher erworben, sondern durch die Arbeit des Seelsorgers an sich selbst. Die Selbsterfahrung wird weithin in der Gestalt von Gruppenprozessen vermittelt. Die verschiedensten gruppendynamischen (→ Gruppendynamik) Verfahren haben daher Eingang in die → Seelsorge gefunden (→ Gestalttherapie, → Transaktionsanalyse, themenzentrierte Interaktion, → Bibliodrama). Mit Hilfe von gemeinsamen Gesprächen, Übungen und Rollenspielen überprüfen und klären die Teilnehmer ihr Verhalten, ihre Motivation (→ Motiv) und ihre Erwartungen. Der einzelne soll lernen, mit Konflikten umzugehen und seine psychischen Möglichkeiten und Grenzen zu erfahren. Die Gruppe kann dabei zum Ort religiöser Erfahrung werden. So kann etwa die Erfahrung der Annahme durch die Gruppe theologisch im Sinne der Rechtfertigung gedeutet werden. Die Gruppe wird zum Ort, in dem Gemeinschaft erlebt und Kirche als Ort der Heilung sichtbar wird. Theologie soll auf diese Art und Weise nicht gelehrt, sondern erlebt werden. Besonders innerhalb der Klinischen Seelsorge-Ausbildung (KSA) kommen die verschiedenen gruppendynamischen Methoden zur Anwendung.

(2) Psychologisches Wissen

Die Aneignung psychologischen und tiefenpsychologischen Wissens trägt zum besseren Verständnis von Gefühlen und Verhaltensweisen von Seelsorger und Ratsuchendem bei und verhilft zu höherer Sensibilität im Gespräch.

(3) Gesprächshaltung

Die Aneignung empathischen (→ Empathie) Verhaltens gehört zum Kernstück der gesprächstherapeutischen Ausbildung (→ Gesprächspsychotherapie). Mit Hilfe von Gesprächsprotokollen, Tonbandanalysen oder Rollenspielen soll der Seelsorger seinen eigenen Umgang mit dem Ratsuchenden reflektieren und sachgemäßes partnerzentriertes Verhalten erkennen.

(4) Theologie

Theologische Reflexionen begleiten das pastoralpsychologische Lernen. Für Scharfenberg sind es vor allem die biblischen Symbole, die zur Konfliktbearbeitung verhelfen (Scharfenberg 1985, S. 182). Für Helga Lemke wird die theologische Perspektive vornehmlich im Durchsprechen von Grundsatzfragen wie Schuld und Sünde wahrgenommen (Lemke 1978, S. 66).

Methodisch orientierte sich die kirchliche Seelsorgeausbildung vor allem an der → Psychoanalyse und der → Gesprächspsychotherapie. Gerhard Besier sah darin eine Engführung und setzte sich für eine verstärkte Rezeption der Klinischen Psychologie ein. Die → Klinische Psychologie sei im Gegensatz zur → Psychoanalyse empirisch überprüft und prinzipiell wertfrei. Sie sei daher eher geeignet, der Theologie zu dienen, da sie keinen ideologischen Überbau mitbringe (Besier 1980). Vgl. → Pastoralpsychologie, Geschichte der.

Literatur:
Besier, G.: Seelsorge und Klinische Psychologie: Defizite in Theorie und Praxis der Pastoralpsychologie, Göttingen 1980
Dahm, K. W.: »Gruppendynamik im kirchlichen Bereich«, in: Meyer, E. (Hg.): Handbuch Gruppenpädagogik – Gruppendynamik, S. 200–215, Heidelberg 1977
Lemke, H.: Theologie und Praxis annehmender Seelsorge, Stuttgart 1978
Scharfenberg, J.: Einführung in die Pastoralpsychologie, Göttingen 1985   RS

Persönlichkeitsstörungen

Allgemeine Bezeichnung für alle Veränderungen des Charakters bzw. Wesens eines Menschen (→ Krankheit, → Gesundheit). In der älteren Psychodiagnostik faßte man unter Persönlichkeitsstörungen vor allem sog. Charakterneurosen (→ Neurosen) zusammen. Damit sind Störungen gemeint, die sich über einen langen Zeitraum gebildet haben und so zu einem Teil der Persönlichkeit wurden. Im DSM-III-R werden Persönlichkeitsstörungen zusammen mit entwicklungsbedingten Störungen auf der Achse 2 notiert. Von Persönlichkeitsstörungen wird dann gesprochen, wenn überdauernde Persönlichkeitszüge unflexibel und schlecht angepaßt sind und entweder wesentliche Beeinträchtigungen der sozialen und beruflichen Leistungen oder subjektive Beschwerden verursachen. Persönlichkeitsstörungen sind im allgemeinen bereits in der Adoleszenz oder früher zu erkennen und setzen sich im Erwachsenenalter fort, werden jedoch im mittleren und höheren Lebensalter weniger auffällig. Das DSM-III-R ordnet die speziellen Persönlichkeitsstörungen in drei Hauptgruppen: Die erste Gruppe beinhaltet die paranoide, die schizoide und die schizotypische Persönlichkeitsstörung; Personen mit diesen Störungen werden häufig als sonderbar oder exzentrisch bezeichnet. In die zweite Gruppe fallen die histrionische, die narzißtische (→ Narzißmus), die antisoziale und die Borderline-Persönlichkeitsstörung (→ Borderline-Störung); Menschen mit solchen Störungen werden häufig als dramatisch, emotional oder launisch beschrieben. Die dritte Gruppe umfaßt die selbstunsichere, die dependente, die zwanghafte (→ Zwang) und die passiv-aggressive Persönlichkeitsstörung (→ Aggression); Personen mit diesen Störungen zeigen sich oft ängstlich oder furchtsam. Im folgenden wird nun aus jeder der drei Gruppen eine spezielle Form der Persönlichkeitsstörungen näher beschrieben:
- *Paranoide* Persönlichkeitsstörung: Der Betroffene ist anderen gegenüber voller Mißtrauen und fühlt sich ohne reellen Grund ständig ausgenutzt und benachteiligt. Er erwartet von seinen Mitmenschen nur Schlechtes und mißt schon harmlosen Bemerkungen eine versteckte, bedrohliche Bedeutung zu. Er hegt lange Groll und vergibt an ihm begangene Fehler nicht. Er ist extrem eifersüchtig und bezweifelt ohne Grund die Treue des Ehepartners, reagiert überempfindlich bei vermeintlicher Mißachtung, wird schnell zornig und startet Gegenangriffe. Sein Verhalten ist durchgängig gekennzeichnet von der ungerechtfertigten Neigung, die Handlungen anderer grundsätzlich als absichtlich erniedrigend oder bedrohlich zu interpretieren.
- *Histrionische* Persönlichkeitsstörung: Der Betroffene ist ständig bemüht, von anderen Bestätigung, Anerkennung und Lob zu erhalten. Er verhält sich übertrieben dramatisch und emotional ungewöhnlich expressiv, reagiert z. B. auf geringe Anlässe mit Zornausbrüchen oder umarmt flüchtige Bekannte leidenschaftlich. Er zeigt jedoch rasch wechselnde und oberflächliche Emotionen; seine zwischenmenschlichen Beziehungen leiden unter seinen dauernden Manipulations- und Verführungsversuchen, seiner Abhängigkeit und seinen ständigen Forderungen. In Situationen, in denen er nicht im Mittelpunkt steht, fühlt er sich unwohl; sein egozentrisches Denken und Handeln ist auf unmittelbare Bedürfnisbefriedigung ausgerichtet. Er achtet übertrieben auf seine äußere Erscheinung und Wirkung. Er wirkt auf andere zwar oberflächlich anziehend, aber auch eitel, flach, unecht und rücksichtslos. Beim Betroffenen zeigt sich ein durchgängiges Muster einer übermäßigen Emotionalität und eines übersteigerten Verlangens nach Aufmerksamkeit.
- *Dependente* Persönlichkeitsstörung: Die betroffene Person ist unfähig zu selbständigen Entscheidungen und überläßt selbst wichtige Angelegenheiten in ihrem Leben dem Urteil anderer. Sie läßt die Eltern oder den Partner Wohnort-, Berufs- oder Freundeskreiswahl treffen. Sie ist unfähig, eigene Forderungen zu äußern, und pflichtet den

anderen auch dann bei, wenn diese im Unrecht sind. Sie stellt ihre eigenen Bedürfnisse zurück, um die Beziehungen zu Menschen nicht zu gefährden, und übernimmt sogar unangenehme und erniedrigende Tätigkeiten, um die Zuneigung anderer zu gewinnen. Sie fühlt sich alleine meist unwohl und hilflos und hat Angst davor, verlassen zu werden. Die übermäßige Abhängigkeit von anderen erschwert jegliche Eigeninitiative oder Eigenaktivitäten. Hauptmerkmal dieser Störung ist ein durchgängiges Muster von abhängigem, unterwürfigem Verhalten.

Literatur:

Beck, A. T.; Freeman, A.: Kognitive Therapie bei Persönlichkeitsstörungen, Weinheim 1993
Davison, G. C.; Neale, John M.: Klinische Psychologie. Ein Lehrbuch, München, Weinheim 1988
Dieterich, M.: Handbuch Psychologie und Seelsorge, Wuppertal und Zürich 1989
Fiedler, P.: Persönlichkeitsstörungen, Weinheim 1995
Reinecker, H. (Hg.): Lehrbuch der Klinischen Psychologie. Modelle psychischer Störungen, Göttingen, Toronto, Zürich 1994
Wittchen, H.-U. et al.: Diagnostisches und Statistisches Manual Psychischer Störungen. DSM-III-R, Weinheim, Basel 1991   AK

Persönlichkeitsstruktur

In der populärwissenschaftlichen Literatur fällt auf, daß nebeneinander immer wieder Begriffe wie »Persönlichkeit«, »Wesenszug«, »Charakter«, »Temperament« vorkommen und daß zur Beschreibung der Persönlichkeitsstruktur diese verschiedenen Wörter oftmals synonym gebraucht werden. Für den umgangssprachlichen Gebrauch ist dieser Sachverhalt ohne größere Bedeutung. Wichtiger wird eine genaue sprachliche Klärung dann, wenn es darum geht, wissenschaftlich zu arbeiten.

Die Persönlichkeitsforschung folgt nach Herrmann (1969) überwiegend zwei Modellen. Im ersten (älteren und eher geisteswissenschaftlich orientierten) Modell wird zuerst die Persönlichkeit in ihrer »Natur« oder

in ihrem »Wesen« erkannt und dann erst im zweiten Schritt genauer untersucht. Beim zweiten Modell orientiert sich der Forscher überwiegend an Beobachtungen und Messungen empirischer (→ Empirie) Sachverhalte, und im zweiten Schritt werden dann zur Klärung des Gefundenen theoretische Konstruktionen »erfunden«.

Der klassische, von Hippokrates abzuleitende Begriff des »Temperaments«, obwohl umgangssprachlich noch häufig gebraucht, ist wenig hilfreich, weil damit eine falsch verstandene Verbindung über die »Körpersäfte« zur Somatik hergestellt wird. Auch das Wort »Charakter« verführt durch seine Übersetzung aus dem Griechischen (im Sinne von »eingravieren«) zu der Annahme, daß hier eine endgültige und unveränderbare Eigenschaft gemeint ist, was bedeuten würde, daß jedes Arbeiten an der Persönlichkeit (bzw. hier dann am Charakter) praktisch sinnlos wäre. Auch andere Möglichkeiten zur Beschreibung der Persönlichkeit, z. B. im Sinne der von Kretschmer entwickelten Konstitutionstypen (die einen Zusammenhang zwischen Körperbau und Persönlichkeit herzustellen versuchen), oder das derzeitig häufig verwendete »Enneagramm«, erfüllen nicht die Kriterien, die man an moderne Test- und Einschätzverfahren zur Persönlichkeitsstruktur stellen muß.

In der gegenwärtigen empirisch (→ Empirie) orientierten Persönlichkeitspsychologie wird so gearbeitet, daß verschiedenartige Merkmale von Personen in ein Merkmalsraster – beispielsweise zwischen den beiden Grenzpunkten »Extraversion« und »Introversion« – eingeordnet werden. Im Sinne der Gaußschen Normalverteilung finden sich die meisten Menschen dann in der Mitte zwischen den beiden Grenzen wieder.

Um nicht mit etablierten Beschreibungen zu kollidieren, haben wir für die → Biblisch-therapeutische Seelsorge die in der neueren → Psychologie übliche Beschreibung des Menschen als »Persönlichkeit« gewählt und hierbei eine Unterscheidung mit dem Modell dreier konzentrischer Schalen vorgenommen. Zum einen sind es die für jedermann erkennbaren »Wesenszüge« (äußerste Schale), die die Persönlichkeit beschreiben lassen. Die Wesenszüge sind überwiegend durch Lernprozesse entstanden und auch mit gezielten Lernprogrammen veränderbar. Die durch Beobachtung nicht direkt erkennbaren Anteile der Persönlichkeit in der zweiten Schale unseres Modells werden als »Grundstruktur« bezeichnet. Zur Entstehung der Grundstruktur tragen entweder lange Zeit andauernde Lernprozesse (also eine »Stabilisierung« der Wesenszüge) oder vererbte Dispositionen bei (oftmals sind es auch beide Entstehungsursachen gemeinsam). Änderungen im Sinne von Lernprozessen sind, wenn überhaupt, nur mit großem Aufwand möglich.

Mit der dritten Schale, der »Tiefenstruktur« der Persönlichkeit, die ebenfalls nicht direkt durch das Verhalten beobachtet werden kann, sollen solche Anteile der Persönlichkeit beschrieben werden, die ihren Ursprung in Prägungen der frühen Kindheit (und damit in der »Tiefe der Vergangenheit«) bzw. in vererbten Dispositionen haben. Es sind dies auch diejenigen Anteile der Persönlichkeit, die praktisch unveränderlich bestehen bleiben. Hierfür wäre am ehesten die Beschreibung als »Charakter« zulässig.

Eine solche Einteilung mag für den ersten Augenblick eher zufällig erscheinen, und es sind auch keine eindeutigen Abgrenzungen zwischen den drei Einteilungskriterien möglich. Jedoch hat sich diese heuristisch angesetzte (= zu Beginn angenommene) Abgrenzung als praktisch sehr brauchbar erwiesen.

Eine wichtige Aussage zu dem Schalenmodell ist, daß sich dieselben Persönlichkeitsdimensionen auf allen drei Ebenen darstellen lassen. Es kann also beispielsweise Introversion sowohl in den Wesenszügen als auch in der Grund- und Tiefenstruktur vorhanden sein – bzw. auf der einen Ebene Introversion und auf der anderen eher Extraversion vorgefunden werden. Erst durch die Synopse aller drei Anteile ist es dann möglich, ein sinnvolles Förder- oder Therapieprogramm aufzustellen.

Literatur:
Dieterich, M.: Persönlichkeitsdiagnostik, Freudenstadt 1996   MD

Perversion, sexuelle
→ Exhibitionismus;
→ Fetischismus; → Masochismus;
→ Sadismus, → Sodomie,
→ Voyeurismus

Phantasie → Imagination

Phantasiereisen → Gestalttherapie

Phlegmatiker → Melancholie

Phobie, phobische Störung

Bei einer Phobie treten intensive Angstreaktionen im Körper (z. B. Herzrasen, Schwitzen), im Denken und Fühlen (z. B. »Der Hund wird mich beißen!«) und im Verhalten (z. B. Vermeiden, Flüchten) auf. Im Verlauf der Störung löst der phobische → Reiz (Objekt oder Situation) fast unvermeidlich eine sofortige Angstreaktion (→ Angst) aus. Allein die Vorstellung, daß die phobische Situation eintreten könnte, erzeugt meist schon Erwartungsangst. Das phobische Verhalten wird von der Person als »nicht angemessen« erkannt.

Von einer Phobie wird erst dann gesprochen, wenn der Ratsuchende unter dieser leidet oder deutlich beeinträchtigt ist, z. B. in seiner beruflichen Leistungsfähigkeit. Zu unterscheiden sind einfache Phobie, soziale Phobie und Agoraphobie.

Die einfache Phobie kennzeichnet die anhaltende Angst vor konkreten Objekten oder Situationen, wie z. B. Nähe von bestimmten Tieren, Höhen, geschlossene Räume, Zahnarztbesuch, Anblick von Blut oder Verletzungen. Die einfache Phobie wird häufiger bei Frauen diagnostiziert.

Eine soziale Phobie kennzeichnet die anhaltende Angst vor sozialen Situationen, in denen die Person im Mittelpunkt der Aufmerksamkeit anderer steht und befürchtet, etwas zu tun, was demütigend oder peinlich sein könnte, z. B. Erröten, Händezittern, Drang zum Wasserlassen. Die soziale Phobie scheint bei Männern häufiger aufzutreten.

Personen mit Agoraphobie (Platzangst) haben Angst vor Situationen, in denen eine Flucht nur schwer möglich ist oder aber keine Hilfe verfügbar wäre, z. B. das Haus zu verlassen, Geschäfte zu betreten, in Menschenmengen und auf öffentlichen Plätzen zu sein oder alleine mit Bahn, Bus oder Flugzeug zu reisen. Eine Panikstörung kommt als häufiges Merkmal bei gegenwärtigen oder zurückliegenden Episoden vor. Agoraphobie wird häufiger bei Frauen diagnostiziert.

Phobie in Psychotherapie und Seelsorge

Behandlungsmöglichkeiten leiten sich in erster Linie aus dem Instrumentarium der → Verhaltenstherapie ab. Besonders wirksam hat sich bei Phobien die Behandlung mit Hilfe der Systematischen → Desensibilisierung erwiesen.

Literatur:
Deutsches Institut für medizinische Dokumentation und Information: ICD-10 Internationale Statistische Klassifikation der Krankheiten und verwandter Gesundheitsprobleme 10. Revision, Berlin 1994
Wittchen, H.-U. et al.: Diagnostisches und Statistisches Manual Psychischer Störungen. DSM-III-R Revision, Weinheim 1991
Wittchen, H.-U. et al.: Was Sie schon immer über Angst wissen wollten!, Basel 1994   JL

Pica → Eßstörungen

Placebo-Effekt

Ein Placebo (lat.: ich werde dir zu Diensten sein; ich werde dir den Gefallen tun) war ursprünglich ein Mittel, das der Arzt nicht aus Überzeugung, sondern vielmehr aus Gefälligkeit verschrieb. Heute umschreibt man mit dem Wort die Beobachtung, daß ein Medikament nicht nur durch seine Inhaltsstoffe wirkt, sondern auch entsprechend den Erwartungen der Patienten. So kann es sein, daß ein Mittel ohne jeden Wirkstoffgehalt Schmerzen lindert oder aber auch unangenehme »Nebenwirkungen« entfaltet. Häufig sprechen Patienten auf Placebos genauso gut an wie auf ein »echtes« Medikament. Unter der Behandlung mit Placebos kommt es zu einer Besserung bei: Schmerzen verschiedener Art (28 % der Verabreichung von Placebos); Kopfschmerzen (62 %); Migräne (32 %); Erkältungen (45 %); psychovegetativen Störungen (34 %); Magen-Darm-Beschwerden (58 %); Rheuma-Schmerzen (49 %); Regelbeschwerden (24 %).

Biologische Erklärung der Placebo-Wirkung: Jede zwischenmenschliche Kommunikation löst auch im Gehirn eine biochemische Reaktionskette aus. Die Überträgerstoffe lenken das Denken, Empfinden und auch die körperliche Reaktion in eine bestimmte Richtung. Forschungen haben gezeigt, daß auch bei Gabe von Placebos im Gehirn schmerzstillende Substanzen (Endorphine) ausgeschüttet werden.

Welche Eigenschaften fördern die Placebo-Wirkung? Je eindrucksvoller und liebenswerter die Persönlichkeit des Arztes oder Therapeuten ist, je überzeugter und ermutigender er auftritt, desto eher hat er Einfluß auf den Zustand des Hilfesuchenden. Ist der Patient in einer Not und erwartet Hilfe, so ist er zusätzlich offen für die beruhigende und ermutigende Begegnung mit dem Arzt oder Heiler. Erfolge treten häufig ein, wenn der Arzt auf den Patienten eingeht und ihm seinen Helferwillen mit Sympathie und Anteilnahme bewußtmacht. Dies hat sich auch in der Psychotherapieforschung bestätigt. Immer wieder ist es nicht die Methode, sondern die zwischenmenschliche Begegnung, die letztlich einen heilenden Effekt hat.

Literatur:
Netter, P.: »Der Placebo-Effekt«, in: Münchner Medizinische Wochenschrift 119 (1977), S. 203–208   SP

Platzangst → Phobie

Post Abortion Syndrom (PAS)

Gemeint ist ein Komplex psychischer Erscheinungen, die als Folge von Abtreibungserlebnissen (→ Abtreibung) auftreten und sich bei Frauen, aber auch Männern, beteiligten Ärzten, Hebammen und evtl. Therapeuten finden können. Durch die Gefahr der → Verdrängung der Probleme um die Abtreibung und ihrer psychischen Folgen durch einzelne, aber auch gesamtgesellschaftlich, fehlen entsprechende Trauerräume. Psychosomatische Störungen (→ Psychosomatik) und gehäufte Infekte können körperliche Folgen sein. Vielfach wird darauf hingewiesen, daß Symptome teilweise erst nach vielen Jahren oder in einer späteren Krisensituation auftreten und ein möglicher Zusammenhang mit einem Schwangerschaftsabbruch oft erst viel später bemerkt wird. Als zusätzlicher Risikofaktor kann eine seelisch vorbelastete Persönlichkeit angesehen werden.

Als Krisenzeiten für das Auftreten seelischer Auffälligkeiten werden genannt:
– die ersten Wochen nach der Abtreibung,
– die Zeit um den errechneten Geburtstermin,
– ein Jahr/Jahrestage nach Abtreibung,
– nach der Geburt eines Kindes oder einem Todesfall in der Familie oder Bekanntenkreis,
– Klimakterium.

Posttraumatische Belastungsstörung

Eine Posttraumatische Belastungsstörung (→ Trauma; → Inzest; → Neurose) kann auftreten, wenn eine Person etwas erlebt, das außerhalb der üblichen menschlichen Erfahrung liegt und für fast jeden stark belastend wäre (Vergewaltigung, Ausgeraubtwerden, Miterleben eines plötzlichen Todesfalles, Kriegserlebnisse, Folter usw.). Die nachfolgenden Symptome werden im DSM-III beschrieben: Das Ereignis wird ständig auf mindestens eine der folgenden Arten wiedererlebt: wiederholte, sich aufdrängende Erinnerungen; wiederholte, stark belastende Träume; plötzliches Gefühl, das Ereignis wieder zu erleben (»Flashback«); intensives psychisches Leiden bei der Konfrontation mit Ereignissen oder Jahrestagen, die an das traumatische Erlebnis erinnern. Anhaltendes Vermeiden von Situationen und Auslösern, die mit dem Trauma in Verbindung stehen: → Verdrängung der Gedanken daran; Unfähigkeit, sich an Einzelheiten zu erinnern (psychogene → Amnesie); Entfremdungsgefühl; Einschränkung der Gefühlswelt (z. B. Verlust von zärtlichen Empfindungen); Gefühl verkürzter Zukunftsempfindung (»Alles hat keinen Sinn mehr«). Anhaltende Symptome einer erhöhten Erregung: → Schlafstörungen, Reizbarkeit, Konzentrationsschwierigkeiten, Überwachheit (Hypervigilanz), übertriebene Schreckreaktionen, vegetative Symptome.

Literatur:
Saigh, P. (Hg.): Posttraumatische Belastungsstörung. Diagnose und Behandlung psychischer Störungen bei Opfern von Gewalttaten und Katastrophen, Göttingen 1995   SP

Prägung

(engl. *imprinting*)

Mit diesem Begriff werden die auf den Menschen (wie allgemein auf Organismen) dauerhaft wirkenden Einflüsse bezeichnet, also nicht vorübergehende, befristete → Reize, sondern solche, die auf Dauer gestaltend bzw. umgestaltend wirken. Unter den tiefenpsychologisch orientierten Ansätzen besteht weitgehend Konsens darüber, daß die in frühen Jahren geprägten → Persönlichkeitsstrukturen den Menschen häufig ein Leben lang beeinflussen. Ein unvereinbarer Gegensatz zeigt sich aber zwischen der »statischen« Betrachtungsweise einerseits und der »dynamischen« Betrachtungsweise andererseits. Die einen verstehen den Charakter des Menschen als die Summe der Wesensmerkmale, die in die Seele eines Menschen »eingeprägt« sind (= statisch). Der Mensch ist aus dieser Sicht das Produkt seines Erbguts und seines Milieus, in dem er aufgewachsen ist. Beides drückt ihm den Stempel auf. Er selbst ist zu vergleichen mit einer »knetbaren« (prägbaren) Masse.

Ganz anders die → Individualpsychologie Adlers: Sie sieht den Menschen nicht völlig genetisch programmiert. Auch wird er nicht in ausschließlich passiver Weise durch Eindrücke der Umwelt und des Milieus geprägt. Das Kind bezieht vielmehr unaufhörlich Stellung zu diesem Milieu. Es macht sich sein eigenes Bild von all dem, was es jeden Tag aus seiner Sicht erlebt. Diese dynamische Sicht vom Menschen faßt den Lebensstil eines Menschen als ein »Kunstwerk« auf, das der »schöpferischen Kraft« des Kindes entspringt. »Der Lebensstil ist ganz offenbar die lebendige Schöpfung des Kindes, bei der das, was es geerbt und was es in der Umgebung vorfindet, (lediglich) als Material dient« (Paul Rom).

Aus dieser dynamischen Betrachtungsweise hat der Faktor »Prägung durch die Umwelt« neben dem Faktor »Prägung durch die Erbanlage« also keine kausal-prägende Einflußnahme auf die Persönlichkeit des Menschen. Vielmehr sind diese beiden Faktoren Bedingungen eines Rahmens, innerhalb dessen das Kind aktiv Stellung bezieht zu den vorgegebenen Fakten seiner Körperlichkeit, seiner unbelebten Umgebung und dem Handeln seiner Bezugspersonen.

Dieser »schöpferische Akt« ist aber nur bedingt frei, denn er ist durch die erwähnten Rahmenbedingungen begrenzt bzw. gebunden. M. Titze lehnt wie A. Adler das rein kausalistische Denken ab, spricht aber in diesem Zusammenhang vom »weichen Determinismus« (M. Titze, S. 98). Damit meint er bestimmte Einflußfaktoren, die für die Entstehung des Lebensstils (Individualpsychologie) von Bedeutung sind.

Einflußfaktoren zur Entstehung des Lebensstils

– die Familienatmosphäre (ablehnend, autoritär, leidensvoll, hoffnungslos, herabsetzend etc.);
– die Familienkonstellation (erstgeborenes, zweitgeborenes Kind, mittleres Kind, jüngstes Kind, Einzelkind);
– Erziehungsstile der Eltern;
– Familienmotto

In ähnlicher Weise weist E. Berne (→ Transaktionsanalyse) den Einflußfaktoren »Erbgut« und »äußere Ereignisse« Bedeutung in bezug auf das Lebensskript eines Menschen zu.

Einflußfaktoren zur Entstehung des Lebensskripts – *der familiäre Kontext:*
– die Einstellung der Eltern zum Leben
– Erwartungen und Befürchtungen der Eltern
– erzieherische Anweisungen
– Glückwünsche und Verwünschungen
– Zuschreibungen
– destruktive und konstruktive Grundbotschaften

Literatur:
Berne, E.: Was sagen Sie, nachdem Sie »Guten Tag« gesagt haben?, 1986
Rom, P.: Alfred Adler und die wissenschaftliche Menschenkenntnis, 1966
Titze, M.: Lebensziel und Lebensstil, 1979

HB

Pränatale Diagnostik

Pränatale Diagnostik bezeichnet die Gesamtheit aller vorgeburtlichen Untersuchungen über das Kind im Mutterleib mittels Ultraschalltechnologie und humangenetischer Untersuchungsmethoden.

Die Ultraschalluntersuchung gehört heute praktisch zur routinemäßigen Betreuung einer Schwangerschaft. Diese, der AFP-

Test im Blut und die stärker eingreifenden (invasiven) Untersuchungen des Fruchtwassers mittels Punktion und Entnahme von fetalem Gewebe durch die Chorionzottenbiopsie, ermöglichen das Erkennen von Chromosomenanomalien, gewissen Erbkrankheiten und Fehlbildungen. Medizinische Therapien gibt es für diese aufgezählten Krankheiten zur Zeit noch keine. Die meisten Kinder kommen gesund zur Welt. Knapp die Hälfte der Behinderungen oder Krankheiten, mit denen Kinder zur Welt kommen können, ist vorgeburtlich feststellbar. Ab 35 Jahre werden der schwangeren Frau vorgeburtliche Untersuchungen angeboten. Die Gefahr einer Fehlgeburt oder einer Verletzung des Kindes durch die invasiven Untersuchungen ist bis zu diesem Zeitpunkt größer als das Risiko, ein behindertes Kind zur Welt zu bringen. Durch die Möglichkeit vorgeburtlicher Untersuchungen wird fast jede Schwangere mit dem Thema → Abtreibung konfrontiert. Invasive Abklärungsmethoden sind insbesondere auch wegen des hohen Abortrisikos meist nur sinnvoll bei abtreibungswilligen Paaren. Pränatale Diagnostik ist keine Garantie für ein gesundes Kind, da nur gewisse Gebrechen mit verschiedener Wahrscheinlichkeit erfaßt werden können. Behinderungen während und nach der Geburt z. B. durch Unfälle sind vergleichsweise viel häufiger.

Pränatale Diagnostik in Psychotherapie und Seelsorge

Die Möglichkeit der Verhinderung behinderten Lebens durch medizinisch-technische Methoden bringt wichtige gesellschaftlich-ethische und religiöse Fragen auf, deren Kenntnis, Fragen und gegenwärtige Dynamik für Therapeuten von großer Bedeutung ist.

Eine Tendenz, Versicherungsleistungen an die Durchführung von pränataler Diagnostik zu binden, wird in Amerika spürbar. Zu Recht wird der Zwang zu eugenischem Schwangerschaftsabbruch in Zukunft befürchtet. Auf biblischem Hintergrund finden wir Jesus Christus, der unermüdlich zugunsten des Schwachen und Kranken redet und handelt. Diesem christlichen Glauben widerspricht die in unserer Gesellschaft immer lauter werdende Meinung, behinderte Kinder dürften bei der Möglichkeit von pränataler Diagnostik heute nicht mehr geboren werden. Behinderte Kinder können sich als großer Segen für Familien entpuppen. Jedoch auch der Zerbruch von Eltern und alleinstehenden Müttern am Leid schwerstbehinderter Kinder muß erwogen werden.

Ein therapeutisch-seelsorgerliches Ohr und betendes Mittragen braucht gerade die in ihren Gefühlen in der Frühschwangerschaft oft ambivalente Frau, die sich mit ihrem Partner häufig hilflos in ihrem persönlichen Ringen um eine Entscheidung fühlt. In schwierigen Beziehungen fehlt zudem oft gerade die in diesem Entscheidungsschritt so notwendige Unterstützung des männlichen Partners. Meist muß die Entscheidung in sehr kurzer Zeit getroffen werden, und der Konflikt erscheint kaum lösbar. Die Fragen um pränatale Diagnostik können eine Frau zudem in der ersten Hälfte der Schwangerschaft so stark beschäftigen, daß ein Aufbau einer positiven Beziehung und das körperliche Erleben einer Mutter-Kind-Einheit erheblich beeinträchtigt werden.

Untersuchungsmöglichkeiten

Ultraschalluntersuchung: Sie geschieht mit einer Sonde von der Bauchdecke her. Bestimmung des Alters des Ungeborenen, der Lage des Kindes und Mutterkuchens; Feststellung von Mehrlingsschwangerschaften, Eileiterschwangerschaften, Wachstumsrückstand, eingeschränkte Beweglichkeit des Kindes und Fehlbildungen (z. B. Gehirn, Wirbelsäule, Skelett, Herz, Nieren, Magen-Darm-Trakt). Routineuntersuchungen in der 16.–20. Schwangerschaftswoche (SSW; unter anderem Suche nach Hinweisen für Chromosomenstörungen) und Spätschwangerschaft (32.–36. SSW). Auffälligkeiten sind Hinweise und bedingen eingreifendere Untersuchungsmethoden.

AFP-Test und AFP plus Test (= Alpha-Feto-Protein plus Hormone HCG und Oestriol): *Blutuntersuchung* zur Risikoabklärung in der 15.–18. SSW. Hinweise auf Trisomien (Down Syndrom), Fehlbildungen des Gehirns und Rückenmarks. Ein unauffälliges Testresultat birgt trotzdem das Risiko, ein behindertes Kind zur Welt zu bringen (nur in ca. 10 % der Fälle mit erhöhtem AFP bestätigt sich ein oben erwähnter krankhafter Befund). Weitere Untersuchungen sind also notwendig.

Bei älteren Schwangeren – über 35 Jahre – ist die Zuverlässigkeit des Testes sehr viel höher als bei jüngeren Frauen. Er kann allenfalls als Entscheidungsgrundlage für weitere invasive Untersuchungsmethoden dienen.

Fruchtwasserpunktion (Amniozentese): Bekannteste invasive Methode zur Chromosomenuntersuchung bezüglich Down Syndrom (Spätgebärende), diagnostizierbaren Erbkrankheiten und Muskel- und Stoffwechselkrankheiten mit meist genauen Ergebnissen. In der 14.–17. SSW wird unter Ultraschallsicht durch die Bauchdecke Fruchtwasser entnommen. Abgelöste lebende Zellen des Föten werden kultiviert. Eine Chromosomenuntersuchung wird nach 2–3 Wochen möglich. Dies bedeutet eine lange, teilweise verunsichernde Wartezeit, in der die schwangere Frau bereits Kindsbewegungen spüren kann. Können keine Zellen kultiviert werden, muß manchmal die Untersuchung wiederholt werden. Die Verletzungsgefahr des Föten, ebenso wie die Gefahr einer auf den Eingriff folgenden Fehlgeburt, wird mit je gegen 1 % angegeben. Die Schwangerschaft muß zu diesem Zeitpunkt durch das Auslösen künstlicher Wehen abgebrochen werden.

Chorionzottenbiopsie (Plazentabiopsie): Alternative zur Amniozentese in der Frühschwangerschaft, insbesondere bei hohem Erkrankungsrisiko. Die Entnahme von fetalem Gewebe aus den Zotten oder der Plazenta unter Ultraschallsicht ist aufwendiger als die Amniozentese (Abortrisiko 1–4 %).

Literatur:
Kind, C. et al.: Behindertes Leben oder verhindertes Leben: Pränatale Diagnostik als Herausforderung, Bern 1993

Primacy-Recency-Effekt

Der Primacy-Recency-Effekt bezeichnet ein Phänomen, nachdem nicht nur der Inhalt von Informationen zu einem Gesamteindruck führt, sondern auch die Reihenfolge, in der sie wahrgenommen werden. Der Primacy-Effekt bedeutet, daß der erste Eindruck am höchsten bewertet wird, während der zuletzt erhaltene Eindruck (Recency-Effekt) am längsten haften bleibt, insgesamt jedoch weniger lange im → Gedächtnis verbleibt. Dieser Effekt macht sich im Alltagsleben recht häufig bemerkbar: So wirkt es sich beispielsweise bei Vorstellungsgesprächen unterschiedlich aus, ob man am Anfang, in der Mitte oder am Ende eines Vorstellungstages das Gespräch hat. Wenn man in Erinnerung bleiben möchte, sollte man möglichst am Anfang oder am Ende kommen. Dieser »Tip« wird durch den Primacy-Recency-Effekt begründet. Wer Vokabeln lernt, der weiß, daß er die ersten der Liste am besten behalten kann, die in der Mitte sehr schwer im Gedächtnis bleiben und man sich die letzten nur dann merken kann, wenn sie mehrmals gelernt werden. Dadurch, daß der Anfang und das Ende stärker wirken, dämpfen sie die Informationen, die zeitlich in der Mitte liegen.

Der Primacy-Recency-Effekt in Psychotherapie und Seelsorge

Für die Seelsorge ist dieser Effekt deshalb bedeutsam, weil das Urteil über einen Menschen sehr stark über den ersten Eindruck geprägt wird und weitere Informationen nicht ohne weiteres diesen Eindruck korrigieren können. Das Wissen um den Primacy-Recency-Effekt ist notwendig, um sich bei dem Eindruck, den man von einem Menschen hat, immer wieder zu hinterfragen, wodurch dieser Eindruck bestimmt wird. Hilfreich kann sein, bewußt mit eigenen Hypothesen umzugehen. Das bedeutet, sich diese klar vor Augen zu führen und dahingehend Fragen an den Ratsuchenden zu formulieren, die diese Annahme möglicherweise widerlegen können. Ähnlich wie beim → Halo-Effekt können objektive Testdaten einen vorgefaßten Eindruck korrigieren. Nicht zuletzt wird an diesem Effekt deutlich, wie notwendig Supervision für Seelsorger ist, um vorgefaßte Meinungen über einen Ratsuchenden zu hinterfragen.

Literatur:
Schermer, F. J.: Lernen und Gedächtnis, Stuttgart, Berlin, Köln 1991   BN

Primärtherapie

Zur Geschichte

Während einer Psychoanalyse Ende der sechziger Jahre löste der kalifornische Analytiker Arthur Janov nach eigenem Bericht bei einem Klienten eine heftige Gefühlsreaktion aus: Der Mann stürzte zu Boden, rief nach »Mami und Papi« und schrie unter Zuckungen am Ende laut auf. Danach fühlte er sich befreit und äußerte neue Einsichten über seine Kindheit. Diese Erfahrung, die sich bei anderen Klienten wiederholte, nannte Janov »primal« und den abschließenden Schrei »primal scream«, was mit »Urschrei« übersetzt wurde. Er entwickelte eine Technik zur Erzeugung von »primals« und eine Theorie der Entstehung seelischer Störungen:

»Janov nimmt an, daß jedes Trauma, körperlich wie psychisch, eine Art Schmerzenergie im Organismus zurückläßt. Dieser Primärschmerz oder Urschmerz muß ähnlich wie eine elektrische Ladung abgeführt werden, wenn er nicht ständig im System verbleiben soll; das heißt, das Kind muß ungehindert schreien oder weinen können. Da in unserer Gesellschaft nach Janovs Meinung fast jedes Kind schwer traumatisiert wird und keines diesen Schmerz wirklich abreagieren kann, muß jedes Kind Abwehr-

mechanismen in seinem Zentralnervensystem aufbauen, die seine wirklichen Affekte und Empfindungen unbewußt machen. Dadurch werden seine Gefühle und sein Körpererleben irreal und symbolisch, und die im Körper verdrängte Schmerzenergie verursacht Muskelspannungen und andere somatische Schädigungen. Die einzige Methode, diesen Urschmerz und mit ihm die neurotischen Symptome zu beseitigen, besteht ... in den Primärerlebnissen, in denen der Patient seine echten Gefühle zurückgewinnt.« (Hemminger 1982, S. 76f).

Mit dieser Theorie verwirft Janov das Lehrgebäude der heutigen → Psychoanalyse und kehrt zu der anfänglichen Idee von S. Freud und J. Breuer zurück, daß ein Neurotiker (→ Neurose) an »Reminiszenzen« leide. Nach ihrer um die Jahrhundertwende vertretenen Ansicht verdrängt der Kranke schlimme Erfahrungen seiner Kindheit, die zu unbewußten Vorstellungen werden. Die mit ihnen verbundenen Angst- und Schmerzgefühle haben einen »Affektbetrag«, der sich in neurotischen Symptomen entlädt. Auch weltanschaulich vertritt Janov – ähnlich dem frühen S. Freud – einen radikalen Materialismus. Er betrachtet religiöse Ideen und Bedürfnisse des Menschen als Formen neurotischer Gefühlsabwehr. Seine Methode hält er nicht nur für die einzig wirksame Psychotherapie, sondern auch für einen entscheidenden Schritt der menschlichen Evolution.

Zur Methode

Die Besonderheit der Primärtherapie besteht in ihrer Methode, die ganz anders ist als die der frühen Psychoanalyse. Typischerweise liegt der Klient in einem schalldichten und gepolsterten Raum auf dem Boden und erzählt dem Therapeuten von Kindheitserinnerungen, Träumen, ängstigenden Alltagserfahrungen usw. Hat dieser den Eindruck, daß zentrale Emotionen anklingen, hält er den Klienten dazu an, sich in sie zu versenken. Er verstärkt die Konzentration auf das Gefühlserleben durch verschiedene Techniken, wenn der Klient – was nach einiger

Übung häufig geschieht – dies nicht von selbst tut. Dazu gehören hyperventilierendes Atmen (»Gefühle mit tiefem Ausatmen herausbringen«), Berührung, emotionsgeladene Anweisungen (»Sag' es deiner Mutter. Sag' es ihr endlich einmal!«) und andere Suggestionen. Es kommt zu heftigen, zum Teil lang andauernden Gefühlsausbrüchen, Zorn, Weinen, Klagen, Betteln um Liebe usw. Die Emotionen sind von z. T. klaren Erinnerungsbildern begleitet. Nach dem Klimax folgt eine Phase ruhiger Abspannung, in der im Gespräch mit dem Therapeuten Deutungen für das Erlebte gesucht werden. Diese haben i. d. R. die Form von Kausalerklärungen für die Probleme des Klienten: »Deshalb habe ich immer Angst vor Frauen ...« – Mit denselben Techniken lassen sich, wie Janov wenig später bemerkte, starke Körpererlebnisse auslösen, die er als Wiedererleben des Geburtstraumas deutet, als Erinnerung an Leiden des Fötus im Mutterleib, sogar als »Konzeptionstrauma« usw. Er geht seither von einem dreischichtigen Menschenbild aus: Das Denken ist die Ebene der Abwehr gegen Primärschmerz, darunter liegt die Ebene der Gefühle und die des Körperlichen. Beide müssen durch »primals« befreit werden.

Neuere Entwicklungen

Janov versuchte in den siebziger Jahren, ein Monopol auf die beim Klientel außerordentlich erfolgreiche Primärtherapie mit Rechtsverfahren durchzusetzen, scheiterte jedoch. Die »International Primal Association« trennte sich persönlich und inhaltlich von ihm. In der Folge floß seine Psychotechnik in viele andere Ansätze mit ein, zum Teil mit gegensätzlicher weltanschaulicher Ausrichtung (Rowan 1990, S. 20f). In Verbindung mit dem Reinkarnationsglauben werden zum Beispiel »primals« aus angeblichen früheren Existenzen erlebt. Esoterische Anbieter gehen von einer vierten, spirituellen Ebene der Person aus, die es zusätzlich zu erkennen gilt (Hoffman-Prozeß oder Quadrinity). Selbst die sog. dynamische Meditation der Bhagwan-Bewegung wurde von der Primärtherapie beeinflußt. Inzwischen wird Primärtherapie viel häufiger im Kontext solcher »New-Age-Therapien« angeboten als in der ursprünglichen Form. Die theoretische Fundierung stammt dann aus der transpersonalen Psychologie von S. Grof und K. Wilber (Rowan, 1990).

Seelsorgerliche Beurteilung

Die Methode der Primärtherapie ist als suggestive und autosuggestive Technik zur Erzeugung einer emotionalen oder körperlichen → Katharsis einzuordnen. An Janovs Menschenbild ist ihre Verwendung nicht gebunden. In der → Psychotherapie (z. B. in der Schule Wilhelm Reichs) und außerhalb (schamanistische Rituale) gab es solche Techniken vor ihm. Heute gibt es eine Vielzahl von Anwendern mit unterschiedlichen weltanschaulichen Voraussetzungen. Die Erwartungen von Klienten und Therapeuten legen fest, welches Erleben letztlich bewirkt wird. Bei Janov dienen als zentrale Vorstellung (focus) des Erlebens angebliche Erinnerungen an → Traumata, ihr Durchleben wird als heilend betrachtet. Andere Deutungsrahmen sind möglich, auch ein christlicher (z. B. im Rahmen einer Vorstellung von innerer Heilung). Dem stehen jedoch fachliche Bedenken entgegen: Zum einen sind die durchlebten Erinnerungen biographisch unzuverlässig, vergleichbar dem (durch den Dialog mit dem Therapeuten gelenkten) Fabulieren in hypnotischer Trance (→ Hypnose). Reale Probleme und Konflikte werden nicht selten, ähnlich wie in Träumen, in Bildern und Geschichten verschlüsselt. Auch »Deckerinnerungen« im Sinne der Psychoanalyse dürften vorkommen. Werden sie – was in der Praxis die Regel ist – als lebensgeschichtliche Fakten genommen, kommt es zu realitätsfernen Deutungen. Zum zweiten ist Primärtherapie wie alle kathartischen Techniken sehr belastend und in vielen Fällen strikt kontraindiziert (→ Indikation). Das intensive Gefühlserlebnis stört – besonders durch häufige Wiederholung – die Anpassung an das Alltagsleben und kann sogar Suchtverhalten bewirken (»primal addiction«). Trotzdem ist die Kenntnis des kathartischen Erlebens für Seelsorger wichtig, da es in einer therapeutischen Situation auch spontan vorkommen kann.

Literatur:
Bieback, K. A. M.: »Primärtherapie«, in: Seifert, Th.; Waiblinger, A.: Therapie und Selbsterfahrung, Stuttgart 1986
Görres, A.: »Die Primärtherapie Arthur Janovs«, in: Eicke, D. (Hg.): Die Psychologie des 20. Jahrhunderts, Bd. III, Zürich 1977
Grof, S.: Topographie des Unbewußten, Stuttgart 1985
Hemminger, H.: Kindheit als Schicksal?, Reinbek 1982
Janov, A.: Der Urschrei – ein neuer Weg der Psychotherapie, Frankfurt/M. 1973
ders.: Gefangen im Schmerz – Befreiung durch seelische Kräfte, Frankfurt/M. 1981
Kraiker, C.: »Die Primärtherapie von Arthur Janov«, in: Kraiker, Chr.; Peter, B.: Psychotherapieführer, München 1983, S. 74–78
Rowan, J.: »Primärtherapie«, in: Rowan, J., Dryden, W.: Neue Entwicklungen der Psychotherapie, Oldenburg 1990, S. 20–48
Wilber, K.: Wege zum Selbst, München 1988
                                                              HH

Problemanalyse

Die Problemanalyse besteht in der präzisen Beschreibung des Problems des Ratsuchenden und in der Erfassung der Bedingungen, die für die Entstehung und Aufrechterhaltung der Störung verantwortlich sind (→ SORKC). Dabei wird sie zunächst grobe, aber dann immer genauere Angaben zur Problembeschreibung und dem Bedingungsmodell geben können.

Das Vorgehen in der Problemanalyse kann in sechs Schritten erfolgen (nach Reinecker, 1994) und beachtet unterschiedliche Ebenen des Problems (siehe Tabelle):
– *Präzise Beschreibung des Problems* mit Angaben über die Art, Häufigkeit, Schwankungen und Intensität des Problems.
– *Erfassung und Beschreibung situationaler Bedingungen des Verhaltens:* Sowohl vorausgehende (auslösende) Merkmale der Situation sowie nachfolgende (verstärkende) Konsequenzen werden zur Bedingungsanalyse herangezogen.
– *Ermittlung des bisherigen Umgangs mit dem Problem* (z. B. Bewältigungsversuche) und dem Grad der Beeinträchtigung.
– *Erkundung der Entwicklung des Problems.* Zu beachten ist, daß eine exakte und zutreffende Erinnerung der ursprünglichen Bedingungen für die Entstehung einer Störung nicht mehr erfolgen kann. Auch können sich die ursprünglichen Bedingungen der Störung geändert haben.
– *Erstellung eines hypothetischen Bedingungsmodells für das Problem:* Die Informationen aus den Punkten 1 bis 4 und das theoretische

Tabelle: Drei Ebenen der Problemanalyse (nach Kanfer u.a., 1991, Seite 21)

Ebene	Beispiel
Beobachtbare Ebene Äußere Umgebung	Berufliche und partnerschaftliche Situation
Kognitive Ebene (Prozesse und Inhalte)	Prozesse: Denken, Wahrnehmen, Erinnern, Bewerten Inhalte: Ziele, Wünsche, Pläne
Biologisch-physiologische Ebene	Endokrine Steuerungsmechanismen, z.B. Hunger- und Sättigungsreaktion; akute Infektion, Fieber; Alkohol-, Drogen-, und Medikamenteneinflüsse

Hintergrundwissen des Seelsorgers stellen den Rahmen für die Erstellung von Hypothesen über die Aufrechterhaltung des Problems dar. Wichtig ist zu beachten, daß das Bedingungsmodell immer vorläufig ist und für Veränderungen offenbleiben muß und daß das Bedingungsmodell jeweils erklärt werden soll (Transparenz).

– Erfassung von Vermutungen des Ratsuchenden über die Entstehung und Aufrechterhaltung seines Problems (Health-Belief-Modell). Diese Attributionen lassen sich unterscheiden in Kausalattributionen als Vermutungen über die Ursachen eines Ereignisses und Kontrollattributionen als Vermutungen über Möglichkeiten der Kontrolle beziehungsweise Beeinflussung der Störung.

Nach der Problemanalyse erfolgt dann die Planung und Kontrolle des seelsorgerlichen Handelns (→ Therapieplanung).

Literatur:
Kanfer, F.; Reinecker, H.; Schmelzer, D.: Selbstmanagement-Therapie, Heidelberg 1991
Reinecker, H.: Grundlagen der Verhaltenstherapie, Weinheim 1994   JL

Progressive Muskelentspannung (Progressive Relaxation)

Im Jahr 1938 stellte Jacobson als relativ einfach zu erlernende Methode zur Körperentspannung die Progressive Muskelentspannung vor, die sich bis heute nur unwesentlich verändert hat. Im Unterschied zu anderen Entspannungsmöglichkeiten (z. B. dem → Autogenen Training oder Meditations- und Kontemplationsübungen; vgl. → Entspannung, → Meditation, → Kontemplation) geht es bei diesem Verfahren weniger um Vorstellungen im Kopf des Menschen (also Gedanken und Gefühle), sondern um die An- und Entspannung der Muskeln. Mit einer ganzheitlichen Sicht des Menschen darf allerdings davon ausgegangen werden, daß zwischen körperlicher und seelischer Verspannung ein Zusammenhang besteht, so daß durch körperliche Entspannungsübungen auch ein seelischer Ruhezustand entstehen kann. Vor theologischem Hintergrund gibt es keinerlei Bedenken gegen den Einsatz der Progressiven Muskelentspannung, weil es sich um ein ausschließlich körperorientiertes Verfahren handelt, das ohne weltanschauliche Prämissen im Sinne des »Machet euch die Erde untertan« gesehen werden kann.

Grundlage der Progressiven Muskelentspannung ist die systematische Anspannung und nachfolgende Entspannung großer Muskelgruppen des Körpers. »Progressive« (also fortschreitende) Muskelentspannung heißt das Verfahren aus zwei Gründen. Zum einen bedeutet es, daß zu Beginn des Lernprozesses einzelne Muskelgruppen nacheinander entspannt werden. Nach einiger Zeit gelingt dies dann mit immer mehr Muskelpartien gleichzeitig. Zum andern stellt man fest, daß nach jeder Übung der Entspannungszustand zunimmt, mit zunehmender Übung stellt sich eine immer bessere Wirkung ein, so daß sich die Entspannung in kürzerer Zeit erreichen läßt.

Der ständige Wechsel zwischen Anspannung und Entspannung, der bei der Progressiven Muskelentspannung systematisch eingesetzt wird, hat seinen Sinn. Wenn man die Muskeln bewußt übermäßig anspannt, lernt man den speziellen Spannungszustand jedes einzelnen Muskels kennen. Dies ist wichtig, weil man die Spannungen in einzelnen Muskelgruppen unterschiedlich wahrnimmt. Manche Menschen sind ständig so angespannt, daß sie kaum mehr in der Lage sind, den Unterschied zwischen An- und Entspannung zu erkennen. Außerdem wird durch die Anspannung und darauffolgende Entspannung Energie verbraucht, so daß die Spannung nach der Übung kleiner ist als vorher. Jedesmal, wenn ein Muskel angespannt und danach wieder entspannt wird, sinkt das Spannungsniveau des gesamten Körpers ein wenig mehr ab.

Für die Praxis gelten folgende Regeln:
– Für jede Übungseinheit sollte eine halbe Stunde Zeit eingeplant werden.
– Täglich sollte mindestens einmal geübt werden.

– Unerwünschte Ablenkungen sollten während der Entspannungszeit ferngehalten werden.
– Die Progressive Muskelentspannung kann sowohl auf einem bequemen Stuhl als auch im Liegen durchgeführt werden.
– Der Reihe nach werden folgende Muskelgruppen an- bzw. entspannt: Hände und Arme, Kopf und Gesicht, Kehle, Nacken und Schultern, Brust und Bauch und abschließend die unteren Extremitäten.
– Die jeweiligen Muskeln sollen ca. 5 bis 7 Sekunden angespannt und das dabei entstehende Spannungsgefühl deutlich wahrgenommen werden.
– Danach sollen die Muskeln vollständig entspannt, das Entspannungsgefühl wahrgenommen und als wohltuend empfunden werden.
– Jede Muskelgruppe soll zweimal angespannt und entspannt werden.

Literatur:
Dieterich, M.: Wir brauchen Entspannung, Gießen, Basel 1992
Edition TonArt: Wir brauchen Entspannung. Anleitung zur progressiven Muskelentspannung. Musikcassette mit komplettem Anleitungsprogramm, Nenzingen 1996
Fliegel, S. et al.: Verhaltenstherapeutische Standardmethoden, München 1981   MD

Projektion → Abwehr

Prophezeiung, selbsterfüllende

Mit »selbsterfüllender Prophezeiung« werden auf kognitiver Ebene geführte innere Dialoge bezeichnet, die meist negative Erwartungen an die Zukunft geradezu »herbeireden«. Die bewußte oder unbewußte Wertung verschiedener äußerlicher oder innerlicher Ereignisse kann dazu führen, im voraus überzeugt zu sein, daß bestimmte – in der Regel negative – Dinge passieren werden.
Unsere Erwartungen leiten die → Wahrnehmung. Menschen können entscheiden, wohin sie schauen und was sie tun. So kann jemand beispielsweise bereits vor dem Aufstehen den Gedanken haben, daß dieser Tag bestimmt nicht zu bewältigen ist, daß durch die vielen Anforderungen Spannungen entstehen, die Kopfschmerzen auslösen *müssen*. Diese Überzeugung kann die Blickrichtung dahingehend richten, daß man nur Spannungen und Schwierigkeiten des Tagesablaufes registriert, sich dabei dann tatsächlich verspannt und die Kopfschmerzen dadurch Wirklichkeit werden. Die Vermutung, Kopfschmerzen zu bekommen, hat sich dann als selbsterfüllende Prophezeiung erwiesen.

Selbsterfüllende Prophezeiung in Psychotherapie und Seelsorge

Bevor selbsterfüllende Prophezeiungen als Grund für psychische oder physiologische Störungen diagnostiziert werden können, muß vor allem auf physiologischem Gebiet eine genaue Untersuchung (beispielsweise durch den Hausarzt) durchgeführt werden. So könnten ja die Kopfschmerzen im obigen Beispiel durchaus auch eine organische Ursache haben und müßten dementsprechend anders behandelt werden. Menschen, die dazu neigen, ihr Handeln durch selbsterfüllende Prophezeiungen beeinflussen zu lassen, kann häufig dadurch geholfen werden, daß man in der Seelsorge oder Psychotherapie daran geht, die offensichtlich verzerrte Denkweise (→ Kognitive Therapie) des Betroffenen zu rekonstruieren. Hierbei hat sich als wirksame Vorgehensweise neben der → Rational-Emotiven-Therapie, kurz: RET, vor allem die Kognitive Therapie erwiesen.

Literatur:
Bandura, A.: Sozial-kognitive Lerntheorie, Stuttgart 1979
Hoffmann, N.: Verhaltenstherapie und kognitive Verfahren: Was sie kann, wie sie wirkt und wem sie hilft, Mannheim 1990
Mahoney, M. J.: Kognitive Verhaltenstherapie. Neue Entwicklungen und Integrationsschritte, München 1977
Neisser, U.: Kognition und Wirklichkeit. Prinzipien und Implikationen der kognitiven Psychologie, Stuttgart 1979   JD

Protagonist (Hauptdarsteller)
→ Bibliodrama; → Psychodrama

Psychiatrie

Die ärztliche Lehre von der Psyche, eine Spezialdisziplin der medizinischen Wissenschaften, die sich mit krankhaft veränderten und abnormen Seelenzuständen, deren Ursachen und Therapie beschäftigt. Als eigenständiger Wissenschaftszweig hat sich die Psychiatrie zu Beginn des 19. Jahrhunderts entwickelt. Am Anfang stand vor allem die Erforschung von organischen Störungen und die genaue Beschreibung und Abgrenzung der einzelnen Krankheitsbilder (Griesinger, Kraepelin). Die Beschreibung der veränderten und krankhaften Zustände (→ Psychopathologie) wurde erstmals durch Karl Jaspers in ein Konzept gefaßt. Ein besonderer Fachzweig ist die *forensische Psychiatrie:* Sie beschäftigt sich mit Fragen im Grenzbereich von psychischen Abnormitäten und Rechtsfragen, insbesondere mit der Begutachtung von Menschen, die aufgrund von psychischen Störungen Tötungsdelikte und andere Rechtsbrüche begangen haben. Eine wesentliche Erweiterung erfuhr die Psychiatrie durch den in den USA lehrenden Schweizer Psychiater A. Meyer, der in seinem *bio-psycho-sozialen Modell* darauf hinwies, daß psychische Erkrankungen durch verschiedene Faktoren im biologischen, psychischen und sozialen Bereich bestimmt werden.

Entwicklung der Psychiatrie

Die Entwicklung der Psychiatrie kann in verschiedene Perioden eingeteilt werden:
- *die Gründung von psychiatrischen Kliniken,* die für die aus der Gesellschaft ausgestoßenen und unverstandenen Menschen eine Zufluchtsstätte werden sollte (daher auch der Name »Asyl«). Da aber keine wirksamen Heilmethoden bekannt waren, hatten diese Anstalten vorerst eher bewahrenden (kustodialen) Charakter.

- *die frühe therapeutische Ära:* Entwicklung von biologischen Behandlungsmethoden: Malariabehandlung (1917), Insulinkomabehandlung (1933), die Psychochirurgie (1935) und die Elektrokrampfbehandlung (1938).

- *die Ära der* → Psychopharmaka: 1953 wurde erstmals ein wirksames Mittel gegen → Psychosen (Largactil) gefunden, es folgten weitere Neuroleptika, die ersten Antidepressiva (1957) und mit Librium (1960) der erste Tranquilizer. Die Einführung der Medikamente brachte besonders in der Behandlung der → Schizophrenien einschneidende Änderungen: Heute sind viele Patienten ambulant behandelbar, die früher ihr Dasein in der Klinik fristen mußten. Daraus ergab sich

- *die Ära der Sozialpsychiatrie:* Seit den 60er Jahren konnten 30 bis 50 % der Betten in psychiatrischen Kliniken abgebaut werden. Dafür wurden Tageskliniken, geschützte Werkstätten und psychiatrische Polikliniken gegründet, um eine gemeindenahe Betreuung psychisch kranker Menschen zu ermöglichen. Eine moderne psychiatrische Versorgung ist gemeindenah und bietet eine »therapeutische Kette« von Behandlungseinrichtungen (Klinik – Tagesklinik – Wohnheime – beschützende Arbeitsplätze – sozialpsychiatrische Beratungsstellen) an, die zusammenarbeiten und dadurch eine Verkürzung der Aufenthaltsdauer in der Klinik und eine verbesserte Integration ins normale Leben erreichen.

Trotz dieser Öffnung der Psychiatrie bestehen noch weiterhin Vorurteile gegenüber psychiatrischen Kliniken und psychiatrischen Behandlungsangeboten im allgemeinen. Diese gründen einerseits in der Tatsache, daß bei einem kleinen Teil von psychisch Kranken die Einsicht fehlt und eine »Hilfe wider Willen« (Finzen) gegeben werden muß, um den Patienten und seine Umgebung zu schützen. Andererseits wird es immer noch als Abwertung erlebt, wenn man in seinen psychischen Fähigkeiten beeinträchtigt ist. Aus christlicher Sicht wird oft auch die Frage aufgeworfen, inwiefern eine Behandlung der Psyche ohne ausdrückliche Glaubensgrundlagen möglich sei. Heute wird aber zunehmend deutlich, daß eine Zusammenarbeit zwischen Arzt und Seelsorger und gerade auch die Behandlung von schweren psychischen Störungen durch Medikamente in vielen Fällen sehr hilfreich sein kann, ohne das Grundanliegen der Seelsorge zu gefährden.

Psychiatrie in Psychotherapie und Seelsorge

Die Geschichte einer christlich motivierten Psychiatrie reicht bis ins Mittelalter zurück, als katholische Ordensgemeinschaften Anstalten zur Pflege psychisch Kranker gründeten. Diese fand ihre Fortsetzung in psychiatrischen Kliniken, die durch die Barmherzigen Brüder und Schwestern gegründet wurden (als Gründerpersönlichkeit ist z. B. Pater Peter Friedhofen, 1819–1860, zu nennen). Im evangelischen Bereich sind zwei Aspekte zu sehen:

Die seelsorglichen Häuser, die psychisch kranke Menschen betreuen, ohne einen ärztlichen Anspruch zu erheben (Dorothea Trudel, 1813–1862, in Männedorf/Schweiz; Henriette Baronin von Seckendorff, 1819–1878, in Bad Cannstatt; Johann Christoph Blumhardt, 1805–1880, in Möttlingen und Bad Boll). Liest man die Beschreibungen der Zustandsbilder derjenigen Menschen, die Aufnahme in diesen Werken fanden, so kann man von einer äußerst engagierten Form einer frühen christlichen Psychiatrie sprechen.

Psychiatrische Kliniken aus christlicher Motivation mit ärztlicher Leitung: Ein früher Vordenker einer christlich motivierten Psychiatrie war der Arzt Albert Zeller (1804–1877), der das Büchlein »Lieder des Leids« veröffentlichte. Es waren vor allem die diakonischen Werke, die im 19. Jahrhundert in Deutschland verschiedene Häuser für psychisch Kranke aufbauten. Wohl am bekanntesten sind die Werke »Moriah« und »Magdala«, die im Rahmen der von Friedrich von Bodelschwingh (1831–1910) gegründeten Anstalten in Bethel geführt wurden. Er-

wähnenswert ist in diesem Zusammenhang auch der »Tannenhof« in Remscheid. In der Schweiz wurden Ende des letzten Jahrhunderts die Kliniken »Schlössli« in Oetwil, »Hohenegg« in Meilen und »Littenheid« in der Nähe von Wil im christlichen Sinn und Geist gegründet. Diakonissenhäuser waren wesentlich an der Gründung christlicher psychiatrischer Kliniken beteiligt, die bis heute bestehen: Im Jahre 1900 wurde in Riehen (Schweiz) die »Klinik Sonnenhalde« eröffnet, 1933 in Oberursel bei Frankfurt die Klinik »Hohe Mark«. Seither sind verschiedene neue Häuser entstanden, so die »De'Ignis«-Klinik in D-Egenhausen, die Klinik der »Stiftung für ganzheitliche Medizin« in CH-Langenthal, die christliche Privatklinik »Landhaus Exodus« in CH-Aadorf und die Klinik »Bethel« in D-Bad Wildbad. Christliche psychiatrische Kliniken unterschiedlicher Größe gibt es auch in Holland und in Norwegen. In den USA haben vor allem die Mennoniten große Verdienste in der Gründung von christlichen psychiatrischen Kliniken erworben. Anlaß war dort das Elend psychisch Kranker in den schlecht geführten und überfüllten staatlichen Kliniken, mit denen die Kriegsdienstverweigerer im Rahmen ihres Wehrersatzdienstes in Berührung kamen. Bis heute werden Patienten dort nicht nur in der Klinik stationär behandelt, sondern zum Teil auch ambulant, während sie bei christlichen Familien im Dorf rund um die Klinik wohnen.

Literatur:
Andreasen, N. C.; Black, D. W.: Lehrbuch Psychiatrie, Weinheim 1993
Finzen, A.: Hilfe wider Willen, Bonn 1993
Pfeifer, S.: Die Schwachen tragen. Moderne Psychiatrie und biblische Seelsorge, Basel 1988
Scharfetter, C.: Allgemeine Psychopathologie. Eine Einführung, Stuttgart 1985
Tölle, R.: Psychiatrie, Berlin 1988   SP

Psychische Störungen
→ Psychodiagnostik

Psychoanalyse

Psychoanalyse ist nicht ein allgemeines Analysieren der menschlichen Psyche, sondern die Psychotherapiemethode nach Sigmund Freud. Freud, ursprünglich Neurologe, erlebte bei der Anwendung der → Hypnose, wie stark unser Denken und Fühlen vom Unbewußten geprägt wird.

Freud hat das schon vorhandene *Konstrukt des Unbewußten* mit Leben und Inhalt gefüllt. Konstrukt bedeutet, daß es nicht ein Unbewußtes als solches gibt. Das Unbewußte ist eine hilfreiche gedankliche Konstruktion, um sich und seine Umwelt besser zu verstehen. Bekannt wurde Freud durch »Die Traumdeutung« (1900). Damals beschäftigte sich kein ernsthafter Wissenschaftler mit Träumen. Die Traumdeutung war ein erster Affront gegenüber der damaligen wissenschaftlichen Welt, dem Freuds Sexualtheorien folgten und noch mehr Empörung hervorriefen. Um Freud zu verstehen, ist sein aufklärerisches Sendungsbewußtsein, sein »missionarischer« Eifer von großer Bedeutung. Wer es wagte, wie C. G. Jung oder später A. Adler und in ihrem Gefolge viele andere, Freud und seinen von ihm anerkannten Schülern zu widersprechen, der wurde aus der Internationalen Psychoanalytischen Vereinigung (IPV) ausgeschlossen. Das führte zur Gründung vieler psychoanalytischer Gesellschaften.

Obwohl die Psychoanalyse von den Analytikern selber mißbraucht worden ist, sind Freuds Entdeckungen bis heute von wesentlicher Bedeutung. In der eigenen *Lehranalyse* über viele hundert Stunden erleben Analytiker am eigenen Leibe, worum es in der Psychoanalyse geht.

Wie arbeitet die Psychoanalyse? Der Analytiker klärt den Patienten, über die Arbeitsweise der Psychoanalyse auf und stimmt sich mit ihm ab *(Arbeitsbündnis)*. Er läßt den Patienten alles erzählen, was ihm in den Sinn kommt, ob es ihm zu passen scheint oder nicht *(freie Assoziation)*. Auf diese Weise lernt der Analytiker die unbewußten Strukturen des Denkens und Fühlens des Patienten kennen. Der Analytiker selber ist gehalten, in einer *gleichschwebenden Aufmerksamkeit* das in sich aufzunehmen, was der Patient sagt, sich von dem Patienten »anmuten« zu lassen. Der Analytiker sitzt hinter dem Patienten oder ihm gegenüber. Er greift die Einfälle auf, die er auf Grund seines größeren Abstandes zum Patienten als hilfreich ansieht. Er kann so dem Patienten zu Zusammenhängen verhelfen, die dessen eigener Widerstand (s.u.) ihm niemals erlaubt hätte zu erkennen.

Psychodynamik besagt, daß unsere augenblicklichen Einfälle und Gedanken immer auch von unbewußten Antrieben gesteuert werden. Die Psychoanalyse spricht von Trieben, von dem Es, aber auch von dem Ich und Über-Ich, aus dem unser Denken und Fühlen sich speist. Die *psychoanalytische Entwicklungspsychologie* beschreibt die Stufen der psychosexuellen Entwicklung. Der dem Menschen unbewußte *Widerstand* mit seinen *Abwehrmechanismen* (z. B. → Verdrängung, Verleugnung, Projektion) beschreibt, wie der Mensch sich gegen die Aufdeckung seiner Seelentiefe wehrt. Unter *Übertragung* versteht die Psychoanalyse den Umstand, daß der Patient die Gefühle und ungelösten Konflikte gegenüber den Eltern und Geschwistern im Laufe der Analyse zunehmend auf seinen Analytiker überträgt. Die psychoanalytische Therapie stärkt das Ich der Patienten, so daß diese mit ihren triebhaften Seiten (z. B. Aggression, Sexualität) sozial angemessener umgehen können. Für den Analytiker ist die psychoanalytische Haltung wichtig, die besagt, daß er abwartet, was vom Patienten kommt. Der Analytiker gibt dem Patienten die Möglichkeit, sich zu entfalten. In der Psychoanalyse lernt der Patient neue Umgangsweisen mit seinen Primärkonflikten, wo diese in der Beziehung zum Analytiker erneut an den Tag treten. Der Patient lernt zu trennen zwischen dem, was der Analytiker ist, und dem, was er auf den Analytiker überträgt. Diese schwierige Arbeit braucht viel Zeit. Vom Analytiker verlangt diese Arbeit großen persönlichen Einsatz. Er muß unterscheiden zwischen dem, was der Patient auf ihn überträgt und dem, was real zwischen beiden abläuft. Dieses Arbeiten im Grenzbereich von Phantasie und Wirklichkeit bedarf einer guten Verwurzelung des Analytikers in der Realität. Er würde sonst, wie einige seiner Berufskollegen, von den eigenen Wünschen oder Größenphantasien weggeschwemmt und, genau wie seine Patienten, ein Opfer seiner eigenen Träume werden. Das kann zu sexuellem und narzißtische Mißbrauch (Aufbau des eigenen Selbstwertgefühls des Analytikers) der Patienten durch nicht kompetente Analytiker führen.

Kritische Bewertung

Die Kritik an der viele hundert Stunden langen Psychoanalyse führte zur Entwicklung von psychoanalytischer Fokal- und → Kurztherapie und den unterschiedlichsten tiefenpsychologischen Verfahren. Diese Verfahren berücksichtigen gezielter, wie weit und wie tief der Patient eine Veränderung in seinem Leben herbeiführen will. Der der Psychoanalyse gemachte Vorwurf, sie öffne sich i. d. R. kaum anderen Therapiemethoden im Sinne einer »integrativen Therapie«, berücksichtigt nicht den Aspekt, daß der psychoanalytische Ansatz weniger symptom- als charakterorientiert ist. In modernen Psychoanalyse-Lehrbüchern werden andere Verfahren berücksichtigt (Thomä; Kächele 1985). Der Psychoanalyse geht es nicht vordergründig um das Ziel der Symptombeseitigung, sondern um die Aufdeckung und Bearbeitung der Symptomwurzeln. Die empirische Psychotherapieforschung versucht, das therapeutische Geschehen zu operationalisieren, was bei den am Symptom orientierten Therapieverfahren leichter ist als bei der am Unbewußten orientierten Psychoanalyse. Im Rahmen der Psychotherapieforschung ist die Wirksamkeit der Psychoanalyse eindeutig nachgewiesen worden (Übersicht bei Brockmann 1995). Die unterschiedlichen therapeutischen Ausgangspunkte verschiedener Psychotherapieverfahren erschweren die Vergleichbarkeit derselben. Wirtschaft-

liche Zwänge und neue psychische Krankheitsbilder verlangen zunehmend eine Differentialindikation für die verschiedenen Psychotherapieverfahren. Hier liegt vor der Psychotherapieforschung noch ein großes Forschungsfeld.

Psychoanalyse in Psychotherapie und Seelsorge

Was unterscheidet nun den Analytiker vom Seelsorger, und was haben sie gemeinsam? Die Arbeit des Analytikers geschieht in der *Abstinenz* (→ Abstinenzregel), damit der Patient auf ihn als Analytiker seine eigenen Projektionen übertragen kann. Von daher kann der Analytiker seine nahen Angehörigen nicht analysieren. Diese kennen ihn zu gut, und er bietet ihnen nicht den Freiraum der Phantasie. Der Analytiker hat sich der Entwicklung des Patienten verschrieben, der schöpfungsmäßigen Entfaltung, einer gottgewollten Entwicklung. Der Seelsorger hingegen hat das Ziel, einem Menschen zu helfen, Teil der neuen Schöpfung zu werden, und auf den hinzuweisen, durch dessen Tod und Auferstehung allein Christen Glieder des neuen Reiches Gottes werden. So sind in der Zielsetzung unterschiedliche Aufgaben, auch wenn in der Praxis des Alltags so manches ähnlich aussieht.

Literatur:
Brockmann J.: Forum Psychoanalyse, 11 (1995), S. 348–364
Hoffmann, S. O.; Hochapfel, G.: Einführung in die Neurosenlehre und psychosomatische Medizin, Stuttgart 1991
Jones, E.: Was ist Psychoanalyse?, München 1967
Scholl, N.: Kleine Psychoanalyse christlicher Glaubenspraxis, München 1980
Thomä, H.; Kächele, H.: Lehrbuch der psychoanalytischen Therapie, Berlin 1985–88   HK

Psychodiagnostik

Psychodiagnostik umfaßt den gesamten Bereich der Messung, Klassifizierung und Beschreibung individueller psychologischer

Eigenschaften, wie Fähigkeiten, Interessen, Persönlichkeitszüge sowie der psychischen Störungen. Zu den Methoden der Psychodiagnostik gehören hauptsächlich psychologische Testverfahren (→ Test), aber auch klinische Interviews, Selbstreportfragebögen usw.

Für die Arbeit in der Seelsorge sind insbesondere die beiden letztgenannten Verfahren von Bedeutung.

Klinisches Interview

Das klinische Interview ist ein strukturiertes Gespräch, insbesondere als Erstgespräch bei therapeutischen Beratungen. Ziel ist, möglichst klar und umfassend zu beschreiben, welche Probleme der Ratsuchende hat, in welchem systemischen Rahmen (soziales Umfeld, berufliche Faktoren usw.) diese Probleme zu sehen sind und vor welchem lebensgeschichtlichen Hintergrund sie stattfinden. Die vertiefte Analyse frühkindlicher Prägungen gehört nicht in ein klinisches Interview. Im Sinne eines biblischen und damit ganzheitlichen Menschenbildes (→ Anthropologie) berücksichtigt das Erstgespräch (1) körperliche, (2) soziale bzw. psychologische und (3) geistliche Aspekte in der genannten Reihenfolge. Das diagnostische Gespräch muß auf der Basis einer vertrauensvollen zwischenmenschlichen Beziehung stattfinden, d. h., ein einfühlsames und wertschätzendes Vorgehen wird vorausgesetzt (→ Haltung, therapeutische). Die Ergebnisse des klinischen Interviews sind trotz der strukturierten Vorgehensweise relativ subjektiv und von der Wahrnehmung des Interviewers abhängig. Allerdings erhält man ein weites Spektrum von Eindrücken und Daten, die mit anderen Methoden nur sehr schwierig zu erhalten sind.

Selbstreportfragebögen

Bei diesem Verfahren schätzt sich der Betroffene auf vorgegebenen Skalen ein bzw. berichtet anhand klar formulierter Fragen über sich selbst. Solche Selbsteinschätzungen sind ohne großen Aufwand durchführ-

bar, haben aber im Vergleich zu standardisierten Testverfahren wenig objektive Aussagekraft (→ Empirie).

Psychologische Testverfahren

Seit im Jahr 1905 der erste brauchbare Intelligenztest von dem französischen Psychologen Binet entwickelt wurde, haben psychologische Testverfahren in den verschiedensten Anwendungen und Lebensbereichen weltweit große Bedeutung erlangt. Man unterscheidet heute (Brickenkamp 1975) zwischen Leistungstests (Entwicklungstests, Intelligenztests und Schultests), psychometrischen Persönlichkeitstests (Persönlichkeitsstrukturtests, Einstellungs- und Interessentests, klinische Tests) sowie Persönlichkeitsentfaltungsverfahren (Formdeuteverfahren, verbal-thematische Verfahren, zeichnerische Gestaltungsverfahren).

Oft werden verschiedene Testverfahren miteinander kombiniert (→ Test).

Psychologische Testverfahren unterscheiden sich von populärpsychologischen »Testverfahren«, wie man sie in Zeitschriften und manchen Büchern (auch auf dem christlichen Büchermarkt) findet, dadurch, daß sie Gütekriterien beinhalten.

Hierzu gehören insbesondere die drei Hauptgütekriterien (Lienert 1969) der Validität, Reliabilität und Objektivität. Ein Testverfahren ist valide, wenn es tatsächlich das mißt, was es zu messen vorgibt. Es ist reliabel, wenn es bei der gleichen Person unter den gleichen Bedingungen zuverlässig auch zum gleichen Ergebnis kommt. Objektiv ist ein Test dann, wenn dieselben Ergebnisse bei der Durchführung des Tests und bei seiner Auswertung unabhängig von der Person des Testleiters erreicht werden. Neben den Hauptgütekriterien gibt es Nebengütekriterien, zu denen insbesondere die Frage nach der Normierung des Verfahrens gehört. Die Normierung gibt Aufschluß darüber, ob die Ergebnisse des Tests an einer repräsentativen Stichprobe der Bevölkerung geeicht worden sind.

Vor dem Hintergrund eines ganzheitlichen biblischen Menschenbildes hat Diete-

rich (1996, S. 74) noch weitergehende Anforderungen als Prüfkriterien gestellt:
- Wird Auskunft über die Art des wissenschaftlichen Zugangs gegeben?
- Gibt es Überlegungen zur Ganzheitlichkeit bzw. zum Menschenbild?
- Gibt es Ansätze zur Prognostik (Förderungsdiagnostik)?
- Sind die Ergebnisse bipolar (dichotom) und ohne zu werten dargestellt?

Einzelheiten zu den Persönlichkeitstests

Für den Arbeitsbereich der Seelsorge und Psychotherapie werden häufig Persönlichkeitstests eingesetzt. Da der Begriff »Persönlichkeit« vielschichtig ist und sowohl »Oberflächenstrukturen« (→ Wesenszüge) beinhaltet, die eher einer Anpassung an die Umwelt entspringen, als auch relativ stabile »Tiefenstrukturen«, die eher mit Prägungen im Zusammenhang stehen, messen u.U. verschiedene Testverfahren ähnliche oder gleiche Eigenschaften auf unterschiedlichen Ebenen der Persönlichkeit. Im deutschsprachigen Raum gibt es eine Vielzahl verschiedener Testverfahren, die unterschiedliche Aspekte der Persönlichkeit beschreiben. Besondere Bedeutung haben das »Eysenck-Persönlichkeitsinventar« (EPI) und das »Freiburger Persönlichkeitsinventar« (FPI).

Klinische Tests ermitteln Art und Schwere psychischer Störungen. Auch hier gibt es eine Vielzahl von Verfahren. Häufig eingesetzt wird das »Minnesota Multiphasic Personality Inventory« (MMPI, 1951), das auch in einer deutschen Fassung »MMPI Saarbrücken« (1963) angeboten wird. Das MMPI wird manchmal auch als Persönlichkeitstest benutzt, weil die Psychopathologie-Skalen auch im Normalbereich genormt sind. Abgesehen von der damit verbundenen Problematik, Persönlichkeitseigenschaften abwertend in der Terminologie von »Störungen« (→ Persönlichkeitsstörungen) auszudrükken, sind die persönlichkeitsbezogenen Aussagen des MMPI wenig umfassend und nicht sehr valide. Der umfassendere Persönlichkeitsstrukturtest »PST« (Dieterich 1996) hat diese Schwächen aufgearbeitet.

Projektive Tests sind auf der Basis der Psychoanalyse entstanden, mit der Annahme, daß verdrängte Inhalte auf die Außenwelt projiziert werden. Hier wird ein Stimulus (→ Reiz) von der Testperson interpretiert und diese Interpretation dann von der ermittelnden Person gedeutet. Bekannteste Verfahren dieser Art sind der Rorschach-Test und der Thematic Apperception Test (TAT). Beim Rorschach-Test interpretiert die Testperson eine Serie von Tintenklecksen. Beim TAT erzählt die Testperson erfundene Geschichten zu bestimmten Bildern. Projektive Testverfahren sind in ihrer klassischen Anwendung wenig objektiv. Es gibt jedoch eine Anzahl von Weiterentwicklungen, die die Interpretation der projektiven Daten sehr genau vor dem Hintergrund empirischer Untersuchungen vornimmt.

Literatur:
Brickenkamp, R.: Handbuch psychologischer und pädagogischer Tests, Göttingen 1975
Dieterich, M.: Persönlichkeitsdiagnostik, Freudenstadt 1996
Lienert, G.: Testaufbau und Testanalyse, Weinheim 1969   UG

Psychodrama

Allgemein

Eine Form psychotherapeutischen Vorgehens (→ Psychotherapie), die zur Gruppentherapie (→ Gruppe) gezählt wird und bei der die Klienten ihre Probleme wie in einem Schauspiel darstellen. Bereits lange vor der Einführung des Psychodramas in die Psychotherapie durch J. L. Moreno wußte man von spannungslösendem und erleichterndem Abreagieren von Emotionen wie Wut, Verzweiflung, Traurigkeit usw. durch spielerische Darstellung. Moreno griff diese Erkenntnis auf und entwickelte das Theaterspiel zu einer psychotherapeutischen Technik weiter, die das Handeln des Menschen in den Vordergrund stellt. Hierdurch wird der Klient aus einer stark passiven Rolle (wie beispielsweise in der → Psychoanalyse) herausgeholt. Heute wird das Psychodrama zusätzlich zur Schulung der Personwahrnehmung verwendet. Man lernt beispielsweise die Schwierigkeiten erkennen, die fremde oder ungewohnte Rollen enthalten, wenn man sie selbst spielt (Vorgesetzter, Hausfrau, Student usw.). Außerdem wird das Psychodrama eingesetzt, um neue Verhaltensweisen einzuüben (Aneignung selbstsicheren Verhaltens am Arbeitsplatz, geeignetes Therapie- oder Seelsorgeverhalten usw.). Im Psychodrama werden durch das schauspielerische Darstellen individuelle und soziale Probleme konkret vergegenwärtigt. Damit wird ein innerer Konflikt anschaulich, verständlich und einfühlbar. Durch die Inszenierung von Gefühlen und Konflikten schafft sich der Klient Einsicht in unbewußte Verhaltensmuster, Korrekturmöglichkeiten und Neuorientierung, dabei werden Spontaneität und → Kreativität gefördert. Der Mensch wird immer als Mitmensch, als »soziales Atom«, gesehen, das seinen Platz in Familie und Gesellschaft sucht (→ Soziometrie) und dabei unterschiedliche Rollen übernimmt (Rollenspiel). Der Gruppenleiter ist zuständig für das Zustandekommen von Spielsituationen und schlägt den Hauptdarsteller (Protagonisten) vor. Nicht zuletzt ist es seine Aufgabe, den Protagonisten innerhalb der Gruppe anzuführen und zu fordern. Der Protagonist schlägt die Schlüsselszene und die einzelnen Rollen vor. Nicht selten wird der Protagonist durch ein sog. »Hilfs-Ich« begleitet, einem Gruppenmitglied, das sich hinter den Protagonisten stellt, für ihn mitdenkt, sich einfühlt und weiterspricht oder handelt, wenn der Protagonist versagt. Dieses Hilfs-Ich (oder Alter Ego) kann wiederum durch unbeteiligte Gruppenteilnehmer ergänzt oder ersetzt werden (»doppeln«).

Formen des Psychodramas

In der Regel ist das Psychodrama personenzentriert, d. h., jeweils die Problematik eines einzelnen Klienten der Gruppe steht im Vordergrund der Gruppensitzung. Wir kennen jedoch auch das themenzentrierte Psychodrama, bei dem eine Problematik inszeniert wird, die innerhalb der gesamten Gruppe besteht.

Aufbau und Verlauf des Psychodramas

– Eröffnungsphase (warming up): Hier wird geklärt, wer Protagonist ist und welches Thema der Gruppensitzung zugrunde liegen soll.
– Aktionsphase: Das Problem wird gestaltet und gespielt.
– Abschlußphase (sharing): Der Protagonist tritt aus der eingenommenen Rolle wieder in die Gruppe zurück und nimmt auf, was die anderen erlebt und empfunden haben.
– Neuorientierung: Hier werden anhand des Erlebten neue Aufgaben für das reale Leben entwickelt und konkrete Verhaltensänderungen besprochen.

Unterschiedliche Techniken

Rollentausch: Mitten im Spiel kann der Protagonist seine Rolle mit seinem Gegenspieler austauschen. Er kann sich so einfühlen und verstehen.

Doppeln: Beiträge nicht mitspielender Teilnehmer verstärken oder konfrontieren den Protagonisten mit seinen Haltungen und Äußerungen.

Spiegeltechnik: Ein Gruppenmitglied löst den Protagonisten ab und spielt die letzte Szene in genauer Imitation nach. So sieht dieser sich wie im Spiegel von außen.

Sharing: Alle teilen mit, wo und wie sie von der Szene persönlich betroffen sind.

Feedback: Die Spieler berichten, wie sie ihre Rollen erlebt haben, und der Protagonist teilt mit, was das Spiel bei ihm ausgelöst und bewirkt hat.

Psychodrama in Psychotherapie und Seelsorge

Die psychodramatische Therapie erweist sich am wirkungsvollsten in der Verbindung mit anderen Einzel- oder Gruppenpsychotherapietechniken, wie beispielsweise der → Verhaltenstherapie oder der → Gesprächspsychotherapie. Eine vor christlich-biblisch orientiertem Hintergrund entstandene Sonderform des Psychodramas ist das → Bibliodrama.

Literatur:
Leutz, G.: Psychodrama, Theorie und Praxis, Berlin 1974
Moreno, J. L.: Gruppenpsychotherapie und Psychodrama. Einleitung in Theorie und Praxis, Stuttgart 1993
Petzold, H. (Hg.): Wege zum Menschen – Methoden und Persönlichkeiten moderner Psychotherapie, Paderborn 1984
ders. (Hg.): Angewandtes Psychodrama. In Therapie, Pädagogik und Theater, Paderborn 1993
Yablonsky, L.: Psychodrama – die Lösung emotionaler Probleme durch das Rollenspiel, Stuttgart 1978   FKG

Psychodynamik → Psychoanalyse

Psychohygiene

Definition und Geschichte

Bewahrung und Wiederherstellung der seelischen Gesundheit sind die großen Themen, wenn man sich mit Maßnahmen und Möglichkeiten zur Psychohygiene auseinandersetzt. Der Duden definiert Psychohygiene als »die Lehre von der Pflege der seelischen Gesundheit, vom Schutz gegen seelische Überlastung in Lebenskrisen und Konfliktsituationen«. Das Verständnis von Psychohygiene hat sich im Laufe der Zeit sehr verändert. Auch die verschiedenen psychologischen Schulen füllen diesen Begriff, wegen ihrer zum Teil unterschiedlichen Sicht von seelischer Gesundheit, mit verschiedenen Inhalten.

Die Wurzeln sind in der Mental Health-Bewegung zu Beginn dieses Jahrhunderts in den USA zu sehen. 1930 fand in Washington DC der erste Weltkongreß für Psychohygiene statt. Damals bezog sich die inhaltliche

Arbeit in erster Linie auf die Reform der Psychiatrie und die primäre und sekundäre Prävention von psychischen Krankheiten. Die Forderungen der Teilnehmer wandten sich gegen die üblichen psychiatrischen Großkrankenhäuser und hin zu einer gemeindenahen Versorgung psychisch Kranker.

1924 wurde der Deutsche Verband für Psychohygiene gegründet. Eines der vorrangigen Ziele damals war die Umsetzung der psychoanalytischen Erkenntnisse über die Bedeutung der frühkindlichen Entwicklung. Dies führte zur Gründung der ersten Erziehungsberatungsstellen in Deutschland. Erweitert wurde die Diskussion um Psychohygiene und seelische Gesundheit durch die Arbeiten des Chicagoer Psychoanalytikers Franz Alexander, der eine Theorie zur Entstehung psychosomatischer Störungen vorlegte. Er zeigte auf, daß auch psychische Konflikte, vermittelt über das vegetative Nervensystem, zu körperlichen Erkrankungen führen können. Dadurch ergab sich ein weiteres wichtiges Argument für die Förderung der seelischen Gesundheit.

Der aus heutiger Sicht wohl weitreichendste Beitrag wurde durch die in den 50er Jahren beginnende Streßforschung geliefert. Besonders die Untersuchungsergebnisse des Kanadiers Hans Selye führten zu neuen Erkenntnissen über die Auswirkungen von → Streß auf die physiologischen Abläufe im Organismus. Dabei wurde auch der Streßbegriff deutlich erweitert. Nicht nur eine Situation an sich wird heute als Stressor gesehen, sondern vielmehr die Bewertung dieser Situation durch das Individuum ist verantwortlich, ob eine Streßreaktion ausgelöst wird. Die weitere Streßforschung beschrieb dann diese Streßreaktion im Körper auf innere und äußere Stressoren (Streßreize, → Reiz) genauer. Es wurde deutlich, daß sehr starker und chronischer Streß Auswirkungen auf unsere physische und psychische Gesundheit hat.

So werden heute als Maßnahmen zur Psychohygiene verkürzt fast nur noch Streßbewältigungsmaßnahmen präsentiert.

Maßnahmen und Methoden

Ziel von Psychohygiene ist die Erhaltung der seelischen Gesundheit. Wie dieses Ziel zu erreichen ist, hängt auch vom Menschenbild ab. Es sollen hier einige ausgewählte Maßnahmen und Methoden vorgestellt werden, die christlichen Maßstäben gerecht werden.

Psychohygiene in der Seelsorge

Viele biblische Aussagen über den Menschen zeigen auf, wie gesundes Leben und Miteinander möglich sind. Dabei darf auch die »Sorge um die Seele«, das Heil der Seele, nicht aus den Augen verloren werden. Seelsorge, als wichtiger Aspekt von Psychohygiene, soll die Bewältigung von Schuld (Erkennen, Bekennen und Zusage der Vergebung) und die fürsorgliche Begleitung in allen Lebensfragen beinhalten. Die Seelsorge mit ihren klassischen Bereichen (Sündenbekenntnis, Vergebung, Trösten, Zurechtweisen und Ermahnen, Lösen und Binden etc.) dient dem Menschen auch zur Psychohygiene, indem der Seelsorge Suchende in seinem Bemühen um bewußte Lebensführung vor Gott unterstützt wird.

Entspannung

Die Streßbewältigung ist in der heutigen Zeit ein elementarer Baustein für psychohygienische Maßnahmen. Was von einer Person als Streß erlebt wird, hängt vom individuellen Erleben ab. Oft beinhalten unsere Lebens- und Arbeitsbedingungen bereits Ereignisse und Umstände, die uns unter Dauerstreß halten. → Entspannung und Muße stellen sich oft nicht mehr automatisch ein, sondern müssen bewußt in unseren Lebensvollzug eingeplant werden. Hilfreich sind hier die klassischen Entspannungsmethoden wie → Autogenes Training oder die progressive Muskelentspannung. Oft ist es aber auch erforderlich, die Ursache (Streßquelle) zu beseitigen.

Befriedigende Beziehungen

Wir Menschen sind von Gott als Wesen geschaffen, die in Wechselbeziehungen zueinander stehen sollen. Befriedigende menschliche Beziehungen werden in der psychologischen Literatur schon lange als schützender Faktor für die Erhaltung der seelischen Gesundheit gesehen. Damit sind aber nicht nur möglichst harmonische und konfliktfreie Beziehungen gemeint. Wichtige Aspekte in der Pflege von Beziehungen sind u.a. die Fähigkeit zur Konfliktbewältigung, das Geben und Nehmen von Unterstützung, das Sehen und Aushalten von Spannungen und die Bereitschaft zur gegenseitigen Vergebung und Versöhnung. Grundlage für dies alles ist der Wille zu einer offenen und ehrlichen Kommunikation.

Bewältigung von Lebenskrisen

Eine Reihe von Untersuchungsergebnissen zeigt, daß äußere Belastungen durch kritische Lebensereignisse die Erkrankungswahrscheinlichkeit erhöhen. Hierzu zählen u.a. Todesfälle in der Familie, Trennung und Scheidung vom Partner, schwere körperliche Erkrankung, Verlust des Arbeitsplatzes, Umzug in eine fremde Stadt (→ Posttraumatische Belastungsstörung), aber auch eigentlich positiv zu bewertende Ereignisse wie Heirat oder die Geburt eines Kindes. Viele Menschen neigen dazu, sich in solchen Lebenssituationen zurückzuziehen. Es hat sich jedoch gezeigt, daß gerade soziale Unterstützung ein wichtiger schützender Faktor bei der Überwindung von Lebenskrisen ist. Kritische Lebensereignisse erfordern eine aktive Bewältigung.

Literatur:
Becker, P.: Psychologie der seelischen Gesundheit, Bd. 1, Göttingen 1982
Dieterich, M.: Biblisch-Therapeutische Seelsorge, Nenzingen 1993
Filipp, S. H.: Kritische Lebensereignisse, München 1990
Ohm, D.: Psyche, Verhalten und Gesundheit, Stuttgart 1990   DMS

Psychokinese → Parapsychologie

Psychologie

Die wörtliche Übersetzung führt zu einer »Lehre von der Seele« und verlangt dann konsequenterweise auch eine Definition des Seelenbegriffes. Mit ihrer naturwissenschaftlich-empirischen Sicht (→ Wissenschaftstheorie) kann die Psychologie dies nicht leisten und beschreibt sich deshalb operationalisierbar als »Wissenschaft von den Formen und Gesetzmäßigkeiten des Erlebens und Verhaltens«.

Wissenschaftsgegenstand der Psychologie ist der Mensch, und die in der akademischen Psychologie heute übliche Wissenschaftsmethode zur Überprüfung der Gesetzmäßigkeiten ist die → Empirie. Weil sich Psychologen der Begrenztheit dieser empirischen Sicht bewußt sind, ist eine enge Zusammenarbeit mit der Philosophie und Theologie einerseits und den anderen Sozialwissenschaften sowie der Medizin andererseits unabdingbar. Von diesen Disziplinen stammen auch die Hypothesen, die in der Psychologie empirisch überprüft werden. Mit einer solchen Sicht der Psychologie ist einerseits die immer wieder geäußerte Ideologieanfälligkeit zurück- und andererseits auf die Vorläufigkeit der auf empirischem Wege ermittelten Ergebnisse hinzuweisen.

Obwohl es in der Kultur- und Weltgeschichte – und natürlich auch in der Bibel – eine große Zahl von psychologisch sehr einfühlsamen Berichten gibt (z. B. Jesu Gespräch mit der Frau am Jakobsbrunnen) und auch viele Klassiker über die Seele bzw. Psychologie geschrieben wurden (z. B. Aristoteles, »Über die Seele«; Melanchthon, »Kommentar über die Seele«; Herbart, »Lehrbuch zur Psychologie«), wurde die Psychologie erst durch Wundt im Jahr 1879 von der Philosophie abgetrennt und zu einer eigenständigen Universitätsdisziplin. Wenn in manchen christlichen Kreisen auch heute noch davon ausgegangen wird, daß Psychologen

Konkurrenten des Seelsorgers seien, die »im Unterbewußten herumforschen und Menschen vom Glauben abbringen«, dann kann es sich hier nur um ein sprachliches Mißverständnis handeln. Immer wieder muß deshalb darauf hingewiesen werden, daß die Psychologie keinesfalls der Psychotherapie gleichzusetzen ist. Zwar gibt es zu einzelnen Psychotherapien einige Schnittmengen (z. B. zur → Verhaltenstherapie und den → Kognitiven Therapien), aber sowohl was das Wissenschaftsverständnis der verschiedenen Psychotherapien anbelangt als auch ihre → Anthropologie, unterscheiden sich beide Disziplinen häufig ganz wesentlich voneinander. Dies wird deutlicher, wenn man die Teilgebiete der wissenschaftlichen Psychologie beschreibt, wie sie heute an den Universitäten gelehrt werden:

– *Allgemeine Psychologie:* Hier werden Bedingungen und die daraus ableitbaren Konsequenzen der Wahrnehmung (z. B. Sehen, Hören, Fühlen usw.), des Denkens, Lernens und der Motivation erforscht.

– *Psychophysiologie:* Hier werden die Zusammenhänge zwischen körperlichen Vorgängen und psychischen Prozessen untersucht. Es handelt sich dabei um ein Grenzgebiet zur Biologie und zur Medizin, bei dem z. B. das Verhalten der Menschen (und Tiere) über die elektrochemischen Begleitvorgänge an den Verbindungsstellen zwischen den Nervenzellen erforscht wird.

– *Sozialpsychologie:* In der Sozialpsychologie wird versucht, das menschliche Verhalten im Zusammenhang mit der Gruppe zu sehen. So fragt der Sozialpsychologe beispielsweise, wie die Stellung eines Mitglieds in der Gruppe sein Verhalten beeinflußt.

– *Entwicklungspsychologie:* Heute sieht man die Entwicklung des Kindes zum Erwachsenen und weiter bis zum alten Menschen sowohl vor anlagebedingtem Hintergrund als auch im Sinne von lebenslang andauernden Lernprozessen bzw. zu lösenden Entwicklungsaufgaben. Deshalb ist besonders die Entwicklung des Denkens, des Gedächtnisses, der Motivation usw. interessant.

– *Pädagogische Psychologie:* Die pädagogische Psychologie ist mit der Entwicklungspsychologie und der Sozialpsychologie eng verwandt. Sie befaßt sich besonders mit Lernprozessen und daraus ableitbaren praktischen Anwendungen für Schule und Elternhaus. Aber auch Lernstörungen und -behinderungen sowie Fragen nach dem pädagogischen Stil der Erzieher sind wichtig.

– *Differentielle Psychologie:* Die Differentielle Psychologie versucht Unterschiede zwischen einzelnen Menschen festzustellen, und beschreibt dazu bestimmte Merkmale der Persönlichkeit. Heute geht man z. B. davon aus, daß man den Menschen durch eine größere Zahl von einzelnen Wesenszügen beschreiben kann.

– *Diagnostische Psychologie:* Mit den Hilfsmitteln der diagnostischen Psychologie wird versucht, die genannten Wesenszüge, aber auch das Sozialverhalten, Kreativität und Intelligenz so genau wie möglich zu erfassen. Grundgedanke einer solchen Diagnostik (→ Psychodiagnostik) ist es, den »richtigen« Menschen für eine bestimmte Aufgabe auszusuchen oder auch für eine solche Aufgabe gezielt vorzubereiten. Als Hilfsmittel hierzu gibt es eine große Zahl von Testverfahren.

– *Arbeitspsychologie:* Arbeitspsychologen setzen sich insbesondere mit den Belangen des arbeitenden Menschen (in der Regel in Industriebetrieben) auseinander. Sie versuchen, die Arbeitsumgebung optimal an die Bedürfnisse der Werktätigen anzupassen, die Arbeitsräume so zu gestalten, daß man sich wohl fühlt, untersuchen die Längen der Pausen im Verhältnis zur Arbeitszeit, entwickeln leicht ablesbare Skalen für Meßinstrumente usw.

– *Klinische Psychologie:* Die Bezeichnung »klinische Psychologie« stammt aus den Vereinigten Staaten und gibt die dortige Situation besser wieder, weil dort wesentlich mehr Psychologen in den Kliniken arbeiten als in Europa.

Auf unsere Verhältnisse bezogen, ist die Bezeichnung »klinisch« zu eng, denn neben dem Umgang mit psychisch kranken Menschen in Krankenhäusern und anderen stationären Therapieeinrichtungen gehört zum Aufgabenfeld des klinischen Psychologen auch Ehe- und Familienberatung, Telefonseelsorge usw. Er arbeitet häufig mit Ärzten und Sozialarbeitern zusammen, da viele körperliche Krankheiten auf seelische Störungen zurückzuführen sind oder auf dem Hintergrund schwieriger sozialer Verhältnisse entstanden sind. Die psychischen Störungen, mit denen sich der klinische Psychologe hauptsächlich auseinanderzusetzen hat, können in zehn Gruppen zusammengefaßt werden (Siewert 1983). Hierzu gehören: (1) Entwicklungsstörungen, (2) Verhaltensstörungen, (3) Neurosen, (4) Leistungsstörungen, (5) abweichendes Verhalten, (6) Funktionsstörungen, (7) Sexualstörungen, (8) Mentalstörungen, (9) Sprachstörungen, (10) weitere Leidensformen (z. B. Psychosen, Konflikte, akute Leidensstörungen).

Literatur:
Asanger, R.; Wenniger, G.: Handwörterbuch Psychologie, Weinheim 1994
Bourne, L.; Ekstrand, B.: Einführung in die Psychologie, Eschborn 1992
Dieterich, M.: Handbuch Psychologie und Seelsorge, Wuppertal und Zürich 1992
Hofstätter, P.: Psychologie, Frankfurt/M. 1977
MD

Psychopathologie

In der Psychopathologie geht es um die Diagnose (→ Psychodiagnostik), Beschreibung und Klassifizierung psychischer Störungen. Während die Erstellung einer Diagnose in der Regel Aufgabe professioneller Therapeuten ist, hat das Umgehen mit Diagnosen auch in der Seelsorge praktische Bedeutung. Dabei ist unbedingt zu beachten, daß eine Diagnose einer psychischen Störung auch Schaden anrichten kann: Zum einen gibt es nicht wenig ratsuchende Menschen, die sich mit ihrer Diagnose persönlich identifizieren, was zu einer Festigung der Symptome führen kann; zum zweiten werden Diagnosen häufig viel zu lange aufrechterhalten, was zu einer → Etikettierung bzw. Stigmatisierung des Ratsuchenden führt. Bisher gibt es im deutschsprachigen Europa keine allgemeinverbindliche Klassifizierung psychischer Störungen, so daß zwischen verschiedenen Therapeuten zudem erhebliche Unterschiede in der Bedeutung diagnostischer Begriffe zu finden sind. Die Klassifizierung der Weltgesundheitsorganisation (ICD 10, 1991) und die damit kompatible Klassifizierung der Amerikanischen Psychiatrischen Vereinigung (APA; DSM II – R, 1991) setzen sich jedoch zunehmend durch. Moderne Diagnostik beschreibt beobachtbare Symptome, wogegen ältere, einseitig an der Psychoanalyse orientierte Klassifizierungen die vermuteten Hintergründe beschreiben, d. h. sie basieren auf der Ätiologie einer Störung.

Im folgenden eine kurze Darstellung einzelner Gruppen von Störungen:

Störungen bei Kindern und Jugendlichen

In diese Gruppe von Störungen werden unter anderem organisch bedingte Störungen, schwere Störungen in der Beziehungsfähigkeit (z. B. Autismus), die typischerweise bei heranwachsenden Mädchen auftretenden → Eßstörungen Anorexie und Bulimie, aber auch viele weniger schwere Störungen wie Schulangst, → Stottern, → Bettnässen usw. eingeordnet.

Neurotische Störungen

Neurotische Störungen sind in hohem Maße psychisch bedingt (→ Neurose). Zu ihnen zählen unter anderem:

- *Phobien.* Hier wird das Störungsbild durch starke, unrealistische → Ängste in ganz bestimmten, klar zu beschreibenden Situationen bestimmt. Solange sich diese Situationen ohne größere Probleme vermeiden lassen (z. B. für einen normalen Stadtbürger bei Angst vor Schlangen), sind Phobien in der Regel kein größeres Problem. Lassen sich die Situationen nicht vermeiden, können Phobien den Lebensraum und die

Möglichkeiten des Betroffenen bis zu einem Minimalmaß reduzieren (z. B. bei Angst, das Haus zu verlassen). Häufig sind soziale Phobien (z. B. Angst vor Erröten oder starke Hemmungen in Gruppen).

- *Zwangsstörungen.* Zwangsgedanken (→ Zwang), Grübelzwänge oder Zwangshandlungen können das Leben behindern und in schweren Fällen den gesamten Tagesverlauf bestimmen. Der Betroffene ist sich bei diesen Störungen im klaren darüber, daß das Verhalten nicht rational zu begründen ist, und erlebt sich wie von seiten eines Dritten dazu gezwungen, das Zwangsverhalten immer wieder zu wiederholen.

- *Belastungsreaktionen.* Wenn eine außergewöhnlich belastende Situation eine Störung hervorruft, die dennoch nicht ausschließlich mit dem auslösenden Trauma erklärt werden kann, d. h., daß die Störung über eine normale Trauer bzw. Streßbewältigung deutlich hinausgeht, spricht man von Belastungsreaktionen. Depressive oder ängstliche Symptomatik kann im Vordergrund stehen. Besonders bei Jugendlichen ist die gestörte Reaktion häufig auch im Sozialverhalten zu beobachten.

- *Dissoziative Störungen/Konversionsstörungen.* Bei diesen relativ seltenen Störungen, die meistens durch ein Trauma ausgelöst werden, ist die freiwillige Kontrolle über den Abruf bestimmter Erinnerungen (z. B. bei der psychogenen Amnesie) oder über Körperbewegungen (z. B. bei psychogenen Lähmungserscheinungen) gestört, ohne daß eine organische Ursache vorliegt.

- *Somatoforme Störungen.* Bei diesen Störungen präsentieren die betroffenen Personen körperliche Symptome, die aus medizinischer Sicht nicht verifizierbar oder unbedeutend sind, und verlangen hartnäckig ärztliche Behandlung. Patienten sind für die Diagnose, daß es sich um psychische Störungen handelt, in der Regel sehr abweisend, selbst wenn der Beginn der Störung eindeutig im zeitlichen Zusammenhang mit psychischen Stressoren steht (→ Hypochondrie).

– Psychosomatische Störungen. Hier werden verifizierbare körperliche Beschwerden festgestellt, deren Entstehung aber stark im Zusammenhang mit psychischen Faktoren gesehen wird. Ob und wie stark psychische Faktoren bei der Entstehung der Störung verantwortlich sind, läßt sich jedoch im Einzelfall nur schwer festlegen. Daher werden diese Störungen häufig nicht bei den psychischen Störungen, sondern als organische Störung eingeordnet.

– Beziehungsstörungen, einschließlich solcher, die sich in erster Linie in einer gestörten Sexualität zeigen.

Psychotische Störungen

Zu dieser Gruppe gehören alle Störungen, die mit Wahnphänomenen (→ Wahn) oder → Halluzinationen einhergehen, egal welcher Ursache. Psychotische Störungen ohne eindeutige organische Ursache sind z. B. → Schizophrenie, paranoide (wahnhafte) Störungen. Auch bei den Affektstörungen sind psychotische Symptome möglich, besonders bei → manisch-depressiver Ausprägung.

Affektive Störungen

Unter den affektiven Störungen versteht man die psychischen Störungen, die in erster Linie die Stimmung eines Menschen beeinflussen, also → Depressionen und bipolare (manisch-depressive) Störungen. Eine affektive Störung kann »neurotisch« oder »psychotisch« sein, je nach der Schwere der damit verbundenen Wahrnehmungsstörung. Es gibt viele verschiedene Erscheinungsformen der Depression, die in unterschiedlichen Maßen seelisch oder körperlich bedingt sind.

Persönlichkeitsstörungen

Es gibt eine Reihe von Störungen, die sich über lange Zeit entwickelt haben, und die nicht nur von Zeit zu Zeit »aufflackern«. Persönlichkeitszüge sind überdauernde Muster der Wahrnehmung, des Beziehungsstiles und des Denkens hinsichtlich der Umwelt

und sich selbst. Wenn unflexible bzw. schlecht angepaßte Persönlichkeitszüge zu Problemen führen, handelt es sich um eine Persönlichkeitsstörung. Man unterscheidet folgende Persönlichkeitsstörungen:

– Paranoide: übermäßig mißtrauisch, sieht überall Gegner.

– Schizoide: keine intensiven zwischenmenschlichen Beziehungen und kein Bedürfnis nach solchen.

– Schizotypische: eigenartig, bis zum Bizarren neigend.

– Histrionische: überstarkes »zur Schau stellen« von Gefühlen bei erlebter Gefühlsarmut.

– Narzißtische: gesteht sich selber Rechte zu, die anderen nicht zustehen; »in sich selbst verliebt«.

– Antisoziale: akzeptiert wesentliche soziale oder rechtliche Normen nicht (neigt zur Kriminalität).

– Borderline: sehr abhängig von anderen; intensive persönliche Beziehungen enden bald im Konflikt. Schwarz-Weiß-Denken (»Splitting«).

– Hypersensitive: große Angst vor Ablehnung. Zwischenmenschliche Beziehungen nur bei Garantie bedingungsloser Akzeptanz. Oft ohne zwischenmenschliche Beziehungen, aber mit starkem Bedürfnis danach.

– Dependente: übermäßig abhängig, überläßt wesentliche persönliche Entscheidungen anderen.

– Zwanghafte: übermäßig ordentlich bis perfektionistisch, gefühlsarm, wenig Fähigkeit zu mitfühlendem Verstehen.

– Passiv-aggressive: Ärger und Zorn werden durch Vernachlässigung, Schlampigkeit, Vergessen, Zu-spät-Kommen usw. ausgedrückt.

Da Persönlichkeitsstörungen im Laufe vieler Jahre, meistens schon in der Kindheitsentwicklung sichtbar entstehen, ist eine auf Behebung der Störung zielende Therapie in der Regel nicht kurzfristig erfolgreich. Es ist jedoch durchaus sinnvoll, auch in Kurzzeittherapien, den Betroffenen zu einem besseren Umgang mit der Störung zu helfen,

z. B. durch eine Veränderung der sozialen Rahmenbedingungen.

Literatur:
Wittchen, H. U. et al.: Davison, G. C.; Neale, J. M.: Klinische Psychologie, München 1988
Diagnostisches und Statistisches Manual Psychischer Störungen, Weinheim 1991
Payk, Th. R.: Checkliste Psychiatrie, Stuttgart 1992
Weltgesundheitsorganisation: Internationale Klassifikation psychischer Störungen ICD-10 Kapitel V, Göttingen 1991   UG

Psychopharmaka

Psychopharmaka ist der Sammelbegriff für alle Medikamente, die auf die seelische Befindlichkeit wirken. Zu den am häufigsten Verwendung findenden gehören Neuroleptika, Antidepressiva, Tranquilizer und Hypnotika.

Seit den Anfängen der Pharmakotherapie bei psychischen Störungen in den 50er Jahren ist der Gebrauch von Medikamenten zu einem Standardvorgehen der Psychiatrie geworden. Den Behandlungsmöglichkeiten mit Psychopharmaka ist besonders bei schwer gestörten Patienten zu verdanken, daß die Notwendigkeit eines längeren Krankenhausaufenthaltes deutlich seltener wurde. Während z. B. in den USA 1957 ca. 570 000 Patienten in geschlossenen Anstalten aufbewahrt wurden, waren es 1975 nur noch ca. 200 000. Dieser Rückgang ist eindeutig auf die Behandlung durch Medikamente zurückzuführen, in erster Linie den Neuroleptika, die hauptsächlich bei psychotischen Störungen (z. B. → Schizophrenie, → Psychosen) wirksam sind, und den Antidepressiva. Psychopharmaka wirken zwar nicht heilend, aber sie unterdrücken die Symptome vieler psychischer Störungen und schaffen damit häufig die notwendigen Voraussetzungen für andere psychotherapeutische Interventionen. Die wissenschaftlichen Untersuchungen, die die erwünschten Wirkungen verschiedener Psychopharmaka nachweisen, sind eindeutig und über-

zeugend. Trotz der unangenehmen Nebenwirkungen fördern die Medikamente im allgemeinen auch das subjektive Wohlbefinden der Patienten. Zweifelsohne sind aggressive, sehr unruhige oder angstgeplagte Patienten auch leichter zu betreuen, wenn sie symptomreduzierende Medikamente nehmen; der häufige Vorwurf, Patienten würden ausschließlich zu diesem Zweck »vollgepumpt«, entspricht jedoch sicherlich nicht der Realität. Das subjektive Erleben mancher Patienten, daß ihre Symptome eher auf die Medikamente als auf die psychische Störung zurückzuführen seien, ist im Einzelfall schwierig zu bewerten: Einerseits sind mündige Patienten die besten Experten in eigener Sache, andererseits ist es verständlich, daß Betroffene die Ernsthaftigkeit ihrer Krankheit oft nicht wahrhaben wollen.

Kontrovers ist die Behandlung mit Psychopharmaka hauptsächlich aus zwei Gründen: Zum einen, weil die Nebenwirkungen je nach Medikament und Dosierung z. T. erheblich und unangenehm sind (insbesondere bei Neuroleptika und Antidepressiva); zum anderen, weil bei bestimmten Medikamenten (insbesondere bei Tranquilizern und Schlafmitteln) das Suchtpotential (→ Sucht) hoch ist. Leider werden gerade die letztgenannten Medikamente häufig bei Patienten verschrieben, denen mit psychotherapeutischen Methoden (→ Psychotherapie und Seelsorge) besser geholfen wäre. Die Erwartung, mit Pillen und Tropfen Lebensprobleme zu lösen, ist bei vielen Menschen so hoch, daß sie keine anderen Hilfen akzeptieren. Ein sehr problematischer Aspekt ärztlicher Verschreibungspraxis ist in diesem Zusammenhang sicherlich die Tatsache, daß bei weniger als zwanzig Prozent der Patienten mit Langzeitverordnungen ausführliche diagnostisch-therapeutische Beratungsgespräche oder psychotherapeutische Hilfen stattfinden (Bundesminister für Gesundheit 1992).

In der Praxis Biblisch-therapeutischer Seelsorge werden immer wieder Fälle bekannt, in denen Ratsuchende zu ihrem Schaden dazu bewogen wurden, auf jegliche Medikamente aus »Glaubensgründen« zu verzichten. Im Hintergrund stehen hier meistens einseitige theologische Konstruktionen, nach denen z. B. jede psychische Störung auf Unglaube, Schuld oder dämonische Einwirkung zurückzuführen sei. Das Menschenbild der Bibel ist im Gegensatz zu solchen Überzeugungen jedoch ganzheitlich: Die Bibel sieht den Menschen als eine Einheit aus Geist, Seele und Leib (vgl. 1Thess 5,23). Dementsprechend können Heilungsprozesse auch mit geistlichen, psychischen und körperlichen (medizinischen) Methoden gefördert werden.

Antidepressiva

Antidepressiva sind eine Gruppe der Psychopharmaka, die zur Behandlung von → Depressionen eingesetzt werden. Sie wirken meist stimmungsaufhellend und angstlösend. Je nach Ausprägung der Depression können psychomotorisch beruhigende oder anregende Antidepressiva verschrieben werden. Antidepressiva machen nicht süchtig, auch wenn eine psychische → Abhängigkeit in Einzelfällen möglich ist. Die Nebenwirkungen sind unangenehm (z. B. trockene Schleimhäute, Blutdruckabfall, Verstopfungsneigung, Müdigkeit usw.). Die gewünschte Wirkung setzt in der Regel erst in ein bis drei Wochen ein. Eine Besserung der akuten Beschwerden bedeutet noch keine Genesung. Das Absetzen des Antidepressivums erfolgt nicht sofort, sondern ausschleichend unter ärztlicher Betreuung. Alkohol und koffeinhaltige Getränke sollten während der Einnahme nicht konsumiert werden. Bei der Behandlung von → manisch-depressiven Störungen spielen die Lithiumsalze eine wichtige Rolle. Enge Kontrollen durch Bestimmung des Blutserumspiegels sind hier wichtig. Zu den Nebenwirkungen gehören Gewichtszunahme, Störungen der Flüssigkeitsaufnahme und -ausscheidung, Konzentrationsstörungen etc.

Neuroleptika

Neuroleptika haben psychische, motorische und vegetative Wirkungen. Beim gesunden Menschen hemmen sie den Antrieb und das Interesse, verursachen Müdigkeit und bewirken emotionale Ausgeglichenheit. Sie schränken das Bewußtsein nicht ein.

Menschen mit psychotischen Störungen werden durch die Einnahme von Neuroleptika weniger aggressiv (→ Aggression) und im gesamten Verhalten ruhiger. Wahnvorstellungen und Halluzinationen werden reduziert oder unterdrückt.

Neuroleptika machen nicht süchtig (→ Sucht). Zu den Nebenwirkungen gehören Störungen des Bewegungsablaufes, Sitz-, Steh- und Gehunruhe, Kaustörungen, Trockenheit der Nasen-, Rachen- und Mundschleimhäute, Gewichtszunahme, Verstopfungsneigung, Müdigkeit, Konzentrationsstörungen, innere Unruhe etc.

Tranquilizer

Tranquilizer sind Beruhigungsmittel, die sehr häufig verschrieben werden. Mit ihrem breiten Wirkungsspektrum liegen die Benzodiazepine an erster Stelle und stehen fast synonym für den Begriff »Tranquilizer«. Zu den → Indikationen zählen → Angst- und Spannungszustände, Streßfolgen (→ Streß), muskuläre Verspannungen, → Schlafstörungen etc. Tranquilizer wirken beruhigend, angstlösend, krampflösend und aggressionsmindernd. Das Suchtpotential (→ Sucht) ist hoch. Das Abhängigkeitsrisiko (→ Abhängigkeit) steigt mit der Dauer der Einnahme. Bei suchtgefährdeten Personen können niedrig dosierte Neuroleptika als Ersatzmittel eingesetzt werden. Beruhigungs- und Schlafmittel werden häufig unkritisch und unkontrolliert verordnet, obwohl in den meisten Fällen psychotherapeutische Methoden mindestens ebenso hilfreich wären.

Hypnotika

Hypnotika sind Schlafmittel. Häufig werden hierzu Tranquilizer verordnet. Für eine kurze Zeit (z. B. in einer Krise, bei Schmerzen usw.) sind diese Medikamente wirksame Einschlafhilfen, weil sie entkrampfend wirken, beruhigen und die Stimmung aufhellen. Jedoch läßt bereits nach wenigen Wochen die einschlaffördernde Wirkung deutlich nach, d. h. das Medikament wirkt nicht mehr bzw. die Dosis muß erhöht werden (Toleranzbildung). Versucht man dann, das Medikament abzusetzen, treten Entzugserscheinungen ein (→ Sucht, Abhängigkeit): Unruhe, Schlaflosigkeit, Ängste, Kopfschmerzen usw. Das heißt, das Absetzen bewirkt genau die Symptome, gegen welche man das Medikament überhaupt genommen hat. Subjektiv entsteht bei vielen Patienten dann der Eindruck, man hätte eine Krise noch nicht überwunden und brauchte »noch« die Schlafmittel. Der Kreislauf einer Schlafmittelabhängigkeit beginnt.

Es gibt eine Anzahl wirksamer pflanzlicher Schlafhilfen (z. B. Valeriansäure, Hypericum) und Kräutertees (z. B. Baldrian, Basilikum, Benediktinen-Distel, Hopfen, Lavendel, Melisse) bei denen keine Toleranz entsteht. Sie sind im allgemeinen rezeptfrei in der Apotheke erhältlich.

Im Anhang findet sich eine Auflistung gängiger Psychopharmaka.   UG

Psychose

Oberbegriff für schwere psychische Krankheiten. Wörtliche Übersetzung: Krankheit des Geistes. Der Begriff ist erheblichem Wandel unterlegen.

Begriffsentwicklung und Bedeutungswandel

»Psychose« ist ein vorwiegend in der deutschen Psychiatrie geläufiger Begriff. Die Abgrenzung wird am ehesten durch die Dreiteilung psychischer Krankheiten (triadisches System nach Kurt Schneider) klar:

(1) körperlich begründbare Psychose (organisch entstanden),

(2) endogene Psychose (= von innen heraus entstanden; mit unklarer körperlicher Entsprechung),

(3) Variationen normalen seelisch-geistigen Wesens und Erlebens (→ Neurosen,

→ Persönlichkeitsstörungen). – Die Zuordnung zu den Psychosen erfolgte bisher nach verschiedensten Gesichtspunkten:
a) nach relativ klaren Krankheitsbildern (→ Schizophrenie, → manisch-depressive Krankheit),
b) nach körperlichen Befunden,
c) nach der Psychopathologie (den Krankheitserscheinungen),
d) nach den Ursachen, wobei auch ein belastendes Erlebnis eine Psychose bewirken kann.

Wegen der Unschärfe taucht in der modernen Klassifikation nach ICD-10 der Ausdruck nur noch indirekt als »psychotische Störung« auf. Psychotische Störungen werden in der Hauptgruppe der → Schizophrenien und in den Untergruppen der organisch bedingten Störungen, der Störungen durch Substanzen u.ä. klassifiziert. Der Begriff »endogen« wurde ersatzlos gestrichen.

Beschreibende Definition

Nach heutigem Verständnis sind Psychosen durch folgende Symptome charakterisiert: Störungen mit Verlust des Unterscheidungsvermögens zwischen Realität und Unwirklichem, zwischen äußerer Wirklichkeit und innerem Erleben. Hauptsymptome: Wahnvorstellungen (→ Wahn); Rückzug in eine eigene Welt; Wahrnehmungsstörungen (Trugwahrnehmungen, Verkennungen; → Wahn); Störungen des logischen → Denkens, des formalen Gedankenablaufs und der Sprache; Auseinanderklaffen von → Gefühlen, Gedanken, Ausdrucksverhalten; Handlungen, die nicht mehr nachvollziehbar sind. Keines dieser Symptome für sich berechtigt jedoch zur Diagnose (→ Psychodiagnostik) einer Psychose. Bei akuten organischen Psychosen findet sich typischerweise zusätzlich eine Bewußtseinstrübung.

Einzelne Formen

– *Organische Psychosen:* Bei Gehirn- und schweren körperlichen → Krankheiten oder durch Einfluß von Medikamenten oder

→ Drogen einschließlich Alkohol. Beispiele: Delir im Alkoholentzug oder Fieberdelir (→ Delirium).

– *Endogene Psychosen:* → Schizophrenie, → manisch-depressive Erkrankung, schizoaffektive Psychosen als Mischform, Wahnerkrankungen (→ Wahn) etc.

Verlauf

Der Verlauf einer Psychose kann akut, chronisch wiederkehrend oder allmählich fortschreitend sein, bei organischen und schizophrenen Psychosen eher mit bleibenden seelischen Behinderungen.

Psychose in Psychotherapie und Seelsorge

In akuten Phasen ist meist stationäre Behandlung mit → Psychopharmaka indiziert, bei Eigen- oder Fremdgefährdung mit entsprechenden Sicherheitsmaßnahmen. Oft folgt eine langfristige medikamentöse und sozialpsychiatrische Behandlung. Unterstützt wird dies durch Arbeit mit den Angehörigen, evtl. Familientherapie und vorwiegend stützende Psychotherapie zur Krankheits- und Zielbewältigung mit dem Ziel der Rückfallprophylaxe.

Wichtige Faktoren für die Seelsorgepraxis sind: Abgrenzung religiöser Wahninhalte (→ Wahn) von gesundem Erleben; Abgrenzung von → Besessenheit. Unterstützende Gesprächsführung mit genügend Vorsicht bei kritischen Inhalten.

Literatur:
Huber, G.: Psychiatrie, Stuttgart, New York 1994
Vliegen, J.: »Psychose«, in: Müller, Chr. (Hg.): Lexikon der Psychiatrie, S. 409, Berlin, Heidelberg, New York 1973 MS

Psychosomatik

Die Psychosomatik beschäftigt sich mit dem Einfluß der Psyche auf den Körper (Soma) und beschreibt deshalb diejenigen Erkrankungen, bei denen körperliche Symptome in einem Zusammenhang mit psychischen Faktoren stehen. Unsere Sprache ist reich an Bildern, die die Beziehung zwischen Leib und Seele ausdrücken: Man zerbricht sich den Kopf über einem Problem; es liegt einem etwas auf dem Magen; das Herz wird einem schwer; die Trauer schnürt einem die Kehle zu; die Angst sitzt einem im Nacken, oder man bekommt kalte Füße. Man geht davon aus, daß etwa die Hälfte aller Patienten, die einen Arzt aufsuchen, unter psychosomatischen Beschwerden leiden. Eine breite Untersuchung bei 30jährigen ergab einen hohen Prozentsatz von psychosomatischen Beschwerden in der Bevölkerung. Neben den in der Tabelle aufgeführten Organsystemen sollte auch erwähnt werden, daß die Haut (z. B. Neurodermitis), das harnableitende System (z. B. Reizblase) und die Sexualfunktion (z. B: Frigidität oder Impotenz) im Sinne psychosomatischer Störungen beeinträchtigt sein können. Frauen sind deutlich häufiger betroffen und werden durch die Symptome verstärkt in ihrer Arbeitsfähigkeit beeinträchtigt.

Psychosomatische Beschwerden

Häufigkeit bei 30jährigen:
– Kopfschmerzen 30,6 %
– Rückenschmerzen 25,8 %
– Erschöpfung 18,3 %
– Magenbeschwerden 16,1 %
– Darmbeschwerden 14,0 %
– Herzbeschwerden 9,2 %
– Atembeschwerden 9,2 %
– Kreislaufbeschwerden 8,4 %

Für die psychosomatischen Symptome kann in der Regel kein organischer Befund erhoben werden. Es handelt sich also nicht um Gewebeveränderungen, sondern um Veränderungen in der Funktion der Organe. Man bezeichnet die Beschwerden daher oft auch als »funktionelle Beschwerden«. Verändert sind meistens: die Anspannung der unwillkürlichen Muskeln (Spannungskopfschmerz, Beklemmungsgefühl über der Brust, beschleunigte Darmpassage etc.), Kreislauf (kalte Füße, Schwindelgefühle, Herzklopfen, Erröten etc.) und die Ausschüttung von Drüsensekreten (Magensäure, Schweiß, Verdauungssekrete etc.). Beeinträchtigt wird auch das exakte Zusammenspiel komplexer vegetativer Funktionen (z. B. Herzrhythmus, Verdauung, Sexualakt). Alle diese Funktionen werden durch das vegetative (unwillkürliche) Nervensystem gesteuert. Dieses begleitet die inneren Organe und die Blutgefäße bis in die äußersten Verästelungen und aktiviert deren Funktion durch vielfältige Neuropeptide (Hormone). Das vegetative Nervensystem wird in jener zentralen Region des Gehirns gesteuert, in der man auch den Sitz der Gefühle vermutet, nämlich im Thalamus, Hypothalamus und dem limbischen System. Somit besteht also ein enger Zusammenhang zwischen den Gefühlen und der Funktion der Organe.

In der Deutung psychosomatischer Beschwerden stehen sich zwei Pole gegenüber: Während die einen alles als psychisch betrachten, sehen andere nur die biologische Seite. Psychoanalytische Schulen (insbesondere F. Alexander) haben versucht, jedem innerseelischen Vorgang eine psychosomatische Entsprechung zuzuordnen: So sei ein Asthmaanfall der Ersatz für einen Tränenausbruch, ein hoher Blutdruck Ausdruck von unterdrückter Wut oder Verstopfung Ausdruck der Unfähigkeit loszulassen. Obwohl solche Zusammenhänge in Einzelfällen hergestellt werden können, lassen sie sich nicht verallgemeinern. In ähnlicher Weise sind auch neuere Sichtweisen körperorientierter Psychotherapie kritisch zu bewerten, die alle Beschwerden als Ausdruck psychischer Probleme sehen. So betrachtet die heutige psychosomatische Medizin die funktionellen Erkrankungen allgemein als Körperausdruck der Streßverarbeitung (→ Streß). Man geht davon aus, daß jeder Mensch eine Disposition hat, unter psychischem Druck mit gewissen körperlichen Mustern zu reagieren. Dabei ist die Empfindlichkeit (→ Vulnerabilität) sehr unterschiedlich, ebenso die Ausdrucksorgane. Bräutigam schreibt dazu: »Vieles spricht dafür, daß bei den meisten psychosomati-

schen Erkrankungen die formgebenden, d. h. krankheitsspezifischen Elemente in der körperlichen Disposition bereitliegen, wie sie einerseits erblich mitgegeben, andererseits im Laufe der Lebensgeschichte noch verstärkt oder abgeschwächt wurde.« – Auf der anderen Seite wäre es auch verfehlt, alle funktionellen Störungen nur als Folge von biologischen Vorgängen zu betrachten. Vielmehr zeigen sie eine psychische Überlastung an, sind sozusagen »Warnlichter am Armaturenbrett« des Lebens, die auf eine tiefer liegende Störung hindeuten.

Psychosomatik in Psychotherapie und Seelsorge

Wenn eine sorgfältige medizinische Abklärung keine hinreichende Begründung für eine organische Ursache des Leidens erbracht hat, ist es sinnvoll, mit der betroffenen Person nach möglichen Zusammenhängen mit inneren Spannungen und zwischenmenschlichen Konflikten zu suchen. Insbesondere sollte auch darauf geachtet werden, in welcher Form ein Mensch mit seinen Beschwerden umgeht. Werden sie zum Mittelpunkt des Lebens, ja bringen sie vielleicht sogar Vorteile, um Aufgaben und Verpflichtungen aus dem Weg zu gehen? Wo läßt sich eine Person durch ihre Beschwerden immer stärker einschränken und in den völligen sozialen Rückzug drängen? Braucht es vielleicht Ermutigung, eine Begegnung doch auszuhalten und neue, positivere Erfahrungen zu machen? Nicht immer gelingt es, selbst unter fachkundiger und engagierter Psychotherapie und Seelsorge, alle psychosomatischen Beschwerden zum Verschwinden zu bringen. In diesem Fall gilt es, dem Ratsuchenden zu helfen, mit den Beschwerden ein verantwortliches Leben zu führen und Beziehungen im Rahmen des Möglichen zu pflegen.

Bei schweren psychosomatischen Störungen kann auch eine Kur oder ein Aufenthalt in einer Klinik für Psychosomatik notwendig werden: Der besondere Vorteil liegt darin, daß man den Patienten in seiner Krankheit und Arbeitsunfähigkeit ernst nimmt und ihn herausnimmt aus seiner bisherigen Umgebung, die in ihrer Konfliktkonstellation zu seiner Störung beigetragen hat. Das Behandlungsangebot umfaßt Einzel- und Gruppengespräche, kreative Ausdrucksmöglichkeiten in der Ergotherapie, körperorientierte Psychotherapie, allgemeine sportliche Ertüchtigung, Anleitung zur Entspannung sowie physiotherapeutische Anwendungen. Einen nicht zu unterschätzenden Einfluß hat dabei das »therapeutische Milieu« einer Klinik, eine ruhige, wohltuende Atmosphäre, gutes Essen und freundliche Betreuung.

Die Psalmen beschreiben vielfältige psychosomatische Zusammenhänge in seelischer Bedrängnis, z. T. in dramatischen Bildern. So klagt David in Ps 69,21: »Die Schmach bricht mir mein Herz und macht mich krank.« Mit eindringlichen Worten schildert er seine Angst, in tiefem Schlamm zu versinken, dieses panische Gefühl der Bodenlosigkeit, das sich so schwer in Worte fassen läßt. Doch immer schwingt auch schon ein Schimmer der Hoffnung mit, das göttliche »Dennoch«, wie wir es bei Asaf in Ps 73,26 finden: »Wenn mir gleich Leib und Seele verschmachtet, so bist du doch, Gott, allezeit meines Herzens Trost und mein Teil.«

Literatur:
Bräutigam, W.; Christian, P.; von Rad, M.: Psychosomatische Medizin. Ein kurzgefaßtes Lehrbuch, Stuttgart 1992
Klußmann, R.: Psychosomatische Medizin – Eine Übersicht, Berlin 1992
Shorter, E.: Moderne Leiden. Zur Geschichte der psychosomatischen Krankheiten, Reinbek 1994
Uexküll, Th. et al. (Hg.): Psychosomatische Medizin, München 1990   SP

Psychotherapie und Seelsorge

Was ist Seelsorge?

Seelsorge wird heute nicht mehr einheitlich als eine christliche oder geistliche Aufgabe

verstanden, sondern als Begriff auch im säkularen Kontext für therapeutische Gespräche über Lebensziele und Sinnfragen verwandt. Der Seelsorgebegriff in der Biblisch-therapeutischen Seelsorge ist umfassend. Er schließt biologische und medizinische Aspekte des Menschen, psychologische, psychotherapeutische und systemische Aspekte sowie die theologische und geistliche Dimension des Ratsuchenden als Teilmengen eines ganzheitlichen Seelsorgeauftrages am Menschen mit ein. Dieser Ansatz impliziert, daß vor jedem seelsorgerlichen oder therapeutischen Handeln eine ebensolche ganzheitliche Diagnostik (→ Psychodiagnostik) stehen muß.

Der biblische Fokus der Seelsorge ist das → Heil des Menschen. Die durch die Rebellion des Menschen zerstörte Beziehung zu Gott und die Wiederherstellung dieser Beziehung durch den von Gott dafür geschaffenen Weg in Jesus Christus ist das zentrale Thema der Bibel. Somit ist auch Biblisch-therapeutische Seelsorge zuerst diesem Ziel verpflichtet: Menschen zu Jesus Christus zu führen und von dieser Begegnung ausgehend das Leben in Freiheit zu ordnen und zu gestalten. Zu den klassischen bzw. christlichen Formen der Seelsorge gehören u.a. → Trösten und Zuspruch von Gottes Wort, → Ermahnen und Zurechtweisung, → Lösen und Binden (→ Beichte), Gebet, Klage, Klärung der Beziehung zu Gott, seelsorgerliche Verkündigung (so z. B. auch im Sinne der sog. kerygmatischen [d. h. verkündigenden] Seelsorge) angesichts von Lebenskrisen, Not, Leid und Trauer. Diese klassischen Formen der Seelsorge ereignen sich stets dort, wo sich Gemeinde Jesu Christi konstituiert und sich die Gläubigen einander seelsorgerlich begleiten. Sie sind auch fundamentaler Bestandteil Biblisch-therapeutischer Seelsorge.

Was ist Psychotherapie?

Psychotherapie versucht u.a. gezielt, bestimmte psychologische Erkenntnisse so einzusetzen, daß Menschen in diesen Begegnungen Hilfe erfahren. Sie stützt sich dabei

auf Erkenntnisse empirischer (d. h. naturwissenschaftlichen und statistischen Verfahren verpflichteter; → Empirie) Psychologie und auf hermeneutische (→ Hermeneutik) psychologische Ansätze (d. h. mehr
schließende und deutende Verfahren), wie
sie sich insbesondere in tiefenpsychologischen Entwürfen darstellen. Derzeit lassen
sich über 700 verschiedene therapeutische
Schulen mit knapp 3 000 verschiedenen
Therapieformen angeben. Davon gelten ca.
150 Schulen als anerkannt, die mehr oder
weniger empirische oder hermeneutische
Ergebnisse in der Behandlung von psychischen Störungen einsetzen. Diese Schulen
kann man in der Regel drei großen Haupt-
richtungen zuordnen: der tiefenpsycholo-
gisch/psychoanalytischen, der humanistischen und der behavioral/kognitiven Richtung. In der vergleichenden Therapieforschung fand man heraus, daß die allermei-
sten dieser Schulen keine oder nur unzureichende Nachweise ihrer Wirksamkeit erbracht haben. Ebenso war es lange Zeit eine
offene Frage, warum Menschen mit ver-
gleichbaren psychischen Störungen Hilfe
bei sich zum Teil widersprechenden psychotherapeutischen Ansätzen gefunden haben. Die Ergebnisse dieser Untersuchungen
(so Grawe 1995) erbrachten, daß der »Schu-
lenstreit« widersinnig sei und es vielmehr
darauf ankomme, reale Wirkfaktoren im jeweiligen Ansatz und den damit verbundenen Methoden aufzuspüren.

Mit heutigem Stand lassen sich zunächst
vier Wirkfaktoren benennen, aufgrund derer Menschen in der Psychotherapie Hilfe
erfahren:
– Ressourcenaktivierung (Anknüpfung an
die positiven Möglichkeiten, Fähigkeiten
und Motivationen des Ratsuchenden, res-
sourcenorientiert vs. defizitorientiert);
– Problemaktualisierung (was verändert
werden soll, muß in der Therapie real erfahrbar sein, vgl. Gruppentherapie, Rollen-
spiele, Übertragungsphänomene);
– aktive Hilfe zur Problembewältigung
(praktische Anleitung oder Unterstützung
bei Maßnahmen, durch die der Rat-

suchende bestimmte Probleme besser bewältigen kann);
– Klärung des Problems (Interpretationen
des Problemverhaltens, Klärung der Bedeutung des Verhaltens und Erlebens des Ratsuchenden, z. B.: warum empfindet, warum
verhält sich der Ratsuchende so und nicht
anders?).

Aus der Sicht Biblisch-therapeutischer
Seelsorge steht zu vermuten, daß diese vier
Wirkfaktoren zumindest um die Einbeziehung der religiösen/geistlichen Dimension
des Verhaltens des Menschen ergänzt werden müssen. Konsequenzen dieser Erkenntnisse ergeben für die Psychotherapie und für
die Ausbildung von Psychotherapeuten, daß
Ausbildung und Praxis der → Methodenpluralität verpflichtet sein müssen, ein Anliegen, das M. Dieterich im Rahmen der Biblisch-therapeutischen Seelsorge seit über
zehn Jahren verfolgt.

Zur Integration von Psychotherapie
und Seelsorge

Noch immer werden diese zwei Handlungsweisen am Menschen mit psychischen Störungen insbesondere im kirchlichen Kontext strikt getrennt. Um dem Menschen
jedoch in seinen verschiedenen Facetten und
Bedürfnissen gerecht werden zu können,
müssen beide Handlungsweisen formal in
der Person des Seelsorgers und in der Praxis
integriert werden. Dies wirft theologische
und praktische Fragen auf.

So muß vor theologischem Hintergrund
geklärt werden, inwiefern fremde, säkulare
Methoden der Humanwissenschaften Ziele
und Vorgehensweisen christlicher Seelsorge
manipulieren. Einen hilfreichen Lösungsan-
satz stellt dabei das weisheitliche Denken
der Bibel dar. So sehen die Weisheitslehrer
Israels hinter der Natur die Schöpfung Gottes und die sie tragende und erhaltende Ordnung, die Weisheit schlechthin. Ihr verdanken sich die Naturgesetze ebenso wie die
Grundlagen des menschlichen Verhaltens.
Die Erforschung dieser den Menschen vorgegebenen Phänomene ist allen aufmerksa-

men Beobachtern in allen Kulturen zu jeder Zeit möglich. Auch wenn dieses Forschen an der Schöpfung nicht zur Erkenntnis des Schöpfers führt, beschäftigen sich Naturwissenschaften mit einem Gegenstand, der sich dem Schöpfer und – nach dem Urteil des Neuen Testaments – Jesus Christus selbst als der Weisheit in Person verdankt (vgl. 1Kor 1,30; Kol 1,16f). Insofern seelsorgerliches und psychotherapeutisches heilendes Handeln Methoden aufnimmt, deren Wirkungen auf Schöpfungsgesetzen fußen und die deshalb von einem möglichen philosophischen oder ideologischen Überbau (→ Anthropologie) abtrennbar sind, arbeitet es nach Maßgabe dieser weisheitlichen Deutung nicht mit fremden, säkularen Verfahren, sondern mit Methoden, die es hinsichtlich des Ersten Glaubensartikels (Gott, der Schöpfer) mit gutem Grund sein eigen nennen und die es mit seiner eigenen Intention versehen kann.

In der Praxis der Biblisch-therapeutischen Seelsorge erfolgt die Integration der verschiedenen Methoden nicht additiv (z. B. zuerst drei Stunden Verhaltensbeobachtung im Sinne der Kanferischen »S-O-R-K-C«-Formel, dann zwei Stunden einfühlendes und wertschätzendes Gespräch, anschließend vier Stunden Glaubenskurs, sechs Stunden Analyse der Biographie etc.), sondern eben integrativ (in ein und demselben Gespräch können auch vor dem Hintergrund der beschriebenen Wirkfaktoren mehrere Methodenschritte aus dem Bereich der klassischen Seelsorge wie der Psychotherapie hintereinander, nebeneinander [synthetisch] auf verschiedenen Ebenen oder auch im Widerspruch [antithetisch] zueinander [vgl. das komplementäre Denken der Bibel] zur Anwendung kommen). Dies erfordert vom Seelsorger und Psychotherapeuten eine sehr hohe synoptische Kompetenz, d. h. die Fähigkeit, sehr verschiedene oder konträre Verfahren gleichzeitig zu überschauen und zur Anwendung zu bringen. Doch belegen die nunmehr seit über einem Jahrzehnt in der Biblisch-therapeutischen Seelsorge gemachten Ausbildungs-

und Praxiserfahrungen, daß dies von Menschen aller Berufsschichten erlernt und angewandt werden kann.

Literatur:
Baumgartner, I. (Hg.): Handbuch der Pastoralpsychologie, Regensburg 1990
Blattner, J.; Gareis, B., Plewa A. (Hg.): Handbuch der Psychologie für die Seelsorge. Band 1: Psychologische Grundlagen, Düsseldorf 1992; Band 2: Angewandte Psychologie, Düsseldorf 1993
Dieterich, M.: Handbuch für Psychologie und Seelsorge, Wuppertal und Zürich 1989
ders.: Persönlichkeitsdiagnostik in ganzheitlicher Sicht, Theorie und Praxis, Freudenstadt 1996
Echmann, K.; Mayer, I.: Kursbuch Psychotherapie, 1985
Grawe, K.: »Grundriß einer allgemeinen Psychotherapie«, in: Psychotherapeut 40/1995, S. 130–145
Schütz, W.: Seelsorge. Ein Grundriß, Gütersloh 1977
Seitz, M.: Praxis des Glaubens. Gottesdienst, Seelsorge und Spiritualität, Göttingen 1978
Veeser, W.: Art. »Seelsorge«, in: Burkhardt, H.; Swarat, U.: Evangelisches Lexikon für Theologie und Gemeinde, Bd. 3, Sp. 1817–1820, Wuppertal und Zürich 1994
ders.: Wie Seelsorge zur Hilfe wird. Antworten auf Glaubensfragen, Moers 1995   WV

Psychotrope Substanzen
→ Psychopharmaka

Pubertät → Jugendalter

Pubertätsmagersucht
→ Anorexia nervosa;
→ Eßstörungen

Quadrinity → Primärtherapie

R

Ranschburgsche Hemmung
→ Hemmungen

Rational-Emotive Therapie (RET)

Die RET gehört, was die systematische Einteilung therapeutischer Schulen anbelangt, in die große Gruppe der → Verhaltenstherapie und hier wieder zur Untergruppe der → Kognitiven Therapien. Albert Ellis, der ursprünglich seine Laufbahn als Analytiker (→ Psychoanalyse) begann, hat diese Therapie in den fünfziger Jahren entwickelt.

Mit der Beschreibung »rational-emotiv« wird auf den Zusammenhang zwischen Denken und Fühlen hingewiesen. Epiktets Aussage (1864) »Nicht die Dinge selbst, sondern die Meinung von den Dingen beunruhigen den Menschen« könnte als Überschrift für die RET dienen. Wesentlich verkürzt dargestellt, geht die RET zum einen davon aus, daß irrationales Denken zu unangemessenen neurotischen Reaktionen (→ Neurose) führt und daß sich spezifische Probleme durch die Veränderung des → Denkens (Überzeugungen, Meinungen) therapeutisch bearbeiten lassen. Zum anderen legt die RET (im Unterschied zu allen Tiefenpsychologien) großen Wert auf das Hier und Jetzt, also den Gegenwartsbezug des Patienten.

Was die RET im Unterschied zur klassischen Verhaltenstherapie oder der → Gesprächspsychotherapie ideologieanfälliger werden läßt, ist die Grundannahme dessen, was als »gesund« bzw. »normal« zu gelten hat (→ Gesundheit), denn wenn »verirrte Gedanken« rekonstruiert werden sollen, dann muß der Therapeut ja wissen, welche Gedanken »richtig« sind. Oftmals setzt die Behandlung eine dramatische Änderung der gesamten Lebensphilosophie im Sinne eines Paradigmenwandels in Gang – dies muß sowohl vor säkularem als auch theologischem Hintergrund reflektiert werden.

Kritische Reflexion der Rational-Emotiven Therapie

Von theologischer Seite her gesehen, kann der Ansatz der RET mit Röm 2,2 begründet und oftmals auch in die Richtung der *metanoia* (gr.: Umkehr, → Buße) gerückt werden. Insbesondere durch die Veröffentlichung von Backhus/Chapian hat die RET in christlichen Kreisen schnell Fuß gefaßt.

Der theoretische Bezugsrahmen der RET ist recht einfach. Er geht davon aus, daß Menschen mit psychischen Störungen ein höheres Maß an irrationalem Denken zeigen. Im therapeutischen Prozeß gilt es, diese Gedanken ernst zu nehmen (»Bestätige das Paradigma«) und sie aus der Vergangenheit in die Gegenwart zu bringen (»Arbeite im Hier und Jetzt«).

Ellis hat die immer wiederkehrenden irrationalen Einstellungen in Listen zusammengestellt, die auf folgende Kernsätze reduziert werden können (Keßler 1983):

– *Mußvorstellungen*, in denen Wünschenswertes als absolut notwendig gesehen wird. Epiktet gibt dazu folgende Hilfestellung: »Verlange nicht, daß die Dinge gehen, wie du es wünschest, sondern wünsche sie so, wie sie gehen, und dein Leben wird ruhig dahinfließen« (1884).

– *Katastrophendenken* und damit die Überbewertung der Folgen des eigenen Handelns, wobei dann die geringfügigsten Ereignisse zu Katastrophen werden. Epiktet dazu: »Willst du Fortschritte machen, mußt du die folgenden Gedanken fahren lassen: (. . .) Wenn ich das Meinige vernachlässige, so werde ich kein Brot haben . . . besser ist es, vor Hunger zu sterben, frei von Traurigkeit und Furcht, als im Überfluß zu leben mit Unruhe im Herzen.«

– *Selbstabwertungen*, verbunden mit der irrationalen Herabsetzung der eigenen Person, die eng verknüpft sind mit selektiven Erinnerungen (wobei immer nur das Negative einer Situation gesehen wird), oder globale Bewertungen (»alle« oder »immer«). Ellis sagt dazu: »Der Mensch ist von Wert, weil er sich entschließt, weiterzuleben und seine Existenz zu schützen.« Epiktets Hilfestellung: »Wenn du einen hochangesehenen Mann siehst, so hüte dich, daß du nicht, von der Vorstellung hingerissen, ihn glücklich preisest … wenn das wahre Gut in den Dingen besteht, die in unserer Gewalt sind, so findet weder Neid noch Eifersucht Raum, und du selbst wirst nicht Heerführer … werden wollen, sondern frei.«

Bei den Wirksamkeitsstudien von Grawe (1994) gehört die RET zu den sehr wirksamen Therapieverfahren. Im Sinne einer integrativen Therapie (→ Methodenpluralität) ist sie Teilelement im Therapieprozeß, wenn immer davon ausgegangen werden muß, daß irrationale Annahmen für das Verhalten verantwortlich zu machen sind. Bei schweren seelischen Störungen (z. B. im »Loch« einer → Depression) sind die meisten Patienten nicht in der Lage, in dem notwendigen Sinne kognitiv zu arbeiten, so daß in solchen Fällen andere Therapieansätze eingebracht werden sollten.

Rational-Emotive Therapie in Psychotherapie und Seelsorge

Der Einsatz in der Seelsorge ist besonders empfehlenswert und hilfreich, wenn unangemessene Gedanken, Forderungen und Meinungen über Gott, Jesus Christus oder die Gemeinde vorliegen.

Literatur:
Ellis, A.: Die Rational-Emotive Therapie, München 1977
Epiktet: Handbüchlein der stoischen Moral, Stuttgart 1864
Grawe, K. et al.: Psychotherapie im Wandel, Göttingen 1994
Keßler, H. B.: »Rational-Emotive Therapie«, in: Corsini, R.: Handbuch der Psychotherapie, Bd. 2, Weinheim 1983 MD

Reaktion

(lat.: Gegenwirkung, Rückwirkung)

Kleinste Einheit des Verhaltens; Antwort des Organismus auf spezifische Außenreize bzw. Reizsituationen (→ Reiz); in Form von Bewegungen (z. B. Reflexen), komplexen Handlungen oder emotionalen Äußerungen. In der Psychiatrie wird unterschieden in:

(1) *biologische Reaktion:* Reaktion des Gehirns auf bestimmte Stoffwechselvorgänge im Organismus, z. B. akute exogene Reaktion (Bewußtseinsstörung, die sich ausdrückt in → Delirium, Dämmerzustand, Katatonie (→ Schizophrenie) und → Halluzinationen);

(2) *psychologische Reaktion:* Reaktion auf seelische Erlebnisse; z. B. abnorme seelische Reaktion, d. h. eine seelische Antwort auf eine akute psychotraumatische Gleichgewichtsstörung mit Symptomen der → Angst, Trauer und → Erschöpfung, Dauer von einigen Stunden bis zu einigen Monaten; nach Aufhören der traumatischen Erlebniswirkung gewinnt der Betroffene bald die Affektbeherrschung zurück; die Reaktion klingt in der Regel ab, ohne wesentliche Dauerveränderungen in der Psyche zu hinterlassen (→ Posttraumatische Belastungsstörung).

Literatur:
Huber, G.: Psychiatrie, Stuttgart, New York 1987
Wittchen, H.-U. et al.: Diagnostisches und Statistisches Manual Psychischer Störungen. DSM-III-R, Weinheim, Basel 1991
Zimbardo, P. G.: Psychologie, Berlin 1983 AK

Realitätsverlust

Realitätsverlust ist ein nicht klar definierter Begriff, der ursprünglich auf die von S. Freud formulierte Theorie zurückgeht, daß psychische Störungen mit einer unrealistischen → Wahrnehmung der Wirklichkeit verbunden sind.

Es ist sinnvoll, zwischen Realitätsverlust und Realitätsverzerrung zu unterscheiden. Während Realitätsverzerrungen bei neurotischen Störungen (→ Neurose) auftreten, bezeichnet ein Realitätsverlust das Bestehen von Wahnphänomenen (→ Wahn) oder → Halluzinationen.

Wenn ein Realitätsverlust im engeren Sinne (Wahnphänomene oder Halluzinationen) auftritt, ist eine psychiatrische Behandlung in der Regel notwendig. Eine vorschnelle Erklärung dieser Phänomene mit okkulten oder dämonischen Hintergründen (→ Okkultismus) ist schädlich, da eine solche Fehleinschätzung i. d. R. dazu führt, daß psychiatrische Hilfen nicht in Anspruch genommen werden.

Literatur:
Peter, U.: Wörterbuch der Psychiatrie und medizinischen Psychologie, München 1990
UG

Recency-Effekt
→ Primacy-Recency-Effekt

Reflex → Lernen

Reframing → Neurolinguistische Programmierung

Regression

Der Begriff »Regression« entstammt der → Psychoanalyse. Regression ist einer der Grundbegriffe der psychoanalytischen Abwehrlehre. Bei dieser Lehre handelt es sich um die Regulierung der vorantreibenden »Entwicklungskräfte«, damit »das Ich und seine Funktionen« im psychosozialen Beziehungsfeld angepaßt bleiben können. Bei der Regression ist diese Aufgabe gestört: D. h., andrängende Es-Impulse (Gefühle, Affekte,

Ängste u.a. Emotionen) werden dadurch abgewehrt, daß ein relativ reifes, erwachsenes Ich in eine frühere, unreife, häufig frühkindliche Phase der Ich-Entwicklung zurückkehrt, regrediert. Hierzu ein Beispiel:

Eine erwachsene junge Frau verliebt sich heftig in einen Mann und wird nach einer kürzeren Zeit intensiver Verliebtheit von ihm verlassen. Diese »aktuelle traumatische Beziehungserfahrung« mit den damit verbundenen Gefühlen und Affekten (Enttäuschung!) führt dazu, daß das »Ich« regressiv in »eine frühere Phase der Entwicklung« zurückflüchtet und sich damit dem Schmerz einer Auseinandersetzung entzieht. Dieser Vorgang der »regressiven Abwehr« aktiviert sowohl aktiv-bewußte als auch passiv-unbewußte innere »Beziehungsmuster«, gleichsam Schutzmanöver mit dem Ziel, besser zu überleben.

Bei diesem Vorgang spielen zwei Faktoren eine wichtige Rolle: einmal eine überstarke, gefühlsbeladene, affektstarke Situation, die den aktuellen Ich-Zustand überflutet, zum anderen aber auch die noch relativ schwache, wenig ausgereifte »Ich-Stärke«, die dem Konflikt noch nicht gewachsen ist oder nicht gewachsen sein will. Hinzu kommt ein dritter Aspekt, der durch ein weiteres Beispiel erläutert werden soll:

Ein junger Mann wünscht einerseits eine Partnerschaft und steht unter heftigem Bedürfnisdruck, andrerseits bekämpft er die Wünsche durch verinnerlichte Elterngebote, brav, gut und angepaßt sein zu müssen. Die ganze Bandbreite der inneren Zerrissenheit zwischen Gut und Böse als Über-Ich-Druck taucht hier auf und findet keine angemessene Bewältigung. Auch hier regrediert das relativ schwache Ich in einen früheren, noch neutralen, quasi kindlichen Entwicklungszustand zurück und erlebt sich als »vorläufig gerettet«.

Bei diesen verschiedenen »regressiven Abwehrleistungen« entwickeln sich Symptombildungen, wenn diese sog. Abwehr nicht mehr im Dienste des Ich verläuft, d. h. wenn – wie in oben genannten Beispielen – das Ich nicht mehr in der Lage ist, im Hier und Jetzt angepaßt zu bleiben. Symptombildungen im Sinne regressiver Abwehr sind ganz allgemein dadurch gekennzeichnet, daß sie Beziehungskonflikte im Kontext früherer Beziehungserfahrungen abbilden, also in einer Zeit der noch unreifen psychosozialen Entwicklung. Im letzten Beispiel hatte sich eine vorübergehende Arbeitsstörung entwickelt, in deren Verlauf sich der Patient schlecht konzentrieren konnte – eine Störung, die er schon als Schüler zeitweise hatte, wenn er väterliche Bestrafung fürchtete. Im vorhergehenden Beispiel hatte sich ein schweres Angstsyndrom entwickelt, welches einen früheren Kindheitskonflikt der Mutter zu ihrer Tochter ausgedrückt hat. Allgemein ist also festzustellen: Symptombildungen sind Ausdruck unvollständiger (gestörter) Beziehungserfahrung.

Zusammenfassend läßt sich sagen: Außerordentliche Gefahrensituationen in der Beziehung zur Außenwelt benötigen außergewöhnliche Schutzmaßnahmen, die gleichsam von der »Seele« inszeniert werden und das Ziel haben, eine reale oder auch phantasierte Gefährdung zu bewältigen. Eine dieser Bewältigungsmöglichkeiten ist die Regression. Regression ist häufig (im Sinne der Abwehr) mit schweren Symptombildungen verknüpft, seltener aber auch mit leichteren Anpassungsstörungen verbunden, die dann erwartet werden können, wenn eine bereits ausbalancierte Realitätsanpassung der Person vorhanden gewesen ist und die bedrohenden Affekte nicht zu stark sind.   ESch

Reifung

Entwicklungspsychologisch läßt sich vor allem die Adoleszenz (Entwicklungsphase nach der Pubertät zur erwachsenen Persönlichkeit) als entscheidende Reifungsphase definieren, in welcher es zu normalen Reifungsproblemen, aber auch krankhaften und ernsten Reifungskrisen kommen kann

(→ Entwicklungspsychologie). Die Reifung in der Adoleszenz betrifft vor allem die körperliche Veränderung, die → Sexualität (→ Sexualentwicklung), die Ich-Identität und die Integration in die Gesellschaft.

Die Reifung der Ich-Identität wird dominiert von der Frage: Wer bin ich? Im Vordergrund steht die Entwicklung eigener Autonomie, und die Ablösungsproblematik kann sich zuspitzen. Autoritätskonflikte kommen in dieser Zeit zum Vorschein. Gleichzeitig werden gesellschaftlich und kulturell definierte soziale Rollen (Ehe, Beruf) übernommen. Oft kommt es in diesem Zusammenhang zu einem vehementen Aufeinanderprallen von Geborgenheitswünschen und Autonomie- sowie Unabhängigkeitsbedürfnissen. In europäischen Verhältnissen sind die Schul- und Ausbildungszeiten derart lang, daß die Selbständigkeitsentwicklung adoleszenter Menschen erheblich eingeengt und die Abhängigkeit von den Eltern verlängert wird, was eine entscheidende Verunsicherung nach sich ziehen kann.

Reifungsprobleme schlagen sich vor allem in einer Retardierung (Verzögerung einer R.) nieder, aber auch in eigentlichen Reifungskrisen mit psychischen Symptombildungen wie Zwangsstörungen (→ Zwang), hysterischen Reaktionen (→ Hysterie), depressiven Entwicklungen und Suchtproblemen (insbesondere Alkohol- und Drogensucht sowie die Eßprobleme Anorexie, Bulimie und deren Mischformen).

Wird der Begriff »Reifung« nicht so eng gefaßt, lassen sich auch verschiedene andere Lebensabschnitte genauer in ihrer Entwicklung untersuchen. So ist es durchaus legitim, bei einem Säugling von einem Reifeschritt zu sprechen, wenn er vom Trinken an der Brust auf die Flasche wechselt. Auch das Akzeptieren des Älterwerdens und die Auseinandersetzung mit dem Loslassen von bisher verfügbaren Kräften und Möglichkeiten (nachlassendes Gedächtnis, schwindende Kräfte, zunehmende Distanz zu den Neuerungen in der Gegenwart) kann als Reifungsprozeß verstanden werden. Reifung ist daher nie ein abgeschlossener Prozeß.

Unterschiedliche Ebenen der Reifung

Wenn eine natürliche Reifung behindert, eingeengt, verzerrt wird, »wuchert« die normale Entwicklung krankhaft, und es kommt zur Entstehung von Symptomen: Enuresis/Enkopresis (→ Bettnässen) können beispielsweise als Folge der Behinderung einer normalen Entwicklung durch übermäßige Kontrolle von Gefühlen (aggressive oder lustvolle Impulse müssen niedergehalten werden) verstanden werden. Der Seitensprung eines bisher in der Ehe treuen und beruflich erfolgreichen 50jährigen Mannes kann Ausdruck einer Erniedrigung am Arbeitsplatz (Abschieben auf ein Nebengleis, Lohnabbau) sein, welche einem tiefen Einschnitt einer bisher natürlich verlaufenen Entwicklung gleichkommt. Die in diesen Altersabschnitt fallende »midlife-crisis« läßt sich ebenfalls als Reifungsstörung verstehen.

Bereits an diesen Beispielen wird deutlich, daß es bei der Reifung eines Menschen zwei Ebenen gibt: Ein Teil der Entwicklung ist beeinflußbar, unterliegt der Kontrolle des Individuums und ist abhängig vom Mut und von der Kreativität des Individuums, immer wieder neue Schritte zu wagen. Es gibt gleichzeitig Hindernisse, Einschränkungen, aber auch Chancen, die nicht der Kontrolle und dem Einfluß des Individuums unterliegen. Der oben beschriebene Geschäftsmann kann vielleicht nicht Einfluß nehmen auf die gegen ihn laufende Entwicklung im Betrieb, vielleicht ist er sogar Opfer von »mobbing«. Es ist möglich, daß ein normaler guter Reifungsprozeß unvermeidbar beeinträchtigt wird. Auf biologischer Ebene kommt dies der Entstehung einer Krebserkrankung gleich, wo ursprünglich reifes Gewebe entartet, ohne daß diese »Ent-Reifung« aufgehalten werden kann.

Es gibt also Reifungsprozesse, wo wir stolz auf die eigene Leistung sein können, aber auch solche, wo normale, zu erwartende Reifung beeinträchtigt wird, weil sie nicht unter Kontrolle gebracht wurde. Dies gilt auch für die vielen psychiatrischen Erkrankungen, denen ein Mensch über Jahrzehnte mit der notvollen Erfahrung wiederholter Klinikaufenthalte und unaufhaltbarer Invalidisierung ausgeliefert sein kann. Im Kontakt mit solchen Menschen wird gleichwohl spürbar, daß eine eindrückliche Entwicklung stattfindet, daß trotz der Krankheit und in allem Leiden eine Reifung möglich ist. So findet sich ein Nebeneinander von Beeinträchtigung der persönlichen Entwicklung und eines besonderen Reifungsprozesses.

Deutlich wird, daß wir hier empfindlich an Grenzen unseres Verstehens stoßen: Weshalb ist dem einen eine weitgehend ungehinderte Reifung möglich, und der andere lebt in einer tiefen Not?

Nicht nur unserem Verstehen sind Grenzen gesetzt, sondern auch unseren Reifungsmöglichkeiten. Jegliche Reifung stößt letztlich an die engen Grenzen des Menschseins. In seinem Lobgesang hat Zacharias klar hervorgehoben, daß Christus kommen wird, »zu scheinen denen, die in Finsternis und Todesschatten sitzen, unsere Füße auf den Weg des Friedens zu richten.«

Reifung im christlichen Glauben

Als wesentlicher Reifungsschritt kann die Auseinandersetzung mit dem Evangelium betrachtet werden. Hier greifen eigene Entscheidung und Wirken Gottes ineinander. Sich dem Evangelium zu stellen heißt, die Ohnmacht, Verzweiflung und Verlorenheit zuzulassen, wie sie von den Jüngern erlebt wurde, als Jesus am Kreuz hing. In diesen drei Tagen bis zur Auferstehung waren die Jünger verloren, schockiert. Sie wußten sicher nicht, wie ihr Leben nun weitergehen würde. Sie hatten ja schon einiges erlebt mit Jesus, aber nach seinem Tod blieb ihnen nichts mehr. Hätten sie nicht bereits einen Glauben gehabt, der auf Hoffnung beruht, wären sie wohl zerbrochen. Die Vergebung durch den Kreuzestod Jesu öffnet und befreit. Es wird möglich, sich von der eigenen Person zu lösen.

Reifung als Ablösungsprozeß?

Immer wieder ist ja die Rede davon, wie wichtig Ablösung ist. Dabei ist in der Regel der Ablösungsprozeß von den Eltern gemeint. Ablösung ist aber viel weiter gefaßt, indem sie ja auch die Lösung der Eltern von den Kindern, des einen Partners vom andern und nicht zuletzt auch der eigenen Person von sich selber bedeutet. Das Kreisen um sich selber, die permanente Nabelschau, die Egozentriertheit des heutigen getriebenen und rastlosen Menschen kann als mangelhafter Ablösungsprozeß (von der eigenen Person) verstanden werden und ist einem gesunden Reifungsprozeß sicher nicht förderlich. PB

Reiz

Umfassende Bezeichnung für Energien innerhalb oder außerhalb des Organismus, die über die Sinnesorgane und damit verbunden das Nervensystem psychische Vorgänge wie Empfindungen, Wahrnehmungen und → Gefühle usw. auslösen und mit Reaktionen des Organismus beantwortet werden. Reize oder Stimuli, die zwar auf den Organismus einwirken, jedoch wegen ihrer geringen Intensität nicht in der Lage sind, den Organismus zu einer bewußten Reaktion zu erregen, werden »unterschwellig« genannt (→ Stimulus). JD

Reizkonfrontation

Reizkonfrontation ist ein Verfahren der → Verhaltenstherapie, bei dessen Anwendung Ratsuchende mit situationsbezogenen Ängsten direkt mit den gefürchteten Situationen konfrontiert werden. Das Erleben und Aushalten der Situation stellt einen wesentlichen Teil der Therapie dar. Dem Ratsuchenden wird die Lernerfahrung ermöglicht, die angstauslösende Situation ertragen zu können, da die erwarteten unangenehmen Folgen ausbleiben.

Die Einzelverfahren der Reizkonfrontation (siehe Tabelle) unterscheiden sich darin, ob der Ratsuchende stufenweise (graduiert) oder unmittelbar ganz massiv mit den Angstsituationen konfrontiert wird und ob die Konfrontation mit der angstauslösenden Situation in der Vorstellung (in sensu) oder in der realen Situation (in vivo) erfolgt (systematische → Desensibilisierung).

Die Reizkonfrontation ist eine sehr wirksame Behandlungsmethode für Ratsuchende, die unter Angststörungen (→ Angst), insbesondere Agoraphobie (→ Phobie), und Zwängen leiden. Dies haben viele wissenschaftliche Untersuchungen eindrucksvoll zeigen können.

Literatur:

Fliegel, S. et al.: Verhaltenstherapeutische Standardmethoden, Weinheim 1994

JL

Tabelle: Systematik der Reizkonfrontation

Art der Konfrontation	In der Vorstellung	In der realen Situation
stufenweise	Systematische Desensibilisierung	Habituationstraining
höchste Intensität	Implosion	Flooding
	Reizüberflutung	

Religiöser Wahn → Schizophrenie

Resignation

Von der Wortbedeutung (lat. *resignare* = entsiegeln, enthüllen, vernichten) wird mit der Resignation eine Signation, eine Unterschrift, wieder zurückgenommen. Eine Unterschrift macht eine Entscheidung fest, und die Resignation untergräbt diese Entscheidung, löst sie wieder auf. Es ist, als würde ein Versprechen widerrufen.

Es ist festzuhalten, daß es Resignation gibt, die unvermeidbar ist. Jesu Tod am Kreuz muß bei den Jüngern eine tiefe Resignation und Enttäuschung ausgelöst haben. Es geschah etwas unvergleichbar Schreckliches, eine unerträgliche Spannung tat sich auf zwischen der Hoffnung auf den Messias und dem schmählichen Tod des Sohnes Gottes. Wie damals für die Jünger gibt es auch für uns Geschehnisse, die uns in die Resignation treiben können.

Wären wir in dieser Lage alleine, würden wir in der Resignation ertrinken. Solche Zeiten der Resignation überstehen können wir nur aus der Gnade Gottes und in einer Gemeinschaft (Kirche, Familie usw.).

Wenn Resignation und Entscheidung miteinander zusammenhängen, ist es sinnvoll, den Prozeß einer Entscheidung genauer unter die Lupe zu nehmen. Dies ist ja auch eine häufige Problematik: »Ich kann mich nicht entscheiden.« Vielleicht spüren wir mit dieser Äußerung bereits, welche Konsequenzen eine Entscheidung mit sich bringt und daß sie uns auch in eine Resignation führen könnte. Entscheidungsschwierigkeiten sind oft ein verdeckter Versuch, Konsequenzen zu vermeiden.

Die Resignation stellt selbst kein → Gefühl dar, steht aber den Gefühlen Trauer, Enttäuschung und wahrscheinlich auch der Aggression recht nahe. Resignation läßt sich am ehesten als eine Mischung von Fühlen und Handeln verstehen. Einerseits wird sicher eine starke Gefühlsqualität spürbar, wenn jemand äußert, er resigniere. Andererseits bedeutet dies gleichzeitig eine Aktivität im Sinne von »Ich gebe auf«, »Ich kämpfe jetzt nicht mehr.« Es wird aktiv entschieden aufzugeben. Resignation bedeutet Aufgeben der Hoffnung und führt in die Hoffnungslosigkeit. Letzte Konsequenz der Resignation kann der Selbstmord (→ Suizid) sein.

Von der Resignation ist die Kapitulation zu unterscheiden. In bestimmten Lebenskrisen kämpft eine Person, verschleißt alle Kräfte und braucht schließlich eine Kapitulation, um loslassen zu können und frei zu werden für einen neuen Weg. Nach dem Verlust eines nahestehenden Menschen ist die Kapitulation vor dem Tod unumgänglich. Wird dieses Loslassen nicht möglich, können ernsthafte psychische Beeinträchtigungen entstehen (verlängerte Trauerreaktion [→ Tod], → Depression). Befreiung aus der Sackgasse der Resignation wird oft erst durch die Kapitulation möglich, welche in die Hinwendung zu Gott führt, stärker an Gott bindet. Hier ist es möglich, aufzugeben und gleichwohl an der Hoffnung festzuhalten.

Ursachen der Resignation

Welches sind die Motive für bestimmte Entscheidungen? Die Entscheidung zu einer Partnerschaft kann auf dem Boden gewachsen sein, endlich aus dem Elternhaus fortzukommen. Später macht sich in der Ehe Resignation über das Angebundensein breit. Es wurde eine unpassende Lösung (Heirat) für eine Problematik (Ablösung von den Eltern) gewählt. Die Folge ist eine Verstrickung. Erstens wurde die Ablösung nicht erarbeitet, und zweitens war der Entscheid zur Heirat beeinflußt von anderen Motiven und kann damit als defekt bezeichnet werden. Dem Druck eines Ehekonfliktes hält die damalige defekte Entscheidung nicht mehr stand, und Resignation macht sich breit. In dieser Situation ist durchaus möglich, daß die Resignation verdrängt wird, indem eine Außenbeziehung aufgenommen wird.

Neben den Motiven spielen auch die inneren Überzeugungen eine zentrale Rolle. Eine Person ist überzeugt, immer wieder zu versagen. Sie nimmt deshalb eine Arbeitsstelle an, welche unter ihrer Qualifikation ist, und ist nach wenigen Monaten enttäuscht, fühlt sich ausgenutzt für solch niedrige Arbeit und resigniert. Diese Enttäuschung kann ein allmählich zunehmendes, tatsächliches Versagen an der unterqualifizierten Arbeit nach sich ziehen. Die alte Überzeugung wird genährt, und der Kreislauf beginnt von vorne, wodurch das negative Selbstbild fortwährend bestätigt wird (neurotischer Wiederholungszwang).

Resignation in Psychotherapie und Seelsorge

Es ist möglich, sich eine Haltung der Resignation anzugewöhnen. Die Folge ist eine negative Überzeugung von sich selber, von den Nächsten und von der Welt (negativistische Haltung). Als Gefühle dominieren dabei Enttäuschung, Bitterkeit und Haß. Weil dieses innere Geschehen Resultat einer Gewöhnung ist, benötigt das Freiwerden oft viel Zeit. Eine neue Haltung (sich selber, den anderen und der Welt gegenüber) muß richtiggehend eingeübt werden. Dies entspricht der Situation eines Kindes, das gehen lernt und sich viele Male die Knie aufschlägt. In gleicher Weise kann eine Person, die über Jahre die negativistische Haltung einübte, trotz bewußtem, entschlossenem Einüben der neuen Haltung noch viele Male in die alten Muster zurückfallen. Dies ist nicht als Zeichen von Willensschwäche zu verstehen, sondern nicht anders möglich im Rahmen einer solchen Entwicklung. PB

Ruminationsstörung
→ Eßstörungen

S

Sadismus

Abgeleitet vom Namen des frz. Marquis de
Sade, der in seinen Schriften und in seinem
Leben viele Beispiele des Sadismus vorführ-
te. Sadismus ist eine sexuelle Perversion, bei
der die sexuelle Befriedigung durch Zufügen
von Schmerzen physischer oder psychischer
Art erreicht wird. Ob das Opfer mit dieser
Zufügung einverstanden ist, also unter sexuellem → Masochismus leidet, oder nicht,
spielt für die Diagnose des Sadismus keine
Rolle. Die Intensität des Sadismus zeigt sich
in stark variierenden Symptomen, die von
der sexuellen Erregung durch schmerzvolle
Gesichtsausdrücke bis zum → Orgasmus
reichen, der durch das Erlebnis von Blut,
Schmerz, Folter oder sogar Tod seiner Opfer
ausgelöst wird (→ Sexualstörungen).

Literatur: → Masochismus   JD

Sanguiniker → Melancholie

Scham/-gefühle

Scham ist ein Grundgefühl des Menschen
und ist ein Verhalten, bei dem es zum Erleben des totalen Rückzugs von allen Beziehungen des Menschen kommt. Das Erleben
äußert sich als »Ertapptsein« bei Fehlverhalten oder »Entblößung« eines körperlichen/
seelischen Intimbereichs in der Öffentlichkeit: Nacktsein mit den entsprechenden
Kognitionen und körperlichen Reaktionen
(z. B. Erröten).

In der Bibel wird Scham in 1Mo 3,10ff in
Zusammenhang mit → Sünde erwähnt und
wird z. B. bei Noah (1Mo 9,20ff) in einen
Zusammenhang von Entehrung gestellt.

Das hebräische Wort *bosh* im AT bedeutet:
»fehlerhaft«, d. h. wertlos sein, wobei der

Fehler als Vergehen gegen Gott aufgefaßt
wird.

Im NT ist *aidos* Ausdruck für Entehrung
des Heiligen und somit das Gegenteil von
Reinheit. Jemanden zu beschämen meint,
ihn vor Gott und den Menschen in seinem
Fehlverhalten zu zeigen.

Unterschiedliches Verständnis des Schambegriffs

Nach Scheler ist Scham keine → Verdrängung von → Libido im tiefenpsychologischen Sinn, sondern positiv eine Rückführung des Menschen in seinen Handlungen
auf das Ursprüngliche des Menschseins.
Scham ist hier philosophisch ähnlich gefaßt
wie der biblische Begriff von Scham und ist
eine Rückführung auf sich selbst.

Nach Strauss gibt es eine verbergende und
behütende Scham. Erstere Form verhindert die Offenlegung intimer Kenntnisse über jemanden. Behütende Scham
tritt nicht erst im Notfall auf, sondern be-
schützt den Menschen vor peinlichen Situationen. Scham hat somit eine protektive
Funktion. Eine weitere Analyse des Phäno-
mens von Bollnow ist zurückblickende
Scham, die eine Erinnerung an peinliche
Ereignisse ist. Sie führt nicht nur zum Be-
dauern, sondern zur Reue und dem Er-
schrockensein über sich selbst. Die voraus-
blickende Scham ist Scheu, die die eigenen
Geheimnisse verborgen hält, und ist zu unterscheiden von Verlegenheit.

Scham ist soziokulturell verschieden ausgeprägt. Die heutige Zeit ist, mindestens in
unserer westlichen Kultur, in einem Scham-
abbau begriffen, wo keine Grenzen, z. B. im
Journalismus, mehr beachtet werden, der
Mensch wird »gläsern«.

Formen der Scham

Scham hat viele Formen und ist grob in *Leibesscham* und *seelische Scham* einzuteilen.
Leibesscham ist die Tendenz, bestimmte
Körperteile zu verhüllen. Diese Reaktion ist
ursprünglich vorhanden und wird durch die
psychosoziale Entwicklung (→ Sozialpsy-

chologie; → Entwicklungspsychologie) verformt wie die seelische Scham (siehe oben).

Scham in Psychotherapie und Seelsorge

Scham ist von erheblicher Bedeutung für die Psyche des Menschen und wird häufig verkannt. Sie ist eigentlich die innere Grenze zur Sünde, wo danach der gesunde Anteil des Menschen beginnt. In der Seelsorge wie auch in der Psychotherapie ist Scham eine Haltung, die Heilung ermöglicht (→ Buße) und dem Therapeuten wie Patienten Voraussetzung schafft, eine gemeinsame Intimität zu entwickeln, die Grund zum Offensein und Freiheit zur Neuentwicklung schafft. Sie ist eine Funktion des → Gewissens, die der → Psychohygiene durch Verbergen und Behüten dient.

Literatur:
Bollnow, O. F.: Die Ehrfurcht, Frankfurt 1947
Scheler, M.: Über Scham und Schamgefühl. Nachlaßschriften, Bd. 1, Bern ²1957
Strauss, E.: Psychologie der menschlichen Welt, Berlin, Heidelberg 1960   HS

Schema

Der Begriff wurde von Piaget für die Erklärung des Sachverhalts verwendet, daß Menschen bereits im frühen Alter in der Lage sind, mit neuen Situationen umzugehen. Wesentliche Hypothese war in diesem Zusammenhang, daß wir, um variierende, jedoch prinzipiell ähnliche Handlungen durchzuführen, auf ein bestimmtes Handlungsmuster zurückgreifen, das wir als Schema im Gehirn »abgespeichert« haben. Das Vorhandensein von Schemata wurde damals von Piaget im Sinne eines hypothetischen Konstruktes angenommen, d. h., es konnte mit Hilfe der damaligen Forschungsmethoden zur Erforschung des Gehirns nicht nachgewiesen werden.

Heute wird ein Zusammenhang zwischen dem Hippocampus und dem präfrontalen Cortex (Teilbereiche des Gehirns) vermutet. Der Hippocampus scheint dabei die Auf-

gabe zu besitzen, neue Assoziationen zu festigen, während der präfrontale Cortex das Resultat des assoziativ Gelernten (Fakten, Ereignisse oder Regeln) bei Bedarf einer Handlungsplanung aus den anderswo im Gehirn vorhandenen Speichern hervorholt und verarbeitet. Außerdem wird angenommen, daß der präfrontale Cortex in zahlreiche »Gedächtnisfelder« unterteilt ist, die jeweils für eine andere Informationsart zuständig sind (z. B. Position, Farbe, Größe von Objekten, sprachliches, mathematisches, akustisches Gedächtnis usw.). Anhand dieser Befunde lassen sich möglicherweise Stärken und Schwächen bei einzelnen Handlungsarten erklären.

Literatur:
Goldman-Rakic, P. S.: »Das Arbeitsgedächtnis«, in: Spektrum der Wissenschaft 11/1992, S. 94–102
Lehmann, D.: »Das Universum im Kopf«, in: GEO. Das neue Bild der Erde, 12/1994 Oerter, R.; Montada, L.: Entwicklungspsychologie, München 1987   JD

Schizophrenie

Die Schizophrenie gehört zu der Krankheitsgruppe der → Psychosen. Dieser Begriff umfaßt schwere Störungen, die durch abnormes Erleben und Verhalten sowie ausgeprägte Veränderungen der Persönlichkeit gekennzeichnet sind und zum Verlust der normalen Arbeitsfähigkeit führen. Der Betroffene ist nicht mehr in der Lage, äußere Erfahrungen und eigene Erlebensweisen auseinanderzuhalten. Die wörtliche Übersetzung »Spaltung des Geistes/des Kopfes« gibt das Erleben der Kranken und die vielfältigen Symptome einer Schizophrenie nur unvollständig wieder. Der Begriff rührt aber daher, daß die Betroffenen in den Krankheitsphasen wie in zwei Welten leben können, nämlich in ihrer wirklichen Umwelt und in der verzerrten Welt ihrer Wahnideen (→ Wahn). Ca. 1 % der Bevölkerung erkrankt im Laufe des Lebens einmal an einer Schizophrenie.

Ursachen und Entstehung

Die Ursachen sind bis heute nicht vollständig geklärt, doch geht man von einem erheblichen erblichen Anteil aus, der sich in einer Störung des sog. Dopaminstoffwechsels im Gehirn äußert. Dazu kommen Belastungen aus der Umwelt, durch die sich die Betroffenen rasch überfordert fühlen. Menschen, die an einer Schizophrenie erkranken, haben schon vorher eine verletzbare (»vulnerable«) Persönlichkeit (→ Vulnerabilität), die unter → Streß vermindert belastbar ist. Unter Belastungen (Streß) ist eine verletzbare Persönlichkeit nicht mehr in der Lage, die entstehenden Gedanken, Gefühle und Aufgaben zu bewältigen – es kommt zum »Nervenzusammenbruch«, zur psychotischen Krise.

Diagnose der Schizophrenie

Die Diagnose (→ Psychodiagnostik) einer Schizophrenie wird heute sehr zurückhaltend gestellt. Doch ist es selbst für den Erfahrenen heute noch schwierig, sich in Grenzfällen festzulegen. Im Verlauf einer schizophrenen Erkrankung gibt es drei Phasen (s. u.):
A) Prodromalphase (allmähliche Verschlechterung),
B) Aktive Phase (Akutsymptome),
C) Residualphase (Restzustand).

Die Gesamtdauer dieser drei Phasen sollte mindestens 6 Monate betragen, wobei die Phasen unterschiedlich lange sein können. Meist beginnt eine Schizophrenie vor dem 45. Lebensjahr. Bei einem gutartigen Verlauf sind die Phasen A und B relativ kurz, doch braucht es noch eine längere Erholung (Phase C), die sich über ein halbes Jahr hinziehen kann; danach tritt keine Episode mehr auf. Bei einem schubweisen Verlauf treten immer wieder aktive Schübe (Phase B) auf, dazwischen kann es dem Betroffenen gut gehen, wobei oft eine Verminderung der früheren Leistungs- und Erlebnisfähigkeit beobachtet wird. In ca. einem Drittel der Fälle kommt es zu einem chronischen Verlauf, bei dem der Betroffene sich von den akuten Phasen nur unvollständig erholt und zunehmend unter den Beeinträchtigungen des Restzustandes leidet.

Folgende Symptome treten in den einzelnen Phasen der Schizophrenie auf (in Anlehnung an DSM-III)

A. Prodromalphase
(Prodrom = Vorläufer) Deutliche Verschlechterung gegenüber dem früheren Leistungsniveau (Berufstätigkeit, soziale Beziehungen, Selbstversorgung). Mindestens zwei der unten genannten Symptome, die nicht durch eine Verstimmung oder durch Drogen verursacht sind.

Symptome während der Prodromal- und Residualphase:
1. soziale Isolation oder Zurückgezogenheit;
2. ausgeprägte Beeinträchtigung in Beruf, Haushalt oder Ausbildung;
3. ausgeprägt absonderliches Verhalten (Sammeln von Abfällen, Horten von verrotteten Lebensmitteln, enthemmtes Verhalten...);
4. ausgeprägte Vernachlässigung der Hygiene und der Kleidung;
5. abgestumpfter, verflachter oder unangepaßter Gefühlsausdruck;
6. abschweifende, vage, übergenaue, umständliche oder bildhafte Sprache;
7. eigentümliche oder bizarre Vorstellungen oder magisches Denken; Gefühl, beeinflußt zu werden oder andere beeinflussen zu können, Überwertigkeitsideen, Beziehungsideen;
8. ungewöhnliche Wahrnehmungserlebnisse, z. B. wiederholte Illusionen, jemand oder eine unsichtbare Macht sei anwesend, die von anderen nicht wahrgenommen werden kann.

B. Aktive Phase
Mindestens eines der folgenden Merkmale:
1. bizarre Wahnphänomene (inhaltlich offensichtlich absurd und ohne mögliche reale Grundlage), z. B. Gefühl der Beeinflussung, des Gemachten, der Gedankenausbreitung, Gedankeneingebung oder Gedankenentzug;

2. körperbezogene, Größen-, religiöse, nihilistische oder andere Wahnphänomene,
3. Verfolgungs- und Eifersuchtswahn, kombiniert mit Halluzinationen;
4. Stimmenhören (Kommentare zum Verhalten des Betroffenen, sich unterhaltende Stimmen);
5. zerfahrenes Denken, deutliche Lockerung der Assoziationen, ausgeprägt unlogisches Denken und ausgeprägte Verarmung der sprachlichen Äußerungen, wenn sie mit mindestens einem der folgenden Merkmale einhergehen: – abgestumpfter, verflachter oder unpassender Gefühlsausdruck – Wahnphänomene oder Halluzinationen – katatones oder sonst grob desorganisiertes Verhalten.

C. Residualphase
Mindestens zwei der unter A genannten Symptome, die nach einer aktiven Krankheitsphase anhalten und nicht durch eine Verstimmung oder durch Drogen verursacht sind.

Während die auffälligen Symptome als *Positivsymptomatik* bezeichnet werden, werden die Rückzugstendenzen und der Verlust bisheriger Fähigkeiten als *Negativsymptomatik* bezeichnet.

Folgende Formen der Schizophrenie werden unterschieden, wobei es vielfältige Übergänge gibt:
– *Hebephrenie:* früher Beginn, kindisch-läppisches Verhalten, Abbau der Persönlichkeit, oft antriebslos, deutlich verminderte Arbeitsfähigkeit.
– *Katatone Schizophrenie:* Kombination mit ausgeprägten motorischen Störungen (z. B. stundenlanges Verharren in einer ungewöhnlichen Körperstellung oder aber Erregungszustand).
– *Paranoide Schizophrenie:* im Vordergrund steht ein deutliches Wahnsystem (z. B. Größenwahn, Erfinderwahn, Verfolgungswahn, religiöser Wahn).
– *Schizoaffektive* → Psychose: schizophrene Symptome und Verlauf mit ausgeprägten Gefühlsstörungen (→ Depression, → Manie).

– *Schizophrenia Simplex:* allmähliche Persönlichkeitsveränderung ohne akuten Schub mit »Versandung« der Gefühle, des Denkens und allgemeiner Lebensuntüchtigkeit, ohne daß es je zu einem akuten Schub einer Psychose gekommen wäre.

Zur Prognose der Schizophrenie

Die neuere Verlaufsforschung hat gezeigt, daß die Prognose der Schizophrenie erheblich besser ist, als allgemein angenommen wird. Besonders günstige Vorzeichen für den Verlauf einer Schizophrenie sind: normale Anpassung vor der Erkrankung; plötzlicher Beginn mit vielen, auffälligen Symptomen; nach einem Schub Phasen relativer Gesundung; Beginn in jugendlichem Alter; günstige Lebensbedingungen zu Hause; Motivation zur regelmäßigen Behandlung.

Religiöser Wahn und seine Erklärung

Grundsätzlich können drei Formen des »religiösen Wahns« unterschieden werden. Religiöse Bilder zur Erklärung schizophrenen Erlebens, wahnhafte Verzerrung echter Religiosität und Fehlinterpretationen religiöser Äußerungen und Sonderlehren durch die Betreuer. Die beiden ersten sind als Besonderheiten der Erlebnisverarbeitung eines schizophrenen Menschen zu betrachten. Die dritte Form des religiösen Wahns beruht auf den Vorurteilen und auf dem Unverständnis der Betreuer gegenüber ungewohnten Ausprägungen der Religiosität.

Religiöse Bilder zur Erklärung schizophrenen Erlebens
Die Vorstellungen und Ängste, die einen Menschen während einer psychotischen Phase plagen, sind oft sehr unheimlich, fremd und »überirdisch«, und lassen sich mit der bisherigen Erlebniswelt nicht mehr erklären. Er verspürt Kräfte und Aufträge, die über das normale Maß hinausgehen, aber auch den zerstörerischen Einfluß der Krankheit auf seine Arbeit, seine Beziehun-

gen und seine Persönlichkeit. Irdische Bilder reichen oft nicht mehr aus. Und so entwickeln auch Menschen, die im Alltag nicht vom christlichen Glauben geleitet werden, die phantasiereichsten religiösen Wahngebilde. Klingt der schizophrene Schub wieder ab, so kehrt auch der Glaube wieder auf das vorherige Niveau zurück.

Wahnhafte Verzerrung echter Religiosität
Der Patient hatte vor seiner Erkrankung einen gesunden Glauben. Dieser wird jedoch wie andere Lebensinhalte durch die Krankheit verzerrt empfunden und geäußert. So erklärt z. B. eine gläubige, junge Frau, sie habe sich ins Handgelenk geschnitten, um ihr Blut für die Verlorenen zu geben, weil bald Karfreitag sei. Unter der Behandlung klang die Störung innerhalb weniger Tage ab, das Glaubensleben erlitt keinen Schaden. Zu dieser Kategorie gehören auch depressive Wahnideen, wie z. B. Versündigungsideen, die groteske Formen annehmen können.

Besondere Glaubensausprägungen
Sie werden durch die Betreuer beim schizophrenen Patienten als Ausdruck seiner Krankheit empfunden, obwohl diese den Überzeugungen seiner Kirche oder Glaubensgemeinschaft entsprechen. So kann bereits das Reden von der Wiederkunft Jesu oder vom Weltuntergang als wahnhaft interpretiert werden. Wenn ein Bibelschüler äußert, er wolle »allen Menschen von Jesus erzählen«, so ist dies noch nicht von vornherein als »Missionierungswahn« abzutun, selbst wenn er vielleicht an einer schizophrenen Störung leidet. Er wird ja dazu ausgebildet, andern Menschen das Evangelium weiterzusagen, so wie die Bibel es lehrt. Gerade hier ist viel Verständnis für ungewöhnliche Ausprägungen christlichen Gedankenguts notwendig, um dem Patienten nicht unrecht zu tun.

Therapie und Rückfallvorbeugung

Medikamente
Da es sich bei der Schizophrenie um eine Stoffwechselkrankheit handelt, haben Medikamente einen wesentlichen Einfluß auf das Zustandsbild. Im Vordergrund stehen die Neuroleptika (Beispiele: Haldol, Fluanxol, Clopixol, Leponex, → Psychopharmaka). Sie führen allgemein zu einer Beruhigung und zu einer Ordnung der Denkvorgänge. Seit der Einführung der Medikamente konnten in der Schweiz ein Drittel aller Betten in der Psychiatrie abgebaut werden. Eine ärztlich kontrollierte Dauermedikation (z. B. mit Depot-Spritzen) ist die wichtigste Säule der Rückfallprophylaxe, auch wenn nicht alle Probleme durch die Medikamente gelöst werden können.

Tagesablauf, Beschäftigung
Ziel ist einerseits Schutz vor Streß, andererseits das Training der noch vorhandenen Fähigkeiten. Ein geregelter Tagesablauf ist wichtig aus folgenden Gründen: Ein klares zeitliches Programm schafft Anhaltspunkte für den Patienten; es vermittelt das Gefühl: man wird gebraucht, kann etwas machen. Schließlich werden auch die Angehörigen entlastet, die Betreuung auf mehrere Schultern verteilt.

Emotionales Klima
Menschen, die an einer Schizophrenie leiden, sind allgemein weniger belastbar. Die Einstellung ihrer Umwelt, insbesondere die der Angehörigen, kann zur Vorbeugung eines Rückfalls beitragen. Es gilt, den Patienten mit seinen Grenzen anzunehmen, ohne sich zu überengagieren.

Literatur:

Andreasen, N. C.; Black, D. W.: »Schizophrenie«, in: Andreasen, N. C.; Black, D. W.: Lehrbuch Psychiatrie, Weinheim 1993, S. 141–157
Hell, D.; Fischer-Gestefeld, M.: Schizophrenien. Verständnisgrundlagen und Orientierungshilfen, Berlin 1993
Finzen, A.: Schizophrenie. Die Krankheit verstehen, Bonn 1993
Pfeifer, S.: Die Schwachen tragen. Moderne Psychiatrie und biblische Seelsorge, Basel ³1993

SP

Schlaf

Durchschnittlich braucht jeder Mensch etwa ein Drittel seiner Lebenszeit zum Schlafen. Dennoch ist es nicht einfach, den Schlaf umfassend zu definieren. Medizinisch gesehen ist der Schlaf eine natürliche Bewußtseinsvertiefung mit einem Erlöschen der zielgerichteten Bewegungen, obwohl die Wahrnehmungsbereitschaft erhalten bleibt. Die Möglichkeit, einen Menschen aus dem Schlaf zu wecken, unterscheidet diesen Zustand von einer krankhaften Störung des Bewußtseins (z. B. Koma). Der Schlaf dient der Erholung von Körper und Geist, der Regeneration und dem Neuaufbau von Energiereserven sowie dem Rückzug von den vielfältigen Eindrücken des Tages. In einem biologischen Modell wird angenommen, daß sich während der Wachzeiten ein »Schlaffaktor« im Gehirn anreichert, der die Schlaftiefe beeinflußt und während des Schlafes wieder abgebaut wird.

Anhand von Untersuchungen mit dem EEG (→ Elektroenzephalogramm) lassen sich verschiedene Schlafstufen und verschiedene Phasen einteilen. Es werden vier Schlafstufen unterschieden:
Stadium 1: Übergangsstadium zwischen Wachen und Schlafen;
Stadium 2: leichter Schlaf (dieser macht etwa die Hälfte des ganzen Nachtschlafs aus);
Stadium 3: mitteltiefer Schlaf;
Stadium 4: Tiefschlaf.

Eine besonders auffällige Phase ist die REM-Phase, die durch intensive Augenbewegungen (REM = Rapid Eye Movements), eine ausgeprägte Muskelschlaffheit sowie einen Anstieg von Blutdruck und Puls gekennzeichnet ist. In dieser Phase treten lebhafte Traumerlebnisse mit sensorischen und bildlichen Vorstellungen auf (→ Traum). Obwohl es mannigfaltige Deutungen von Trauminhalten gibt, geht die moderne Schlafforschung davon aus, daß Träume in erster Linie der Ordnung der Gefühle, Gedanken und Eindrücke dienen, die ein Mensch während des Tages aufgenommen hat. In der Reizabschirmung des Schlafes

können diese besser verarbeitet und in den Gedächtnisarealen des Gehirns (speziell im Hippocampus) abgelegt und in ein ganzheitliches Verständnis der persönlichen Erfahrungswelt integriert werden. Während des Schlafes kommt es zusätzlich zu folgenden Veränderungen der Körperfunktionen: Veränderung der Atemfrequenz, der Körpertemperatur, des elektrischen Hautwiderstandes, der Penisdurchblutung (häufig Erektionen während des REM-Schlafes), der Magen-Darmtätigkeit und verschiedener Hormone. So wird in der ersten Schlafhälfte Wachstumshormon ausgeschüttet, das offenbar auch die Zellregeneration beeinflußt. Gegen Morgen steigt das Streßhormon Cortisol an, um den Schläfer für das Aufstehen zu aktivieren.

Die normale Schlafdauer beträgt etwa 7–8 Stunden täglich, doch gibt es auch Menschen, die deutlich weniger Schlaf brauchen, ohne darunter zu leiden. Im Alter wird der Schlaf eher oberflächlicher und z. T. auch kürzer.

Schlafstörungen

Schlafstörungen treten häufig auf bei psychischen Anspannungen, bei → Depressionen, Angsterkrankungen (→ Angst) oder → Psychosen. Der Schlaf kann aber auch durch pflanzliche und chemische Mittel gestört werden: z. B. Kaffee, Alkohol oder Aufputschmittel. Störungen des Schlafes werden folgendermaßen eingeteilt:
– *Insomnien:* Einschlafstörungen, Durchschlafstörungen, frühes Erwachen.
– *Hypersomnie:* Übermäßiges Schlafbedürfnis
– *Parasomnien:* Schlafstörungen, bei welchen unerwünschte Ereignisse und Aktivitäten während des Schlafes auftreten (Schlafwandeln, Alpträume, dramatische Nachtängste = Pavor nocturnus).
– *Störungen des Schlaf-Wach-Rhythmus:* durch unregelmäßige Arbeit, Zeitverschiebung auf Flügen; aber auch bei organischen Störungen, insbesondere im Alter.
– *Chronische Schlafstörungen:* Als chronisch und im Verlauf schwierig zu beherrschen kann eine Schlafstörung bezeichnet werden,

wenn sie trotz Wegfall der Störfaktoren weiter besteht oder wenn Dauer und Ausmaß der Schlafstörungen in keinem angemessenen Verhältnis zum Anlaß mehr stehen.

Zehn Grundregeln der Schlafhygiene

1. Regelmäßiger Schlaf-Wach-Rhythmus; erst ins Bett gehen, wenn man wirklich müde ist.
2. Keine stimulierenden Getränke (Kaffee, Tee) oder übermäßiges Zigarettenrauchen nachmittags bzw. abends.
3. Vorsicht mit Alkohol (Einschlafen erleichtert, aber Schlafqualität verändert)!
4. Vorsicht mit Medikamenten, wie z. B. Appetitzüglern!
5. Vorsicht mit Schlafmitteln!
6. »Abschalten« vor dem Zubettgehen; »Abendrituale«.
7. Ruhiger, wohltemperierter, gut gelüfteter Schlafraum.
8. Nicht länger im Bett liegen bleiben, als man sinnvollerweise erwarten kann zu schlafen.
9. Acht Stunden Schlaf sind nicht notwendig.
10. Keine übertriebenen Befürchtungen um den Schlaf; der Schlaf reguliert sich selbst.

Schlafmittel

Schlafmittel, auch Hypnotika (→ Psychopharmaka) genannt, sollten nur bei ausgeprägten Schlafstörungen und zeitlich begrenzt eingesetzt werden. Bei → Depressionen mit Schlafstörungen können sie eine wesentliche Entspannung der Situation bringen. Die Vorteile dürfen aber nicht die Nachteile vergessen lassen, die bei langfristiger Verabreichung je nach Schlafmitteltyp auftreten können: Gewöhnung, Wiederauftreten von Schlafstörungen nach Absetzen (Rebound-Insomnie), Dämpfung während des Tages bei langwirksamen Mitteln, Gedächtnislücken bei kurzwirksamen Mitteln. Bei älteren Menschen ist zu beachten, daß Schlafmittel zu Gangunsicherheit und Sturzgefahr sowie zu Verwirrtheitszuständen führen können. In seltenen Fällen kann es auch zu einer paradoxen Erregung kommen.

Literatur:
Faust V.; Hole G. (Hg.).: Der gestörte Schlaf und seine Behandlung, Ulm 1991   SP

Schlafwandeln → Amnesie

Schlafstörungen

Für viele Menschen stellen Schlafstörungen ein immer wieder auftretendes, mitunter schwerwiegendes Problem dar. Häufig versuchen Betroffene, ihrem Zustand durch Schlafmittel (→ Psychopharmaka) abzuhelfen. Hat man hierzu früher Barbiturate eingesetzt, so sind es heute eher die Benzodiazepine (wie Tavor, Adumbran, Valium usw.), die zu diesem Zweck verordnet werden. In der Tat können solche Medikamente zu einem besseren Einschlafen verhelfen, so daß eine kurzfristige Verordnung in bestimmten Fällen sinnvoll erscheint. Es konnte jedoch nachgewiesen werden, daß bereits nach wenigen Wochen des Gebrauchs von Benzodiazepinen deren »einschläfernde Wirkung« deutlich abnimmt und die Dosis deshalb vergrößert werden muß. Zudem zeigen sich bei Absetzen des Medikaments deutliche Entzugserscheinungen (→ Medikamentenmißbrauch).

Bevor also eine medikamentöse Behandlung angezeigt erscheint, sollten besonders in der Psychotherapie und Seelsorge alternative Möglichkeiten zur Behandlung von Schlafstörungen gesucht werden.

Schlafstörungen in Psychotherapie und Seelsorge

Es hat sich als hilfreich erwiesen, Betroffene zu einem Schlafprotokoll anzuregen, in dem die Schlafzeiten der vergangenen Nacht eingetragen werden. Der Betroffene kann dann sehr bald zwischen »guten« und »schlechten« Nächten unterscheiden und womöglich einen Zusammenhang zwischen einzelnen Aktivitäten während des Tages und den möglichen Störungen beim Schlaf feststellen. In der Seelsorge bietet sich Raum, diese einzelnen Aktivitäten zu besprechen und möglicherweise abzustellen. Immer wieder zeigt es sich, daß Schlafstörungen mit körperlichen oder seelischen Verspannungen zusammenhängen. Es ist deshalb für Betroffene hilfreich, unterschiedliche Möglichkeiten der Entspannung zu kennen und anzuwenden:

– Wichtig ist für Christen, daß sie abends die Schuld des Tages bekennen und die Vergebung Christi in Anspruch nehmen dürfen. Jesus Christus kann Schuld – eine mögliche Ursache für psychische und physiologische Verspannungen – vergeben.

– Es kann hilfreich sein, den kommenden Tag bereits am Vorabend zu planen – und sich dabei Freiräume zu lassen.

– Musik kann zum besseren Einschlafen eingesetzt werden. Prominentes Beispiel hierfür sind die von J. S. Bach als Einschlafhilfe komponierten »Goldberg-Variationen« (Im Anhang dieses Buches findet sich eine Liste von Anbietern geeigneter Entspannungsmusik).

Nachfolgend einige konkrete Hilfestellungen bei Schlafstörungen:

– Besprechen Sie im Gebet alle Sorgen und Nöte des Tages mit Jesus Christus. In der Bibel steht nicht umsonst: »Alle Sorgen werfet auf ihn« (1Petr 5,7). Sie dürfen dieses Gebet, d. h. das Ablegen der Last, gerne auch laut sprechen.

– Denken Sie daran, daß schlaflose Nächte ein Geschenk Gottes sein können. Sie haben jetzt sehr viel Zeit zur Fürbitte, können alle Freunde und Bekannten, aber auch die Menschen, die Ihnen Schwierigkeiten machen, im Gebet vor Gott bringen. Sie dürfen sogar über diesem Gebet einschlafen ...

– Sie sollten sich niemals bemühen, mit aller Kraft Ihres Willens den Schlaf zu erzwingen. Dadurch werden Sie das Einschlafen mit Sicherheit verhindern. Es kann im Gegenteil gerade hilfreich sein, statt dessen zu denken: »Ich muß doch gar nicht einschlafen« oder gar »Ich darf gar nicht einschlafen«. Mit einer solchen Denkweise können Sie sich von einem zwanghaften Verhalten ablenken.

– Lassen Sie den Mittagsschlaf bzw. jeden Schlaf außerhalb der Nachtzeiten ausfallen.

– Für die meisten Menschen liegt die günstigste Temperatur im Schlafraum bei 13 Grad Celsius.

– Ein Fußbad, das für warme Füße sorgt, kann das Einschlafen fördern.

– Es gibt eine Anzahl bekannter pflanzlicher Mittel gegen »zu leichten Schlaf«, die Sie in jeder Apotheke rezeptfrei erhalten können. Man kann auch mit den bekannten schlaffördernden Kräutern Tee zubereiten. Bewährt haben sich hierzu Baldrian, Basilikum, Benediktinen-Distel, Hopfen, Lavendel, Melisse.

– Auch Medikamente, die die Einschlafzeit verkürzen (L-Tryptophan), indem sie auf die → Neurotransmitter Einfluß nehmen, können Sie rezeptfrei erhalten. Bei diesen Medikamenten ist es möglich, Schlafstörungen »rein biologisch« und ohne Sucht- oder Gewöhnungsgefahr zu behandeln. Auch die Benommenheit und Müdigkeit, die die »klassischen« Schlafmittel am folgenden Tag hervorrufen, ist nicht zu befürchten (Dieterich 1989, S. 67f).

Literatur:
Dieterich, M: Handbuch Psychologie und Seelsorge, Wuppertal, Zürich 1989   JD

Schmerz

Der Schmerz ist eine komplexe Sinneswahrnehmung unterschiedlicher Qualität (stechend, ziehend, drückend). Als lebenswichtiges Signalsymptom drückt der Schmerz eine Störung des körperlichen Wohlbefindens aus. Schmerz ist aber nicht nur der Ausdruck einer physiologischen Sinnesqualität, sondern auch Ausdruck einer Sinnesempfindung und ist insofern von hoher psychologischer Bedeutung.

Man unterscheidet akute und chronische Schmerzen bei verschiedenen Krankheitsbildern, z. B. bei Entzündungen, bei Krankheiten des Nervensystems etc.

So gibt es organisch bestimmte Nervenschmerzen, die von nichtorganischen, mehr funktionellen Schmerzen, den eigentlichen Neuralgien, abzugrenzen sind. Ferner gibt es Schmerzen bei Fehlregulationen durch Störfunktionen im physiologischen oder biochemischen Regulationssystem. (Weitere Einzelheiten sind in entsprechenden medizinischen Wörterbüchern, insbesondere in »Pschyrembel, Klinisches Wörterbuch«, [257]1994, nachzulesen.)

Eine im Kontext von Psychotherapie und Seelsorge wichtige Sonderform sind Schmerzen bei psychischen Störungen. In diesem Falle steht der Schmerz als psychische Sinnesqualität im Vordergrund. Schmerz ist dann Ausdruck einer psychosomatischen Krise und insofern Hinweis auf einen unbewältigten psychischen oder psychosozialen Konflikt.

In diesem Kontext ist der Schmerz ein Symptom und drückt, wie auch andere psychische Symptome, unvollständige oder auch unbewältigte Beziehungserfahrungen aus. Wichtig ist, daß Konflikterfahrungen niemals nur der einzelne erlebt, sondern daß Konflikterfahrungen immer innerhalb bestimmter gestörter Beziehungen auftreten und die ganze Lebensgeschichte begleiten (können). So ist bei der sog. »Schmerzerfahrung« diagnostisch zu fragen: Wofür steht im Hier und Jetzt, im aktuellen Kontext einer Beziehung das Symptom? Welche »Geschichte« erzählt das Symptom?

In den sog. speziellen »Schmerzkliniken«, die es inzwischen in größerer Zahl gibt, wird insbesondere im Rahmen schwerwiegender depressiver Erkrankungen das Symptom des Schmerzes spürbar und in verschiedene Organbereiche lokalisiert, wobei organische Untersuchungen häufig keine Schmerzursache aufdecken können. In diesen Fällen kann, i. S. der regressiven Abwehr (→ Regression), auf »Reinszenierungen« einer früheren »schmerzvollen Beziehungserfahrung« geschlossen werden. Das ganz kleine Kind kann noch nicht unterscheiden zwischen Körperschmerz und seelischem Schmerz und erlebt den Schmerz dann als Grundphänomen einer kränkenden, verletzenden Beziehungserfahrung.

Sowohl psychische als auch psychosomatische Symptomgestaltungen sind ihrem Wesen nach Kompromißbildungen, die unterschiedliche, oft entgegengesetzte Bedürfnisse unseres Menschseins reinszenieren und widerspiegeln. Gemeint ist damit die Tatsache, daß im Laufe der psychosozialen Entwicklung unseres Menschseins Es-Wünsche, Ich-Aufgaben und Über-Ich-Forderungen gleich stark zur Geltung kommen möchten.

Die → Transaktionsanalyse hat dafür die sinnvollen Metaphern von »Kind-Ich«, »Erwachsenen-Ich« und »Eltern-Ich« geprägt und meint damit, daß oft zu gleicher Zeit im Kontext unserer Beziehungsgestaltung verschiedene Aufgaben und Bedürfnisse zu gleicher Zeit bewältigt werden müssen. Häufig findet sich hier ein Dilemma zwischen Autonomie und Abhängigkeit.

Seelsorgerlich ausgedrückt: In unserer gefallenen, von der Macht der Sünde besetzten Grundstruktur menschlichen Lebens ist die Eigendynamik der Gottentfremdung des Menschen ausgedrückt (vgl. Scharrer, S. 43–52).

Das Heil in Jesus Christus will in diese Eigendynamik eindringen. Diese vom Evangelium her gegebene Herausforderung an die christliche Existenz ist von entscheidender Bedeutung, denn sie hilft, in diese psychosoziale Situation hinein neue Perspektiven wahrzunehmen und ins Leben aufzunehmen. In einer Metapher könnte man formulieren: In die horizontale Beziehungsstruktur menschlichen Daseins will die vertikale Beziehungsstruktur – die Beziehung des Menschen zu Gott hin und von Gott zum Menschen hin – neue Gesichtspunkte zur Ausgestaltung bringen, nämlich die der Erlösung, von Heilung und Heil. Dies kann nur im jeweiligen Einzelfall von Beziehungskontext zu Beziehungskontext neu erkannt und definiert werden. Es ist im wesentlichen eine Aufgabe von Seelsorge *und* Therapie. Hierbei sollen immer psychosoziale und psychotherapeutische integrativ mit seelsorgerlichen Aspekten gesehen werden: Es geht um die geheilte Gottesbeziehung und um die geheilte zwischenmenschliche Beziehung.

Literatur:
Scharrer, E: Heilung des Unbewußten, Gießen 1995   ES

Schuld, Schuldgefühle, Schuldzuweisung

Der Begriff »Schuld« wird oft auf doppelte Weise verwendet. Zuerst steht er für das Verletzen eines Gesetzes und bezeichnet den objektiven, rechtlichen Zustand einer Person. Wenn jemand ein staatliches oder göttliches Gesetz bricht, ist er schuldig, ob er sich schuldig fühlt oder nicht. Die Bibel führt den Zustand der Schuld noch weiter aus: Vor Gott haben alle Menschen gesündigt und sind deshalb schuldig vor ihm (Röm 3,23).

Der zweite Gebrauch betrifft das subjektive Erleben und Verarbeiten der Schuld. Der Zustand der Schuld beeinflußt das Gefühlsleben. Schuldgefühle melden quälend, daß etwas nicht stimmt (→ Melancholie, → Depression). Sie sind eine gefühlsmäßige Reaktion auf die Spannung zwischen einem fehlerhaften Handeln und den Idealvorstellungen, die jeder in sich trägt. Diese Reaktion ist oft mit Scham, Selbstbestrafung und Selbstablehnung verbunden. Schuldgefühle zeigen aber nicht immer objektiv das Vorhandensein einer echten Schuld an. Jemand kann sich schuldig fühlen, obwohl er rechtlich unschuldig ist. Der Zustand objektiver Schuld und das Schuldgefühl als subjektive Verarbeitungsweise müssen sorgfältig auseinandergehalten werden.

Schuldfrage in der Kontroverse

Im Dialog zwischen Theologen und Psychologen führte die Schuldfrage zu heftigen Auseinandersetzungen. Das biblische Konzept der Schuld vor Gott und die Betonung menschlicher Verfehlungen führe zu starken Schuldgefühlen und dadurch entstün-

den neurotische Verhaltensweisen, behaupteten viele psychoanalytische Therapeuten (→ Psychoanalyse). Das Christentum wurde gar zur krankmachenden Religion erklärt. Deshalb vertreten viele psychologische Schulen eine wertneutrale Therapieform, die keine moralische Beurteilung enthält (→ Moral). Das Problem der Schuld wird dabei übergangen und kann deshalb letztlich nicht bewältigt werden. Manche Christen verfielen aber auch in den Fehler, Schuldproblemen zu schnell mit einem Gebet zu begegnen und dabei psychologische Prozesse nicht zu bearbeiten.

Die Entstehung von Schuldgefühlen

Die meisten Psychologen betrachten die menschliche Fähigkeit des moralischen Beurteilens als einen angeborenen neutralen Teil unseres Denkvermögens, der auf die Anforderungen seiner Umgebung reagiert. Sie nehmen an, daß jeder Mensch grundsätzlich gut sei. Erst durch die negativen Einflüsse seiner Umwelt werde er zu unsozialem Handeln getrieben.

Die Bibel steht im Widerspruch zu dieser Auffassung. Sie sieht jeden Menschen als ein Geschöpf, das nach dem Ebenbild Gottes geschaffen ist und in sich das Wissen um ein göttliches Gesetz trägt. Gleichzeitig aber tragen alle als Folge des Sündenfalls eine Neigung zur Abweichung von diesem Gesetz in sich. Menschen sind also keine moralisch neutralen Wesen und können zwischen Gut und Böse unterscheiden.

Dieses grundlegende Wissen wird durch die Umgebung mitgeprägt. Im täglichen Miteinander in der Familie lernt man, welche Regeln und Ideale in der eigenen kleinen Welt gelten. Mit der Zeit bildet so jeder Mensch seinen persönlichen inneren Maßstab, nach dem er sein Gewissen eicht und sein Verhalten beurteilt.

Im Zusammenleben lernt man auch, wie die Umgebung auf die Verletzung ihrer Regeln antwortet. Wenn die Reaktion der Eltern sehr verletzend und zurückweisend ist, kann das Kind dies übernehmen und selbstverurteilende und selbstverachtende Gefühle entwickeln.

Schuld und Schuldgefühle in Psychotherapie und Seelsorge

Obwohl die Bibel viel von Schuld spricht, finden wir den Begriff »Schuldgefühle« überraschenderweise nicht darin. Alle drei griechischen Worte, die man im Neuen Testament mit »Schuld« übersetzt, beschreiben den objektiven Zustand der Schuld vor Gott oder das Schuldigwerden vor einer anderen Person. Die frohe Botschaft verkündet die Antwort auf das Problem der Schuld und der sie begleitenden Gefühle wie Trauer, Selbstanklagen oder Ärger: Durch den Tod Jesu Christi sind wir freigesprochen. Die negativen Begleitgefühle, die man allgemein als Schuldgefühl umschreibt, klingen durch den Zuspruch und die bewußte Annahme der Vergebung ab. Leider fehlt es oft an der Umsetzung dieser Erkenntnis ins praktische Leben.

Im seelsorgerlichen Gespräch gilt es drei Punkte zu beachten:

Die Unterscheidung zwischen echter Schuld und Beschuldigungen
Nicht immer zeigen Schuldgefühle echte Schuld an. Deshalb sollte man sorgfältig abklären, für was sich die Ratsuchenden schuldig fühlen. Die folgenden Fragen können eine Hilfe sein: »Was wird mir konkret vorgeworfen? Habe ich willentlich ein biblisches Gebot übertreten? Wird von mir Unmögliches verlangt? Wie weit reicht überhaupt mein Einfluß? Gibt es andere Gründe für das Problem als mein Verhalten?«

Die Unterscheidung zwischen Reue und Schuldgefühlen
Die Bibel spricht nicht von Schuldgefühl, sondern von tätiger Reue (2Kor 7,10). Echte Reue stellt nicht sich in den Mittelpunkt, sondern sieht die ganze Beziehung. Sie befaßt sich mit der Gegenwart und der Zukunft und hat die innere Reifung und das Erfüllen von Gottes Willen zum Ziel. Schuldgefühle hingegen sind eine negative

Gefühlsreaktion, die die eigenen Interessen in den Mittelpunkt stellt, in der Vergangenheit haften bleibt und nur die Verbesserung des eigenen Wohlbefindens sucht. So sind Schuldgefühle ein Versuch der Selbsterlösung. In der Beratung sollte aufgedeckt werden, auf welche Art die Schuld verarbeitet wird.

Die Annahme von Gottes Vergebung
Schließlich liegt aber gerade im seelsorgerlichen Gespräch die Chance, daß man nicht auf der menschlichen Ebene der Verarbeitung bleiben muß, sondern mit Gottes befreiender Vergebung rechnen darf.

Literatur:
Boss, M.: Lebensangst. Schuldgefühle und psychotherapeutische Befreiung, Bern 1962
Narramore, B.: »No condemnation. Rethinking guilt motivation«, in: counselling – preaching – parenting, Grand Rapids 1984
Pfeifer, A.: Mütter sind nicht immer schuld. Von Selbstvorwürfen zur Gelassenheit, Wuppertal und Zürich 1995
Tournier, P.: Echtes und falsches Schuldgefühl, Pforzheim, o. J.   AP

Schwangerschaftsabbruch
→ Abtreibung

Schweigepflicht

Damit sich ein Ratsuchender öffnen kann, braucht er Vertrauen zum Seelsorger. Dieses Vertrauen entsteht zu einem wesentlichen Teil durch die Verschwiegenheit des Seelsorgers. Gesprächsinhalte aus seelsorgerlichen Gesprächen dürfen daher nicht zur Kenntnis anderer Menschen gelangen. Die Schweigepflicht bezieht sich auf das gesamte Wissen – geistlicher Aspekt, biologisch-medizinischer Aspekt, Lern- und Umweltaspekt – und alle Vorgänge, die im Laufe der Gespräche bekannt werden. Ordinierte Theologen haben die besondere Pflicht zur Verschwiegenheit. So heißt es z. B. in § 15 des Kirchlichen Gesetzes über das Dienstverhältnis der Pfarrer der Evangelischen Landeskirche in Württemberg: »Der Pfarrer ist verpflichtet, das Beichtgeheimnis gegenüber jedermann zu wahren. Dem Beichtgeheimnis unterliegt, was dem Pfarrer in Ausübung der Seelsorge anvertraut wird.« Eine ähnliche Verpflichtung zur Verschwiegenheit gilt für Ehrenamtliche, die als Älteste, Presbyter oder Kirchengemeinderäte tätig sind. »Über die Angelegenheiten, die ihnen durch ihre amtliche Stellung bekanntgeworden sind und deren Geheimhaltung ihrer Natur nach erforderlich ist, haben die Mitglieder des Kirchengemeinderates Verschwiegenheit zu bewahren« (§ 31 Kirchengemeindeordnung).

Für Christen, die ihren Seelsorgedienst auf Grund der neutestamentlichen Beauftragung wahrnehmen – wie etwa die Jünger, die in Mt 18,18 die Vollmacht zum Binden und Lösen bekommen, gibt es keine besonderen Regeln, wie die Verschwiegenheit auszusehen hat. Eindeutig ist, daß das Seelsorgegeheimnis gewahrt bleiben muß! Das Seelsorgegeheimnis gilt es auch dann zu bewahren, wenn der Seelsorger zur Fort- und Weiterbildung aus den Gesprächen Protokolle anfertigt, in Supervision seine Fälle bearbeitet oder in Referaten und Predigten entsprechende Fallbeispiele verwenden möchte. Der Ratsuchende kann den Seelsorger gegenüber Dritten von der Schweigepflicht entbinden. In Grenzsituationen ist es nötig, mit dem Ratsuchenden einen solchen Weg in der Seelsorge zu gehen, der ihm selbst ermöglicht, gegebenenfalls erlittenes oder begangenes Unrecht zur Anzeige zu bringen.

Literatur:
Becker, I. et al.: Handbuch der Seelsorge, Berlin 1983
Jentsch, W.: Handbuch der Jugendseelsorge. Teil II, Gütersloh 1963
ders.: Der Seelsorger, Moers 1982
Ruppel, E.: »Beichtgeheimnis«, in: Die Religion in Geschichte und Gegenwart. Bd. 1, Sp. 975, [3]1986

Winter, F.: »Zur Verschwiegenheit des kirchlichen Mitarbeiters«, in: Die Christenlehre 32/1979, S. 35–42   JK

Seelsorge

Geschichte

Der Begriff stammt aus der Philosophie Platons und meint dort die Sorge um die Vervollkommnung der unsterblichen Seele durch eine gute Führung (Psychagogia). Nach biblischer Sicht ist Seelsorge auf die Gestaltung des ganzen Lebens bezogen. Nicht der Begriff, aber vielfältige Formen der Seelsorge finden sich in der Bibel (z. B. Trösten: 2Kor 1; 13,11; Ermahnen: 1Thess 2,11; 5,11). Für die Seelsorge Jesu typisch sind Gleichnisse, durch die er Menschen zur Erkenntnis Gottes (Lk 15; Mt 20,1ff) und – in teils provokativer Art – zu einem Wahrhaftigwerden vor Gott und sich selbst führt (Lk 20,20ff; Joh 8,1ff). Seelsorge war in der Urchristenheit nicht an ein Amt gebunden, sondern vollzog sich in der und durch die Gemeinde, zielte auf den einzelnen und zugleich den Aufbau der Gemeinde. Deshalb tragen die neutestamentlichen Briefe stark seelsorgerlichen Charakter.

Die Seelsorge der Alten Kirche wurde bestimmt vom Bild des »guten Hirten« (Ps 23; Hes 34), der den Verlorenen nachgeht, sie heilt (Lk 15) und die Gemeinde sammelt und leitet (Joh 10; 21,15ff). Mit der Ausbildung des geistlichen Amts fiel diese Aufgabe den »Pastoren« zu. Insbesondere Mönche wurden zu geistlichen »Führern« der Seele, eine Tradition, die sich in der orthodoxen Kirche durch die »Starzen« bis heute fortsetzt. Seelsorge am einzelnen wie in der Gemeinde soll in Vollmacht durch geistlich gereifte Personen geschehen.

Aufdecken und Vergebung der Sünde (Mt 16,19; 18,1) wurden erst mit der mittelalterlichen Beichtpraxis zum alleinigen Zentrum der Seelsorge, die mit dem Bußsakrament an das Priesteramt gebunden wurde. Damit bekam die Seelsorge eine stark moralische und richtende Funktion, leitete jedoch auch zur

Gewissensprüfung und damit zur »Entdeckung« des Individuums in seiner Verantwortung vor Gott an. M. Luther rückte die Gnade Gottes, den Zuspruch der Vergebung und die Stärkung des Glaubens in den Mittelpunkt der Seelsorge, durch die der Christ zu eigenständigem Entscheiden und Tun ermutigt werden soll. Nach J. Calvin ist der Aufbau der Gemeinde und damit die »Kirchenzucht« das Ziel der Seelsorge. Das wesentliche Mittel dazu war der verpflichtende Hausbesuch des Pfarrers, der der Glaubensstärkung, aber auch der Kontrolle diente. Im Pietismus lag das Gewicht auf der Seelenführung des einzelnen. Seelsorge zielt insbesondere darauf, daß der einzelne in der Heiligung des Lebens wächst. Seelsorge geschieht in kleinen Kreisen erweckter Christen durch Austausch geistlicher Erfahrungen, Beratung in Glaubens- und Lebensfragen, gegenseitige Beobachtung, Beichte und Vergebung in freier Form.

Bis ins 20. Jh. ging man in Theorie und Praxis der Seelsorge davon aus, daß dem Seelsorger wie dem, der Seelsorge sucht, eine verbindliche Wahrheit Gottes vorgegeben ist. Die Einordnung des einzelnen in diese Wahrheit und die Regeln des Gemeindelebens waren Ziele der stark mit Erziehung und Ermahnung arbeitenden Seelsorge, auch dann, wenn sie sich – wie in der Neuzeit üblich – hauptsächlich auf den einzelnen und seine Probleme ausrichtete. Die zunehmende Säkularisierung und Individualisierung des Lebens seit Mitte des 20. Jahrhunderts führte – auch als Reaktion auf die Unterdrückung individueller Bedürfnisse durch gesellschaftliche und kirchliche Normen und Zwänge, die nicht selten seelische Erkrankungen auslösten – dazu, daß das Streben nach Selbstverwirklichung gemäß eigenen Neigungen zur herrschenden Lebenseinstellung in der Gesellschaft wurde. Nicht mehr die Frage nach einer für alle verbindlichen Wahrheit (Gottes), sondern die Suche nach dem Sinn des Lebens und dem eigenen Wohlergehen und Glück bewegt die meist rein diesseitig orientierten Menschen. Im Zuge dieses Wertewandels hat

sich auch die kirchliche Seelsorge zunehmend auf das Wohlergehen des Individuums ausgerichtet und zu diesem Zweck Erkenntnisse aus der Psychologie übernommen.

Seelsorge und Psychologie/Psychotherapie

Allen Methoden der Psychotherapie liegen empirisch nicht oder nur bedingt beweisbare theoretische Annahmen zugrunde (z. B. über den Sinn des Menschseins), die darüber entscheiden, welche Phänomene wie wahrgenommen und gedeutet werden, und die so auch die Methoden und die mit ihnen verfolgten Ziele prägen. Deshalb ist es fraglich, ob man Teilerkenntnisse und Methoden aus einem Gesamttheorierahmen herauslösen und in ein anderes Konzept überführen kann, ohne die theoretischen Grundannahmen und Ziele des ursprünglichen Konzepts mit zu übernehmen. Erste theologische Aufgabe ist es daher, zu überprüfen, ob diese Grundannahmen vereinbar sind mit den Aussagen des christlichen Glaubens. Dies setzt voraus, daß innerhalb der Seelsorge Klarheit über die wesentlichen Ziele der Seelsorge besteht, denn von diesen her entscheidet sich in erster Linie ihr methodisches Vorgehen.

Die biblische Sicht des Menschen ist vielfältig, Übereinstimmung herrscht aber darin, daß der Mensch als einzelner und in seinen Beziehungen zum Mitmenschen von seiner Bestimmung zur Gemeinschaft mit Gott her zu betrachten ist. In der Seelsorge angewandte psychotherapeutische Methoden müssen daher offen dafür sein, daß die Beziehung Gottes zum Menschen jederzeit explizit zur Sprache gebracht werden kann, ohne daß damit ein Widerspruch zur psychotherapeutischen Theorie und Methodik auftritt. Die Vielfalt biblischer Sicht des Menschen findet ihre Entsprechung in unterschiedlichen psychotherapeutischen Theorien und Methoden, die nie die ganze Wirklichkeit erfassen und nie allen Lebensproblemen zugleich gerecht werden. Unterschiedliche Menschen und Lebensprobleme erfordern verschiedene Formen seelsorgerlichen Handelns. Und Methoden werden je nach Person des Seelsorgers unterschiedlich angewandt. Seine Persönlichkeit und Lebenserfahrung ist nicht minder wichtig für das Gelingen einer Beziehung als die von ihm erlernten Methoden. Seiner Fähigkeit, psychotherapeutische Methoden in die theologischen Ziele der Seelsorge zu integrieren, kommt entscheidende Bedeutung zu.

Ziele und Herausforderungen der Seelsorge in der Gegenwart

Christliche Seelsorge betrachtet den vorfindlichen Menschen als Geschöpf Gottes und als Mensch im Widerspruch zu Gott (Sünder) und ebenso als Mensch unter der Verheißung der Gnade und des ewigen Lebens. Deshalb ist die Unterscheidung von *Wohlergehen* und *Heil*, (seelischer) Gesundheit und Glaube fundamental. Unterscheidung bedeutet nicht Trennung, sondern fordert zur rechten Zuordnung der unterschiedenen Größen heraus. Der christliche Glaube findet sich hineingespannt zwischen das verheißene Heil des Reiches Gottes und die Unerlöstheit dieser Welt (Röm 8,18ff). Erste Aufgabe der Seelsorge ist es, den Glauben als Kraft zu erschließen, die sich in Krisen und Leiden als Lebenshilfe bewährt (Ps 23; 139; Röm 5,1ff), die gegen das »Unheil« ankämpft, aber es auch zu tragen vermag, ohne zu resignieren oder zu verzweifeln. Dies ist möglich, wenn die Nähe und Güte Gottes trotz des Leids erfahren werden kann. Insofern stellen nicht die »Heilbaren«, sondern die »Unheilbaren« den Test auf das Proprium der Seelsorge dar. Heilung ist in der Seelsorge zwar anzustreben, aber die »Therapierbarkeit« ist kein ausschlaggebendes Kriterium der Seelsorge. Sie nimmt an der Erfahrung der Ohnmacht gegenüber der Übermacht des Leidens teil, ohne in ihr zu versinken. Seelsorge ist freizuhalten vom Zwang, für alle Lebensprobleme einen Sinn und eine Lösung zu finden.

Christlicher Glaube befreit vom Zwang, sich selbst als vollkommen darzustellen, zur Grundeinstellung hin, das Leben als von Gott verdanktes Leben anzunehmen, als Gabe und als Aufgabe, an der der Mensch auch versagt. Er befreit dazu, sich als Sünder wahrzunehmen, der allein durch Gott »gerechtfertigt« wird (M. Luther), d. h. der seinen Wert (Würde) vor Gott und sich selbst nicht durch seine moralischen und sonstigen Leistungen konstituiert, sondern aus Gottes Zuwendung empfängt. Ehrlich und wahrhaftig werden im Angesicht Gottes setzt voraus, daß der Mensch die gnädige Annahme durch Gott erfährt, so daß er sich weder selbst rechtfertigen noch verurteilen muß (z. B. in einer → Depression) und sein Mißtrauen gegenüber der Liebe und Barmherzigkeit Gottes aufgeben kann. Der derart im Glauben befreite Mensch kann sich mit Gott, sich selbst und denen versöhnen lassen, die ihn in der Seele verletzt haben und die er verletzt hat. Wenn Seelsorge Konkretion des Evangeliums als Lebenshilfe sein soll, hat sie auch die Aufgabe zu klären, welche bewußten oder unbewußten seelischen Empfindungen (z. B. Verletzungen durch Eltern) und welche problematischen Vorstellungen (z. B. Gottesbilder) einem helfenden Glauben entgegenstehen.

Die Pluralisierung der Lebensanschauungen bringt einen Verlust an sozialer und moralischer Sicherheit und im Gefolge davon neue seelische Erkrankungen (z. B. Orientierungsneurosen, → Neurose) mit sich. Angesichts dessen ist es wichtig, Menschen in der Seelsorge zur Mündigkeit und Ichstärke zu befähigen und ihnen die Gebote Gottes nicht als verbietende, sondern als heilsame, das Gelingen des Lebens ermöglichende Angebote und Orientierungen zu entfalten. Dies ist letztlich nur in dem Maße möglich, wie die christliche Gemeinde zu einer Vertrauen, Geborgenheit und Orientierung vermittelnden Gemeinschaft wird, in der der Mensch auch in seiner fragmentarischen und sündigen Existenz angenommen wird und Hilfe erfährt. Solche seelsorgerlichen Gemeinschaften können durch die Einzelseelsorge und »Experten« nicht ersetzt werden.

Literatur:
Bukowski, P.: Die Bibel ins Gespräch bringen, Neukirchen 1995
Eibach, U.: Theologie in Seelsorge, Beratung und Diakonie. 3 Bde., Neukirchen 1991/92
Jentsch, W.: Der Seelsorger, Moers 1987
Möller, C. (Hg.): Geschichte der Seelsorge in Einzelporträts, Göttingen 1994ff
Tacke, H.: Glaubenshilfe als Lebenshilfe, Neukirchen-Vlyn ³1993
Wintzer, Fr. (Hg.): Seelsorge. Texte zum gewandelten Verständnis, München 1978   UE

Selbstachtung

Eine positive Grundeinstellung zur eigenen Person ist ein entscheidendes Kriterium für unser psychisches Wohlbefinden und beeinflußt nachhaltig unser Denken und Fühlen. Selbstachtung ist prägend für unsere Weltanschauung, für den Platz, den wir im Leben einnehmen, und ein Antrieb für das, was wir aus unserem Leben machen. Um den Begriff »Selbstachtung« eindeutig zu verstehen, muß er abgegrenzt werden zu den Bezeichnungen Selbstbild, Selbstwertgefühl und Selbstverständnis. Alle diese Begriffe sind nicht beliebig austauschbar, obwohl sie wichtig sind bei der Auseinandersetzung mit der eigenen Person.

Aus einer Vielzahl von Bildern und Überzeugungen formt sich unser Selbstverständnis. Dies sind zum einen äußere, leicht festzustellende Tatsachen wie: Ich bin eine Frau, bin groß, arm oder reich. Aber auch nicht greifbare Aspekte wie: Ich bin unfähig, nicht liebenswert, nicht begabt (→ Attribution). In uns Menschen formt sich ein ideales Selbstbild, das unserer Vorstellung entstammt und mit der Realität oft nicht übereinstimmt und woraus sich ein negatives Selbstwertgefühl entwickelt.

Was ist nun genau Selbstachtung? Es ist ein Vertrauen in die eigenen Fähigkeiten, den Anforderungen, die das Leben an uns stellt, gewachsen zu sein. Gleichzeitig eine berechtigte Erwartung, daß das Leben Glück und Erfolg bringt, also eine positive Grundeinstellung. Selbstachtung kann nicht direkt erarbeitet oder erzwungen werden, weder bei uns selbst noch bei anderen. Sie ist vielmehr die Folge bestimmter Einstellungen und Lebenspraktiken. Diese Einstellungen werden von Menschen, die für uns wichtig sind, sehr früh vermittelt durch Worte und Handlungen.

Dabei werden zwei Werte in uns gebildet, die bedeutend sind für unser weiteres Leben: *Selbstwert* und *Grundwert*.

Selbstwert ist abhängig von Leistung, gutem Benehmen, angepaßtem Verhalten und vielem anderen mehr und von dem Bemühen, das Erwartete auch zu erfüllen, einem Selbstwertgefühl also, das ich mir selber schaffen muß, das mich abhängig macht von den Erfolgen und in mir den Leistungswillen herausfordert.

Der *Grundwert* bildet sich aus der Erfahrung bedingungsloser Liebe und auf dem Hintergrund der Aussage: »Ich bin, und daß ich bin, ist gut.« Dieser Wert entsteht nicht aus dem Tun, sondern aus dem Sein. Er ermöglicht uns, ein gesundes Gefühlsleben aufzubauen, und stärkt das → Vertrauen. Nun sehen wir uns der Tatsache gegenüber, daß wir eine verletzte Biographie haben und an der einen oder anderen Stelle Mangel empfinden. Das Selbstbild und unser Selbstwertgefühl sind kein unveränderbares Schicksal, sondern können sich wandeln. Tausch meint: »Die Bereitschaft, der zu sein, der ich wirklich bin, und keine Angst zu haben vor dem, was in mir ist, führt zu einer umfassenden Annahme meiner selbst. Wenn wir lernen, uns selbst ganz anzunehmen, besteht eine große Chance, daß wir uns ändern können«.

Bereitschaft zu Veränderung wird oft durch Lebenskrisen ausgelöst oder durch die Erfahrung, daß Anpassung an Normen und Erwartungen anderer Menschen den totalen Selbstverlust zur Folge hat. Dabei ist die Überwindung der Angst, ein einzelner zu sein, wesentliche Voraussetzung, nicht vor der Einzigartigkeit meiner Person wieder in eine »Typenzugehörigkeit« zu flüchten. Dazu gehört die Bereitschaft, selbst Verantwortung für das eigene Handeln zu übernehmen und nicht Ausreden zu

suchen oder Schuldzuweisungen zu praktizieren. Dies bewahrt den Menschen davor,
in Selbstmitleid und Resignation zu verfallen. Dem eigenen Leben realistisch zu begegnen hilft, die Selbstachtung aufzubauen.
Das schließt die eigenen Stärken und Schwächen mit ein, und daraus folgt die Fähigkeit,
uns selbst zu vergeben, die eigenen Gefühle
anzuerkennen und aus ihnen zu lernen. Dabei geht es nicht ohne die Erfahrung des
Loslassens von Wünschen und Vorstellungen. Dann entsteht der Freiraum, der die
Verwirklichung eines sinnvollen Lebens erst
möglich macht. Entscheidend ist, daß die
Entwicklung der Selbstachtung ein lebens-
langer Prozeß ist, den wir durch eine realistische Selbsteinschätzung durchleben können oder durch personenzentrierte Gruppenarbeit sowie Einzelgespräche in psychologischer Beratung maßgeblich beeinflussen
und fördern können.

Literatur:
Tausch, R.; Tausch, A.-M.: Wege zu uns, Hamburg
1983   UH

Selbstbefriedigung

Alle Primärmotivationen (→ Motive) des
Menschen, also Essen, Trinken, Sexualität
usw. können, obwohl sie dem Menschen
normalerweise helfen zu überleben, auch
entarten und damit zum Götzen im Sinne
des ersten Gebotes werden. Auch die Selbstbefriedigung, obwohl in der Bibel explizit
gar nicht genannt (der Ungehorsam Onans
in 1Mo 38,6–10, der zur Beschreibung der
Selbstbefriedigung als »Onanie« führte,
schildert nicht die Selbstbefriedigung sondern einen sog. »coitus interruptus«), kann
so gesehen zur Sünde werden.

Überwiegend in der kirchlichen Tradition
wurde die Selbstbefriedigung bis zur Mitte
des 20. Jahrhunderts oftmals als ein »mörde-
risches Laster mit verderblichen Folgen« beschrieben, dessen »Heilung sehr erschwert
ist«. Als Folgezustände dieses »Lasters« wurden Kopfschmerz, Schwindel, Zittern, starkes Schwitzen, Herzklopfen und vor allem

Angstzustände genannt. Capellmann und
Bergmann gingen noch im Jahr 1923 davon
aus, daß es in Fällen »hochgradigen Miß-
brauches« zur Schwindsucht und anderen
schweren Krankheiten kommen könne, »die
bis hin zum Irrenhaus führen«.

Erst in den letzten Jahrzehnten beginnt
sich auch in den Reihen der Seelsorger und
Berater ein neuer Denkansatz durchzusetzen, der davon ausgeht, daß Selbstbefriedigung innerhalb der Geschlechtsreife eine
natürliche, fast zwangsläufige Erscheinung
darstellt. Natürlich kann exzessive Selbstbefriedigung auch zur Sucht, zur Isolation,
zum → Narzißmus führen und dann den
jungen Menschen krank machen. Kinsey
(1967) sowie Schmidt und Sigusch (1971) haben gezeigt, daß ca. 90 % der ca. 15jährigen
jungen Männer auf diese Weise eine Triebbefriedigung erreichen. Der Prozentsatz
nimmt mit zunehmendem Alter zwar deutlich ab, erreicht bei den ledigen Vierzigjähri-
gen aber immerhin noch 60 % (bei Verheira-
teten ca. 20 %). In den letzten Jahren hat
auch die Zahl der Selbstbefriedigung prakti-
zierenden Frauen sehr stark zugenommen
und erreicht im mittleren Alter diejenige der
Männer.

Heute ist, unter medizinischem Blickwinkel gesehen, sicher, daß Selbstbefriedigung
kein Krankheitssymptom (→ Krankheit) ist
und auch keine biologisch-medizinischen
Entwicklungsstörungen nach sich zieht. In
seltenen Fällen kann sie ein Anzeichen für
psychisch-soziale Konflikte sein – aber dann
ist nicht primär die Selbstbefriedigung, sondern sind diese Konflikte behandlungs-
würdig.

Selbstbefriedigung in Psychotherapie und Seelsorge

Wenn man also davon ausgehen kann, daß
Selbstbefriedigung eine normale und übliche Phase der Sexualentwicklung von jungen Menschen ist und daß sie im engeren
Sinne auch nicht als »Sünde« beschrieben
werden kann, dann gibt dies einen praktischen Ansatz zum seelsorgerlich-pädagogi-

schen Umgang. Wichtig ist dabei, daß, wenn immer Schuldgefühle auftauchen, ein offenes Gespräch hilfreich ist. Dabei ist zu beachten, daß keine falschen Schuldzuschreibungen gesucht werden, sondern daß man die Selbstbefriedigung eher als etwas Normales darstellt, das, wenn es zum Problem wird, nicht auf moralischer Ebene, sondern mit den Schwierigkeiten im psychisch-sozialen Bereich zu erklären ist. Die tieferen Ursachen solcher Störungen sind in aller Regel in mangelnder Ichstärke, Unsicherheit, Kontaktarmut, Vereinsamung und mangelnden Erfolgserlebnissen zu sehen. Diese Hintergründe sollte man dann therapeutisch angehen. Dabei hat sich gezeigt, daß der »Kampf« gegen die Selbstbefriedigung häufig zu einer Verstärkung der Problematik führt, so daß eher mit dem Hilfsmittel der paradoxen → Intention (→ Logotherapie) eine »Löschung« der quälenden Gedanken erreicht werden kann. Hierzu wäre z. B. der Satz: »Selbstbefriedigung ist die größte Nebensache der Welt« recht hilfreich.

Literatur:
Dieterich, M.: Handbuch Psychologie und Seelsorge, Wuppertal und Zürich 1992
Haeberle, E. J.: Die Sexualität des Menschen, Berlin 1985
Thomas, K.: Sexualerziehung, Stuttgart 1969
MD

Selbsterfahrung

Selbsterfahrung wird im Umfeld des normalen psychologischen Alltagsverständnisses in einer Reihe mit Selbsterkenntnis und → Selbstverwirklichung gesehen. Gerade in unserer erlebnisorientierten Zeit, welche sich auch auf das religiöse Leben auswirkt, erhält der Begriff eine neue Dimension. Der Glaubensvollzug und die Gottesbeziehung können dabei einen stark individuellen, selbstbezogenen Charakter bekommen, losgelöst von einer Gemeinschaft erlebt werden und bis hin in eine selbstgemachte Religion münden (Barz 1995, 20). Das Eingebundensein in eine Gemeinschaft von Christen läßt aber gerade vielfältige Erfahrungen mit sich

selbst zu. Im Umgang mit anderen, sei dies in der Familie, mit dem Ehepartner und in der Gemeinde, sehen wir uns gelegentlich eigenen Spannungen, Konflikten und Haltungen gegenübergestellt. Diese Situationen erfordern oftmals ein hohes Maß an Selbstreflexion, lassen aber auch eine Auseinandersetzung mit sich selbst im Umgang mit anderen zu. Dabei kommt es zu ständigen Modifikationen des eigenen zentralen Selbstentwurfs und Bemühungen um dessen Realisation (vgl. Rudolf, 1995, S. 66).

Selbsterfahrung in Psychotherapie und Seelsorge

Zusätzlich zum Alltagserleben nimmt die Person des Therapeuten in der Psychotherapie und auch in der Seelsorge neben der entsprechenden Methodik eine wichtige Stellung ein. Geht man davon aus, daß er sich selber gleichsam als Instrument in Diagnostik (→ Psychodiagnostik) und Behandlung einsetzt, erfordert dies ein hohes Maß an eigenen Erfahrungen, Kenntnissen und Reflexionen von sich selbst bzw. über sich. In der Seelsorge erweitert sich das Verständnis insofern, als der Therapeut selbst durch das Wort Gottes einen Spiegel erfährt oder sich von Gott erforschen läßt (Ps 139). Im christlichen Bereich erfährt somit der Begriff der Selbsterfahrung eine Erweiterung. Es geht auch darum, selbst etwas von dem Verlangen und dem Hunger nach Gott zu kennen und bei gegebenen Umständen sogar das Leiden am Schweigen Gottes aushalten zu lernen. Die eigenen Wünsche und Bedürfnisse im Spannungsfeld biblischer Leitlinien können gerade zu Konflikten führen, deren Bewältigung viel Weisheit erfordert und die unsere menschlichen Grenzen aufzeigen. Somit erfährt Selbsterfahrung angesichts biblischer Leitlinien auch ihre eigenen Grenzen. Es geht dabei nicht allein um die eigene Erfahrung, sondern auch um den Respekt vor dem Gegenüber und auch um das Relativieren eigener Meinungen und Ansichten gerade auch in bezug auf therapeutische Richtungen und Lehrmeinungen.

Die Beziehung zwischen Selbsterfahrung und psychodynamisch orientierten Therapieformen

Von den jeweiligen Weiterbildungsinstitutionen wird in unterschiedlichem Ausmaß eine Mindestzahl an Therapiestunden in Selbsterfahrung einzeln oder in Gruppen gefordert. In der Ausbildung sollte einerseits die jeweilige Therapiemethode an sich selber erfahren werden können, andererseits sollte der Rahmen geschaffen werden, damit in einer therapeutischen Beziehung zum Einzeltherapeuten oder zu Gruppenmitgliedern eigene Konflikte, (Fehl-)Haltungen, Motivationen und Beweggründe kritisch betrachtet und erlebbar werden können. In der Ausbildung zum psychoanalytisch (→ Psychoanalyse) orientierten Therapeuten wird diesbezüglich beispielsweise folgendes festgehalten: »Selbsterfahrung in Gruppen hat den Vorteil, daß der Teilnehmer gleichzeitig sich und andere Leute erfährt, mit verschiedenen Strukturen und verschiedenen Formen der Konflikt- und Lebensbewältigung ... Günstig erscheint mir eine Kombination von Gruppenselbsterfahrung und Selbsterfahrung in niederfrequenter Einzeltherapie über 50 Sitzungen mit einer Wochenstunde« (König 1993, S. 196). Selbst innerhalb der → Verhaltenstherapie findet zunehmend eine Auseinandersetzung mit der Selbsterfahrung statt. »Zusätzlich zur Vermittlung von Kenntnissen und Fertigkeiten werden zunehmend auch therapierelevante Interaktions-und Kommunikationsfähigkeiten mit dem Ziel geübt, sensibel und flexibel auf das Beziehungsangebot des Patienten einzugehen. Ein wesentliches Ziel der Aus-, Fort- und Weiterbildung besteht heute darin, dem Therapeuten zu helfen, seine persönlichkeits- und biographiespezifischen Wahrnehmungs-, Konflikt- und Reaktionsmuster und deren Einfluß auf das therapeutische Geschehen zu reflektieren und zu kontrollieren. Dieses Ziel wird durch vermehrte Selbsterfahrung, Eigentherapie und Supervision erreicht« (Schulz 1993, S. 20). Diese Auseinandersetzung mit sich selbst unter der Hilfe und Anleitung des Gegenübers sollte sich dann letztlich für den therapeutischen Prozeß mit hilfesuchenden Menschen als hilfreich und fruchtbar erweisen können.

Literatur:
Barz, H.: »Meine Religion mach ich mir selbst!«, in: Psychologie heute, 22. Jg., Juli 1995, S. 20–27
König, K.: Einzeltherapie außerhalb des klassischen Settings, Göttingen 1993
Schulz, W.: »Therapeut-Patienten-Beziehung«, in: Linden M.; Hautzinger M.(Hg.): Verhaltenstherapie, Berlin, Heidelberg 1993
Seifert, T.: Die fünfzig wichtigsten Methoden der Psychotherapie, Körpertherapie, Selbsterfahrung und des geistigen Trainings, Stuttgart 1993
UM

Selbsthilfegruppen

Geschichtlicher Hintergrund

Das heute bestehende breite Spektrum von Selbsthilfegruppen findet seine Wurzeln in der Gründung von Alkoholabstinenzverbänden im 19. Jahrhundert. In den USA war damals der Alkoholismus neben der Sklavenfrage das brisanteste Problem, und so kam es zur Gründung des »Unabhängigen Guttempler-Ordens«. Etwa zeitgleich wollten Männer und Frauen in der Schweiz den Opfern der Trunksucht Hilfe anbieten und gründeten das »Blaue Kreuz«. Beide Abstinenzorganisationen erreichten wenige Jahre danach Deutschland und verstehen sich – wie auch die später gegründeten – als Selbsthilfe- und Abstinenzverbände für Suchtmittelgefährdete oder -kranke und deren Angehörige.

Mittlerweile gibt es für fast alle psychosozialen Belastungssituationen Betroffenen-Gruppen, die nach ähnlichem Konzept arbeiten wie die ursprünglichen Organisationen. Sowohl die Selbsthilfegruppen im Suchtbereich als auch die meisten der jüngeren mit Schwerpunkten in anderen psychosozialen Notlagen sind von regionalen Kleingruppen über Landes- bis Bundesebene organisiert und haben längst das Trennende zugunsten des Gemeinsamen überwunden, so daß eine sinnvolle Zusammenarbeit möglich wurde.

Sehr viele Selbsthilfeorganisationen haben einen eindeutig christlichen Hintergrund – bei gleichzeitiger (religiöser) Meinungsfreiheit.

Beschreibung

Die weiteste Verbreitung haben im deutschsprachigen Raum die Selbsthilfeverbände für Suchtmittelgefährdete oder -kranke sowie deren (Ehe-)Partner und Kinder. Die etwa sechs bis zwölf Teilnehmer einer Gruppe treffen sich üblicherweise einmal pro Woche für zwei Stunden über mehrere Jahre, wobei die Teilnahme nichts kostet. Bei diesen Treffen ist kein professioneller Leiter anwesend, sondern es herrscht ein demokratisches, gleichgestelltes Arbeitsbündnis. Die entscheidenden Merkmale aller Arten von Selbsthilfegruppen sind die eigene Betroffenheit und das Handeln in eigener Sache.

Die Ergebnisse der Arbeit in Selbsthilfegruppen ähneln zwar häufig denen professionell geleiteter → Gruppen, machen aber dennoch den beruflichen Helfer (→ Helfen) nicht überflüssig. Zum Austausch von Erfahrungen und Problemen in den Gruppen treffen sich die Vertreter der regionalen Kleingruppen in bestimmten Abständen zu einem Gesamttreffen, an dem auch Experten als Selbsthilfeberater mitwirken können.

Die traditionell starren Grenzen zwischen Laien und Fachleuten wurden durch die brisante Entwicklung der Selbsthilfegruppen aufgeweicht, wodurch sich für beide Seiten ein neues Rollenverständnis ergibt. Trotz hieraus resultierender Schwierigkeiten überwiegen die Vorteile der Selbsthilfegruppen, in denen die »Hilfe zur Selbsthilfe« sich zu einer »Hilfe zur Gruppenselbsthilfe« entwickelt. Die meisten Selbsthilfegruppen verstehen sich als Ergänzung der medizinischen und psychosozialen Versorgung, die bestimmte Dienste nicht oder nicht ausreichend anbietet.

Selbsthilfegruppen eignen sich auch zur Vorbereitung einer geplanten stationären → Psychotherapie und bieten dem Betroffenen im Anschluß daran die Möglichkeit, seine neuen Erkenntnisse zu vertiefen und sich in der vertrauten Umgebung der anderen Gruppenteilnehmer emotional weiter zu stabilisieren.

Arten der Selbsthilfegruppen

Aus den Ursprungsformen der Selbsthilfegruppen für Alkoholiker erwuchsen später auch Gruppen für andere Suchtbereiche: → Drogen, Medikamente, Spielsucht (→ Sucht) sowie zunehmend psychotherapeutische Selbsthilfegruppen, z. B. → Eßstörungen, Umgang mit Gefühlen, Frauen mit seelischen Problemen etc. Aber auch die Selbsthilfegruppen für Eltern von Kindern mit unterschiedlichen seelischen und körperlichen Störungen erfuhren einen enormen Zuwachs. Medizinische Selbsthilfegruppen haben sich mittlerweile für die unterschiedlichsten Krankheiten gebildet, z. B. Krebs, Schwerhörigkeit, Schlaganfall, Rheuma etc. Darüber hinaus zählen Bürgerinitiativen zur Selbsthilfe. Auch ausbildungsorientierte Gruppen, deren Teilnehmer gemeinsam lernen, haben häufig das Konzept der Selbsthilfegruppen.

Um Anschluß an eine Selbsthilfegruppe zu vermitteln, steht in vielen Großstädten die Kontakt- und Informationsstelle für Selbsthilfegruppen (KISS) zur Verfügung sowie die Deutsche Hauptstelle gegen Suchtgefahren in Hamm und die Deutsche Arbeitsgemeinschaft für Selbsthilfegruppen in Gießen.

Ausblick

Die Zusammenarbeit von Selbsthilfegruppen und professionellen Helfern spielt eine zunehmend wichtige Rolle in der psychotherapeutischen, psychosozialen und medizinischen Versorgung. Nur so kann dem Bedarf an individueller Hilfe angemessen begegnet werden, der durch Faktoren wie wachsende Arbeitslosigkeit, Gesundheitsreform, immer schneller wechselnde Lebensbedingungen und die gleichzeitige Entwicklung zu mehr Selbst- und Mitbestimmung ständig ansteigt.

Literatur:
Handbuch für Suchtkrankenhilfe (Loseblatt-sammlung), Wuppertal 1980ff
Huber, G.: Psychiatrie. Systematischer Lehrtext für Studenten und Ärzte, Stuttgart 1987
Moeller, M. L.: Selbsthilfegruppen, Reinbek 1978
ders.: »Selbsthilfegruppen«, in: Bastine, R. et al. (Hg.): Grundbegriffe der Psychotherapie, Weinheim 1982
Presse- und Informationsdienst der Bundesregierung, Bonn (Hg.): Beratungsdienste in den neuen Ländern. 1994 (Die Broschüre ist Teil der Öffentlichkeitsarbeit der Bundesregierung; sie wird kostenlos abgegeben und ist nicht zum Verkauf bestimmt.)
Rexilius, G., Grubitzsch, S. (Hg.): Psychologische Grundbegriffe. Ein Handbuch zu Mensch und Gesellschaft in der Psychologie, Reinbek 1984
ACM

Selbstkonzept

Das Selbstkonzept ist ein zentrales Konzept in der → Gesprächspsychotherapie nach Carl R. Rogers. Es bezeichnet die Empfindungen, → Gefühle, Überzeugungen und Eindrücke, die eine Person bei sich selber wahrnimmt und zuläßt. Das Selbstkonzept unterliegt also Einflüssen durch → Erziehung und Gesellschaft. Im Kontrast zum Selbstkonzept sieht Rogers das Selbst, womit die ursprünglichen und unverfälschten Empfindungen gemeint sind. Selbst und Selbstkonzept können sich – aufgrund mangelnder Selbstannahme – unterscheiden, so daß der Mensch sich selber fremd ist und in seinem Bewußtsein anders erlebt als im Kern der Person. Diese Spannung aufzuheben ist Ziel der Gesprächspsychotherapie. Ein hohes Maß an Übereinstimmung zwischen Selbst und Selbstkonzept bezeichnet die Gesprächspsychotherapie als Kongruenz oder → Echtheit. UG

Selbstliebe/Selbstverleugnung

Es scheint die Ansicht vorzuherrschen, wir Menschen seien von Natur aus viel zu sehr Egoisten und hätten statt unserer sogenannten verwerflichen Selbstliebe Selbstverleugnung und Selbstaufopferung zu lernen.

Schließlich hat Jesus selber gesagt: »Will jemand mir nachfolgen, der verleugne sich selbst« (Mt 16,24). Vielen bedeutet Selbstliebe und Selbstsucht das gleiche: ein ungutes Kreisen um sich selbst.

Selbstliebe hat mit Liebe zu tun. Selbstliebe ist nicht Selbstverliebtheit wie im Mythos vom Narziß (→ Narzißmus), der sich in sein Spiegelbild verliebt. Seine Selbstverliebtheit ist Folge eines frühen Ungeliebtseins und des unerträglichen Gefühls von Wertlosigkeit. Weil er ohne Liebe ist, wappnet er sich in seiner Not und zu seinem Schutz mit übertriebener Eigenliebe. Üblicherweise sehen wir diesen (Krankheits-)Zustand als Sünde an. Kierkegaard belehrt uns, daß Sünde mit Selbstzerstörung, mit Flucht vor sich selbst zu tun hat, nicht mit Liebe zu sich selbst. Trennung von Gott ist immer auch Trennung von unserem Selbst als dem innersten und im Tode unzerstörbaren Kern im Menschen.

Zu sich selber kommen kann niemand, der nicht zuvor geliebt worden ist: von Mutter und Vater, von anderen Menschen, von Gott (1Joh 4,19). Es gibt viele Arten und Reifegrade, Liebe zu vermitteln, und ebenso viele Behinderungen, Liebe entgegenzunehmen. Das Körper-Selbst wird durch jede Mutter gefördert, die z. B. die Finger ihres Säuglings streichelt und kleine Reime dazu spricht. Unser psychisches Selbst kann reifen, wenn wir als kleine Kinder durch die Augen und die Stimme unserer Erzieher Bestätigung erfahren haben. Das geistige Selbst entsteht im jungen Erwachsenen, wenn er sich selber kennenlernt und seinen ihm entsprechenden Weg findet (→ Identität). Erst wer sich selber erkennt, wird auch Gott immer deutlicher erkennen können, sagt der Kirchenvater Clemens von Alexandrien.

Wenn wir beginnen, uns auf dem Weg nach innen in allem liebend anzunehmen, entsteht aus Krise und Versagen ein Weg der Läuterung. (Selbst-)Liebe ist kein Naturprodukt, sie will gelernt, geübt werden. Niemand kann reifen, der nicht lernt, sich auch in seinen dunklen Seiten liebevoll anzunehmen, wie Gott es mit uns tut. Für Menschen der heutigen Jahrtausendwende mit ihren komplizierten Lebensbedingungen und individuellen Beziehungsansprüchen ist die Liebe zu sich selbst ein oft notvoller Lernprozeß. Nur in dem Maß, wie wir uns selber angenommen haben, können wir auch unser Gegenüber annehmen und lieben.

Jesus hat dem Gebot der Gottesliebe das andere Gebot gleichgestellt: »Du sollst deinen Nächsten lieben wie dich selbst« (Mt 22,38; Mk 12,30; Lk 10,27). An drei weiteren entscheidenden Stellen im NT (Röm 13,9; Gal 5,14; Jak 2,8) findet sich dieses Gebot ebenfalls und immer mit dem wichtigen Zusatz: »wie dich selbst« (nicht: »statt dich selbst«). Wie soll ich dieses Gebot erfüllen können, wenn ich nicht zuvor gefüllt worden bin? Ich kann nur geben, was ich (bekommen) habe. Auch in Jesu eigenem Leben ereignete sich zuerst die Liebeszusage des göttlichen Vaters: »Du bist mein lieber Sohn.« Wer bei sich selber angekommen ist und seinen Weg angenommen hat, wird erst wirklich in der Lage sein, sich selber zu verleugnen. Dabei verliert er nicht seine Selbst-Mitte, er verleugnet lediglich seine Wünsche, er gibt die Befriedigungen seiner Bedürfnisse freiwillig auf, die an der Peripherie seines Selbst angesiedelt sind. Wenn in Lk 14,26 vom »Haß auf das eigene Leben« die Rede ist, so lautet die aramäische Bedeutung von hassen: »etwas an die zweite Stelle rücken«, also nicht mehr so wichtig nehmen. Wo meine reifende Liebe die eigenen ungeliebten Personseiten umfängt und ich mich mit mir aussöhne, werde ich liebenswerter und lasse zu, wenn mich andere lieben. Der lebendige Gott liebt mich vorbehaltlos, und erst jetzt glaube ich es ihm. Er ist größer als mein mich oft selbstanklagendes Herz (1Joh 3,20). Mit zunehmender Selbst-Liebe schaffe ich günstigere Voraussetzungen für liebende Nähe zu und mit anderen und werde fähiger, selbstloser zu lieben.

Literatur:
Barth, H.-M.: Wie ein Segel sich entfalten, München 1979
Trobisch, W.: Liebe dich selbst, Wuppertal 1975
TG

Selbstmanagement

Selbstmanagement ist ein Prinzip verschiedener Therapierichtungen, die gemeinsam haben, daß der Klient befähigt werden soll, möglichst aktiv zur Bewältigung seiner Probleme beizutragen. Wenn dieser Lernprozeß erfolgreich abläuft, ist der Klient (wieder) in der Lage, sein Leben ohne externe professionelle Hilfe seinen Zielen entsprechend zu gestalten.

Die Grundlage für das Verständnis von Selbstmanagement bilden Prozesse der Selbstregulation. Damit ist gemeint, daß eine Person ihr eigenes Verhalten im Hinblick auf selbstgesetzte Ziele steuert. So möchte beispielsweise eine übergewichtige Person 5 kg abnehmen. Dies will sie durch die Änderung ihrer Eßgewohnheiten erreichen. Die »Regulation« erfolgt durch eine Veränderung des Verhaltens selbst (z. B. keine Süßigkeiten zu essen) oder durch Einflußnahme auf die Bedingungen des Verhaltens (z. B. alle Süßigkeiten verschenken und keinen Neukauf von Süßigkeiten oder Besuch eines Konzertes nach Zielerreichung). Besonderen Einfluß auf die Selbststeuerung haben Kognitionen wie z. B. → Wahrnehmung, → Denken, Urteilen, Planen, Erwarten (→ Kognition). So besteht das Selbstregulationsmodell im wesentlichen aus drei kognitiven Vorgängen:
(1) *Selbstbeobachtung:* Informationen werden über die momentanen Handlungen eingeholt;
(2) *Selbstbewertung:* Die beobachteten Informationen werden mit bestimmten Kriterien bzw. Standards verglichen;
(3) *Selbstverstärkung:* Das Ergebnis der Selbstbewertung führt zu positiven Konsequenzen (z. B. höhere Selbstachtung) oder negativen Konsequenzen (z. B. Selbstvorwurf).

Selbstregulation setzt immer dann ein, wenn ein automatisierter Verhaltensfluß unterbrochen wird und dann mit kontinuierlicher Aufmerksamkeit erfolgt. Im oben genannten Beispiel könnte dies bedeuten, daß das Essen von Chips, Nüssen und Schokolade während des Fernsehschauens zu einem automatisierten Verhalten wurde. Das Bemerken des Wunsches, Chips zu essen, oder das Greifen in die Chipstüte wäre dann Voraussetzung, daß eine Selbstregulation einsetzen könnte.

Selbstmanagement in Psychotherapie und Seelsorge

Selbstmanagement in der Seelsorge will dem Ratsuchenden die Fähigkeit zur Selbstregulation vermitteln und damit die Verantwortung für seine Veränderung ihm übertragen. Drei Leitlinien sind für die Gestaltung der Seelsorge bedeutsam:
– *Aktive Beteiligung des Ratsuchenden am therapeutischen Prozeß:* Sie beginnt bereits bei der Analyse des Problems, etwa indem der Ratsuchende bereit ist, seine Schwierigkeiten offen darzulegen und sich, etwa durch Selbstbeobachtung, Selbstaufzeichnungen (»wann und wo esse ich zuviel?«, Gewichtstabellen usw.) an der Suche nach möglichen Bedingungen seines Problems zu beteiligen.
– *Konkretisierung der Ziele:* In jedem Einzelfall werden die Ziele unter Beachtung ihrer Erreichbarkeit konkret festgelegt, (z. B. »1 kg Gewichtsreduktion pro Woche« statt »Abnehmen«). Wichtig ist auch die positive Formulierung von Zielen: »Ich will gesünder leben« statt »Ich will abnehmen«.
– *Umsetzung des Gelernten zur Gestaltung des weiteren Lebens:* Entscheidend sind nicht die Einsichten eines Ratsuchenden in sein Problem, sondern ob er sie auch für künftige Aufgaben nutzbar machen kann. Nach dem Konzept des Selbstmanagements sollten Ratsuchende ihre Einsichten aus dem vorherigen Problem auf das aktuelle übertragen können; z. B. beschließt ein Ratsuchender, die Fernbedienung des Fernsehers wegzulegen, damit das Umschalten in ein anderes Programm nicht mehr automatisiert erfolgt (→ Therapieplanung).

Literatur:
Kanfer, K. H.; Reinecker, D.; Schmelzer, D.: Selbstmanagement-Therapie, Heidelberg 1991
JL

Selbstverwirklichung

Der Begriff »Selbstverwirklichung« hat im Zuge des verstärkten Interesses an psychologischen Vorgängen, dem sogenannten »Psychoboom«, in der Umgangssprache Bedeutung erlangt. Dem Anschein nach hat die sogenannte »Emanzipation der Frau«, d. h. der Kampf vieler Frauen um deutlicher ausgeprägte Gleichrangigkeit und Gleichbehandlung in Erwerbsleben und Öffentlichkeit dem Begriff zusätzliches Gewicht verliehen. Viele Menschen sprechen davon, daß sie sich insgesamt selbst verwirklichen wollen. Nicht wenige Frauen streben jenseits eines als beengend und überholt angesehenen Lebens in Familie und Haus im Erwerbsleben und öffentlichem Wirken nach Selbstverwirklichung, was auch immer sie darunter verstehen.

Definition und Herkunft

Ein Blick in die Literatur belegt den Begriff als neueren Ursprungs. Einschlägige Wörterbücher und Lexika bis zum Beginn der 80er Jahre kennen den Begriff i. d. R. nicht. Auch in der Fachliteratur taucht er nicht als besonderes Thema auf, sondern lediglich als Teil der Motivationslehre sowie als Begründung psychotherapeutischer Prozesse. »Selbstverwirklichung« entstammt als Fachterminus der »Humanistischen Psychologie«, insbesondere der Gesprächspsychotherapie von Carl Rogers und der Logotherapie Viktor E. Frankls.

Einen ersten Definitionsversuch liefert Abraham Maslow. Er bezeichnet Selbstverwirklichung als »Syndrom« (Ansammlung von Einzelerscheinungen) und definiert sie als »volle Anwendung und Nutzung der Talente, Kapazitäten und Fähigkeiten«. Er erinnert dabei an Nietzsches Wort: »Werde, was du bist«. Carl Rogers bindet den Begriff in seine Psychotherapietheorie (→ Gesprächspsychotherapie) ein und postuliert, daß der Mensch als lebendiger, leib-seelischer Organismus eine Tendenz zur Selbstverwirklichung hat. Diese Tendenz ist die motivierende Kraft in der Psychotherapie.

Das Ergebnis einer solchen Selbstverwirklichung wird von Reinhard Tausch so
konkretisiert und umschrieben: »Eine Person wird echter, fassadenfreier, innerlich
übereinstimmender. – Eine Person fühlt und
erlebt reicher und verwertet ihr Fühlen stärker bei ihrem Handeln und Urteilen. – Eine
Person nähert sich anderen, sie ist freier in
ihrer Beziehung zu ihnen. – Eine Person
geht einfühlsamer, hilfreicher mit anderen
um, sie befähigt andere zu einfühlsamerem,
hilfreicherem Verhalten.« Mit dieser Konkretion zeigt sich der Begriff eindeutig als in
der Psychotherapie beheimatet.

Selbstverwirklichung in der
→ Logotherapie

Eine vertiefte Definition des Begriffes
nimmt Viktor E. Frankl, der Begründer der
Logotherapie, vor. Er stellt die Lehre der
Selbstverwirklichung als Endziel des Lebens
als eine zweite Theorie über die Grundten-
denz des Lebens neben die → Psychoanalyse, bindet Selbstverwirklichung jedoch an
Sinnerfüllung. »In dem Maße, in dem der
Mensch Sinn erfüllt, in dem Maße verwirklicht er auch sich selbst. – Nur Existenz, die
sich selbst transzendiert, kann sich selbst
verwirklichen, während sie, sich selbst bzw.
Selbstverwirklichung intendierend, sich
selbst nur verfehlen würde.« Frankl betont,
daß zum Wesen des Menschen ein Hinge-
ordnet- und Ausgerichtetsein gehört: ». . .
sei es auf etwas, sei es auf jemand, auf eine
Idee oder Person.« Hier findet sich eine quasi-religiöse Bestimmung von Selbstverwirklichung und eine große Nähe zu Augustins
Gebet: »Herr, Du hast uns auf Dich hin geschaffen, und unser Herz ist unruhig, bis es
Ruhe findet in Dir.«

Der Begriff »Selbstverwirklichung« als
Syndrom

Schon Maslow hat darauf hingewiesen, daß
der Begriff »Selbstverwirklichung« ein Syndrom sei und es schwierig sei, ihn genau zu
beschreiben.
    Innerhalb der Psychotherapie liefert

»Selbstverwirklichung« ein Erklärungsmu-
ster für förderliche Ergebnisse innerhalb einer solchen Therapie. Rogers gebraucht synonym den Begriff »Selbstaktualisierungstendenz«, um jene Effekte zu beschreiben, daß
Menschen durch echte, wertschätzende und
einfühlsame Begegnung spannungsfreier,
zufriedener und hilfreicher zu sich selbst
und anderen werden können.
    Umgangssprachlich gewinnt der Begriff
eine quasi-religiöse Bedeutung, indem er für
viele Menschen eine Art innerweltliches
Heilsziel darstellt. Menschen wollen sich so
selbst verwirklichen, als hätten sie vorher
überhaupt nicht oder nur als eine Art »Ge-
spenst« existiert.
    Ein Blick auf Tausch und Frankl lehrt da-
bei, daß mit diesem Begriff ursprünglich
nicht eine andere Bezeichnung für Egoismus
gemeint ist, sondern der hilfreiche Umgang
mit anderen und die Transzendierung über
sich selbst hinaus zur Selbstverwirklichung
hinzugehören.
    Zweifellos geht in den Begriff das positive
Menschenbild der → Humanistischen Psychologie ein, das mit dem biblischen Menschenbild nicht deckungsgleich ist. Es ist jedoch zu fragen, ob dieses Menschenbild in
völligem Gegensatz zum biblischen Menschenbild steht oder ob z. B. Rogers und
Frankl Gedanken und Werte aufgenommen
haben, die im Rahmen christlicher, besonders
evangelisch-christlicher Theologie un-
gerechtfertigt übersehen und vergessen worden sind. Gaben und Fähigkeiten nicht
ängstlich zu vergraben, sondern sie wie anvertraute Talente zu gebrauchen ist Grund
zum Dank und Aufgabe zugleich. Die
Grenze zu religiöser Überhöhung von Psychotherapie ist dabei deutlich zu sehen.
Selbstverwirklichung und mit ihr Psychotherapie dürfen aus theologischer Sicht
nicht zum Heilersatz verkommen.

Literatur:
Frankl, V. E.: Der Mensch auf der Suche nach
Sinn, Freiburg 1973
ders.: Ärztliche Seelsorge, München 1975 Maslow, A. H.: Motivation der Persönlichkeit, Olten
1977

Rogers, C.: Die klient-bezogene Gesprächspsychotherapie, München 1973ff
ders.: Therapeut und Klient, München 1977ff
Tausch, R. et al.: Gesprächspsychotherapie, Göttingen 1979ff   TS

Selbstwert → Selbstachtung

Serotonin → Neurotransmitter

Sexualentwicklung

Pränatalzeit

Ab der 8. Schwangerschaftswoche differenzieren sich die Keimdrüsen in Eierstöcke (6–7 Mio. Eizellen mit kontinuierlicher Abnahme im Lebensverlauf) und Hoden aus. Männliche Föten sind bis zur Geburt in der Überzahl, scheinen aber andererseits weniger robust als das weibliche Geschlecht.

Kindheit

Als prägende Elemente für die Entwicklung der geschlechtlichen Identität können gesehen werden:
– *familiäre Beziehungserfahrungen:* Die ersten Erfahrungen mit Körperkontakt geschehen im familiären Raum. Daraus entwickeln sich Bindungs- und Beziehungsfähigkeit. Wichtig ist die Qualität der Paarbeziehung und Geschwisterbeziehungen. Oft beeinflußt der Grad elterlicher Strenge späteres Wunschverhalten und fließt so oft indirekt ins Geschlechtsverhalten ein. Eine einigermaßen geglückte Kindheit ist nicht notwendige Voraussetzung für eine weitergehende emotionale und sexuelle Entwicklung. Bewältigungsstrategien des Kindes spielen ebenso eine wichtige Rolle. Traumatische sexuelle Erfahrungen können jedoch diese Entwicklung wesentlich hemmen (→ Inzest; sexueller Mißbrauch).
– *Geschlechtsrollenlernen:* Rollenvorstellungen (Rollenskripte) sind neben der Persönlichkeit verschieden je nach historischer Zeit, sozialer Schicht, kultureller und religiöser Zugehörigkeit und beeinflussen das Geschlechtsverhalten. Nach dem 2. Lebensjahr unterscheidet das Kind unter anderem klar zwischen Jungen und Mädchen. Auch die Eltern und andere erwachsene Bezugspersonen werden zunehmend bewußter unter dem geschlechtlichen Aspekt wahrgenommen.
– *sexuelle Erkundung und Aufklärung:* Schon der Säugling spielt ganz zwanglos mit seinem Genital. Dieses Spiel wird im zweiten Lebensjahr zielgerichteter und koordinierter, und das Kind beginnt, sich am Genital körperliche Lust zu bereiten (→ Selbstbefriedigung). Bis zur Pubertät haben praktisch alle Knaben und ein Teil der Mädchen entdeckt, daß sie durch ihre Genitalien Lustgefühle erleben können. Sexuell getönte Spiele mit Zeigen der Genitalien (»Doktorspiele«) fallen meist in die Kindergartenzeit, sexuelle Witze, besondere Sexualneugierde, erste Aufklärungsbücher und Schreiben von Liebesbriefen in die Grundschulzeit. Eine offene Kommunikation ohne sexualisiertes Klima und ohne Überschreiten von Grenzen der Schamgefühle, sowie die innere gefühlsmäßige Einstellung der Eltern zu Nacktheit, Zärtlichkeit, Sexualität, Menstruation und Samenerguß sind hilfreich. Menschen mit → Sexualstörungen berichten oft über eine einschränkende, sexualfeindliche oder übersexualisierte Atmosphäre, andererseits entwickeln sich viele Kinder trotz dieses Klimas normal.

Adoleszenz

Wichtige Anzeichen weiblicher Pubertät sind Brustwachstum und Menarche (erste Menstruationsblutung), bei Jungen Genitalwachstum und der erste Samenerguß, Stimmbruch und Körperwachstumsschub. Eine starke Sexualisierung verschiedener Erlebnisbereiche und Tätigkeiten kommt oft dazu. Stimmungslabilität, hohe Verletzbarkeit, Beschäftigung mit sich selber bei nach außen oft betont »cooler« Haltung wird beim Adoleszenten spürbar. Dazu kommen oft erotische Schwärmereien, die auch mit sexuellen Empfindungen

einhergehen können. Der erste Geschlechtsverkehr findet meist zwischen 13 und 30
Jahren statt, im Mittel um 18 Jahre. Seit der
sexuellen Liberalisierungswelle in den 60er
Jahren hat sich unter Jugendlichen vermehrt
die Ansicht durchgesetzt: »Sexualität nur
zwischen Liebenden« und »Sexualität ist ak-
zeptabel, wenn sie von beiden Partnern ge-
wünscht wird«.

Insgesamt findet in der Adoleszenz ein
Identitätswandel von der Kindheits- zur erwachsenen Geschlechtsidentität statt. Gelingt er, bettet er sich ein in soziale, berufliche und partnerschaftliche Bezüge und geht
in der Regel mit einem veränderten Eltern-,
Welt- und Gottesbezug einher.

Sexualität im Erwachsenenalter

Intimität und Partnerschaft in der Ehe oder
als allein lebender Mensch, Generativität
körperlich und seelisch, sowie Geburtenre-
gelung (→ Abtreibung) sind wichtige Themen, welche die sexuelle und damit auch die
spirituelle Entwicklung über das Klimakterium hinaus bis ins Alter weiter formen.

Zu diesen Themen findet sich vielfältige
Literatur.

Literatur:
Buddeberg, C.: Sexualberatung; Einführung für
Ärzte, Psychotherapeuten und Familienberater,
Stuttgart 1987
Mertens, W; Rohde-Dachser, C.: Entwicklung der
Psychosexualität und der Geschlechtsidentität,
Stuttgart 1992 und 1994
Müller, W.: Ekstase. Sexualität und Spiritualität,
Frankfurt/M. 1993
Sydow, K. v.: Lebenslust. Weibliche Sexualität
von der Kindheit bis ins hohe Alter, Bern
1993
Zilbergeld, B.: Männliche Sexualität, Tübingen
1992   EB

Sexualerziehung

Sexualerziehung grenzt sich deutlich von
reiner sexueller Aufklärung ab. Während
diese sich auf Informationsvermittlung über
Geschlechtsorgane und ihre Funktion, über
Verhütungsmittel und deren Anwendung

und über die sexuellen Normen beschränkt,
erfaßt Sexualerziehung ein weit breiteres
Spektrum, das im folgenden näher erläutert
werden soll.

Sexualerziehung stellt sich als ein Teil der
gesamten Erziehung dar und sollte bereits
sehr früh beginnen. Dies begründet sich dadurch, daß neuere Forschungen darauf hindeuten, daß das Sexualverhalten nicht durch
den sog. Sexualtrieb oder durch Hormone
gesteuert wird, sondern vielmehr von frühkindlichen Erfahrungen, die zu einer positiven oder negativen Grundeinstellung gegenüber der Sexualität, dem eigenen und gegengeschlechtlichen Körper usw. führen. Voraussetzung für eine gesunde und frohma-
chende Sexualität ist also das Erlernen
bestimmter Fähigkeiten, Gefühle und Bedürfnisse im Kindesalter. Solche Erfahrungen positiver Art werden in wesentlichem
Maß durch die Atmosphäre in der Familie
ermöglicht, in der das Kind aufwächst.

Konkrete Ratschläge für
Sexualerziehung

Wir können uns auch vor biblischem Hintergrund bei der Sexualerziehung auf die Befunde der pädagogischen Psychologie berufen, die einige wesentliche Grundsätze der
Sexualerziehung aufzeigt:
- Ohne Angst und Strafen erziehen. Angst
und Strafen (→ Verstärkung) bewirken
i. d. R. deutlich geringere und zeitlich nur
kurzfristig bleibende, nicht internalisierte
Verhaltensänderungen beim Kind. Solche
Maßnahmen führen also meist zur negativen
gefühlsmäßigen Einstellung dem eigenen
oder fremden Geschlecht gegenüber oder
zur → Aggression. Das bedeutet konkret,
daß das Kind beim Spielen mit seinen Geschlechtsorganen nicht bestraft, sondern
durch Ablenkung ein anderes Erfolgserlebnis vermittelt werden sollte.
- Erwünschte Reaktionen des Kindes (wie
beispielsweise Hilfsbereitschaft, Spontaneität auch dem anderen Geschlecht gegenüber) sollten belohnt und anerkannt werden. Durch Bekräftigungen und positive
Verstärkungen werden Kontakt- und Kom-

munikationsfähigkeit zum anderen Geschlecht am günstigsten erworben.

– Zu strenge Reinlichkeitserziehung sollte vermieden werden (→ Bettnässen).

– Werden Geschlechtsorgane oder Ausscheidungen in der Familie mit Ekel oder Abscheu oder nur schamhaft behandelt, so übernimmt das Kind meist selbst diese negative Einstellung.

– Kindliche Sexualität darf niemals mit den Maßstäben der Erwachsenenmoral gemessen werden. Für Kinder ist das Spielen mit Geschlechtsorganen, das Betrachten von nackten Menschen (sei es in der Realität oder in Medien) oder ähnlicher »erotischer« Bilder in erster Linie zufällig und besitzt informativen Charakter. Dies ändert sich allerdings rasch dann, wenn Erwachsene mit Strafen oder übertriebenen Verboten auf derartige Aktivitäten reagieren. Wie oben bereits erwähnt, sollten Kinder sanft von derlei Aktivitäten abgelenkt und erfolgversprechende andere Aktivitäten angeboten werden.

– Kinder fragen bei Themen der Sexualität oft mit großer Offenheit. Man sollte solche Fragen wahrheitsgemäß, natürlich und für Kinder verständlich beantworten. Kinder besitzen das Bedürfnis, das andere Geschlecht kennenzulernen, und diesem Bedürfnis sollte in der Sexualerziehung Rechnung getragen werden. Hierbei ist es entscheidend, in welcher Atmosphäre solche Informationen gegeben werden. Man sollte einen geheimnisvollen oder feierlichen Tonfall oder besondere Zeitpunkte, in denen sexuelle Themen nur angesprochen werden usw., vermeiden.

– Wesentlich ist auch der Vorbildcharakter der Eltern, d. h. das Verhalten der Eltern der Sexualität gegenüber bestimmt in wesentlichem Maß das sexuelle Verhalten der Kinder mit.

Literatur:
Kentler, H.: Eltern lernen Sexualerziehung, Reinbek 1981
Meves, Chr.: Kindgerechte Sexualerziehung. Bilanz und Neuanfang, Kassel 1992
Mönkemeyer, K.: Kindliche Sexualität heute. Tabus – Konflikte – Lösungen, Weinheim 1994

Seiss, R.: Sexualerziehung zwischen Utopie und Wirklichkeit. Eine kritische Hinterfragung der Fortschrittsgläubigkeit, Bad Heilbrunn 1976

JD

Sexualität

Das Wort »Sexualität« (von lat.: *sexus* = Geschlechtlichkeit) wird im Sprachgebrauch sehr vielfältig verwendet. Sicherlich darf es nicht auf rein genitales Verhalten und Erleben reduziert werden. Sexualität gehört zum Leben und berührt den Menschen in seinen Bedürfnissen, körperlichen Funktionen, leiblichen Wahrnehmungen, Empfindungen, Gefühlen und Denken unter Einschluß der Phantasie. Die eigene biologische Erscheinung wird beeinflußt durch die Umwelt mit Sinnesreizen (→ Reiz), (elterlichen) Vorbildern, kulturellen, sozial-ethischen und religiösen Wertvorstellungen und Verhaltensregeln im Licht der Zeitgeschichte. Sie führt zur intimsten Verbindung zum geliebten Menschen. Das sexuelle Empfinden des Kindes und des Erwachsenen sind deutlich verschieden. Im Kindesalter liegt die Betonung in der Neugierde, den eigenen und fremden Körper zu entdecken, und in der Fähigkeit zu Wohlempfinden und Lust in Beziehung zu Menschen, während sich im Erwachsenenalter die Sexualität vermehrt auch im Drang nach Höhepunkt und Entspannung, aber auch nach Fruchtbarkeit äußert. Die Unterscheidung kindlicher und erwachsener Bedürfnisse und gelebter Ausformung der Sexualität wird wichtig bei Fragen zu → Inzest, sexuellem Mißbrauch, → Pädophilie, → Sexualstörungen. Ein umfassendes Verständnis der menschlichen Sexualität kann dann gewonnen werden, wenn die Eigenheiten im Erleben beider Geschlechter einfließen. Bisher ist die Auseinandersetzung um Sexualität von einer männlichen Sicht geprägt worden, wie sie sich z. B. in der älteren Sexualforschung und der klassischen Psychoanalyse (Freud) artikuliert hat. Die Gegenbewegung wurde durch feministische Ansätze der → Psychoanalyse eingeleitet, ohne bisherige Befreiung von abgeleitetem Denken. Wo Sexualität eingebettet ist in Beziehung und seelische Intimität und wo Menschen dafür empfänglich sind, kann sie zum Hinweis, ja zum Abbild der Einswerdung Gottes mit dem Menschen und damit zur Hilfe für eine vertiefte Gottesbeziehung werden.

Literatur:
Buddeberg, C.: Sexualberatung; Einführung für Ärzte, Psychotherapeuten und Familienberater, Stuttgart 1987
Müller, W.: Ekstase. Sexualität und Spiritualität, Frankfurt/M. 1993
Sydow, K. v.: Lebenslust. Weibliche Sexualität von der Kindheit bis ins hohe Alter, Bern 1993
Zilbergeld, B.: Männliche Sexualität, Tübingen 1992   EB

Sexualstörungen

Bei Sexualstörungen sind nur ca. 5 % der Hintergründe biologisch-organischer Natur, so daß überwiegend Psychotherapien zur Anwendung kommen. Die Sexualstörungen können in verschiedene Problemklassen eingeteilt werden. Immer wieder werden folgende Symptome genannt: Aversion gegen Sexualität, Appetenzverlust, exzessive → Appetenz, Erregungsprobleme und -verluste, verzögerter, ausbleibender oder vorzeitiger → Orgasmus, mangelnde subjektive Befriedigung, Vaginismus, Unzufriedenheit mit der Sexualfrequenz.

Während man bis vor kurzem bei Sexualstörungen häufig tiefenpsychologisch orientierte Therapieansätze (→ Psychoanalyse) verwendet hat, wird heute mit großem Erfolg ein an den Breitbandmethoden der → Verhaltenstherapie orientiertes Vorgehen bevorzugt.

Für eine allgemeine Übersicht der Therapie können folgende Schritte angegeben werden:
– Diagnose (→ Psychodiagnostik)
– Problemanalyse
– Problemlösungsstrategien
– Selbsterfahrung

Diagnose

Bei der Diagnose wird die aktuelle Problematik der Sexualstörung thematisiert. Es sollten nicht andere Psychotherapien gleichzeitig stattfinden (ggf. mit anderen Therapeuten/Seelsorgern klären). Prüfung durch den Arzt, ob möglicherweise organische Gründe für die Störung vorliegen (nur bei ca. 5 % der Ratsuchenden).

Problemanalyse

Bei der Problemanalyse werden die aktuellen Bedingungen für die sexuellen Störungen ermittelt. Hierzu gehören u.a.
– Wissenslücken vor theologischem und therapeutischem Hintergrund;
– ungenügendes bisheriges Lernfeld;
– problematische Gedanken;
– Einstellungen oder Vorurteile;
– Ängste oder Selbstverstärkungsmechanismen (→ Verstärkung);
– Schutz, den die sexuelle Störung bedeutet.

Problemlösungsstrategien

Bereits bei der Problemanalyse kann den Ratsuchenden manches verständlich werden, so daß praktische Übungen gar nicht mehr notwendig sind. Von Jack Annon in den USA wurde das PLISSIT-Modell entwickelt, das belegt, daß eine intensive Therapie nicht bei allen Sexualproblemen erforderlich ist – und deshalb auch für den nicht hauptberuflich ausgebildeten Seelsorger große Chancen der Hilfestellung gegeben sind.

Das Modell stellt ein System von »therapeutischen Filtern« dar, von denen die ersten drei eher im Sinne einer → Kurztherapie aufgefaßt werden können, in der letzten Behandlungsstufe sammeln sich die schweren Fälle, die dann von Spezialisten behandelt werden sollten.

»P« steht für »Permission« und meint damit »Erlaubnis« oder »Beruhigung«. Viele Sexualstörungen lassen sich auf → Angst, Schuldgefühle (→ Schuld) oder Hemmungen zurückführen. Die mit therapeutischer bzw. seelsorgerlicher Autorität gegebene

Erlaubnis oder Beruhigung löst viele Schwierigkeiten und macht oftmals eine weitere Behandlung überflüssig.

»LI« ist die nächste Stufe des therapeutischen Vorgehens und meint mit »Limited Information« eine »begrenzte Information« an die Ratsuchenden weiterzugeben. Oft genügen anatomische Erklärungen oder statistische Zahlen um Patienten zu helfen bzw. ihre falschen sexuellen Erwartungen oder Meinungen zu korrigieren. LI ist demnach nichts anderes als eine erweiterte Form der Aufklärung.

»SS« meint Specific Suggestions, also spezifische Anregungen oder Vorschläge zu geben. Dies sind praktische Hinweise und Übungen, die auf ein besonderes Problem zugeschnitten sind. Sie können von den Ratsuchenden selbst durchgeführt werden.

»IT« (Intensive Therapy) verlangt ein oftmals langwieriges Eingreifen durch Spezialisten, diese Fälle sind jedoch recht selten, so daß auf dem untersten »Filter« nur noch wenige Ratsuchende übrig bleiben.

Einzelne Problemlösungsstrategien können sein:
– Bewältigung von negativen Emotionen;
– systematische Desensibilisierung in der Vorstellung;
– systematische Desensibilisierung in der Realität;
– Üben von Zärtlichkeitsverhalten;
– Lernen, positive Gefühle auszudrücken;
– Lernen, Wünsche zu äußern (Phantasien);
– Lernen, mit Ärger und Enttäuschung umzugehen;
– Lernen, versagen zu dürfen;
– Lernen, angstfrei zärtlich zu sein;
– Begreifen, daß die Angst des einen Partners die des anderen bedingt.

Selbsterfahrung

Auf der Ebene der Selbsterfahrung ist es ein Ziel, den Ratsuchenden einen angstfreien Umgang mit ihrer Sexualität zu verschaffen. Die Körperübungen werden zu Hause durchgeführt, oftmals zuerst alleine und erst später mit dem Partner zusammen. Wichtiges Ziel ist, daß die angenehmen Erfahrun-

gen mit der eigenen Sexualität erlernt werden.

Literatur:
Haeberle, E. J.: Die Sexualität des Menschen, Berlin 1985
Zimmer, D.: Sexualität und Partnerschaft, München 1985   MD

Sinne/-stäuschung

Menschen haben fünf verschiedene Sinne bzw. Sinnesorgane, mit denen sie sich wahrnehmend den Zugang zur Welt erschließen können. Mit Hilfe der Sinne kann man sehen, hören, tasten, riechen und schmecken. Bei normaler Reizstärke (→ Reiz) reagiert jedes Sinnesorgan nur auf die ihm entsprechenden (adäquate) Reize.

Eine Sinnestäuschung oder auch Wahrnehmungsstörung (→ Wahrnehmung) liegt dann vor, wenn objektiv vorhandene Reize subjektiv »verzerrt« wahrgenommen werden. Bei Menschen mit psychischen Störungen können die Sinnestäuschungen größere Ausmaße annehmen, wie beispielsweise bei den → Halluzinationen. Falsch gedeutete Sinneswahrnehmungen gibt es auch bei gesunden Menschen. Bekannt sind vor allem Täuschungen aus dem Bereich der visuellen Wahrnehmung (optische Täuschung).

Literatur:
Abels, J. G.: »Wahrnehmung. Bausteine menschlicher Lebensäußerungen«, in: Rexilius, G., Grubitzsch, S. (Hg.): Psychologie. Theorie – Methoden – Arbeitsfelder. Ein Grundkurs, Reinbek 1986
Dieterich, M.: Handbuch Psychologie und Seelsorge, Wuppertal und Zürich 1989   PV

Sinnkrisen → Logotherapie

Sodomie

Der Begriff »Sodomie« meint die sexuelle Beziehung zwischen Mensch und Tier. Obwohl die Sodomie den geringsten Prozentsatz der Gesamt-Triebbefriedigung darstellt,

stellt sie durchaus nichts Ungewöhnliches dar (so haben beispielsweise 40–50 % aller Farmerjungen in den USA Erfahrungen mit Sodomie). Während es bei Frauen extrem selten zu einem sodomitischen Koitus kommt (meist oral-genitale Kontakte), ist die bevorzugte sodomitische Koitusform der Männer der vaginale Koitus.

Sodomie wird im AT und im Talmud deutlich sanktioniert (3Mo 18, 23).

Zu Sodomie in Psychotherapie und Seelsorge → Sexualstörungen.   JD

Somatisierungsstörung
→ Hysterie

Somatoforme Störung
→ Organneurose

Somatogen → endogen

Somnambulie → Amnesie

SORKC/SORKC – G

Das SORKC-Modell ist ein diagnostisches Verfahren zur Verhaltens- und → Problemanalyse. Dabei geht es um das Erfassen, was eine bestimmte Person in einer aktuellen und spezifischen Situation tut. Der Seelsorger interessiert sich zunächst für das (Problem-) Verhalten (R) und dann für die Auslöser des Verhaltens, also Aspekte der Situation (S) und/oder des Organismus (O).

Weiter werden Konsequenzen (K, C) analysiert, die das (Problem-) Verhalten aufrechterhalten. Diese fünf Variablen lassen sich als SORKC-Formel verkürzt darstellen:

S: → Stimulus. Genaue verhaltensrelevante Situationsmerkmale.

O: Organismus. Biologische Faktoren des Organismus, die bedeutsam für das Verhalten sind.

R: Reaktion. Motorische, emotionale, kognitive und physiologische Merkmale des (Problem-)Verhaltens. Das Verhalten soll »filmbar« genau beschrieben werden.

K: Kontingenz. Stärke des Zusammenhangs zwischen (Problem-) Verhalten und Konsequenz. Zum Beispiel kann ein Zusammenhang stark sein, d. h. fast immer folgt auf das Verhalten eine entsprechende Konsequenz, ist er schwach, bleibt die Konsequenz häufiger aus.

C: Consequence (Konsequenz). Ereignis, das meist zeitnah auf das (Problem-) Verhalten folgt und damit dieses beeinflußt. Diese Konsequenz – oder auch Verstärker genannt – kann angenehm (Belohnung) oder unangenehm (Bestrafung) sein. Sie kann für die Qualität, Stabilität, Quantität des (Problem-) Verhaltens in der Vergangenheit und der Gegenwart bestimmend sein.

Ein Beispiel für eine SORKC-Analyse:
Das Stehen vor einem Aufzug (S) führt bei einer Person mit Aufzugsangst (O) zu einem Vermeidungsverhalten (R), indem er statt des Aufzugs die Treppe benutzt. Die Kontingenz (K) zwischen dem Vermeidungsverhalten und der Erleichterung (C) ist stark, d. h. immer wenn die Person die Treppe statt des Aufzugs benutzt, tritt Erleichterung ein.

Die Formel würde hierfür lauten (in bildlicher Darstellung):

S	O	R	K	C
Aufzug	Angst	Treppe benutzen	stark	Erleichterung

SORKC in Psychotherapie und Seelsorge

Diese verhaltensanalytische Diagnostik ist bei jeder, durch psychotherapeutische und pädagogische Maßnahmen behandelbaren Störung des Erlebens und Verhaltens bei Kindern und Erwachsenen durchzuführen. Sie ist notwendig für
– die Bestimmung von Therapiezielen z. B. bei der Bestimmung, welche Verhaltensweisen einer Veränderung bedürfen;
– die Planung der Seelsorge: z. B. Auswahl der geeigneten Methoden, die zur Verhaltensänderung führen (→ Therapieplanung).
Wesentlich für christlich fundierte → Seelsorge ist eine unabdingbare Erweiterung im Hinblick auf die Glaubensdimension (G), mit der die Einflüsse der unsichtbaren Welt (Hebr 11,1–3) berücksichtigt werden. Da der Glaube sich in allen SORKC-Faktoren auswirken kann, steht das »G« unter der SORKC-Formel als »Nenner« unter dem Bruchstrich:

$$\frac{SORKC}{G}$$

Literatur:
Hautzinger, M.: »Verhaltens- und Problemanalyse«, in: Linden, M.; Hautzinger, M. (Hg.): Verhaltenstherapie, Heidelberg 1993
Kanfer, F. H.; Reinecker, H.; Schmelzer, D.: Selbstmanagement-Therapie, Heidelberg 1991
JL

Sozialpsychologie

Die Sozialpsychologie ist eine Sozialwissenschaft, die sich unter Verwendung psychologischer, soziologischer und kulturanthropologischer Theorien mit dem menschlichen Verhalten in seinem sozialen und kulturellen Entstehungs- und Wirkungszusammenhang beschäftigt. Sie hat sich im Verlauf des 20. Jahrhunderts international zu einer selbständigen Wissenschaft entwickelt und wird teils in soziologischen, teils in psychologischen Fachbereichen bzw. Fakultäten an Universitäten gelehrt. Sie stellt heute ein qualifizierendes Studienelement in der Ausbildung von Dipl.-Psychologen und Dipl.-Sozialwissenschaftlern dar.

Gegenstände der Forschung

Gegenstände der Forschung bilden z. B. Kommunikations- und Interaktionsprozesse in Gruppen, Leistungsverhalten, Führung und Management in Betrieben und Verwaltungen, Entstehung und Veränderung politischer, religiöser und kultureller Einstellungen (→ Attitüden), Prozesse der Stigmatisierung und Deprivation oder der primären und sekundären Sozialisation neuer Gruppenmitglieder in Familie, Schule, Betrieb, Nachbarschaft und Gemeinde. Sie entwickelt und analysiert Konzepte der Persönlichkeitsforschung im Kontext sozialpsychologischer Interaktionsmodelle unter Berücksichtigung klassischer Persönlichkeits- und Gruppentheorien der Psychologie und Soziologie. Im Bereich der Kriminalitätsforschung befaßt sie sich mit den sozialen Prozessen der Entstehung devianter Persönlichkeiten (E. H. Sutherland) und mit den Zugangsbedingungen zu organisierten Banden (z. B. Mafia, Terrorismus, pseudolinke oder -rechte Gewalttäter) sowie mit der Entwicklung und Erprobung von Verfahren der sozialen Integration von Verurteilten innerhalb und außerhalb des Justizvollzugs. Bezüglich ihres Gegenstandsbereichs und ihrer Methoden weist die Sozialpsychologie gewisse Gemeinsamkeiten mit der *Sozialpsychiatrie* auf, die sich in therapeutischer und präventiver Absicht mit den krankmachenden gesellschaftlichen Aspekten psychischer Störungen, psychotischer Erkrankungen und Suchtabhängigkeiten befaßt und gruppentherapeutische Verfahren zur sozialen Integration des Patienten sowie spezifische

Interventionstechniken und Konzepte der psychosozialen Versorgung entwickelt.

Wissenschaftstheoretische Einordnung

Die Sozialpsychologie kann – je nach den metawissenschaftlichen Menschenbildvorstellungen (→ Anthropologie; → Wissenschaftstheorie) der Forscher – natur-, geistes- oder sozialwissenschaftlichen Paradigmen folgen. So gibt es deterministische und indeterministische, multifaktorielle und monokausale, methodologisch-kollektivistische und methodologisch-individualistische Forschungsansätze, die sowohl die Begriffsbildung als auch den Theorietypus bestimmen.

Forschungsmethoden

Ihre Forschungsmethoden sind hauptsächlich das Laborexperiment (→ Empirie) mit Einzelpersonen und Gruppen, die kontrollierte Beobachtung unter standardisierten Bedingungen, das Tiefen- und Gruppeninterview (→ Befragung, standardisierte; → Interview, qualitatives), die Feldforschung (→ Empirie), die »cross-cultural« Forschung mit Versuchspersonen aus verschiedenen Kulturkreisen sowie der interkulturelle Vergleich. Nach dem Ersten Weltkrieg entwickelte der Psychiater J. L. Moreno die → Soziometrie als ein Verfahren, Sympathien, Antipathien und Indifferenzen zwischen Mitgliedern unterschiedlicher Gruppen (z. B. Flüchtlinge, Heimzöglinge, Schüler, Arbeitskollegen) statistisch zu erfassen und soziale Konflikte mittels therapeutischer Techniken (→ Psycho- und Soziodrama) aufzulösen. Gegenüber den Forschungsergebnissen der experimentellen Sozialpsychologie ist wegen der notwendigerweise artifiziellen, manchmal aber wirklichkeitsfremden Versuchsanordnungen und wegen der Art der Auswahl und der Manipulierbarkeit der Versuchspersonen kritische Zurückhaltung geboten.

Wissenschaftsgeschichte

Die Wissenschaftsgeschichte der Sozialpsychologie läßt sich durch zwei Grundpositionen kennzeichnen: zum einen geht es um die Stellung des einzelnen *im* sozialen Umfeld, zum anderen um die Stellung des Individuums *und* seinen sozialen Kontext. In diesem Spannungsfeld entwickelte sich die Sozialpsychologie zunächst in Frankreich unter dem Einfluß E. Durkheims und seiner Schule (M. Mauss, M. Halbwachs, J. Piaget). In seinem Werk über den »Selbstmord« (1897) untersuchte Durkheim die Wirkung des »Kollektivbewußtseins« auf das individuelle Bewußtsein. Er erklärte »Soziales durch Soziales« und schloß nichtsoziale Faktoren (z. B. individualpsychische) als Variablen aus. Der Kohäsionskraft sozialer Gruppen (Ehe, Familie, Religionsgemeinschaften, Syndikate) schrieb er den größten Einfluß auf die Neigung von Individuen zu, einen Suizid zu begehen oder nicht zu begehen. In Deutschland war es vor allem G. Simmel (1908), der durch strikte Trennung der Erkenntnis- und Gegenstandsbereiche von Soziologie und Psychologie der Sozialpsychologie die »psychologische Mikroskopie der Vergesellschaftungen« als legitimes Aufgabengebiet zuwies. Die »Gesellschaft« ist für Simmel das Ergebnis eines synthetischen Erkenntnisvorgangs, der von einem a priori als »gesellschaftlich« verstandenen Element, dem Individuum, ausgeht und das »Gesellschaft-Sein« des anderen, des »Du«, voraussetzt. Simmel vertritt wie Max Weber (Soziologische Grundbegriffe § 1), im Gegensatz zu E. Durkheim, den Standpunkt des methodologischen Individualismus, demzufolge die Gruppe keine »Seele« hat und nur das Individuum der einzige Träger sinnhaft verständlichen Handelns ist. In den Vereinigten Staaten waren es insbesondere Lester F. Ward, Albion W. Small, Florian Znaniecki und William G. Sumner, die die Sozialpsychologie unter dem sozialpolitischen Handlungsdruck der Einwanderungsproblematik vorantrieben. G. und L. Murphy und Th. Newcomb bestimmten 1937 das Verhältnis zwischen allgemeiner Psychologie und Sozialpsychologie, wie dies G. Simmel schon 30 Jahre zuvor getan hatte: »Es ist in der Tat schwierig, im menschlichen Leben Situationen zu finden, in denen der soziale Faktor vollkommen fehlt. So wird für unsere Zwecke individuelle Psychologie einfach jene Psychologie sein, in der (vergangene oder gegenwärtige) soziale Faktoren eine relativ geringe Rolle spielen, und Sozialpsychologie soll jene Psychologie sein, in der soziale Faktoren eine relativ große Rolle spielen.« Weitere Impulse gingen von den gleichermaßen für die Soziologie wie für die Sozialpsychologie wichtigen Forschungen George C. Homans, der aufgabenorientierte Gruppen, und Ronald Lippitt, der Arten und Stile der Führung untersuchte, aus und schließlich von Otto Klineberg, der Kulturanthropologie und Sozialpsychologie in einen interkulturellen Zusammenhang stellte.

Anwendungsgebiete

Die Sozialpsychologie findet heute in zahlreichen Institutionen und Organisationen Anwendung; so z. B. in der funktionalen Analyse und Synthese von Mitarbeitergruppen in der Arbeitswelt (Industrie, Handel, Produktion, Dienstleistung, Verwaltung), im Sport, in Schule und Berufsausbildung, in Diakonie und Seelsorge. Im Berufsfeld von Pfarrern, Lehrern, Sozialarbeitern regelmäßig eintretende soziale Situationen, z. B. solche der Einzel- oder Gruppenberatung und -seelsorge, der Verkündigung und des Unterrichts, lassen sich unter Berücksichtigung sozialpsychologischer Erkenntnisse in bezug auf soziale Kognition und Motivation sowie Interaktion und Kommunikation der Beteiligten optimieren. Als Hilfe zum analytischen und deutenden »Verstehen« von Handlungsabläufen, Gruppenprozessen und interpersonalen Konflikten kann die Sozialpsychologie zweckmäßig und dienlich sein; als wissenschaftliches Hilfsmittel zur Manipulation von Gruppen und Einzelpersonen zu pseudoreligiösen, politischen oder kommerziellen Zwecken kann sie gefährlich werden. Deshalb ist seitens des Anwenders ein hohes Maß an Selbstkontrolle und Verantwortungsbewußtsein erforderlich.

Literatur:
Berger, P. L.: Sehnsucht nach Sinn. Glauben in einer Zeit der Leichtgläubigkeit, Frankfurt /M., New York 1994
Bühl, W. L.: Theorien sozialer Konflikte, Darmstadt 1976
Elias, N.: Engagement und Distanzierung. Frankfurt/M. 1987
ders.: Die Gesellschaft der Individuen, Frankfurt/M. 1987
Hofstätter, P. R.: Gruppendynamik. Kritik der Massenpsychologie, Reinbek 1962
Schuler, H. (Hg.): Lehrbuch der Organisationspsychologie, München 1993   GD

Soziodrama → Bibliodrama, → Psychodrama

Soziometrie

Ein von J. L. Moreno entwickeltes Verfahren zur Erfassung und Darstellung sozialer und emotionaler Beziehungen zwischen Gruppenmitgliedern. Besonderer Wert wird dabei auf die Art und Häufigkeit des Kommunikations- und Interaktionsverhaltens sowie auf gefühlsmäßige Bevorzugungen oder Abgeneigtheiten gelegt. Aus der nachfolgenden Auswertung ergeben sich typische Gruppenkonstellationen oder Individuenbeschreibungen, wie »Star«, »positiver Außeneiter«, »Cliquen«, »Führer« usw.

Literatur:
Moreno, J. L.: Psychodrama und Soziometrie. Essentielle Schriften, Köln 1989
ders.: Morenos therapeutische Philosophie. Zu den Grundideen von Psychodrama und Soziometrie, Ludwigshafen 1991
ders.: Die Grundlagen der Soziometrie, Ludwigshafen 1995   JD

Spiel

Spiel ist die bevorzugte Aktivität von Kindern im Vorschulalter. Unter dem Begriff »Spiel« sind eine Vielfalt unterschiedlicher Aktivitäten subsumiert, so daß es schwierig erscheint, Spiel genauer zu kennzeichnen. Die Untersuchung spielerischer Aktivitäten ist jedoch vor entwicklungspsychologischem Hintergrund insofern von Bedeutung, als sich über das Spiel kulturelle Besonderheiten erfahren lassen. Überdies ist die Untersuchung des Spieles natürlich insbesondere für ein besseres allgemeines Verstehen der Kinder notwendig. Nicht zuletzt ermöglicht die Beobachtung spielerischer Aktivitäten der Kinder Rückschlüsse auf mögliche psychische Konflikte (Szeno-Test). Entsprechend der Entwicklung des Kindes (Kindheit) können wir unterschiedliche Formen des Spieles unterscheiden.

Sensomotorische Spiele

Im ersten und zweiten Lebensjahr hat das Kind besondere Freude an Körperbewegungen und wiederholt diese oft lange Zeit. Diese Bewegungen richten sich zunächst auf eigene Körperteile und einige wenige Objekte aus der Umwelt. Später werden besonders Gegenstände gesucht, die manipulierbar sind.

Informationsspiele, Explorationsspiele

Der Umgang mit Gegenständen hat jetzt eine Erkundungsfunktion. Das Kind will herausfinden, was man mit Gegenständen machen kann, wie sie beschaffen sind oder wie sie »innen« aussehen.

Konstruktionsspiele

Das Kind benutzt Gegenstände, um aus ihnen einen Zielgegenstand herzustellen.

Symbolspiele, Fiktionsspiele

Das Kind deutet einen Spielgegenstand sowie das auf ihn bezogene Handeln nach eigenen Wunsch- und Zielvorstellungen um. Die Handlungen werden aus dem sozialen Umfeld, den Erfahrungen, die das Kind bisher gemacht hat, übernommen. Hierzu gehören beispielsweise Puppen-, Auto-, Cowboy oder Indianerspiele, aber auch soziale Spiele (Lehrer, Krankenschwester usw.), die dann die Bezeichnung »Rollenspiel« erhalten.

Regelspiele

Hier handelt es sich um soziale Formen des Spiels, bei denen nach festgelegten Regeln vorgegangen wird, deren Einhaltung unabdingbar ist – und die zugleich den Reiz des Spieles ausmachen. Regelspiele sind fast immer Wettkampfspiele, wobei der Wettbewerb anfangs weniger bedeutsam ist, dann aber mehr und mehr eine zentrale Rolle erhält. Das Reizvolle am Regelspiel mit Wettbewerbscharakter ist der Leistungsvergleich von Partnern mit ähnlichem Fähigkeitsniveau.

Literatur:
Winnicott, D. W.: Vom Spiel zur Kreativität, Stuttgart 1973   JD

Spieltherapie

Die Spieltherapie eignet sich vor allem für Kinder von ca. 2 bis ca. 12 Jahren. Primäres Kommunikationsmittel und Mittel der Selbstdarstellung ist das spontane Spiel, das im Spielzimmer, einem Raum mit einer Menge verschiedenem Spielmaterial stattfindet. Sie dauert in der Regel eine knappe Stunde, ein- bis evtl. zweimal pro Woche. Der Behandlungszeitraum variiert von einigen Monaten bis mehreren Jahren bei schwersten Störungen und kann einzeln oder in Gruppen geschehen. Der Therapeut ist dabei Spiel- und Interaktionspartner, der aufgrund seines therapeutischen Wissens das Kind im Spiel in Problemsituationen indirekt leitet. Die Spieltherapie wird im Rahmen von Institutionen wie Schulpsychologie, Kinderpsychiatrie, Erziehungsberatungsstellen sowie privaten Praxen angewandt.

Der von der Bevölkerung verwendete Begriff »Spieltherapie« wird oft für jede Art von Kindertherapie verwendet, hinter der sich allerdings verschiedene psychotherapeutische Konzepte, z. B. psychoanalytische Kindertherapie (→ Psychoanalyse), → Gestalttherapie, → Verhaltenstherapie verbergen. Axline (1972) und Schmidtchen (ab 1974), die sich vor allem mit der klientenzentrierten Spieltherapie (→ Gesprächspsychotherapie) auseinandergesetzt haben, gründen auf den von C. Rogers betonten Grundhaltungen der Wertschätzung, Empathie und Echtheit, einer humanistischen Weltauffassung mit Betonung der Nächstenliebe. Ihr Ansatz ist der eines erfahrungsorientierten, emotionalen Lernens unter variablem Einbezug oben erwähnter theoretischer Konzepte. Als Spieltherapie wird oft auch die von Kalf eingebrachte Therapieform des *Sandspiels* bezeichnet. Der *Szenokasten* dient nicht nur zu diagnostischen Zwecken, sondern wird oft auch als Therapiemittel eingesetzt. Das einfache Rollenspiel und seine weiteren Ausprägungen im → Psychodrama (Moreno) und → Bibliodrama werden ebenso wie Malen, Rhythmus und Musik je nach Ausbildung und Begabung des Spieltherapeuten verwendet. In der Regel wird dem Kind die Wahl seines Spieles, der Spielregeln und seines Spielzeuges überlassen oder jeweils dasjenige therapeutische Mittel angeboten, das dem Kind für seinen spontanen Ausdruck am nächsten zu liegen scheint.

In einer ersten Phase mag das Spiel das Kind interessieren, anregen und Kontakt herstellen. Das therapeutische Spiel soll jedoch nach Entstehung einer vertrauensvollen Gemeinschaft mit dem Therapeuten vermehrt einen Raum bieten, in dem die Gefühls-, Bedürfnis- und Wunschwelt, sowie Alltagssituationen zum Ausdruck kommen können und seelische Wachstumsprozesse gefördert werden. Oft klaffen

die kindliche Innenwelt und die Anforderungen der Umwelt und des Alltages auseinander. Auf spielerische Weise kann versucht werden, eine Verbesserung der Kommunikation zwischen diesen Welten zu erreichen. Meistens ist auch begleitende Elternberatung nötig, damit diese mit Hilfe des Therapeuten die Welt und Reaktionen des Kindes besser zu verstehen vermögen, und eine alters- und kindgerechte Pädagogik finden. Gelegentlich ist auch Familien- oder Paartherapie sinnvoll.

Therapeutische Strategien und Techniken bewegen sich zwischen den Polen von geringer Lenkung und starkem Strukturieren (in der Literatur auch als nicht-direktiv und als direktiv bezeichnet). Je nach Alter wird deutendes Gespräch ins Spiel einbezogen. Dieser Anteil nimmt in der Regel gegen die Pubertät hin stark zu. Das gezeigte Spielverhalten gibt oft Hinweise auf das innere Erleben des Kindes.

Spieltherapie in Psychotherapie und Seelsorge

Besonders wirksam ist die Spieltherapie bei ängstlich-gehemmten Verhaltensweisen, bei Entwicklungsstörungen, Lern- und Leistungsstörungen und sprunghaft-impulsivem sowie störend-dissozialem Verhalten von Kindern. Geringes Strukturieren (nondirektives Verhalten) erweist sich bei ängstlichen und sozial gehemmten Kindern oft als hilfreich. Der Therapeut beschränkt sich mehrheitlich auf einfühlsames Interesse am kindlichen Spiel. Diese Kinder sollen lernen, Ängste vor bestimmten Situationen abzubauen, depressive und negativistische Einstellungen zu verlieren und selbstsicherer, optimistischer und handlungsfreudiger zu werden. Bei Kindern, die im Alltag regelmäßig Grenzen überschreiten, ist ein stärker strukturierendes Verhalten unter Einbezug verhaltenstherapeutischer Grundsätze empfehlenswert. Dissoziales Verhalten soll deutlich gemacht werden. Durch Vorbildhaltung des Therapeuten können neue Impulse einfließen. Emotionale und Motivationen enthüllende Prozesse stehen im Vordergrund, wobei das Kind mehr als selbständig handelnde Person und weniger in seinem Problemverhalten im Zentrum steht. Intensives Erleben von Spaß und angenehmen Gefühlen, Umgang mit Enttäuschung, Wut, Trauer und anderen oft als unangenehm empfundenen Gefühlen, konstruktives Umgehen mit gesetzten Grenzen, Veränderung von Problemlösungsverhalten, soziales Interesse, Kontaktfähigkeit, Ausdruck von Ideen, Bereitschaft zum Experimentieren, Originalität und kindliche Schöpferkraft sind weitere wichtige Ziele. Bei erfolgreicher Therapie kann erlebnismäßiges, im Spiel erfahrenes Lernen durch das Kind in Alltagssituationen übertragen werden.

Literatur:
Fritz, J.: Theorie und Praxis des Spiels. Eine praxisorientierte Einführung, Weinheim 1993
Goetze, H. (Hg.): Personenzentrierte Spieltherapie. Grundlagen, Erfahrungen und Perspektiven. Eine Kindertherapie nach Carl Rogers, Kornwestheim 1981
Remschmidt, H. (Hg.): Kinder und Jugendpsychiatrie in Klinik und Praxis, Stuttgart 1988
Schmidtchen, S.: Klientenzentrierte Spiel- und Familientherapie, Weinheim 1991   EB

Spiritismus → Okkultismus

Spontanheilung

Ein Vorgang ist dann spontan, wenn er von selbst, von innen heraus, ohne äußere Einflußnahme stattfindet. Spontanheilung ist demnach eine wesentliche Verbesserung einer gesundheitlichen Störung oder ein völliges Abheilen der Beschwerden ohne therapeutische Einflußnahme. Eine Spontanheilung ist besonders häufig bei leichteren Störungen, z. B. Erkältungen oder kleinen Wunden. Selbst bei länger dauernden Problemen läßt sich eine Spontanheilung beobachten, so z. B. bei Warzen, die häufig wieder verschwinden, ohne daß man weiß, wes-

halb. Außerordentlich selten werden Spontanheilungen bei Patienten beobachtet, bei denen Krebs oder gar HIV diagnostiziert wurde.

Auch im Bereich psychischer Störungen sind Spontanheilungsverläufe zu beobachten. Während schwere Störungen wie z. B. die → Schizophrenie in den meisten Fällen nicht völlig abheilen, ist bei leichten bis mittelschweren → Depressionen häufig eine Spontanheilung zu beobachten, insbesondere, wenn sie mit einem seelischen Auslöser, also einem Verlust oder einer seelischen Verletzung in Verbindung standen. Hier gilt das geflügelte Wort: »Zeit heilt Wunden«. Selbst bei schweren Depressionen kommt es häufig nach 4–6 Monaten zum Abklingen, ohne daß therapeutische Hilfe in Anspruch genommen wurde. Diese Beobachtung wirft verschiedene Fragen auf.

Spontanheilung in Psychotherapie und Seelsorge

Wie kann man Selbstheilungskräfte im psychischen Bereich nutzen?
Offensichtlich hat Gott den Menschen mit Möglichkeiten der Selbstheilung ausgestattet. Diese ist nicht mit Selbstbezogenheit zu verwechseln. Allerdings braucht es zur Förderung der Selbstheilung oft einen gewissen Rückzug von sonst üblichen Aktivitäten, um innerlich zur Ruhe zu kommen. Ein regelmäßiger Tagesablauf, ausgewogenes Essen und das bewußte Fördern einer mäßigen körperlichen Aktivität (Spaziergänge, Schwimmen etc.) kann viel zur Selbstheilung psychischen Leidens beitragen. In diesem Umfeld wird auch der Weg zur inneren Besinnung geöffnet, in der man sein Leben neu ordnet und auf Gott ausrichtet. Der Christ darf seine Selbstheilungskräfte bewußt als von Gott gegeben annehmen und ihm dafür danken.

Welchen Stellenwert haben therapeutische Bemühungen?
Gespräche oder Medikamente können den

Selbstheilungsprozeß unterstützen. Allerdings gilt es zu beachten, daß die Behandlung einer Depression nicht die Länge, sondern nur den Schweregrad und die Intensität des Leidens beeinflussen kann. Dies hat dennoch wesentliche Vorteile: So kann eine Person ohne Behandlung arbeitsunfähig werden, mit allen Konsequenzen von Sinnentleerung, Abwertung und drohender Arbeitslosigkeit. Eine Therapie hingegen kann dazu verhelfen, daß der Betroffene noch seiner Arbeit nachgehen und seine Selbstachtung aufrechterhalten kann. – An dieser Stelle muß auch erwähnt werden, daß Menschen in seelischer Not offen für alle möglichen Heilverfahren sind, »wenn es nur hilft.« Viele alternativmedizinische Praktiken oder psychotherapeutische Sonderlehren leiten ihre Wirksamkeit aus dem Erfolg ab, der eigentlich durch Spontanheilung zustande kam (→ Placebo-Effekt).

Selbstheilung und Wunder

Die Spontanheilung erschwert für den Mediziner auch die Beurteilung eines Wunders. Was ist wirklich durch eine Wundermedizin oder ein göttliches Wunder bewirkt worden, und was wäre ohnehin auf dem Wege der Spontanheilung zustande gekommen? Unter einem Wunder verstehen wir eine dramatische Veränderung des Gesundheitszustandes, die nach menschlichem und wissenschaftlichem Ermessen nicht zu erwarten war. Wunder geschehen oft in dem weiten Spannungsfeld von Alles oder Nichts. Gott wirkt häufig nicht durch Extreme, sondern im Stillen und Verborgenen. Wer die Selbstheilungskräfte als Geschenk von Gott ansieht, der kann auch die Wunder im Kleinen sehen und sie mit Dankbarkeit von ihm annehmen.

Literatur:
Schepank H. (Hg.): Verläufe. Seelische Gesundheit und psychogene Erkrankungen heute, Berlin 1990
Tress W.: Das Rätsel der seelischen Gesundheit, Göttingen 1986   SP

Sprache

Versteht man Sprache als typisch menschliches Zeichen- und Regelsystem und versucht man, sich dem Phänomen von psychologischer Bedeutung zu nähern, so gilt als Aufgabe die Erforschung des verbalen Erlebens und Verhaltens des Menschen. Von besonderem Interesse sind dabei die pragmatischen Funktionen, semantische Probleme, syntaktische und grammatikalische Regeln und phonetisches Sprechverhalten.

Pragmatische Dimension

Sprache ist nicht nur ein Mittel der → Kommunikation, sondern übernimmt vielfältige weitere Funktionen. Sie macht Erfahrungen mit der Umwelt erst dadurch möglich, daß sie den Menschen instand setzt, wichtige Elemente derselben (Objekte, Personen, Sachverhalte, Tätigkeiten usw.) mit Begriffen zu versehen. L. Wittgenstein spricht in diesem Zusammenhang davon, daß etwas benennen etwas ähnliches ist, wie einem Ding ein Namenstäfelchen anzuheften. Auch Weltanschauungen, Sitten, Gebräuche, Moral, ja alle kulturellen Elemente können nur durch Sprache vermittelt werden. Worte vermitteln implizite Handlungsanweisungen, wie man mit einem Ding, das so heißt, umzugehen hat (z. B. Geschirrspültuch). Sie können stabilisierende Wirkung haben und Gruppenzugehörigkeitsgefühl vermitteln (so sprechen manche Gruppen in einem spezifischen »Slang«). Immer wieder wurde auch die enorme Bedeutung der Sprache für die Denkentwicklung hervorgehoben (so definierte man beispielsweise im → Behaviorismus Denken als konditionierte Kehlkopfbewegungen). Nicht zuletzt dient Sprache als Medium der Übermittlung von Bedürfnissen und Gefühlen; leider sind Menschen oft nur ungenügend imstande, Gefühle effektiv und genau zu beschreiben. Folge davon können Mißverständnisse und Störungen in der → Kommunikation sein.

Semantische Dimension

Sprache als Symbolsystem erfaßt Wirklichkeit nicht isoliert, sondern zeigt immer eine subjektive Komponente auf. Worte und Wortkombinationen besitzen viele Bedeutungen und können je nach Situation, Lautstärke, nach aktuellem Befinden des Sprechenden (→ Gefühle) usw. viele unterschiedliche und immer wieder neue Bedeutungen annehmen. Demzufolge unterscheidet man in der Sprachforschung die Bedeutung eines Wortes in seine *denotative* Bedeutung (die Bedeutung eines Wortes, wie es in Lexika beschrieben wird) und seine *konnotative* Bedeutung (die emotional wertende Komponente eines Wortes). Konnotative Bedeutungen sind abhängig von der unterschiedlichen Persönlichkeitsstruktur des Sprechenden, seiner Biographie, seiner sozialen Schichtzugehörigkeit usw. Durch konnotative Bedeutungsgehalte eines Wortes entstehen immer wieder Mißverständnisse in der → Kommunikation.

Syntaktische und phonetische Dimension

Um eine gesprochene Sprache verstehen zu können, bedarf es der Bildung von Lauten oder Gruppen von Lauten, der sog. *Phoneme*, sowie der Bildung von Sätzen. Diese Bildung unterliegt den Regeln der *Phonetik* bzw. der *Syntax*. Bestimmte Grundregeln sind allen Sprachen gemeinsam, jedoch machen diese Regeln ebenso die Unterschiedlichkeit der Sprachen untereinander aus.

Um Sprachfähigkeit zu erlangen, bedarf es gesunder Sprechorgane (Zunge, Kiefer, Zähne, Kehlkopf) sowie der Fähigkeit, gesprochene Sprache wahrzunehmen. Sprache und Anwendung von Sprache sind im Gehirn an unterschiedlichen Orten lokalisiert, so daß Sprache (bei Erwachsenen) im Sinne des Sprachverständnisses und Sprechen im Sinne der Sprechmotorik als isolierte Sprachstörungen auftreten können (→ Aphasie). Neben den beschriebenen *Sprachstörungen* gibt es verschiedene *Sprechstörungen*, die durch Erkrankung oder Mißbildung der Sprechorgane (z. B. Hasenscharte, Wolfsrachen) bedingt sind. Im Ge-

gensatz zur organisch bedingten Taubstummheit gibt es psychisch bedingte Sprechstörungen, wo trotz intakter Sprach- und Sprechfähigkeit nicht gesprochen wird (→ Mutismus). Daneben gibt es ebenfalls meist psychisch bedingte Sprechstörungen, wie → Stottern, Stammeln, Lispeln, die sprachheiltherapeutisch geheilt werden können.

Literatur:
Chomsky, N.: Reflexionen über die Sprache, Frankfurt 1977
Ryle, G.: Begriffskonflikte, Göttingen 1970
Sloterdijk, P.: Zur Welt kommen – Zur Sprache kommen, Frankfurt/M. 1988
Wittgenstein, L.: Tractatus Philosophicus, Frankfurt 1986   JD

Sprachstörungen → Aphasie, → Hysterie, → Sprache, → Stottern

Stehlen, Stehlsucht → Kleptomanie

Sterben/Sterbebegleitung

Sterben ist die Bestimmung des Menschen (zur Unterscheidung von Sterben und Tod: → Tod/Trauer/ Trauerarbeit).

Wir müssen Sterbebegleitung deutlich von Sterbehilfe abgrenzen:
In der Sterbehilfe wird der Mensch zum Sterbefall, das heißt zum Objekt. Der Sterbende ist rein passiv. Ob weiter für ihn gehandelt wird oder wie an ihm gehandelt wird, bestimmen andere, z. B. Ärzte und Pfleger.

Bei der Sterbebegleitung bleibt der Sterbende aktiv. Es wird nicht nur am Sterbenden gehandelt, sondern er wird begleitet. Ziel der Sterbebegleitung ist nicht das »schöne Sterben« (Euthanasie), sondern der vorbereitete und bewußte Abschied vom

Leben. Die Leitfrage ist nicht: »Wie sterbe ich?«, sondern es stehen Fragen im Vordergrund, wie: »Wohin sterbe ich? Werde ich eingehen in die ewige Herrlichkeit? Werde ich bei Jesus sein?«

Sterbebegleitung in Psychotherapie und Seelsorge

Die Sterbenden sehnen sich nach Gemeinschaft und Austausch. Die folgenden sechs Schritte zeigen Formen der Gemeinschaft auf, die dem Sterbenden helfen können.
– *Mitwachen:* Der Weg eines Sterbenden führt in immer tiefere Einsamkeit. Angehörigen fällt es schwer, das Sterben eines ihnen Nahestehenden mit anzusehen. Sie stellen ihre Besuche ein. Immer häufiger verabschieden sie sich in der Stille von dem Sterbenden.
– Der Sterbende selbst aber sehnt sich nach menschlicher Nähe. Diese kann ein Sterbebegleiter vermitteln, und zwar durch Handeln ohne Worte (= nichtverbale Kommunikation). Es ist ein »Wortwechsel« in Form einer Wechselwirkung von nichtwörtlichen Signalen. Das Halten der Hände eines Sterbenden, das Benetzen der Lippen, das schweigende Auflegen einer segnenden Hand zeigen dem Sterbenden: Du bist nicht allein! Ich stehe an deinem Bett und helfe dir, soweit ich kann. Ich wache mit dir.
– *Mitbeten:* Sterbende, auch die, die täglich gebetet haben, sind meist zu schwach, um zu beten. Wenn der Sterbebegleiter Lieder und Gebete, die der Sterbende im 4. bis 6. Schuljahr oder im Konfirmationsunterricht einmal gelernt hat, spricht, werden Erinnerungen wach. Beim Wiederholen solcher Gebete kann auch der Schwerleidende phasenweise mit einstimmen. Menschen, die nur in besonderen Notzeiten gebetet haben, ist in der Regel noch das Vaterunser bekannt. Solchen, die nie beten lernten, kann das Beten eine letzte tiefe Erfahrung sein.
– *Das Ja zum letzten Weg:* Für den Sterbenden ist es wie ein Durchbruch, wenn er sagen oder gedanklich nachvollziehen kann: »Ich bin bereit zu gehen«. Ist ein Angehöriger bereit, bei dem Sterben eines Menschen dabeizusein, den er liebt, so ist seine Antwort gefragt, etwa mit den Worten: »Du weißt, wie gerne ich dich weiter bei mir hätte, ich gebe dich in Gottes Hand. Gehe in Frieden!«
– *Beistand in der Anfechtung:* Bei nicht wenigen Sterbenden läuft vor ihrem inneren Auge ihr Leben noch einmal wie ein Film vorüber. Dabei treten vor allem schwere Stunden der Trennung, der Zerwürfnisse und des Aneinander-Schuldiggewordenseins in den Vordergrund. Nicht immer gelingt es, eine Aussöhnung herbeizuführen. Um so entscheidender ist es, von der Vergebung zu sprechen, und zwar sowohl von der Vergebung, die denen zu gewähren ist, die an dem Sterbenden schuldig wurden, als auch von der Vergebung Jesu. Der Sterbebegleiter spricht dem Sterbenden im Namen Jesu die Vergebung zu. Er eröffnet ihm die Möglichkeit zum Empfang des Heiligen Abendmahls. Das Abendmahl nennt Ignatius von Antiochien (gest. 117 n.Chr.) »Arznei der Unsterblichkeit«.
– *Anknüpfen an das Urvertrauen im Todeskampf:* Seiner sterbenden Tante Lene schrieb Martin Luther: »Denke, daß Du in Deiner Wiege einschläfst.« Das Vermitteln von Urvertrauen hat seinen Platz im Todeskampf Jesu. Dies wird in besonderer Weise deutlich beim Sterben Jesu. Sein Todeskampf wird mit dem Wort Agonie, dem griechischen Wort für Todeskampf, umschrieben (Lk 22,44). Agonie wird ausgelöst durch die Angst vor dem Tod und durch die bange Frage, ob der Tod endgültig bleibt. In diesem Ringen ruft Jesus zu seinem Vater mit der Anrede: »Abba.« »Abba« ist ein Ausdruck des Urvertrauens, mit dem das kleine Kind sich seinem Vater zuwendet (Röm 8,15; Gal 4,6).
– *Das Licht der Auferstehung und der Sterbesegen:* Es ist ein Trost besonderer Art, wenn ein Sterbender einen Lichtschein aus der Ewigkeit sieht. Manche Sterbenden berichten von einem hellen Licht, andere von einer Schau eines bereits verstorbenen Angehörigen, der auf sie wartet. Ein solcher Blick in

die Ewigkeit ist nicht jedem Sterbenden gegönnt. An jedem Sterbebett aber haben Texte der Auferstehung ihren besonderen Raum. Der letzte Liebesbeweis für einen Sterbenden ist der Sterbesegen. Unter Auflegen der Hände spricht der Sterbebegleiter die Segensworte, die Gott selbst eingesetzt hat:

»Der HERR segne dich und behüte dich;
der HERR lasse sein Angesicht leuchten über
dir und sei dir gnädig;
der HERR erhebe sein Angesicht auf dich und
schenke dir Frieden.« (4Mo 6,23–27)

Sterbende Nichtchristen?

Auch Nichtchristen stehen unmittelbar vor dem Sterben Versäumnisse, Zerwürfnisse und Brüche mit Familienmitgliedern, Freunden, Nachbarn oder Bekannten vor Augen. Sie werden als schwere Last oder Schuld empfunden. Solange der Mensch lebt, ist eine Versöhnung mit Gott möglich. Wenn es der Sterbende erbittet oder es zumindest nicht ablehnt, ist es für ihn eine Befreiung, wenn ihm die Vergebung Jesu zugesprochen wird. Gott nimmt auch den auf, der in der letzten Stunde seines Lebens zu ihm kommt (vgl. Mt 20,1–16) oder der wie der Schächer am Kreuz betet: »Jesus, gedenke an mich, wenn du in deine Königsherrschaft kommst!« (Lk 23,42).

Literatur:
Bräumer, H.: Auf dem letzten Weg, Stuttgart 1988   HJB

Stichproben → Empirie

Stimulus

Wenn man beim ersten Sonnenstrahl in die kurze Hose schlüpft, hat man auf einen Stimulus (lat. Anregung, Reiz) reagiert. Der Sonnenstrahl ist ein Stimulus oder die auslösende Bedingung, die zu einer bestimmten Verhaltensweise (kurze Hose anziehen) führt. Um die Stimuli für ein Verhalten herauszufinden, stellt man die Frage, in welcher Situation ein Verhalten auftritt. Das Verhalten (oder die Reaktion) »kurze Hose anziehen« tritt z. B. bei den Stimuli »Sportunterricht« oder »Strandspaziergang« auf. Stimuli können eng umschriebene Situationen (Kaufhaus, Zahnarzt) oder auch Tages- oder Jahreszeiten, Menschen, Körperwahrnehmungen (z. B. als Auslöser für Panikattakken) o.ä. sein. Auf Stimuli wird besonders bei den Lerntheorien geachtet. Hier spricht man u.a. von S-R-Theorien (Stimulus-Reaktions-Theorie), die im Behaviorismus stark vertreten wurden.

Man unterscheidet zwischen angeborenen und erlernten Reizen. Natürlich vorkommende Reize sind z. B. Nahrungsmittel, die die Verhaltensweise »Essen« auslösen, oder ein Luftzug am Auge, der den Reflex »Auge schließen« auslöst. Aber auch erlernte (durch die klassische → Konditionierung) Reize bestimmen unser Leben: Viele entspannen sich automatisch, wenn sie ein Plakat von einem Strand mit Palmen sehen, oder fühlen sich im ersten Moment unbehaglich, wenn der Mann, der ihnen in der U-Bahn gegenübersitzt, so aussieht wie ihr Mathematiklehrer.

Stimuluskontrolle ist eine häufig praktizierte verhaltenstherapeutische Methode der Selbststeuerung. Dabei können erwünschte Verhaltensweisen oder ein Problemverhalten kontrolliert werden. Ausgangspunkt ist die klare Definition dessen, wie die Situation, in der ein Verhalten auftreten soll oder bisher aufgetreten ist, aussieht. Ein Beispiel kann ein Selbstkontrollprogramm für die Gewichtsreduktion sein. Zunächst werden die Situationen genau beschrieben, die das Problemverhalten auslösen bzw. kontrollieren. Das könnten z. B. bestimmte, stark kalorienhaltige Nahrungsmittel sein, die im Küchenschrank oben links liegen, oder Lebensmittel, die leicht zugänglich sind. Diese Stimuli sollen, soweit es geht, beseitigt werden. Neben anderen therapeutischen Schritten werden dann u.a. folgende Vereinbarungen getroffen: (a) Bestimmte, stark kalorienhaltige Nahrungsmittel dürfen nicht mehr gekauft werden; (b) Lebensmittel sollen verschlossen und der Schlüssel an einem entlegenen Ort aufbewahrt werden (Keller oder Dachboden). Das Problemverhalten »Essen« soll dann nur noch unter bestimmten Stimulusbedingungen zugelassen werden: z. B. nur am gedeckten Tisch essen, beim Essen nichts anderes tun (kein Radio hören oder Zeitunglesen), die Suppe nur mit einem kleinen Löffel essen, nach jedem Bissen, Messer und Gabel aus der Hand legen ... Natürlich sollen diese Eingrenzungen nicht auf einmal, sondern schrittweise eingeführt werden. Die Stimuluskontrolle von erwünschtem Verhalten wird ebenso schrittweise eingeführt, nur daß es hier um den Aufbau des Verhaltens geht. BN

Stottern

Das Stottern ist eine Redeflußstörung, die in der sprachlichen Kommunikation in Erscheinung tritt.

Etwa 1 % der Bevölkerung ist davon betroffen. Die Entwicklung des Stotterns beginnt meistens im Vorschulalter, wobei Jungen 2–10mal häufiger betroffen sind. Es kann im Laufe der Sprachentwicklung ein Entwicklungsstottern (auch »physiologisches« Stottern genannt) auftreten, das nicht als Krankheit angesehen wird. Von den Logopäden wird dies oft als Koordinationsproblem, z. B. zwischen Sprachmotorik und Sprachkonzeption, angesehen. Diese Art Stottern braucht keine Therapie. Eine ruhige Atmosphäre im Elternhaus kann sehr hilfreich sein, um so mehr, wenn die Familie bereit ist, langsamer als normal zu sprechen. Auch ein Aufenthalt in einem weniger hektischen Haushalt, z. B. bei den Großeltern oder Freunden, vermag oft viel zu bewirken.

Am Übergang vom Kindergarten zur Einschulung steht häufig die Frage, ob das Entwicklungsstottern fixiert sei. Von der Erscheinungsweise her kann man unterscheiden zwischen einer Störung des Redeflusses mit Wiederholungen meistens von Einzellauten am Wortanfang (klonisch), z. B. »gu-gu-gu-ten Morgen« und einer solchen mit Blockierungen (tonisch), z. B. »gu------ten

Morgen«. Meistens kommen gemischte Formen vor. Verschiedene sekundäre Erscheinungen wie Störungen der Atembewegung, Einschieben von oralen Lauten (Schmatz- und Schluckgeräusche) und Flickworte wie z. B. »mm« – »äh« gesellen sich häufig dazu. Im Kindesalter kommen zudem oft Mitbewegungen des Gesichtes (Grimassieren, Kopfbewegungen) und der Extremitäten (z. B. Zucken, Stampfen, mit den Fingern trommeln ...) vor. Auch Einschubwörter werden gebraucht. Sie zeigen sich beim unvorbereiteten Vorlesen. Eine Verstärkung der Symptomatik tritt je nach äußerer oder innerer Streßsituation auf. Psychische Folgeerscheinungen können Sprechscheu, vermindertes Selbstbewußtsein und sozialer Rückzug sein. Ebenso kommt aber auch der Frage nach dem »sekundären Krankheitsgewinn« durch das Symptom des Stotterns eine wichtige Bedeutung zu.

Zur Erklärung gibt es eine Vielzahl von Theorien, die zum Teil auch die Basis einer ebensolchen Vielzahl von Therapieformen bilden. Einige davon nehmen hirnorganische Funktionsstörungen an. Davon abgrenzen kann man die Redeflußstörung nach Schädelunfall. Auch genetische Faktoren werden diskutiert. Sie stützen sich auf eine familiäre Häufung des Stotterns. Nachahmungsstottern beruht auf der Tatsache, daß Kinder individuelle Sprechmuster ihrer Umgebung unbewußt kopieren. Im logopädischen Bereich kann man zwischen einer zentralmotorischen Störung, Sprachkonzeption, einem innersprachlichen Geschehen (Sprachlautgedächtnis), psychischen Faktoren und Umweltfaktoren unterscheiden, welche einzeln und in Kombination dem Stottern zugrunde liegen können. Gelegentlich kommen zusätzliche Störungen und Behinderungen auf der neurologischen und neuropsychologischen Ebene dazu.

Psychologische Theorien mit psychodynamischer Betrachtungsweise sehen oft das Stottern als Ausdruck eines frühkindlichen Konfliktes oder konflikthaft erlebter Beziehungen. Je nachdem, wird dann das Stottern als Neurose bezeichnet.

Stottern in der Psychotherapie und Seelsorge

Eine Therapie soll dann eingeleitet werden, wenn sich ein Mensch durch das Stottern gestört fühlt und Bereitschaft zu einer Therapie zeigt. Dabei kann die Umgebung (Familie/Kindergarten/Schule) eine große Rolle spielen, je nachdem, ob sie wohlwollend oder ausgrenzend reagiert. Im therapeutischen Bereich kann zwischen beginnendem und chronischem Stottern unterschieden werden. Den chronischen Verläufen bietet sich eine Vielzahl von verschiedenen Behandlungsansätzen an, wobei eine altersentsprechende Methode gewählt werden sollte. Grundsätzlich sind es sprechtechnische Verhaltensänderungen und psychotherapeutische Maßnahmen zur Stützung der Persönlichkeit. Dabei wird eine Vielzahl von Verfahren eingesetzt: Logopädie (rhythmische Übungen, Sprechübungen, Singen), atemtherapeutische Übungen, Entspannungstechniken (→ Entspannung), → Autogenes Training, suggestive Verfahren (→ Hypnose), Konditionierungsverfahren (→ Verstärkung flüssigen Sprechens, → Konditionierung, → Biofeedback), → Psychoanalyse, → Individualpsychologie, → Gesprächspsychotherapie, → Verhaltenstherapie, → Spieltherapie, begleitende Elterngespräche. Jeder stotternde Mensch bedarf individueller Behandlung. Phoniater, Logopäden, Heilpädagogen, Psychiater und Psychotherapeuten arbeiten je nach Situation zusammen. Es scheint, daß der therapeutische Erfolg weniger von der Technik als von der Persönlichkeit des Therapeuten und der innerhalb dieser Beziehung mit Überzeugung und Engagement vermittelten Technik zusammenhängt. In den letzten Jahren wurden im logopädischen Bereich intensivtherapeutische Modelle entwickelt, um Redeverhaltensmuster durch verhaltenstherapeutische und logopädische Techniken abzuschwächen und durch neue Muster, z. B. rhythmisierendes Sprechen zu ersetzen. Trotz zahlreicher Therapiemöglichkeiten finden sich viele resistente Situationen und Rückfälle. Hier wird eine allgemeine Stützung des Selbstwertgefühles und der Kommunikationsfähigkeit angestrebt, die den Betroffenen befähigt, so zu sprechen, daß die Umwelt seine Redeflußstörung wenig bemerkt.

Literatur:
Böhme, G.: Klinik der Sprach-, Sprech- und Stimmstörungen, Frankfurt 1983
Grohnfelt, S.: Störungen der Redefähigkeit. Handbuch der Sprachtherapie, Berlin 1992
Kern, H. et al.: Verhaltenstherapeutische Stotterbehandlung. Einzelfalltherapie für die Praxis, Stuttgart 1993
Mielke, U. et al.: Stottern. Ursachen – Bedingungen, Wiesbaden 1993
Remschmidt, H. (Hg.): »Stottern«, in: Kinder- und Jugendpsychiatrie in Klinik und Praxis, Bd. 3, S. 30–33, Stuttgart 1988
Wendlandt: W.: Zum Beispiel Stottern. Stolperdrähte, Sackgassen und Lichtblicke im Therapiealltag, München 1984   EB

Strafe

Der Begriff der Strafe soll hier vor allem im seelsorgerlich-psychologischen Zusammenhang untersucht werden (→ Kinderlügen).

Im allgemeinen Sprachgebrauch verwenden wir den Begriff »Strafe« im Zusammenhang mit der Abgeltung von begangenem Unrecht. In welchem Sinne jedoch von Unrecht gesprochen wird und was als Strafe angesehen wird, ist sehr verschieden.

Seelsorgerlich-theologische Aspekte

Auf biblischem Hintergrund betrachtet, trifft Strafe alle Menschen, die sich an göttlichen Ordnungen vergangen haben und damit Schuld (→ Sünde) auf sich geladen haben. Strafe soll das begangene Unrecht in seiner Verkehrtheit (→ Buße) erkennbar machen und der gesetzten Ordnung wieder Anerkennung verleihen. Nach biblischem Zeugnis gilt der Tod als adäquate Strafe für Sünde (Röm 6,23).

In seiner Rechtfertigungslehre verdeutlicht der Apostel Paulus, welchen Status der Mensch vor Gott hat, der an den Sohn Gottes, Jesus Christus, glaubt. Diese Menschen sind »frei von jeder Verpflichtung gegenüber dem von ihnen gebrochenen Gesetz, weil er (Gott) sich selbst in der Person seines Sohnes die Strafe für ihre (der Menschen) Übertretungen auf sich genommen hat« (Collins, S. 140). Der glaubende Mensch wird von Gott freigesprochen, nicht weil er ohne Schuld ist, sondern weil Jesus Christus die Strafe auf sich genommen hat. Menschen sind nie in der Lage, vor Gott für ihre Sünden selbst zu sühnen. Alle guten Werke und Sühneleistungen von Menschen sind nie genug, um gerechtfertigt zu werden. Nicht ein heiliges und gerechtes Leben, sondern allein das Vertrauen auf Christus macht Menschen vor Gott gerecht (Gal 2,16; Eph 2,8f). Der Vertrauensschritt beinhaltet den Glauben, daß Jesus Christus die Strafe Gottes für die Schuld der Menschen auf sich genommen und mit seinem Leben verbüßt hat (Röm 3,23–26; 4,25; 5,1; 8,1f; Kol 2,13f).

Diese Tatsache ist die Grundlage für die tröstende und mutmachende Komponente der → Seelsorge. Obwohl auch Christen nicht vollkommen sind, stehen sie vor Gottes Augen tadellos dar, weil Jesus für sie am Kreuz die Strafe für ihre Sünden in seinem Tod und seiner Auferstehung getragen hat.

Es gibt aber auch Ereignisse oder bestimmte Lebenssituationen, die von Menschen als Strafe Gottes für bewußte oder unbewußte Sünde empfunden werden. Hier müssen die individuellen Lebenshintergründe differenziert beachtet werden. Oft empfinden Menschen es als Strafe Gottes, die Folgen von Sünde tragen zu müssen. Gott vergibt, d. h. er rechnet Sünde nicht an, aber er nimmt die Folgen der Sünde nicht weg. Manchmal belasten solche Folgen einen Menschen sein Leben lang.

Auch wenn wir Menschen bestimmte Ereignisse als Strafe Gottes empfinden und diese Eindrücke nicht bewältigen können, muß die Seelsorge auch immer die tragende Gewißheit vor Augen haben, daß Gottes Güte Menschen nie über ihr Vermögen versucht (1Kor 10,13) und daß letztlich diese Güte uns auch durch schwere Ereignisse zur → Buße bringen will (Röm 2,4) und unser ewiges Heil höher bewertet als irdisches Wohlergehen.

Psychologische Aspekte

Die Psychologie nähert sich dem Thema Strafe auf einer grundsätzlich anderen Ebene. Hier geht es in erster Linie um Strafe als Mittel zur Verhaltenssteuerung. Bestrafung soll das Ziel haben, die zukünftige Auftrittswahrscheinlichkeit eines bestimmten Verhaltens zu senken (→ Lernen). Die theoretischen Grundlagen und wichtige Forschungsergebnisse zu diesem Thema lieferten in erster Linie Forscher aus behavioristischer Tradition (→ Behaviorismus).

Das Paradigma der instrumentellen → Konditionierung (Synonym: operante Konditionierung) erklärt verschiedene Formen des Lernens durch Konsequenzen. Die wichtige Beziehung, die hier gelernt werden soll, ist die zwischen einer Reaktion (z. B. eines bestimmten Verhaltens) und ihren Konsequenzen. Über Verstärkung wird die Auftrittswahrscheinlichkeit einer bestimmten Reaktion erhöht, über Bestrafung verringert. Bestrafung ist ein aversiver Reiz, der auf eine unerwünschte Reaktion verabreicht wird. Dadurch wird eine Verhaltenskontingenz gelernt, die diese unerwünschte Reaktion löschen kann oder sie zumindest unterdrückt. Bestrafung kann sich prinzipiell auf zweierlei Weise ausdrücken:

Strafe durch negative Konsequenzen
Auf unerwünschtes Verhalten folgt unverzüglich ein aversiver Reiz.
Beispiel: Ein Autofahrer, der die Geschwindigkeitsbegrenzung nicht beachtet hat, muß eine empfindliche Geldstrafe zahlen.

Strafe durch Entzug positiver Reize
Beispiel: Einem Autofahrer, der die Geschwindigkeitsbegrenzung grob überschritten hat, wird der Führerschein entzogen.

In der → Verhaltenstherapie kennt man Bestrafungsverfahren, die man einsetzen kann, um unerwünschtes Verhalten abzubauen. Strafen als Mittel zur Verhaltenskontrolle sind sehr umstrittene Methoden. Es gibt jedoch einige wenige Indikationen, in denen die Anwendung von Bestrafungs- und Aversionsverfahren legitim scheint. Es handelt sich hierbei um Verhaltensabweichungen, die sozial geächtet sind und geahndet werden (Linden/Hautzinger).

Praktische Konsequenzen

Strafe/Bestrafung kann nur ein Bestandteil im Kanon verhaltenssteuernder Maßnahmen sein. In der Regel sind Maßnahmen, die ein erwünschtes Verhalten bekräftigen, Strafmaßnahmen vorzuziehen. Dies gilt für Erziehung wie Therapie. Strafe wird nur dann als sinnvoll erachtet, wenn auch die Möglichkeit für ein angepaßtes Verhalten gegeben war.

Nahezu alle Forschungsergebnisse in bezug auf Bestrafung wurden in Tierversuchen gewonnen. Aversive Reize waren häufig Stromstöße, die den Tieren verabreicht wurden. Deshalb ist eine direkte Übertragung auf Menschen eher problematisch anzusehen.

Menschen können der Strafungssituation entrinnen (kann Fluchtverhalten fördern) und aggressiv gegen den Strafenden werden. So ausgelöste Beziehungsstörungen können dann schlimmer sein als das Verhalten, das zur Bestrafung führte. Außerdem wird unerwünschtes Verhalten, das nicht unverzüglich konsequent bestraft wird, eher noch verstärkt.

Es ist weiterhin zu überlegen, was heutzutage als Strafe angesehen wird. Bestrafung ist mehr als das Zufügen von physischen Schmerzen. Vom strafenden Blick, einer eindringlichen Ermahnung bis zum Entzug von Privilegien (z. B. Fernsehverbot) gibt es ein weites Spektrum von Strafmitteln zur Verhaltenssteuerung. Die Bestrafung sollte nur gerade so intensiv sein, daß die unerwünschte Reaktion unterbunden wird.

Literatur:
Collins. G.: Die biblischen Grundlagen für beratende Seelsorge, Marburg 1995
Dieterich, M.: Handbuch Psychologie und Seelsorge, Wuppertal und Zürich 1992
Fliegel, S. et al.: Verhaltenstherapeutische Standardmethoden, München 1981
Linden, M.; Hautzinger, M. (Hg.): Psychotherapie-Manual, Berlin 1981
Zimbardo, P. G.: Psychologie, Berlin 1992
                                                          DMS

Strain → Neurose

Streß

Der Ausdruck Streß wird heutzutage sehr häufig und in verschiedenen Zusammenhängen benutzt. In einer einfachen Definition versteht man unter Streß eine »unspezifische Reaktion, d. h. eine Antwort des Körpers auf Anforderungen, die an ihn gestellt werden«.

W. B. Cannons Untersuchungen aus dem Jahre 1915 erbrachten erste Zusammenhänge zwischen emotionalen Vorgängen und physiologischen Prozessen. Sowohl bei Tieren als auch bei Menschen, die in erregenden Situationen beobachtet wurden, konnten eine ganze Reihe von Veränderungen der Körperfunktionen festgestellt werden: verminderte Magen- und Darmtätigkeit, stärkere Durchblutung und Leistungsfähigkeit der Herz- und Skelettmuskulatur, Steigerung von Blutdruck, Atem- und Herzschlagfrequenz, Anstieg der Zahl der roten Blutkörperchen und des Zuckergehalts im Blut sowie eine verlangsamte Blutgerinnung, insgesamt gesehen also eine Umstellung des Körpers auf gesteigerte Abwehr bzw. Flucht vor einer gefährlichen Situation. Alle diese Wirkungen versuchte Cannon auf die Aktivität des vegetativen Nervensystems (Sympathikus und Nebennierenrindenmark) zurückzuführen. Er war sich jedoch darüber im klaren, daß nicht jeder emotionale Prozeß den Organismus aktiviert. Es kann auch eine mißliche Situation, wenn sie sich durch Handeln nicht ändern läßt, ein apathisches inaktives Verhalten auslösen, wobei dann die Herzschlagfrequenz sinkt und der Blutdruck fällt.

Der österreichisch-kanadische Mediziner und Biochemiker H. Selye (1907–1982) führte im Jahr 1950 den Begriff »Stress« in die Biomedizin ein. Er bezeichnete damit die unspezifische Reaktion eines Organismus auf jede übermäßige Belastung, die die Widerstandskraft erhöht. Selye nannte dieses Phänomen das allgemeine Anpassungs- oder Streßsyndrom.

Er unterschied zwischen Streß und »Stressoren«, d. h. den Streß auslösenden Faktoren. Ein Stressor kann ebenso große Kälte sein wie Sauerstoffmangel, eine Infektion, körperliche Anstrengung oder auch Angst und Wut. Biochemisch sieht er eine vermehrte Ausschüttung von Adrenalin und Noradrenalin bzw. Cortisol und Corticosteron (→ Neurotransmitter) als Ursache der körperlichen Veränderungen.

Bei der Reaktion auf Stressoren wies Selye drei voneinander abgrenzbare Phasen nach: Die *Alarmphase*, in der sich die Körperfunktionen wieder zurückbilden, die *Widerstandsphase*, in der der Körper auf hohem Niveau belastet wird, jedoch nur eine teilweise Rückbildung erfolgt. Bei schwerem und allzu langem Streß kommt es dann zur *Erschöpfungsphase*. Hier bricht das Anpassungsvermögen zusammen, was bis zum Tode führen kann.

Die moderne Immunologie hat die Befunde Selyes (Zunahme der Aktivität der Adrenalindrüse, verbunden mit gleichzeitiger Verringerung der Aktivität des Immunsystems) teilweise bestätigt. Komplexere psychologische Stressoren, z. B. Examens- und Schulstreß, Schlafentzug, der Verlust nahestehender Personen usw. gehen mit einer reduzierten Immunreaktion einher. Mehrere Untersuchungen haben jedoch gezeigt, daß die Reaktionen verschiedenartig sein können. So verfielen einige Menschen nach einem Verlust in schwere → Depressionen, andere tendierten dazu, geringere Immunität gegenüber → Krankheiten zu zeigen. Interessant war bei diesen Untersuchungen allerdings auch, daß eine ganze Reihe von gestreßten Menschen gesund blieben. Einer der Hauptgründe für dieses Verhalten war, daß es besonders wichtig ist, ob die betreffende Person das extreme Ereignis kontrollieren konnte. Insgesamt gesehen, darf man allerdings davon ausgehen, daß auf Dauer die zunächst vorteilhaften körperlichen Anpassungen dem Organismus schaden.

Deutlich gemacht wurde auch, daß die Streßtoleranz einzelner Menschen sehr individuell sein kann. Die Forschungen zum Lebenswandel (»life change«) haben gezeigt, daß die Beziehungen zwischen Streß und Krankheit sehr verschiedenartig sind. Bei Frauen führte Streß häufiger zu Krankheiten, bei Männern ergibt sich sogar eine negative Korrelation, d. h. sie empfinden Streß (in Grenzen) womöglich als angenehme Abwechslung. Weiterhin konnte man zeigen, daß hochgestreßte Menschen ein relativ niedriges Selbstkonzept haben.

Eine Zusammenführung der Konzepte von Cannon und Selye leisteten J. P. Henry und Patricia M. Stephens (1977), indem sie zu dem Schluß kamen, daß zwei voneinander unabhängige Streß-Achsen zu unterscheiden sind. So wird das von Cannon als fundamental erachtete Sympathikus-Nebennierenrindenmark-System aktiviert, wenn durch aktives Handeln die Situation unter Kontrolle gebracht wird. Außerdem beinhaltet dieser Zustand Gefühle wie Angst oder Wut. Es kann sein, daß dieser sog. »aktive Streß« die Entstehung von Arteriosklerose und Schäden im Herz-Kreislauf-System begünstigt.

Das von Selye beschriebene Hypophysen-Nebennierenrinden-System wird bei Verlust der Kontrolle über Personen und Situationen aktiviert und ist durch Unsicherheit, Hilflosigkeit und Depressionen gekennzeichnet. Dieser »passive Streß« könnte längerfristige Erkrankungen begünstigen, bei denen das Immunsystem eine Rolle spielt.

Literatur:
Dieterich, M.: Wir brauchen Entspannung, Gießen, Basel 1992
Holst, D. v.: »Zoologische Stress-Forschung – ein Bindeglied zwischen Psychologie und Medizin«, in: Spektrum der Wissenschaft, 5/1993, S. 92–96

Klauza, G.: »Stress-Bewältigung und Gesundheit«, in: Spektrum der Wissenschaft, 5/1993,
S. 106–109   MD

Stressor → Streß

Subjektstufe → Objektstufe

Sucht/Suchtmittel

Sucht ist kein genau definierter Begriff und
bedeutet im weitesten Sinne, daß eine betroffene Person scheinbar oder tatsächlich
die Kontrolle über ein Verhalten verloren
hat, wobei dieses Verhalten der Kompensation von Frustration dient. Gleichzeitig erzeugt dieses Verhalten aber auch frustrie-
rende Konsequenzen, so daß als Folge des
Suchtverhaltens das Bedürfnis, es auszu-
üben, größer wird. In diesem Sinn wird der
Begriff häufig nicht auf die Einnahme von
chemischen Mitteln beschränkt, sondern
auch auf andere Verhaltensweisen, wie z. B.
Sex, Fernsehen oder Arbeit bezogen.

Im engeren Sinne bezieht sich der Begriff
auf den Kontrollverlust in bezug auf den
Konsum von chemischen Substanzen. Hier
unterscheidet man zwischen Mißbrauch
und Abhängigkeit. Mißbrauch beinhaltet
den regelmäßigen Gebrauch einer Substanz,
die entweder illegal ist oder die zum Verlust
sozialer und/oder beruflicher Leistungen
führt. Eine Gewohnheitsbildung kann vorliegen, d. h.: die Person ist für emotionales
Wohlbefinden auf den Konsum dieser Substanz angewiesen. Abhängigkeit bedeutet
dagegen, daß Toleranz (die Notwendigkeit
zur Steigerung der Dosis, um den erwünschten Effekt zu erzielen) oder Entzugssymptome auftreten (d. h.: bei Nichtkonsum oder
geringerer Dosis treten zum Teil sehr unangenehme oder sogar lebensbedrohliche
Symptome auf). Zur Übersicht über unterschiedliche
Suchtmittel: → Drogen.

Behandlung von Suchtstörungen

Die Behandlung von Suchtstörungen läßt
sich grob in vier Phasen einteilen:

(1) Motivation,
(2) Entzug,
(3) Psychotherapeutische Behandlung (i. d.
R. stationär),
(4) Nachsorge (i. d. R. langfristig).

Wenn irgend möglich, sollte bei der Behandlung von Suchtstörungen nicht nur der
betroffene Suchtkranke berücksichtigt werden, sondern auch das soziale System, in
dem die Suchtstörung sich entwickeln
konnte und möglicherweise gefördert wurde. Das beinhaltet u.U. Familie, Arbeitskollegen oder Freundeskreise.

Motivation

In der Motivationsphase gilt es zuerst, den
Betroffenen davon zu überzeugen bzw. ihn
zu der Einsicht zu bringen, daß er Hilfe
braucht, daß die Probleme, die er im Leben
hat, nicht die Ursache seiner Sucht sind,
sondern die Wirkung. Es gehört zu den
Symptomen einer Suchtstörung, daß der Betroffene die eigene Abhängigkeit verleugnet,
d. h. vor sich selbst und vor anderen nicht
wahrhaben möchte, daß er bzw. sie abhängig ist von einer chemischen Substanz. Mit
dieser Verleugnung ist verbunden, daß der
Betroffene ablehnend oder aggressiv reagiert, wenn die Abhängigkeit von anderen
thematisiert wird. Im Familiensystem wird
dadurch die Sucht zu einem Tabu. Ehepartner machen z. B. die Erfahrung, daß der Betroffene sein Suchtverhalten stärker ausübt,
wenn sie ihn damit konfrontieren. Um das
Suchtverhalten möglichst gering zu halten
und um unnötige Spannungen zu vermeiden, teilen Angehörige oft die Illusion des
Betroffenen, er oder sie sei gar nicht wirklich abhängig. So sind es meistens die Konsequenzen des Suchtverhaltens, die zu immer schwerwiegenderen Störungen im sozialen und beruflichen Bereich führen. In
der Regel sind es häufig die Angehörigen,
die zuerst eine Behandlung suchen. Wenn

Angehörige ihre häufig unangemessenen Helferfunktionen nicht mehr wahrnehmen, steigt der Leidensdruck beim Betroffenen, was die Chance erhöht, daß er oder sie sich selbst als suchtkrank wahrnimmt und dazu steht.

Ein therapeutisches Vorgehen ist i. d. R. also nur sinnvoll, wenn der Betroffene selbst Hilfe sucht und nicht mehr oder weniger widerwillig durch äußere Umstände gezwungen wird, eine Behandlung zu unternehmen.

Entzug

Bevor eine eigentliche psychotherapeutische Arbeit beginnen kann, muß der Betroffene abstinent leben. Da der Betroffene gelernt hat, schmerzhafte und unangenehme Emotionen mit einem Suchtmittel zu betäuben, ist psychotherapeutische Arbeit ohne Abstinenz kontraproduktiv. Zwischen dem Entzug und der stationären psychotherapeutischen Behandlung liegt üblicherweise eine Wartezeit. Diese begründet sich aus der Erfahrung, daß eine erfolgreiche Probezeit für abstinentes Leben die Wahrscheinlichkeit einer erfolgreichen Psychotherapie deutlich erhöht. In dieser Zwischenzeit spielen → Selbsthilfegruppen und ambulante Beratungseinrichtungen eine besonders wichtige Rolle.

Psychotherapeutische Behandlung

Das Aufarbeiten der Hintergründe einer Sucht geschieht i. d. R. stationär. Übliche Behandlungszeiten sind zwischen 4 und 6 Monaten. Ziel dieser Therapie ist nicht nur, den Betroffenen in seiner Abstinenz zu bestärken, sondern seelische Defizite, z. B. in der Beziehungsfähigkeit, im Selbstwertgefühl usw. zu bearbeiten.

Nachsorge

Nach Abschluß einer erfolgreichen psychotherapeutischen Behandlung ist i. d. R. eine längerfristige, d. h. mehrere Jahre dauernde, möglicherweise lebenslange Begleitung der Betroffenen in Suchthilfeeinrichtungen oder Selbsthilfegruppen notwendig. Am Anfang steht dabei im Vordergrund, daß der Betroffene lernt, normale soziale Kontakte und Freundschaften zu entwickeln, die suchtmittelfrei gestaltet werden können. Im weiteren Verlauf der Nachsorge vollzieht sich sinnvollerweise ein Wandel: Der Betroffene ist nicht nur Empfänger von Hilfeleistungen, sondern wird zunehmend auch selbst zum Helfer. Es besteht unter Suchttherapeuten und behandelnden Ärzten ein allgemeiner Konsens darüber, daß Suchtstörungen nicht reversibel sind. Ein normales Leben ist also für Suchtkranke nur möglich, wenn sie lebenslang abstinent bleiben.

Geistliche Aspekte

Es ist auffallend, daß in fast allen Behandlungsansätzen zu Suchtstörungen ein deutlich stärkerer Schwerpunkt auf spirituelle Aspekte gelegt wird als bei anderen psychischen Störungen. Suchthilfeeinrichtungen, Beratungsstellen und Selbsthilfegruppen für Suchtkranke sind in der Überzahl religiös untermauert. Viele Einrichtungen sind explizit christlicher Orientierung (z. B. Blaues Kreuz, Freundeskreise für Suchtkranke usw.), aber auch säkulare Einrichtungen (z. B. Anonyme Alkoholiker – AA) legen einen Schwerpunkt auf die Lebensübergabe an ein höheres Wesen, nicht notwendigerweise Gott.

Die deutliche Verbindung der Behandlung von Suchtstörung mit religiösen Aspekten ist nicht zufällig. Im Gegenteil: die meisten Suchtkranken erleben subjektiv, daß die Freiheit von der Bindung an ein Suchtmittel nur möglich ist, wenn eine Bindung an etwas erfolgt, das stärker ist als das Suchtmittel. Der Zusammenbruch der Verleugnungsstrategien und das Eingeständnis eigenen Versagens zu Beginn der Behandlung ist häufig mit der Bereitschaft verbunden, ein neues Leben zu beginnen. Das Evangelium vom Erlösungsangebot Jesu Christi, die Vergebung von Schuld und die Ausrichtung auf neue Lebensinhalte sind für viele Menschen naheliegend. Das starke Gefühl innerer Leere und der Sinnlosigkeit des Lebens macht viele Menschen offen für das Evangelium, so daß in der Suchttherapie und -beratung besondere Möglichkeiten bestehen, diakonisch-helfendes und missionarisch-evangelistisches Handeln miteinander zu verbinden. Diese Verbindung ist jedoch keine Ausnützung der Notlage von Betroffenen, sondern im Sinne einer ganzheitlichen seelsorgerlich-therapeutischen Arbeit selbstverständlich.

Literatur:
Bundesministerium für Gesundheit: Verordnungspraxis von Medikamenten mit Abhängigkeitspotential, Baden-Baden 1992
Deutsche Hauptstelle gegen die Suchtgefahren: Jahrbuch Sucht '96, Geesthacht 1994
Gesamtverband für Suchtkrankenhilfe im Diakonischen Werk der EKD: Handbuch für die Suchtkrankenhilfe, Wuppertal 1980   UG

Suizid

Die Selbstmordrate steigt zur Zeit in den meisten Ländern. Derzeit zählen wir jährlich in Deutschland 14 000 vollendete Suizide (wobei das Verhältnis zwischen Männern und Frauen bei zwei zu eins liegt) und zwischen zwei- und dreihunderttausend Suizidversuche, bei denen Frauen überwiegen. Die Ursachen sind sehr unterschiedlich: meist sind es Krisen, drohende oder bestehende personelle oder materielle Verluste, Enttäuschungen oder Kränkungen und psychische Krankheiten. In den meisten Fällen stellt der Suizid in seiner Endphase eine Kurzschlußhandlung dar, die dem Menschen die Möglichkeit gibt, aus Problemen zu fliehen, die nicht mehr lösbar scheinen. Zwischen dem zugrunde liegenden Motiv und der Handlung des Suizids liegt i. d. R. eine Zeit, in der der Betroffene sich von seiner Umgebung zurückzieht, für sich alleine dasitzt und deutlich über die Ausweglosigkeit seiner Situation nachgrübelt (reaktive → Depression). Dabei empfindet er häufig Aggressionen gegenüber seiner Umgebung, ist jedoch kaum imstande, seine Aggressionen zu äußern und resigniert sehr häufig. Oft flüchtet er sich in Phantasien und denkt darüber nach, wie es ist, wenn die anderen ihn nach seinem vollendeten Suizid finden werden. Ist die Entscheidung zum Suizid gefallen, tritt oft eine trügerische Ruhe ein.

Suizidgefährdete in Psychotherapie und Seelsorge

Es ist besonders auf versteckte oder auch offene Suizidandeutungen zu achten. Diese dürfen keinesfalls »verharmlost« und als »momentane Gedrücktheit« abgetan werden, sondern sind als Hilferuf zu werten. In den meisten Fällen können Entlastungen oder konkrete Hilfestellungen, die zur Klärung oder Bewältigung des Konfliktes beitragen (→ Gesprächspsychotherapie), zu Verbesserungen führen. Leider werden derartige Hilfestellungen oft abgelehnt oder erst gar nicht in Anspruch genommen. Kommt es zur Krisenintervention, so ist in jedem Fall folgendes wichtig und hilfreich: aufmerksames Zuhören, akzeptierende und wertschätzende Einstellung, Entlastung von Schuldgefühlen, Verzicht auf Vorwürfe, Vermeiden autoritär vorgetragener Ratschläge, Besprechen möglicher Verhaltensalternativen, Klärung der Motivation für weitere Hilfe und Zusprechen von Jesu Trost und Vergebung (Ps 23). Eine stationäre Therapie ist dann angebracht, wenn schwere Depressionen, Angstzustände (→ Angst), Fluchtverhalten, → Psychose, Alkohol- oder Medikamenteneinfluß, Verschlechterung des Zustands, desolate soziale Situation, hohes Alter oder der entsprechende Wunsch des Betroffenen vorliegen.

Immer wieder wird in christlichen Gemeinden und in der Seelsorge die Frage gestellt, ob ein Christ sich das Leben nehmen darf. Dabei ist es für Seelsorger und Psychotherapeuten wichtig, zu wissen, daß eine negative Bewertung die Gefahr birgt, das Problem zu tabuisieren, und so häufig eine Hilfe zu spät kommt.

Literatur:
Bronisch, T.: Der Suizidversuch. Ursachen, Warnsignale, Prävention, München 1995
Dorrmann, W.: Suizid. Therapeutische Interventionen bei Klienten mit Selbsttötungsabsichten, München 1991
Freeman, A. et al.: Selbstmordgefahr? Erkennen und behandeln. Kognitive Therapie bei suizidalem Verhalten, Göttingen 1995
Grieder, W.: Selbstmord. Wege und Auswege, Bern 1994
Henseler, H.: Narzißtische Krisen, Leverkusen 1990
Reimer, Ch.: Kurzpsychotherapie nach Suizidversuch, Berlin, Heidelberg, New York 1993
Wedler, H.-L.: Der suizidgefährdete Patient. Grundlagen, Diagnose, Krisenintervention, Nachsorge, Stuttgart 1987   MS

Sünde

Der biblische Sündenbegriff

Im Unterschied zum populären modernen Empfinden wird Sünde im biblischen Kulturraum nicht auf das Bewußtsein des Betroffenen reduziert. Denken und Handeln bildeten in der atl. Auffassung noch eine Einheit. Mit dem Aussprechen eines Unschuldsbekenntnisses (Ps 26,4–6 u.ö.) distanziert sich der einzelne von der Sünde und stellt sich auf die Seite Gottes. Hinzu kommt in der älteren Zeit die Einbindung des einzelnen in seine Gemeinschaft. Moralisches Handeln scheint in der biblischen Zeit im *Kollektiv* seine Wurzel zu haben. War allerdings während der älteren Zeit in der Großfamilie einmal der Keim der Sünde eingedrungen, dann waren alle vier miteinander lebenden Generationen von den Folgen betroffen (2Mo 20,5 par.; 2Mo 34,6f; 4Mo 14,18; im NT 1Petr 5,8f). Auch die ntl. Gemeinde muß sich von unbelehrbaren Mitgliedern trennen (Mt 18,15ff; 1Kor 5,13; u. ö.). Das Bundesbuch (2Mo 20,22f.33) ist daher erstaunlich knapp gefaßt. Es setzt ein alle Lebensbereiche abdeckendes ethisch-rechtliches Laienwissen voraus. Die zehn Gebote dagegen sind ein umfassendes ethisches Laienkompendium.

Jesus und Sünde

Jesus verkündet den Anbruch der Gottesherrschaft in Verbindung mit dem Ruf zur Umkehr, entgegen den Erwartungen des Judentums als allmähliche Ablösung des alten Äons. Der Auftrag Jesu ist es, die Werke des Teufels zu zerstören (1Joh 3,8), bzw. Gottes Volk zu retten von seiner Sünde (Mt 1,21 u.ö.). Wie im AT definiert auch Jesus v.a. in der Bergpredigt die Sünde anhand des aufkeimenden Gedankens, also dem Menschen in seiner ganzen Existenz einschließlich derjenigen Bereiche, über die er willentlich nicht verfügen kann (Mt 5,21ff.27ff; u.ö.). Wer sich dieser Definition der Sünde als Sein des Menschen stellt, weiß sich einerseits dem endzeitlichen Totalgericht (Röm 1,18–2,24) preisgegeben und ist aber andererseits damit offen für seine persönliche Neuwerdung. Die mit dem Bekenntnis der Sünden verbundene Taufe bedeutet das Hindurchgehen durch todbringendes Wasser (2Mo 14), um auf der anderen Seite mit dem Auferstandenen und unter dem Empfang der Sündenvergebung und neu geschaffen ein neues Leben als Glied der Gemeinde Christi zu beginnen (Mk 1,4f; Apg 2,38; 22,16; v.a. Röm 6,1ff). Besonders Paulus lehrt die durch den Sühnetod Jesu wirksame Versöhnung Gottes in Röm 3,25f. Der vom Geist Gottes erfüllte Glaubende »in Christus« ist deswegen »eine neue Kreatur« (2Kor 5,17), Paulus schaut die o.g. prophetischen Stellen bei Jer und Hes zusammen mit Ps 51, so daß Christus den versprochenen Neuen Bund geschlossen hat (2Kor 3,1ff). Wie in den atl. Unschuldsbekenntnissen stellt sich der Christ ganz auf die Seite Gottes, oder er kann nicht von der den ewigen Tod bringenden, von Paulus apokalyptisch als Macht betrachteten Sünde errettet werden (1Kor 6,9ff; Gal 5,16ff; 1Tim 1,9ff). Gerade weil die Bewährung im täglichen Leben einen ständigen Kampf gegen die Sünde bedeutet (Gal 5,16–18; Phil 3,12ff), ist das Bekennt nis, auf der Seite Gottes zu stehen, entscheidend (1Joh 1,8ff; Röm 6,1ff).

Sünde und → Krankheit

In der Bibel findet sich häufig der Zusammenhang von Krankheit und Sünde angesprochen (Jes 38,3; Ps 25,18; 51,1ff u.ö.; Joh 5,14). Sündenvergebung und Heilung können daher im AT und NT in einem sichtbaren Zusammenhang stehen (Ps 103,2ff.8ff; Mk 2,1ff). Daß sie es nicht immer tun, liegt am Charakter der ntl. Wunder als Bestätigungszeichen für die Heilsbotschaft Jesu (Lk 4,25ff). Die innere Logik dieses Zusammenhanges gilt aber auch in den Fällen, in denen eine äußere Heilung ausbleibt. Die israelitische → Weisheit faßt den Sünde-Krankheit-Zusammenhang auch nicht schematisch auf: Gott steht in seinem Handeln über dem Sünde-Krankheit-Zusammenhang (1Mo 50,20; Spr 16,1.9 u.ö.). Die Erfahrung, daß im Diesseits nicht immer das entsprechende Ergehen eintritt (Pred 8,10ff u.ö.), führt zu einer Ausweitung der Perspektive auf das Endgericht Gottes (Pred 3,16f; u.ö.; Sir 5,4). Vgl. im NT Lk 13,1ff und Joh 9,1ff.

Unvergebbare Sünde

Auf Mk 3,28 folgt als Gegensatz formuliert in V. 29: »Wer aber den heiligen Geist lästert, der hat keine Vergebung in Ewigkeit, sondern ist ewiger Sünde schuldig« (vgl. 3Mo 24,15f), also unvergebbare Sünde, »die darin besteht, daß man trotz besserer Einsicht Jesus ablehnt und verwirft« (Strobel, 39). – Die älteren Auslegungen faßten dagegen zusammenschauend auch die o.g. mutwillige Sünde eines Christen (Hebr 10,26ff; z. B. Konkordienformel, Bekenntnisschriften S. 947f) und die »Sünde zum Tode« (1Joh 5,16f) unter die in Mk 3,28f genannte nicht vergebbare Sünde.

Einengungen des Sündenbegriffes auf bestimmte Sünden

Die in der Kirchengeschichte durchgängig zu beobachtende einseitige Füllung des Sündenbegriffes auf sexuelle Vergehen oder gar auf die → Sexualität oder als genetisch verstandene »Erbsünde« aufgrund von Ps 51,7 überhaupt, gründet hauptsächlich darauf, daß das sexuelle Erleben tiefer erfahren werden kann als alles andere, auch das religiöse Erleben (Ri 14,14.18; Hld 8,6). In diesem Falle wird die sexuelle Erfahrung zur Konkurrenz der religiösen. Ps 51,7 setzt dagegen ehelichen Geschlechtsverkehr nicht mit Sünde gleich. Die zyklischen Erscheinungen bei Frauen, die Pollution bei Männern und v.a. die eheliche Intimität gehören einem eigenen Heiligkeitsbereich an. Das Selbstverständnis von Ps 51,7 ist gerade, daß es für den Menschen in seinem Leben ab dem frühesten Stadium keinen einzigen Moment der Sündlosigkeit gibt (zuvor 1Mo 6,5; Ps 14,3). Auch bei Paulus sind die Begriffe »Leib«, »Fleisch« (Gegenbegriff: »Geist«) und »Begierde« nicht schwerpunktmäßig auf die Sexualität bezogen. Auch andere Einengungen auf bestimmte, als besonders schwer geltende Sünden wie Tanzen, Rauchen oder Alkoholgenuß lenken von den eigentlichen Sünden ab, die das solche Einengungen vornehmende Individuum selbst betreffen und v.a. mit der individuellen Persönlichkeitsstruktur zusammenhängen: Die »Sünden der Auserwählten« sind »schlimmer« (Lohfink 1977; Anm. 1f).

Moderne Probleme einer theologischen Sündenlehre

Heute erscheint der traditionelle Begriff der Sünde relativ häufig unzeitgemäß und daher vom Religiösen getrennt. Im christlichen Bereich wurde immer wieder der Sündenbegriff auf das Bewußtsein des vernünftigen einzelnen reduziert. So liegen aus neuerer Zeit Versuche vor, die biblische Thematik der Sünde und Erlösung dem Denken moderner Menschen anzupassen. Will man ohne Sachkritik an der Überlieferung modernen Hörern einen Zugang zur Thematik der Sünde öffnen, sollte man ihn zugleich in

Zusammenhang mit dem relativ einheitlichen biblischen Weltbild und mit der biblischen → Anthropologie in ihrer Vielfalt stellen. Nicht die Sünde sollte Gegenstand der Verkündigung sein, sondern der Hörer sollte in der Begegnung mit Christus bzw. Gott, in der Erfahrung *durch* das Wort des Evangeliums, zur persönlichen Sündenerkenntnis gelangen, um dann nach dem von der Macht der Sünde befreienden Sündenbekenntnis den Zuspruch der Vergebung zu erfahren (1Joh 1,9).

Literatur:

Gestrich, C.: Die Wiederkehr des Glanzes in der Welt. Die christliche Lehre von der Sünde und ihrer Vergebung in gegenwärtiger Verantwortung, 1989

Haubeck, W.; Willi, H.-P.: Art. »Sünde/Erbsünde«, in: Burkhardt, H.; Swarat, U.: Evangelisches Lexikon für Theologie und Gemeinde, Bd. 3, Sp. 1939ff, Wuppertal und Zürich 1994

Hofius, O.: »Jesu Zuspruch der Sündenvergebung. Exegetische Erwägungen zu Mk 2,5b: Sünde und Gericht«, in: Jahrbuch für Biblische Theologie, 9/1994, S. 125–143

Knierim, R.: Die Hauptbegriffe für Sünde im Alten Testament, 1967

Koch, R.: Die Sünde im Alten Testament, 1992

Lohfink, N.: »Das vorpersonale Böse. Das Alte Testament und der Begriff der Erbsünde«, in: ders.: Das Jüdische am Christentum. Die verlorene Dimension, 1987

ders.: »Gewalt. Die Sünde aller Menschen und die Sünde der Auserwählten nach der Priesterschrift des Alten Testaments«, in: Unsere großen Wörter. Das Alte Testament zu Themen dieser Jahre, 1977, S. 209–224

Stuhlmacher, P.: Biblische Theologie des Neuen Testaments. Band I: Grundlegung. Von Jesus zu Paulus, 1992

Strobel, A.: Erkenntnis und Bekenntnis der Sünde in neutestamentlicher Zeit, in: Arbeiten zur Theologie I, S. 37, 1968

Willi, H.-P.: Art. »Todsünden, sieben«, in: Burkhardt, H.; Swarat, U. (Hg.): Evangelisches Lexikon für Theologie und Gemeinde, Bd. 3, Sp. 2017, Wuppertal und Zürich 1994   TP

Symboldrama → Katathymes Bilderleben

Systemtherapie

Im Griechischen bedeutet *synistemi* »das Zusammengesetzte« oder »Gebilde«. Aristoteles hat den Systembegriff auf den Menschen angewandt. Nach ihm ist ein System ein Gebilde, dessen einzelne Teile durch eine bestimmte Ordnung des Zusammengesetztseins ein Ganzes bilden (z. B. Familie, Gemeinde, Jugendkreis, Verein etc.).

Unter »Systemtherapie« verstehen wir eine Methode, die den Menschen und seine Umgebung als ein Gebilde (System) auffaßt. Aus dieser Perspektive will sie die Funktion von Störungen begreifen (beispielsweise führt der Alkoholismus des Vaters zu einem hohen Grad an Zusammenhalt in der Familie), therapeutische Ziele formulieren und entsprechende Systemveränderungen herbeiführen.

Als Begründer der allgemeinen Systemtheorie wird v. Bertalanffy angesehen, der »System« allgemein als »einen Komplex interagierender Elemente« definiert. Dieser wissenschaftsübergreifende Systembegriff hat inhaltlich unterschiedliche Konkretisierungen erfahren, z. B. in der Biologie, Sozialwissenschaft oder der Psychologie.

Bedeutsame Aspekte der Systemtherapie

Hier sollen anhand beispielhafter Verdeutlichungen aus dem Bereich der Familiensystemtheorie und Familientherapie wesentliche Aspekte der Systemtherapie aufgezeigt werden:

– *Ganzheitlichkeit:* Die Familie wird als Einheit betrachtet, in der die einzelnen Mitglieder durch Kommunikation miteinander »vernetzt« sind. Ein persönliches Problem (z. B. das → Bettnässen eines Kindes) wird somit nicht mehr ausschließlich als ein individuelles, sondern auch als ein systemisches, d. h. in den Familienbeziehungen begründetes Problem gesehen.

– *Zielorientierung:* Familien richten ihr Leben nach mehr oder minder bekannten Zielen aus, die dem Zusammenleben in der Familie Sinn und Kontinuität geben sollen. Solche Ziele können je nach Lebens- und Familienphase inhaltlich eine unterschiedliche Ausgestaltung haben, z. B. Karriereorientierung oder Kindererziehung.

– *Regelhaftigkeit:* Die Beziehungen zwischen den Familienmitgliedern lassen auf Dauer eine Regelhaftigkeit erkennen. Diese werden teils bewußt als Familienrituale gepflegt (z. B. Einhaltung gemeinsamer Essenszeiten, Besuch des Gottesdienstes), teils steuern sie unausgesprochen das Verhalten der einzelnen Familienmitglieder (z. B. welche Tante nicht zum Geburtstag eingeladen wird; wer wann das Badezimmer benutzen darf).

– *Zirkuläre Kausalität:* Hiermit ist der wechselseitige Beeinflussungsprozeß zweier oder mehrerer Personen gemeint. Ursache und Wirkung lassen sich damit nicht mehr voneinander trennen; z. B. wirft ein Mann seiner Frau vor, daß sie zu viel spreche und er deswegen schweige. Seine Frau hingegen argumentiert, daß sie wegen seiner Schweigsamkeit häufiger das Wort ergreifen müsse. Im Mittelpunkt des therapeutischen Interesses steht somit nicht eine einseitig gerichtete, von einer einzelnen Person ausgehende Verhaltensweise, sondern das Kommunikationsmuster selbst.

– *Rückkopplung:* Regelabweichendes Verhalten eines Familienmitgliedes A löst bestimmte Effekte bei den übrigen Familienmitgliedern aus. Deren Reaktionen wirken ihrerseits wieder auf das Verhalten von A zurück. Grundsätzlich wird zwischen einer positiven (veränderungsorientiert) und einer negativen (stabilitätsorientiert) Rückkopplung unterschieden. Positive Rückkopplung tritt z. B. dann auf, wenn ein Streitgespräch zwischen zwei Partnern eskaliert: auf eine Kritik folgt ein Anklagen, darauf ein Schimpfen, darauf ein Anbrüllen etc. Negative Rückkopplung zielt auf die Rückkehr zu einer Ausgangslage ab, die vor dem Eintreten der »Störung« bestand, so etwa, wenn eine Mutter ihr schreiendes Kind beruhigt.

– *Homöostase:* Mit Homöostase ist die Aufrechterhaltung und das Ausbalancieren des in einer Familie wirkenden Kräftegleichgewichts gemeint. Homöostase wird gewöhnlich durch negative Rückkoppelungsprozesse hergestellt, indem sich die Familie an akzeptierten Zielen, Regeln und Handlungsabläufen orientiert. Familien mit starren Regeln versuchen – auch unter veränderten inneren oder äußeren Bedingungen – ihre bisherige Lebensform zu bewahren. Dies ist etwa der Fall, wenn die Eltern von einem Jugendlichen – als ob er ein Zehnjähriger sei – verlangen, abends spätestens um 7 Uhr zu Hause zu sein. Familien mit flexiblen Regeln gelingt es, ihr Zusammenleben in Abhängigkeit zu den inneren und äußeren Änderungen abzustimmen. Für das Beispiel des Jugendlichen könnte dies heißen, daß eine neue Zeit ausgehandelt wird.

– *Grenzen:* Ein wesentliches Merkmal sozialer Systeme ist, daß sie sich gegenüber anderen Systemen mehr oder minder abgrenzen. So ist eine Familie als ein System zu sehen, das selbst in ein oder mehrere Suprasysteme (z. B. Verwandtschaft, Nachbarschaft, Kirchengemeinde) eingebettet ist. Innerhalb der Familie existieren Subsysteme, die entweder aus einzelnen Personen oder aus Zusammenschlüssen von zwei oder mehr Personen einer Familie bestehen (z. B. Eltern- oder Geschwistersubsystem oder Vater-Sohn-Subsystem).

Eine eigenständige Methodik (→ Wissenschaftstheorie) hat die Systemtherapie kaum entwickelt. Sie setzt in der Therapie den integralen Einsatz verschiedener Interventionsmethoden voraus mit dem Ziel, z. B. auf störungserhaltende Systemaspekte einzuwirken bzw. entwicklungsfördernde Systemaspekte zu aktivieren.

Obwohl dem System in letzter Zeit enorme Bedeutung beigemessen wurde, ist der Begriff nicht neu. Wir finden ihn in der Bibel beispielsweise im Bild vom Menschen als (systemischer) Ganzheit von Leib, Seele und Geist oder der Gemeinde, die Paulus als einen Körper beschreibt, dessen ein-

zelne Glieder in einem untrennbaren sinnorientierten Zusammenhang stehen (siehe
1Kor 12,12ff).

Literatur:
Bertalanffy, L. v.: General systems theory, New
York 1968

Bronfenbrenner, U.: Die Ökologie der menschli-
chen Entwicklung, Stuttgart 1981
Reiter, L.; Brunner, E. J.; Reiter-Theil, S. (Hg.):
Von der Familientherapie zur systemischen Per-
spektive, Heidelberg 1988
Watzlawick, P.; Beavin, J. H.; Fisch, R.: Lösungen,
Bern 1974   JL

T

Tabu

Das Wort *tabu* stammt aus dem polynesischen Sprachraum und bezeichnet ursprünglich ein feierliches Verbot, bestimmte Handlungen zu begehen (z. B. bestimmte Gegenstände oder Personen anzublicken, zu berühren usw.). Dabei bestand der magische Glaube, eine Übertretung des Tabus bringe der Gemeinschaft Schaden. Sozialpsychologisch wendet man den Begriff »Tabu« auf bestimmte, meist inoffizielle, aber in einer Gruppe oder Gesellschaft höchst wirksame Normen (→ Ethik) an, insbesondere auf soziale Verbote mit irrationaler Grundlage und Strafandrohung bei Übertretung. Dabei ergeben sich wiederum vielfach Ähnlichkeiten der Tabus zivilisierter mit denen primitiver Gesellschaften. Von Gesellschaft zu Gesellschaft und in wechselnden Zeiten sind Tabus verschieden. Es existieren für alle Lebenslagen, Situationen und Örtlichkeiten unterschiedliche Tabus. Solche treten besonders dann ein, wenn für eine Einzelperson oder die Gesellschaft Gefahr droht. So kann ein Tabu immer auch als ein Zeichen dafür gesehen werden, daß der Mensch in seiner Verletztheit und Verwundbarkeit Schutz sucht und braucht. In der jeweiligen Zeitgeschichte wird die Verwundbarkeit des Menschen an anderer Stelle gesehen, somit ändern sich Tabus. Aus Furcht vor physiologischen oder psychologischen Verletzungen kann das Individuum mit Tabus leben und bestimmte Bereiche in seinem Leben tabuisieren, etwa seine persönliche Geschichte, Gefühlsäußerungen etc. Ebenso können Gruppen Meinungen oder Lebensformen tabuisieren. Dies ist bei extremen religiösen und politischen Gruppen zu beachten. Ebenso kann die Gesellschaft Einstellungen und Haltungen zum Tabu erklären. War z. B. vor Jahren noch das Reden über Sexualität weitgehend tabuisiert, gilt dieses Tabu

heute kaum noch. Dafür werden schwere Krankheiten wie Aids und vor allem der Tod tabuisiert. Aufgrund der Tabuisierung des christlichen Glaubens in unserer heutigen Gesellschaft kann auch davon ausgegangen werden, daß die Menschen in diesem Bereich äußerst verwundbar und zutiefst auf Sinnsuche sind.

Tabu in Psychotherapie und Seelsorge

In der Seelsorge kann mit dem Ratsuchenden daran gearbeitet werden, welche Tabus er kennt, welche er davon für sein Leben als hilfreich ansieht, weil sie ihm den nötigen Schutz gewähren, und welche Tabus aufgebrochen werden können, weil sie in hohem Maße einengend für seine Persönlichkeit sind.

Literatur:
Douglas, M.: Ritual, Tabu und Körpersymbolik. Sozialanthropologische Studien in Industriegesellschaft und Stammeskultur, Frankfurt/M. 1986
Imber-Black, E. (Hg.): Geheimnisse und Tabus in Familie und Familientherapie, Freiburg 1995
White, J.: Sterben ist kein Tabu. Ein Selbsthilfeprogramm für den bewußten Umgang mit dem Tod, Freiburg 1995   JK

Teleoanalyse
→ Individualpsychologie

Telepathie → Parapsychologie

Test

Im umgangssprachlichen Sinne verwenden wir das aus der englischen Sprache stammende Wort häufig, und dabei wird deutlich, daß es seit eh und je Menschen gegeben hat, die sich, bezogen auf einzelne Merkmale ihrer Persönlichkeit, von anderen Mitmenschen deutlich abgehoben haben und daß man dies dann auf irgendeine Weise festzuhalten suchte. Auch in der Bibel finden wir bereits in früher Zeit »Tests«. So war es der Richter Gideon, der ausrief: »Wer ängstlich und verzagt ist, der kehre um« (Ri 7,3). Bei dieser Umkehr waren es immerhin fast zwei Drittel, die sich abwendeten. Danach sprach der Herr zu Gideon: »Das Volk ist noch zu zahlreich. Führe sie hinab ans Wasser – dort will ich sie dir sichten«. Hier sehen wir auch die Kriterien, die zur Sichtung dienten, denn Gott sagte Gideon: »Wer mit seiner Zunge Wasser leckt, wie ein Hund leckt, den stelle besonders – ebenso, wer niederkniet, um zu trinken.« Die Zahl derer, die geleckt hatten, waren nur noch 300 Mann. Das ganze andere Volk trank kniend. So hatte Gott von ursprünglich 32 000 auf 300 reduziert – ein wahrlich präzises Testverfahren. Warum Gott gerade dieses »Testkriterium« des Leckens wie ein Hund vorgab, ist ein Geheimnis, denn womöglich waren es die eher »einfachen« Männer, die er sich für seinen großen Sieg gegen die Midianiter ausgesucht hatte.

Wenn wir den Test nicht mehr nur umgangssprachlich, sondern in der → Psychologie wissenschaftlich einsetzen, ist eine präzisere Beschreibung erforderlich. Gustav A. Lienert, der Nestor der deutschen Testpsychologie versteht darunter:
(1) Ein Verfahren zur Untersuchung eines Persönlichkeitsmerkmals.
(2) Den Vorgang der Durchführung der Untersuchung.
(3) Die Gesamtheit der zur Durchführung notwendigen Requisiten.
(4) Jede Untersuchung, sofern sie Stichprobencharakter hat.
(5) Gewisse mathematisch- statistische Prüfverfahren.

Von diesen Bedeutungen ist die erste die wichtigste; sie wird in der folgenden Definition in ihren wesentlichen Punkten festgelegt: »Ein Test ist ein wissenschaftliches Routineverfahren zur Untersuchung eines oder mehrerer empirisch abgrenzbarer Persönlichkeitsmerkmale mit dem Ziel einer möglichst quantitativen Aussage über den relativen Grad der individuellen Merkmalsausprägung.« Mit dieser Beschreibung des Wortes »Test« ist die umgangssprachliche Ausdrucksweise in mannigfacher Weise eingeschränkt: Nicht jede beliebige, zu diagnostischen Zwecken angestellte Untersuchung kann als Test gelten, sondern nur eine solche, die erstens wissenschaftlich begründet ist; zweitens routinemäßig, also unter Standardbedingungen, mehr oder weniger handwerksmäßig durchführbar ist; drittens eine relative Positionsbestimmung des untersuchten Individuums innerhalb einer Gruppe von Individuen ermöglicht; und viertens bestimmte empirisch – also verhaltens- und erlebnisanalytisch, phänomenologisch und nicht etwa rein begrifflich – abgrenzbare Eigenschaften, Bereitschaften, Fähigkeiten oder Fertigkeiten prüft.

Literatur:
Dieterich, M.: Persönlichkeitsdiagnostik, Freudenstadt 1996
Lienert, G. A.: Testaufbau und Testanalyse, Weinheim 1969   MD

Themenzentrierte Interaktion

Begriff und Konzept

Die Themenzentrierte Interaktion (TZI) wurde von der Psychologin Ruth Cohn (geb. 1912) gegründet und zählt zur → Humanistischen Psychologie. Die Urheberin kam ursprünglich von der Psychoanalyse und konzipierte TZI als Methode, ein lebendiges Lernen in Gruppen zu ermöglichen. Die Wurzeln gehen dabei zurück auf die Erlebnistherapie (Prinzipien der Echtheit, der Unmittelbarkeit und des Hier-und-Jetzt).

In der TZI wird davon ausgegangen, daß jede Gruppe durch vier grundlegende Komponenten bestimmt ist:
(1) Das Individuum (Ich) mit seiner Wahrnehmung, seinen Gedanken und Gefühlen, seinen Wünschen und Problemen;
(2) Die Gruppeninteraktion (Wir), die durch die jeweiligen Ichs Gestalt annimmt und mehr darstellt als die Summe ihrer Teile;
(3) Das Thema der Gruppe (Es), das möglichst von allen Ichs der Gruppe als eigenes Anliegen und in Bezogenheit aufeinander

gewollt und getragen werden sollte, um eine optimale Arbeitssituation zu erreichen; (4) Das Umfeld (Globus, engl. *globe*), bestehend aus Menschen und Ereignissen außerhalb der Hier-und-Jetzt-Gruppe, z. B. familiäre, berufliche oder ökologische Bedingungen, die sich auf die Gruppensituation auswirken.

Während bei einigen anderen (Therapie-) Gruppenmethoden das Ich (die Person) oder das Es (das Thema) in den Vordergrund gestellt wird, ist die Basis der TZI-Gruppenarbeit und -leitung die Anerkennung und Förderung der Gleichgewichtigkeit der Ich-Wir-Es-Faktoren im Globe (vergleichbar mit einem gleichseitigen Dreieck in einem es umgebenden Kreis). Um eine sich selbst verneinende Technologie zu vermeiden, beruht die TZI-Methodik auf drei Axiomen (Grundsätzen):

– *Autonomie* vs. *Interdependenz;* der Mensch stellt eine psychobiologische Einheit dar und ist gleichzeitig Teil des Universums.

– *Ehrfurcht gebührt allem Lebendigen und seinem Wachstum*, d. h. das Humane ist wertvoll, Inhumanes ist wertbedrohend. Hierbei handelt es sich um ein ethisches Axiom (→ Ethik), welches rein ethisch oder auch religiös aufgefaßt werden kann.

freie Entscheidung geschieht innerhalb bedingender innerer und äußerer Grenzen: eine Erweiterung dieser Grenzen ist möglich.

Um die Anwendbarkeit dieser Axiome im persönlichen und Gruppenleben zu verdeutlichen, gibt es wichtige Postulate der TZI.

– *Störungen haben Vorrang*, d. h. spontan auftretende Konzentrationsschwierigkeiten, starke Gefühle, körperliches Unwohlsein u.ä. verhindern ein ganzheitliches Beteiligtsein der betreffenden Person am Gruppengeschehen und sollen daher angesprochen und berücksichtigt werden.

– Die TZI kennt noch weitere Hilfsregeln, die – eingebettet in eine akzeptierende, nicht verurteilende Gruppenatmosphäre – Toleranz und Entwicklung fördern sollen. Einige dieser Hilfsregeln sind fast überall anwendbar, andere können situationsabhängig eingeführt oder auch neu kreiert werden.

TZI in Psychotherapie und Seelsorge

Fast immer ist es nötig, daß der Leiter eine Einführung oder Hinführung zum Thema gibt, dessen Formulierung positive Assoziationen bei den Teilnehmern auslösen sollte. Ein TZI-Gruppenleiter richtet sich nach denselben Grundregeln wie die Gruppenteilnehmer, er hat also eine teilnehmende Leitungsfunktion. Bei fortgeschrittenen TZI-Gruppen achten die Teilnehmer zunehmend selbst auf die Einhaltung der Strukturen und Methode. Die TZI-Methode kann sowohl von psychotherapeutisch geschulten Fachleuten als auch von Laien erlernt werden, aber sie ersetzt eine Ausbildung in Psychotherapie nicht. Auch der als TZI-Gruppenleiter arbeitende Laie sollte über umfassende Grundkenntnisse psychischer Störungen verfügen, um eine stabilere Basis für seine Arbeit mit den Teilnehmern zu haben. In der TZI können alle Gruppentechniken (→ Gruppe) mit einbezogen werden, die den drei Axiomen nicht widersprechen und für die jeweilige Lebens- und Arbeitsgruppensituation hilfreich erscheinen.

Die TZI will die in vielen Lebenssituationen eingetretene Trennung von Sach- und Beziehungsebene – und das in der Folge entstandene »tote Lernen« – wieder aufheben. Daher hat TZI vielfältige Einsatzbereiche: Schule, Hochschule, Seelsorge, Supervision, Arbeitsleben und Erwachsenenbildung. Nach der Gründung des TZI-Instituts in New York (USA) 1966 entstand auch in der Schweiz 1972 ein deutschsprachiges Institut, das Teilnehmer für die verschiedenen Bereiche ausbildet.

Literatur:

Cohn, R. C.: Von der Psychoanalyse zur themenzentrierten Interaktion: Von der Behandlung einzelner zu einer Pädagogik für alle. Konzepte der Humanwissenschaften, Stuttgart 1975

dies.: Es geht ums Anteilnehmen . . . Perspektiven der Persönlichkeitsentfaltung in der Gesellschaft der Jahrtausendwende, Freiburg 1989

Farau, A.; Cohn, R. C.: Gelebte Geschichte der Psychotherapie. Zwei Perspektiven, Stuttgart 1984

Kroeger, M.: Themenzentrierte Seelsorge, Stuttgart 1989
Schreyögg, A.: Supervision. Ein integratives Modell. Lehrbuch zu Theorie und Praxis, Paderborn 1992
Schulz von Thun, F.: »Themenzentrierte Interaktion«, in: Bastine, Reiner et al. (Hg.): Grundbegriffe der Psychologie, Weinheim 1982
Weidenmann, B. (Hg.): Pädagogische Psychologie, München 1986   ACM

Theodizeeproblem

Das Theodizeeproblem (von gr. *theos* = Gott, *dike* = Gerechtigkeit) umschreibt die Frage nach der Rechtfertigung Gottes und ergibt sich aus der Schwierigkeit, angesichts des Bösen und des Leidens in der Welt Gott zugleich als den allmächtigen Weltenherrscher und liebenden Vater zu denken und zu bekennen. Diese Frage wird auf zwei Arten gestellt:

Das Theodizeeproblem aus der Sicht des Skeptikers am Gottesglauben – die theoretische Frage

Wenn Gott das Übel aufheben will, es aber nicht kann, ist er ohnmächtig. Wenn er es kann, es aber nicht will, ist er böse. Beides ist unvereinbar mit Gott. Wenn er aber kann und will, warum hebt er das Übel nicht auf? Diesen klassisch von *Epikur* (bei Laktanz, De ira Dei, 13.20f) formulierten Widerspruch versuchte man durch rationale Lösungen aufzuheben:

Der gute Gott steht im Kampf mit einem ihm ebenbürtigen Gegengott, der das Böse verantwortet. Die biblischen Zeugnisse bestreiten jedoch einen solchen Dualismus. Satan ist der Herrschaft Gottes unterstellt (1Mo 3,1.14; Hiob 1f).

Hat das Böse keine eigenständige Macht neben Gott, gehört es auf die Seite des Geschöpfs und verdankt seine Existenz Gott. Bei *Leibniz* wird das Übel in die Welterschaffung integriert: Gott wählte die beste aller möglichen Welten, in der das Übel als relative Unvollkommenheit das Gute um so

deutlicher hervortreten läßt. Auch im evolutionistischen Konzept *de Chardin*s sind Sünde, Leid und Tod notwendig für den Aufstieg des Lebens, bis die Welt ganz Gott wird. Eine solche optimistische Weltsicht verharmlost jedoch die erfahrbare Realität des Bösen und negiert, daß die Welt vom Bösen durchdrungen ist – dies aber *gegen* den Willen des Schöpfers, in dem keine Finsternis ist (1Joh 1,5; 5,19).

Letztlich versagen alle rationalen Erklärungsversuche, und der fragende Mensch stößt hier an die Grenze seiner Erkenntnis (vgl. Jes 55,8f). In Jes 45,9–12, Hiob 38f und Röm 9,19f wird der zurückgewiesen, der sich anmaßt, den souveränen Gott zur Rechenschaft zu ziehen. In der Tat emanzipiert sich der Fragende damit von seinem Schöpfer und nimmt einen neutralen Standpunkt ein, indem er sich nicht als Sünder erkennt. Dies widerspricht seiner wahren Stellung vor Gott. Nicht Gott sitzt auf der Anklagebank, sondern der Mensch hat sich vor seinem Schöpfer zu rechtfertigen (Röm 3,23). Hier setzt Gottes liebendes Handeln ein, indem Christus den Widerspruch, als der Sohn des allmächtigen Gottes von Gott verlassen zu sein, erträgt und erleidet: »Gott aber erweist seine Liebe gegen uns darin, daß Christus für uns gestorben ist, als wir noch Sünder waren« (Röm 5,8). Weil *Gott* Schuld und Not der Menschen *durchlitten* hat (Mt 27,46), wird der Mensch gerechtfertigt.

Das Theodizeeproblem in der Not der Anfechtung – die existentielle Frage

Ihren legitimen Ort hat die Theodizeefrage dort, wo sie derjenige stellt, der unter dem Bösen leidet (vgl Hiob 16,18–21; Ps 73; 77,8–11; Röm 3,21). In der Klage und Anklage nimmt der Leidende Gott bei seiner Gottheit ernst, nämlich bei seiner Allmacht und Güte. Er beruft sich auf die Verheißungen und die Gerechtigkeit Gottes und hält sie ihm vor angesichts des Unbegreiflichen, das ihm von Gott her widerfährt. Sein Motiv ist nicht, sich über Gott zu erheben, sondern hier offenbart sich gerade das Wesen des Glaubens: gegen den Anschein der Erfahrung beharrt er darauf, daß Gott der Herr über die Welt und sein Leben ist und ihm wohlgesonnen sein muß. So gibt er sich nicht der Resignation preis, die sich erwartungslos von Gott abwendet.

Das Theodizeeproblem in Psychotherapie und Seelsorge

Die seelsorgerliche Verantwortung im Umgang mit dem Theodizeeproblem muß Motiv und Haltung des Fragenden berücksichtigen. Wenn ihm nicht im Sinn der Ermahnung sein emanzipatorisches Streben aufgedeckt werden muß, gilt es, ihm zu helfen, seinen Schmerz und Protest in der Klage laut werden zu lassen. Sie ist auf Gott ausgerichtet und erwartet, daß Gott hilft, die Anfechtung zu überwinden. Indem sie auf Erhörung drängt, hält sie die Hoffnung aller Kreatur auf Erlösung wach (Röm 8,18–25). Die gewisse Hoffnung, daß sich Gottes Gerechtigkeit endgültig durchsetzen und alles Böse entmachten wird (1Kor 15,24–26), gibt dem Angefochtenen Trost und Zuversicht. Im Ausblick auf den Anbruch des Reiches Gottes und der Neuschöpfung der Welt ohne Leid und Tränen (Offb 21,3–5) darf der Seelsorger zusprechen, daß nichts, auch nicht das Leid, außerhalb der Fürsorge Gottes steht. Es muß zum Guten mitwirken (Röm 8,28), weil Gottes Herrschaft über das All dies garantiert.

Literatur:
Bayer, O.: Aus Glauben leben. Über Rechtfertigung und Heiligung, Stuttgart 1990
Chardin, P. T. de: Der Mensch im Kosmos, München 1959
Eibach, U.: Theologie in Seelsorge, Beratung und Diakonie, Bd. 2.: Der leidende Mensch vor Gott: Krankheit und Behinderung als Herausforderung unseres Bildes von Gott und dem Menschen, Neukirchen-Vluyn 1991
Fritzsche, H.-G.: ... und erlöse uns von dem Übel. Philosophie und Theologie zur »Rechtfertigung Gottes«, Stuttgart 1987
Leibniz, G. W.: Versuche der Theodizee über die Güte Gottes, die Freiheit des Menschen und den Ursprung des Übels, 1710
Sparn, W.: »Leiden- Erfahrung und Denken, Materialien zum Theodizeeproblem«, in: Theologische Bücherei 67 (1980), München.   IH

Therapieplanung

Die Therapieplanung soll dem Seelsorger und dem Ratsuchenden Orientierung im Seelsorgegeschehen geben, d. h., sie legt die konkreten Schritte fest, die zur Erreichung des Seelsorgezieles notwendig erscheinen.

Nach der → Problemanalyse und der Zielbestimmung, die unter Berücksichtigung der sozialen Rahmenbedingungen, der motivationalen Klärung des Ratsuchenden erfolgt, besteht für den Seelsorger die Aufgabe darin, die Schritte vom Problemzustand zum Zielzustand zu planen. Der Seelsorger muß sich die Frage stellen, wie er sein seelsorgerliches Handeln – auch gegenüber Dritten – rechtfertigt und begründet. Die Entscheidungen und Urteile, die er z. B. während der Problemanalyse und der Therapieplanung treffen muß, sind sehr unzuverlässig, da sie nur zu einem Bruchteil durch wissenschaftlich begründetes Wissen fundiert sind. Damit ist eine Therapieplanung stets etwas Willkürliches und bedarf daher der Korrektur und Kontrolle. Hieraus leitet sich die Forderung ab, die Planung der Seelsorge gegenüber dem Ratsuchenden als auch in der Supervision transparent zu machen. Eine so ausgerichtete Therapieplanung läßt sich in vier Schritte unterteilen:

Planung des Therapieverlaufs
In einer groben Planung werden zunächst Seelsorgeziele zeitlich gestuft in kurzfristige, mittelfristige und langfristige Ziele. So kann beispielsweise für einen Mann mit einer schweren → Depression das kurzfristige Ziel die regelmäßige Einnahme der Medikamente lauten, das mittelfristige Ziel die Bewältigung des Alltags und das langfristige Ziel das Erleben von Freude und Motivation für den Alltag. Dann entscheidet der Seelsorger über die Methoden, die zur Anwendung kommen sollen. Da es nicht *die* psychotherapeutische Methode für *das* Problem

gibt, sondern das seelsorgerliche Handeln immer methodenplural (→ Methodenpluralität) sein wird, muß der Seelsorger mehrere Therapieschulen kennen und deren Methoden anwenden können. Als Entscheidungshilfe für die Methodenwahl wird hier die Seelsorgeformel von M. Dieterich (1987, S. 51) dargestellt: M = f (S,R,U). In Worten ausformuliert meint diese Formel, daß das methodische Vorgehen (M) abhängig (f) ist sowohl vom Seelsorger (S; Kompetenz, Persönlichkeit etc.) als auch vom Ratsuchenden (R; Persönlichkeit, Probleme etc.) und den jeweiligen Umständen (U; wo, wann findet die Seelsorge statt etc.).

Hat der Seelsorger die Seelsorge nach diesen Grundzügen geplant, folgt die konkrete Ausformulierung eines individuellen Behandlungskonzeptes für den Ratsuchenden.

Vermittlung eines einsichtigen Bedingungs- und Therapiemodells
Wichtig ist, daß der Ratsuchende eine plausible Einsicht in die Bedingungen erhält, die das Problem verursachen, aufrechterhalten, als auch in das Wirkprinzip der Therapiemethoden. Dies soll dazu führen, daß er die Fähigkeiten erwirbt, mit seinem Problem selbst besser zurechtzukommen bzw. die gelernte Problemlösung auf andere Problembereiche anzuwenden (→ Selbstmanagement).

therapiebegleitende Diagnostik (→ Psychodiagnostik)
Bei dem Festlegen einzelner Therapieschritte sind auch die Verfahren zur Erfassung möglicher Veränderungen zu planen. Die therapiebegleitende Diagnostik liefert Informationen zur Grob- und Feinsteuerung des therapeutischen Vorgehens, z. B. werden Fortschritte, Stagnationen oder Rückschläge im angestrebten Bereich frühzeitig erfaßt und bei der weiteren Therapieplanung berücksichtigt.

Verfahren zur Nachuntersuchung (Follow-Up)
Nach dem Ende der Seelsorge sollen Nachuntersuchungen zur Erfassung der Veränderungen geplant werden.

Literatur:
Dieterich, M.; Stoll, C.-D.: Psychotherapie, Seelsorge, biblisch-therapeutische Seelsorge, Neuhausen-Stuttgart 1987
Grawe, K.: »Grundriß einer Allgemeinen Psychotherapie«, in: Psychotherapeut 3/1995, S. 129–145
Reinecker, H.: Grundlagen der Verhaltenstherapie, Weinheim 1994   JL

Therapievertrag

Ein Therapievertrag legt zwischen dem Ratsuchenden und dem Seelsorger (Vertragspartner) die jeweiligen Rechte und Pflichten verbindlich fest, die zu einer Erreichung des Therapiezieles eingehalten werden sollen. Therapieverträge können schriftlich oder mündlich geschlossen werden.

Im *allgemeinen Therapievertrag* werden die Rahmenbedingungen der gesamten → Seelsorge abgesprochen, wie z. B. Ziele der Seelsorge, Methoden zur Zielerreichung, Höhe der Vergütung, Dauer einer Sitzung, Anzahl der Termine. Der Ratsuchende verpflichtet sich zur Mitarbeit, der Seelsorger zur Einbringung seines theoretischen Hintergrundwissens für das Problem des Ratsuchenden (→ Methodenpluralität).

Spezifische Therapieverträge beziehen sich auf einzelne Abschnitte der Seelsorge, z. B. auf »Hausaufgaben« (vgl. z. B. → Desensibilisierung, systematische) oder auf die Festlegung eines bestimmten Übungsprogramms.   JL

Tiefenpsychologie
→ Psychoanalyse

Tod/Trauer/Trauerarbeit

Sterben und Tod

Angesichts des Todes erlebt sich der Mensch als einmalige, unvertretbare Person. Jeder Mensch muß seinen Tod ganz allein sterben. Keiner kann mit ihm gehen, keiner kann ihn vertreten. Keiner kann ihm das Sterben abnehmen. Im Tod ist jeder Mensch einmalig, einzeln und unvertretbar. Der Tod bricht alle menschlichen Beziehungen ab. Vor dieser letzten tiefen Einsamkeit hat der Mensch → Angst. Die Angst vor dem Tod ist die Angst vor der letzten Einsamkeit und Unvertretbarkeit. Sie ist da, weil der Mensch Mensch zum Tode ist.

Sterben ist ein Durchgangsstadium
Sterben erlebt der Mensch als Ende seines körperlichen Lebens, als Ende seiner Existenz auf Erden. Der Mensch durchläuft im Sterben vier Stadien. Das erste ist der klinische Tod, der Atemstillstand; das zweite der Herzstillstand, die totale Stagnation des Kreislaufs; im dritten Stadium tritt die Funktionseinstellung der einzelnen Organsysteme und der Gehirnzentren ein; und viertens kommt es schließlich zum sogenannten chemischen Zerfall.

Der Tod ist der »letzte Feind« (vgl. 1Kor 15,26)
In der griechischen Philosophie wird der Tod »Freund der Seele« oder der »große Befreier der Seele« genannt. Sokrates fürchtete den Tod deshalb nicht, weil dieser ihn von seinem Körper erlöst. Bei seinem von Plato beschriebenen Tod ist nichts zu merken von Todesschrecken. Sokrates stirbt einen schönen Tod in völliger Ruhe und Gelassenheit.
Anders sind die Zeugnisse des Neuen Testaments über Jesu Tod. In Gethsemane beginnt Jesus »zu zittern und zu zagen« (Mk 14,33). Jesus hat Angst vor dem Tod, denn der Tod ist für ihn nichts Göttliches, sondern etwas Schreckliches. Jesus zittert vor dem Tod. Jesus sucht in seiner Todesnot nicht nur den Beistand Gottes, sondern auch den der Jünger. Er will nicht mit ihnen über Unsterblichkeit diskutieren, sondern bittet sie, mit ihm zu wachen und zu beten. Er selbst bringt mit »lautem Schreien und mit Tränen« sein Bitten und Flehen vor Gott (Hebr 5,7). Er stirbt nicht in erhabener Ruhe, sondern schreit mit dem Psalmwort: »Mein Gott, mein Gott, warum hast du mich verlassen?« und stirbt schließlich mit einem unartikulierten Schrei (vgl. Mk 15,34.37).

Für die Bibel ist der Tod nichts Schönes (→ Sterben). Der Tod ist nicht ein Freund, sondern der »letzte Feind« (1Kor 15,26). Das Sterben des Leibes ist die Zerstörung des von Gott geschaffenen Lebens. Der Tod ist »schlechthin Unnatur«, »Katastropheneinbruch in die Schöpfung Gottes« (Thielicke, S. 106, 116).

Trauer

Die Trauer um den Verlust eines Menschen ist nirgends so ausführlich beschrieben wie bei Jakob. Jakob trauert um Josef wie um einen Toten:

Schreie des Entsetzens (vgl. 1Mo 37,33f)
Für Jakob gab es keine Zukunft mehr. Josef war tot, und auch er wollte nicht mehr weiterleben. Jakob will mit seinem Sohn verbunden bleiben.

Der Wunsch, allein zu sein (vgl. 1Mo 37,35a)
Jakob wollte sich von seinen Söhnen und Töchtern nicht trösten lassen. Er hatte nur den einen Wunsch, in seinem Leid alleine sein zu dürfen. Es gibt Phasen der Trauer, in denen der Wunsch, allein zu sein, akzeptiert werden muß. Eine rabbinische Weisheit lautet: »Versuche nie, einen Menschen zu trösten, solange noch sein Toter vor ihm liegt.«

Das Weinen (vgl. 1Mo 37,35b)
Jakob beweinte seinen Sohn. Jemanden beweinen oder jemandem nachweinen heißt jemanden gleichsam hinausweinen. Die Tränen sind eine Bewältigung der Trauer. Die Rabbiner nennen die Tränen »den Schweiß der arbeitenden Seele«.

Trauerarbeit

Trauerarbeit ist das Voranschreiten vom Jammern zum Klagen.

Das Jammern
Der Jammernde (ob er etwas bejammert oder jemandem vorjammert) bleibt mit sich und seinem Elend allein. Er vollzieht keine Wendung nach außen. Er sieht nur das ihn betreffende Leid. Er kreist nur um sich

selbst. Läßt er andere an seinem Leid teilhaben, dann jammert er ihnen etwas vor.

Die Klage

Klage (vgl. Ps 13,2f) ist etwas anderes als Jammern. Jammern erleichtert, aber der Jammernde bleibt mit seinem Elend allein. Der Klagende wendet sich mit seinen Klagen an Gott. Er ringt mit Gott und kämpft darum, auch dann, wenn zwischen ihm und Gott ein dicker Vorhang hängt, das Vertrauen auf Gott nicht zu verlieren. Wenn ein Klagender seine Angehörigen und Freunde zu Zeugen seiner an Gott gerichteten Klagen macht, dann jammert er diesen nicht etwas vor, sondern er nimmt sie mit hinein in das Zwiegespräch, das er mit Gott führt. Er bittet die, die ihm zuhören, ihm dabei zu helfen, in seiner Beziehung zu Gott das Vertrauen zu bewahren.

Im Unterschied zum Jammern ist Klage kein Selbstgespräch (Monolog), sondern ein Zwiegespräch (Dialog). Klage als dialogisches, zu Gott hin gerichtetes Sprechen ist und bleibt das Ziel der Trauerarbeit.

Literatur:

Bräumer, H.: Schatten vor meinem Gesicht. Kranksein vor dem unbegreiflichen Gott, Stuttgart 1992
Thielicke, H.: Tod und Leben. Studien zur christlichen Anthropologie, Genf, o.J.   HJB

Transaktionsanalyse

Die Transaktionsanalyse wurde in den 50er Jahren von dem amerikanischen Psychiater Eric Berne (1910–1970) begründet und von zahlreichen Mitarbeitern weiterentwickelt. Sie zielt als eine Richtung der Psychotherapie darauf ab, Menschen zur Veränderung und zur Entwicklung ihrer Persönlichkeit zu helfen. Dazu achtet sie im Unterschied zu anderen therapeutischen Schulen auf alle drei Lebensäußerungen des Menschen, sein Denken, Fühlen und Verhalten, und bietet im Umgang damit eine bestimmte Betrachtungsweise an, in die lernpsychologische, psychoanalytische, individualpsychologische und gestalttherapeutische Elemente einbezogen wurden. Dadurch sind Methodenvielfalt, gute Kombinationsmöglichkeiten mit anderen Betrachtungsweisen des Menschen und ein breites Feld zur Anwendung gegeben. Durch eine verständliche Sprache und klare Schaubilder hilft die Transaktionsanalyse den Klienten, verstehend und eigenverantwortlich am Veränderungsprozeß mitzuarbeiten.

Die Transaktionsanalyse bietet eine Theorie der menschlichen Persönlichkeit, die veranschaulicht wird an drei übereinanderliegenden Kreisen, dem sogenannten *Ich-Zustands-Modell*. Dabei wird ein Ich-Zustand als eine Gesamtheit von zusammenhängenden Denkmustern, Gefühlen und Verhaltensweisen begriffen. Wenn jemand angemessen und mit allen seinen Möglichkeiten als Erwachsener auf das eingeht, was hier und jetzt geschieht, ist er in seinem Erwachsenen-Ich-Zustand. Imitiert er ungeprüft das Denken, Fühlen und Verhalten der Eltern, ist er in seinem Eltern-Ich-Zustand. Reagiert er in der Gegenwart mit Denk-, Gefühls- und Verhaltensmustern, als sei er noch das Kind von früher, befindet er sich in seinem Kind-Ich-Zustand.

Die Transaktionsanalyse stellt auch eine Kommunikationstheorie dar. Eine verbale oder nonverbale Mitteilung und die Reaktion darauf wird als Transaktion bezeichnet. Mißlungene Begegnungen werden zum Beispiel an den Modellen des Drama-Dreiecks und der psychologischen Spiele aufgezeigt.

Aus den Einsichten über Kommunikation ist auch eine Methode zur Analyse von Systemen und Gruppen abgeleitet worden.

Schließlich bietet die Transaktionsanalyse eine Entwicklungstheorie an. Das Konzept des Lebensskripts zeigt, wie einengende Erlebens- und Verhaltensmuster in unserer frühen Kindheit entstanden sind.

Transaktionsanalyse wird angewandt
– als Psychotherapie (Einzel-, Gruppen-, Paar- und Familientherapie) zur Behandlung aller möglichen psychischen Störungen,
– in der Beratung (soziale Dienste, Rechts-

pflege, Seelsorge usw.) zur wirksameren Hilfe, zur Konfliktlösung und zum persönlichen Wachstum,
– im Erziehungswesen (Schule, Erwachsenenbildung) zur Förderung klarer Kommunikation und Vermeidung fruchtloser Konfrontation,
– im Management (Ausbildung von Führungskräften, Analyse von Organisationen, Kommunikationstraining, Entwicklung von Problemlösungsstrategien) zur Verbesserung von beruflicher Wirksamkeit, persönlichem Wohlbefinden und Arbeitsklima.

Basis aller Transaktionsanalyse-Arbeit ist der Beratungs- bzw. Behandlungsvertrag. Er ist die Vereinbarung zwischen Berater/Therapeut und Klienten/Patienten, die den Rahmen und das Ziel der Behandlung festlegt. Arbeit am Vertrag kann schon ein wesentlicher Teil der Beratung/Behandlung sein.

Man unterscheidet verschiedene Vertragsformen:
– Beim *Beziehungs*-Vertrag, bei dem die Rollen von Berater und Ratsuchenden klar sein müssen, wird das Wie der Beziehung in den Blick genommen, damit der Ratsuchende in der Beziehung zum Berater neue Erfahrungen machen und lernen kann, anders zu reagieren als früheren Bezugspersonen gegenüber.
– Ergänzend kann ein *Feedback*-Vertrag geschlossen werden, in dem sich der Berater bereit erklärt, dem Ratsuchenden Rückmeldungen darüber zu geben, wie er erlebt wird, und der Klient erklärt sich bereit, mit diesen Rückmeldungen verantwortlich umzugehen.
– Der *Veränderungs*-Vertrag kann sich an folgenden Leitfragen orientieren: Was ist das Problem? Was steht auf dem Spiel, wenn du so weitermachst wie bisher? Was soll verändert werden auf welches Ziel hin? Welche tauglichen Möglichkeiten gibt es? Welche Möglichkeit wählst du? Wann, wo und wie wirst du es umsetzen? Welche Erfahrungen hast du damit gemacht? – Aus der Fülle möglicher therapeutischer Techniken zählt Berne (Principles, 233–247) einmal acht grundlegende auf: Befragung, Konfronta-

tion, transaktionsanalytische Deutung, Veranschaulichung, Bestätigung als Erlebnis der Durcharbeit, erlebnisgeschichtliche Bedeutung, den Patienten in die Entscheidung stellen. Die ersten sechs lassen sich auch in der Beratung anwenden.

Die Ausbildung zum Transaktionsanalytiker erfolgt berufsbegleitend, dauert in der Regel 4–6 Jahre, setzt neben Theorievermittlung Schwerpunkte auf Supervision und Eigentherapie und wird mit schriftlicher und mündlicher Prüfung vor einem internationalen Prüfungsausschuß abgeschlossen.

Zwischen Seelsorge und Transaktionsanalyse gibt es zahlreiche Berührungspunkte und Kombinationsmöglichkeiten:

Christliche Seelsorge und Transaktionsanalyse gehen von der Würde des Menschen aus. In beiden nimmt Liebe bzw. der Umgang mit Zuwendung einen zentralen Platz ein. Sieht die Seelsorge als Ziel das volle Heilwerden, zu dem der Mensch durch Christus befreit wird, das aber in dieser Welt wegen der Macht des Bösen nicht zu erreichen ist, so spricht die Transaktionsanalyse ebenfalls von einem Ideal, dem Urfaktoren im Menschen entgegenstehen; sie beschreibt dieses Ideal als die Fähigkeit, mit geöffneten Sinnen zu leben, von einschränkenden Mustern befreit auf die jeweilige Situation angemessen eingehen zu können sowie gegenseitiges Vertrauen zu erfahren.   HCB

Literatur:
Berne, E.: Principles of Group Treatment, New York 1966
ders.: Spiele der Erwachsenen, Hamburg 1967
ders.: Was sagen Sie, nachdem Sie »Guten Tag« gesagt haben?, München 1973
Bürki, H.: »Autonomie und Intimität in Seelsorge und Beratung«, in: Pfeifer, S. (Hg.): Seelsorge und Psychotherapie – Chancen und Grenzen der Integration, Moers 1991
Gündel, J.: Transaktionsanalyse. Was sie kann, wie sie wirkt und wem sie hilft, Mannheim 1990
Hagehülsmann, U.: Transaktionsanalyse. Wie geht denn das?, Paderborn 1992
Rautenberg, W.; Rogoll, R.: Werde, der du werden kannst. Anstöße zur Persönlichkeitsentwick-

lung mit Hilfe der Transaktionsanalyse, Freiburg, Basel, Wien 1980
Schlegel, L.: Die Transaktionale Analyse, Tübingen ³1988
Stewart, I.; Joines, V.: Die Transaktionsanalyse. Eine neue Einführung in die TA, Freiburg, Basel, Wien 1990   HCB

Traum

Der Traum ist eine besondere Form des Erlebens im Schlaf, häufig von lebhaften Bildern begleitet und oft mit intensiven Gefühlen verbunden. Der Betroffene kann sich nach dem Erwachen meist nur teilweise an seinen Traum erinnern. Träumen geht mit einer veränderten elektrischen Aktivität des Gehirns einher und entspricht weitgehend dem REM-Schlaf (→ Schlaf). Ca. 20 % der Schlafzeit wird verträumt.

Über 90 Jahre nach Erscheinen von S. Freuds Buch »Die Traumdeutung« (1900) sind viele Probleme des Traums noch nicht befriedigend gelöst.

Für Freud ist die Traumdeutung der Königsweg zur Kenntnis des Unbewußten im Seelenleben. Träume sind für ihn eine »Erfüllung infantil-sexueller Wünsche«, die durch irgendein Ereignis des Vortages (Tagesrest) angeregt werden. Diese verdrängten Wünsche drängen ans Licht, da während des Schlafes die seelische Korrektur gelockert ist. Und doch läßt diese Instanz nicht zu, daß dies unverhüllt geschieht. So kommt es zu einer gewissen Entstellung: Der manifeste Trauminhalt ist nur ein Zerrbild der wirklichen latenten Traumgedanken. Nach der Theorie Freuds ist der Traum eine Arbeitsleistung des Seelenlebens. Die Traumgedanken werden mit Hilfe bestimmter Traummechanismen (Verschiebung, Verdichtung, Umkehrung ins Gegenteil, Symbolisierung) bis zur Unkenntlichkeit umgearbeitet. Daher bedarf jeder Traum einer Deutung. Diese Deutung ist also die Umkehrung der Traumarbeit des Träumers.

Freuds Modell der Traumdeutung wurde durch die anderen tiefenpsychologischen Schulen modifiziert. Nach A. Adler (→ Individualpsychologie) hat der Traum selten sexuelle Bedeutung. Für ihn ist der Traum Ausdrucksform des Lebensstils; und zwar spiegelt er den Lebensstil in der Bewegung des Träumenden von einem zum anderen Tag. Ausgelöst wird der Traum nicht so sehr durch Ereignisse des Vortages, sondern durch entstehende Lebensaufgaben, denen sich der Träumer nicht recht gewachsen fühlt. Daher versucht der Träumer im Schlaf eine seinem Lebensstil entsprechende Problemlösung zu finden. Der Traum hat dabei die Funktion, das Selbstwertgefühl des Träumers nicht sinken zu lassen. Der Traum hat also für Adler einen in die Zukunft gerichteten (prospektiven) Sinn. Da Vernunft und Realitätsprinzip nachts schweigen, können tendenziöse Gedankengänge in bildhafter Form über die Gefühlswelt des Träumers Macht gewinnen. Auch wenn der Träumer sich morgens nicht erinnert, bleibt doch von der Träumerei ein vager Gefühlsrest beim Erwachen. Das aber genügt, um für den neuen Tag jene egozentrische Richtung einzuhalten, die dem Träumer Macht und Sicherheit versprechen. Adler: Jeder Mensch träumt das, was ihm in den Kram paßt.

Für ihn sind die Traumelemente nie losgelöst von dem Träumenden selbst zu analysieren. Jedes Traumelement ist für ihn eine Spiegelung des Träumenden selbst. Von daher sollte man in erster Linie den Träumer – und nicht den Traum – deuten.

Nach C. G. Jung sind Träume »Naturereignisse des Seelenlebens«. Auch im Traum kommt die ganze Bilderwelt der Seele zur Sprache. Gewisse Träume konfrontieren den Träumer mit seinem Schatten, mit Animus und Anima, mit den → Archetypen des kollektiven → Unbewußten. Für Jung ist die Traumdeutung noch mehr als für Freud der »Königsweg der Psychotherapie«.

Charakteristische Träume

Angstträume – lassen darauf schließen, daß man grundsätzlich die Welt, andere Menschen, das Leben, die Wirklichkeit als feindlich und bedrohlich ansieht. Indem sich der Träumer auf den nächsten Tag vorbereitet, warnt er sich mit Hilfe der Träume selbst; er erzeugt ein Angstgefühl (→ Angst), was ihn davon abhält, etwas zu tun, was man eigentlich – im Sinne des Gemeinschaftsgefühls – tun sollte.

Flugträume – deuten oft auf ein »Hochhinauswollen«. Der Träumer verrät seinen Ehrgeiz. Er will sich über andere erheben, andere überflügeln, etwas tun, was andere nicht können.

Fallträume – zeigen evtl. Prestigeverlust an. Der Träumer hat keinen festen Boden unter den Füßen.

Lähmungsträume – können Entscheidungsschwäche oder Handlungsunfähigkeit gegenüber Problemen anzeigen.

Prüfungsträume – zeigen Versagensängste.

Nacktseinsträume – zeigen die Furcht, sich Blößen zu geben, entdeckt zu werden.

Literatur:
Freud, S.: Die Traumdeutung (1900). GW II/III, S. 6–626
Schmidt, R.: Träume und Tagträume, 1980
ESch

Trauma

Ein Trauma (gr.: Wunde, Verletzung) ist im medizinischen Sinn eine durch äußere Gewalteinwirkung bedingte Körperverletzung (z. B. Knochenbruch). Im psychologischen Sinn gilt als Trauma ein schockartig wirkendes Einzelereignis (z. B. Geiselnahme, Vergewaltigung, schwerer Unfall) oder eine Reihe von stark belastenden Erlebnissen, auf welche die betroffene Person nicht adäquat reagieren kann und die eine vorübergehende oder dauerhafte Störung ihres seelischen Gleichgewichts zur Folge haben. Infolge eines Traumas kann sich (auch bei einer ursprünglich seelisch gesunden Person) eine u.U. behandlungsbedürftige psychische Störung herausbilden, die als → Posttraumatische Belastungsstörung (PTBS) bezeichnet wird. Das Krankheitsbild der PTBS ist gekennzeichnet durch ständiges Wiedererleben des Traumas (z. B. sich aufdrängende Erinnerungen an das Trauma oder Alpträume), Vermeidung von Aktivitäten, Reizen oder Situationen, die mit dem Trauma in Verbindung stehen (z. B. Vermeidung bestimmter Orte/Plätze oder Versuch, nicht an das Trauma zu denken), Einschränkung der allgemeinen Reagibilität (Verlust von Interessen, Gefühl der Entfremdung von anderen oder Gefühlsverarmung) sowie durch Symptome eines erhöhten Erregungsniveaus (z. B. Reizbarkeit, Konzentrationsschwäche oder Schreckhaftigkeit). Eine PTBS kann sich nach einem extrem belastenden Ereignis sowohl bei den direkten Opfern eines Traumas als auch bei indirekt Betroffenen (Zeugen, Angehörige) herausbilden. Das Ausmaß negativer Auswirkungen ist bei extremen Traumata relativ unabhängig von der psychischen Stabilität der betroffenen Person vor Eintritt des Traumas, mit abnehmendem Schweregrad des Traumas gewinnt die ursprüngliche psychische Stabilität an Bedeutung.

Literatur:
Hermann, J.: Die Narben der Gewalt. Traumatische Erfahrungen verstehen und überwinden, München 1994
Kretschmann, U.: Das Vergewaltigungstrauma. Krisenintervention und Therapie mit vergewaltigten Frauen, Münster 1993
Terr, L.: Schreckliches Vergessen, heilsames Erinnern. Traumatische Erinnerungen drängen ans Licht, München 1995
FG

Trieb

Diejenige Motivation (→ Motiv) menschlichen Handelns, die aus einer Beeinträchtigung des physiologischen Gleichgewichts (Homöostase), aus einem Zuwenig oder Zuviel an bestimmten Stoffen herrührt, wird als Trieb erlebt. Aus biologischer Sicht wird darunter ein gewisser Aktivierungsgrad von nervlichen Erregungsmechanismen verstanden. Dieser Zustand spielt wiederum für das motivierte Verhalten eine wichtige Rolle und ist zumindest im Tierversuch einer gewissen Meßbarkeit zugänglich (vgl. Delay, 1980). »Entsprechend der Triebtheorie befindet sich der Körper in einem ruhigen Zustand des Gleichgewichts, solange alle Grundbedürfnisse erfüllt sind. Ist dies nicht der Fall, befindet man sich in einem Zustand der Erregung. Je länger ein Grundbedürfnis entbehrt wird, desto größer wird der Trieb und um so erregter wird man. Durch die Erregung wachsen die Aktivitäten des Menschen – und damit wird dann auch die Chance vergrößert, den Trieb zu befriedigen. Wenn dies geschehen ist, geht das Triebniveau wieder auf sehr kleine Werte zurück. Schlüssel zum Triebkonzept ist also ein Gleichgewichtsprinzip, d. h. der Versuch, den nicht erregten Zustand wieder zu erreichen« (Dieterich, 1989, S. 34). Als Grundbedürfnisse werden in diesem Zusammenhang der Hunger, der Durst, der → Schlaf und das Sauerstoffbedürfnis verstanden. Diese sind für das Überleben und den Fortbestand des einzelnen unerläßlich. Der Sexualtrieb nimmt unter den bereits genannten Trieben eine Sonderstellung ein, da er einerseits nicht für den Erhalt des eigenen Lebens notwendig ist, andererseits die menschliche Aktivität nicht nur darauf gerichtet ist, ihn zu befriedigen, sondern ebenso auch zu erregen. Triebe und ihre Befriedigung haben abgesehen von ihrer physiologisch-organischen Auswirkung ebenso eine besonders erlebnishaft-emotionale Dimension.

Insbesondere das psychoanalytische Denken (→ Psychoanalyse) hat eine eigenständige und heute zunehmend kritisch bewertete Theorie über Triebe und ihre Entwicklung entworfen. Freud beschrieb den Trieb als Grenzbegriff zwischen Körperlichem und Seelischem und gab ihm vier Definitionsmerkmale: Quelle, Drang, Ziel und Objekt. Dabei wird der Triebbegriff so verstanden, daß der Mensch aktiv seine Wünsche in der Auseinandersetzung mit seiner Umwelt gestaltet. Der Trieb erhält im Seelischen eine eigentliche Entsprechung in den Gefühlen und dadurch eine Dynamik, welche sich auch in der psychischen Entwicklung niederschlägt. Modellmäßig wurden unter der Vorstellung einer triebhaften Kraft (→ Libido) verschiedene Entwicklungsstadien nach Vorherrschen entsprechender sen-

sibler Körperteile angenommen. »Darunter werden aber nicht die vorherrschenden somatischen Abläufe verstanden, sondern das affektive Erleben und die Phantasien im Austausch zwischen dem Selbst und der Umwelt« (Müller-Pozzi, S. 82). Diese Abschnitte spielen im Verständnis der normalen und krankhaften seelischen Entwicklung eine wichtige Rolle und finden Eingang in psychodynamisch orientierte Behandlungsmethoden. Die psychosexuelle → Entwicklungspsychologie wurde jedoch im Lauf der Zeit zu einer Theorie der emotionalen Entwicklung ausgeweitet, und triebhafte Bedürfnisse wie Abhängigkeit, Autonomie, sexuelles Erleben, Aggressivität und der Selbstwert fanden zusätzlich Beachtung (Hoffmann, S. 29ff).

Triebe in Psychotherapie und Seelsorge

Nicht selten wird im seelsorgerlichen Bereich gerade der Umgang mit dem Sexualtrieb mit seiner erlebnishaft-emotionalen Dimension zur Sprache gebracht. Wenn wir davon ausgehen, daß der Trieb einerseits nach außen hin meist auf ein anderes Individuum gerichtet ist und andererseits selbst nach Befriedigung bzw. Entspannung strebt, kann dies gerade im Hinblick auf den Glaubensvollzug oftmals zu notvollen Situationen führen. Wünsche und Phantasien triebhafter Natur können dabei Anlaß zu verschiedentlichen Konflikten werden, welche sich unter Umständen in neurotischem Erleben zeigen. Der einzelne erfährt dann nicht selten in einer vertrauensvollen seelsorgerlichen Beziehung und im Gespräch eine deutliche Erleichterung, was auch zu einem neuen Umgang mit seinen eigenen triebhaften Wünschen führen kann. Die Auseinandersetzung mit biblischen Prinzipien kann diesen Prozeß unterstützen. Dies wiederum kann sich auch auf die Gottesbeziehung fruchtbar auswirken. Die Bibel geht sehr offen mit triebhaften Wünschen in bezug auf die Gottesbeziehung um (→ Lustprinzip) und spricht durchaus in diesem Zusammenhang von »der Lust am Herrn« (Ps 37,4).

Literatur:
Delay, J.: Medizinische Psychologie, Stuttgart 1980
Dieterich, M.: Handbuch Psychologie und Seelsorge, Wuppertal und Zürich 1989
Freud, S.: Triebe und Triebschicksale. GW, Bd. 10
Hoffmann, S. O.: Einführung in die Neurosenlehre und psychosomatische Medizin, Stuttgart 1987
Müller-Pozzi, H.: Psychoanalytisches Denken: eine Einführung, Bern 1991
Winnicott, D. W.: Familie und individuelle Entwicklung, Frankfurt/M. 1984   UM

Trösten

Trösten stellt eine der Hauptformen → Biblisch-therapeutischer Seelsorge dar.

Der biblische Grund für das Trösten

Ausgangspunkt für das geistliche Profil des Tröstens ist das Handeln Gottes am Menschen. Nach dem Gericht und den damit verbundenen Konsequenzen (babylonisches Exil nach 587 v. Chr.) kündigt der Prophet die Heilszeit an: »Tröstet, tröstet mein Volk« (Jes 40,1). Gottes Herz hat sich im Verhältnis zu seinem Volk verändert, er vergibt die Schuld. Danach kommt die Befreiung, die Heilung: Die Knechtschaft des Volkes im fernen Babylon hat ein Ende (vgl. Mk 2,1–12). Der Heilige Israels selbst ist es, der für sein Volk einen neuen Lebensraum durch dieses Trostwort eröffnet und den Weg in die Heimat nach Jerusalem zeigt. So ist auch für Paulus das Heilshandeln Gottes in Jesus Christus, dem der Anspruch Gottes auf den Geretteten folgt (→ Ermahnen), die Grundlage für den erfahrenen Trost: »Gelobt sei Gott, der Vater unseres Herrn Jesus Christus, der Vater der Barmherzigkeit und Gott allen Trostes . . .« (2Kor 1,3f). Angesichts der eigenen Not erkennt er in dem Leiden Christi Trost (*paraklesis*): Gott hat die Schuld gesühnt, neues Leben geschenkt und die Lebensgemeinschaft mit Jesus Christus ermöglicht (vgl. 2Kor 4,6; 5,17). Im Glauben ist der Mensch jetzt mit Christus eins geworden

(Gal 2,20), mit ihm gekreuzigt, gestorben, begraben und bereits auferstanden (vgl. Röm 6,4ff). Durch diese neue, geistliche Wirklichkeit, den neuen Menschen, hat der Glaubende bereits Anteil an Gottes unsichtbarer Welt (vgl. Ps 16,5), er ist Erbe eines im realen Himmel geschauten Gutes (Apg 26,18; Eph 1,11ff; 1Petr 1,4). Diese geistliche Wirklichkeit ist auch Grundlage für die Seelsorge Martin Luthers. Der Mensch gründet seine Beziehung zu Gott nicht in sein eigenes Denken, Fühlen und Handeln, das gottgefällig, rein und heilig sein muß, sondern in das, was Jesus Christus für ihn getan hat (vgl. 2Kor 5,18f). Gewißheit entsteht ausschließlich im Vertrauen auf das, was Gott für den Menschen (extra me) in Christus gewirkt hat, und nicht in dem, was der Mensch für Gott je tun kann.

Trösten bedeutet vor diesem biblischen Hintergrund, dem Menschen z. B. mit Worten der Bibel oder mit geeigneten Sinnsprüchen aus Liedern oder entsprechender Literatur das zuzusprechen, was ihm von Gott her gilt, und ihn in seiner Beziehung zu Jesus Christus zu vergewissern.

Menschliche Aspekte des Tröstens, Trösten in Psychotherapie und Seelsorge

Neben dem geistigen Profil des Tröstens sind eine ganze Reihe menschlicher Aspekte, die unabhängig von einem spezifisch christlichen Trösten auch in säkularem Kontext geschehen können, zu nennen: zuhören, Mut machen, Nähe zeigen, aufrichten, Hoffnung vermitteln, mitfühlen, mitleiden, mitfreuen, mitweinen, mitschweigen usw. Diese Aspekte finden sich auch in biblischen Beispielen (vgl. das Schweigen der Freunde Hiobs, Hiob 2,13; oder auch 1Kön 19,6). Dabei muß die Lebenssituation des Menschen beachtet werden. Besonders beim Trauern, z. B. aufgrund eines schweren Verlustes eines nahen Angehörigen oder der eigenen Gesundheit (→ Posttraumatische Belastungsstörung), ist in der seelsorgerlichen Begegnung auf die gegenwärtige Verfassung der Betroffenen Rücksicht zu nehmen (an welchem Ort des Trauerweges befindet sich der Mensch?). Auch das Klagegebet kann eine besondere Form des Tröstens darstellen. Dann spricht der Betroffene vor Gott (mündlich oder schriftlich) klagend das aus, was er in seinen Gedanken und Gefühlen erlebt. Dadurch bleibt er trotz Enttäuschung, Wut usw. betend in Beziehung mit Gott und gibt in seinem Herzen dem Wirken des Geistes Gottes Raum.

Trösten braucht die Diagnostik (→ Psychodiagnostik) des Glaubensstils

Biblisch-therapeutische Seelsorge versucht, den Glaubensstil des ratsuchenden Menschen zu würdigen. Erlebt sich ein Mensch in seiner Beziehung zu Gott als Kind Gottes, als wiedergeborener Christ, gilt es, ihn neben allen menschlichen Aspekten des Trö-

stens in diesem »geistlichen« Stand vor Gott trotz aller Zweifel und Sorgen zu vergewissern und seinen Glauben zu stärken. Erlebt sich ein Mensch jedoch noch nicht in diesem Glauben, gehört es zum biblischen Profil des Tröstens, ihm die Liebe Gottes (Joh 3,16), die jedem Menschen als Ebenbild Gottes (1Mo 1,26f; 9,6; Jak 3,9) gilt, zuzusprechen und ihn zur Lebensgemeinschaft mit Christus einzuladen.

Literatur:
Dieterich, M.: Handbuch für Psychologie und Seelsorge, Wuppertal und Zürich 1989
Hennig, G.: »Wir sollen Menschen sein ... Luthers Seelsorge und unsere Seelsorge«, in: Theologische Beiträge, 27. Jg. 1/96, S. 6–21
Seitz, M.: Praxis des Glaubens. Gottesdienst, Seelsorge und Spiritualität, Göttingen 1978
Veeser, W.: »Glaubensstile«, in: Dieterich, M.: Persönlichkeitsdiagnostik in ganzheitlicher Sicht, Theorie und Praxis, Hochschulschrift 1996

WV

U

Überlernen → Lernhilfen

Übertragung → Psychoanalyse

Unbewußtes

Wir kennen unterschiedliche Fassungen des Begriffes »Unbewußtes«. Seine erstmalige Erwähnung durch R. von Hartmann (1869) definiert das Unbewußte als Gesamtheit aller psychischen Inhalte, die sich nicht im Bewußtsein befinden. Jaspers unterscheidet das Unbewußte später in das dem Bewußtsein absolut nicht Zugängliche (Außerbewußte) und momentan nicht Bewußte (nicht Bemerkte). Ende des letzten Jahrhunderts unterschied man vier Funktionen des Unbewußten: Festhalten von Erinnerungen, gelernte Vorgänge werden automatisch (Gewohnheit), ständiges Aufsteigen neuer Ideen (Kreativität), mythopoetische Funktion. Durch S. Freud erlangte das Unbewußte im Rahmen der Psychoanalyse zentrale Bedeutung. Ins Unbewußte werden sämtliche verdrängten Inhalte verlagert. Nur durch Überwindung der »Zensur« können diese Inhalte wieder bewußt werden. Ebenfalls im Unbewußten liegen die → Triebe, welche bestimmten Primärvorgängen unterliegen. Als Gesetzmäßigkeit beschrieb Freud, daß die Inhalte des Unbewußten aufgrund ihrer Besetzung mit Triebenergie ständig die Tendenz hätten, den Zugang zum Bewußten zu suchen. Freud beschrieb außerdem, daß nur Vorstellungen und Wünsche, nicht jedoch Gefühle und Affekte unbewußt sein können. Im späteren topographischen System Es-Ich-Über-Ich (ab 1920) ist das Unbewußte im wesentlichen mit dem Es verbunden bzw. identisch.

In Ergänzung zum individuellen Unbewußten Freuds beschrieb C. G. Jung das sog. *kollektive Unbewußte*. Es ist nicht nur Sitz der → Archetypen, sondern es hat nach Jung eine autonome Entwicklung und ist dem Bewußten komplementär.

Literatur:
Brenner, C.: Praxis der Psychoanalyse. Psychische Konflikte und Behandlungstechnik, Frankfurt/M. 1981
Freud, S.: Abriß der Psychoanalyse. Einführende Darstellungen, Frankfurt/M. 1994
Wucherer-Huldenfeld/Lanz/Schepank et al.: Bewußtes und Unbewußtes, München 1990

RB

V

Variable → Empirie

Vegetative Dystonie → Dystonie

Verdrängung

Elementarer Begriff im psychoanalytischen Sprachgebrauch (→ Psychoanalyse), der die unbewußte (→ Unbewußtes) Unterdrückung eines Triebbedürfnisses (→ Trieb) bezeichnet. Verdrängung ist ein → Abwehrmechanismus des Ichs und stellt im Schichtenmodell der Psychoanalyse (Es, Ich, Über-Ich) einen Abwehrvorgang im Konflikt zwischen dem Es und den unbewußten Teilen des Ichs und des Über-Ichs dar. Durch die Verdrängung werden inakzeptable Triebwünsche bzw. deren Repräsentationen in Form von Gedanken, Bildern und Vorstellungen aus dem Bewußtsein geschoben und auch weiter daran gehindert, wieder ins Bewußtsein zu kommen. Eigentlicher Zweck der Verdrängung ist die Vermeidung von Unlust. Die Verdrängung erfolgt aus Angst vor der im Falle einer Triebbefriedigung zu erwartenden Verurteilung und Bestrafung durch das Über-Ich. Gelingt es nicht, die Entstehung von Unlust bzw. Angst zu vermeiden, gilt die Verdrängung als mißglückt. Solche mißglückten Verdrängungen liegen der Entstehung von → Neurosen zugrunde. Die Verdrängung steht im Gegensatz zum bewußten Verzicht auf Befriedigung eines Triebbedürfnisses und stellt gerade ein Ausweichen vor einer solchen bewußten Entscheidung dar. Nicht als Verdrängung zu bezeichnen sind ferner die vorübergehende Aufhebung eines Triebbedürfnisses durch ein anderes (z. B. → Sexualität durch Aggressivität [→ Aggression]) und der zeitlich begrenzte Aufschub eines Triebbedürfnisses in Anpassung an die jeweiligen Realisierungsmöglichkeiten.

Literatur:
Bauriedl, Th.: Die Wiederkehr des Verdrängten. Psychoanalyse, Politik und der Einzelne, München 1988
Freud, S: Vorlesungen zur Einführung in die Psychoanalyse, Frankfurt/M. 1991
Schneider, P.: Wahrheit und Verdrängung. Einführung in die Psychoanalyse und die Eigenart ihrer Erkenntnis, Berlin 1995   AK

Verfolgungswahn → Wahn

Vergebung

Obwohl Vergebung ein zentraler zwischenmenschlicher Vorgang ist, wird er in der modernen psychologischen Literatur kaum beschrieben. Eine Ausnahme bildet der Hamburger Professor Reinhard Tausch, der sich in einer breit angelegten Studie mit den Auswirkungen der Vergebung befaßte. Die Ergebnisse seiner Arbeit waren erstaunlich: Vergebung verändert die Gefühle, die Gedanken, das Verhalten und die beteiligten Menschen positiv. Das christliche Konzept der Vergebung ist also ein wesentliches Element einer ganzheitlichen Beratung.

Vergebung in der Bibel

Besonders im Neuen Testament wird das Thema Vergebung breit abgehandelt. Im Leben, Werk und in der Lehre Jesu Christi nimmt sie einen zentralen Platz ein: Jesus Christus ist das lebendige Zeichen für Gottes Vergebung. Gott selbst vergibt den Menschen und befreit sie durch den stellvertretenden Tod Jesu Christi von aller Schuld. Niemand hat diese Begnadigung verdient, sondern sie ist ein Akt der freiwilligen, bedingungslosen Liebe Gottes. Dieses Erlebnis des Angenommenseins soll zur Triebfeder einer vergebenden Grundhaltung werden, zu der jeder Christ berufen ist.

Vergebung bedeutet ein Ent-Schulden, die Befreiung eines anderen oder der eigenen Person von einer Schuld. Eine erlittene Beeinträchtigung wird dem anderen nicht mehr angerechnet, das Ereignis wird nicht mehr nachgetragen, sondern als abgeschlossen und vergangen angesehen. Dabei wird das Geschehene nicht ignoriert, verdrängt oder vergessen, sondern durchaus wahrgenommen und erinnert; aber es wird nicht mehr angerechnet.

Mißverständnisse über das Wesen der Vergebung

Vergeben fällt vielen Menschen schwer, denn es widerspricht unserem menschlichen Wunsch nach Gerechtigkeit, Vergeltung und einer »ausgeglichenen Rechnung«. Manchmal verbauen auch Mißverständnisse den Weg.

Vergeben heißt nicht vergessen. Manche bitteren Erfahrungen oder deren Auswirkungen lassen sich nicht aus dem Leben streichen. Vergebung hat aber zur Folge, daß man ohne Bitterkeit zurückschauen kann. Vergeben heißt nicht bloß entschuldigen, sondern bedeutet viel mehr. Die große Kunst der Vergebung beginnt dort, wo man keine Entschuldigungen für verletzendes Verhalten mehr findet.

Vergeben heißt nicht, einen Konflikt verdecken. Einem Konflikt aus dem Weg gehen oder immer nachgeben ist nicht das gleiche, wie eine vergebende Haltung fördern. Erst wenn man ein Beziehungsproblem ehrlich und sachlich angeht, schafft man die Voraussetzung zur Vergebung und damit auch zur Lösung von Konflikten.

Vergebung in Psychotherapie und Seelsorge

Der Prozeß der Vergebung ist vielschichtig: Er bringt Veränderungen in der Gefühlswelt, im kognitiven Bereich und im Verhalten. Vergebung besteht oft nicht aus einem einzigen Akt, sondern ist in eine längere Reifungszeit eingebettet. Zuerst sollte der Ratsuchende den Grund seiner Wut oder Trauer genau ausdrücken dürfen. Durch Rückfragen kann man bewußt machen, was die Person verletzt hat, warum gerade dieses Ereignis sie innerlich getroffen hat, welche Folgen eingetreten sind und was sie selbst

zur Situation beigetragen hat. Manchmal bringt es Erleichterung, wenn man alles, was man anderen oder sich selbst vorwirft, genau aufschreibt. Im seelsorgerlichen Gespräch kann diese Liste Gott hingelegt oder sogar symbolisch zerrissen werden. Dann gilt es im kognitiven Bereich Veränderung anzustreben. Die alten, zornigen und anklagenden Gedanken müssen immer wieder durch einen bewußten Willensentscheid ersetzt werden. In der Beziehung sollten unrealistische Erwartungen abgebaut und Schritte der Versöhnung geplant werden. Dabei darf man vertrauen, daß es letztlich Gottes heiliger Geist ist, der echte Vergebung schenken kann.

Literatur:
Scherer, K.: Vergebung – Das zentrale Problem. Bitterkeit überwinden, Innere Heilung, Neuhausen-Stuttgart 1988
Smedes, L. B.: Forgive & Forget. Healing the Hurts We Don't Deserve, San Francisco 1994
Tausch R.: »Verzeihen: Die doppelte Wohltat«, in: Psychologie heute, April 1993, S. 20–27
                                                            AP

Verhaltenstherapie

Die Verhaltenstherapie beruft sich auf empirisch (→ Empirie) gewonnene Gesetze des → Lernens und versucht durch spezifische Methoden (s.u.) die Modifikation vor allem von pathologischen Verhaltensweisen. Verhaltenstherapie postuliert, daß pathologisches Verhalten in derselben Weise erlernt wird wie »normales« Verhalten und demzufolge entweder durch Lernen neuer und alternativer Verhaltensweisen ersetzt oder die unerwünschte Verhaltensweise »gelöscht« werden kann. Therapeutische Methoden stützen sich auf die Lernformen der klassischen und operanten → Konditionierung, des Lernens durch Nachahmung und durch Einsicht. Durch die empirische Fundierung ergibt sich ein deutlich anders als üblich gefaßtes Krankheitsverständnis: Verhaltenstherapie versucht, ohne die klassischen Krankheitsbilder (der »Neurotiker«, die »Schizophrene« usw.) auszukommen und auf die Aufdeckung von Ursachen der Störung als therapeutisches Mittel (→ Psychoanalyse) zu verzichten. Statt dessen wird eine genaue Beschreibung der – von außen beobachtbaren – störenden Verhaltensweisen angestrebt, die sich dann in konkrete therapeutische Lernziele umformulieren läßt.

Methoden der Verhaltenstherapie

Die Entwicklung von Methoden in der Verhaltenstherapie ist untrennbar verbunden mit Ergebnissen des → Behaviorismus. Erstmals wurden dessen Ergebnisse durch Skinner (et al.) mit therapeutischem Interesse verknüpft.

Vor dem Hintergrund des *klassischen Konditionierens* wurden vor allem gegen → Phobien wirkungsvolle Methoden entwickelt. Dabei versucht Löschung, den Klienten zwar dem unerwünschten → Reiz auszusetzen, jedoch den eigentlichen Auslöser auszublenden (z. B. einen Hund ansehen, der sich streicheln läßt, ohne zu beißen). *Gegenkonditionierung* bietet dem Klienten Reize in zunehmender Stärke an (z. B. Bild eines Hundes, Hundegebell, Hund an der Leine usw.), jedoch werden diese durch eine positive Umgebung (z. B. Entspannungsübungen, → Entspannung) angenehm konditioniert. Eine umstrittene und selten angewandte Methode ist die *Reizüberflutung*. Hier bietet man einen überstarken Reiz an, was zu einer Überstrapazierung des Angstreflexes (→ Angst) führt (z. B. von einer hohen Brücke herabblicken), so lange, bis der Körper aus Ermüdungsgründen die Angstreaktion nicht mehr aushält (vgl. auch → Aversionstherapie).

Auf Skinners Konzept des *operanten Konditionierens* basieren Methoden, mit denen verschiedene unerwünschte Verhaltensweisen behandelt werden (z. B. → Sucht, → Bettnässen usw.). Wichtig ist hier die Beschreibung der das störende Verhalten bekräftigenden Konsequenzen. Die Therapie besteht darin, das bisherige Verhalten in ein neues Arrangement zu stellen, bei dem die

Bekräftigungen systematisch ausgeklammert werden oder das erwünschte Verhalten durch Bekräftigungsstrategien systematisch aufgebaut wird. Hierzu gehören die *Verhaltensverhinderung* (z. B. beim Weggehen keine Zigaretten einstecken), die *Verzögerung* des Handlungsablaufes (z. B. Zigaretten einschließen und den Schlüssel bei einem Bekannten abgeben), die *Ausformung* oder *Verkettung* neuer Verhaltensweisen, bei der eine erwünschte Handlungskette in Teilabschnitte zerlegt und einzeln verstärkt wird bzw. die neue Kette von hinten her so lange aufgerollt wird, bis man am Beginn der Handlungskette angelangt ist. Eine erfolgreiche Methode zur Beseitigung unerwünschter Gedanken ist der Gedankenstopp. Hier stoppt der Klient bei unerwünschten Gedankengängen diese abrupt beispielsweise dadurch, daß er die Faust ballt und zu sich selbst »Stop!« sagt. Erwünschte Verhaltensweisen können außerdem wirkungsvoll durch → Kontingenzverträge aufgebaut werden.

Erst recht spät wurde das *Modellernen* in die verhaltenstherapeutische Methodik umgesetzt. Heute werden damit insbesondere unerwünschte Verhaltensweisen des Sozial- und Sprachverhaltens wirkungsvoll durch unterschiedliche Arten von Rollenspielen (→ Psychodrama, → Bibliodrama) behandelt. In der *stellvertretenden Desensibilisierung* demonstriert eine Modellperson den angstfreien und erfolgreichen Umgang mit Reizen. Die *stellvertretende Sensitivierung* versucht, Betroffene dazu anzuregen, sich um jeweils schlimmer Betroffene zu kümmern, um sie auf diesem Wege beispielsweise mit den verheerenden Folgen des Alkoholmißbrauchs zu konfrontieren (→ Sucht; → Depression). Eine wirkungsvolle Methode ist auch die Gruppentherapie (→ Gruppe). Wenn ein Mitglied der Gruppe offen über seine Probleme spricht, gewinnen auch andere den Mut, über sich nachzudenken und ihre Probleme mitzuteilen.

Therapiemethoden auf dem Hintergrund des *Lernens durch Einsicht* erzielen innerhalb der → Kognitiven Therapie vor allem bei der Behandlung von dichotomisiertem Denken (schwarz-weiß, gut-böse usw.), Übergeneralisierung (z. B. *alle* Ärzte, Pfarrer, Rechtsanwälte usw. sind gut, schlecht) deutliche Erfolge.

Seit ca. 25 Jahren beschäftigte man sich in der Verhaltenstherapie mit der Möglichkeit, dem Klienten selbst Mittel zur Verfügung zu stellen, mit deren Hilfe er seinen eigenen Veränderungsprozeß steuern kann. In diesem Zusammenhang wurden *Selbstmodifikationsprogramme* in unterschiedlichen Problembereichen entwickelt (→ Eßstörungen, → Sucht usw.), mit deren Hilfe Patienten lernen sollen, die störungsverursachenden Bedingungen zu analysieren und die Veränderung selbst zu meistern. Die Tätigkeit des Therapeuten beschränkt sich hier vor allem auf Kontrolle der vorgeschlagenen Methoden in der Anwendung. Die Durchführung einer Therapie wird so nicht mehr unbedingt allein dem »Fachmann« überlassen. Nach einer mit dem Therapeuten zusammen durchgeführten Verhaltensanalyse und der Aufstellung eines therapeutischen »Lernplanes« kann in vielen Fällen die weitere Ausführung und Kontrolle durch »Laien« ausgeführt werden.

Voraussetzungen und Erfolg der Verhaltenstherapie

Folgende Voraussetzungen müssen für einen Therapieerfolg gegeben sein:
– (Organische) Fähigkeit des Klienten, sein Verhalten zu ändern.
– Genaue Beschreibung unerwünschten Verhaltens und der Verstärker.
– Wunsch oder Bereitschaft zur Veränderung von seiten des Klienten.
– Der Therapeut darf nicht aktiver werden als der Klient.
– Verstärkung gezeigten Verhaltens statt guter Vorsätze.
– Zunehmende Fähigkeit des Klienten zur Selbstkontrolle des therapeutischen Prozesses.
– Gewinn und Verlust einer Verhaltensänderung müssen ausgeglichen sein.

– Belohnung bereits kleiner Schritte in Richtung erwünschtes Verhalten.
– Verhaltenstherapie ist nicht einzusetzen, wenn das Verhalten in einem ursächlichen Zusammenhang mit → Schuld steht. Schuld darf nicht »wegtherapiert« werden.
– Verhaltenstherapie ist wenig sinnvoll, wenn eindeutige und überprüfbare Zusammenhänge zwischen dem gegenwärtigen Leidenszustand und Ursachen in der Vergangenheit vorliegen.

Trotz aller Einschränkungen kann heute gesagt werden, daß Verhaltenstherapie eine oft höhere Erfolgsquote aufweist als andere Therapiemethoden (Garfield 1982, Grawe 1978). Es hat sich darüber hinaus gezeigt, daß Verhaltenstherapie nicht allein bei monosymptomatischen Störungen eingesetzt werden kann, sondern auch bei chronischen und komplexen Störungen (Jaeggi 1994).

Verhaltenstherapie vor biblischem Hintergrund

In der Bibel wird Lernen als eine »Grundausstattung« des von Gott geschaffenen Menschen betrachtet (vgl. Dieterich 1989). So gesehen kann das Handwerkszeug der Verhaltenstherapie, das Lernen in seinen unterschiedlichen Formen, auf theologischem Hintergrund keinesfalls abgelehnt werden (vgl. Spr 1,7; Mt 9,13; 11,29; Joh 6,45; Tit 3,14 usw.).

Literatur:
Dieterich, M.: Handbuch Psychologie und Seelsorge, Wuppertal und Zürich 1989
Garfield, S.: Integrative Psychotherapie, Weinheim 1982
Grawe, K. K.: »Indikation in der Psychotherapie«, in: Pongratz, L. (Hg.): Handbuch der Psychologie, Göttingen 1978
Jaeggi, E.: »Verhaltenstherapie«, in: Asanger, R.; Wenninger, G.: Handwörterbuch Psychologie, Weinheim 1994
Kraiker, Ch.: Handbuch der Verhaltenstherapie, München 1974
Scheele, B.: Selbstkontrolle als kognitive Interventionsstrategie, Weinheim 1981
Schorr, A.: Die Verhaltenstherapie. Ihre Geschichte von den Anfängen bis zur Gegenwart, Weinheim 1984   JD

Verhütung → Abtreibung, → Post-Abortions-Syndrom

Nachfolgend sollen die wichtigsten Verhütungsmethoden (bzw. Abtreibungsmethoden) kurz dargestellt werden:
- Die *Pille* verhindert, daß ein befruchtungsfähiges Ei heranreift. Eine Befruchtung kann nicht stattfinden.
- Die »*Pille danach*«, bis zwei Tage nach der möglichen Befruchtung eingenommen, verhindert den Aufbau der Gebärmutterschleimhaut und die Einnistung des befruchteten Eis.
- Die *intrauterine Einlage (Spirale, IUD)* wirkt mechanisch und hormonell.
- Das in den Bundesländern und der Schweiz nicht zugelassene *RU 486*, ein Antihormon, führt dazu, daß der bereits in die Schleimhaut der Gebärmutter eingenistete Embryo ausgestoßen wird.
- Durch *Saugcurettage* in der Frühschwangerschaft und Ausschabung (Curettage), dem stärkeren Eingriff an der Gebärmutter, wird der eingenistete Embryo und die Schleimhaut entfernt. Bei letzteren Methoden besteht eine zunehmend größere Gefahr von Blutungsstörungen und Entzündungen im Anschluß an den Abort wegen der Möglichkeit einer unvollständigen Ausräumung der Gebärmutter. Eine spätere Unfruchtbarkeit kann in seltenen Fällen die Folge des Eingriffs sein. Komplikationen mit langen Blutungen sind bei sorgfältig durchgeführten Schwangerschaftsabbrüchen kaum mehr zu finden.

Verirrtes Denken → Kognitive Therapie

Verlustdepression

Sofern man → Depressionen durch ihre Entstehungsgeschichte definiert (was nicht unbedingt richtig sein muß), gehören Verlustdepressionen zur Gruppe der reaktiven Depressionen. Kielholz schlägt hierfür folgende Definition vor: »Traurige oder ängstliche Verstimmungszustände, die sich an ein umweltbedingtes schmerzliches Ereignis unmittelbar anschließen, nicht sehr lange anhalten (einige Wochen) und deren Inhalte im wesentlichen um das auslösende emotionelle Ereignis zentriert bleiben« (→ Posttraumatische Belastungsstörung).

In der Praxis zeigt sich, daß der Verlust sehr individuell erlebt wird und deshalb keine allgemeinen Kriterien über den Schweregrad aufgestellt werden können. Es kann sowohl das Haustier eines Kindes, der Verlust des Arbeitsplatzes, eine auseinandergebrochene Beziehung o.ä. sein. Der Übergang zur Erschöpfungsdepression (→ Burnout-Syndrom) ist fließend.

Verlustdepression in Psychotherapie und Seelsorge

Die eindeutige Beschreibung des Hintergrundes bzw. der Ursachen (im Unterschied zu endogenen Depressionen) läßt die Verlustdepression therapeutisch konsequent angehen. Medizinisch-somatische Hilfestellungen sind dabei in der Regel nicht angezeigt. Der Umgang mit einer Verlustdepression gehört zu den Lernprozessen und Lebensaufgaben des Menschen und kann ihm deshalb nicht abgenommen werden oder erspart bleiben. Der möglicherweise notwendige seelsorgerliche Beistand zur Erleichterung der Trauerarbeit (→ Tod) sollte vorsichtig und einfühlsam angeboten werden. Trost kann sich auch ohne viele Worte zeigen (man denke an die Freunde Hiobs, die eine ganze Woche schwiegen). Ein verständnisvolles Eingehen (ohne Belehrung oder Vorwürfe) auf den Verlust schließt sich oftmals sehr positiv daran an, und die Suche nach neuen Zielsetzungen (z. B. im Sinne der → Logotherapie) ist hilfreich, um aus der Trauer heraus wieder zur Freude zu kommen. Vor biblischem Hintergrund sollte auch an die Traurigkeit im Sinne von Ps 34,19 gedacht werden: »Viel sind die Trübsale des Gerechten, aber der Herr rettet ihn aus allen«, und daß Christen manche Drangsal in der Verbundenheit mit dem Leiden Christi erfahren (Kol 1,24). Ganz besonders gut bewähren sich auch die Liedverse von P. Gerhardt (1607–1676) bei der Seelsorge von Verlustdepression; z. B. zeigt das Lied »Warum sollt ich mich denn grämen« eine ganze Fülle von Erkenntnissen, die konsequent aus einer externalen Kontrollüberzeugung herausführen:

»Schickt er mir ein Kreuz zu tragen, dringt herein Angst und Pein, sollt ich drum verzagen?« oder »Unverzagt und ohne Grauen soll ein Christ, wo er ist, stets sich lassen schauen. Wollt ihn auch der Tod aufreiben, soll der Mut dennoch gut und fein stille bleiben«. Sowie abschließend »Du bist mein, weil ich dich fasse und dich nicht, o mein Licht, aus dem Herzen lasse. Laß mich, laß mich hingelangen, da du mich und ich dich leiblich werd umfangen.«

Literatur:
Gerhardt, P.: Lieder zur Seelsorge, Nenzingen 1991
Kielholz, P.: Diagnose und Therapie der Depressionen für den Praktiker, München 1991
Lukas, E.: Auch dein Leiden hat Sinn, Freiburg 1981   MD

Verstärkung/Verstärker

Verstärkung oder Verstärker werden die Maßnahmen genannt, die die Auftrittshäufigkeit einer Handlung oder Reaktion erhöhen oder aufrechterhalten. Wenn ein Kind sein Zimmer aufräumt (Reaktion), dann wird es von den Eltern z. B. mit einem Lob oder einer Taschengelderhöhung bedacht. Verstärker sind also von Mensch zu Mensch verschieden: es reicht vom Lob anderer bis zum »sich selbst auf die Schulter klopfen«, vom heißen Bad mit Kamillenduft bis zum Kauf eines Buches. Wenn etwas Angenehmes dazu führt, daß das Verhalten öfter ge-

zeigt wird, spricht man von positiver Verstärkung. Es liegt nahe, Verstärkung einfach mit Belohnung gleichzusetzen. Das ist aber nicht richtig, denn es wird auch dann von Verstärkung gesprochen, wenn ein unangenehmer Reiz wegfällt. Man bezeichnet einen solchen Vorgang als negative Verstärkung. Wenn jemand verspannt ist und sich daraufhin eine Entspannungskassette (→ Entspannung, → Musiktherapie) anhört (Reaktion) dann wird diese dadurch verstärkt (öfter gezeigt), weil die Verspannung wegfällt (negative Verstärkung). → Strafe oder Löschung werden die Vorgänge genannt, die das Verhalten unterbinden sollen. Sie sind aber weniger wirksam als die positive oder negative Verstärkung.

Verstärkung in Psychotherapie und Seelsorge

Für die Seelsorge ist es wichtig, die Folgen eines Verhaltens ganz genau zu untersuchen. Denn alle Programme, neues Verhalten aufzubauen, müssen scheitern, wenn positive oder negative Verstärkung für das unerwünschte Verhalten weiterwirken. Deshalb ist die Verhaltensbeschreibung oder -analyse notwendig (→ Anamnese, → Psychodiagnostik). Dabei ist das Ziel der → Seelsorge, einen Ratsuchenden zur Selbstregulation zu führen und damit die Verstärkung nahezubringen, die ihn am wenigsten von den Handlungen anderer abhängig macht. Das kann z. B. die Selbstverstärkung sein. Die Verstärkung ist wichtiger Bestandteil des → Lernens durch operante Konditionierung.   BN

Versündigungsideen

Die Versündigungsideen gehören zu den Wahnideen. Sie zählen zum Erscheinungsbild affektiver → Psychosen und sind bei sog. endogen bzw. psychotisch depressiven Patienten (→ Depression) anzutreffen. Hierbei entwickeln diese Patienten aus ihrem negativen Grunderleben heraus krankhafte Vorstellungen und Überzeugungen in realitätsferner Art. So meinen Betroffene beispielsweise, bei geringwertigen Geschehen in ihrer Umgebung oder in ihrer Vergangenheit Schuld bzw. Sünde auf sich geladen haben, welche als nicht korrigierbar empfunden wird oder übergroße Dimensionen in Form verzerrter und übertriebener Schuldgefühle annimmt. Dabei ist es oft der Fall, daß die Patienten Geschehnisse auf sich beziehen, die ihnen in der Realität gar nicht oder nur locker zugeordnet sein können oder die weit zurück in der Vergangenheit liegen. Versündigungsideen sind synthym, d. h. die damit verbundenen krankhaften Überzeugungen gehen mit der gleichsinnig negativ bzw. depressiv gefärbten Stimmungslage einher (im Gegensatz zu parathymen Wahnideen bei → Schizophrenien).

Zu Versündigungsideen in Psychotherapie und Seelsorge siehe unter → Psychosen, → Depressionen und ekklesiogene → Neurose.   RB

Vertrag → Therapievertrag, → Transaktionsanalyse, → Verhaltenstherapie

Vertrauen

Um sich dem Begriff des »Vertrauens« zu nähern, sollte zunächst über »Zuwendung« nachgedacht werden. Wir machen in unserem Leben Erfahrungen, welche uns lehren, daß Zuwendung bedingt und unbedingt gegeben wird. Der Begriff »Zuwendung« kann in positivem wie negativem Sinne erlebt werden. Dies kann sich in positiv wie negativ gefärbter Aufmerksamkeit, Nähe, Beachtung usw. zeigen. Mit der *bedingten* Zuwendung lernen wir, an welche Bedingungen Zuwendung geknüpft ist. Hier können z. B. Leistung, Einhalten von Wertmaßstäben eine zentrale Rolle spielen. Die bedingte Zuwendung lehrt uns denken: »Wenn – dann«. So entwickelt sich ein Kausalitätsdenken,

und die Zuwendung wird in ihrer Art (positiv oder negativ) erklärbar (»weil«).

Im Unterschied hierzu lassen sich bei der unbedingten Zuwendung keine Verknüpfungen erlernen. Die unbedingte Zuwendung ist nicht erklär- oder berechenbar.

Diese Erfahrung der Bedingungslosigkeit der positiven Zuwendung ist die Basis für die Bildung von Vertrauen. Diese Erfahrung muß über Jahre oder Jahrzehnte ermöglicht werden, bis daraus ein festes Vertrauen entstehen kann. Die unbedingte Ablehnung, Abweisung im Sinne einer unbedingten negativen Zuwendung hingegen weckt Ohnmacht, Verzweiflung. Solche negativen Erfahrungen werden auch dann wirksam, wenn von der bedingten Zuwendung her positive Erfahrungen gemacht wurden. Weil Vertrauen nicht auf erklärende Bedingungen aufbauen kann (»weil«, »wenn, dann«), ist die bedingungslose positive Zuwendung einem Menschen gegenüber für die Bildung des Vertrauens unverzichtbar. Bedingtes Vertrauen (»Wenn du nett und freundlich bist, darfst du vertrauen, darfst du in Geborgenheit und Sicherheit sein«) ist letztlich ein falsches Vertrauen.

Kinder lernen (→ Lernen) von ihren Eltern, die sich ihnen gegenüber treu verhalten, welchen Wert die Treue hat. Die Vertrauensbildung wird also von der Atmosphäre bestimmt, welche vorwiegend im Elternhaus herrscht und von den Eltern geschaffen wurde.

Gestörte Vertrauensbildung

Auch andere Mechanismen können auf das Vertrauen Einfluß nehmen. Menschen, die auf der einen Seite wenig Möglichkeiten hatten, unbedingtes Vertrauen aufbauen zu können, auf der anderen Seite aber über längere Zeit unter dem Druck lebten, verstoßen oder allein gelassen zu werden, neigen häufig zu übermäßiger Anpassung und entwickeln in diesem Rahmen eine Verhaltensweise, die sich präsentiert, als wäre sie Vertrauen, deren Kern aber Anpassung ist. In diesem Zusammenhang kann es zur Ausblendung innerer und äußerer Realitäten kommen. Am Anfang einer Beziehung ent-wickelt sich bei einer Person innerlich ein flaues, ungutes Gefühl, das aber nicht präziser wahrgenommen und schon gar nicht ernst genommen werden kann. Später entwickeln sich massive Probleme in dieser Beziehung, und im nachhinein könnte man sagen, daß dies von Anfang an eigentlich erkennbar war. Im Sinne einer Ausblendung wurde es aber nicht wahrgenommen und entsprechend ernst bewertet. Möglich ist auch, daß die Person das Ungute wahrnimmt und richtigerweise als ungut bewertet, sich aber gleichwohl entscheidet, diesem Eindruck nicht nachzugeben, weil die Bedrohung eines Verlustes und der Einsamkeit größer ist.

Auch Verbitterung kann Vertrauen untergraben. Eine tief verletzte Person wird aus Verbitterung Nähe und Geborgenheit ablehnen und vermeiden, Vertrauen zu fassen. Die Prozesse, die sich hier abspielen, sind vielschichtig. Weil Vertrauen nicht auf Gewißheit aufbauen kann, bleibt immer ein Rest von Unsicherheit und Ungewißheit. Eine verletzte Person wird deshalb keine Garantie haben können, daß sie nicht wieder verletzt wird, wenn sie sich erneut vertrauend in einer Beziehung engagiert. Mit dem Ziel, doch so eine Art von Garantie erhalten zu können, wird nicht selten versucht, das Gegenüber zu belasten, zu testen, um zu spüren, wo dessen Grenzen sind. Leider sind solche Tests nicht vertrauensbildend. Für einen kurzen Moment kann ein solcher Test die Beruhigung erwirken, das Vertrauen werde nun nicht mehr enttäuscht.

Bald schon aber stellt sich der alte Gefährte »Mißtrauen« wieder ein und flüstert ein, daß es eben doch nicht ausgeschlossen sei, eine erneute Enttäuschung zu riskieren. Innerhalb kurzer Zeit wächst die alte Überzeugung an, daß es zu gefährlich sei, zu vertrauen. Manchmal braucht es viel Zeit, immer wieder diese Angst aushalten zu können, wieder betrogen und enttäuscht zu werden. Dies kann für Seelsorger, Berater, Therapeuten sehr belastend sein. Es ist möglich, daß durch eine betroffene Person inner-

lich über Monate jegliche Veränderung verhindert wird, um zu erfahren, ob die Zusage wirklich stimmt, nicht fallengelassen zu werden. In einer solchen Situation kann manchmal der Realitätsbezug zu stark beeinträchtigt werden, so daß diese Person sich real gefährdet (mit Drogenkonsum, häufigen Partnerwechseln, selbstschädigendem Verhalten). Hier ist es unumgänglich, autoritär entgegenzutreten, klar auszusprechen, daß Selbstschädigung nicht gebilligt werden kann. In diesem Sinne kann eine autoritäre Haltung vertrauensfördernd sein, weil sie letztlich bedeutet, sich entschlossen und vielleicht hartnäckig für das Wohl des anderen einzusetzen (→ Haltung, therapeutische).

Vertrauen in Psychotherapie und Seelsorge

Vertrauen ist eine unabdingbare Voraussetzung für jeden psychotherapeutischen oder seelsorgerlichen Vorgang. Und ebenso wie in der Erziehung, geht es auch im seelsorgerlich-therapeutischen Bereich darum, positive Zuwendung nicht an Bedingungen zu knüpfen (Wertschätzung), sondern bedingungslos zu geben. Paulus fordert uns in Röm 15,7 dazu auf, uns gegenseitig anzunehmen.   PB

Vision

Visionäre Erfahrungen gibt es in allen Religionen und zu allen Zeiten. In Visionen und Träumen geschehen in der Bibel Offenbarungen Gottes.

Die Sprache der Vision

Sie ist hauptsächlich visuell und oft gleichzeitig auditiv. Bilder und zeitweilig auch die Worte von Visionen bedürfen der Auslegung. Die visionären Erfahrungen sind abgestimmt auf die Erlebensmöglichkeit der visionären Persönlichkeit. Beide sind geprägt vom jeweiligen geschichtlichen Standort, vom Zeitgeist und der Denkart einer Epoche. In Visionsberichten des 17. Jahrhunderts führen z. B. Engel im Kampf mit satanischen Wesen nicht mehr Lanzen, sondern Gewehre.

Stellen Visionen Störungen dar?

Nur die aufgeklärte naturwissenschaftliche Sicht hat Visionen hauptsächlich mit pathologischen Etiketten (z. B. Halluzination) belegt, sie damit als ein ausschließlich immanentes Phänomen betrachtet. Zwischen echter Vision und Bildern im Rauschzustand bei Drogenkonsum gibt es keine qualitative Vergleichsmöglichkeit. Um christliche Visionen verstehen zu können, bedarf es nicht nur einer gläubigen Haltung, sondern auch einer Offenheit für die Wirklichkeit der innerseelischen Bereiche, der begleitenden parapsychologischen (→ Parapsychologie) Erscheinungen, der gesellschaftlich-ethnologischen Betrachtung und einer Bejahung der jenseitigen Welt. Nur so werden wir den zahlreichen Typen visionärer Erfahrung und ihrer Wahrnehmung im leiblich-seelischen und geistigen Bereich gerecht.

Visionstypen

Visionen sind Mitteilungen aus der transzendenten, göttlichen Welt in oft konkrete Situationen des Menschen hinein. Ihre (Bilder-) Sprache paßt sich in der Regel der Verständnisebene des Visionärs an. Lichtvisionen haben für den Visionär eine Note von Evidenz, von Bestätigung. Traumvisionen können auch als sog. Nachtgesichte (Sach 4,1) in wachem Zustand geschaut werden. Vom Inhalt her gesehen sind prophetische Visionen der häufigste Visionstyp. Dabei ist keine eindeutige Trennungslinie zwischen Visionären und Propheten zu ziehen.

Die Erscheinung der drei göttlichen Wesen vor dem Zelt des Abraham ist ein überzeugendes alttestamentliches Beispiel für das Ineinander von visionärem und konkret sinnenhaftem Erleben. Abraham erkennt einerseits den Herrn, der von zwei Engelwesen begleitet wird, er bittet sie gleichzeitig ins Zelt zum gemeinsamen Essen. Sara versucht ganz menschlich ihr spöttisches Lachen gegenüber der Weissagung der hohen

Wesen zu verbergen, doch diese durchschauen hellsichtig ihr Manöver. Im NT haben wir in der Begegnung des Auferstandenen mit den Emmaus-Jüngern eine ähnliche Situation: Der Blick der Jünger bleibt irdisch gehalten bis zum Brotbrechen, dann plötzlich erkennen sie ihren Gast.

Kennzeichen von Visionen

Übereinstimmendes Kennzeichen aller Visionäre ist, daß die visionären Erfahrungen nicht aktiv herbeigeführt werden können, sondern gleichsam die visionäre Persönlichkeit überfallen, sie öfter sogar in einen ungewollten mystisch-ekstatischen Zustand mit Ausschaltung von Tagesbewußtsein und willentlich-geistig Kontrolle versetzen. Wir sprechen dann von einem teilweisen bis vollen Trancezustand, wie die Religionsethnologie sie bei kultischen Tänzen antrifft und wie wir sie in mystischen Zuständen beglückend bis erschreckend wahrnehmen können. Für den Visionär ist dann evident: Die göttliche Welt hat sich ihm offenbart.

Literatur:
Benz, E.: Die Vision, Stuttgart 1969
Rahner, K.: Visionen und Prophezeiungen, Freiburg 1989 TG

Voyeurismus

Voyeurismus (von frz. *voyer* = sehen) ist eine Verhaltensweise, die durch meist heimliches Beobachten sexueller Handlungen oder sexuell stimulierender Objekte und eine damit verbundene sexuelle Erregung gekennzeichnet ist. Die von S. Freud so bezeichnete »Schaulust« (= Lust des sexuell betonten Schauens) wird dann zum Voyeurismus, wenn sie das einzige oder zumindest dominierende Ziel im sexuellen Verhalten einer bestimmten Person darstellt. Durch das Beobachten erreicht der Voyeur mit oder ohne → Masturbation sexuelle Befriedigung. Die Mehrzahl der Menschen, die zum Voyeurismus neigen, sind männlich (Durchschnitts-

alter 24 Jahre), zeichnen sich durch ein un-
befriedigendes heterosexuelles Leben aus,
sind selten verheiratet und werden relativ
früh delinquent.

Zu Voyeurismus in Psychotherapie und
Seelsorge → Sexualstörungen.   JD

Vulnerabilität

Mit dem Begriff »Vulnerabilität« (lat.: Verletzlichkeit) wird die Anfälligkeit oder Disposition eines Menschen umschrieben, eine
psychische Störung zu entwickeln. Es ist
eine allgemein nachvollziehbare Beobachtung, daß jeder Mensch seine individuelle
Anfälligkeit für das Auftreten von psychosomatischen Reaktionen (→ Psychosomatik) und psychischen Beschwerden hat.
Während es bei einer psychisch »robusten«
Person auch unter schwerstem → Streß
(z. B. Tod eines Angehörigen) zu keinen
nennenswerten Störungen kommt, reichen
bei sensiblen Menschen häufig bereits kleine
Belastungen aus, um große innere Spannungen auszulösen (→ Posttraumatische Belastungsstörung). Im weiteren Sinne sind alle
Veränderungen in Beziehungen, Wohn- und
Arbeitssituation mehr oder weniger belastend, zudem das Zusammentreffen mehrfa-
cher Außenreize (→ Reiz). Geprägt wurde
dieser Begriff in der Schizophrenie-For-
schung (→ Schizophrenie), doch wird er
heute zunehmend auch allgemein angewendet, um die Verletzlichkeit oder Anfälligkeit
eines Menschen für eine psychische Störung
zu beschreiben. Menschen, bei denen eine
Schizophrenie auftrat, zeigten schon vorher
Veränderungen im Sinne einer schizophre-
nietypisch verletzbaren (»vulnerablen«) Persönlichkeit mit folgenden Eigenschaften:
ungewöhnliche Ängstlichkeit (→ Angst,
→ Panikattacken), Kontaktschwierigkeiten,
Beziehungsabbrüche, »Eigenbrötelei«, mangelhafte Leistungen in Schule und Beruf,
Neigung zu Schwermut und ein wenig
schwingendes Gefühlsleben (→ Gefühl).
Selbst in den äußerlich guten Phasen zeigt
sich eine vulnerable Persönlichkeit: übermäßige Sensibilität, starke Schwankungen (Labilität), »Ich-Schwäche«, verminderte Belastbarkeit, verminderte Selbständigkeit, begrenzte Fähigkeit zur Informationsverarbeitung. Die Vulnerabilität eines Menschen
kann im Verlauf des Lebens schwanken. So
kann eine fortgesetzte Belastung allmählich
zu einem Verlust der üblichen Stabilität führen und die Vulnerabilität erhöhen (→ Frustrationstoleranz). Dabei geht man von einer
Abhängigkeit zwischen der individuellen
Vulnerabilität und dem äußeren Streß aus.

Literatur:
Olbrich, R.: »Die Verletzbarkeit des Schizophrenen: J. Zubins Konzept der Vulnerabilität.«, in:
Der Nervenarzt, 58 (1987), S. 65–71
Schmidt-Degenhard, M.: »Disposition, Vulnerabilität, Verletzlichkeit.«, in: Der Nervenarzt, 59
(1989), S. 573–585   SP

Wahn

Der Wahn ist Ausdruck einer krankhaften Fehlbeurteilung der Realität. Diese Fehlbeurteilung führt zu einer persönlich gültigen, durch die Umwelt nicht korrigierbaren, starren Überzeugung von der eigenen Lebenswirklichkeit. Das Fehlurteil wird auch dann aufrechterhalten, wenn dieses im völligen Widerspruch zu Wirklichkeit und Erfahrung der Mitmenschen steht.

Es besteht im allgemeinen kein Bedürfnis nach Begründung der wahnhaften Überzeugung. Ihre Richtigkeit ist dem Betroffenen unmittelbar gewiß. Häufige Wahnthemen sind der Verfolgungswahn, der Größenwahn und der Beeinflussungswahn. Im Verfolgungswahn besteht die Überzeugung, daß man verfolgt oder bedrängt wird; der Größenwahn führt zu einer Wirklichkeitsbeurteilung, in welcher der Betroffene eine besonders wichtige oder mächtige Person ist; unter dem Beeinflussungswahn kann sich ein Mensch durch eine äußere Kraft (Radar, Fernsehen, außerirdische Wesen) manipuliert fühlen.

Eine wahnhafte Überzeugung kann plötzlich da sein (Wahneinfall) oder sich allmählich entwickeln. Meist entsteht der Wahn aus einer angstgetönten Wahnstimmung heraus, dem Gefühl, etwas nicht Faßbares ereigne sich, und dies in bezug auf die eigene Person. Aus dieser Stimmung heraus werden dann harmlose Wahrnehmungen als bedrohlich beurteilt (Wahnwahrnehmung). »Begründungen«, »Beweise« und privatlogische Verknüpfungen stellen sich ein und können zu komplizierten, in sich geschlossenen Wahnsystemen ausgebaut werden.

Der Wahn umfaßt Denken, Fühlen und Handeln des Betroffenen. Auch der gläubige Christ kann aus der überwältigenden, wahnhaften Verzerrung der Realität heraus zu irrationalem Handeln tendieren (Suizidversuch

(→ Suizid) in einer schweren → Depression).

Der Wahn ist ein wichtiges Phänomen bei den → Schizophrenien, begleitet aber auch andere seelische und körperliche Erkrankungen. Von den psychischen Störungen sind neben der Schizophrenie vor allem zu nennen: die schwere Depression (Versündigungswahn, Verarmungswahn . . .) und die → Manie (Größenwahn, Prophetenwahn . . .). Körperliche Erkrankungen, die auch eine Wahnsymptomatik enthalten können, sind z. B. die progressive Paralyse (Syphilis), Hirntumoren, → Delirium im Alkoholentzug. Beschäftigt man sich mit dem Phänomen Wahn, so fällt auf, daß rein formal Wahninhalte und religiöse Ideen nur schwer voneinander unterscheidbar sein können. Dies hat schon S. Freud veranlaßt, religiöse Überzeugungen als »kollektiven Wahn« zu interpretieren.

Nach K. Jaspers ist der Wahn gekennzeichnet durch die (1) persönliche Gewißheit einer Überzeugung, die (2) unkorrigierbar ist und (3) deren Inhalt unmöglich ist. Die ersten beiden Kriterien wären auf eine religiöse Überzeugung formal anwendbar: Ein Mensch vertritt seine Glaubensüberzeugung mit unkorrigierbarer persönlicher Gewißheit, er gibt seine Glaubensgewißheit nicht aufgrund von Gegenargumenten der Umwelt auf. Das dritte Kriterium ist im Falle religiöser Inhalte jedoch nicht anwendbar. Die Frage nach der Unmöglichkeit des Inhaltes ist in diesem Zusammenhang nur zulässig im Hinblick auf empirisch erfaßbare Sachverhalte und ist somit zur Beurteilung der Wahrheit religiöser Inhalte nicht adäquat. Ist es aber doch einmal notwendig, zwischen einer Glaubenserfahrung, echten religiösen Inhalten oder wahnhaften Verzerrungen zu unterscheiden, so sind oft am ehesten die Vertreter der jeweiligen Glaubensgemeinschaft in der Lage, abweichende inhaltliche Veränderungen im Denken der Betroffenen wahrzunehmen.

Wahn in Psychotherapie und Seelsorge

Bei der Therapie ist unbedingt die Grunderkrankung, in welche der Wahn eingebettet ist, zu berücksichtigen. Besonders wichtig ist dies im Hinblick auf Körpererkrankungen. Sowohl bei körperlich begründetem als auch bei bisher nicht körperlich begründbarem Wahn (Schizophrenien, Depression, Manie) haben sich Medikamente (Neuroleptika) aus der Gruppe der → Psychopharmaka bewährt.

Es gibt allerdings auch hartnäckige Wahnsysteme, die therapeutisch wenig zugänglich sind. Generell ist es nicht sinnvoll, in langatmigen Gesprächen den Wahnkranken von der Unrichtigkeit seiner Wahnvorstellungen zu überzeugen.

Mit Blick auf den Glauben gilt: Wahn und Glaube beeinflussen sich nicht grundsätzlich negativ. Allerdings kann die Ausgestaltung des Glaubenslebens von der wahnhaft verzerrten Realitätsbeurteilung beeinflußt sein.

Literatur:
Schneider, K.: Zur Einführung in die Religionspsychopathologie, Tübingen 1928
Spitzer, M.: »Ein Beitrag zum Wahnproblem«, in: Der Nervenarzt 60, (1989), S. 95–101   LB

Wahrheit

Wahrheit ist eine Form der Erkenntnissicherung, die einer bestimmten Erkenntnis im Unterschied zur Richtigkeit eine absolute Gültigkeit zumißt. »Absolut« bedeutet in diesem Zusammenhang, daß die Gültigkeit der Erkenntnis weder zeitlich, noch räumlich, noch in irgendeiner anderen Weise begrenzt wird. Um eine derartige Erkenntnis zu erhalten, bedarf es typischer Formen der Erkenntnisgewinnung. So beruht Wahrheit im Unterschied zur Richtigkeit nicht auf Wissen, sondern auf Glauben. Die Entstehung des Glaubens einer bestimmten Erkenntnis ist nicht auf Beweise angewiesen, sondern räumt der Erkenntnis quasi durch einen willentlichen Entschluß, der individuell vollzogen werden muß, Gültigkeit ein.

Wenn wir also eine bestimmte Erkenntnis glauben wollen, für wahr halten wollen, so sind wir nicht nur darauf verwiesen, auf Be-

weise für die Erkenntnis zu verzichten, sondern es ist uns geradezu prinzipiell untersagt, die Erkenntnis durch Beweise zu sichern. Wahrheit und Richtigkeit unterscheiden sich demzufolge nicht graduell, sondern prinzipiell voneinander. Wenn wir etwas für wahr halten, glauben wir willentlich an dasselbe, ohne uns um irgendwelche Möglichkeiten der Erkenntnissicherung außerhalb des willentlichen Entschlusses zu kümmern. Wenn man etwas weiß, ist die Sicherheit der jeweiligen Erkenntnis im Unterschied zum Glauben immer davon abhängig, daß für die jeweilige Erkenntnis Beweise gesucht werden müssen. Wissen ist demzufolge zeitlich begrenzt und relativ (→ Wissenschaftstheorie).   JD

Wahrnehmung/-sstörung

Wahrnehmung allgemein

Wahrnehmung ist der Prozeß durch den Menschen Einzelreize (→ Reiz) und Reizmuster aus der Umgebung organisieren und interpretieren. Wahrnehmungen sind die Grundlage unserer »inneren Landkarte« und unserer Erkenntnis. Dabei hat jeder Mensch eine bestimmte Wahrnehmungseinstellung, die festlegt, welche Merkmale Menschen aus ihren Beobachtungen auswählen und wie sie diese interpretieren.

Wahrgenommen wird einerseits das, was sich in der Umwelt abspielt und was mit den Sinnesorganen (Augen, Ohren, Mund, Nase und Haut) aufgenommen wird. Hierbei handelt es sich um eine unüberschaubare Menge von Reizen, von denen ein Mensch nur eine begrenzte Anzahl verarbeiten kann. Der Prozeß der Wahrnehmung ist folglich selektiv. Wahrgenommen werden können außer den Umweltreizen aber auch innere Bilder, Stimmen und Körperempfindungen.

Zur Wahrnehmung gehört Aufmerksamkeit. Durch Aufmerksamkeitsprozesse können Menschen auf die für sie wichtigen Reize reagieren und die unwichtigen ignorieren. Bestimmte Reize werden nur dann beachtet, wenn sie sich von anderen, gleichzeitig vorhandenen Reizen hinreichend unterscheiden. In einem umfangreichen Wahrnehmungsfeld fallen starke Reize manchmal gar nicht auf, umgekehrt fallen in einem äußerst begrenzten Wahrnehmungsfeld minimale Reize relativ stark auf. So kann beispielsweise der tropfende Wasserhahn, der im Tagesgetriebe kaum gehört wird, in der Nacht vom Schlafen abhalten; oder es wird möglich, daß sich Menschen innerhalb eines Gewirrs vieler Stimmen auf eine bestimmte Stimme konzentrieren können, weil diese für sie besonders wichtig ist. Wahrnehmung ist also nicht neutral, sondern Erwartungshaltungen und Emotionen des einzelnen Menschen haben deutlichen Einfluß auf sie. Die Subjektivität der Wahrnehmung kann man durch verschiedene visuelle Reize, die sogenannten optischen Täuschungen, belegen.

Die unterschiedlichen Wahrnehmungseinstellungen sind eine unerschöpfliche Quelle von Mißverständnissen und Störungen. Wahrnehmung ist ein komplexer Prozeß, der das ganze Leben lang anhält. Man lernt durch die Wahrnehmung (von sich selbst und von seiner Umwelt) immer wieder Neues. Gerade dadurch ist es, besonders in Streßsituationen (→ Streß), oft schwierig, den Sinngehalt von ungewohnten Systemen zu erfassen.

Wahrnehmungsstörungen

Bei einer Wahrnehmungsstörung handelt es sich um verzerrte Interpretation von Umweltreizen. Betroffene berichten, daß sie die Umwelt und sich selbst unwirklich und verzerrt empfinden. Eigene Körperteile nehmen sie als zu groß oder zu klein wahr, auf visuelle Reize, Töne und Gerüche reagieren sie empfindlich (Lärm peinigt, Licht blendet und Berührungen sind eine Qual), oder Dinge aus der Umgebung sind plötzlich zu nah oder zu weit weg. Manche Menschen haben auch körperliche Empfindungen wie z. B. Prickeln oder Jucken der Haut. Schwierig ist es für Betroffene auch, sich auf mehrere Dinge gleichzeitig zu konzentrieren

(z. B. beim Fernsehen auf Ton und Bild). Die → Halluzination ist eine besonders schwerwiegende Wahrnehmungsstörung.

Literatur:
Abels, J. G.: »Wahrnehmung. Bausteine menschlicher Lebensäußerungen«, in: Rexilius, G.; Grubitzsch, S. (Hg.): Psychologie. Theorie – Methoden – Arbeitsfelder. Ein Grundkurs, Reinbek 1986
Bandura, A.: Sozial-kognitive Lerntheorie, Stuttgart 1979
Dieterich, M.: Handbuch Psychologie und Seelsorge, Wuppertal 1987
Neisser, U.: Kognition und Wirklichkeit. Prinzipien und Implikationen der kognitiven Psychologie, Stuttgart 1979   PV

Wechseljahre, Klimakterium, Klimax

Das physiologische Aufhören der Menstruation aufgrund abnehmender ovarieller Funktion.

Ätiologie

Das Klimakterium liegt meist zw. dem 45. und 55. Lebensjahr, selten wesentlich früher oder später. Das Durchschnittsalter der »Menopause« und damit das Ende der Fruchtbarkeit wird in westl. Ländern bei 50,3 Jahren beobachtet, diese kann natürlicherweise, künstlich oder vorzeitig eintreten. Mit zunehmendem Alter der Ovarien verringert sich ihre Reaktion auf die hypophysären Gonadotropine (FSH und LH). Zunächst wird die Follikelphase kürzer, die Ovulationen weniger, die Progesteronproduktion geringer und die Zyklen unregelmäßiger. Schließlich bleibt die Follikelbildung aus; ohne Östrogen-Rückkopplung steigen die Gonadotropine stärker an, Östrogen- und Progesteronspiegel im zirkulierenden Blut fallen merklich ab, Androstendion verringert sich um die Hälfte. Diese Übergangsphase, die vor der Menopause beginnt und danach fortgesetzt wird, wird als Klimakterium bezeichnet. In meist nicht so ausgeprägtem Maß sind die Wechseljahre auch beim Mann zu beobachten (»Klimakterium virile«), weil auch die Produktion des männlichen Geschlechtshormons im Alter langsam abnimmt. Im 6. Lebensjahrzehnt treten beim Abfall der phys. und psych. Leistungsfähigkeit individuelle Ausfallerscheinungen auf.

Symptomatik

Die Menopause kann sich ohne Symptome oder mit starken Beschwerden vollziehen. Bei ca. 20 % der Frauen treten leichtere und vorübergehende, bei rd. 70 % sich oft über Jahre hinziehende vegetative und psychische Symptome auf. Diese müssen jedoch nicht alle und auch nicht gemeinsam auftreten:

Blutungs- und Zyklusstörungen
- prä- und postmenstruelles Schmieren, Menorrhagien (Schmierblutungen, zu geringe Blutungen)
- Poly- und Oligomenorrhöen (zu starke, zu häufige Blutungen)
- dysfunktionelle Blutungen (schmerzhaft)

Vegetatives Syndrom
Hitzewallungen, nächtliche Schweißausbrüche, Rötungen der Haut, Schlafstörungen, Kopfschmerzen, Schwindelanfälle, Kribbelgefühle, Herzbeschwerden, Herzklopfen, Herzjagen, Blutdruckkrisen, Periphere Durchblutungsstörungen, Blähungen und Verstopfung, Beckenbodenschwäche, Harninkontinenz, Muskelschmerz, vermehrte Trockenheit der Scheide kann zu einer Abnahme des sexuellen Verlangens führen, rheumatoide Beschwerden, Gelenkschmerzen.

Psychische Störungen
- Energieverlust, Konzentrationsschwäche
- Reizbarkeit, Aggressivität (→ Aggression), Stimmungslabilität
- → Depression
- Frustrations- und Versagensgefühle
- Introversion, Verlassenheitsgefühle, antisoziales Verhalten
- Karzinophobie (Krebsangst, → Phobie)

Trotz dieser langen Auflistung muß betont werden, daß viel weniger Frauen, als angenommen wird, echte Wechseljahrsbeschwerden haben. Ob sie daran leiden, hängt weniger von körperlichen Bedingungen ab als von der Lebenssituation, in der sie sich befinden. Diese Lebensphase erscheint ihnen oftmals als eine Zeit laufender »Verluste«:
- Verlust der Fruchtbarkeit
- Verlust der bei ihr wohnenden Kinder
- Verlust bzw. oft zuvor noch aufopfernde Pflege der Eltern
- vermeintlicher Verlust an Attraktivität und damit zusammenhängender Verlust des Ehepartners.

Wechseljahre in Psychotherapie und Seelsorge

Beratung über die physiologischen Ursachen und Sorgen, Befürchtungen und Streßfaktoren (→ Streß), die mit dieser Lebensphase verbunden sind, ist wichtig. Durch die abnehmende Östrogenproduktion entsteht einerseits eine Zunahme des Risikos des Herzinfarktes, da die Schutzwirkung des Östrogens auf die Gefäßwände und der Einfluß auf den Cholesterinspiegel weitgehend wegfällt, zum andern die durch Entmineralisierung des Skeletts bedingte Osteoporose. Zur Vorbeugung wird eine kürzerfristige Östrogengabe in Kombination mit Gestagen in den ersten drei bis fünf Jahren der Wechseljahre befürwortet. Nach allgemeinen Beobachtungen soll eine Hormontherapie über fünf bis sechs Jahre kein erhöhtes Brustkrebsrisiko nach sich ziehen. Den für die Wechseljahre typischen Beschwerden kann durch eine natürliche Lebensweise (vollwertige Kost, Vermeiden von Alkohol und Nikotin, regelm. körperliche Bewegung wie Gymnastik, Schwimmen, Wechselduschen und Wechselbäder entgegengewirkt werden.

In den Wechseljahren ist die Chance zu einer ehrlichen Zwischenbilanz gegeben, ja geradezu notwendig. In therapeutischen Gruppen und seelsorgerlichen Gesprächen sollte es um das Erkennen von vielleicht noch nicht geahnten Möglichkeiten gehen, die bisher gänzlich übersehen wurden. Die subjektive Wahrnehmung und Denkweise über sich selbst und die Lebenssituation mit all den verschiedenen Beschwerden kann sich gefährlich zu einem völlig verirrten Denken entwickeln, dem man durch den kognitiven Therapieansatz (→ Kognitive Therapie) begegnen und Einhalt gebieten sollte. Es geht jetzt darum, ein Ja zu den »Jahreszeiten unseres Lebens«, das vorher noch nicht so bewußt gesehen wurde, zu finden. Die versäumte Zeit schmerzt oftmals und versperrt den Blick auf die noch geschenkte Zukunft. »Mit der Reife wird man immer jünger« beobachtete Hermann Hesse für diesen so wichtigen Lebensabschnitt.

Die biblische Dimension sieht das »Kommen und Gehen« der Dinge komplementär: »Alles hat seine Zeit« als diesseitige Perspektive der zeitlosen Ewigkeit gegenüber, die uns mahnt und ermutigt, in Bewegung zu bleiben, in Geduld zu laufen und wegzusehen von sich selbst, indem wir auf Jesus blikken, der den Glauben in uns angefangen hat und uns ans Ziel bringen wird (Hebr 12,1f).

Literatur:

Brandstätter, H.: Wechseljahre, 1992
Hesse, H.: Mit der Reife wird man immer jünger, 1990
Schneider, S.: Wechseljahre – Die andere Fruchtbarkeit, 1987
Tournier, P.: Die Jahreszeiten unseres Lebens, 1987
Walter, J.: Wechseljahre, Chance oder Problem? 1992   HLD

Weisheit

Weisheit (hebr. *daat*; gr. *sophia*) bedeutet Einsicht in die Fülle der Dinge und Lebenszusammenhänge. Der Mensch gewinnt sie teils aus Veranlagung, teils aus Erfahrung, immer aber als Gabe Gottes (Spr 2,6).

Die Weisheit Gottes

Gottes Weisheit zeigt sich in dem Wunderwerk seiner Schöpfung (Ps 104,24; Spr 3,19f; Jer 10,12) und seiner Regierung der Welt (Jer 31,2; Dan 2,20f), vor allem aber in der Offenbarung seines Heilswillens und seiner Heilstaten (Röm 11,33; Eph 3,10; 1Tim 1,16f). Jesus faßt die heilsgeschichtliche Botschaft des AT als »die Weisheit Gottes« zusammen (Lk 11,49).

Schon das AT spricht andeutend von der Weisheit wie von einer Person (Spr 1,20–33; 8,1–9,12), während das NT Christus als die verkörperte Weisheit Gottes nennt (1Kor 1,24); in ihm liegen alle Schätze der Weisheit und der Erkenntnis verborgen (Kol 2,3). Jedoch hat Gott diese rettende Weisheit in einer Weise offenbart, die dem natürlichen Menschen als Torheit erscheint (1Kor 1,21–25). Sie wird deshalb auch die geheime, verborgene Weisheit Gottes genannt (1Kor 2,7), die sich nur denen erschließt, die sich dem Wirken des Heiligen Geistes nicht widersetzen (V. 1–16). An ihnen als dem Leib Christi wird auch der unsichtbaren Welt die »mannigfaltige Weisheit Gottes« offenbar (Eph 3,10).

Schon in seiner Jugend war Jesus mit göttlicher Weisheit und Gnade ausgerüstet (Lk 2,40.52), und sein öffentliches Wirken weckte immer wieder die Frage, woher er solche Weisheit und Vollmacht habe (Mt 13,54; Mk 6,2). Dem erhöhten Herrn ist alle Weisheit Gottes übergeben (Offb 5,12); darum kann er denen, die an ihn glauben, Quelle und Geber aller Weisheit sein (1Kor 1,30; Kol 2,3).

Weisheit unter Menschen

Die Weisheit, die Gott im AT schenkt, schließt auch handwerkliche und künstlerische Fähigkeiten mit ein; als weise (= geschickt, geübt, kunstfertig) werden die Hersteller der Priestergewänder (2Mo 28,3) und die Werkmeister der Stiftshütte gerühmt (2Mo 31,1–11; 35,31.35), weiter die Häupter der israelitischen Stämme (5Mo 1,13.15) und Josua, der Nachfolger Moses (5Mo 34,9). Vor allem schätzte man Weisheit als Herrscher-, Richter- und Ratgebertugend (2Sam 16,23; 1Kön 3,28; Spr 8,15; 20,26), war sich aber bewußt, daß sie nicht immer ihren Lohn fand (Pred 9,15). Die jüd. Überlieferung nennt von den Weisen des AT drei Männer bes. häufig: Salomo wegen seiner Rechtsprechung, seiner Spruchdichtung und seines Tempelbaus (1Kön 3,28; 5,9ff; 10,1; Mt 12,42), Josef (1Mo 41,39) und Daniel (Dan 2,48).

Auch außerhalb Israels gab es weise Männer, die oft mit Wahrsagern und Zauberern zusammen die Ratgeber der heidnischen Herrscher waren: in Ägypten (1Mo 41,8; 2Mo 7,11), Babylonien (Jer 39,3; 50,35; Dan 1,20; 2), Persien (Est 1,13).

Im Unterschied zu aller Weisheit der heidnischen Völker aber ruhte die Weisheit in Israel auf der einen Erkenntnis, daß ihr Anfang die Furcht des Herrn ist (Ps 111,10; Spr 1,7; 9,10). Was das für den praktischen Alltag bedeutete, wie die im Gesetz offenbarten Gebote Gottes das alltägliche Zusammenleben gestalten und umgestalten wollten, das auszusprechen und in knappe Formulierungen zu fassen war die Aufgabe des Weisen. Einen lebendigen Eindruck vom Reichtum israelitischer Weisheit vermitteln das Buch der Sprüche Salomos, der Prediger Salomo und die apokryphen Bücher der Weisheit Salomos und Jesus Sirach.

Auch das NT geht davon aus, daß im eigentlichen Sinn weise allein Gott ist (Röm 16,27; 1Tim 1,17). Deshalb steht der Mensch ohne Gott in Gefahr, seine eigene Weisheit selbstherrlich zu überschätzen (Jes 5,21; Röm 1,22), bevor er bekennt, daß alle von Gott gelöste Weisheit irren muß und vor Gott nur als Torheit gelten kann (1Kor 3,19f). Bes. der Botschaft des Evangeliums gegenüber erweist sich alle Menschenweisheit als unzureichend und schlägt in ihr Gegenteil um. Mit dem Evangelium macht Gott alle menschliche Weisheit zuschanden (1Kor 1,19f.27), es bleibt den Weisen dieser Welt verborgen (Mt 11,25; Lk 10,21) und ist ihnen eine Torheit (1Kor1,18). Darum beruht die neutestamentliche Verkündigung nicht mehr auf menschlicher Weisheit, sondern auf Gottes Geist und Kraft (1Kor 2,4f.13). Christliches Leben wird nicht in »fleischlicher Weisheit«, sondern in der Gnade Gottes geführt (2Kor 1,12). Christus

ist unsere Weisheit (1Kor 1,30), nur in ihm ist die »Weisheit zum Guten« (Röm 16,19), der vorsichtige Wandel in der Weisheit (Eph 5,15; Jak 3,13–15) möglich. Die Gabe der Weisheit wird dem Menschen zusammen mit dem und durch den Heiligen Geist gegeben (Apg 6,3.10). Jesus verheißt seinen angeklagten Jüngern Mund und Weisheit, denen ihre Feinde nicht widerstehen können (Lk 21,15), denn der Geist des Vaters wird durch sie reden (Mt 10,20). Geistgewirkte Weisheit kann Geheimnisse enthüllen (1Kor 2,7–10; Offb 13,18; 17,9) und zeigt sich im Alltag des Christenlebens (Kol 4,5; Jak 1,5; 3,13.17) wie in der geistlichen Erkenntnis der Gemeinde (Eph 1,8; Kol 1,9; 3,16).

Welt, sichtbare und unsichtbare
→ Glaube

Werte → Ethik

Wertehaltungen, religiöse

Begriffsklärung

Wertehaltungen sind verinnerlichte Wertorientierungen, die das Handeln des Menschen bestimmen (→ Wertvorstellungen). Man unterscheidet dabei zwischen kognitiven, affektiven und Handlungskomponenten der Haltung. Eine Veränderung der Wertehaltung hat deshalb nur stattgefunden, wenn die veränderte Überzeugung verbal oder schriftlich dargelegt werden kann, wenn Äußerungen über die veränderten Gefühle möglich sind und ein verändertes Verhalten gezeigt wird.

Das gilt auch für die religiösen Wertehaltungen. Allgemeine religiöse Werte entwickeln sich dabei wie alle anderen auch. Ein persönlicher Glaube an Jesus Christus ist allerdings mehr als nur eine Werteumorientierung. Hier verändert Gott den Menschen und bewirkt eine Werteumorientierung, die sich dann allerdings auch in der Veränderung der drei Haltungskomponenten zeigt.

Entwicklung religiöser Wertehaltungen

– Nachahmung religiöser Gebräuche bei kleinen Kindern. Singen, Beten, Bibelaufschlagen u.a. Aktivitäten der Erwachsenen werden nachgeahmt.
– Auf einer zweiten Stufe kommt zur Nachahmung religiösen Verhaltens noch die affektive Komponente dazu. Kinder erleben religiöses Verhalten in Verbindung mit bestimmten Gefühlssituationen: feierliche Stille, bunte Kirchenfenster, frohes Singen, ernste Menschen, andere Gerüche usw. Dadurch erwirbt das Kind eine positive oder negative Grundeinstellung zum Religiösen. Wichtig ist hier aber das Verhältnis der Eltern zum Glauben.
– Die dritte Stufe betrifft die kognitive Komponente. Sie führt zur Übernahme der Gesamthaltung und entwickelt sich erst im Kindergartenalter. Kinder haben zunächst sehr diffuse Vorstellungen über Gott. Mit der Entwicklung ihres Denkens ändern sich auch diese Vorstellungen. Die Kinder können schließlich ein bewußtes Ja zur Lebensgemeinschaft mit Christus sagen.

In der Pubertät kann es zu einer Krise sowohl der diffusen religiösen Wertehaltung als auch der persönlichen Glaubensbeziehung zu Jesus Christus kommen. Die Identitätskrise beinhaltet häufig auch eine Glaubenskrise. Der junge Mensch muß lernen mit seinen neuen Gefühlen umzugehen, der Möglichkeit des abstrakten Denkens, der neuen Art, Zusammenhänge zu sehen und von Oberbegriffen abzuleiten, also mit einer ganz neuen Art, Mensch zu sein. Auch muß der junge Erwachsene lernen, sich mit seinem Verhältnis zu Jesus Christus auseinanderzusetzen.

Die Entwicklung des christlichen Glaubens bis zur Entscheidung für Jesus Christus beschreibt J. Westerhoff (1976) mit einem Vier-Stufen-Modell:
(1) bei anderen erlebter Glaube (Nachahmung);
(2) Zugehörigkeitsgefühl (affektive Komponente);
(3) suchender Glaube (kognitive Komponente);

(4) persönlicher Glaube.

Literatur:
Dieterich, M.: Handbuch Psychologie und Seelsorge, Wuppertal und Zürich 1989
ders. (Hg.): Handbuch Kinderseelsorge, Neuhausen-Stuttgart 1993
Nipkow, K. E.; Schweitzer, F.; Fowler, J. W. (Hg.): Glaubensentwicklung und Erziehung, Gütersloh 1988
Oser, F.; Gmünder, P.: Der Mensch – Stufen seiner religiösen Entwicklung, Gütersloh 1988
DV

Wertschätzung
→ Gesprächspsychotherapie

Wertvorstellungen

Begriffsklärung

Wertvorstellungen sind Vorstellungen von dem, was Menschen als wertvoll erleben, was sie anstreben und anderem vorziehen. Werte sind also Zielvorstellungen, Prinzipien oder Richtlinien. Sie bestimmen die Wahrnehmung und das Verhalten des Individuums. Von solchen Verhaltenszielen werden Normen als Verhaltensanweisungen abgeleitet (→ Ethik). So kann man die Zehn Gebote als Verhaltensanweisungen (Normen) für das menschliche Miteinander verstehen, die aus den Werten des Doppelgebotes der Liebe (Gott und meinen Nächsten lieben wie mich selbst) abgeleitet sind.

Entstehung von Wertvorstellungen

Wertvorstellungen sind abhängig von der Kultur einer Gesellschaft, der besonderen Familiensituation und den individuell verschiedenen Lernerfahrungen. Unter diesen Voraussetzungen läßt sich die Entwicklung von Wertvorstellungen beim Kind inhaltlich nur schwer beschreiben. Am Anfang steht nicht, wie man vermuten könnte, das Bewußtsein um ein bestimmtes Verhaltensziel, aus dem dann Verhaltensmuster abgeleitet werden. In der Regel bilden sich beim Kind zunächst affektive Komponenten (→ Denken). Es verbindet eine bestimmte Handlung mit einer Situation oder einem Gegenstand, die es als angenehm erfahren hat (→ Konditionierung). Erst im nachhinein entsteht die kognitive Komponente, die Wertvorstellung. Zunächst fühlt sich ein Kind von einer Sache oder Situation abgestoßen oder angezogen und reagiert entsprechend. Erst später kann es sein Tun mit Wertvorstellungen begründen. Kleine Kinder ahmen konkrete Bewegungen und Handlungsweisen nach (→ Lernen), weil sie damit positive Erfahrungen im affektiven Bereich (→ Gefühle) verbinden. Auf einem späteren, höheren Niveau werden dann auch die hinter solchen Aktivitäten stehenden Einstellungen und Werte anderer übernommen.

Bei älteren Kindern spielt die Ausstrahlung und Glaubwürdigkeit des Vorbildes eine wichtige Rolle.

Konsequenzen für die Erziehung

Der Erzieher muß das Feld, in dem das Kind Werte lernen soll, positiv erfahrbar gestalten. Die Handlungen und Gegenstände müssen in einem angenehmen Rahmen erfahren werden: Temperatur, Licht, Geruch, Bezugspersonen usw. Ein Kind, das erlebt, daß seine Eltern Besucher freundlich empfangen, daß Besuch ein Fest bedeutet, an dem auch die Kinder teilhaben und mit einbezogen werden, wird dem menschlichen Miteinander einen hohen Wert beimessen. Bei kleineren Kindern ist auf die affektiven Erlebnisse im Zusammenhang mit Werten besonders zu achten. Bei älteren Kindern spielt das glaubwürdige Vorbild und die kognitive Auseinandersetzung mit Wertvorstellungen eine größere Rolle.

In unserer pluralistischen Gesellschaft, in der die Kinder einer großen Wertunsicherheit begegnen, ist es für ihre Orientierung wichtig, daß sie Räume relativer Wertsicherheit erleben (z. B. Familie, Gemeinde).

Literatur:
Dieterich, M.: Psychologie und Seelsorge, Wuppertal und Zürich 1989
Oerter R.; Montada, L. et al.: Entwicklungspsychologie, Weinheim 1987   DV

Wesenszüge

Als Wesenszüge beschreiben wir in der → Biblisch-therapeutischen Seelsorge diejenigen Anteile der Persönlichkeit (→ Persönlichkeitsstruktur), die beobacht- und meßbar sind. Mit unseren Wesenszügen treten

Eigenschaftspaare des 16-Persönlichkeitsfaktorentests

1. Sachorientierung	vs.	Kontaktorientierung
2. Konkretes Denken	vs.	Abstraktes Denken
3. Emotionale Störbarkeit	vs.	Emotionale Widerstandsfähigkeit
4. Soziale Anpassung	vs.	Selbstbehauptung
5. Besonnenheit	vs.	Begeisterungsfähigkeit
6. Flexibilität	vs.	Pflichtbewußtsein
7. Zurückhaltung	vs.	Selbstsicherheit
8. Robustheit	vs.	Sensibilität
9. Vertrauensbereitschaft	vs.	Skeptische Haltung
10. Pragmatismus	vs.	Unkonventionalität
11. Unbefangenheit	vs.	Überlegtheit
12. Selbstvertrauen	vs.	Besorgtheit
13. Sicherheitsinteresse	vs.	Veränderungsbereitschaft
14. Gruppenverbundenheit	vs.	Eigenständigkeit
15. Spontaneität	vs.	Selbstkontrolle
16. Innere Ruhe	vs.	Innere Gespanntheit

wir in Kontakt mit dem Gegenüber. Sie sind es, die demnach auch zu Sympathie oder Antipathie führen können. Wir gehen davon aus, daß die Wesenszüge durch Lernprozesse (→ Lernen) erworben sind und deshalb auch im gleichen Sinne wieder verändert werden können. An den Wesenszügen läßt sich auch die Veränderung eines Menschen durch die Wirkung der Heilung im Glaubensleben erkennen.

Bei der Beschreibung der Wesenszüge konnte auf die Forschungsarbeiten insbesondere Cattells zurückgegriffen werden. Er konnte mit faktorenanalytischen Untersuchungen (→ Empirie) 16 Eigenschaftspaare beschreiben, die sich jeweils als Grenzmarkierungen auf einem Kontinuum darstellen lassen. Mit diesen Beschreibungen wurden bekannte Persönlichkeitstests entwickelt (z. B. der »16-Persönlichkeitsfaktorentest«; → Test).

Literatur:
Cattell, R. E.: Die empirische Erforschung der Persönlichkeit, Weinheim, Basel 1978
Dieterich, M.: Persönlichkeitsdiagnostik, Freudenstadt 1996   MD

Wiedergeburt → Bekehrung und Neugeburt

Wirksamkeitsforschung

Schon vor über 30 Jahren war der amerikanische Psychiater Jerome Frank der Überzeugung, daß es auf die komplizierten Gedanken- und Theorieprobleme der Psychotherapeuten weit weniger ankäme, als diese meinten. Bei seinen interkulturellen Vergleichen konnte er feststellen, daß es eher Fähigkeiten sind, die alle Therapeuten (trotz ihrer teilweise kontroversen Theorien) haben, nämlich die Patienten zu überzeugen, daß es Hoffnung für ihre Probleme gibt, ihnen zu Erfolgserlebnissen zu verhelfen und ihre Gefühle zu aktivieren, indem die Patienten hochemotionale Zustände durchleben.

Bergin und Lambert gaben im Jahr 1978 drei Grundlagen für eine erfolgreiche Therapie an:
(1) Der Patient soll den Wunsch haben, seinen Zustand zu ändern (»Leidensdruck«).
(2) Es muß eine vertrauensvolle Beziehung zwischen dem Therapeuten und dem Patienten bestehen, in der er ihn geduldig und hilfreich aus seiner Verteidigungshaltung herausführt.
(3) Der Therapeut sollte eine Erklärung für das Problemverhalten aufzeigen (Kausalbeziehung).

Klaus Grawe hat in über zehnjähriger Forschungsarbeit die Wirksamkeit verschiedener Psychotherapien in einer Metastudie untersucht und die früheren Ergebnisse jetzt auch wissenschaftlich bestätigt. Mit seinen Ergebnissen schlägt er eine neue Art der Psychotherapie vor, die neben Spezialtechniken für ganz bestimmte seelische Leiden die vier folgenden Wirkfaktoren einsetzt:
(1) *Problem-Aktualisierung:* Die Probleme, an denen der Patient nach seiner Einschätzung am stärksten leidet, stehen zu Beginn der Therapie im Zentrum der Arbeit, nicht deren mögliche Ursachen. Sie sollen in der Therapie nicht nur besprochen, sondern direkt erlebt werden. Damit wird der Ersteinsatz von tiefenpsychologisch fundierten Therapiemethoden abgelehnt.
(2) *Ressourcen-Aktivierung:* Kein Patient hat nur Probleme. Es gilt, im Sinne eines »Selbstmanagements« seine Selbstheilungskräfte zu mobilisieren. Hierzu gehört u.a. das Kennenlernen der persönlichen Stärken, aber auch das Mithineinnehmen der nahen Bezugspersonen des Patienten. Sie werden im Sinne der systemischen Therapien, wenn möglich, zu Gruppen- oder Familiensitzungen eingeladen und in die Therapie mit einbezogen.
(3) *Bewältigung:* Der Patient erhält aktive Hilfe, um sein Problem zu meistern. Mit Methoden aus der Verhaltenstherapie übt er, am Ort seiner Ängste (»In-vivo-Konfrontation«), seiner Zwänge oder Frustrationen seine bisherigen Verhaltensmuster zu durchbrechen.

(4) *Klärung:* Dem Patienten wird geholfen, den Ursachen seiner Störung auf die Spur zu kommen – so tief wie er selbst dies wünscht.

Hierzu können die Techniken aus der Gesprächspsychotherapie (Exploration) oder auch analytische Methoden (z. B. Skript- oder Lebensstilanalyse) dienen.

Die Forschungsergebnisse Grawes könnten die bisherige Vorherrschaft vieler ineffektiver Verfahren in der Psychotherapie beenden. Es kommt ihnen auch vor dem Hintergrund der immensen Kosten einer therapeutischen Behandlung eine wichtige sozialpolitische Bedeutung zu. Allerdings gibt es auch einige methodische Kritik an den Ergebnissen (Mertens 1994), die sich dahingehend äußert, daß die in der Studien eher nur mäßig erfolgreichen Tiefenpsychologien selten in der Art berichten, daß Zahlenangaben für eine Metastudie zur Verfügung stehen, und das Ergebnis dadurch verfälscht wird.

Insgesamt gesehen werden aber die Ergebnisse, die mit denen, die in der BTS seit über 10 Jahren vorliegen, eindeutig übereinstimmen, eine Fortentwicklung zu einer »Integrativen Psychotherapie« fördern, die sich dann auch als »Integrative Seelsorge« darstellen wird (→ Methodenpluralität).

Literatur:
Dieterich, M.: Persönlichkeitsdiagnostik, Freudenstadt 1996
Frank, J.: Die Heiler, Stuttgart 1981
Grawe, K. et al.: Psychotherapie im Wandel, Göttingen 1994
Mertens, W.: Psychoanalyse auf dem Prüfstand, Berlin 1994   MD

Wissenschaftstheorie

Geschichte

Der Begriff »Wissenschaftstheorie« unterlag aufgrund seiner langen Geschichte bereits vielen Wandlungen. Er geht wohl auf Aristoteles zurück, der sich anhand seiner – heute »Organon« genannten – logischen Schriften mit dem Wissenschaftsbegriff auseinandersetzte.

Die aristotelische »Wissenschaftstheorie« wurde in der Neuzeit im sog. Rationalismus und Empirismus (nicht zu verwechseln mit » → Empirie«) weitergeführt. Dafür stehen Namen wie F. Bacon oder R. Descartes. Wissenschaftstheorie war Teil einer Wissenschaft, die – grob gesagt – recht deutlich von den Naturwissenschaften, der Mathematik und der Logik geprägt war, und kreiste um die Frage, wie die jeweilige Wissenschaft arbeiten müsse, um möglichst gesicherte Ergebnisse aus ihrer Erfahrung mit den Gegenständen dieser Welt zu gewinnen. Diese empirische Fokussierung lag sicherlich zum großen Teil daran, daß das naturwissenschaftliche Paradigma mit seiner empirisch orientierten Methodologie zur damaligen Zeit im Begriff war, die gesamte »Wissenschaftsszene« zu revolutionieren.

In der zweiten Jahrhunderthälfte unseres Jahrhunderts wurde neben den empirisch-analytischen Wissenschaftstheorien und dem kritischen Rationalismus besonders noch die Kritische Theorie der Frankfurter Schule als Wissenschaftstheorie in diesem Sinne gesehen. Wissenschaftstheorie wurde zu dieser Zeit also mehr im Sinne einer programmatischen Vorstellung verstanden, wie denn Wissenschaft – mit welchem Gegenstand auch immer – zu handeln habe.

Der Begriff »Wissenschaftstheorie« entwickelte sich jedoch weiter: Wer heute Bücher über Wissenschaftstheorie aufschlägt, findet dort die eben genannten Vorstellungen von Wissenschaft neben anderen Vorstellungen, die eigentlich nicht in das naturwissenschaftliche Paradigma passen (insbesondere den historisch-hermeneutischen und den phänomenologischen Ansatz). Der Begriff wurde »entdogmatisiert«, und man verwendet ihn heute relativ unbefangen etwa in dem Sinne: »Theorien aller Art über Wissenschaftsbereiche aller Art«. Der Wissenschaftstheorie kommt nach heutigem Verständnis die Aufgabe zu, unterschiedliche Ansätze von Wissenschaft (→ Empirie, → Hermeneutik) zu zeigen, zu untersuchen und sie auf ihre Schlüssigkeit zu überprüfen. Dabei bezieht sie sich immer auf eine anthropologische Grundfrage (→ Anthropologie), die vor jedem wissenschaftlichen Arbeiten steht: Wie sieht das jeweilige Bild des Menschen oder der Welt aus? Daraus folgt die Frage, mit welchem spezifischen Interesse die jeweilige Wissenschaft an den Gegenstand herantritt. Nicht zuletzt fragt sie dann nach der jeweiligen Methode, mit der eine Wissenschaft ihren Gegenstand untersucht, und ob die jeweilige Wissenschaft normative Aussagen darüber macht, wie der betreffende Gegenstand und Informationen über ihn in Zukunft zu handhaben sind.

Wissenschaftstheorie in Psychotherapie und Seelsorge

Die Beantwortung solcher Fragen scheint auf den ersten Blick keinen praktischen Nutzen zu bewirken. Man könnte meinen, daß »dabei doch gar keine neuen Ergebnisse entstehen, und die brauche man ja schließlich«. Die Aufgabe der Untersuchung von Wissenschaft selbst, die sich Wissenschaftstheorie ja auferlegt hat, scheint tatsächlich gewissermaßen »im »luftleeren Raum zu schweben«. Und doch besitzt Wissenschaftstheorie eine große Bedeutung für das »Praktische«.

In der christlichen Seelsorge, wie auch im Leben eines Christen selbst, gilt die Aufforderung des Paulus: »Prüfet alles, und behaltet das Gute« (1Thess 5,21). Wir sind als Christen (und hier: als Seelsorger und Psychotherapeuten) dazu verpflichtet, unser Handeln, das Handeln anderer und auch das Handeln derer, die der Seelsorge Hilfestellungen leisten könnten (also besonders der Wissenschaftler in → Psychologie und → Pädagogik), genauestens zu überprüfen. Wissenschaftstheorie stellt sich in diesem Zusammenhang für den Seelsorger als geeignetes Handwerkszeug zur Überprüfung derjenigen wissenschaftlichen Befunde dar, die zur Unterstützung in der Seelsorge dienlich sind. Der Seelsorger, der mit Hilfe der Wissenschaftstheorie an Informationen aus der Wissenschaft herantritt, wird in die Lage versetzt, sich selbst (und nicht über Dritte) ein fundiertes Bild über die jeweiligen Befunde zu machen. Er kann Wissenschaft überprüfen und das Gute behalten.

Doch nicht nur dies: Durch die Beschäftigung mit Wissenschaftstheorie wird er instand gesetzt, selbst in sich schlüssig handeln zu lernen. Es wird ihm bewußt, daß er selbst eines Bildes des Menschen (→ Anthropologie) und der ihn umgebenden Welt bedarf, um von diesem Fundament aus und auf dieses Bild hin schlüssig zu handeln und sein Handeln dementsprechend zu reflektieren. Nicht zuletzt wird er durch wissenschaftstheoretische Beschäftigung darin geschult, die Gegenstände der Welt, die Menschen seiner Umgebung usw. auf Stringenz hin zu untersuchen und kritisch zu hinterfragen.

Literatur:
Brezinka, W.: Metatheorie der Erziehung, München, Basel 1978
Habermas, J.: Erkenntnis und Interesse, Frankfurt 1973
König, E.; Zedler, P.: Einführung in die Wissenschaftstheorie der Erziehungswissenschaft, Düsseldorf 1983
Lassahn, R.: Einführung in die Pädagogik, Heidelberg 1974
Popper, K. R.: Logik der Forschung, Tübingen 1994
Rombach, H. (Hg.): Wissenschaftstheorie, Freiburg 1974
Seiffert, H.: Einführung in die Wissenschaftstheorie, München 1975
Seiffert, H.; Radnitzky, G. (Hg.): Handlexikon zur Wissenschaftstheorie, München 1989
Tschamler, H.: Wissenschaftstheorie. Eine Einführung für Pädagogen, Bad Heilbrunn 1978
JD

Wut

Wut ist ein starkes Gefühl, das mit körperlicher Erregung verbunden ist (erhöhte Pulsfrequenz, angespannte Haltung, Schweißausbruch, Veränderung der Stimme, Erröten oder Blaßwerden). Sie bricht oft unkontrolliert aus. Ausgelöst wird sie durch eine tiefgehende Kränkung, durch eine Rechtsverletzung, durch Ausweglosigkeit, durch das Gefühl der Ohnmacht und Hilflosigkeit – mit dem Ziel, sich davon zu befreien. Wut kann dazu bewegen, an ein Problem heranzugehen, die eigene Person besser zu schützen oder seine Gaben und Grenzen wahrzunehmen.

Manchmal stehen auch alte Kränkungen, zum Beispiel aus der Kindheit, im Hintergrund. Dann wundert man sich, warum ein scheinbar harmloser Anlaß zu maßloser Wut führt.

Wut vor biblischem Hintergrund

Während heute Wut ebenso wie Zorn und Ärger oft zu den »negativen Gefühlen« gerechnet werden, die eigentlich nicht sein dürfen, haben sie in der Bibel ihr Recht (bei Jesus: Mk 3,5; 16,17; Joh 11,33; in den prophetischen Reden gegen Unterdrückung und Ausbeutung: Jes 5,8ff; Mi 2,1ff). Die Warnung: »Zürnet ihr, so sündigt nicht« (Ps 4, 5) beinhaltet: Es gibt Zorn und Wut mit und ohne Sünde. Entscheidend ist, ob sie zerstörend oder aufbauend eingesetzt werden (→ Aggression).

Literatur:
Bach, G. R./Goldberg, H.: Keine Angst vor Aggression, Frankfurt 1981
Goldhor Lerner, H.: Wohin mit meiner Wut? Frankfurt 1990
Klessmann, M.: Ärger und Aggression in der Kirche, Göttingen 1992   HCB

Z

Zucht

Zucht (bzw. Disziplin) ist die unerläßliche Voraussetzung für das Erbringen jeglicher kultureller Leistung. Der negative Gegenbegriff zu Zucht und Disziplin ist letztlich der der *Anarchie*, das Fehlen jeden Bewußtseins für Ordnung und daher der Zwang zur Bekämpfung jeder Form von Herrschaft und Ordnung ohne Respekt vor Gott und Mensch (Spr 1,24ff; 15,10; 29,1). Ist in der staatlichen Zeit Israels der König von Gott beauftragt, Gottes Ordnung in der Welt durchzusetzen (Ps 2,1–9; 72; 110; Spr 16,10f), so erscheint aus der Sicht der Königszeit die vorangehende vorstaatliche Zeit als Anarchie, wie es Ri 17,6; 21,25 ausdrücken. Die Bibel kennt im weisheitlichen Bereich bzw. mit Gott als Subjekt ausschließlich eine positive Vorstellung von Zucht (3Mo 19,17; Ps 94,8ff; Spr 3,11f; Tit 2,11ff u.ö.).

Bedeutungen der Zucht

Die in der Luther-Bibel meist mit »*Zucht*«, »*züchtigen*« und sogar »*strafen*« wiedergegebenen hebräischen und griechischen Begriffe entstammen alle dem Vokabular der Tradition der → Weisheit. Deren literarischer Niederschlag in der Bibel wurde im familiären Bereich und im Schulwesen (Pred 12,9; Sir 51,23) geprägt und diente dementsprechend Unterrichtszwecken (Spr 1,2–7; 13,14) und damit dem Bereiche der → Erziehung. Zur zuchtvollen Erziehung gehört ein Leben in klarer Unterordnung (Sir 30,11f u.ö.; vgl. Pred 10,16; Jes 3,4; im NT Eph 6,1ff; Kol 3,21 u.ö.) und strikter Bescheidenheit (Spr 29,21; Sir 30,7–10 u.ö.). Kennzeichnend für den Aspekt der Zucht sind dabei die folgenden Begriffe: *mosar*, »Zucht, Disziplin« als Ableitung von dem Tätigkeitsworte *jsr*, »züchtigen, zurechtwei-

sen, warnen, erziehen« bzw. »sich warnen lassen, sich der Züchtigung unterziehen« und *tokehah*, »Züchtigung« bzw. *tokahat*, (1) »Gegenrede«, (2) »Zurechtweisung, Warnung, Rüge, Züchtigung« als Ableitungen von dem Tätigkeitswort *jkh*, u.a. »für das Recht eintreten« und »zurechtweisen, zur Rechenschaft ziehen, züchtigen«; *paideuo*, »erziehen«, und als eine der Ableitungen *paideia (kyriou)*, »Erziehung, Züchtigung (des Herrn)«. Das lat. *disciplina*, »Unterricht, Erziehung, Ordnung«, verweist bedeutungsmäßig und etymologisch auf die Unterrichtssituation im weiteren Sinne als Inbegriff der Zucht.

Die inhaltliche Füllung der Zucht-Thematik in der Bibel
Altes Testament
Im AT gibt besonders die ältere → Weisheit praktische Lebenserfahrungen wieder, um zunächst das bloße Bestehenkönnen im diesseitigen Leben zu lehren. Vorausgesetzt ist dabei eine → Anthropologie, derzufolge der einzelne durch die in der sozialen Gemeinschaft üblichen Verhaltensregeln und die formale Befolgung von Rechtsvorschriften bewußt nach tragfähigen Lebensregeln sucht. Als Teil der Schöpfungsordnung gewinnen diese Regeln verbindlichen Charakter und erscheinen dann auch in der späteren Weisheit als einziger Weg zum Bestehenkönnen (Spr 3,1ff u.ö., vgl. besonders Spr 10,17). Grundsätzlich muß daher jede Art von Faulheit getadelt, dagegen die Zucht voraussetzende Haltung des Fleißes zum verbindlichen Vorbild werden (Spr 10,26 u.ö.). Über die praktische Ebene hinaus wird Beherrschung weisheitliches Ideal überhaupt, also auch auf Verhalten, Benehmen und Wortkultur angewandt. Der Mensch hat in der Weisheit eine grundsätzlich *lernende* Haltung. Ist Gott *im* Wort, gehen Weisung und Weisheit schließlich ineinander, so bedeutet die Wahrnehmung des Wortes Begegnung mit Gott und wirkt Gottes*furcht*.
Die Rüge bzw. der Tadel ist die schärfste Form verbaler Ermahnung (Spr 1,23–30 u.ö.). Dabei ist in Spr 19,25 die verbale Zu-

rechtweisung in der zweiten Hälfte als Steigerung gegenüber den Schlägen in der ersten Hälfte genannt (vgl. 20,11): Nur im Ausnahmefall grober Widerspenstigkeit ist der Stock dasjenige Mittel, das der Preisgabe des störrischen Schülers zu seinem Untergang im späteren Leben vorzuziehen ist (Spr 23,13f). Voraus geht in V.11 die Mahnung an den Weisen, selber Zucht anzunehmen, es folgt in V. 15f die Freude als Frucht des Lehrerfolges (vgl. Spr 25,12).

Neues Testament
Jesus ist im NT und der ihm vorangehenden Weisheitstradition nicht nur Weisheitslehrer, sondern die offenbarte Weisheit selbst (Spr 8; Ps 19; Hiob 28; Sir 24; Joh 1): Mit seinem Ruf Mt 11,28–30 verkündet er, daß seine weisheitliche Erziehung der Mühseligen und Beladenen, die also außerhalb der Schöpfungsordnung zu leben versuchen, »gütig« bzw. »leicht« sei. An die Stelle des atl. Gesetzes tritt den ntl. Zeugen zufolge weder eine geistgewirkte noch eine liberalistische christliche Anarchie, sondern die grundsätzlich verbindliche Weisheit erwartet auch vom Christen eine lebenslang lernende Haltung, mit der eine entsprechende Lebensführung einherzugehen hat. Gottes Handeln bewirkt diese Zucht (Tit 2,11f; vgl. V. 15). Die Ermahnungen in den Paulusbriefen (Röm 12ff; 1Kor 16,13ff u.ö.), aber auch der Jakobusbrief führen dies konkret vor Augen (→ Weisheit). Die heute anerkannten Konventionen des Einzelgängertums, das aufgrund des noch bestehenden Wohlstandes auch ausgelebt werden kann, läßt die Verbindlichkeit ntl. ethischer Grundsätze negativ erscheinen. Bei den Versuchen, ethische Direktiven zu vermitteln und zu verwirklichen, wird meist übersehen, daß Ethik grundsätzlich ihren praktischen Ort nicht im einzelnen, sondern in der Gemeinschaft hat, in erster Linie also in der Familie und in der Gemeinde. Das NT kennt daher um der Geborgenheit des einzelnen willen die Notwendigkeit zur Gemeindezucht (Mt 18,15ff; 1Kor 4,21; 5,9ff; 2Thess 3,6ff; Tit 3,10f). Ob jedoch die heute von manchen

Gemeinschaften und Gemeinden praktizierte radikale Kirchenzucht v.a. gegenüber psychisch Belasteten immer gerechtfertigt ist, sollte genau geprüft werden. Die dabei zu beobachtende Anwendung starrer rechtlicher Kriterien zeigt gerade *nicht* den Geist des weisheitlichen Ansatzes der ntl. Ethik.

Zucht in Psychologie und Seelsorge

Es entspricht also der atl. und der ntl. Ethik, in der Seelsorge einen Ratsuchenden, der unter einer verkehrten Lebensweise in seinem sozialen Zusammenhang leidet, zu ermahnen (→ Ermahnen). Der Seelsorger sollte sich dabei nur bewußt sein, daß die Begegnung mit Gott der Anstoß für die Annahme von Zucht ist (2Tim 3,16; Tit 2,11ff; Hebr 12,4ff).

Literatur:
Betz, O.: »Der fleischliche Mensch und das geistliche Gesetz. Zum biblischen Hintergrund der paulinischen Gesetzeslehre«, in: Jesus. Der Herr der Kirche. Aufsätze zur biblischen Theologie II (WUNT 52), 1990, S. 129–196
Rad, G. v.: Weisheit in Israel, 1985
Rebell, W.: »Urchristentum und Pädagogik«, in: Arbeiten zur Theologie 74, Stuttgart 1993
Stuhlmacher, P.: Biblische Theologie des Neuen Testaments. Band I: Grundlegung. Von Jesus zu Paulus, Göttingen 1992   TP

Zuhören, aktives

Aktives Zuhören bedeutet, daß ein Zuhörer die wesentlichen Inhalte einer vom Gesprächsgegenüber geäußerten Botschaft, die oft nonverbal in der Botschaft enthalten sind, fragend formuliert (→ Kommunikation). Dieses dient vor allem zwei Zielen: erstens, sich zu vergewissern, ob man die wesentliche Bedeutung wirklich verstanden hat; zweitens, durch das selektive Interesse an den als wesentlich angesehenen Inhalten das Gespräch so zu strukturieren. daß größere Aufmerksamkeit auf diese Inhalte gelenkt wird. In der → Gesprächspsychotherapie werden die persönlichen, erlebnisbezogenen Inhalte als wesentlich angesehen.

Hier bedeutet aktives Zuhören dann also das Verbalisieren emotionaler Erlebnisinhalte.

Ein Beispiel: die Aussage »Mein Kind ist krank« kann nonverbal ausgedrückt die persönliche, erlebnisorientierte Botschaft »Ich bin in großer Sorge« beinhalten. Ein Zurückspiegeln dieses persönlichen Aspektes (»Das macht Ihnen sicherlich große Sorge ...«) führt dazu, daß die Befindlichkeit des Erzählers weiter im Mittelpunkt bleibt.

UG

Zurechtweisen → Nouthetische Seelsorge

Zwang, Zwangshandlungen, Zwangsneurosen, Zwangsstörungen

Diese traditionellen Bezeichnungen werden in der ICD-10 als *Zwangsstörung* zusammengefaßt. Es handelt sich hierbei um wiederkehrende Phänomene, die der Patient gegen seinen Willen und entgegen seiner rationalen und emotionalen Überzeugung erlebt. Die Formen sind:
- Zwangsdenken: unangenehme Gedanken denken müssen.
- Zwangsbefürchtungen: sich unangenehme Ereignisse vorstellen müssen.
- Zwangsimpulse: der Drang, Unangenehmes ausführen zu müssen.
- Zwangshandlungen: Abläufe ausführen müssen.

Die Formen treten isoliert oder in Kombination auf, wobei zwei größere Gruppen unterschieden werden können:
- Patienten, die endlos überlegen, grübeln und zweifeln und dabei oft entscheidungsunfähig werden.
- Patienten, die ohne Zeitlimit Zwangshandlungen durchführen.

Im chronischen Stadium werden die Formen zu Zwangsritualen, die in festgelegter Reihenfolge, oft stundenlang, wiederholt werden. Die Patienten geben im Laufe des Kampfes gegen die Zwänge ihren Mut auf

und können wahnähnliche (→ Wahn) Gedanken entwickeln.

Die Leitthemen der Zwangsstörung sind:
- → Aggression: körperliche und verbale Angriffe auf sich selbst und andere, einschließlich suizidaler Impulse (→ Suizid);
- Schmutz: Exkremente, Bakterienfurcht, kombiniert mit Waschzwängen;
- Ordnung: peinliche Einhaltung von Schemata, kombiniert mit Kontroll- oder Zählzwängen;
- Sexualität: obszöne Gedanken;
- Religion: Lästergedanken, Zweifel (häufig mit pseudophilosophischen Grübeleien);
- Körper: starke Selbstbeobachtung.

Die eben geschilderten Erscheinungsformen von Zwangsstörungen werden immer wieder von typischen Symptomen begleitet:
- → Angst mit unbestimmter Sorge und klassischen Panikattacken;
- → Phobien;
- depressive Episoden (→ Depression).

Wodurch werden Zwangsstörungen diagnostiziert? (→ Psychodiagnostik)

Innerhalb internationaler Übereinkunft können Zwangsstörungen dann diagnostiziert werden, wenn mehrere der folgenden Kriterien erfüllt sind:
- Die Symptome dauern mindestens zwei Wochen und behindern den Alltag.
- Die Symptome sind eigene Äußerungen des Patienten (Unterschied zu → Schizophrenie).
- Gegen ein Symptom leistet der Patient vergeblichen Widerstand.
- Die Ausführung eines Zwanges führt zur kurzfristigen Erleichterung.
- Die Symptome werden als unsinnig erkannt und wiederholen sich.

Zwangsstörungen werden in der Psychotherapie oder Seelsorge nur schwer erkannt. Dies liegt darin begründet, daß der Patient in der Regel nicht spontan oder aus eigenen Beweggründen über seine typischen zwanghaften Verhaltensweisen spricht. Im übrigen müssen Zwangsstörungen deutlich gegen verwandte Störungen mit ähnlicher Symptomatik abgegrenzt werden. Hierzu gehören beispielsweise die organischen Störungen und neurologische Erkrankungen, → Schizophrenie, depressive (affektive) Störungen (→ Depression), Angststörungen (→ Angst), → Sucht und die sog. zwanghafte Persönlichkeitsstörung.

Häufigkeit und Ursachen

Die Zwangsstörung kommt auf beide Geschlechter gleich verteilt mit einer Einjahresprävalenz (Krankheitshäufigkeit) von 1,5 bis 2,0 % vor.

Die Ursachen der Zwangsstörungen lassen sich nicht auf einen deutlich kennzeichenbaren Faktor zurückführen. Es muß vielmehr angenommen werden, daß Zwangsstörungen multifaktorielle Ursachen haben. Hierzu gehören beispielsweise genetische Ursachen. Verwandte von Patienten, bei denen Zwangsstörungen diagnostiziert wurden, erkranken selbst in der Regel häufiger. Immer wieder findet sich bei Zwangsgestörten auch eine Fixierung auf eine genitale Entwicklungsstufe mit Regression auf die Analphase, was durch ein starkes Gewissen mit Ambivalenz, → Verdrängung, Isolierung und Ungeschehenmachen gekennzeichnet ist (→ Psychoanalyse). Man vermutet von seiten der Lernpsychologie außerdem, daß Zwang erlernt wird (→ Lernen) und der Reduktion von → Ängsten dient. Nicht zuletzt konnte von seiten der Neurobiologie festgestellt werden, daß Zwangsgestörte unter Serotoninstoffwechselstörungen in Kombination mit Veränderungen der Basalganglien leiden.

Zum Verlauf von Zwangsstörungen

Die Zwangsstörung beginnt bei etwa 30 % der Fälle bereits vor dem 15. Lebensjahr. 75 % der Betroffenen haben die Störung bis ins dritte Lebensjahrzehnt voll ausgebildet. Die Krankheit verläuft progredient (= fortschreitend) und zeigt unbehandelt bei 70 % einen chronischen Verlauf. Bei schwerem Verlauf droht frühzeitige Invalidität. Der Rest ist fluktuierend mit deutlich stärkeren Ausbrüchen bei zu hohem → Streß.

Zwangsstörungen in Psychotherapie und Seelsorge

Die Behandlung sollte nach aller Regel multifaktoriell erfolgen. Obwohl bei der Symptomatik häufig eine rein tiefenpsychologisch fundierte Behandlung durchgeführt wird, läßt sich zeigen, daß diese allenfalls als stützende Begleitung sinnvoll erscheint. Belege für eine wirkungsvolle Behandlung mit allein tiefenpsychologisch orientierten Behandlungsmethoden sind selten. In einer Kombination von Medikamenten und → Verhaltenstherapie wird eine Besserung der Symptome und des Verlaufes um 60 % erreicht. Dabei werden folgende Standardmedikationen bevorzugt:
- Clomipramin in ausreichender Dosis mit mindestens 12 Wochen Behandlungsdauer;
- Serotoninuptakehemmer, wie Fluoxetin.

Tranquilizer, wie Valium, sollen nur ausnahmsweise kurzfristig bei schweren Symptomen verordnet werden.

Psychotherapeutische Behandlungsstrategien sind:
- Konfrontation mit Reaktionsvermeidung, wie Flooding;
- Gedankenstopptechniken.

Nach dem methodenpluralen Konzept der DGBTS (→ Methodenpluralität) erfolgt die Behandlung in einem Team von Arzt, Seelsorger, Patient und Therapeut phasenspezifisch. Die Seelsorge entlastet den gläubigen Patienten in seinem Gewissen durch Vermittlung der Vergebung Christi und sprengt das magische Krankheitsverständnis (Dämonenverursachung, keine Erlösung) des Patienten zugunsten des oben dargelegten auf. Sie führt den Patienten in die Freiheit Christi durch Vermittlung der Glaubensgewißheit und unterstützt seine Selbstbehandlung durch eine kognitive Motivation (stärkende Bibelverse, Lenkung der Aufmerksamkeit auf gesunde Anteile der Persönlichkeit, → Kognition).

HS

Zwillingsforschung

Die Zwillingsforschung untersucht den Einfluß von Vererbung und Umwelt auf die menschliche Entwicklung. Sie ist eng verknüpft mit der Familien- und Adoptionsforschung. Für Psychiatrie, Psychopathologie und Psychotherapie ist die Erforschung derjenigen Einflußfaktoren besonders wichtig, welche Fehlentwicklungen menschlichen Verhaltens und Erlebens verursachen oder begünstigen. Wenn die Bereitschaft für eine psychische Störung überwiegend erblich ist, müßte der Anteil gemeinsamer Erbanlagen (Gene) und damit das Auftreten einer Störung innerhalb einer Verwandtschaft in Wechselbeziehung zueinander stehen. Je weitläufiger die Verwandtschaft, um so geringer ist der Anteil gemeinsamer Erbanlagen. Die Zwillingsforschung nutzt den Umstand, daß eineiige Zwillinge, die sich aus einem einzigen befruchteten Ei entwickeln, genetisch zu 100 % identisch sind (zweieiige Zwillinge sind genetisch nicht ähnlicher als normale Geschwister). Ist die Bereitschaft (Disposition) zu einer Störung erblich, so müßte die Wahrscheinlichkeit, an der gleichen Störung zu erkranken, bei eineiigen Zwillingen größer sein als bei zweieiigen. Die Methode der Zwillingsforschung ist zwar einleuchtend, die Ergebnisse sind aber nicht immer leicht zu interpretieren. Zu unterschiedlich (oder gleichartig) sind die Umgebungsbedingungen, unter denen Menschen aufwachsen. Hier liefern Adoptionsstudien einen wichtigen Beitrag. Diese untersuchen die Entwicklung getrennt aufgewachsener adoptierter eineiiger Zwillinge. Es gibt heute bei einigen psychischen Erkrankungen ernst zu nehmende Hinweise auf einen erhöhten Einfluß genetischer Faktoren. Hierzu gehören die → Schizophrenien und die → Manisch-Depressive-Erkrankung sowie einige Angststörungen (→ Angst). Trotz wichtiger Hinweise auf das Zusammenspiel von Vererbung und Umwelt, die uns die Zwillingsforschung liefert, sind wir noch weit davon entfernt, auch nur annähernd den komplizierten Mechanismus menschlicher Entwicklung und Fehlentwicklung zu verstehen. Zukünftige Forschung erfordert die fächerübergreifende Zusammenarbeit psychologischer, biologischer und sozialwissenschaftlicher Fachbereiche.

Literatur:
Baron, M., Endicott, J., Ott, J.: »Genetic Linkage in Mental Illness.«, in: British Journal of Psychiatry 157, 1990, S. 645–655
Maier, W., Popping, P.: »Die familiäre Häufung psychischer Störungen und die Konsequenzen für die psychiatrische Diagnostik«, in: Der Nervenarzt 62, 1991, S. 398–407   LB

Zwitter → Hermaphroditismus

Anhang

Beratungsstellen:

Deutsche Gesellschaft für Biblisch-therapeutische Seelsorge – DGBTS
Hackstr. 60
70190 Stuttgart
Telefon 0711/28 52 30

Ausbildungsstätten für einzelne Therapieformen:

Logotherapie:

Gesellschaft für Existenzanalyse und Logotherapie
Eduard-Suess-Gasse 10
A-1150 Wien

Themenzentrierte Interaktion:

Institute for Living-Learning
Schöngrundweg 11
CH-4144 Arlesheim

Gestalttherapie:

FPI –   Europäische Akademie für psychosoziale Gesundheit
        Wefelsen 5
        42499 Hückeswagen

IGW –   Institut für integrative Gestalttherapie
        Theaterstraße 2
        97070 Würzburg

IGS –   Institut für ganzheitliche Seelsorge e. V.
        Oberböhringer Straße 5
        73312 Geislingen/Steige

Am FPI und IGW werden auch spezielle Ausbildungsgänge für Gestaltseelsorge angeboten.

Übersicht über gängige Psychopharmaka

Antidepressiva

Handelsname	Hersteller	Art oder Inhaltsstoff	weitere Medikamenten-namen
Anafranil	Geigy Pharma	trizyklisch	-
Aponal	Galenus	trizyklisch	Sinquam
Atosil	Tropon	(Phenotiazin-derivat)	Bonnox. Closin
Equilibrin	Rhône-Poulenc	trizyklisch	Amineurin. Euplit. Laoxyl. Novoprotect. Saroten
Fevarin	Duphar	(Flovoxamin-hydrogenmaleat)	-
Fluctine	Lilly	Fluoxetin	-
Gamonil	Merck	trizyklisch	-
Idom	Kanoldt	trizyklisch	-
Insidon	Geigy Pharma	trizyklisch	
Jatrosom	Röhm	trizyklisch	-
Limbatril	Roche	(Amitriptylin. Chlordiazepoxid)	-
Lithium Duriles	Astra Chemicals	Lithium	Hypnorex. Lithioflor. quilonium
Longopax	Essex Pharma	(Perphenazin. Amitriptylin)	-
Ludiomil	Geigy Pharma	trizyklisch	-
Nortrilen	Tropon	trizyklisch	-
Noveril	Wander	trizyklisch	-
Parnate	Geigy Pharma	trizyklisch	-
Pertofran	Geigy Pharma	trizyklisch	Petylyl
Seropram	Lundbeck	Serotonin-Aufnahmehemmer	Tagonis
Stangyl	Rhône-Poulenc	trizyklisch	-
Thombran	Thomae	(Trazodon)	-
Tofranil	Geigy Pharma	trizyklisch	-
Tolvin	Organon	trizyklisch	Prisma
Vivalan	ICI-Pharma	(Viloxazin)	-

Neuroleptika

Handelsname	Hersteller	Art oder Inhaltsstoff	weitere Medikamenten-namen
Atosil	Tropon	Phenothiazin	
Ciatyl	Tropon	(Clopenthixol)	
Dapotum	Heyden	Phenothiazin	Lyogen. Omca
Dipiperon	Janssen	Butyrophenon	
Dogmatil	Synthélabo	Benzamid	Meresa. Neogama
Dominal	Asta Pharma	(Prothipendyl)	
Esucos	UCB	Phenothiazin	
Eunerpan	Nordmark	Butyrophenol	
Fluanxol	Tropon	(Flupentixoldecanoat)	
Glianimon	Tropon	Butyrophenol	
Haldol	Janssen	Butyrophenol	Haloperidol
Imap	Janssen	(Fluspirilen)	
Jatroneutral	Röhm Pharma	Trifluoperazin	
Leponex	Wander	Dibenzodiazepin	
Longopax	Essex Pharma	(Perphenazin)	
Melleril	Wander	Phenothiazin	Sonapax
Neurocil		Phenothiazin	
Orap		(Diphenyl-butylpiperidin)	Antalon
Protactyl	Wyeth	Phenothiazin	
Psyquil	Heyden	Phenothiazin	
Theralene	Rhône-Poulenc	Phenothiazin	
Sedalande	Delalande	Butyrophenon	
Taxilan	Promonta	Phenothiazin	
Triperidol	Janssen	Butyrophenol	
Truxal	Lundbeck	Thioxanthen	Taractan

Tranquilizer

Handelsname	Hersteller	Art oder Inhaltsstoff	weitere Medikamenten-namen
Adumbran	Thomae	Benzodiazepin	Azutranquil. Durazepan. Uskan usw.
Atarax	UCB	(Hydroxyzin)	
Dalmadorm	Roche	Benzodiazepin	Linzac. Staurodorm
Frisium	Hoechst	Benzodiazepin	
Lendormin	Boehringer	Benzodiazepin	
Lexotanil	Roche	Benzodiazepin	Bromazanil. Gityl. Neo Opt
Librium	Roche	Benzodiazepin	Multum
Tafil	Upjohn	Benzodiazepin	Cassadan
Tavor	Wyeth	Benzodiazepin	Duralozam. Laubeel. Prodorm. Somagerol. Tolid
Tranquit	Promonta	Benzodiazepin	
Tranxilium	Midy	Benzodiazepin	
Trecalmo	Tropon	Benzodiazepin	Duradiazepam. Valiquid
Valium	Roche	Benzodiazepin	Faustan. Lamra. Neurolytril. Transquase. Tranquo-Tablinen
Visano	Kade	(Meprobamat. Diphenhydramin. Nicotinsäure)	

Hypnotika

Handelsname	Hersteller	Art oder Inhaltsstoff	weitere Medikamenten-namen
Adumbran	Thomae	Benzodiazepin	
Dalmadorm	Roche	Benzodiazepin	
Equilibrin	Rhône - Poulenc	trizyklisches Antidepressivum	Amineurin. Euplit. Laoxyl. Novoprotect. Saroten
Halcion	Upjohn	Benzodiazepin	-
Lendormin	Boehringer	Benzodiazepin	
Lexotanil	Roche	Benzodiazepin; Schlafmittel bei Angstzuständen	Bromazanil. Durazanil. Gityl. Neo Opt. Normoc
Librium	Roche	Benzodiazepin	Multum
Mogadan	Roche	Benzodiazepin	Dormpuren. Eatan. Imeson. Novanox
Noctamid	Schering	Benzodiazepin	Ergocalm. Loretan
Planum	Farmitalia	Benzodiazepin	Remstan. Temazep
Rohypnol	Roche	Benzodiazepin	Fluninoc. FluniOpt. Flunizep. Somnubene
Sonin	Lipha	Benzodiazepin	
Stangyl	Rhône-Poulenc	trizyklisches Antidepressivum; bei Angst-zuständen.	
Tolvin	Organon	trizyklisches Antidepressivum; bei depressiven Erkrankungen	Prisma
Trecalmo	Tropon	Benzodiazepin	Duradiazepam. Valiquid
Valium	Roche	Benzodiazepin	Faustan. Lamra. Neurolytil. Transquase. Tranquo-Tablinen

Weiterführende Literatur zu Psychopharmaka:

Bauer, M. et al.: Psychiatrie: Psychosomatik, Psychotherapie, Stuttgart, New York, 3. überarbeitete und erweiterte Auflage 1980

Benkert, O.; Hippius, H.: Psychiatrische Pharmakotherapie, Berlin, 5. überarbeitete Auflage 1992

Bock Th.; Weigand H. (Hg.): Hand-Werksbuch Psychiatrie, Bonn 1991

Forth W. et al. (Hg.): Allgemeine und spezielle Pharmakologie und Toxikologie für Studenten der Medizin . . ., Mannheim, Wien, Zürich, 3. überarbeitete Auflage, 1980

Matussek, N; Hippius, H: Tabulae psychiatricae et psychopharmacologicae, Basel 1986

Mitarbeiter (sortiert nach Autorenkürzeln)

ACM	Anne Christina Mess, Leonberg-Warmbronn
AK	Dipl.-Psych. Alexandra Knörer, Stuttgart
AP	Annemarie Pfeifer, CH-Riehen
BN	Dipl.-Psych. Bärbel Neumann, Hannover
CS	Claus-Dieter Stoll, Filderstadt
DMS	Dipl.-Psych. Doris Möser-Schmidt, Marburg
DV	Dieter Velten, Linden
EB	Dr. Elisabeth Bezel, CH-Zürich
EJ	Eva-Maria Jäger, Dettenhausen
ES	Sr. Dr. Elisabeth Sauer, A-St. Pölten
ESch	Dr. Erwin Scharrer, Oberursel
FG	Dr. Friedemann Gerhards, Trier
FKG	Friedhelm K. Georg, Essen
FL	Dr. Fritz Laubach, Marburg
FS	Dr. Friedhelm Stetter, Extertal-Laßbruch
GD	Prof. Dr. Gerhard Deimling, Wuppertal
GW	Dr. Gottfried Wenzelmann, Rothaurach
HB	Hermann Betz, Ennepetal
HJB	Dr. Hansjörg Bräumer, Celle
HCB	Hans-Christoph Bischoff, Waldbröl
HD	Dr. Hasso Dapprich, Bad Wildbad
HH	Dr. Hansjörg Hemminger, Stuttgart
HK	Dr. Heinrich von Knorre, Oberursel
HLD	Hilde L. Dieterich, Orsingen-Nenzingen
HS	Dr. Herbert Scheiblich, Bad Wildbad
IH	Isabell Hartmann, Wehrheim
JD	Dr. Jörg Dieterich, Orsingen-Nenzingen
JK	Jürgen Kehrberger, Wuppertal
JL	Dipl.-Psych. Joachim Lask, Mühltal
KB	Kurt Bährle, Scheidegg
KHB	Karl Heinz Bormuth, Marburg
LB	Dr. Lothar Brenner, CH-Riehen
MC	Dr. Martin Cesna, CH-Pratteln
MD	Prof. Dr. Michael Dieterich, Orsingen-Nenzingen
MH	Prof. Dr. Michael Herbst, Greifswald
MJ	Dr. Martin Jost, CH-Meilen
MS	Dr. Mechthild Schleising, Bad Pyrmont
PB	Dr. Peter Buess-Siegrist, CH-Binningen
PV	Dipl.-Psych. Pia Maria Voss, Kernen-Stetten
PZ	Dr. Peter Zimmerling, Heidelberg
RB	Dr. Rainer Blank, München
RS	Dr. Rolf Sons, Walddorfhäslach
SP	Dr. Samuel Pfeifer, CH-Riehen
TG	Dr. Theo Glantz, CH-Oberrieden
TP	Dr. Thomas Pola, Tübingen
TS	Dr. Traugott Ulrich Schall, Detmold

UE	Dr. Ulrich Eibach, Bonn
UG	Dr. Ulrich Giesekus, Winterbach
UH	Ursula Handelmann, Duisburg
UM	Dr. Urs Meury, CH-Riehen
WB	Dr. Wolfgang Bittner, CH-Bern
WJ	Dr. Wolfram Janzen, Mettmann
WR	Dipl.-Psych. Walter Roscher, Simmern
WV	Wilfried Veeser, Kirchheim/Teck

Abkürzungen der biblischen Bücher

Am	Amos	2Petr	2. Petrus
Apg	Apostelgeschichte	Phil	Philipper
1Chr	1. Chronik	Phlm	Philemon
2Chr	2. Chronik	Pred	Prediger
Dan	Daniel	Ps	Psalm(en)
Eph	Epheser	Ri	Richter
Esr	Esra	Röm	Römer
Est	Ester	Rut	Rut
Gal	Galater	Sach	Sacharja
Hab	Habakuk	1Sam	1. Samuel
Hag	Haggai	2Sam	2. Samuel
Hebr	Hebräer	Spr	Sprüche
Hes	Hesekiel	1Thess	1. Thessalonicher
Hiob	Hiob	2Thess	2. Thessalonicher
Hld	Hoheslied	1Tim	1. Timotheus
Hos	Hosea	2Tim	2. Timotheus
Jak	Jakobus	Tit	Titus
Joel	Joel	Zef	Zefanja
Joh	Johannes		
1Joh	1. Johannes		
2Joh	2. Johannes		
3Joh	3. Johannes		
Jona	Jona		
Jos	Josua		
Jud	Judas		
Klgl	Klagelieder		
Kol	Kolosser		
1Kön	1. Könige		
2Kön	2. Könige		
1Kor	1. Korinther		
2Kor	2. Korinther		
Lk	Lukas		
Mal	Maleachi		
Mi	Micha		
Mk	Markus		
1Mo	1. Mose (Genesis)		
2Mo	2. Mose (Exodus)		
3Mo	3. Mose (Levitikus)		
4Mo	4. Mose (Numeri)		
5Mo	5. Mose (Deuteronomium)		
Mt	Matthäus		
Nah	Nahum		
Neh	Nehemia		
Obd	Obadja		
Offb	Offenbarung		
1Petr	1. Petrus		

Allgemeine Abkürzungen

allg.	allgemein
AT	Altes Testament
atl.	alttestamentlich
bes.	besonders
engl.	englisch
et al.	et alii (und andere)
etc.	et cetera (und so weiter)
evtl.	eventuell
frz.	französisch
gr.	griechisch
hebr.	hebräisch
hist.	historisch
Jhdt.	Jahrhundert
Jt.	Jahrtausend
lat.	lateinisch
Lit.	Literatur
n.Chr.	nach Christus
NT	Neues Testament
ntl.	neutestamentlich
psych.	psychologisch
s.	siehe
sog.	sogenannt
u.a.	unter anderem
usw.	und so weiter
u.v.a.	und viele andere
v.Chr.	vor Christus

Michael Dietrich

Handbuch Psychologie und Seelsorge

384 Seiten, gebunden, Bestell-Nr. 224 607

Das Handbuch Psychologie und Seelsorge ist die erste systematische Einführung in das Gebiet der »biblisch-therapeutischen Seelsorge«. Es ist zugleich das erste Handbuch im deutschsprachigen Raum, das Erkenntnisse aus der modernen Psychologie und Therapie so darstellt, daß sie zum einen dem biblischen Weltbild verpflichtet sind, zum anderen aber auch dem gegenwärtigen Stand der Fachwissenschaften voll entsprechen.

Besonderer Wert wird auf die praxisnahe und praxisgerechte Darstellung gelegt, denn das Buch richtet sich auch an Leser ohne fachwissenschaftliche Vorkenntnisse, für die es ein unmittelbar zugängliches Kompendium sein will. Diesem Ziel dienen nicht zuletzt die zahlreichen Quellen und Materialien, die zur Diagnostik in der Beratung und in der Seelsorge herangezogen werden.

Michael Dieterich (Hrsg.)

Wenn der Glaube krank macht
Psychische Störungen und religiöse Ursachen

112 Seiten, RBtaschenbuch Bd. 468, Bestell-Nr. 220 468

Die provozierende These, daß psychische Störungen religiöse Ursachen haben können, wird hier aus unterschiedlichen Blickwinkeln betrachtet: Neben dem Theologen kommt der Arzt und Psychotherapeut ebenso zu Wort wie der Pädagoge.

Besonderes Interesse gilt dabei dem »christlichen Elternhaus« mit seinem speziellen Erziehungsstil.

Nicht nur Eltern und Erzieher werden die praktischen pädagogischen Vorschläge zu schätzen wissen; auch Pastoren und Mitarbeiter in der Gemeinde, die mit seelisch kranken Menschen zu tun haben, erhalten Ratschläge aus der seelsorgerlichen Praxis.

R. BROCKHAUS VERLAG WUPPERTAL

Wolfgang J. Bittner/Samuel Pfeifer

An Leib und Seele heil werden
Alternativmedizin, Psyche und Glaube

112 Seiten, ABCteam-Paperback, Bestell-Nr. 111 072

Edelsteintherapie und heilende Hände – gab es sowas nicht schon im alten Ägypten und sogar in der Bibel? Bach-Blüten? Die gibt es jetzt sogar im Supermarkt.
Auch wer vor zehn Jahren kaum zu erzählen wagte, daß er schon einmal ein homöopathisches Mittel genommen hatte, der läßt jetzt im Gespräch locker einfließen, daß er Reiki-Übungen macht oder einen »Female-Warrier« um den Hals trägt.
»Das darf ein Christ, und davon sollte er die Finger lassen« – so einfach kann man es sich nicht machen, das merken viele. Die Autoren geben dem Leser deshalb Werkzeug zur kritischen Betrachtung und zur Entscheidung im Einzelfall an die Hand. Dazu fragen sie nach dem Menschenbild, danach, wie Krankheit und Gesundheit definiert und erlebt werden, was »ganzheitliche Medizin« bedeuten kann und was Heil und Heilung miteinander zu tun haben.
Biblisch-theologische Überlegungen, medizinisches Wissen, ärztliche und seelsorgerliche Erfahrungen gehen in diesem Buch eine Synthese ein, die es zu einer großen Hilfe sowohl für Betroffene als auch für Ärzte und Seelsorger macht.

Nico van der Voet

Warum muß ich immer helfen?
Über Selbstbehauptung und Selbstverleugnung

176 Seiten, RBtaschenbuch Bd. 515, Bestell-Nr. 220 515

»Du mußt für dich selbst einstehen«, ermahnen uns Pädagogen und Therapeuten. »Wer ständig für andere da sein will, sucht im Grunde nur Selbstbestätigung.«
»Du mußt dein Kreuz auf dich nehmen«, sagen uns Pfarrer und Gemeindemitarbeiter. »Christen gehen immer den unteren Weg.«
Selbstbehauptung und Selbstverleugnung sind kein Widerspruch, behauptet Nico van der Voet, Theologe und Lehrer in den Niederlanden. Er fordert den Leser heraus, sich dem Konflikt zu stellen und mit sich selbst ins reine zu kommen. Eine Einladung zu Selbstbehauptung ohne schlechtes Gewissen und Demut ohne Heuchelei.

»Ich habe noch nie eine so sorgfältige und ausgewogene Analyse der Thematik gelesen, die beides miteinander verbindet: aktuelles psychologisches Fachwissen und profunde theologische Reflexion, beides durchgehend illustriert mit Beispielen aus dem täglichen Leben, die sicher jedem Leser und jeder Leserin vertraut vorkommen werden.«   Dr. Samuel Pfeifer

R. BROCKHAUS VERLAG WUPPERTAL

Ulrich Giesekus

Familien-Leben
Spielregeln für Eltern und Kinder

128 Seiten, ABCteam-Paperback, Bestell-Nr. 111 032

Farbenblindheit oder Blutgruppe sind erblich und lassen sich mit statistischer Wahrscheinlichkeit über Generationen nachweisen. Aber wie verhält es sich mit den Eigen- oder Unarten, die Kinder an den Tag legen, wenn sie z. B. die Rolle des Helden, des Clowns, des schwarzen Schafes der Familie übernehmen?

Ulrich Giesekus stellt das »System« Familie vor und beschreibt sehr anschaulich, wie es zu bestimmten Entwicklungen kommen kann, die sich nicht einfach mit der Feststellung abtun lassen: Das hat er/sie vom Vater/von der Mutter.

Der Autor macht Mut zu gesunder Konfrontation, bei der es – auch und gerade in der Erziehung – auf die eigene Haltung ankommt: Nicht dem anderen den Kopf waschen zu wollen, sondern die Füße . . .

Ein Buch, das nicht nur Eltern mit Gewinn lesen werden, sondern auch alle anderen, die mit Kindern »konfrontiert« sind.

Annemarie Pfeifer

Mütter sind nicht immer schuld!
Von Selbstvorwürfen zur Gelassenheit

160 Seiten, ABCteam-Paperback, Bestell-Nr. 111 059

»Mütter sind an allem schuld!«, ist ein Satz, der selten so ausgesprochen wird, der aber oft im Hintergrund steht, wenn es um das Thema Erziehung geht. Die frühen Erlebnisse prägen am stärksten, am Lebensanfang prägt vor allem die Mutter, also ist sie auch schuld, wenn später etwas schiefläuft – das ist, grob vereinfacht, der Gedankengang.

Dieses Buch nimmt das Problem nicht auf die leichte Schulter (im Sinne von »Ich laß mich einfach nicht zum Sündenbock machen!«), denn Christen wissen: Es gibt nicht nur anerzogene und herbeigeredete Schuld, es gibt auch wirkliche Schuld, auch im Zusammenhang mit Kindererziehung.

Dennoch kann dieses Buch Mutter (und vielleicht auch einige Väter), die sich von ihrer Verantwortung schier erdrückt fühlen, entlasten. Die Verantwortung ist tatsächlich groß, aber Mütter sind nicht das Schicksal ihrer Kinder! Es gibt einen Weg, zugleich verantwortungsvoll und gelassen mit dieser Rolle umzugehen.

R. BROCKHAUS VERLAG WUPPERTAL